AF878117

Joe Weingarten

Finanzverwaltung und Gesetzesvollzug

Studien zur Sozialwissenschaft

Band 127

Verwaltung in Deutschland
Historische und sozialwissenschaftliche Untersuchungen
Herausgegeben von Thomas Ellwein

An der Universität Konstanz besteht seit ihrer Errichtung ein verwaltungswissenschaftlicher Schwerpunkt. Er ist 1985 durch einen von der Deutschen Forschungsgemeinschaft und dem Land Baden-Württemberg geförderten Sonderforschungsbereich ‚Verwaltung im Wandel' erweitert worden. Im SFB werden international und national, historisch und systematisch vergleichend oder in begrenzten empirischen Studien anhand einzelner Arbeitsfelder der öffentlichen Verwaltung deren Organisation, Verfahren und Wirkungsweise untersucht. In den Teilprojekten, aus denen die Arbeiten zum Thema ‚Verwaltung in Deutschland' hervorgehen, sind zunächst die Gewerbeaufsicht und die Gewerbeförderung ausgewählt worden; im zweiten Schritt wurde dies auf die Ortspolizei und die Straßenbauverwaltung sowie schließlich auf die Steuerverwaltung ausgedehnt. Solche Verwaltungen lassen sich nur bedingt generell untersuchen; sobald historische Detailforschung oder sozialwissenschaftliche Analysen und Fallstudien ins Spiel kommen, muß eine regionale Begrenzung erfolgen. Für den genannten Arbeitskomplex bildet dafür im Zweifel der heutige Regierungsbezirk Detmold die Untersuchungsregion. Ergänzt werden die Arbeiten durch Untersuchungen über die Entwicklung des Haushaltsrechts, der Haushaltsprinzipien und der tatsächlichen Haushalte von Staat (Reich und Ländern) und Gemeinden im 19. Jahrhundert, denn ohne genauere Kenntnis der Haushaltswirklichkeit kann die Aufgabenteilung zwischen Staat und Gemeinden und überhaupt die Aufgabenentwicklung der öffentlichen Verwaltung nicht zureichend dargestellt und erklärt werden.
Die Arbeiten folgen teils einem genetischen Ansatz und teils der systematischen Frage nach dem Verhältnis zwischen Recht (Rechtsentwicklung) und Verwaltung. Die historischen Beiträge (zusammengefaßt in einer Verwaltungsgeschichte des Regierungsbezirks Detmold) sollen die Faktoren herausarbeiten, welche das Wachstum und die Veränderungsschübe in der öffentlichen Verwaltung (in Deutschland) bedingen. Systematisch richtet sich das Erkenntnisinteresse auf die Position der Verwaltung im demokratischen Prozeß, auf die Wirkungsweise der Führungsinstrumentarien, vor allem des Gesetzes, und auf die Selbststeuerungsmöglichkeiten der Verwaltung.

Joe Weingarten

Finanzverwaltung und Gesetzesvollzug

Anforderungen, Probleme und Vorgehen der Steuerverwaltung bei der Anwendung steuerrechtlicher Normen

Westdeutscher Verlag

Die Deutsche Bibliothek – CIP-Einheitsaufnahme

Weingarten, Joe:
Finanzverwaltung und Gesetzesvollzug: Anforderungen, Probleme und Vorgehen der Steuerverwaltung bei der Anwendung steuerrechtlicher Normen / Joe Weingarten. – Opladen: Westdt. Verl., 1993
(Studien zur Sozialwissenschaft; Bd. 127)
(Verwaltung in Deutschland)
ISBN 3-531-12461-7

NE: 1. GT

Alle Rechte vorbehalten
© 1993 Westdeutscher Verlag GmbH, Opladen

Der Westdeutsche Verlag ist ein Unternehmen der Verlagsgruppe Bertelsmann International.

Das Werk einschließlich aller seiner Teile ist urheberrechtlich geschützt. Jede Verwertung außerhalb der engen Grenzen des Urheberrechtsgesetzes ist ohne Zustimmung des Verlags unzulässig und strafbar. Das gilt insbesondere für Vervielfältigungen, Übersetzungen, Mikroverfilmungen und die Einspeicherung und Verarbeitung in elektronischen Systemen.

Umschlaggestaltung: Christine Nüsser, Wiesbaden
Gedruckt auf säurefreiem Papier

ISBN 978-3-531-12461-2 ISBN 978-3-322-99314-4 (eBook)
DOI 10.1007/978-3-322-99314-4

Inhaltsverzeichnis

Verzeichnis der Tabellen und Übersichten

Abkürzungsverzeichnis

a) Textkürzel:

a.a.O.	am angegebenen Ort
a.F.	alte Fassung
Anm.	Anmerkung
Art.	Artikel
Bearb.	Bearbeitung
betr.	betreffend
bzw.	beziehungsweise
ca.	circa
dass.	dasselbe
ders.	derselbe
d.h.	das heißt
d.i.	das ist
dies.	dieselbe
Diss.	Dissertation
ebd.	ebenda
etc.	et cetera
f	folgende
ff	fortfolgende
FN	Fußnote
Hg.	Herausgeber
i.d.R.	in der Regel
Kap.	Kapitel
max.	maximal
Min.	Ministerium
N.F.	Neue Folge
RN	Randnummer
S.	Seite
s.o.	siehe oben
Tab.	Tabelle
u.a.	unter anderem (bei Literaturstellen: und andere)
u.ä.	und ähnliches (und ähnliche)
v.	von
v.a.	vor allem
veranl.	veranlagt(e/r)
Verf.	Verfasser
vgl.	vergleiche
z.B.	zum Beispiel
zit.	zitiert
z.T.	zum Teil
§(§)	Paragraph(en)

b) Fachkürzel

Abt.	Abteilung
ADV	Automatisierte Datenverarbeitung
ALDA-FEST (alt/neu)	Allgemeine Dienstanweisung fürdie Fesetsetzung von Steuern und anderen Abgaben in den Finanzämtern
AmtsBpSt	Amtsbetriebsprüfungsstelle
AO	Abgabenordnung von 1977
ApSt	Amtsprüfungsstelle
AZ	Aktenzeichen
BDST	Bund Deutscher Steuerbeamten (Steuer-Gewerkschaft im Deutschen Beamtenbund; heute: DStG)
BewSt	Bewertungsstelle
BFH	Bundesfinanzhof
BGB	Bürgerliches Gesetzbuch
BI	Bielefeld
BMF	Bundesministerium der Finanzen
Bp	Betriebsprüfung
BVerfG	Bundesverfassungsgericht
DA-EDV	Dienstanweisung-EDV
DATEV	Datenverarbeitungs-Organisation des Steuerberatenden Berufes in der Bundesrepublik Deutschland e.G.
DStG	Deutsche Steuergewerkschaft (im Deutschen Beamtenbund)
DStZ	Deutsche Steuer-Zeitung
EDV	Elektronische Datenverarbeitung
ERSt	Erlaß- und Stundungsstelle
Est	Einkommensteuer
EStDV	Einkommensteuer-Durchführungsverordnung
EStG	Einkommensteuergesetz
Ew	Einwohner
FA	Finanzamt
FAGO	Geschäftsordnung für die Finanzämter von 1954
FAGO 1985	Neufassung der Geschäftsordnung für die Finanzämter von 1985
FGA	Vorläufige Geschäftsordnung für die Finanzämter von 1921
FGO 1925	Geschäftsordnung für die Finanzämter von 1925
FH	Fehlerhinweis
FVG	Finanzverwaltungsgesetz von 1950
FVG N.F.	Neufassung des Finanzverwaltungsgesetzes von 1971
gD	gehobener Dienst
GDF	Gemeinsamer Deutscher Finanzrat
GG	Grundgesetz für die BR Deutschland von 1949
GH	Gesamthochschule
GNOFÄ (alt/neu)	Grundsätze zur Neuorganisation der Finanzämter und zur Neuordnung des Besteuerungsverfahrens von 1975 (-alt), Neufassung 1981 (-neu)

weiter: Fachkürzel

hD	höherer Dienst
I(A)BV	Integriertes (automatisiertes) Berliner Verfahren
I n	Interview Nr. n
KH	Kontrollhinweis
Kz	Kennziffer
LoSt	Lohnsteuerstelle
LSt(JA)	Lohnsteuer (-Jahresausgleich)
mD	mittlerer Dienst
(Ltd.) MR	(Leitender) Ministerialrat
N	Zahl der (ausgewerteten) Antworten bei der jeweiligen Frage
NPH	Nachprüfungshinweis
NRW	Nordrhein-Westfalen
OFD	Oberfinanzdirektion
PersBB-FÄ	Personalbedarfsberechnung - Finanzämter
PH	Prüfungshinweis
PR	Parlamentarischer Rat
RAO	Reichsabgabenordnung von 1919
RBSt	Rechtsbehelfstelle im Finanzamt
(Ltd.) RD	(Leitender) Regierungsdirektor
RFH	Reichsfinanzhof
SB(in)	Sachbearbeiter(in)
SG(eb)L	Sachgebietsleiter
StAnpG	Steueranpassungsgesetz von 1934
StÄndG 1961	Steuer-Änderungsgesetz von 1961
StBAG (1976)	Neufassung des StBAG von 1976
StBerG 1975	Steuerberatungsgesetz von 1961 in der Fassung des Dritten Änderungsgesetzes von 1975
StBezNr	Steuerbezirksnummer
StN	Steuernummer
Stpfl.	Steuerpflichtige(r)
ÜSt	Übernahmestelle (im Finanzamt)
UF	Untersuchungs-Finanzamt
USt	Umsatzsteuer
UVSt	Umsatzsteuer-Voranmeldungsstelle
Vbz (VSt)	Veranlagungsbezirk (-stelle)
VH	Veranlagungshinweis
V-Steuern	Veranlagungssteuern
VZ	Veranlagungszeitraum
(Leiter) VRZ	(Leiter der) Verbindungsstelle zum Rechenzentrum der Finanzverwaltung in Nordrhein-Westfalen
VuG	Verlust und Gewinn
VVSt	Veranlagungs-Verwaltungsstelle (im Finanzamt)
WiGBl	Gesetzblatt der Verwaltung des Vereinigten Wirtschaftsgebietes
WRV	Weimarer Reichsverfassung von 1919

Einleitung

oder:

"Der Wald- und Wiesen-Steuerfall bedarf keiner besonders intensiven Prüfung."[1)]

Das Einkommensteuergesetz (EStG) als Grundlage der Besteuerung des individuellen Einkommens von natürlichen Personen wirkt sich wie kaum eine andere Rechtsnorm auf das Verhältnis zwischen Staat und Bürger aus. Der Besteuerung nach dem EStG unterliegt mit rund 21,8 Mio Steuerpflichtigen (1983) rund ein Drittel der Wohnbevölkerung der Bundesrepublik. Das Aufkommen aus der Einkommensteuer - in den beiden Erhebungsformen von Lohnsteuer und veranlagter Einkommensteuer - erbringt heute mit mehr als 182 Mrd. DM jährlich (1986) mehr als *vierzig Prozent des Gesamtsteueraufkommens* in der Bundesrepublik; sie stellt damit die ergiebigste aller Steuerquellen dar. Allein aus diesen Gründen bietet es sich an, der Frage nach den speziellen Vollzugsbedingungen eines solchen Gesetzes nachzugehen und zu untersuchen, *ob zwischen dem normativen Vollzugsanspruch des Gesetzes und dem tatsächlichen, von der Verwaltung zu verantwortenden Ergebnis Differenzen bestehen.*

Die Untersuchung von normativem Vollzugsanspruch und tatsächlichen Vollzugsbedingungen des Einkommensteuergesetzes wurde in zwei Bereiche aufgeteilt. In einem ersten Teil wurden die historische Entwicklung der Besteuerung nach dem EStG - bzw. dessen Vorgängern - sowie Aufbau, interne Organisation und Arbeitsweise der mit dem Vollzug des Gesetzes beauftragten Steuerverwaltungen in den letzten einhundert Jahren in Deutschland aufgezeigt. Dieser Teil wurde gesondert veröffentlicht (*Metzger/Weingarten* 1989). Im hier vorliegenden zweiten Teil der Untersuchung sollen die gegenwärtigen Vollzugsbedingungen des EStG in der Bundesrepublik beschrieben und an dem Vollzugsanspruch des Gesetzes gemessen werden. Wegen der zentralen Rolle, die die mit der Veranlagung zur Einkommensteuer beauftragten, weitgehend selbständig arbeitenden *Sachbearbeiter* in den Finanzämtern dabei spielen, gilt ihnen und ihren Arbeitsbedingungen, unter denen sich der Regelungsanspruch des EStG konkretisiert, das spezielle Interesse.

Die in Zusammenhang im historischen Teil erarbeitete Übersicht über die Entwicklung der Einkommensteuergesetze und der für die Festsetzung und Erhebung

---

1) Der Ltd. Ministerialrat aus der Organisationsgruppe des Finanzministeriums NRW - und spätere Münsteraner Oberfinanzpräsident - Chronz in einem Interview mit ihm und Ministerialrat Bleker ('Werden die Finanzämter schneller?') in: Mitteilungsblatt des Finanzministeriums des Landes NRW, (9. Jg.) 1976, Nr. 4, S. 3-8 (6).

der darin normierten Steuern in den letzten einhundert Jahren in Deutschland schloß mit dem Fazit, daß die Entwicklung des EStG zu einem 'Massengesetz' aufgrund von politischen Entscheidungen mittlerweile auf die Steuerverwaltungen in einer Weise zurückfällt, die den rechtsstaatlich verbindlich vorgeschriebenen Vollzug des Gesetzes nach dessen eigenen Zielvorgaben (gleiche und gerechte Besteuerung) als kaum mehr möglich erscheinen läßt (*Metzger/Weingarten* 1989: 297). Allein die quantitative Überforderung der Verwaltung durch das Anwachsen des Normenbestandes und die Steigerung der Fallzahlen verhindert das Erreichen des Gesetzeszieles einer individuell gerechten, auf die Bedingungen des Einzelfalles ausgerichteten Besteuerung.

Es wurde in dem historischen Untersuchungsteil versucht, den Nachweis zu führen, daß sowohl die herausgehobene Stellung des EStG innerhalb des Steuersystems und sein Einsatz als Steuerungsinstrument, als auch die Probleme hinsichtlich der Durchführung der Besteuerung keine Erscheinungen der jüngsten Zeit sind, sondern daß es zu *nahezu allen Zeiten* innerhalb der letzten einhundert Jahre in Deutschland zum einen eine zunehmende Betonung der Einkommensbesteuerung innerhalb des Steuersystems und zum anderen - wenn auch aus den verschiedensten Gründen - vielerlei 'Vollzugsprobleme' bei der Einkommensbesteuerung gegeben hat, deren Ursachen sich letztlich auf die (ebenfalls ständig nachweisbare) Instrumentalisierung des EStG als wirtschafts- sozial- und konjunkturpolitisches Steuerungsinstrument zurückführen lassen.[2] Das Einkommensteuergesetz hat sich mit seinem auf die individuelle Veranlagung zugeschnittenen Verfahrensteil zu einem *Massenrecht* (i.S. eines für eine Vielzahl verschiedener Einzelprobleme Gültigkeit besitzenden Normensystems) gewandelt, was es - deutlich erkennbar an der Herausnahme der Besteuerung von Arbeitnehmereinkünften aus diesem Verfahren durch die Quellenerhebung mittels des Lohnabzugs beim Arbeitgeber - in seiner ursprünglichen Form gar nicht sein sollte. Auf diesen Wandel ist sowohl in der quantitativen Entwicklung als auch in den daraus resultierenden qualitativen Verschiebungen bei der Zusammensetzung der Steuerpflichtigen und bei der Durchführung der Besteuerung noch näher einzugehen.

Die Diskussion um die Steuerreform 1990 hat - insbesondere unter dem Aspekt des ursprünglich geplanten Direktabzugs der Steuer auf bestimmte Zinseinkünfte im Rahmen des Einkommensteuergesetzes (EStG) durch die sog. Kleine Kapitalertragsteuer ('Quellensteuer') - die Probleme einer gleichmäßigen und gerechten Besteuerung der Einkünfte nach dem EStG in breitem Maß in die öffentliche Diskussion gebracht. Gleichzeitig haben die Auseinandersetzungen um die Steuerre-

2) Vgl. Metzger/Weingarten (1989, insbes. Kap. 7.3, S. 293 ff).

form als Ganzes, die in ihrer Entlastungswirkung nahezu vollständig beim EStG ansetzt, auch gezeigt, welche enorme politische und ökonomische Steuerungswirkung dem Einkommensteuergesetz in der Bundesrepublik zugewiesen wird. Zudem stellt das Steuerrecht generell eine äußerst komplizierte und komplexe Rechtsmaterie dar. Seine Entwicklung ist an keinem Ende angelangt: beinahe täglich werden neue Gesetze und Verwaltungsanweisungen erlassen und ergehen neue Gerichtsurteile, die über den entschiedenen Einzelfall hinaus oftmals erhebliche Wirkung auf den Gesamtprozeß der Besteuerung haben.

Während aber in früheren Diskussionen um die Reform des Steuersystems - gerade auch aus unter den Gesichtspunkten der prinzipiellen und der organisatorischen bzw. personellen Schwierigkeiten bei der Anwendung der Steuergesetze - die Frage nach den *Bedingungen der Aufgabenerfüllung* der Steuerverwaltungen der Länder gestellt wurde,[3] spielen Fragen der Vollziehbarkeit der Steuergesetze in der gegenwärtigen Diskussion nur eine untergeordnete Rolle: lediglich die gewerkschaftlichen Vertreter der Steuerbeamten haben auf die durch die Steuerreform und ihre Nachfolgeregelungen auf die Steuerverwaltungen zukommenden neuen Aufgaben hingewiesen, bei deren Umsetzung neue Kontrollaufgaben wegen der unzureichenden Personalausstattung der Ämter kaum noch durchführbar seien.[4] Die Steuergewerkschaft (DStG) ging dabei von einem *Personalfehlbestand* in den Steuerverwaltungen von mehr als *20.000 Stellen* am Ende der achtziger Jahre aus.[5]

Die Frage nach der ressourcenmäßigen Ausstattung der Steuerverwaltungen muß deshalb wie in den sechziger und siebziger Jahren wieder etwas in den Vordergrund gerückt werden. Während damals aber mit organisatorischen und büro- und verfahrenstechnischen Lösungen (Einsatz der EDV in den Finanzämtern) Hilfsmit-

---

3) Insbesondere in der ersten Hälfte der siebziger Jahre wurde - auch aufgrund von streikähnlichen Maßnahmen in den Finanzämtern in der Form von 'Dienst nach Vorschrift' - verstärkt über die personelle und sachliche Ausstattung der Finanzämter diskutiert (vgl. BMF 1977, Metzger/Weingarten 1989: 266 ff). Diese Diskussionen hatten konkrete Folgen in einer verbesserten EDV-Ausstattung der Finanzämter und der Neugliederung des Veranlagungsbereiches der Ämter durch die GNOFÄ-Beschlüsse (vgl. Kap. 5 bzw. 3.3 dieser Untersuchung).

4) Vgl. 'Lohnsteuerzahler müssen warten', in: Handelsblatt, 13.12.1988; 'Gewerkschaft befürchtet Chaos in Finanzämtern' in: Stuttgarter Nachrichten, 14.12.1988; 'Mit Haushaltshilfe Großbürgerlichkeit begünstigt. Steuergewerkschaft fordert Rücknahme der Abzugsfähigkeit', in: Frankfurter Rundschau, 23.03.1989.

5) Gegliedert in einen permanenten Fehlbedarf von rund 15.000 Personen, 2.200 zusätzlich notwendigen Stellen durch die gestiegenen Anforderungen an die Finanzämter im Rahmen der Steuerreform 1990 (noch unter der Annahme der Einführung der Quellenbesteuerung für bestimmte Kapitaleinkünfte und der damit zusammenhängenden Ausstellung von 'Nichtveranlagungsbescheinigungen') und 2.400 bzw. 1.200 notwendige Neueinstellungen in der Folge der Arbeitszeitverkürzung für den öffentlichen Dienst in den Jahren 1989 und 1990 (vgl. Geyer 1988). Auf den Personalbestand der Finanz- und Steuerverwaltungen der Länder wird näher in Kap. 4 eingegangen.

tel zur Verfügung standen, fehlen heute solche 'flächendeckend' einsetzbaren Hilfen. Sie sind - etwa in Form eines noch weitergehenden Einsatzes von informations- und kommunikationstechnischen Arbeitsplatzverbesserungen - auch in naher Zukunft nicht zu erwarten. In einer solchen Situation, in der eine nicht im gleichem Maße gewachsene und organisatorisch wie ressourcenmäßig nahezu unveränderte Verwaltung[6] auf eine steigende Zahl von zu erledigenden Einzelfällen und einen wachsenden, sowie an Komplexität zunehmenden Normenbestand trifft,[7] kann die zur kollektiven Fallerledigung notwendige Rationalisierung nur auf der Ebene der *individuellen Fallbearbeitung* erfolgen. Anders ausgedrückt: Der Einzelfall muß zur Aufrechterhaltung des Gesamtvollzugs irgendwie 'schneller' bearbeitet werden.

Die traditionelle Arbeitsorganisation der Steuerverwaltung in den Finanzämtern ging von einem "inputorientierten Gedanken der Steuergerechtigkeit" aus: Danach erfolgte eine "einzelfallbezogene Prüfung der Steuertatbestände aufgrund der Angaben des Steuerpflichtigen und der vorliegenden Akten durch den Veranlagungssachbearbeiter", wobei zunächst nicht zwischen ergiebigen und weniger ergiebigen Steuerfällen differenziert wurde (*Brinckmann u.a.* 1981: 92). Schon während der Umstellungen des Veranlagungsverfahrens in der Folge der GNOFÄ-Beschlüsse mit der Bildung von unterschiedlich zu behandelten Fallgruppen der Steuerpflichtigen nach dem EStG[8] wurde das Prinzip der ausnahmslosen Gleichbehandlung aller Steuerfälle im Veranlagungsverfahren von der Verwaltungsseite prinzipiell aufgegeben und eine differenzierte Prüfung - die sich im wesentlichen nach dem *steuerlichen Gewicht des Einzelfalles* orientieren sollte - verordnet. So kamen Aussagen wie die anfangs zitierte zustande, wonach 'Wald- und Wiesen-Steuerfälle' eben nicht mit letzter Gründlichkeit zu prüfen seien.

Seit dieser Organisations- und Verfahrensreform und der damit einhergehenden Einführung der EDV-gestützen Bearbeitung in die Veranlagung haben sich die Fallzahlen im Einkommensteuerrecht weiter erhöht, ohne daß weiterreichende Anweisungen der Verwaltungsführungen an die Bearbeiter hinsichtlich der Rechtsanwendung ergangen wären. Statt dessen wird - von seiten der Verwaltungsführungen in den Steuerverwaltungen der Länder - allgemein zu einem 'maßvollen Gesetzesvollzug' aufgerufen und den nachgeordneten Steuerbehörden nahegelegt, daß 'für den Regelfall' davon ausgegangen werden könne, 'daß die Angaben des Steuerpflichtigen in der Steuererklärung vollständig und richtig sind'; eine Aufforde-

6) Von internen Arbeitsumstellungen aufgrund von Arbeitszeitverkürzungen u.ä. abgesehen.

7) Diese vorweg unterstellten Rahmenbedingungen sollen in den Teilen II und IV der Untersuchung belegt werden.

8) Näheres in Metzger/Weingarten (1989: 266 ff) und Kap. 3.3.3 dieser Untersuchung.

rung zur prinzipiellen Großzügigkeit, die in eklatantem Widerspruch zum umfassenden Regelungsanspruch des EStG an sich steht. "Ein deutlicheres Eingeständnis reduzierter Leistungen durch die öffentliche Verwaltung ist kaum denkbar", wie das *E. Geyer* (1988: 16), der Bundesvorsitzende der Steuergewerkschaft im Deutschen Beamtenbund (DStG) ausdrückt. Damit wird aber die *Verantwortung* hinsichtlich des 'Maßes' der Gesetzesanwendung im Einzelfall dem *jeweiligen Bearbeiter* zugeschoben, ohne ihn generell abzusichern und ihm detaillierte Richtlinien zu geben, welcher Teil des Gesetzes nun tatsächlich vollzogen werden soll und welcher nicht.

Deshalb erscheint es notwendig, den Blick wegzulenken von der Steuerverwaltung oder der einzelnen Verwaltungsbehörde 'Finanzamt' als Ganzes, wenn die Bedingungen des Gesetzesvollzugs untersucht werden sollen und sich dem einzelnen Arbeitsplatz, der in diesem Fall der Arbeitsplatz von Sachbearbeitern in den Veranlagungsstellen der Finanzämter ist, als Ort der Entscheidung hinsichtlich des anzuwendenden Steuerrechts zuzuwenden. Die Forderung, der - statistisch meßbaren - *quantitativen Fallerledigung* den Vorzug einzuräumen[9] vor der gesetzlich normierten Würdigung jedes Einzelfalles (und dies in einem auf individuelle Besteuerungsgerechtigkeit ausgelegten Normensystem wie dem Einkommensteuerrecht wirkt sich hier am deutlichsten aus und zwingt zur Konkretisierung dessen, was der maßvolle Gesetzesvollzug sein soll.

Die Untersuchung soll darlegen, vor welchem organisatorischen, personellen und arbeitstechnischen Hintergrund die Einkommensbesteuerung in der Bundesrepublik heute stattfindet, welche normativen Ansprüche an die Verwaltung dabei hinsichtlich des Vollzugs gestellt werden und wie sie diesen Ansprüchen gerecht wird. Ein 'Maß des tatsächlichen Vollzugs' des Einkommensteuerrechts wird sich dabei nicht ermitteln lassen, aber die Abweichung vom grundsätzlich anzuwendenden Normenbestand soll in ihren Umrissen sichtbar werden.

9) "In der Steuerverwaltung gibt es den Zwang, die Masse der zu bearbeitenden Fälle vom Tisch zu bringen - egal wie, ob gewissenhaft geprüft oder nicht." (Geyer 1988: 17)

Teil I: Grundlagen und Ziele der Untersuchung

1. Gesetzesvollzug in der Finanzverwaltung als Untersuchungsgegenstand

In der Einleitung zu dieser Untersuchung wurde angesprochen, daß schon die enorme Bedeutung des Einkommensteuergesetzes sowohl hinsichtlich der Zahl der von ihm betroffenen Bürger als auch hinsichtlich seiner Umverteilungswirkung eine Beschäftigung mit den Vollzugsbedingungen des Gesetzes rechtfertigt. Im folgenden soll zudem deutlich gemacht werden, daß sich die Konkretisierung der Fragestellung in Bezug auf die Untersuchung der Rechtsanwendung in den Veranlagungsstellen der Finanzämter auch wegen der dort zusammentreffenden Bedingungen der Rechtsanwendung (*individuelle Fallbearbeitung* aufgrund eines sehr *komplexen Normensystems*) anbietet und worin der Bezug zu anderen Studien zum Normvollzug liegt.

1.1 Normvollzug als Gegenstand verwaltungswissenschaftlicher Betrachtung

Die Ausrichtung der vorliegenden Untersuchung auf die konkreten Umstände des Verwaltungshandelns im Einzelfall und die daraus resultierenden Wirkungen auf die Erfüllung der Gesamtaufgabe 'Einkommensteuererhebung' hat ihren politikwissenschaftlichen Hintergrund in der *Implementationsforschung*.[1] Ausgangsbasis der dort betrachteten Vorgänge ist die Frage nach der Steuerungskapazität von Regierung und Verwaltung gegenüber der gesellschaftlichen Umwelt. Die 'policy science' versucht, hierbei die grundsätzlichen Restriktionen zu beleuchten, die sich aus den Handlungsgrenzen staatlicher Politik in einem Staatswesen ergeben, das durch marktwirtschaftliche Austauschbeziehungen und politische Konkurrenzdemokratie gekennzeichnet ist.[2]

Das Interesse der Verwaltungsforschung richtet sich hierbei auf die Frage, "wie das politisch-administrative System seine Handlungsfähigkeit in erster Linie durch interne Veränderungen seiner Organisation und Verfahrensweisen erhöhen kann".[3]

---

1) "Als Implementation, wörtlich Erfüllen, Ausfüllen, wird in der Politikwissenschaft die Durchführung von rechtsverbindlichen Entscheidungen bezeichnet, die durch politische und administrative Organe beschlossen wurden, seien es Gesetze, Verordnungen, Erlasse u.a.m." (Windhoff-Héritier 1987: 86)

2) Vgl. Mayntz/Scharpf (1973); zur Entstehung und Entwicklung der Policy-Analyse aus den amerikanischen Policy-Sciences vgl. Windhoff-Héritier (1987: 10 ff), Wollmann (1980: 10 ff); zur Definition von 'policy' als der inhaltlichen Dimension von Politik Jann (1981: 6) und zur Entwicklung in der deutschen Policy-Forschung Jann (1983: 30 ff).

3) Böhret u.a. (1988: 268) mit dem Verweis auf die Arbeiten von Mayntz (1980, 1982); vgl. auch Wollmann (1980: 27).

Die Forschungsfragestellungen orientieren sich an einem Modell des politischen Handelns als Prozeß der Problemverarbeitung (*Mayntz* 1982: 75). Nach diesem Ansatz vollzieht sich Politik als ein "in charakteristische Phasen zu zerlegender Prozeß, an dem eine Vielzahl von Akteuren (...) beteiligt" ist (*Kaufmann/Rosewitz* 1983: 32). Kennzeichnend ist dabei, daß diese Akteure unterschiedliche Interessen und Einspruchsmöglichkeiten haben. An die Stelle der 'Einheit der Verwaltung' tritt in dieser Sichtweise "die Vielfalt öffentlicher, freigemeinnütziger und privater Implementeure" (*Grunow* 1983: 142). Der vollständige 'Policy-Zyklus' dieses Prozesses umfaßt nach *Windhoff-Héritier* (1987: 64) die Problemdefinition, dic Agenda-Gestaltung[4], die Politikformulierung, die Politikimplementation, die Terminierung, die Policy-Reaktion und die politische Verarbeitung. Die Frage, inwieweit die Handlungsbedingungen in den Veranlagungsstellen der Finanzämter Einfluß auf die Intensität der Umsetzung von im politischen Prozeß entwickelten Normen wie jenen des Einkommensteuerrechts haben, läßt sich dem vierten Teilprozeß, dem der *Implementation* zurechnen.

1.1.1 Die Problematik des Programmbegriffs im Einkommensteuerrecht

Voraussetzung für eine direkte Vergleichbarkeit der hier vorliegenden Studie mit empirischen Arbeiten aus der Implementationsforschung wäre allerdings, daß das Einkommensteuerrecht und sein Vollzug als Untersuchungsgegenstand die Bedingungen erfüllt, wie sie in der Implementationsforschung als Rahmenbedingungen des Normenvollzugs herausgearbeitet wurden. Hier zeigen sich Probleme hinsichtlich der Vergleichbarkeit. Kernpunkt der Abweichungen ist die Frage, ob das Einkommensteuerrecht überhaupt ein *Programm* im Sinne der Policy-Analyse darstellt, dessen Implementation untersucht werden kann und dessen Vollzug hinsichtlich seiner Vollständigkeit bewertbar ist.

Die "Zentralität der Kategorie des Programms" (*Mayntz* 1983: 11) ist kennzeichnend für die bisherigen Forschungsansätze zur Implementation von Normen. Die anderen Abgrenzungsmerkmale - nach Prozeßphasen und Akteuren einerseits sowie der Klassifikation von Programmtypen, Implementationsstrukturen und Adressaten andererseits - stehen dahinter zurück. Gerade die Betonung des Programmcharakters der umzusetzenden Normen rechtfertigt den Ansatz der Policy-Forschung bei konkreten Implementationsfragen:

4) Vereinfacht beschrieben: die Aufnahme in den Kreis derjenigen politischen Probleme, die konkret zur Bearbeitung anstehen.

> "Als theoretische Prämisse ist damit die Annahme verbunden, daß die Voraussetzungen erfolgreicher Implementation sowie die typischerweise auftretenden Probleme von der Eigenart des Programms (genauer: des gewählten Interventionsinstruments und den Einzelheiten der Programmgestaltung) abhängen." (*Mayntz* 1983: 11)

Diese zentrale Bedeutung des Programmbegriffes resultiert aus dem Ansatz der (angelsächsischen) Policy-Forschung an der staatlichen Intervention. Abgeleitet - und auch in den Bezeichnungen übernommen - werden in die deutsche Politikwissenschaft hieraus auch drei "kategoriale() Bezeichnungen politischer Maßnahmen": 'Policies' als sachliche Politikfelder, 'Programme' und darauf bezogene 'Instrumente' (*Kaufmann/Rosewitz* 1983: 31).[5)]

Die vorliegende Untersuchung der Vollzugsbedingungen des Einkommensteuerrechts deckt die zentralen Kategorien der Implementationsforschung in diesem Punkt nicht vollständig ab. Das Einkommensteuergesetz mit seinen Nebenvorschriften *ist kein Programm* im Sinne der Implementationsforschung. Die Schwierigkeit beginnt schon mit der zweifelsfreien Zuordnung der Einkommensbesteuerung zu einem bestimmten Politikfeld: Zwar dient sie vordergründig der Einnahmensicherung des Staates und ist zentraler Bestandteil der Haushalts- und Finanzpolitik. Aber - darauf wird in dieser Studie noch eingegangen - das Einkommensteuerrecht beinhaltet darüber hinaus noch eine Vielzahl von 'Nebenzielen' unter wirtschafts-, struktur- und verteilungspolitischen Gesichtspunkten. Die Nebenziele sind für die anderen Politikfelder oftmals so zentral, daß das EStG in den betreffenden Teilen ohne Zweifel beispielsweise auch der Sozialpolitik, der Wohnungsbaupolitik[6)] oder der Energie- und Umweltpolitik zugeordnet werden kann.[7)] Es trägt vor dem Hintergrund dieser verschiedenen Zielfunktionen nach den Kategorien der Policy-Forschung sowohl distributive (Verteilungs-) als auch redistributive (Umverteilungs-) Elemente in sich.[8)]

Die Vielfalt in der Zielstruktur nimmt dem EStG den Programmcharakter. *Windhoff-Héritier* (1980: 5) definiert ein Programm als "mehrere aufeinanderbezo-

---

5) Zu den Programmtypen, die die Implementationsforschung unterscheidet und deren spezifischen Instrumentarien vgl. Bruder (1983: 218 ff).

6) Die Steuermindereinnahmen aufgrund von § 10e EStG (Steuerbegünstigung der zu eigenen Wohnzwecken genutzten Wohnung im eigenen Haus) werden für 1990 auf rund 3,4 Mrd. DM geschätzt (Antwort des Parlamentarischen Staatssekretärs im BMF, Dr. Voss, auf eine Anfrage des Bundestagsabgeordneten Reschke vom 13. Juli 1990; vgl. Bundestags-Drucksache 11/7573).

7) Kritisch dazu: Klein (1990: 12).

8) Diese Zweiteilung ist allerdings auch in der Implementationsforschung wegen ihrer Unschärfe umstritten; vielfach sind diese beiden Kategorien gar nicht zu trennen; vgl. Windhoff-Héritier (1987: 23 ff). Zu den Typisierungen der verschiedenen Instrumente innerhalb der Implementationsforschung vgl. Kaufmann/Rosewitz (1983: 36 ff).

gene, widerspruchsfreie Entscheidungen zur Realisierung eines Programmzieles." Aufeinanderbezogen und grundsätzlich widerspruchsfrei sind die Regelungen des EStG sicher nicht. Sie lassen sich auch keinem festen Gesamtziel zuordnen. Die steuerliche Förderung (durch Sonderabschreibungen) von Anlagen zur Nutzung erneuerbarer Energien oder von Heizungsmodernisierungen hat mit der Absetzbarkeit einer Haushaltshilfe allenfalls die Mittel, nicht aber die Zielsetzung gemeinsam. Und allgemeine konjunkturfördernde Teilbestimmungen können verteilungspolitischen Einzelzielen des Einkommensteuerrechts durchaus widersprechen. Viele Einzelbestimmungen des Einkommensteuerrechts bestehen zudem völlig unabhängig von anderen; ihre Begründung, ihr Vollzug und ihre eventuelle Aufhebung stehen ohne Bezug zueinander. Je nach persönlicher Situation kann ein Steuerpflichtiger durch einzelne Bestimmungen besonders belastet, durch andere speziell entlastet werden. In diesem Sinn ist das Einkommensteuergesetz allenfalls ein *Programmbündel*.[9] Oftmals lassen sich sogar feste Programmelemente innerhalb des EStG umreißen, ja sogar aus den Umständen ihrer Einführung in das Gesetz erklären.[10] Aber auch diese abgrenzbaren Elemente beruhen auf der Gesamtsystematik des Einkommensteuerrechts und können nicht von diesem isoliert betrachtet werden.[11] Die von *Jann* (1981: 49) idealtypisch für ein Programm zusammengestellten Elemente lassen sich für das EStG daher nur zum Teil genau festlegen. Zu einem anderen Teil sind sie nicht exakt zu bestimmen:

- die zur Bearbeitung anstehenden *Probleme* sind für das EStG nicht umfassend beschreibbar oder definitorisch abgrenzbar;
- die mit Hilfe des EStG angestrebten *Ziele* sind teils konkreter, teils grundsätzlich-abstrakter Natur, praktisch aber gleichfalls nicht abschließend zu benennen;
- Annahmen über die beabsichtigten *Wirkungen* können getroffen werden, diese Wirkungen sind aber nicht vollständig voraussagbar;
- Angaben über die mit der *Durchführung* betrauten Institutionen (die Steuerverwaltungen) können hingegen umfassend gemacht werden.

---

9) Mayntz/Lex (1982: 81) weisen allerdings ausdrücklich darauf hin, daß Programme in der Regel nicht nur ein Ziel, sondern "eine differenzierte Zielstruktur" haben. Widerspruchsfreiheit muß unter dieser Bedingung daran gemessen werden, daß es nicht um die "Maximierung einer Zielvariable", sondern der "Optimierung eines zusammenhängenden Variablenbündels" geht. Allerdings fehlt beim EStG eben auch ein lediglich loser Zusammenhang der Einzelprogramme, der über eine rein verwaltungsmäßige Verbindung bei der Normumsetzung hinausgeht.

10) So zuletzt durch das Wohnungsbauförderungsgesetz vom 29.12.1989 mit dem Restantengesetz zur Steuerreform, das zur sektoralen Ankurbelung des Wohnungsbaus diente; vgl. dazu Hahn (1990).

11) Der umgekehrte Fall, daß ein Programm aus einer Reihe verschiedener Normen besteht, ist relativ häufig festzustellen; vgl. die von Jann (1981: 58) umrissenen Möglichkeiten.

Zudem läßt sich die faktische Konstanz des Einkommensteuerrechts als Ganzes nur schwer mit dem Programmbegriff vereinbaren. Zwar sind das EStG und seine Nebenvorschriften einer Vielzahl von Veränderungen, Ausweitungen oder Aufhebungen einzelner Bestimmungen unterworfen,[12] als Ganzes besteht das Einkommensteuerrecht in einer nur wenig veränderten Grundstruktur aber seit etwa siebzig Jahren.[13] So gesehen ist das Einkommensteuerrecht in seiner Gesamtheit als Dauerrecht angelegt. Eine explizite Zielsetzung als Endpunkt seines Bestehens ist nicht erkennbar.[14]

Gewiß wäre es im Sinne der Zielsetzungen der Implementationsforschung möglich, einige (nicht alle!) der im EStG enthaltenen Teilprogramme zu isolieren und hinsichtlich ihres Politikinhaltes, ihres Zustandekommens im politischen Prozeß und in Bezug auf die ihnen zugrunde liegenden Regeln zu beschreiben, evtl. sogar hinsichtlich ihres Vollzuges und ihrer Wirkungen nachzuzeichnen. Aussagen über diese Teilprogramme ohne Bezugnahme auf den Gesamtzusammenhang des Einkommensteuerrechts wären aber nur von eingeschränkter Aussagekraft, denn die faktische Interdependenz der einzelnen Teilprogramme, die *erst im Vollzug auftritt*, würde hierbei ignoriert werden. Die Bündelung der Programmelemente des Einkommensteuerrechts in der Umsetzung der Bestimmungen durch die damit beauftragten Steuerverwaltungen ist das grundlegende Charakteristikum dieses Rechtsgebiets.

Diesem besonderen Zusammenhang von inhaltlich unterschiedlichen Zielsetzungen und Normadressaten[15] einerseits und angestrebtem einheitlichen Vollzug andererseits trägt die hier vorliegende Untersuchung in ihrem Ansatz Rechnung: Nicht um Einzelbestimmungen des EStG geht es hier, sondern um die Rahmenbedingungen der *Gesamtumsetzung* der gesetzlichen Vorschriften durch die Verwaltung. Wenn im empirischen Teil der vorliegenden Studie (Kapitel 9) nach bestimmten Vorschriften bzw. Paragraphen gefragt wird, deren Umsetzung die Bearbeiter als schwierig empfinden, dann geht es im Grundsatz nicht um diese konkreten Bestimmungen, sondern um den Nachweis, daß der Vollzug *generell* uneinheitlich ist. Auf die konkreten Regelungen wird nur in Bezug auf die Frage nach den Nutznießern bzw. Belasteten der gegenwärtigen Vollzugsbedingungen eingegangen.

---

12) In Kap. 7.1 und 7.2 wird auf dieses Problem näher eingegangen.

13) Vgl. Metzger/Weingarten (1989).

14) Mayntz/Lex (1982: 9) weisen zwar darauf hin, daß es bei der Konzeption eines Programmes nicht auf die Einrichtung in einem Verfahren oder die Normsetzung in einem Akt ankommt. Das ändert aber nichts daran, daß das EStG aufgrund seiner komplexen Struktur in Verbindung mit seiner faktischen Konstanz nicht durch den Programmbegriff abgedeckt wird.

15) Den jeweils Betroffenen aus der Gesamtzahl der Einkommensteuerpflichtigen.

Über das Problem eines fehlenden einheitlichen Programmzieles hilft auch nicht hinweg, daß andere Begriffe aus der Implementationsforschung durchaus auf das Einkommensteuergesetz angewandt werden können: Die *Steuerungsprinzipien* des EStG können als Mischform von allgemeinen Geboten und bestimmten Anreizen relativ genau umrissen werden. Auch die Beschaffenheit des EStG als auf materielle Leistungen bzw. die Nicht-Vergabe von Leistungen aufgebautes Programm ist beschreibbar.[16] *Mayntz* (1983a: 52) bezeichnet es allerdings als "unklar", ob die Steuerpflicht "analog zur Schulpflicht als regulative Norm oder vielmehr als negativer finanzieller Transfer zu bezeichnen ist"; hier fallen "offenbar zentrale Merkmale von zwei Politiktypen zusammen". Die Struktur des EStG zeigt, daß trotz der Wirkungen auf andere Politikbereiche ein Schwerpunkt festgemacht werden kann: Das EStG legt zunächst im Grundsatz fest, für welche Einnahmen Steuern zu bezahlen sind. Alle Ausnahmen, Abschreibungserleichterungen etc. wirken nur als Ausnahme oder Modifizierung dieser Grundsatzbestimmung. Der *regulative Grundcharakter* des EStG wird hier deutlich.

Bei Gesetzen, die sich nicht eindeutig einem politischen Programm zuordnen lassen, ist die Messung des Erfolgs - bzw. des Nicht-Erfolgs gemessen am Nichtvollzug - schwierig. In vielen Rechtsbereichen wird hier eine "institutionell vorgesehene Dunkelziffer" von Abweichungen toleriert, "solange die Kenntnis darüber nicht so allgemein wird und die Norm damit insgesamt an Geltung verliert" (*Blankenburg* 1980: 127).[17] Der Nichtvollzug kann hier nur umrissen, kaum aber graduell bestimmt werden. Auch wenn das Einkommensteuergesetz nicht als zielorientiertes Programm im Sinne der Implementationsforschung verstanden werden kann, sind unter dieser Einschränkung zentrale Fragestellungen aus diesem Forschungsansatz auf das Einkommensteuerrecht anwendbar: die *Bedingungen der Umsetzung* der Norm können herausgearbeitet und die *Grenzen ihres Vollzugs* umrissen werden. Die Frage nach den konkreten Bedingungen des Verwaltungshandelns beim Normvollzug kann durchaus aus dem prozeßorientierten Kontext der Implementationsforschung gelöst und auf strukturelle Bedingungen 'dauerhaft' geltender Normen, die lediglich Programmelemente beinhalten, bezogen werden. Aufbauend auf dem regulativen Grundcharakter des EStG ist es möglich, das Gesetz ungeachtet seiner

16) Windhoff-Héritier (1987: 36) unterscheidet positive Einkommensprogramme (Auszahlungen, Steuervergünstigungen) und negative Einkommensprogramme (Steuern, Abgaben). Diese Aufteilung ist in Bezug auf Steuervergünstigungen aber zu unscharf. Tatsächlich ist das EStG unter dieser Grobaufteilung in wesentlichen Teilen als 'negativ-positives' Einkommensprogramm gestaltet: die differenzierte Nichtbesteuerung grundsätzlich steuerpflichtiger Einnahmen im Verhältnis zu anderen ist eines der kennzeichnenden Elemente der deutschen Einkommensbesteuerung. Auch dieser Aspekt wird erst deutlich, wenn man das Einkommensteuerrecht als Ganzes betrachtet.

17) Blankenburg (1980: 127) nennt als Beispiel u.a. Steuererklärungen, die nur stichprobenartig überwacht werden können.

vielschichtigen Zielstruktur als 'Quasi-Programm' zu behandeln und in einem *programmorientierten Ansatz* den faktischen Vollzug zu behandeln, i.S. der Frage: "Wieviel von dem 'oben' beschlossenen Auftrag wird 'unten' erfüllt?" (*Windhoff-Héritier* 1987: 86).

Ein vollständiger "Soll-Ist-Vergleich", in dem der gesetzliche Auftrag und die "Durchführungswirklichkeit" gegenübergestellt und "den implementationsbedingten Ursachen der Zielabweichung" nachgegangen wird (ebd.: 86f), ist wegen der dargelegten Vielschichtigkeit des Einkommensteuerrechts nicht möglich. Hierin liegt evtl. eine Abweichung zu Fallstudien, die bisher im Rahmen der Implementationsforschung zu einzelnen Politikfeldern durchgeführt wurden. Der zweite Unterschied liegt in den Vollzugsbedingungen der Normen, die beim EStG sehr speziell sind: die vom Gesetz betroffene Gruppe (Steuerzahler) ist sehr heterogen, die mit der Umsetzung beauftragte Verwaltung trotz des föderativen Verwaltungsaufbaus im Prinzip einheitlich gestaltet. Der dritte Unterschied liegt schließlich in der Konzentration auf die *Mikro-Ebene* bei der Implementation, hier also die Veranlagungsstellen in den Finanzämter. Diese Konzentration rechtfertigt sich aus der besonderen Konstruktion des Veranlagungsverfahrens, das auf direkte Kontakte zwischen Bürgern und Verwaltungspersonal aufbaut.[18)]

1.1.2 Praktikabilitätskriterien für den Normenvollzug

Für die Umsetzung von Programmen sind bestimmte *Strukturen* der mit der Umsetzung von Normen betrauten Behörden, Institutionen etc. von zentraler Bedeutung, so die Personalstruktur (Ausbildung, Erfahrungen des Personals), die Organisationsstruktur (formale Aufgaben, Zuständigkeiten, Hierarchien) und die Prozeßstrukturen (Verfahrensregeln, Informationsgewinnung).[19)] Diese Elemente stehen auch in der vorliegenden Studie im Vordergrund. Es ist allgemein unstrittig, daß "Art und Umfang der behördlichen Ressourcen - verfügbares Personal, Finanzmittel, technische Ausstattung usw." - das Verhalten der Vollzugsinstanzen beeinflussen (*Mayntz* 1983: 63) und daß "durchsetzungsfähige und personell wie sachlich vorzüglich ausgestattete Behörden" durch die Vorgaben eines bestimmten Programmes "weniger leicht überfordert" werden als weniger durchsetzungsfähige und weniger gut ausgestattete Behörden (*Mayntz/Lex* 1982: 9):

> "Reichen die Ressourcen nicht zur vorschriftsmäßigen und unverkürzten Erfüllung aller Vollzugsaufgaben aus, dann ergeben sich nicht nur Verzögerungen (z.B. bei der Antragsbearbeitung), sondern bestimmte Vollzugsaufgaben werden nur partiell erfüllt." (*Mayntz* 1983a: 63)

18) Vgl. Kap. 8.1 und 8.2.

19) Vgl. Jann (1981: 21).

Praktikabilitätsmängel einer Norm stellen in diesem Sinne eine Überforderung der Vollzugsträger dar, "die häufig zu Vollzugsdefiziten führt" (*Mayntz/Lex* 1982: 3). In der Verwaltungswissenschaft wurden Kriterien der "administrativen Praktikabilität"[20] von Programmen herausgearbeitet. Die Umsetzung des Programmes ist für die damit betrauten Instanzen stets mit einem gewissen Aufwand verbunden. Daher ist hier vor allem der *Grad* der Praktikabilität von Interesse:

> "Ein *praktikables* Programm macht dem Vollzugsträger die Durchführung so leicht wie möglich, ohne dabei eine wirksame Zielverwirklichung zu beeinträchtigen. Es geht also bei der Praktikabilität nicht darum, Programme zu entwickeln, die die Verwaltung möglichst wenig belasten, sondern darum, bei einmal gesetzten Programmzielen eine möglichst wenig aufwendige und dennoch wirkungsvolle Form ihrer Erreichung zu finden." (*Mayntz/Lex* 1982: 3)

Mayntz/Lex (1982: 22) teilen staatliche Handlungsprogramme in den *Programmkern* einerseits und die organisatorischen und verfahrensmäßigen Programmelemente andererseits (*Durchführungsteil*) auf. Zum Programmkern gehören dabei die Zielsetzung, die Bestimmung der Programmadressaten und die Steuerungsinstrumente.[21] Der Durchführungsteil umfaßt die Festlegung der Durchführungsinstanzen, die Normierung der Verfahrensweise, Mitwirkungsregelungen etc.[22] Die Praktikabilitätsüberlegungen gehen dabei von einem getroffenen Programmziel und einem festgelegten Programmtyp aus und bauen darauf auf. Aus dieser Position lassen sich verschiedene Bedingungen administrativer Praktikabilität auf der Seite der Handlungsnormen festmachen:[23]

- Normen müssen *Handlungsvoraussetzungen* beinhalten, damit die Vollzugsbehörden überhaupt tätig werden können; die Vollzugsbehörden müssen über die Regelungen, die sie anwenden oder durchführen sollen, *informiert* sein, sie müssen zum Handeln *ermächtigt* werden und die zu regelnden Tatbestände müssen *vollständigt abgedeckt* sein;

---

20) Der Begriff der administrativen Praktikabilität umschreibt die Merkmale, die "ein Programm praktikabel und insofern vollzugsgeeignet machen" (Mayntz/Lex 1982: 1).

21) Wie dargelegt, ist das Einkommensteuerrecht kein abgrenzbares Handlungsprogramm; deshalb sind explizite Zielsetzungen nur in Einzelbereichen isolierbar. Anders verhält es sich mit den Programmadressaten: sie sind im EStG genau definiert (vgl. Kap. 6.3.2 zur persönlichen und sachlichen Steuerpflicht).

22) Für das Einkommensteuerrecht sind diese Punkte zumeist in den Finanzverwaltungsgesetzen (vgl. Kap. 2) und der Abgabenordnung normiert; z.T. werden Einzelfragen auch durch spezielle Verwaltungsanweisungen zum Verfahren geregelt.

23) Die Darstellung folgt der ausführlichen, auf Literaturanalysen bauenden Aufstellung bei Mayntz/Lex (1982: 30 ff).

- die Bestimmungen müssen zur Umsetzung bestimmte *kognitive Voraussetzungen* erfüllen; so müssen sie Anforderungen an ihre *Verständlichkeit* nachkommen, begrifflich *eindeutig* und als Ganzes *überschaubar* sein;
- sie sollen *Konsistenzkriterien* erfüllen, d.h. *widerspruchsfrei* und mit bereits existierenden Normen *kompatibel* sein sowie *Überschneidungen* vermeiden;
- um die *Handlungsfähigkeit* der Vollzugsbehörden zu gewährleisten, müssen die Normen *ausreichend flexibel handhabbar* und *praktisch durchführbar*, also in den zu regelnden Tatbeständen auch nachprüfbar oder kontrollierbar, sein;

Diese Kriterien werden in der vorliegenden Untersuchung als Rahmenbedingungen des Vollzugs Beachtung finden. Sie werden nicht in Form einer 'Prüfliste' abgearbeitet, sondern nach den besonderen Bedingungen des Einkommensteuerrechts gesondert angesprochen, also jeweils im konkreten empirischen Bezug herangezogen:

- das Problem der *Informiertheit* der Vollzugsbehörden ist - mit dem Schwerpunkt beim einzelnen Sachbearbeiter - wesentlicher Gegenstand der empirischen Untersuchung (vgl. Kap. 9.3);
- die besonderen Probleme des EStG und seiner Nebenvorschriften hinsichtlich *ihrer Verständlichkeit* und *Überschaubarkeit* werden bei der Beschreibung der Bedingungen des Verwaltungshandelns in Kap. 7.1 und 7.2 behandelt;
- der *Aufbau* des Einkommensteuergesetzes als grundlegender Norm und der Aufbau und die Bedeutung der nachgeordneten Vorschriften und der Rechtsprechung werden in Kap. 6 betrachtet;
- im dort behandelten Zusammenhang werden auch Fragen der *Flexibilität* des Normenbestandes (Ermessensfragen der Behörden etc.) angesprochen.

Unter dem Aspekt des Vollzugsaufwandes lassen sich weiterhin (aus der Perspektive der Vollzugsinstanzen gesehen) als Kriterien für den Verbrauch von Ressourcen konkrete Handlungsbedingungen der Vollzugsbehörden festmachen. Sie sind weitgehend Gegenstand des empirischen Teils der Untersuchung. Hier werden angesprochen:

- der *Bearbeitungsaufwand*, den der Normvollzug verursacht. Der zeitlich Aufwand des Vollzugs ist gerade bei der ESt-Veranlagung mit ihren großen Fallzahlen bedeutsam. Hier ist zu prüfen, ob die von *Mayntz/Lex* (1982: 65) gegebene Einschätzung zutrifft,[24] daß...

---

24) Der von den Autoren an diese Einschätzung angefügte Satz ("Bei einer generell gesetzestreuen und auf gewissenhaften Vollzug bedachten Beamtenschaft wird letzteres aber nicht als akzeptable Problemlösung empfunden.") wird in Bezug auf die Einkommensteuerveranlagung mit besonderer Beachtung zu prüfen sein.

"... bei gegebenem Personalbestand zeitaufwendige Entscheidungsverfahren die Durchführung eben nicht einfach 'teurer' machen, sondern das einmal gegebene und in der Regel nicht zügig und ausreichend vermehrbare Personal überfordert (wird), was entweder zu erheblichen Warteschlangen bei der Fallbearbeitung (und entsprechender Kritik von Adressaten und vorgesetzten Instanzen) oder aber zur teilweisen Nichtbeachtung von Vorschriften als einziger Alternative führt.

Diese Problemlage wird im Einkommensteuerrecht dadurch erschwert, daß - wegen der dargelegten Komplexität des Normenbestandes und der Überlagerung verschiedener Einzelprogrammziele - der von *Mayntz/Lex* (1982: 67f) vorgeschlagene Weg der vorausgehenden Überprüfung des Bearbeitungsaufwandes (Zerlegung des Gesetzes und Ermittlung einzelner Arbeitsschritte) nur eingeschränkt möglich ist;[25)]

- die *Sachverstandserfordernisse*, die der Normvollzg verursacht. Dieses Problem wird sowohl in Zusammenhang mit der Organisation der Finanzämter als auch bei der Frage der Ausbildung der Veranlagungssachbearbeiter beleuchtet;
- der *Koordinationsaufwand*, der - abweichend von der 'Allzuständigkeit' eines Sachbearbeiters - insbesondere in den siebziger Jahren bei der Umorganisation der Finanzämter eine Rolle spielte;[26)]
- die *Rechenschaftslegungserfordernisse*, die - etwa durch die Anfertigung von Statistiken für übergeordnete Instanzen - innerhalb der Vollzugsbehörden zu erfüllen sind;
- die *Konfliktregelungserfordernisse*, die in Bezug auf das Veranlagungsverfahren anhand der Zahl der Rechtsbehelfsmittel und Finanzgerichtsprozesse ablesbar sind. Die allgemeine Problemlage von Vollzugsbehörden, die *Mayntz/Lex* (1982: 77) hierzu beschreiben, findet sich auch bei der ESt-Veranlagung:

  "... dabei spielen Aufwandsüberlegungen eine Rolle: die ohnehin belasteten Vollzugsbehörden scheuen den zusätzlichen Aufwand durch die Bearbeitung von Einsprüchen und vor allem durch Verwaltungsgerichtsverfahren."

Der angesprochene, bei der mangelhaften Beachtung der genannten Vollzugskriterien drohende, partielle Nichtvollzug einer Norm soll am Beispiel des Einkommensteuerrechts in dieser Untersuchung belegt und - soweit möglich - aus den Vollzugsbedingungen heraus erklärt werden. Der Schwerpunkt wird hierbei als besonderer Akzent auf dem *Personal* der Veranlagungsstellen (und dessen objektiven bzw. subjektiv empfundenen Arbeitsbedingungen) liegen. Mithin wird also nur ein

---

25) Tatsächlich wird z.T. auch versucht, diesen Weg zu beschreiten, dies allerdings nur mit eingeschränktem Erfolg; vgl. die Ausführungen zur Personalbedarfsberechnung in den Steuerverwaltungen in Kap. 4.2.3.

26) Vgl. die Ausführungen zu den Grundsätzen zur Neuorganisation der Finanzämter und zur Neuordnung des Besteuerungsverfahrens (GNOFÄ) in Kap. 3.3.

Ausschnitt aus dem 'Policy-Zyklus' erfaßt werden. Gerade diesem Teil des Zyklus wurde aber in Bezug auf die Durchführung der Einkommensteuerveranlagung in der Verwaltungs- und Finanzwissenschaft bisher (zu) wenig Beachtung geschenkt.

Dafür müssen an anderer Stelle Einschränkungen gemacht werden: Weder die Phase der Politikformulierung noch die an die Implementation anschließende Phase der Verarbeitung und die möglichen Reaktionen sind Gegenstand dieser Studie. Dies ist nicht nur aus der Komplexität des Betrachtungsfeldes 'Einkommensteuererhebung' zu rechtfertigen, sondern ergibt sich auch aus der dargelegten Konstanz des Einkommensteuerrechts: Bestimmte Vorgaben, wie die der Ausgestaltung der Implementationsstruktur (Art der zuständigen Verwaltungsbehörden, Merkmale der Beteiligung, Koordinationserfordernisse etc.) sind durch grundsätzliche strukturelle Entscheidungen zum Normbestand und zur Organisation und Ausstattung der Vollzugsbehörden z.T. schon vor Jahrzehnten getroffen worden. Sie werden zwar immer wieder modifiziert, aber - auch das ist ein Charakteristikum der Einkommensbesteuerung - Probleme des Normvollzugs führen nur in ganz grundsätzlichen Schüben zu einer Rückkopplung und eventuellen Änderung des Normbestandes.[27)]

Aus den Problemen bei der Umsetzung des EStG können Schlüsse auf zentrale Probleme des Normbereichs und mögliche Reformen des Verfahrens gezogen werden. Bedingt durch die Struktur des Einkommensteuerrechts als 'Programmbündel' können aber weder umfassende Erklärungsmuster für Zusammenhänge zwischen Fehlern bei der Programmformulierung im einzelnen und den Problemen beim Gesamtvollzug erarbeitet oder detaillierte Ratschläge für eine 'Umprogrammierung' gegeben werden. Ziel der Studie ist es aber, hier zumindest ein Problembewußtsein zu schaffen.

27) So zuletzt bei der Aufhebung der starren Regelungen hinsichtlich der Zuständigkeiten bei der Veranlagung in den Finanzämtern, wie sie Mitte der siebziger Jahre in den Landessteuerverwaltungen durchgeführt, einige Jahre später aber wieder deutlich zurückgenommen wurde (näheres zum sog. GNOFÄ-Konzept in Kap. 3.3).

1.2 Rahmenbedingungen der Rechtsanwendung in den Finanzämtern

1.2.1 Die Aufgaben-, Verfahrens- und Zielstrukturen in der Steuerverwaltung

Die Hauptaufgabe der Steuerverwaltung[28] ist klar umrissen: sie besteht im Vollzug der auf dem vorgeschriebenen Wege ergangenen steuerrechtlichen Normen und konkretisiert sich im wesentlichen auf der Ebene der Finanzämter. Hierbei steht die vollständige Erfassung der Steuerfälle und die umfassende Erhebung der Steuern auf gesetzlicher Grundlage im Vordergrund. Auftrag und Bedingungen des Verwaltungshandels stellen gerade wegen der Eingriffsfunktion eine wesentliche Grundlage des Selbstverständnisses der Verwaltungsangehörigen dar:

> "Die Steuerverwaltung nimmt eine Schlüsselfunktion im Gefüge staatlichen Verwaltungshandels ein. Wie keine andere Verwaltung trifft sie den Bürger als Steuerzahler in einem besonders sensiblen Bereich seiner persönlichen Existenz und bindet sie an das Allgemeinwohl. Insbesondere die Verwaltung, die diese Eingriffe - in einem regelmäßigen Turnus - vollzieht, ist den Grundsätzen verpflichtet, die unsere Verfassung der Eingriffsverwaltung auferlegt, dem Grundsatz der Gesetzmäßigkeit der Verwaltung."[29]

Die Konkretisierung dieses Grundsatzes der Gesetzmäßigkeit[30] muß sich sowohl auf den Inhalt als auch das Verfahren des Besteuerungsprozesses beziehen. Zur Umsetzung des Gesetzesauftrages sind den Finanzämtern drei politisch vorgegebene "Programmpakete" (*Brinckmann u.a.* 1981: 83) zugewiesen. Diese umfassen:

- das *materielle Steuerrecht*, durch das - gegliedert nach den einzelnen Steuerarten - bestimmt ist, "was wie zu besteuern ist";
- das *Verfahren*, nach dem die Steuerverwaltung bei der Festsetzung und Erhebung der Steuern vorzugehen hat;
- die *Ressourcen*, die der Verwaltung für die Anwendung und Durchführung der Steuergesetze zur Verfügung stehen.

Der Steuerverwaltung stehen seit den Finanzreformen im Deutschen Reich nach dem ersten Weltkrieg drei Hauptverfahrensformen zur Verfügung: Neben dem *Er-*

---

28) Als 'Steuerverwaltung' soll in dieser Untersuchung (in Übereinstimmung mit einer gängigen Praxis) der Teil der Finanzverwaltungen der Länder bezeichnet werden, der sich mit der Erhebung und Verwaltung von Steuern beschäftigt (vgl. Kap. 2). Zuweilen ist es notwendig, von den Steuerverwaltungen zu sprechen, um deutlich darauf hinzuweisen, daß es sich um Teile der Verwaltungen der Bundesländer handelt und die Strukturbedingungen des Föderalismus sich hier in besonderer Weise auswirken können.

29) Aus einer Resolution des 10. Gewerkschaftstages der Deutschen Steuergewerkschaft (DStG), Hannover 1983, zit. nach 'Ohne gerechte Besteuerung keine geordneten Staatsfinanzen', in: Die Steuer-Gewerkschaft (DStG) Nr. 5/1983: 54-56 (54).

30) Ausführlicher behandelt in Kap. 6.1.1.

hebungsverfahren, das zur Zeit der Erzbergerschen Finanzreformen vom Festsetzungsverfahren abgetrennt und den Finanzkassen zugewiesen wurde, steht das *Lohnsteuerabzugsverfahren*, das zum Zweck der "vereinfachten, schnelleren und sicheren Steuerfestsetzung und -erhebung" aus dem Veranlagungsverfahren ausgegliedert und in den Lohnsteuerstellen verselbständigt wurde, und das *Veranlagungsverfahren*, in dem mehrere Teilbereiche der Einkommensteuerermittlung und -festsetzung zusammengefaßt sind; das Veranlagungsverfahren beginnt mit einer Steuererklärung und endet mit einem die Steuer zahlbar machenden, jährlich erlassenen Steuerbescheid (vgl. *Jungesblut* 1980a: 171).

Die *Zielstruktur* in der Steuerverwaltung ist aber nicht so eindeutig, wie es nach der klaren Aufgabenformulierung den Anschein hat. Der reibungslose Vollzug der Steuergesetze ist wohl das wesentliche, nicht aber das *einzige* Ziel der Steuerverwaltung. *Brinckmann u.a.* (1981: 55) unterscheiden *primäre* und *sekundäre* Ziele der Steuerverwaltung, zwischen denen Spannungsverhältnisse bestehen:

> "Die primären Ziele der Steuerverwaltung bestehen in der reibungslosen Bewältigung der verbindlich geregelten Aufgaben, in der pünktlichen und konfliktfreien Anwendung der Gesetze sowohl nach innen (insbesondere Rechnungswesen) wie auch nach außen (rechnerisch richtige Bescheide, formalrechtlich abgesicherte hoheitliche Maßnahmen) und in der raschen und exakten Übernahme neuer Rechnungsgrundlagen. Primäres fiskalisches Ziel ist die möglichst frühzeitige und vollständige Ausschöpfung aller Einnahmequellen; dieses Ziel steht aber bereits in Konflikt mit dem Ziel reibungsloser Bewältigung unter Berücksichtigung der für den Gesetzesvollzug zur Verfügung stehenden Ressourcen." (*Brinkmann u.a.* 1981: 85)

Die sekundären Ziele der Steuerverwaltung lassen sich in die Bereiche Politikgerechtigkeit, Klientelgerechtigkeit und Mitarbeitergerechtigkeit gliedern. Die *Politikgerechtigkeit* erfordert, daß die wirtschafts- und steuerpolitischen Zielsetzungen der Steuergesetze, die neben den fiskalischen Zielen stehen, angemessen berücksichtigt und die materiellen und formellen Anforderungen des Rechtsstaatsprinzips erfüllt werden, das Verwaltungshandeln kontrollierbar, steuerbar und reformierbar bleibt und daß der Verwaltungsvollzug Informationen für die politische Planung und Entscheidung bereitstellt. Der Grundsatz der *Klientelgerechtigkeit* macht es notwendig, daß der Aufwand für die Steuerfestsetzung und -erhebung für den Bürger minimiert wird "und jeweils seiner Leistungsfähigkeit entspricht", daß das Verfahren, die angewendeten Rechtsvorschriften und die erteilten Bescheide verständlich und kontrollierbar sind und daß der Steuerpflichtige vor dem Mißbrauch seiner Informationen geschützt bleibt. Die *Mitarbeitergerechtigkeit* in der Steuerverwaltung erfordert schließlich, daß die Übersicht über das einzelne Verfahren gewahrt bleibt, die Zerlegung der Arbeit weitgehend vermieden wird, jederzeitige

Auskunft über Verfahrensstand, Probleme des Einzelfalls, Berechnungsgrundlagen und -methoden möglich ist sowie daß Chancen zur selbstbestimmten, individuellen oder gruppenspezifischen Ausnutzung verfahrensmäßiger Spielräume bestehen und auf unnötige Hierarchien verzichtet wird (*Brinkmann u.a.* 1981: 86).
Darüber hinaus ist die Steuerverwaltung verpflichtet, sparsam zu wirtschaften: Der Einsatz der Ressourcen "muß in einem angemessenen Verhältnis zu den zu erwartenden Einnahmen stehen; bei gleich guter Verwirklichung der primären wie sekundären Ziele ist die kostengünstigere Verfahrensvariante zu wählen" (ebd.: 86). Auch deshalb orientiert sich die Verwaltung zunächst an der reibungslosen Erreichung der primären Ziele. Spielräume bestehen für sie hingegen bei der Erfüllung der Nebenziele:

> "So kann die Dauer der Beratung oder der Informationssuche ebenso wie die Sorgfalt der Untersuchung des Einzelfalles unterschiedlich sein. Das Maß der Pauschalisierung und Typisierung kann niedriger oder höher angesetzt werden." (*Brinkmann u.a.* 1981: 99)

Die Kosten für die Erhebung der Einkommensteuer haben beträchtlichen Umfang: *Grüske* (1988: 175) gibt die gesamten administrativen Kosten der Steuererhebung für 1984 mit rund 6,5 Mrd. DM an; gemessen am Gesamtsteueraufkommen von 307 Mrd. DM sind das 2,12 % des Ertrages. Die Einkommensteuer liegt dabei, sowohl was ihren Anteil am Gesamtsteueraufkommen, als auch was ihren Anteil an den gesamten Erhebungskosten angeht, an der Spitze der verschiedenen Steuerarten.[31] Bezogen auf das Aufkommen liegt sie in der Kosten-Nutzen-Relation unter dem Durchschnitt.[32] Gerade bei der veranlagten Einkommensteuer ist die Zusammensetzung der Kostenbestandteile sehr heterogen:

> "So verursachen die Steuerzahler mit ausschließlichen Einkünften aus nichtselbständiger Arbeit geringe Kosten, erzielen aber ein hohes Aufkommen an veranlagter Einkommensteuer. Für die anderen Steuerpflichtigen verhält es sich genauso umgekehrt, da die komplizierten Vorschriften ihre Erhebung verteuern." (*Grüske* 1988: 177)

31) Vgl. Grüske (1988: 176, Graphik 1). Die Berechnung fußt allerdings auf verschiedenen Unsicherheiten. So sind die Personalkosten in den Finanzämtern in Bezug auf die Veranlagung nicht den einzelnen Steuerarten zurechenbar; dies gilt mittelbar auch für die EDV-Kosten. Zudem ist die Einkommensteuer nicht vollständig in die Kosten für die beiden Erhebungsformen des Quellenabzugs (Lohnsteuer) und der Veranlagung teilbar. Die von Grüske verwendete, unter der Leitung von H.C. Recktenwald erarbeitete Statistik schlägt grob vereinfachend das Steueraufkommen aller Lohnsteuerzahler, die auch zur ESt veranlagt werden, dem ESt-Aufkommen zu; vgl. die methodischen Hinweise bei Grüske (1988: 175). Damit werden die Aufkommensrelationen und die Kostenrelationen verfälscht.

32) Vgl. Grüske (1988: 177, Graphik 2).

Bisherige Untersuchungen der Steuerverwaltung haben schon verdeutlicht, daß "das durch Gesetzesrecht intendierte nur durch organisatorische, personelle und soziale Faktoren 'gebrochen' die Rechtswirklichkeit bestimmt" (*Grunow u.a.* 1978: 40). Daß die Finanzverwaltung nicht in der Lage ist, "das differenzierte gesetzliche Instrumentarium der Individualfeststellung bei 100 Millionen Verwaltungsakten einzusetzen" und die "Kapazität der Finanzverwaltung nicht ausreicht, um ihrem gesetzlichen Leistungsauftrag auf ganzer Linie zu genügen" (*Isensee* 1976: 155) gilt weithin als unstrittig. Auch die Gründe hierfür sind bekannt. Es werden immer wieder angeführt:[33]

- die Überkompliziertheit und Systemlosigkeit des geltenden Steuerrechts;
- der Mangel an Praktikabilität der Steuergesetze ("Hochgradige Differenzierungen der Normen belasten Tatsachenermittlung und Rechtsfindung.");
- die mangelnde Anpassung der Gesetze an die wirtschaftliche Entwicklung (etwa bei Veranlagungsgrenzen, Pauschalsätzen etc.);
- die Inadäquanz des gesetzlichen Verfahrenskonzepts (mangelnde Abstimmung der Verfahrensvorschriften mit den Erfordernissen eines "Massenverfahrens")
- und die Personalknappheit der Finanz- und Steuerverwaltungen.

Die Verwaltung, der sowohl die gesetzlichen Vollzugsaufgaben, als auch die personellen und sachlichen Vollzugsmittel vorgegeben sind, ist damit in einer schwierigen Situation: Sie kann alle steuerlichen Vorgänge mit der gleichen Sorgfalt und Gründlichkeit aufklären, dann übersteigt (möglicherweise) der Aufwand den Ertrag und die Funktion der Finanzämter wird sinnlos. In jedem Fall wird die Verwaltung der Masse des Arbeitsanfalles nicht mehr Herr. Sie kann andererseits auf eine umfassende Ermittlung generell verzichten; damit sinkt das Steuerpotential und es wird "zum Spiel des Zufalls..., ob und in welchem Maße sich die Steuerpflicht des Einzelnen aktualisiert". Damit sinkt zugunsten der Quantität der Fallbearbeitung deren Qualität (*Isensee* 1976: 156f). Letztlich stößt "das gesetzliche Sollen der Verwaltung... auf die Grenze ihres realen Könnens" (ebd.: 157). Offensichtlich wird aber - bei aller Kritik an grundsätzlichen Problemen des Steuerrechts und der Besteuerung des Einkommens nach dem EStG im besonderen - an einem *prinzipiell vollständigen Vollzug* der Steuergesetze im Rahmen der vorgegebenen Verfahren nicht gezweifelt. Dies gilt gleichermaßen für die Praxis wie für die Steuerrechtswissenschaft. So zählt *Tipke* (1987: 65 ff) etliche generelle Probleme des Steuerrechts in der Bundesrepublik auf, die zur "Unübersichtlichkeit und Verworrenheit des Steuerrechts" beitragen, und spricht die Problematik einer Loslösung von Steuerbeamten und Richtern von den methodischen Regeln an, an deren Stelle

33) Hier zitiert nach der Zusammenfassung von Isensee (1976: 156f).

oftmals ein eigenes 'Rechtsgefühl' gesetzt werde, stellt aber die grundsätzliche Ausrichtung der Steuerverwaltung am Gesetz bei der Durchführung der Besteuerung nicht in Frage. Die Steuerrechtswissenschaft erkennt immerhin an, daß der Grad des Normenvollzugs im Einkommensteuerrecht bei den verschiedenen Erhebungsformen und den unterschiedlichen Gruppen von Steuerpflichtigen[34] nach dem EStG aufgrund des Personalmangels und der Vielzahl zu beachtender Gesetze und Verwaltungsvorschriften deutlich unterschiedlich ausfällt:

> "Die Intensität der Sachaufklärung schwankt zwischen nahezu voller Erfassung der Lohneinkünfte durch Quellenbesteuerung über die mehr oder minder dichte Kontrolle der Unternehmereinkünfte durch Außenprüfung bis hin zum bloßen 10%igen Quellenabzug auf Zinsen[35] und zum bloßen Gewährenlassen der Rentner." (*Tipke/Lang* 1989: 658)

Daß die Bearbeiter in den Finanzämtern in erheblichem Maße unter dem starken Vorschriftenwachstum leiden, daß der Druck der zu erledigenden Fallzahlen und die unvollständige oder zu späte Information der Beamten über Änderungen bei von ihnen zu vollziehenden Vorschriften die Durchführung der Besteuerung erheblich erschweren, ist den Verwaltungsführungen spätestens seit dem Bericht der Kommission 'Normenflut' beim Bundesfinanzministerium im Dezember 1986 bekannt.[36] Aber einer generellen Kritik an der Handhabung des Rechts durch die Steuerverwaltung, wie sie - aus eigener Kenntnis - durch *Jenetzky*[37] vorgebracht wird, wird von der ministeriellen Führung entgegengehalten, daß die Besteuerungspraxis sich ja wohl "immer noch im Rahmen der Gesetze" halte.[38] Daß aber eine solche Problematisierung der Veranlagungsbedingungen in den Finanzämtern durchaus eine Berechtigung hat, zeigt die Bewertung der Arbeitsbedingungen durch die Finanzbeamten selbst, wie sie beispielsweise in einer Darstellung der Situation durch Bedienstete des Finanzamtes Rosenheim in Bayern zum Ausdruck kommt:

---

34) Bei einzelnen Gruppen von Steuerpflichtigen sind überproportionale Fehlerhäufigkeiten bei der Veranlagung nachgewiesen: So bemängelte der baden-württembergische Landesrechnungshof in einer Denkschrift 1989, daß bei der Besteuerung ausländischer Einkünfte in den einzelnen Finanzämtern Fehlerquoten zwischen 16 % und 67 % (im Durchschnitt 35 %) anfielen; vgl. Stobbe (1990: 194).

35) Der nach sechsmonatiger Gültigkeit Mitte 1989 wieder abgeschafft wurde; vgl. Steuerrecht Aktuell/ Steuerreform-Änderungen, in: Deutsche Steuer-Zeitung (DStZ), Nr. 11/1989 sowie Kap. 10.2.

36) Vgl. 'DStG mahnt Folgen aus Bericht 'Normenflut' an', in: Die Steuer-Gewerkschaft (DStG), Nr. 9/1988: 121-122 u. Kap. 10.3.

37) 1982 bzw. 1982a; vgl. zum näheren Kap. 8.5.2.

38) Ministerialdirektor Dr. Koch aus dem BMF in Replik auf die Ausführungen von Jenetzky (1982a) in dem Diskussionsband von Tipke (1982) über die Grenzen der Rechtsfortbildung durch Rechtsprechung und Verwaltungsvorschriften im Steuerrecht.

> "Keine/r liebt uns, aber jede/r ruft an. Trotz tagtäglich geleisteter Arbeit, veranlagter Lohnsteuerjahresausgleiche, Beantwortung der Telephonanrufe, Bearbeitung der Kasseneingänge und Erstattungen, Ausstellen der Nichtveranlagungsbescheinigungen bei Landwirten und der - auch für uns belastenden - Quellensteuer in den ersten vier Monaten des Jahres, Betriebsprüfungen etc., kurz gesagt: Der Statistikdruck wird immer größer, das Arbeitsaufkommen immer mehr (plus 16 Prozent in 1988), die Leute immer weniger (nicht nur wegen Herzinfarkt...). ... wenn die Raumnot bedacht wird (drei Leute arbeiten auf 24 Quadratmetern) und auf den soeben begonnenen Finanzamtsneubau etwa zehn Jahre gewartet werden mußte, wenn die Ausstattung mit Arbeitsmitteln unzulänglich ist (auch wenn es für die Steuerzahler/innen beruhigend klingen mag, daß jeder Bleistift gesondert ausgehändigt wird),..."[39]

Im Zuge der Untersuchung wird deutlich werden, daß diese Zustandsbeschreibung kein Einzelfall ist.

1.2.2 Normenkenntnis der Rechtsanwender als Bedingung des Vollzugs

In dieser Untersuchung wird von der üblichen Betrachtungsweise von 'Vollzugsdefiziten' über Gesamtverwaltungen hinweg abgegangen und die Perspektive des einzelnen Arbeitsplatzes in der Steuerverwaltung gesucht. Hier bieten sich im besonderen die Arbeitsbedingungen von *Sachbearbeitern in den Veranlagungsstellen* der Finanzämter an. In diesen Stellen geschieht die konkrete Umsetzung des Steuerrechts für den einzelnen Fall und hier müssen auch Rechts- oder Verfahrensänderungen aufgenommen und zukünftig angewandt werden - oder sie verpuffen wirkungslos. Alle bisherigen Reformversuche haben an dieser 'Nahtstelle' zwischen Steuerzahler und Steuerverwaltung angesetzt. Dies erklärt sich auch aus dem gewandelten Rollenverständnis zwischen ehedem 'obrigkeitsstaatlicher' Steuerverwaltung und den selbstbewußter werdenden Steuerpflichtigen (*Püschel* 1978: 252).[40] Die Steuerverwaltung eignet sich zudem wegen ihrer speziellen Struktur besonders für die nähere Betrachtung einer eher pragmatischen Anwendung geltender Rechtsnormen durch die Verwaltung: *Stolterfoth* (1982: 300) bezeichnet sie als "besonders prägnantes Beispiel der sog. Inspektorenverwaltung", die sich durch ausgeprägte fachspezifische Vorschriften auszeichnet und deren "spröde Materie" von

---

39) Vgl. 'Keine Lösungsmöglichkeiten im Programm' (Leserbrief), in: Süddeutsche Zeitung, 08./09.07. 1989; Bezug nehmend auf die Ergebnisse der Europawahl 1989 mit einer starken Zunahme der 'Republikaner' im Bereich der Stadt Rosenheim.

40) Daß das Selbstbewußtsein der Steuerpflichtigen (als Ausdruck für ihre gewandelte Einstellung zum Verfahren der Besteuerung und zu den Bediensteten der Steuerverwaltung) deutlich ungleichgewichtig verteilt ist, wird in Kap. 8.1.3 aufgezeigt. Püschel (1978: 252) weist im übrigen darauf hin, daß als Gegenspieler der Steuerverwaltungen auch die "Steuerunwilligen" zu erwähnen sind, die in den kaum überschaubaren wirtschaftlichen, sozialen und politischen Verflechtungen des Steuerrechts "ein verlockendes Arbeitsfeld" finden.

Juristen gerne gemieden wird, was den Vollzug des Steuerrechts den Beamten des mittleren und gehobenen Dienstes in den Ämtern zuweist. Er sieht in dieser Konstellation auch die Gefahr, daß "ein Effizienzdenken rechtliche Aspekte in den Hintergrund drängt". Aber von den Beamten wird gerade dieses Effizienzdenken in hohem Maße verlangt. Zugleich wird von ihnen erwartet, solche Effizienzkriterien nach Maßgabe der allgemeinen Lebenserfahrungen auf die Angaben der Steuerpflichtigen anzuwenden.

Daß neben den Aufgaben- und Verfahrensstrukturen in der Steuerverwaltung auch andere formelle und informelle Rahmenbedingungen Einfluß auf die Besteuerungsrealität haben, wurde schon durch frühere Untersuchungen belegt. So haben *Grunow u.a.* (1978: 50) aufgezeigt, daß neben den formellen Vorgaben der *Rechtsordnung* (materielles Steuerrecht, Verfahrensrecht), *Organisationsvorschriften* und anderen situativen *räumlich-technischen Merkmalen* (Ausstattung der Finanzämter) auch *Wissen*, *Erfahrung*, *Motivation* und *persönliches Auftreten* des Steuerpflichtigen auf den Gang und das Ergebnis des Verfahrens Einfluß nehmen können. Auch die Rolle des *Bearbeiters* geht in diesem Zusammenhang über den mechanischen Normenvollzug hinaus:

> "Je nach seinen Persönlichkeitsmerkmalen nutzt er seinen Handlungsspielraum (Ermessens- und Beurteilungsspielraum) mehr oder weniger zugunsten oder zulasten des Steuerzahlers aus, vor allem hinsichtlich der Intensität der Sachverhaltsermittlung und der rechtlichen Beurteilung festgestellter Sachverhalte, aber auch hinsichtlich des Umfangs der 'Beratung' des Steuerzahlers."[41]

Während *Grunow u.a.* in diesem Zusammenhang ihr Augenmerk eher auf die Folgen wechselseitiger Einstellungen und Wahrnehmungen zwischen Steuerpflichtigen und Bearbeitern gerichtet und die normativen Gerechtigkeitsansprüche des EStG an den dadurch beeinflußten Ergebnissen der Besteuerung gemessen haben, soll es im Rahmen der hier vorliegenden Untersuchung mehr darum gehen, aus einer Verbindung der *objektiven Arbeitsbedingungen* der Sachbearbeiter mit den aus dem *Umfang und der Struktur des Einkommensteuerrechts*, der *Steigerung der Fallzahlen* und den *unterschiedlichen Interessenlagen und -artikulationen der Steuerpflichtigen* resultierenden Einflußfaktoren Aussagen über die tatsächlichen Handlungsmöglichkeiten und -restriktionen der Sachbearbeiter in den Veranlagungsstellen zu treffen, wobei besondere Aufmerksamkeit der Frage nach den vorhandenen und den tatsächlich genutzten *Zugangsmöglichkeiten der Sachbearbeiter zu Informationen über das geltende Steuerrecht* gelten soll.

41) Grunow u.a. (1978: 52). Auf die Bedeutung der Einstellung der Bearbeiter zu den Steuerpflichtigen und zum Verfahren wird in Kap. 8.2.2 eingegangen.

Generell wird gar nicht mehr unterstellt, daß das Steuerrecht - und sei es auch nur in Einzelproblemen oder bestimmten Steuerrechtsgebieten - für eine einzelne Person noch zu überschauen ist. Dank seiner zu großen,[42] unübersichtlichen und unsystematisch gestalteten Vorschriftenmenge kann das gegenwärtige Steuerrecht "von keinem einzelnen mehr zur Kenntnis genommen, geschweige denn beherrscht werden" (*Tipke* 1986: 4). Da aber das gerade das Einkommensteuerrecht in großem Maße auf die Mitwirkung der Steuerpflichtigen - auch in deren eigenem Interesse - angewiesen ist, kommt diesem Problem erhebliche Bedeutung zu. So wird ein Teil der im Rahmen des EStG gewährten Werbungskosten, Sonderausgaben und Absetzungen für außergewöhnlichen Belastungen über die festliegenden Freibeträge und Pauschalen hinaus nur wirksam, wenn sie vom Steuerpflichtigen bei der Abgabe seiner Steuererklärung in Eigeninitiative beantragt werden, was eine - zumindest grobe - Rechtskenntnis voraussetzt. Es ist aber unstrittig, daß nicht nur die betroffenen Bürger, sondern auch die Rechtsanwender, ja sogar die Anwälte und Steuerberater den Überblick über ihr Aufgabengebiet z.T. verloren haben:

> "Wenn ein Anwalt oder Berater alle neuen Gesetze, Urteile, Verwaltungsvorschriften, Kommentare und Aufsätze lesen, geschweige denn sorgfältig durcharbeiten würde, er würde nicht die mindeste Zeit haben, seinen Beruf auszuüben, selbst nicht an einem 15-Stunden-Tag, selbst nicht, wenn er auf Urlaub sowie auf Freizeit an Sonn- und Feiertagen verzichten würde." (*Tipke* 1982a: 21)

Die Rechtskenntnisse der Berater sind dennoch weit besser als die der Steuerpflichtigen. Schon von daher können die Steuerpflichtigen nicht mehr auf die Hilfe der steuerberatenden Berufe verzichten. Unter diesen Bedingungen ist es durchaus legitim, bei der Frage nach den Vollzugsbedingungen von der Perspektive der zuständigen Sachbearbeiter auszugehen, ohne detaillierte inhaltliche Verbesserungsforderungen an die betreffende Rechtsmaterie zu stellen:

> "Solange die ... verlangten 'genialen Neuentwürfe' (*etwa im Rahmen einer umfassenden Steuerreform; der Verf.*) nicht zu verwirklichen sind, bleiben die Probleme der alltäglichen Rechtsanwendung bestehen bzw. müssen überhaupt erst näher zur Kenntnis genommen werden. Dazu gehören die detaillierte empirische Beschreibung, die Bemühung um eine Erklärung der beschriebenen faktischen Verfahrensweisen - wobei nicht nur die Abweichung von 'der' Norm zu Fragen und Erklärungsversuchen Anlaß geben sollte - und schließlich auch die Exploration der Möglichkeiten, spezifische Verfahrensweisen im Verwaltungsalltag zu ändern." (*Grunow* 1980: 170f)

42) Der Präsident des Bundesfinanzhofes, Klein, nennt für das Gesamtsteuerrecht einen gegenwärtigen Bestand von 120 Steuergesetzen, 78 Verordnungen, 42 Durchführungsverordnungen und über 1.000 Verwaltungsanweisungen; vgl. 'Steuerpolitik und Steuerberatung auf dem Weg zum Binnenmarkt' (Tagungsbericht), in: Deutsches Steuerrecht (DStR), 28. Jg., Nr. 1-2/1990: 27.

Innerhalb der Betrachtung der Veranlagung in den Finanzämtern soll der Blick auf die Veranlagung zur *Einkommensteuer* gerichtet werden; dies zum einen wegen der angesprochenen zentralen Rolle des EStG im Steuerrecht des Bundesrepublik, zum anderen wegen der besonderen Struktur der Fälle, die in hohem Maße *individuelle Kontakte* zwischen Bürger und Verwaltung mit sich bringt.

Im Vergleich zur *Lohnsteuerstelle* (als der anderen Stelle mit hohem Publikumsverkehr im Finanzamt) bietet sich eine Konzentration auf den Veranlagungsbereich an, weil im Lohnsteuerbereich sowohl die "Spielräume im Arbeitsverhalten der Beschäftigten" als auch die Verhaltensspielräume der Steuerpflichtigen und deren Eingriffsmöglichkeiten in amtsinterne Prozesse durch eine höhere Standardisierung der Arbeitsvorgänge[43] sehr viel enger sind, als im "prinzipiell individualisierten, am Einzelfall orientierten Verfahren der Veranlagung" (*Körber* 1976: 47). Zudem hat sich die Zusammensetzung des Publikums in den Veranlagungsstellen in den letzten Jahrzehnten in einer Weise verändert, die auch im Hinblick auf die Arbeitsweisen Wirkung zeigt: Durch die Öffnung des Veranlagungsverfahrens für breite Teile der unselbständig beschäftigten Bevölkerung - im wesentlichen durch die relativ eng bemessenen Veranlagungsgrenzen des § 46 EStG sowie durch die Wohnraumförderung mit Hilfe des Einkommensteuergesetzes - ist die Zahl der sog. 'Arbeitnehmerveranlagungen' beständig angestiegen.[44] Damit wurden auch die "klassische(n), von der ursprünglichen Konzeption her nicht auf Lohnabhängige, sondern auf Selbständige ausgerichtete(n) Verfahren", wie Veranlagung und Bewertung, vom Vordringen der Lohnabhängigen nachhaltig beeinflußt:

> "Denn damit wächst beständig der Anteil der Steuerpflichtigen, der nicht über detaillierte, systematisch geführte Unterlagen verfügt, oder gar kaufmännische Bücher u.ä. führt, wodurch eingespielte Verfahrensweisen und bewährte Formen der Kooperation mit den Steuerpflichtigen besonders in der Ermittlungsarbeit praktisch nahezu unanwendbar werden." (*Körber* 1976: 49)

1.2.3 Verwaltungsinterne Vollzugsanforderungen bei der Einkommensteuerveranlagung

Mit der Steigerung der Zahl der Fälle im Bereich der ESt-Veranlagung, die durch die Vielzahl von abhängig Beschäftigten einen hohen Grad an *Standardisierung* hinsichtlich der Fallinhalte (Berücksichtigung des Lohnsteuerabzuges, Freibeträge, Anerkennung von Werbungskosten u.ä.) aufweisen, gewinnt im Veranlagungsbe-

43) Die Standardisierung ergibt sich insbesondere durch den automatischen Lohnsteuerabzug beim Arbeitgeber, der den Steuerpflichtigen nur auf freiwilliger Basis, in Form eines Antrages auf Lohnsteuerjahresausgleich, mit dem Finanzamt in Verbindung treten läßt.

44) Zur Entwicklung und Struktur der Fallzahlen im Bereich des Einkommensteuergesetzes vgl. Kap. 7.3.

reich die *statistisch meßbare Fallerledigung* als Maßstab für die Funktionsfähigkeit der Verwaltung immer größere Bedeutung. Je mehr die Orientierung an der statistischen (Gesamt-) Erledigung der Fälle in der Vorderung rückt, desto deutlicher wird den Sachbearbeitern vorgegeben, wo und in welcher Form der Gesamterledigung Vorrang vor der exakten Einzelfallbearbeitung eingeräumt werden soll. In der Finanzverwaltung Nordrhein-Westfalens, die Gegenstand des empirischen Teils dieser Untersuchung ist,[45] wird das Prinzip der *Orientierung am Gesamtvollzug* den Veranlagungsstellen direkt zugewiesen. In einem Erlaß der OFD Münster betreffend die 'Arbeitsweise bei der Steuerfestsetzung' vom 05. Februar 1988[46] hat die Verwaltungsführung den Finanzämtern in deutlicher Weise die so verstandenen Leitlinien der Steuerveranlagung klar gemacht: In Punkt 2 des Erlasses wurde den Finanzämtern dargelegt, daß "das Besteuerungsverfahren auf den Gesamtvollzug ausgerichtet sei" und der Staatssekretär im nordrhein-westfälischen Finanzministerium mit der Aussage zitiert, dies bedeute, daß "die Sachverhaltsaufklärung im Einzelfall reduziert werden oder ggfl. sogar ganz ausfallen dürfe, um den Gesamtvollzug insgesamt innerhalb angemessener Zeit zu gewährleisten" und daß es grundsätzlich nicht sinnvoll und unter Beachtung des Grundsatzes der Verhältnismäßigkeit nicht möglich sei, "die Aufgabenerledigung im einzelnen festzuschreiben und Weisungen für den Einzelfall zu erteilen; vielmehr müsse dem Bearbeiter der nötige Spielraum belassen werden. Hierzu qualifiziere ihn die gute Ausbildung." Der Staatssekretär bestätigte bei dieser Gelegenheit auch, "daß sich die Verwaltung vor den einzelnen Beschäftigten stelle, wenn dieser im Rahmen des aufgezeigten Spielraumes handele." Die Kriterien, nach denen die Durchführungen von Veranlagungen zu gewichten sind, wurden den Veranlagungsstellen (VSt) nach folgenden Leitlinien vorgegeben:

- die VSt haben nach § 88 AO den Sachverhalt von Amts wegen zu ermitteln; sie bestimmen dabei Art und Umfang der Ermittlungen nach den *Umständen des Einzelfalles*;

- die Aufklärungspflicht der VSt wird durch die Mitwirkungspflicht der Beteiligten begrenzt. Die VSt muß hierbei *nicht jeden Sachverhalt auf alle denkbaren Umstände hin untersuchen*: "In der Regel kann davon ausgegangen werden, daß die Angaben des Steuerpflichtigen in der Steuererklärung vollständig und richtig sind." Die VSt können deshalb den Angaben eines Steuerpflichtigen Glauben schenken und einem schlüssigen Vortrag folgen, wenn nicht "greifbare Umstände" vorliegen, die dem entgegenstehen;

---

45) Vgl. Kap. 1.2.4.

46) AZ OFD S 2319 - 3 - St 11 - 31 (ESt-Nr. 11/1988 zu ESt-Allgemeines).

- in jedem Fall sind *Zweckmäßigkeit* und *Verhältnismäßigkeit* zu beachten:[47) "Vor jeder Beanstandung von Steuererklärungen ist abzuwägen, ob der mit der Ergänzung fehlender Angaben, Anforderung fehlender Unterlagen oder anderer Maßnahmen verbundene Arbeitsaufwand zu den möglichen steuerlichen Auswirkungen in vernünftiger Relation steht." "Überspitzte Anforderungen" an Nachweispflichten des Steuerpflichtigen sind dabei vor allem in unbedeutenden Fällen zu vermeiden;
- wenn die Sachverhaltsermittlung im Einzelfall schwierig ist, kann es "der Effektivität der Besteuerung und dem Rechtsfrieden dienen", sich mit dem *Steuerpflichtigen* "über die Annahme eines bestimmten Sachverhalts und über eine bestimmte Sachbehandlung" *zu einigen*;
- eine "zu einseitige und kleinliche Auslegung der Steuergesetze und Verwaltungsanweisungen" ist hierbei ebenso zu vermeiden, wie "das Verfechten eines als sehr zweifelhaft erkannten Standpunktes";
- die VSt hat zu berücksichtigen, in welchem Maße das Finanzamt *ggf. durch ein Rechtsbehelfs- oder Klageverfahren belastetet wird*, wenn die VSt "trotz tatsächlicher oder rechtlicher Zweifel" zu Ungunsten des Steuerpflichtigen entscheidet.

Ergänzend hierzu wurden die betreffenden Stellen darauf hingewiesen, daß sich bei Wahrung der besonderen Gründe für die Vorbehaltsfestsetzung in den gewichtigen Steuerfällen die dort gebotene gründliche Prüfung nicht auf die Beseitigung formeller Mängel beschränken, sondern sich ebenso auf materiell-rechtliche Mängel zu erstrecken habe und daß der Gewährung rechtlichen Gehörs und der Erläuterung beim Abweichen von den erklärten Besteuerungsgrundlagen besondere Bedeutung zukomme. Alle diese Bestimmungen sollten in den Finanzämtern zum Gegenstand von Dienstbesprechungen gemacht werden: "Dabei bitte ich, den Sachgebietsleitern eindringlich zu verdeutlichen, daß ihnen bei der Anwendung der dargestellten Grundsätze eine besondere Verantwortung obliegt" (Punkt 4 des Erlasses). Gleichzeitig wurde den Festsetzungs-Finanzämtern zugesichert, "daß die Oberfinanzdirektion auch bei Fachgeschäftsprüfungen Maßstäbe anlegt, die den vorstehenden Grundsätzen entsprechen."[48)

Diese Verfahrensvorschriften für die nordrhein-westfälischen Finanzämter stellen keine landesrechtliche Besonderheit dar: Der zitierte Erlaß der OFD Münster bezieht sich auf den *Anwendungserlaß des Bundesministers der Finanzen zur Abgabenordnung (AEAO)* vom 24. September 1987,[49) der in den Rahmenrichtlinien zu

47) Hervorhebung im Text der zitierten Verfügung.

48) Ausweislich des Verteilers gingen Durchschriften des Erlasses sowohl an den Bundes- wie auch an den nordrhein-westfälischen Landesrechnungshof.

49) BStBl. I 1987: 664 (687); vgl. auch Geimer (1988).

§ 88 AO (Untersuchungsgrundsatz) gleichartige Anweisungen beinhaltet. Schon im Anwendungserlaß des BMF wird festgeschrieben, daß die Finanzbehörden bei der Aufklärung entscheidungserheblicher Tatsachen den "Grundsatz der Verhältnismäßigkeit" zu beachten haben und die Ermittlungshandlungen zum angestrebten Erfolg "nicht erkennbar außer Verhältnis stehen" dürfen. Deutlich wird dazu ausgeführt, daß bei den Anforderungen, die an die Aufklärungspflicht der Finanzbehörden zu stellen sind, die Erwägung eine Rolle spielen darf, "daß die Aufklärung einen nicht mehr vertretbaren Zeitaufwand erfordert". Dabei darf "auf das Verhältnis zwischen voraussichtlichem Arbeitsaufwand und steuerlichem Erfolg abgestellt werden". Der Kerngedanke der zitierten nordrhein-westfälischen Verfahrensvorschrift, die Orientierung der Veranlagung an den Angaben des Steuerpflichtigen, findet sich auch im Anwendungserlaß zur AO:[50]

> "Die Finanzbehörden sind nicht verpflichtet, den Sachverhalt auf alle möglichen Fallgestaltungen zu erforschen. Für den Regelfall kann davon ausgegangen werden, daß die Angaben des Steuerpflichtigen in der Steuererklärung vollständig und richtig sind. Die Finanzbehörde kann den Angaben eines Steuerpflichtigen Glauben schenken, wenn nicht greifbare Umstände vorliegen, die darauf hindeuten, daß seine Angaben falsch oder unvollständig sind."

In den Rahmenvorschriften zu § 88 wird im AEAO der Versuch unternommen, "einen tragfähigen Ausgleich zwischen der Amtsermittlungspflicht der Finanzämter und ihren beschränkten personellen und zeitlichen Möglichkeiten" herzustellen; der AEAO "tritt für ein 'gemäßigtes' Legalitätsprinzip' ein" (*App* 1988: 304). Diese Zielrichtung gilt prinzipiell für die Besteuerung. Sie folgt einer Sichtweise, die nach dem ökonomischen Prinzip des Verwaltungshandelns[51] fordert, die Rechtsanwendung an die realen Verwaltungskapazitäten anzupassen.[52] Diese Sichtweise wird von den betroffenen Steuerbeamten deutlich kritisiert:

> "Manipulationen am Untersuchungsgrundsatz schädigen in gleicher Weise den Fiskus und den Bürger. Sie verstoßen gegen rechtsstaatliche Prinzipien, schwächen die Steuerrechtspflege, fördern die Schattenwirtschaft und verderben da-

50) AEAO, Punkt 2 der Ausführungen zu § 88 AO, mit dem Verweis auf eine entsprechende höchstrichterliche Rechtsprechung (BFH-Urteile vom 17.04.1969, BStBl. II 1969: 474, und vom 11.07.1978, BStBl. II 1979: 57).

51) Dies wird z.T. auch von den Prüfungsinstanzen so gefordert. So merkt der Bayerische Oberste Rechnungshof in seinem Prüfungsbericht für das Haushaltsjahr 1983 betreffend die Finanzverwaltung an, daß ein von der Veranlagungsstelle oder der Rechtsbehelfstelle vermiedenes Rechtsbehelfsverfahren 'im praktischen Ergebnis eine größere Leistung' sei, als ein nach Jahren zugunsten des Staates abgeschlossener Finanzgerichtsprozeß; vgl. Nicolai (1984: 136).

52) Vgl. dazu insbesondere Isensee (1976), der die typisierende Betrachtungsweise, insbesondere im Steuerrecht, als Alternative zu individuellen Abstimmungen zwischen Verwaltung und Bürger ("Arrangements"; 1976: 188) sieht.

> mit die Steuerrechtskultur. Das bürgerfreundliche Etikett 'maßvoller Gesetzesvollzug' ist eine Irreführung der Bürger, weil die Steuerverwaltung nur noch 'irgendwie' die Arbeitsquantität in den Griff zu bekommen versucht, in Wahrheit die Besteuerung nicht 'maßvoll' vollzieht, sondern in der Regel zu Lasten der Masse der Steuerzahler, insbesondere der Lohnsteuerzahler, und zugunsten der wenigen, die mit wachsendem Raffinement die Lücken und Schwächen des Gesetzesvollzugs ausnutzen und Steuerkriminalität betreiben."[53)]

Diese Problematik stellt sich in den Steuerverwaltungen aller Länder in der Bundesrepublik. Die Sachbearbeiter in den Veranlagungsstellen stehen einerseits einem (in der eigenen Ausbildung vermittelten) sehr komplexen Normensystem mit detailliertem Regelungsanspruch, andererseits den Vorgaben der Steuerverwaltungsführungen gegenüber, bei der Auslegung dieses Normensystems in Teilen nach eigenem Ermessen zu verfahren und den Gesamtvollzug im Auge zu behalten. Die Untersuchung soll deutlich machen, wie diese beiden Ansprüche an die Arbeitserledigung der Sachbearbeiter unter der zusätzlichen Belastung einer hohen Fallerledigungszahl miteinander vereinbart werden.

1.2.4 Untersuchungsaufbau und lokaler Ansatz

Bei der Beantwortung dieser Frage kann auf eine Reihe vorliegender Untersuchungen aufgebaut werden. Probleme der Arbeitsorganisation innerhalb der Finanzverwaltung und insbesondere im Bereich der Finanzämter wurden in neuerer Zeit insbesondere in zwei Forschungszusammenhängen näher untersucht. Zum einen wurde innerhalb des Forschungsprojektes Verwaltungsautomation an der Gesamthochschule Kassel der Einsatz der EDV im Rahmen der Einführung des integrierten Besteuerungsverfahrens am Beispiel der Finanzverwaltung des Landes Hessen untersucht.[54)] Dabei wurde - mit dem Schwerpunkt auf der Umstellungsphase - auch den arbeitsorganisatorischen Fragen, die der Ausbau der elektronischen Datenverarbeitung in den Finanzämtern mit sich brachte, wie auch den Veränderungen im Publikumskontakt (*Grimmer* 1982) nachgegangen. In Zusammenhang mit der Veränderung der Arbeitsbedingungen in den Veranlagungsstellen der Finanzämter, wie auch gerade in Bezug auf die Folgen hinsichtlich der Veränderung der Publikumskontakte durch den starken Einsatz der EDV in der Einkommensteuerveranlagung seit dem Beginn der siebziger Jahre, wird hierauf eingegangen werden.

---

53) Aus einem Schreiben der Bundesleitung der Deutschen Steuergewerkschaft an die Finanzminister des Bundes und der Länder vom 5. April 1988; vgl. 'Grundsätze werden manipuliert. DStG kritisiert Verwaltungsanweisung für Veranlagungen', in: Die Steuer-Gewerkschaft (DStG), Nr. 5/1988: 65-66 und 'Steuerrecht soll durch Einführung des ökonomischen Prinzips der ungenügenden Verwaltung angepaßt werden', in: Handelsblatt, 08./09.04.1988.

54) Vgl. Brinckmann u.a. (1981), Jungesblut (1986).

Einen zweiten Schwerpunkt der sozial- und verwaltungswissenschaftlichen Untersuchungsansätze zur Rechtsanwendung in den Finanzbehörden bilden die Forschungen von *Grunow* und anderen[55] zur Frage der Bestimmungsfaktoren des Verhältnisses von Steuerzahlern und Finanzverwaltung, die breite empirische Ergebnisse enthalten und ihn deren Rahmen auch Vergleiche der Rechtsanwendung in verschiedenen Verwaltungen angestellt wurden (*Grunow* 1980). Während bei diesen Arbeiten der Schwerpunkt auf den Problemen liegt, die aus den unterschiedlichen Einstellungen und Kontaktformen zwischen Steuerzahlern und Finanzverwaltung resultieren, soll im Rahmen der hier vorliegenden Untersuchung stärker auf die generellen Arbeits- und Rechtsanwendungsbedingungen in den Finanzämtern eingegangen werden, was auch die Annäherung und den prinzipiellen Umgang mit den geltenden Vorschriften umschließt.

In den Bereich der - im weitesten Sinne - sozialwissenschaftlichen Diskussionsbeiträge zur Rechtsanwendung in der Finanzverwaltung gehören auch die schon angesprochenen (und von eigener Erfahrung getragenen) Anmerkungen von *Jenetzky* (1982 und 1982a), der in recht drastischer Weise die Überforderung der Finanzverwaltung und der Beamten durch die Komplexität des anzuwenden Normensystems und den Druck der Fallzahlen beschreibt und Muster der 'Rechtsvereinfachung' in den Finanzämtern umreißt. Auf diese kritischen Beiträge wird im Rahmen der Hypothesenentwicklung eingegangen.

Die beschreibenden Kapitel dieser Untersuchung beziehen sich in ihren Aussagen immer auf die Steuerverwaltungen in den Bundesländern als Gesamtheit. Die Herausarbeitung detaillierter Aspekte der einzelnen Kapitel erfordert aber zuweilen, von den Vorgaben der bundeseinheitlichen Rahmenbedingungen abzugehen und auf spezielle Vorschriften einzelner Länder Bezug zu nehmen. Denn trotz der im wesentlichen bundeseinheitlichen (äußeren) Organisation der Finanzverwaltung[56] beruhen wesentliche Grundlagen des Besteuerungsprozesses - etwa in organisatorischen Fragen - auf landesrechtlichen Vorschriften. In diesen Fällen, aber auch dort, wo es nicht notwendig ist, alle landesrechtlichen Regelungen einzeln aufzuzeigen, weil eine Bundeseinheitlichkeit vorliegt, soll die Darstellung anhand der Steuerverwaltung des Landes *Nordrhein-Westfalen* geschehen. Dies läßt sich aus drei Gründen rechtfertigen:

55) Grunow (1978), Grunow u.a. (1978).

56) Vgl. dazu Kap. 2.

- die Finanzverwaltung des Landes Nordrhein-Westfalen ist die mit Abstand größte der Bundesrepublik; sie umfaßt rund ein Viertel der Beschäftigten aller Landesfinanzverwaltungen der Länder;[57)]
- sie hat in wesentlichen Fragen der Reform der Durchführung der Besteuerung (Organisation der Finanzämter und Umgestaltung des Verfahrens) sowie der materiellen Ausrüstung der FÄ (Einsatz der EDV) eine führende Rolle gespielt;
- der empirische Teil der Arbeit, eine Befragung von Sachbearbeitern nach den Bedingungen der Fallbearbeitung in den Veranlagungsstellen,[58)] ist ebenfalls in Nordrhein-Westfalen angelegt.

Dennoch soll diese Studie nicht nur eine Darstellung der nordrhein-westfälischen Steuerverwaltung sein. Die grundsätzliche Fragestellung nach den Vollzugsbedingungen des Einkommensteuerrechts und den Erklärungsmustern dazu greift über den Rahmen einer Landessteuerverwaltung hinaus. Die Probleme der Umsetzung des Steuerrechts durch die entsprechenden Verwaltungsteile stellen sich in der gleichen Weise in allen Bundesländern - dies schon deshalb, weil die Rahmenbedingungen so stark bundeseinheitlich angelegt sind, daß es für landesrechtliche Besonderheiten, die sich erkennbar auswirken würden, keinen Raum gibt.

Um die Grundfrage zu entwickeln und zu beantworten, geht die Untersuchung - nach der generellen Einführung in die Problematik (Teil I) - einen Weg, der aus drei Schritten besteht: der Schilderung der organisatorischen, personellen und ressourcenmäßigen (EDV) *Rahmenbedingungen* der Arbeit in den Steuerverwaltungen (Teil II), der Aufzeigung der immanenten Ansprüche der Rechtsnormen an einen bestimmten Vollzug (verstärkt durch die weit entwickelten Forderungen der *Steuerrechtswissenschaft* an die Gültigkeit und Anwendung von Normen im Steuerrecht, Teil III) und schließlich dem Vergleich dieser Vollzugsansprüche, die durch den Umfang und die Struktur des Einkommensteuerrechts, die Steigerung der Fallzahlen und die individuellen wie gesamtgesellschaftlichen Beziehungen zwischen Steuerpflichtigen und Steuerverwaltung (Teil IV) behindert werden, mit der Realität der Steuerrechtsanwendung durch Sachbearbeiter in den Veranlagungsstellen der Finanzämter (Teil V).

57) Zu den genauen Personalzahlen vgl. Kap. 4.1.1.1. Nach Angaben der Deutschen Steuer-Gewerkschaft waren 1988 von den insgesamt 133.170 Bediensteten in den Finanzämtern und Oberfinanzdirektionen der Bunderepublik 33.976 in NRW beschäftigt. In Relation zur Bevölkerungszahl lag das Land mit einer Quote von 0,203 % im unteren Bereich (Bundesdurchschnitt: 0,218 %); vgl. Die Steuer-Gewerkschaft (DStG), Nr. 4/1989: 51. Auf die Abweichung dieser Zahlen von den in Kap. 4.1 aufgrund der statistischen Angaben in den einzelnen Ländern selbst ermittelten Personalzahlen sei verwiesen.

58) Vgl. Kap. 9.

Teil II: Die Rahmenbedingungen der Steuerrechtsanwendung in der Finanzverwaltung der Bundesrepublik

2. Die Gliederung der deutschen Finanz- und Steuerverwaltung

2.1 Die Reichsfinanzverwaltung als Vorläuferin der landeseigenen Steuerverwaltungen in der Bundesrepublik

2.1.1 Die Schaffung und der Aufbau einer einheitlichen Reichsfinanzverwaltung

Vor 1919 gab es keine einheitliche Finanzverwaltung im Deutschen Reich.[1] Die einzelnen Staaten des Reiches hatten z.T. völlig unterschiedlich ausgebildete Finanz- und Steuerverwaltungen.[2] Erst die Notwendigkeit, für die zunehmenden Aufgaben des Reiches größere Finanzmittel aus eigenen Quellen bereitzustellen, machte das Bedürfnis einer eigenen Verwaltung der Steuern des Reiches deutlich. Zudem brachten die enormen Kriegskosten nach 1914 die mehrmalige Einführung neuer Kriegssteuern mit sich, die zugunsten des Reiches erhoben wurden. Die 26 selbständigen Steuerverwaltungen der Länder waren nicht mehr in der Lage, diese Steuern gleichmäßig zu erheben. Erste Konsequenz aus dieser Erkenntnis war die Schaffung des Reichsfinanzhofes durch Gesetz vom 26. Juli 1918. Sie diente dem Ziel, eine einheitliche Rechtsprechung zur Steuererhebung zu sichern. Vor dem Kriegsende und der Novemberrevolution von 1918 gab es aber keine weiteren größeren Veränderungen im Gefüge der Finanzverwaltungen des Reiches und der Länder. Lediglich auf der Ebene der Einzelstaaten kam es zu Reformen. So führte Preußen noch im Sommer 1918 die an der Verwaltung der Einkommensteuer be-

---

1) Nach der Reichsverfassung von 1871 war das Deutsche Reich als föderativer Bundesstaat organisiert, was sich auch in Fragen der Steuerverwaltungshoheit zeigte: Nach Art. 35 und 36 der Reichsverfassung war die Erhebung und Verwaltung der Zölle und Verbrauchsteuern Sache der Bundesstaaten. Bei den direkten Steuern lag neben der Verwaltung auch die Rechtsprechungskompetenz bei Organen der Länder. Lediglich bei den indirekten Steuern wurden zur Vereinheitlichung des Abgabenverfahrens Reichsbevollmächtigte und Stationskontrolleure eingesetzt (näheres bei Metzger/Weingarten 1989: 119f).

2) In einigen Länder existierten ausgeprägte Fachverwaltungen für die Verwaltung der direkten und indirekten Steuern (so etwa in Baden, Bayern und Württemberg; eine genaue Aufstellung der Steuerbehörden der einzelnen Länder findet sich bei Metzger/Weingarten 1989, Anl. 46). In Preußen als dem größten Gliedstaat des Reiches existierte bis 1918 keine eigenständige Verwaltung für die direkten Steuern; die Durchführung der Besteuerung war Sache der inneren Verwaltung mit Hilfe von örtlichen Veranlagungskommissionen unter der Leitung der Landräte. Dies hatte weitreichende Folgen hinsichtlich der Ungleichmäßigkeit der Steuererhebung sowohl innerhalb Preußens als auch im Vergleich der einzelnen Bundesstaaten. In Metzger/Weingarten (1989) wurden drei typische Formen der Landessteuerverwaltungen (Württemberg, Baden und - als Gegenstück dazu - Preußen) in ihrem Aufbau näher erläutert und untersucht (vgl. ebd., Kap. 2 und 7.2).

teiligten Veranlagungskommissionen aus der inneren Verwaltung heraus in eigene Staatssteuerämter über.[3)]

In den Beratungen über die Reichsabgabenordnung im Sommer 1919 setzte dann *Matthias Erzberger* - gegen den Widerstand derjenigen Länder, die ausgebildete Fachsteuerverwaltungen besaßen, wie Bayern und Württemberg - die Bildung einer einheitlichen Reichsfinanzverwaltung durch.[4)] Die Schaffung dieser reichseigenen Finanzverwaltung war für den Aufbau des Reiches von großer Bedeutung, sie stellte eine "den staatsrechtlichen Charakter des neuen Reiches ganz entscheidend berührende Neuerung" (*Popitz* 1918: 779) dar. Um den Ländern etwas entgegen zu kommen, wurden in einem eigenen Abkommen unter Zustimmung der süddeutschen Länder die Bezirke der einzelnen 'Landesfinanzämter' (der späteren Oberfinanzpräsidenten) abgegrenzt und im Gesetz über die Reichsfinanzverwaltung die Beteiligung der Länder an der künftigen reichseinheitlichen Einkommensteuer festgeschrieben. Zur Umsetzung dieser Beschlüsse wurde am 19. August 1919 das Gesetz über die Reichsfinanzverwaltung[5)] verabschiedet und am 10. September 1919 durch den Reichspräsidenten ausgefertigt. Am 1. Oktober 1919 trat es in Kraft. Damit besaß das Reich erstmalig seit dem Mittelalter[6)] wieder eine eigenständige Finanzverwaltung.

Oberste Behörde der neuen Reichsfinanzverwaltung war das Reichsministerium der Finanzen, dem die Landesfinanzämter als Oberbehörden und die einzelnen Finanzämter als Hilfsstellen zugeordnet waren. Die *sechsundzwanzig Landesfinanzämter* hatten die obere Leitung der Finanzverwaltung in ihrem Bereich inne und beaufsichtigten die Geschäftsführung der Finanzämter. Im ganzen Reich wurden 986

---

3) Vgl. Lassar (1926: 133); Metzger/Weingarten (1989: 159); zur Entwicklung des Reichsfinanzhofes Grimm (1988) und zum folgenden generell Leidel (1964) und Klos (1987: 2 ff).

4) Die Begründung von Kruse, man habe die reichseinheitliche, spezialisierte Form der Verwaltung der Finanzen gewählt, um der Gefahr zu entgehen, daß "auch die Steuerverwaltung" ähnlich wie die innere Verwaltung "in den politischen Bannkreis geriet" (1973: 177), läßt sich aus der zeitgenössischen Literatur nicht belegen. Ohnehin stand die preußische Einkommensbesteuerung - wenn man politische Einflußnahme als Einflußnahme von Interessengruppen auf die Durchführung des Besteuerungsprozesses versteht - schon lange vor und nicht erst nach der Revolution von 1918 unter einem solchen Einfluß (vgl. die Darstellung der historischen Konflikte bei Metzger/Weingarten 1989: 90 ff). Ziel der Schaffung einer reichseinheitlichen Finanzverwaltung war, dem Reich nach den Erfahrungen aus der Zeit des Bismarckreiches eine ausreichende finanzielle Basis zu verschaffen. In der damaligen Umbruchsituation gehörte dazu unbedingt auch die eigene Verwaltung der Reichseinnahmen.

5) RGBl. 1919: 1591. Wegen des großen Termindranges wurden in diesem Gesetz die wesentlichen Organisationsfragen der noch von der Nationalversammlung beratenen Reichsabgabenordnung zusammengefaßt und vorab verabschiedet.

6) Zu den Steuerbehörden des römischen-deutschen Kaiserreichs vgl. Metzger/Weingarten (1989: 76 ff).

Finanzämter eingerichtet bzw. aus den schon vorhandenen Fachbehörden gebildet. Ihre Bezirksgröße unterlag starken Schwankungen.[7)]

In dieser dreistufigen Gliederung blieb die Reichsfinanzverwaltung während der Weimarer Republik nahezu unverändert. Größere Änderungen ergaben sich erst unter der NS-Diktatur, als durch das Gesetz zur Vereinfachung und Verbilligung der Verwaltung vom 27. Februar 1934[8)] und die dazu ergangenen Ausführungsverordnungen verschiedene Landesfinanzämter aufgelöst und mehrere Bezirke zusammengelegt wurden. Diese Neuorganisation ging auch über die bis dahin historisch gewachsenen Gebietszuteilungen der Mittelbehörden der Finanzverwaltung hinweg. Im Zuge der Gleichschaltung der Länder wurden außerdem die Landesfinanzämter in 'Reichssteuerbehörden' umbenannt und im März 1937 zu Oberfinanzpräsidien (korrekt: 'Der Oberfinanzpräsident ...') umgewandelt. Im Zuge der Eingliederung deutscher Gebiete in das Reich und der Annexion polnischer und tschechoslowakischer Territorien wurden in den folgenden Jahren auch dort Reichsfinanzbehörden nach dem gleichen Organisationsmuster errichtet. Auf dem Höhepunkt des Krieges, 1944, gab es im Deutschen Reich schließlich 27 Oberfinanzpräsidien mit 1.114 Finanzämtern.

2.1.2 Umorganisationen durch die Aliierten in der Nachkriegszeit

Einen vollständigen Zusammenbruch der Reichsfinanzverwaltung hat es im Unterschied zu vielen anderen Verwaltungszweigen der Reiches 1945 nicht gegeben.[9)] Wohl wurden aber in der Folge von den Besatzungsmächten im Rahmen der von ihnen verfolgten Ziele unterschiedliche Organisationskonzepte durchgesetzt, so daß die Behörden in den einzelnen Besatzungszonen sich insbesondere auf den oberen Ebenen unterschiedlich entwickelten.[10)]

Die Verwaltungshoheit der Finanzbehörden ging durch eine Deklaration der Aliierten vom 5. Juni 1945 auf die Besatzungsmächte über. Sie setzten als Verbindung

---

7) Boenicke (1928: 723f). Zur Abweichung der hierzu angegebenen Zahlen und zur regionalen Unterschiedlichkeit der Bezirksgrößen der einzelnen Ämter vgl. Metzger/Weingarten 1989 (: 176 und Anlage 48). Zur Geschäftsordnung der Finanzämter vgl. Kap. 3.2.1 in dieser Untersuchung.

8) RGBl. I 1934: 130.

9) Schon in Metzger/Weingarten 1989 (: 195 bzw. 220) ist auf die erstaunliche 'Langlebigkeit' bzw. das frühe 'Wiedererstehen' der Finanz- und Steuerbehörden hingewiesen worden: Während auf der einen Seite das Reichssteuerblatt noch bis zum 31. März 1945 erschien und die letzte Verfügung des Reichsfinanzministeriums gar erst am 17. Mai 1945 (mithin eine Woche nach der Kapitulation!) an die untergeordneten Behörden erging, wurde beispielsweise in Bonn, das am 9. März besetzt worden war, wegen der unvermindert weiter einlaufenden Steuerzahlungen schon am 5. April 1945 der erste Kassenabschluß in 'Friedenszeiten' durchgeführt.

10) Vgl. zum folgenden allgemein Schweigert (1970), Metzger/Weingarten (1989, Kap. 6.1).

zu den Finanzbehörden Finanzoffiziere (Military Government Financial Officers) ein. In der Folge fungierte zwar der Alliierte Kontrollrat als einheitliches Gesetzgebungsorgan hinsichtlich der Festsetzung von Steuern, aber die Erhebung der einzelnen Steuerarten entwickelte sich unterschiedlich. Schon im Jahre 1946 riß der Kontakt der Finanzverwaltungen der Länder und Provinzen der drei westlich besetzten Zonen zu den Behörden der *russischen Besatzungszone* ab. In der Folge wurde dort zunächst eine eigene 'Deutsche Zentralverwaltung' der Steuern eingerichtet und 1950, nach Errichtung der DDR, eine 'republikeigene' Finanzverwaltung aufgebaut, die unter der 'Deutschen Zentralfinanzdirektion' fünf Landesfinanzdirektionen und in jedem Stadt- und Landkreis ein Finanzamt umfaßte. Nach der Verwaltungsumgliederung von 1952 mit der Zerschlagung der Länderstrukturen wurde in der DDR die eigenständige Steuerverwaltung abgeschafft und die Erhebung der Steuern unter dem Ministerium der Finanzen der allgemeinen Verwaltung beim Rat des Kreises, der Stadt oder des Stadtbezirkes zugewiesen.[11)]

In der *amerikanischen Besatzungszone* wurden zuerst zentrale Behörden der Abgabenverwaltung geschaffen: Für die Verwaltung war zunächst die Finance Division des Office of Military Government of Germany (OMGUS) zuständig. Schon im Juli 1945 nahm der ehemalige Reichsfinanzhof in München seine Tätigkeit als 'Oberster Finanzgerichtshof' für Bayern wieder auf. In der *britischen Besatzungszone* spiegelten sich die zu den Amerikanern unterschiedlichen Konzepte hinsichtlich der Verwaltung Deutschlands auch auf der Ebene der Finanzbehörden wider: anstatt wie in der amerikanischen Zone föderalistisch wurde die Steuerverwaltung hier eher zentralistisch organisiert und im Grunde "die alte Reichsfinanzverwaltung aufrecht erhalten" (*Höpker-Aschoff* 1948: 21). Über den Finanzämtern und den 6 Oberfinanzpräsidenten wurde als Zentralamt die Leitstelle für die Finanzverwaltung (FLSt) eingerichtet, der auch eine Abteilung St (Besitz- und Verkehrsteuern) unterstellt wurde. Erst als die FLSt 1948 aufgelöst und durch eine einfache Koordinierungsstelle ersetzt wurde, übernahmen die Länder der britischen Zone die Finanzverwaltungen in eigener Regie. Nach der Schaffung von Ländern in der *französischen Besatzungszone* im September 1945 wurden auch dort Finanzbehörden auf zentraler Ebene eingerichtet und die Reste der Reichsfinanzverwaltungen in Landesfinanzverwaltungen umgewandelt. Eine weitergehende Abstimmung der ein-

11) Zum näheren und zu Literaturverweisen vgl. Metzger/Weingarten (1989: 222f). Eine Übersicht über den Aufbau der DDR-Finanzverwaltung und die grundlegenden Steuergesetze zum Zeitpunkt des Inkrafttretens des Staatsvertrages der beiden deutschen Staaten vom 18. Mai 1990 gibt Schulz (1990). Im Rahmen des Aufbaus eigenständiger Finanzverwaltungen in den Bundesländern auf dem Gebiet der ehemaligen DDR ist die Errichtung von 135 Finanzämtern mit etwa 20.000 bis 25.000 Mitarbeitern geplant (vgl. 'DDR-Fiskus muß auf Vordermann gebracht werden', in: Süddeutsche Zeitung, 11.06.1990).

zelnen Landesregierungen wurden in der französischen Besatzungszone aber erst ab 1948 zugelassen. Ohnehin behielten die französischen Militärbehörden die Kontrolle über die Verwaltungsbehörden in ihrer Hand; die Verwaltungsbehörden waren hier nur "Hilfsorgane der Besatzungsmacht" (*Schweigert* 1970: 81). In den Ländern der französischen Besatzungszone wurden zwar schon frühzeitig obere Verwaltungsdirektionen und Ministerien errichtet, aber eine weitergehende Koordination dieser Behörden, an der die Besatzungsmacht nicht interessiert war, wurde verhindert.

Erste Koordinierungsversuche über die Besatzungszonen hinweg scheiterten in den Jahren 1945/46 an der Skepsis der Besatzungsmächte, weitergehende Befugnisse an deutsche obere Verwaltungsbehörden ergehen zu lassen. Diese Situation änderte sich erst mit den zunehmenden Spannungen zwischen den Besatzungsmächten und dem Heraufkommen des Kalten Krieges mit den daraus resultierenden amerikanischen Bemühungen um eine stärkere wirtschaftliche Integration der Besatzungszonen. Erste Resultate dieser Bemühungen waren die Abkommen zwischen den Militärbehörden der britischen und der US-Besatzungszone über die Bildung einer gemeinsamen Verwaltungszone mit gemeinsamen Behörden. Im Rahmen dieser Vereinbarungen wurde am 13. September 1946 das Abkommen über die Bildung eines Verwaltungsrates für Finanzen[12)] geschlossen. Die Beschlüsse des GDF hatten keine bindende Wirkung, er konnte nur Koordinierungsvorschläge an die Finanzverwaltungen der angeschlossenen Länder der beiden Zonen geben. Anders verhielt es sich mit der Funktionsnachfolgerin des GDF, der Verwaltung für Finanzen (VfF) des Frankfurter Wirtschaftsrates. Die Verwaltung für Finanzen unterstand zwar immer noch strenger Kontrolle in politischen oder wirtschaftspolitischen Fragen, leitete aber die Exekutive und war berechtigt, "sämtliche Entscheidungen in sachlicher, finanzieller und personeller Hinsicht zu treffen" (*Schweigert* 1970: 115). Nach der Währungsreform vom Juni 1948 und den im darauffolgenden Juli beginnenden Beratungen über die Verfassung des neu zu bildenden Staates begannen auch die Diskussionen um die Struktur der zukünftigen Finanzverwaltung. Wie schon bei den Beratungen von 1919 standen sich zwei Modelle gegenüber: die insbesondere von der Finanzleitstelle der britischen Zone (FLSt) aus Gründen der Einheitlichkeit der Gesetzesanwendung und der Besteuerung geforderte reichs-(bundes-)einheitliche Finanzverwaltung oder ein föderalistischer Aufbau der Finanz- und Steuerverwaltungen, wie er insbesondere von den süddeutschen Finanzministern gefordert wurde.

12) Später 'Deutscher Finanzrat', danach 'Gemeinsamer Deutscher Finanzrat' (GDF); vgl. die Gesamtaufstellung der Abkommen bei Schweigert (1970: 95).

2.2 Die geteilte Finanzverwaltung in der Bundesrepublik

2.2.1 Die urspünglichen verfassungsmäßigen Regelungen

Die für den Verfassungsausschuß der Ministerpräsidenten der Länder erarbeitete Vorlage zur Beratung des Grundgesetzes legte die drei Möglichkeiten offen, die für die Zuordnung der Steuerverwaltung möglich waren:[13)]

- die Landesfinanzverwaltungen als eigene Angelegenheit der Länder auch für diejenigen Steuern, die dem Bund zufließen sollten;
- landeseigene Finanzverwaltungen mit einer Auftragsverwaltung für die dem Bund zufließenden Steuern;
- eine Bundesfinanzverwaltung, die auch die den Ländern zufließenden Steuern erheben sollte.

Die einzelnen Vorformulierungen wurden im Parlamentarischen Rat eingehend diskutiert. Nach langen Beratungen und der Anhörung von Sachverständigen kam der Finanzausschuß des Parlamentarischen Rates schließlich zu dem Ergebnis, die Verwaltung des Bundessteuern - angelehnt an die Vorschriften in der Weimarer Verfassung - dem Bund zuzuweisen. An diesem Punkt machten die Besatzungsmächte ihre abweichende Meinung deutlich: In einer Denkschrift wiesen sie den Präsidenten des Parlamentarischen Rates, *Konrad Adenauer*, darauf hin, daß von ihrer Seite starke Bedenken gegen eine zentralisierte Finanzverwaltung bestanden. Als der Hauptausschuß des Parlamentarischen Rates dennoch den Art. 123 GG in der vorgeschlagenen Form (mit einer zentralen Finanzverwaltung) verabschiedete, griffen sie vor der Ratifizierung im Plenum des Parlamentarischen Rates ein und machten den Abgeordneten klar, daß eine zentrale Bundesfinanzverwaltung "nicht akzeptiert werden könne und nur eine geteilte Finanzverwaltung Aussicht auf die Erteilung ihrer Genehmigung haben würde" (*Schweigert* 1970: 187). Als daraufhin die Gefahr bestand, daß das gesamte Verfassungswerk scheiterte, gaben die Parlamentarier nach: Es wurde eine Neufassung des strittigen Artikels arbeitet, in dem dem Bund die Verwaltung der Zölle und Finanzmonopole sowie der bundesgesetzlicher Regelung unterliegenden Verbrauch- und Beförderungsteuern zugewiesen wurde. Die Länder sollten für die Verwaltung der übrigen Steuern zuständig sein. Damit hatte sich der Parlamentarische Rat dem Druck der Besatzungsmächte gebeugt und "in den sauren Apfel der geteilten Finanzverwaltung" (*Höpker-Aschoff* 1949: 329) gebissen.Die vom Finanzausschuß des Parlamantarischen Rates beschlossene Fassung wurde - mit geringen Änderungen - vom Hauptausschuß mit dem Konzept einer zwischen Bund und Ländern geteilten Finanzverwaltung als

13) Vgl. Institut Finanzen und Steuern (1957: 53); Metzger/Weingarten (1989: 233f).

Art. 108 des Grundgesetzes verabschiedet.[14] Art. 108 beinhaltete in seiner ursprünglichen Fassung im Kern folgende Regelungen:

- neben der Verwaltung der Steuern wurde dem *Bund* die Verwaltung der (einer konkurrierenden Gesetzgebung unterworfenen) Verbrauchsteuern, der Beförderungsteuer, der Umsatzsteuer und der einmaligen Vermögensabgabe zugesprochen (Art. 108 I);
- die Verwaltung dieser Abgaben wurde auf *Bundesbehörden* gelegt, deren Aufbau und Verfahren durch Bundesgesetz zu regeln waren;
- falls der Bund einen Teil der Einkommen- und Körperschaftsteuer für sich in Anspruch nehmen sollte, stünde ihm auch hier die Verwaltung zu, wenn er diese nicht den Ländern als Auftragsverwaltung zuwies;
- alle übrigen Steuern sollten durch *Landesbehörden* verwaltet werden.

Damit war im Grundsatz eine Scheidung der Finanzverwaltung in eine Zoll- und Verbrauchsteuerverwaltung auf der einen Seite und eine Besitz- und Verkehrsteuerverwaltung auf der anderen Seite getroffen. Dem Bund wurde zugestanden, für alle von ihm näher zu bestimmenden Steuern (auch wenn diese den Ländern zufallen sollten) Ausführungsvorschriften zu erlassen. Von dieser Kompetenz machte der Bund mit den Finanzverwaltungsgesetzen von 1950 und 1952 und den Verordnungen über die Mitwirkung des Bundes bei der Verwaltung der Einkommensteuer und Körperschaftsteuer von 1952 und 1956 Gebrauch.

2.2.2 Die Bundesgesetze über die Finanzverwaltung von 1950 und 1952

Zur näheren Klärung der Verfassungsbestimmungen des Grundgesetzes wurde am 5. September 1950 das Gesetz über die Finanzverwaltung[15] beschlossen. Das Gesetz klärte u.a. die Verteilung der Finanzbehörden auf Bund und Länder und die grundsätzliche Organisation der Mittel- und Unterbehörden. *Bundesfinanzbehörden* waren danach als Mittelbehörden die Oberfinanzdirektionen, als örtliche Behörden die Hauptzollämter und die Zollfahndungsstellen einschließlich der Hilfsstellen (§ 1 I). Die "oberste Leitung" dieser Bundesfinanzbehörden wurde dem Bundesminister der Finanzen übertragen (§ 1 II). Nach der Neufassung des Finanzverwaltungsgesetzes 1971 kam als Bundesbehörde das Bundesamt für Finanzen hinzu.[16]

Unter den *Landesfinanzbehörden* fungierten als Mittelbehörden die Oberfinanzdirektionen und als örtliche Behörden die Finanzämter (§ 2 I); die "oberste Leitung"

14) Abgedruckt in Metzger/Weingarten (1989), Anlage 58.

15) FVG; BGBl. 1950: 448 ff.

16) Zum Bundesamt für Finanzen (BfF) vgl. Hartmann/Walter (1984: 48); Schöberle (1984: 473f) und Metzger/Weingarten (1989: 261f).

dieser Landesfinanzbehörden oblag der jeweils zuständigen Obersten Landesbehörde (§ 2 II). Die Mittelbehörde der staatlichen Finanzverwaltung erhielt nach den Bezeichnungen 'Landesfinanzamt' (nach 1919) und 'Oberfinanzpräsident' (bzw. 'Oberfinanzpräsidium', seit 1937) nach 1950 den Namen *Oberfinanzdirektion* (OFD). Die Bezirke der Oberfinanzdirektionen waren so zu bilden, "daß sie sich tunlichst mit den Ländern oder mit größeren Verwaltungsbezirken der Länder deckten" (§ 4). Der Leiter der Oberfinanzdirektion, der Oberfinanzpräsident, trägt seitdem "einen Januskopf" (*Institut Finanzen und Steuern* 1952: 23): er ist nach § 5 II sowohl Bundes- als auch Landesbeamter; seine Dienstbezüge erhält er je zur Hälfte vom Land und vom Bund. Damit wurde an eine Situation angeknüpft, wie sie schon in der Frühzeit der Reichsfinanzverwaltung Bestand gehabt hatte, als in Baden, Bayern und auch den norddeutschen Ländern die Finanzminister dieser Länder gleichzeitig Oberfinanzpräsidenten (Präsidenten der Landesfinanzämter) des Reiches in ihrem Gebiet waren (*Wacke* 1950: 10). Für diese Lösung hatte sich *Höpker-Aschoff* schon im Sommer 1949 eingesetzt, um

> "... die organisatorischen Schwierigkeiten der jungen Finanzverwaltung durch eine Personalunion zwischen dem Leiter der Behörden der Finanzverwaltung des Bundes und der Länder in der mittleren Instanz wenn nicht zu lösen, so doch zu mildern." (*Schweigert* 1970: 199)

Die OFD haben heute zur Erfüllung ihrer Aufgaben sowohl mit Bundesbeamten und -angestellten besetzte Abteilungen (Zoll-, Verbrauchsteuer- und Bundesvermögensabteilungen) als auch mit Landesbeamten oder -angestellten besetzte Landesabteilungen (Besitzsteuer-, Verbrauchsteuer-, Landesvermögens- und Bauabteilung; *Arndt* 1988: 63). Sie bilden durch ihre Struktur die "Einheitsklammern der deutschen Finanzverwaltung" (*Fredersdorf* 1982: 11). Die Gliederung der Finanzbehörden wurde zunächst dadurch erschwert, daß nach Art. 108 I die Verwaltung der Umsatz- und Beförderungsteuern dem Bund zugeordnet wurde, diese aber nicht - wie die Verwaltung der dem Bund zustehenden Teile der Einkommensteuer und der einmaligen Vermögensabgabe (Frankfurter Lastenausgleich) - den Landesfinanzverwaltungen als Auftragsverwaltung übertragen werden sollte. Deshalb wählte man hier einen "krummen Weg", um "den Bestimmungen des Grundgesetzes und zugleich den praktischen Bedürfnissen zu genügen" (*Höpker-Aschoff* 1950/51: 728): Die Verwaltung dieser Steuern wurde Bundesbeamten bei den Oberfinanzdirektionen übertragen, die direkt dem Oberfinanzpräsidenten zugeordnet wurden (§ 9 I FVG). An der praktischen Erhebung dieser Steuern wurden dann wiederum die Finanzämter (also reine Landesbehörden) beteiligt. Das betreffende Amt fungierte dann beispielsweise als 'Finanzamt, zugleich Umsatzsteuerstelle der Oberfinanzdirektion'. Damit blieb die aus der Weimarer Republik bekannte Einheit der Finanzverwaltung auf der unteren Ebene prinzipiell gewahrt.

Die Oberfinanzdirektionen überwachen als Aufsichtsbehörden die Geschäftsführung der nachgeordneten Dienststellen. Sie tun dies im Einzelfall auf Anregung oder durch Geschäftsprüfungen bei den Finanzämtern. Die OFD kann ein Finanzamt zu einem bestimmten Verhalten anweisen. "Niemals kann sie aber selbst Verwaltungsakte erlassen, für die das FA zuständig ist" (*Drexler u.a.* 1988: 26). Tatsächlich ist das einzige Mittel einer kontinuierlichen Aufsicht einer OFD über die ihr unterstellten Finanzämter die *Statistik* (*Wenzig* 1989: 33). Statistiken aus den Sachbereichen der Finanzämter werden in der Regel halbjährlich oder jährlich angefertigt, die Fortgangsstatistik der Veranlagungsbereiche monatlich.

In Ergänzung des FVG wurde am 15. Mai 1952 ein *Zweites Gesetz über die Finanzverwaltung*[17] erlassen. In diesem Gesetz wurde in § 1 die Mitwirkung des Bundes bei der Verwaltung der Einkommen- und Körperschaftsteuer geregelt. Unter anderem wurde dem Bundesfinanzminister in Sachfragen ein Mitwirkungsrecht bei der Erstellung von allgemeinen Verwaltungsanordnungen eingeräumt (§ 1). Zudem wurde bestimmt, daß der Bundesminister für Finanzen bei der Verwaltung dieser Steuern "die Gleichmäßigkeit der Gesetzesanwendung und die Ordnungsmäßigkeit der Verwaltung" überwachen konnte (§ 2). Auch an Betriebsprüfungen konnte er durch Bundesbedienstete teilnehmen. Das zweite Finanzverwaltungsgesetz bildete auch die Grundlage für die Errichtung einer Zentralen Betriebsprüfungsstelle des Bundes mit Sitz in Bad Godesberg (vgl. *BDSt* 1970: 107).

2.3 Der gegenwärtige Aufbau der Finanzbehörden des Bundes und der Länder in bezug auf die Verwaltung der Steuern

2.3.1 Die Steuerverwaltungshoheit in der Bundesrepublik nach der Änderung der Finanzverfassung 1969

Nach zwanzig Jahren Gültigkeit der alten 'Finanzverfassung' des Grundgesetzes zeigte sich, daß sich "die Staatspraxis beinahe von Jahr zu Jahr weiter von der geschriebenen Finanzverfassung entfernte" (*Stadler* 1969: 297). Neben den Problemen der Steuerrechtsetzungskompetenz und der Verteilung der Steuereinnahmen zwischen Bund und Ländern konnte auch die von den Besatzungsmächten aufgezwungene Steuerverwaltungsteilung des Art. 108 in seiner alten Fassung "den politischen Kompromiß nur mühsam verbergen" (*Weyhausen* 1982: 22). Insbesondere die geschilderten 'krummen Wege' bei der Verwaltung der Umsatz- und Beförderungsteuern waren kaum mehr haltbar. In Zusammenhang mit der Finanzreform von 1969 wurde deshalb auch die Finanzverwaltung in Deutschland auf eine neue verfassungsrechtliche Grundlage gestellt. Durch das Einundzwanzigste Gesetz zur

17) BGBl. I 1952: 293f.

Änderung des Grundgesetzes (*Finanzreformgesetz*) vom 21. Mai 1969[18] wurde der Art. 108 GG in eine neue Form gebracht. Dabei lassen sich drei Hauptregelungen herausheben:[19]

- die Verwaltung der Zölle, Finanzmonopole und bundesgesetzlichen Verbrauchsteuern (einschließlich der Abgaben im Rahmen der Europäischen Gemeinschaft) erfolgt weiter ausschießlich durch *Bundesfinanzbehörden* (Art. 108 I GG);
- alle anderen Steuern werden seitdem durch *Landesfinanzbehörden* verwaltet (Art. 108 II GG);
- verwalten die Landesfinanzbehörden Steuern, die ganz oder zum Teil dem Bund zufließen, so werden sie im *Auftrag des Bundes* tätig (Art. 108 III GG).

Falls der Vollzug der Steuergesetze dadurch erleichtert oder verbessert wird, kann, "um eine gewisse Beweglichkeit in der Steuerverwaltung zu ermöglichen" (*Hettlage* 1986: 614), durch Bundesgesetz ein Zusammenwirken von Bundes- und Landesfinanzbehörden bzw. in Abweichung von den vorstehenden Bestimmungen die Verwaltung durch Landes- oder Bundesfinanzbehörden festgelegt werden (Art. 108 IV GG). "Der Sinn dieser Regelung liegt darin, auf dem Gebiet des Steuerrechts die Einheit der Steuerverwaltung und die Einheitlichkeit des Steuervollzugs zu sichern."[20]
Die Zuständigkeit des Bundes bei der Verwaltung der Steuern nach Art. 108 I GG besteht dabei unabhängig von der Ertragshoheit für die jeweilige Steuer.[21] Dem Bund wurde zudem die bundeseinheitliche Regelung der Finanzgerichtsbarkeit und die Befugnis zum Erlaß allgemeiner Verwaltungsvorschriften (mit Zustimmung des Bundesrates) zugewiesen (Art. 108 VI bzw. VII GG).

Die Zuständigkeiten bei der Durchführung der Besteuerung sind seither klarer geregelt: das "Schwergewicht der Verwaltungskompetenzen liegt ... eindeutig bei den Ländern" (*Brunn/Fritz* 1980: 20). Die Ausnahmen von der Regel, daß alle nicht in Art. 108 I GG festgehaltenen Abgaben durch Landesbehörden zu verwalten sind, sind teils aus der Sache heraus gegeben,[22] teils traditionell bedingt.[23] Mit der ge-

---

18) BGBl. I 1969: 359 ff.

19) Vgl. Birk (1987: 332), Metzger/Weingarten (1989, Anlage 60). Zu den hier nicht näher erläuterten Bestimmungen hinsichtlich der Gesetzesgebungs- und der Ertragshoheit in Steuersachen vgl. u.a. Vogel (1980), Arndt (1988: 47 ff) und Tipke/Lang (1989: 80 ff).

20) Birk (1987: 332; 1988: 77), jeweils mit dem Verweis auf Fischer-Menshaus, H. in: von Münch, I., GG-Kommentar, Art. 108. Rz. 11 bzw. 12.

21) Vgl. Anlage 2/II sowie den Vergleich von Gesetzgebungs-, Verwaltungs- und Ertragshoheit der einzelnen Steuern in Metzger/Weingarten (1989), Anlage 61.

22) Durch die Nähe zur Bundesverwaltung bei Zöllen, EG-Abgaben und der Einfuhrumsatzsteuer.

23) Bei den Finanzmonopolen oder den bundesgesetzlich geregelten Verbrauchsteuern.

troffenen Teilung lehnte sich das Grundgesetz "an verwaltungstechnische Bedürfnisse und Vorgegebenheiten an" (*Weyhausen* 1982: 25). Einerseits wurde den Länderfinanzverwaltungen auch die Verwaltung der Umsatzsteuer (ohne Einfuhrumsatzsteuer), des Lastenausgleichs und der Straßengüterverkehrsteuer zugewiesen; ihre Verwaltungskompetenzen also beträchtlich ausgebaut. Andererseits verstärkten sich die Eingriffsmöglichkeiten des Bundes kräftig: Seither ist eine Erweiterung der Zuständigkeiten der Bundesfinanzverwaltung ohne ein verfassungsänderndes Gesetz möglich.[24)] Zudem wurde die landeseigene Steuerverwaltung in der 'reinen' Form zugunsten der *Auftragsverwaltung* für den Bund zurückgedrängt, da nun alle Steuern, die dem Bund auch nur in Teilen zufallen, in seinem Auftrag einzuziehen und zu verwalten sind, also auch der Landesanteil bei der Einkommen- und Körperschaftsteuer sowie der Umsatzsteuer. Im Rahmen der Auftragsverwaltung hat der Bund das Recht, den Ländern Weisungen zu erteilen (*Arndt* 1988: 63). Damit wurde auch die direkte Kompetenz des Bundesministers der Finanzen, hierzu unmittelbare Weisungen an die Mittel- und Unterbehörden zu erlassen, erheblich erweitert.[25)] Dem Bund ist es dennoch möglich, im Rahmen der Auftragsverwaltung "die Länder an die kurze Leine legen und ihnen in erheblichem Umfang Sachentscheidungsbefugnisse abzunehmen" (*Arndt* 1988: 63).

An diesen Verstärkungen der Rechte des Bundes ist deutlich zu erkennen, daß in der Finanzreform - trotz der Erweiterung der Zuständigkeiten der Landesbehörden - "die Steuerverwaltungshoheit der Länder wesentlich eingeschränkt" wurde (*Stadler* 1969: 344). Insgesamt bedeutet diese Lösung aber einen "verwaltungstechnisch tragbaren und politisch haltbaren Kompromiß" (*Weyhausen* 1982: 23).

2.3.2 Die Gliederung der Finanzverwaltung nach dem Finanzanpassungsgesetz von 1971 und der Abgabenordnung von 1977

Zur Umsetzung dieser neuen Verfassungsbestimmungen wurde am 30. August 1971 das 'Gesetz zur Anpassung verschiedener Vorschriften über die Finanzbeziehungen zwischen dem Bund und den Ländern an die Neuregelung der Finanzverfassung'[26)] veröffentlicht. Es enthielt als *Artikel 5* eine Neufassung des *Finanzverwaltungsgesetzes*. Das neue FVG legte zunächst einmal die Gliederung der Finanzbehörden des Bundes und der Länder fest. In der Neufassung der §§ 1 und 2 des Finanzverwaltungsgesetzes wurde eine viergliedrige Bundesfinanzverwaltung und eine dreigliedrige (nach der Neufassung der AO viergliedrige) Landesfinanzverwaltung festgeschrieben. *Bundesfinanzbehörden* sind nach FVG und AO:

24) Stadler (1969: 343); Klein (1969: 1321).

25) Einschränkend dazu Müller/Zeitler (1975: 468f); vgl. auch Weyhausen (1982: 126f).

26) Finanzanpassungsgesetz - FAnpG (BGBl. I 1971: 1426 ff).

- als *oberste Behörde* der Bundesminister der Finanzen;
- als *Oberbehörden* die Bundesschuldenverwaltung, die Bundesmonopolverwaltung für Branntwein, das Bundesamt für Finanzen und die Bundesbaudirektion;[27)]
- als *Mittelbehörden* die Oberfinanzdirektionen;
- als *örtliche Behörden* die Hauptzollämter einschließlich ihrer Dienststellen.

Zu den *Landesfinanzbehörden* zählen:

- als *oberste Behörde*n die für die Finanzverwaltung zuständigen obersten Landesbehörden;
- als *Landesoberbehörden* die Rechenzentren.[28)]
- als *Mittelbehörden* die Oberfinanzdirektionen und die Monopolverwaltung für Branntwein Berlin;
- als *örtliche Behörden* die Finanzämter.[29)]

Probleme hinsichtlich einer regional begrenzten Zuständigkeit der Landesfinanzverwaltungen in landesübergreifenden Fällen entstehen nicht (vgl. *Bopp* 1975: 494). Die Verwaltung der den Gemeinden oder Gemeindeverbänden allein zufließenden Steuern können die Länder ganz oder zum Teil diesen selbst übertragen. Die Länder haben von dieser Möglichkeit "in unterschiedlichem Ausmaß Gebrauch gemacht" (*Vogel* 1980: 582). Soweit die *Gemeinden* in das Lohnsteuerverfahren eingeschaltet sind, sind sie - nach Vorschrift des § 39 VI EStG - örtliche Finanzbehörden. Auch für sie gilt dabei die Abgabenordnung (*Koch* 1986: 49).

Der Art. 108 GG regelt nicht nur die grundsätzliche Verwaltungskompetenz in Steuersachen sondern auch die *Durchführung* in der Steuerverwaltung. Instrumente der Steuerverwaltung sind hiernach Gesetze (Art. 108 V GG), Rechtsverordnungen (Art. 108 V i.V.m. Art. 80 1 GG) und allgemeine Verwaltungsvorschriften (Art. 108 VII GG). (*Arndt* 1988: 64f)

Wegen der verfassungsrechtlich weiter bestehenden Teilung der Finanzverwaltung streben die Landesfinanzministerien und das Bundesfinanzministerium eine Kooperation in steuerlichen Fragen an. Diese Kooperation beruht im wesentlichen auf freier Zusammenarbeit ohne schriftliche Vereinbarungen, lediglich für den Bereich

27) Durch Artikel 5 des Zuständigkeitsanpassungs-Gesetzes vom 18. März 1975 (BGBl. I 1975: 705 ff) wurde § 1 des FVG N.F. dahingehend ergänzt, daß als Oberbehörden der Bundesfinanzverwaltung an die Stelle der Bundesbaudirektion die Bundesaufsichtsämter für das Kreditwesen und das Versicherungswesen gesetzt wurden. In § 6 der AO 1977 werden als Bundesoberbehörden nur die Bundesmonopolverwaltung für Branntwein und das Bundesamt für Finanzen genannt.

28) Dies war eine Hinzufügung im Rahmen der Neufassung der Abgabenordnung.

29) Sudau u.a. (1986: 31); Koch (1986: 46). Zur gegenseitigen Zuordnung vgl. Anlage 2/I.

der Bundesauftragsverwaltung wurde - betreffend die Abfassung von Schreiben des BMF an die Landesfinanzministerien - am 15. Januar 1970 eine (unveröffentlichte) Vereinbarung getroffen.[30] Der Aufbau der Koordinierungsgremien in der Steuerverwaltung ist dreistufig. Die unterste Ebene bilden die Besprechungen und Konferenzen der *Referenten der Landesfinanzministerien und des BMF.*[31] Die mittlere Ebene der Koordinierungsgremien bilden die *Besprechungen der 'Abteilungsleiter Steuer'* der Landesfinanzministerien und des BMF, obere Ebene ist die *Finanzministerkonferenz* von Bund und Ländern. In besonderen Fällen kann sich auch die Konferenz der Ministerpräsidenten mit Fragen aus den Finanzressorts beschäftigen. Notwendig sind solche Abstimmungen etwa bei der Vorbereitung von Entwürfen von Rechtsverordnungen des Bundesfinanzministers, die mit Zustimmung des Bundesrates erlassen werden:

> "In der Praxis werden die Entwürfe zu allgemeinen Verwaltungsanweisungen zunächst zwischen Bundesfinanzminister und den Länderfinanzministern abgestimmt. Häufig werden solche Entwürfe auch in einem Landesfinanzministerium oder den ihm unterstellten Behörden sachlich vorbereitet und dann von den anderen Länderfinanzverwaltungen als einheitliche Regelung übernommen, die von allen gemeinsam erlassen wird." (*Körber* 1976: 34)

Die Beschlüsse der Koordinierungsgremien werden im Bereich der landeseigenen Verwaltung regelmäßig in Form von *gleichlautenden Ländererlassen* einheitlich (einmal) im Bundessteuerblatt veröffentlicht. Als Landesverwaltungsanweisungen richten sie sich unmittelbar an die betroffenen Landesbehörden. Bei Problemen der Bundesauftragsverwaltung werden die Beschlüsse der Gremien als *Schreiben des Bundesministers der Finanzen* an die obersten Finanzbehörden der Länder (in der Regel) im Bundessteuerblatt veröffentlicht, bedürfen aber, um für die vollziehenden Landesbehörden verbindlich zu sein, eines Umsetzungsaktes. Deshalb werden diese Schreiben (teilweise) auch noch als eigene Schreiben der obersten Finanzbehörden der Länder an deren untergeordnete Behörden im jeweiligen Amtsblatt der obersten Landesfinanzbehörde öffentlich gemacht (vgl. *Schöck* 1977: 23f). Für die Einheitlichkeit der Rechtsanwendung sind diese Koordinationsbemühungen von großer Bedeutung, da sie die Probleme eines föderalistischen Verwaltungsaufbaus der Steuerverwaltung weitgehend beseitigen:

30) Vgl. Müller/Zeitler (1975: 474).

31) Entsprechend der inneren Gliederung der beteiligten Ministerien sind dies die Besprechungen der Einkommensteuerreferenten, Lohnsteuerreferenten, Körperschaft- und Gewerbesteuerreferenten, Bewertungsreferenten, Vermögensteuer- und Grundsteuerreferenten, Vermögensabgabereferenten, Referenten für Abgabenordnung, Betriebsprüfungsreferenten, Steuerberatungsreferenten, Steuerberatungsreferenten, Steuerfahndungsreferenten, Verkehrsteuerreferenten und Erbschaftsteuerreferenten (vgl. Schöck 1977: 22).

"Da auf diese Weise der Arbeitsprozeß in allen Finanzämtern der Bundesrepublik umfassend bis in Einzelheiten hinein geregelt wird durch ein einheitliches Normensystem, das jedoch flexibel ständig den konkreten Arbeitsbedingungen angepaßt wird, kann die Steuerverwaltung auch heute noch wie zu Zeiten der zentralisierten Reichsfinanzverwaltung als relativ geschlossene Einheit in Erscheinung treten. Durch die formell-organisatorische und normative Vereinheitlichung der Arbeitsvollzüge sollen Gleichmäßigkeit der Besteuerung und Gleichbehandlung der Steuerpflichtigen im gesamten Bundesgebiet gewährleistet werden." (*Körber* 1976: 34f)

In Bezug auf die Ziele der hier vorliegenden Untersuchung bleibt im Zusammenhang mit der äußeren Gliederung der Finanzverwaltung deshalb festzuhalten:

- anders als in der Weimarer Republik gibt es heute in der Bundesrepublik keine bundeseinheitliche Finanzverwaltung; die Verwaltungszuständigkeit ist steuerlichen Fragen ist vielmehr zwischen Bund und Ländern aufgeteilt;
- für den Vollzug der steuerrechtlichen Vorschriften auf der lokalen Ebene sind für die den Ländern bzw. dem Bund zustehenden Steuern (sofern sie von den Ländern im Bundesauftrag verwaltet werden) die zu den Landesbehörden zählenden *Finanzämter* zuständig;
- von einer prinzipiellen Einheitlichkeit der Grundlagen der Rechtsanwendung ist trotz der Existenz von eigenständigen Landesfinanzverwaltungen auszugehen, da einerseits im Rahmen der Bundesauftragsverwaltung weitgehende *Weisungsbefugnisse des Bundes* bestehen, andererseits durch *Koordinierungsgremien* auf den verschiedenen Verwaltungsebenen eine *einheitliche Rechtsanwendung im Bundesgebiet* angestrebt und auch erreicht wird.

Und - als Randbemerkung mit historischen Bezügen -: Die Probleme, die sich bei der Schaffung eigenständiger Finanzverwaltungen in den Bundesländern auf dem Gebiet der ehemaligen DDR stellen,[32)] sind nicht ohne Beispiel: Die notwendige Errichtung von 135 Finanzämtern mit 20.000 bis 25.000 Mitarbeitern in den neuen Bundesländern findet ihre Parallele im Aufbau der reichseigenen Finanzverwaltung 1919/20 (die unter ungleich schwierigeren Rahmenbedingungen stattfand).

32) Ein entsprechend vorgebildetes Personal fehlt fast vollständig; vgl. Eisold (1990).

3. Die Organisation der Finanzämter

3.1 Steuerfestsetzung und Steuererhebung als Aufgabenbereiche in den Finanzämtern

In allen Finanzämtern lassen sich zwei große Funktionsbereiche, die auch arbeitsorganisatorisch zumeist getrennt sind, ausmachen: zum einen der Bereich der *Steuerfestsetzung*, der mit der Ermittlung der Besteuerungsgrundlagen befaßt ist, und zum anderen der Bereich der *Steuererhebung* (Finanzkasse). Diese beiden Bereiche stellen die Grundlage der Arbeit der Finanzämter: "Festsetzung und Erhebung bedeuten die praktische Verwirklichung der in den einzelnen Steuergesetzen verankerten Steueransprüche; sie bringen die Steuerquellen zum fließen." (*Herrmann* 1955: 28) Diese beiden Arbeitsbereiche können bei Bedarf weiter unterteilt werden, aber sie finden sich in dieser Grundstruktur in allen Ämtern. Dies gilt sowohl unter den Bedingungen der herkömmlichen Organisation der Ämter, als auch nach der Neuordnung des Veranlagungsbereichs der Finanzämter Mitte der siebziger Jahre. Beide Arbeitsfelder haben in den vergangenen zwei Jahrzehnten bedeutsame Veränderungen durchgemacht. Die Veränderungen im Kassenbereich sind "technisch sicher spektakulärer" gewesen (*Rasenack* 1985: 333), aber die größeren Neuerungen, "verglichen mit dem, was bis dahin Verwaltungsanspruch und Praxis war", wurden im Veranlagungsbereich durchgeführt.

Im *Steuerfestsetzungsverfahren* lassen sich heute zwei "Hauptprozeßformen" (*Jungesblut* 1980: 171) unterscheiden:

- einerseits das *Lohnsteuerabzugsverfahren*, mit dem "zwecks vereinfachter, schnellerer und sicherer Steuerfestsetzung und -erhebung" ein Kernbereich aus dem Veranlagungsverfahren ausgegliedert und in den Lohnsteuerstellen verselbständigt wurde und
- andererseits das *Veranlagungsverfahren*, in dem Teilprozesse der Einkommensteuerermittlung und -festsetzung zusammengefaßt werden, die mit einer Steuererklärung beginnen und mit einem jährlichen Steuerbescheid enden.

Wie die Arbeitsgebiete innerhalb des Steuerfestsetzungsbereiches der Finanzämter zu gliedern sind, ist von vorneherein nicht vorgegeben, sondern kann nach Praktikabilitätsgesichtspunkten festgelegt und bei Bedarf auch wieder umgestellt werden. Die bisherigen Aufgliederungen im Aufbau des Festsetzungsbereiches entsprachen denn auch unterschiedlichen Ursachen und haben bzw. hatten unterschiedliche Ziele:

> "Die Kriterien, nach denen die Teilung des Arbeitsprozesses erfolgt, ... sind unterschiedlich. Teils sind es mehr oder minder spezialisierte Teilarbeitsprozesse, wie das aus der Einkommensteuerveranlagung 'herausspezialisierte'

> Lohnsteuerverfahren, die als beschränkt selbständiger Arbeitsbereich bzw. als organisatorische Stelle organisiert werden; teils sind es verselbständigte Prozeßabschnitte, wie die Bewertung und Betriebsprüfung im Ermittlungs- und Festsetzungsprozeß oder die Vollstreckung im Erhebungsprozeß." (*Körber* 1976: 54)

Im Gegensatz zum Erhebungsverfahren (in der Finanzkasse) bündelt sich das Festsetzungsverfahren nicht in einer bestimmten Stelle des Finanzamtes, sondern verteilt sich auf mehrere Stellen:

> "Während die inhaltlich gleichartigen, bzw. funktional aufs engste zusammenhängende Arbeitsgebiete in der Finanzkasse auch organisatorisch eine Einheit bilden, weil sie alle zu einem Sachgebiet zusammengeschlossen sind, das einem Kassenleiter untersteht, sind gleichartige und funktionell engstens zusammenhängende Arbeitsgebiete des Veranlagungsbereichs auf mehrere Sachgebiete mit verschiedenen Sachgebietsleitern verteilt." (*Körber* 1976: 55)

Allenfalls wurden einzelne Teilbereiche - wie etwa das Lohnsteuerstelle - herausgelöst und dort alle Arbeitsschritte zusammengefaßt. Diese Herausnahme spezieller Funktionsbereiche aus dem allgemeinen Veranlagungsverfahren ist, wenn man die Entwicklung der deutschen Steuerverwaltung seit 1920 betrachtet, eine oftmals gegebene Antwort auf die organisatorischen Fragen, die sich aus der Komplizierung des Steuerrechts und der Zunahme der Fallzahlen heraus an die Steuerverwaltung stellten. Es sind seit dem Aufbau der Reichsfinanzverwaltung "zunehmend mehr spezialisierte Teilprozesse und Prozeßabschnitte ausgegeliedert und organisatorisch als eigene Sachgebiete verselbständigt worden." (*Körber* 1976: 55). Bis Mitte der siebziger Jahre ist der Steuerfestsetzungsbereich in den Finanzämter deshalb gekennzeichnet durch eine zunehmende *Spezialisierung und Aufgliederung in spezielle Fachgebiete.*[1] Die Bedingungen einer in einem bundesrechtlichen Rahmen nach landesrechtlichen Vorgaben organisierten Steuerverwaltung haben diese Aufgliederungsprozesse noch um landesspezifische Besonderheiten angereichert. Die Bildung größerer Arbeitszusammenhänge durch die GNOFÄ[2] stellte hier eine erste gegenläufige Entwicklung dar, mit dem Versuch, über organisatorische Zusammenfassungen die Einheitlichkeit der Steuerverwaltung[3] zu sichern und - sofern sie schon verloren gegangen war - wieder herzustellen.

1) Dies spiegelt sich auch - im 'normalen' Einkommensteuerveranlagungsbereich - in der Bildung immer neuer zusätzlicher Sonder- und Branchenbezirke wider; vgl. dazu die Beispiele aus den Untersuchungsfinanzämtern in den Übersichten 3/2 und 3/3.

2) Grundsätze zur Neuorganisation der Finanzämter und zur Neuordnung des Besteuerungsverfahrens; vgl. Kap. 3.3.

3) Mit dem dahinterliegenden Ziel der einheitlichen und gleichmäßigen Rechtsanwendung.

Übersicht 3/1: Organisation der Arbeitsebene in einem Berliner Finanzamt 1985

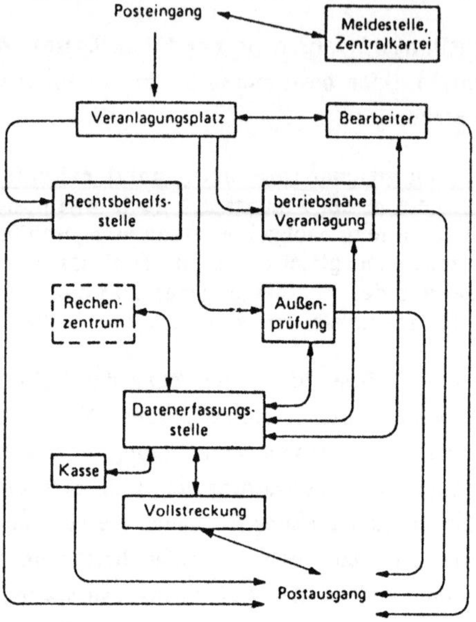

(Quelle: *Rasenack* 1985: 335)

Der eigentliche Arbeitsablauf im Steuerfestsetzungsbereich ist dagegen - was die Prozesse im Arbeitsablauf angeht - bis heute ziemlich konstant geblieben, wenn man von der Auflösung der Teilbezirke und der Bildung größerer Fachbereiche in den Ämtern (mit den Folgen der Auflösung der herkömmlichen Zuständigkeiten) unter den Vorgaben der GNOFÄ-Alt[4] absieht. Der Arbeitsablauf und die Aufsichts- und Kontrollzuständigkeiten lassen sich nach der Revision der GNOFÄ[5] und der Bildung zusammenhängender Arbeitsgebiete wieder ähnlich beschreiben, wie unter den Bedingungen der herkömmlichen Organisation der Finanzämter. Die verschiedenartigen Arbeitszusammenhänge und -abläufe zeigen sich[6] in *Übersicht 3/1*.

4) Erste Form der 'Grundsätze zur Neuorganisation der Finanzämter und zur Neuordnung des Besteuerungsverfahrens'; vgl. Kap. 3.3.2.

5) GNOFÄ-neu; vgl. Kap. 3.3.4.

6) Für die Bundesländer, die die GNOFÄ-Reform von 1981 mitgemacht haben.

Das Steuererhebungsverfahren ist im Rahmen der Erzbergerschen Steuerreform "wegen seiner besonderen Strukturierung" vom Festsetzungsverfahren abgetrennt und als eigenständiger Arbeitsprozeß den *Finanzkassen* zugeordnet worden (*Jungesblut* 1980: 171). Die Aufgliederungsprozesse, die sich im Festsetzungsbereich der Finanzämter in den letzten Jahrzehnten abgespielt haben, zeigten sich im Erhebungsverfahren nicht in gleicher Weise. Der einzige Teil des Verfahrensablaufs, der abgetrennt und in einem eigenständigen Arbeitsbereich organisiert wurde, war der Bereich der Vollstreckung mit der Einrichtung eigenständiger *Vollstreckungsstellen.*[7] Ansonsten ist der gesamte Arbeitszusammenhang, der sich unmittelbar auf den Steuererhebungsprozeß bezieht, "geschlossen in einer betrieblichen Organisationseinheit, der Finanzkasse, zusammengefaßt" (*Körber* 1976: 55).

Aus einem wesentlichen Grund lassen sich die beiden zentralen Arbeitszusammenhänge nicht vergleichen: Während im Veranlagungsverfahren (als dem wesentlichen Bereich der Steuerfestsetzung) verschiedene Steuerarten unter ganz verschiedenen Bedingungen bearbeitet werden, gruppiert sich der Kassenbereich (als der zentrale Teil des Erhebungsverfahrens) "unter Einbeziehung aller Steuerarten, Steuerpflichtigen und Steuerfälle" (*Körber* 1976: 55) um ein - im Prinzip - einheitliches Verfahren. Deshalb ist in diesem Bereich eine wesentlich größere Deckung von Arbeitszusammenhang (Erhebung der Steuern) und formeller Organisation (Sachgebietseinteilung) gegeben. Auch der Kassenbereich hat organisatorische Veränderungen mitgemacht, auch (und gerade) dort hat der Einsatz der elektronischen Datenverarbeitung große Veränderungen nach sich gezogen. Aber die Kernfrage dieser Studie nach den Bedingungen und Formen der *Gesetzesanwendung* in den Steuerverwaltungen stellt sich in diesem Bereich nicht in der angesprochenen Form. Sie ist typischerweise ein Problem des Steuerfestsetzungsbereiches.

3.2 Die herkömmliche Organisation der Finanzämter

3.2.1 Rückblick: Die Organisation der Finanzämter nach der Schaffung einer einheitlichen Reichsfinanzverwaltung

Der über die Maßen schnell notwendige Aufbau einer einheitlichen Finanzverwaltung im Deutschen Reich 1919 brachte für die unteren Verwaltungsbehörden besondere Vereinheitlichungsprobleme mit sich: Untere allgemeine Steuerbehörden existierten beispielsweise in Preußen erst seit ganz kurzer Zeit und in anderen Ländern in stark unterschiedlichen Ausprägungen. Der erste Versuch, eine einheitliche Arbeitsgrundlage für die einzelnen Ämter zu schaffen, wurde durch den Er-

7) Und - in Zusammenhang mit den GNOFÄ-Beschlüssen - die Errichtung von Erlaß- und Stundungsstellen; vgl. Kap. 3.3.

laß einer *Vorläufigen Geschäftsanweisung für die Finanzämter (FGA)* durch den Finanzminister *Wirth* am 28. Mai 1921 unternommen.[8] Die Geschäftsanweisung sollte den Finanzämtern einen einheitlichen *viergliedrigen Organisationsaufbau* bringen: Vom Amtsleiter über die Gruppenleiter und die Dezernenten zu den Expedienten. Den *Expedienten* (den späteren Bezirksbearbeitern) oblagen die eigentlichen Tätigkeiten bei der Durchführung der Besteuerung. Ihnen übergeordnet waren die *Dezernenten* (Sachbearbeiter), denen auch die Zeichnung vorbehalten war.

Die innere Organisation der unteren Behörden der neuen Reichsfinanzverwaltung in den rund 980 Finanzamtsbezirken des Reiches wurde dann dauerhaft durch die *Geschäftsordnung für die Finanzämter (FGO)* vom 10. August 1925[9] auf der Grundlage der Reichsabgabenordnung geregelt. Die noch heute bestehende hierarchische Teilung der Finanzämter in drei Ebenen wurde hier begründet. Die FGO unterschied hierbei den *Vorsteher* des Finanzamtes, die *Sachbearbeiter* (als Leiter eines Sachgebietes) und die in den einzelnen Sachgebieten eingesetzten *Bezirksbearbeiter.*

§ 1 der FGO wies dem Vorsteher eine zentrale Rolle in allen Fragen der Leitung des Amtes und des Geschäftsganges zu: er hatte die gesamten Dienstgeschäfte zu leiten und war unmittelbarer Vorgesetzter aller Beamten und der sonstigen Beschäftigten des Finanzamtes. Zugleich wurde der Vorsteher zum Vorsitzenden der Steuerausschüsse des Finanzamtsbezirks[10] und zum Kassenaufsichtsbeamten der Finanzkassse des jeweiligen Amtes bestimmt. Zu Leitern der Finanzämter wurden in großen Ämtern Oberregierungsräte und in kleineren und mittleren Ämtern Regierungsräte ernannt (*Schwandt* 1929: 242).[11] Zum ständigen Vertreter des Vorstehers wurde ein Beamter vom Reichsminister der Finanzen berufen. Die Geschäfte der Ämter wurden durch § 4 FGO in *Arbeitsgebiete* aufgeteilt. Mehrere dieser Arbeitsgebiete wurden zu *Sachgebieten* zusammengefaßt, wobei für die Zahl der zu bildenden Sachgebiete das "sachliche Bedürfnis" maßgebend war. Die Zuteilung der einzelnen Geschäfte auf die Beamten hatte durch einen vom Vorsteher des Amtes aufzustellenden *Geschäftsverteilungsplan* zu erfolgen, der jährlich dem Präsidenten des Landesfinanzamtes vorzulegen war. Die einzelnen Sachgebiete wurden von den *Sachbearbeitern* geleitet. Nach § 6 I FGO waren das Regierungsräte und Regierungsassessoren, Steueramtmänner und Obersteuerinspektoren. Aufgabe dieser

8) Amtsblatt der Reichsfinanzverwaltung 1921, Nr. 12, S. 131-135.

9) Amtsblatt der Reichsfinanzverwaltung 1925, Nr. 32, S. 127-133.

10) Zu den Aufgaben der Steuerausschüsse während der Zeit der Reichsfinanzverwaltung vgl. Metzger/ Weingarten (1988: 178f).

11) 1928 gab es 309 große, 373 mittlere und 309 kleine Finanzämter im Deutschen Reich (Boenicke 1928: 734).

Sachbearbeiter war es "für die ordungsgemäße und zweckentsprechende Geschäftsführung innerhalb ihres Sachgebietes zu sorgen" (§ 6 II), sie hatten also eine beaufsichtigende und koordinierende Funktion. Zudem oblag ihnen die Bearbeitung schwieriger Fälle, "und zwar sowohl in der Veranlagung wie auch im Rechtsmittelverfahren" (*Boenicke* 1928: 735). Bei großen Finanzämtern konnten die Sachbearbeiter nach § 4 II FGO zusätzlich noch mit der Bearbeitung grundsätzlicher Fragen in bestimmten einzelnen Steuerarten betraut werden (vergleichbar der heutigen Funktion eines Hauptsachgebietsleiters für eine bestimmte Steuerart).

Die eigentliche Tätigkeit der Veranlagung oder sonstigen steuerlichen Heranziehung geschah auf der Ebene der Arbeitsgebiete ('Bezirke' oder 'Veranlagungsabteilungen') durch die *Bezirksbearbeiter*. Dazu wurden die nicht als Sachbearbeiter eingesetzten Obersteuerinspektoren, die Steuerinspektoren, Obersteuersekretäre und Steuerpraktikanten bestellt. Diesen Bezirksbearbeitern wurden - zu Erledigung der einfacheren Dienstgeschäfte - einige Steuerseketäre sowie die Steuerassistenten oder Steuerbetriebsassistenten beigegeben.[12] In den Bezirken geschah die Veranlagung nach dem "Ein-Mann-System" (*Ball* 1927: 542): Derselbe Beamte des Finanzamtes bearbeitete alle bei diesem Finanzamt liegenden Steuerarten eines Steuerpflichtigen (Einkommen- bzw. Körperschaftsteuer, Vermögensteuer, Umsatzsteuer und evtl. auch die Gewerbesteuer). Dabei war er für alle Bearbeitungsschritte verantwortlich:

> "Die Hauptaufgaben des Veranlagungsbeamten sind etwa folgende: zunächst stellt er den Kreis der Steuerpflichtigen aus den Unterlagen fest, die durch die Personenstands- und Betriebsaufnahme sowie durch das Meldewesen gegeben sind; er ermittelt sodann aus diesem Kreis die Steuerpflichtigen, die zur Abgabe einer Steuererklärung besonders aufzufordern sind. Er führt die Steuerliste und überwacht den rechtzeitigen Eingang der Steuererklärung. Er prüft die Steuererklärungen, bereitet die Beanstandungen vor und stellt den Berechnungsbogen auf. Er bearbeitet die Rechtsmittel, die Anträge auf Stundungen, Erlaß und Niederschlagungen, er erteilt Auskünfte und nimmt den Parteiverkehr wahr." (*Boenicke* 1928: 736f).

Die Abgrenzung zwischen den einzelnen Bezirken erfolgte in der Regel nach räumlichen Gesichtspunkten. Durch das Zeichnungsrecht (von Sachbearbeiter oder Vorsteher) wurde sichergestellt, daß jede Verfügung des Amtes durch mindestens zwei - falls sich der Vorsteher die endgültige Zeichnung vorbehalten hatte durch drei - Hände ging. *Ball* (1927: 542) weist in diesem Zusammenhang auf die Bedeutung einer gebündelten Bearbeitung der Steuerarten des einzelnen Steuerpflichtigen hin:

12) Die notwendigen Boten- und Zustellungsdienste wurden Steueroberwachtmeistern und Steuerwachtmeistern zugewiesen.

> "Es kann ... festgestellt werden, daß in der Regel jede weitere Bildung von Sonderstellen den Geschäftsgang schwerfällig macht und durch die notwendig werdende Hin- und Hersendung der Akten und Einarbeitung mehrerer Beamten in denselben Steuerfall nur verschlechtert."

Eine Erkenntnis, die man fünfzig Jahre später, bei der Erarbeitung der GNOFÄ[13] wieder zu verdrängen versuchte. Um den Überblick über die Steuerpflichtigen seines Bezirkes zu behalten, führte jeder Bezirksbearbeiter seine eigene Registratur ('Expedientenregistratur') und hatte so ständig die Akten der von ihm zu veranlagenden Steuerpflichtigen in seinem Zimmer zur Hand (*Boenicke* 1928: 745).

In der FGO von 1925 wurde die zentrale Stellung des Amtsvorstehers deutlich festgeschrieben. Ihm oblag die "grundsätzliche Entscheidung und Zeichnung in allen Sachen" (§ 10 I), was eine Verschärfung gegenüber der alten Regelung in § 13 IV FGA darstellte (*Lassar* 1926: 150). Darüber hinaus zeichnungsberechtigt waren nur noch die Sachbearbeiter.[14] Trotz der starken Stellung des Vorstehers war man sich auch in den zwanziger Jahren schon der Notwendigkeit bewußt, daß in den Finanzämtern "wie bei anderen Behörden nur ein kleiner Teil der erlassenen Akte" unter der "persönlichen Einwirkung" des Vorstehers ergehen konnte (*Bühler* 1927: 297). Es war deshalb notwendig, den einzelnen Beamten ein gewisses Maß an Freiheit bei der Ausgestaltung ihrer Arbeit einzuräumen:

> "Das organisatorische Problem der Selbständigkeit der nachgeordneten Beamten besteht darin, das im Interesse der Arbeitsteilung und der Dienstfreudigkeit erforderliche Maß an Selbständigkeit zu gewähren, ohne daß die Einheitlichkeit der Geschäftsführung beeinträchtigt wird." (*Lassar* 1926: 150)

Die Kontakte mit den Steuerbürgern wurden - im Gegensatz zur innerdienstlichen Arbeitsteilung - in der FGO von 1925 kaum geregelt. Man beließ es im wesentlichen bei der Mahnung, daß alle Sachen des Finanzamtes "mit Beschleunigung zu bearbeiten" und gegebenenfalls - bei längerer Bearbeitungsdauer - Zwischenberichte an andere Behörden oder Privatpersonen zu erteilen seien (§ 14 II). Einzig der Schriftverkehr - als die vorherrschende Form der Kommunikation mit dem Bürger - wurde detaillierter geregelt. So schrieb § 15 FGO über die Form der Schreiben u.a. vor:

---

13) Vgl. Kap. 3.3.3.

14) Die Bezirksbearbeiter konnten nach § 10 I FGO nur bei Schreiben, die lediglich der "büromaßigen Erledigung" dienten (Ladungen, Erinnerungsschreiben etc.) mit dem Zeichnungsrecht betraut werden, dies war aber im Einzelfall genau festzulegen.

"...
(3) Der schriftliche Verkehr ist in einfachster Weise zu gestalten. Förmliche Einleitungen sind wegzulassen. Vordrucke sind in weitestem Umfang zu benutzen. Auf Einschränkung des Schreibwerks ist bedacht zu haben. ...
(4) Entbehrliche Fremdwörter sind zu vermeiden. ...
(5) Berichte und Schreiben sind in der Ich - (Einzahl-) Form abzufassen.
(6) Von mechanischen Hilfsmitteln (Schreibmaschinen, Stempeln, Hektographen usw.) ist ausgiebiger Gebrauch zu machen."

Generell wurden in die Ausstattung der Finanzämter mit Bürohilfsmitteln große Hoffnungen in Bezug auf eine rationelle und klare Arbeitsweise der Ämter gesetzt.[15] Auch die Rationalisierung mit Hilfe von Formularen wurde als wünschenswerter Ausweg gesehen:

"Eine nicht zu unterschätzende Arbeitserleichterung besteht darin, daß den Beamten für die Bearbeitung zweckmäßige Formulare in die Hand gegeben werden, deren Benutzung Zeit und Arbeit erspart. Derartige Formulare erleichtern nicht nur die Arbeit des Veranlagungsbeamten selbst, sondern auch die der Kanzlei und sichern außerdem, daß die von der Behörde ausgehenden Schreiben in einwandfreier und klarer Form abgefaßt sind. (*!; der Verf.*)
Die bei den Landesfinanzämtern allgemein eingerichteten Formularausschüsse sollen die Wünsche und Anregungen der Praxis auf diesem Gebiete sammeln und verwerten und von jedem Beamten der Steuerverwaltung muß erwartet werden, daß er auf diesem Gebiete Vorschläge macht und dazu beiträgt, die mechanische Arbeit weiter auf ein erträgliches Maß herabzumindern."
(*Boenicke* 1928: 748).

3.2.2 Die Organisation der Finanzämter in der Bundesrepublik auf der Basis der Geschäftsordnung von 1954

3.2.2.1 Die Gliederungsebenen der Finanzämter nach der FAGO 1954

Auf der Grundlage des Gesetzes über die Finanzverwaltung (FVG) wurde 1954 für alle Länderfinanzverwaltungen die bundeseinheitliche *Geschäftsordnung für die Finanzämter (FAGO)*[16] durch gleichlautende Erlasse der Länderfinanzminister und -senatoren in Kraft gesetzt.

Die zentrale Rolle des Vorstehers wurde auch in der FAGO beibehalten: Er leitete die Dienstgeschäfte des Finanzamtes und war - auf der Grundlage von § 21 FVG

---

15) 1928 standen den Finanzämtern 196 Buchungsmaschinen (in 166 Ämtern), 260 Adressier- und Listendruckmaschinen sowie etwa 1.400 Addier- und Rechenmaschinen und etwa 1.800 Vervielfältigungsapparate zur Verfügung. Zudem wurden ungefähr 4.500 Schreibmaschinen in der Verwaltung eingesetzt. (Boenicke 1928: 747; vgl. hierzu auch Metzger/Weingarten 1989: 177f).

16) BStBl. II 1954, S. 66 ff.

- Dienstvorgesetzter aller Verwaltungsangehörigen des Finanzamts. Auch der gesamte Verkehr mit der OFD war über den Vorsteher abzuwickeln. Dies galt nicht nur für den Schriftverkehr und die "unmittelbare persönliche Fühlungsnahme"; auch der "fernmündliche Verkehr" mit einer vorgesetzten Dienststelle (*Raatz/ Podschwadek* 1962: 16) bedurfte der Zustimmung des Vorstehers. Aus der FGO wurde der *dreistufige hierarchische Aufbau* der Finanzämter übernommen: Unterhalb der Leitungsfunktion des Vorstehers wurden die Geschäfte des Finanzamtes in *Sachgebiete* und diese in *Arbeitsgebiete* unterteilt. "Die Arbeitsgebiete für die Veranlagung heißen Teilbezirke" (§ 4 II FAGO). Sie bildeten "seit jeher das eigentliche Rückrat des Finanzamtes" (*Hermann* 1955: 73). Für die Anzahl der Sachgebiete wurden keine Vorgaben gemacht, hier sollte ausschließlich das "sachliche Bedürfnis" (§ 4 III) maßgebend sein. Die Abgrenzung der Arbeitsgebiete konnte nach § 4 IV FAGO *örtlich* oder *sachlich* geschehen; mehrere Arbeitsgebiete waren dabei zu Sachgebieten zusammenzufassen. Die Sachgebiete waren von Sachgebietsleitern zu führen; die Arbeitsgebiete wurden durch *Sachbearbeiter* ausgefüllt.[17)] Im Veranlagungsbereich wurden die Arbeitsgebiete als *Teilbezirke* bezeichnet und mehrere davon zu einem Sachgebiet zusammengefaßt. Die Teilbezirke waren zumeist mit einem Sachbearbeiter des gehobenen Dienstes und einem Mitarbeiter des mittleren Dienstes besetzt (*Strassl* 1977: 151). Nach den Vorschriften der FAGO galt hierbei das "Prinzip der Allzuständigkeit des sog. Teilbezirks als der kleinsten organisatorischen Arbeitseinheit in einem jeden Finanzamt" (*Rasenack* 1985: 333f). Insbesondere bei den Veranlagungssteuern war der Teilbezirk also "sowohl unterste Arbeits- als auch unterste Kontrollebene (im Verhältnis zwischen Sachbearbeiter und Mitarbeitern) für alle veranlagungsbezogenen Arbeiten und damit allein aktenführende Stelle."[18)] Das bedeutete konkret, daß die Teilbezirke für eine bestimmte Anzahl von Steuerpflichtigen, die nach örtlichen (Gemeinden, Stadtbezirke) oder sachlichen (Branchen, Buchstaben) Gesichtspunkten abgegrenzt waren, grundsätzlich alle mit der Steuerfestsetzung zusammenhängenden Vorgänge bearbeiteten (*Strassl* 1977: 149).

Die genaue Zuordnung der Geschäfte erfolgte in Anlehnung an die FGO in einem Geschäftsverteilungsplan, den der Vorsteher jährlich zum 1. April (später zum 1. Januar) zu erstellen und der OFD vorzulegen hatte. Eine empirische Untersuchung[19)] belegt, daß die Vorsteher vor diesem Hintergrund eher zu kollektiv ori-

17) In späteren Fassungen der FAGO wurden als Ausnahme von dieser strikten Teilung in Sachgebietsleiter und Sachbearbeiter die Betriebs-, Fahndungs- und Außenprüfer des steuerlichen Prüfungsdienstes aufgenommen, sowie die Bestimmung hinzugefügt, wonach die Boten-, Vervielfältigungs- und ähnliche Dienste in den Ämtern von "Hilfskräften" zu leisten waren.

18) Rasenack (1985: 333, Anm. 4).

19) Von Körber (1976) im Finanzamt Friedberg/Hessen 1974.

entierten Leitungsmethoden tendieren, die auf die Gesamtbelegschaft des Amtes oder auf größere Arbeits- und Kooperationszusammhänge im Amt ausgerichtet sind. Besonders herauszuheben sind hier als Führungsmittel regelmäßige *Dienstbesprechungen* und (seltener) *Amtsverfügungen* (vgl. *Körber* 1976: 70).

Sachgebietsleiter hatten nach § 6 I FAGO Beamte des höheren Dienstes, Steuerräte oder Steueramtmänner zu sein.[20] Sachgebietsleiter für Organisation, Haushalt und Personal war stets der Vorsteher des Finanzamtes. Aufgabe des Sachgebietsleiters war es, für die "ordnungsgemäße und zweckentsprechende Geschäftsführung innerhalb seines Sachgebietes" zu sorgen (§ 6 III). Neben der Prüfung der Entwürfe der Sachbearbeiter seines Gebiets wurde er angehalten, rechtlich besonders schwierige Sachen selbst zu erledigen. Mit dem späteren Ausbau der Zeichnungsrechte der Sachbearbeiter nach 1954 veränderte sich auch die Kontrollfunktion dieser Beamten. Auch unter den Bedingungen einer strengen hierarchischen Gliederung und der stetigen sachlichen Kontrolle der Veranlagungsarbeit ('Vier-Augen-Prinzip') ließen sich für das Verhältnis zwischen Sachbearbeitern und Sachgebietsleitern feste Regeln nur schwer aufstellen, "weil es weitgehend durch Persönlichkeit, Alter, Tüchtigkeit und dienstliche Erfahrung bestimmt wird", wie *Raatz/Podschwadek* schon 1962 (: 56) anmerkten. Sie nennen an Leitungsmöglichkeiten des Sachgebietsleiters:

- die *Leitung in der einzelnen Sache* ("Auch soweit der Sachbearbeiter zeichnungsbefugt ist, bleibt es dem Sachgebietsleiter unbenommen, sich die abschließende Zeichnung vorzubehalten.");
- die *allgemeine Leitung des Sachgebiets* mit dem Ziel, eine ordnungsgemäße und zweckentsprechende Geschäftsführung zu sichern, dies insbesondere durch die Aufstellung eines Arbeitsplanes und die Arbeitseinteilung für die Sachbearbeiter;
- die *Unterrichtung des Sachgebietsleiters* durch den Sachbearbeiter über alle Fragen von Bedeutung.

Dem stehen an Unterstützungsleistungen durch den Sachgebietsleiter gegenüber:[21]

- die *Beratung des Sachbearbeiters* in allen schwierigen Fragen;
- die *Übernahme der Bearbeitung* (z.B. in besonders schwierigen Sachen);

---

20) Im Bedarfsfall konnten auch - mit Zustimmung der OFD - "geeignete" Obersteuerinspektoren zu Sachgebietsleitern ernannt werden.

21) Raats/Podschwadek (1962: 60) weisen darauf hin, daß alle diese Formen der Zusammenarbeit nur dort zum Erfolg führen konnten, wo das Verhältnis zwischen Sachgebietsleiter und Sachbearbeiter auf "gegenseitiges Vertrauen" aufbaute.

- die *Arbeitsteilung*, wobei eine "vernünftige Arbeitsteilung" angestrebt wurde, bei der dem Sachgebietsleiter die Kleinarbeit erspart" und dem Sachbearbeiter "die Fassung der schwierigsten Teile eines Schreibens oder Berichts" abgenommen wurde.

Zur Bearbeitung allgemeiner Sachen einzelner Gebiete des Steuerrechts konnten nach § 7 FAGO Sachgebietsleiter zu *Hauptsachgebietsleitern* (HSGebL) bestellt werden. Ihnen wurden zur Unterstützung *Hauptsachbearbeiter* beigegeben. Aufgabe der Hauptsachbearbeiter (HSachB) war die Entlastung der Hautsachgebietsleiter bei allgemeinen organisatorischen und statistischen Arbeiten, sowie insbesondere die büromäßige Erledigung der eingehenden Erlasse und Verfügungen (*Raatz/Podschwadek* 1962: 73). *Karlsen* (1978: 20) beschreibt die Zuständigkeiten der Hauptsachgebietsleiter so:

> "Diese haben als Aufgabe Unterrichtung und Einweisung von Steuer- und Finanzanwärtern, Klärung von schwierigen Fachfragen, Beratung von Sachbearbeitern und Mitarbeitern auf Anfrage, und sie werden in seltenen Fällen zur Abfassung von Amtsverfügungen hinzugezogen."

Die grundlegenden Träger der Veranlagung in den einzelnen Bezirken waren die *Sachbearbeiter* (obwohl sie in der FAGO nur eher "beiläufig" (*Raatz/Podschwadek* 1962: 1) erwähnt wurden):

> "Von ihrem fachlichen Können und Leistungswillen hängt weitgehend die Arbeit des Finanzamts ab. Sie sind es, die die steuerlichen Tatbestände ermitteln und auswerten. Dabei handeln sie teils selbständig im Rahmen ihres Zeichnungsrechts, teils bereiten sie die Entscheidungen der Sachgebietsleiter vor. Aber auch dabei haben sie ein Maß an Selbständigkeit und Verantwortung, das in der Geschäftsordnung nicht seinen vollen Ausdruck findet. Von Ausnahmen abgesehen, bearbeiten sie die Steuerfälle vom Anfang bis zum Ende und müssen auch schwierigen Tatbeständen und Rechtsfragen gewachsen sein. Auf ihren Schultern liegt die Massenarbeit." (*Raatz/Podschwadek* 1962: 2)

Die Bezeichnung 'Sachbearbeiter' setzte sich für diese Beamtengruppe erst in den Jahren 1953/54, also etwa mit dem Inkrafttreten der FAGO durch, als dieser Name an die Stelle der Bezeichnung 'Mitarbeiter' trat. Erwähnung fanden in § 8 III FAGO auch die Beamten des mittleren Dienstes, die - soweit sie nicht zu Sachbearbeitern berufen waren - als "Mitarbeiter" bezeichnet wurden; ihnen wurden "Dienstgeschäfte einfacher Art" zugewiesen. Als Hilfskräfte wurden Beamten des einfachen Dienstes genannt. Faktisch wurde bei den Mitarbeitern noch teilweise unterschieden zwischen den *1. Mitarbeitern*, die in den Veranlagungsbezirken steuerrechtliche Arbeiten leisteten und die Masse der (einfachen) Besteuerungsfälle bearbeiteten, und den *2. Mitarbeitern*, die nur mit einfachen Arbeitsaufgaben betraut wurden:[22)]

"Die G-Bezirke[23)] bestehen aus einem Sachbearbeiter, einem ersten Mitarbeiter und einem zweiten Mitarbeiter, deren Aufgaben relativ stark strukturiert sind. Der Sachbearbeiter unterzeichnet und kontrolliert alle Steuerfälle, die im Bezirk bearbeitet werden, und bearbeitet die Post, die der Bezirk vom Sachgebietsleiter zugeteilt bekommen hat. Der erste Mitarbeiter führt die meisten Veranlagungen des Bezirks aus (60 bis 90 %). Diese Zahl hängt stark damit zusammen, ob der Sachbearbeiter Tätigkeiten als Hauptsachbearbeiter wahrzunehmen hat. Der zweite Mitarbeiter ist in jedem Bezirk nur halbtags, führt Listen, ordnet Akten und schreibt Maschine."[24)]

Die Formen der Zusammenarbeit zwischen Sachbearbeitern und Mitarbeitern wurden durch die FAGO kaum geregelt. Die Tätigkeiten der Mitarbeiter waren aber für die Erledigung der täglichen Arbeit und "für den Gesamtarbeitserfolg des Finanzamtes von nicht zu unterschätzender Bedeutung" (*Herrman* 1955: 122). Ähnlich wie im Verhältnis zwischen Sachbearbeitern und Sachgebietsleitern war es auch hier schwierig, die Kompetenzen genau abzugrenzen. Anzustreben war aber ein Verhältnis,...

"... das nicht lediglich auf Über- und Unterordnung aufbaut, sondern die kameradschaftliche Zusammenarbeit in den Vordergrund stellt. Die Bezeichnung 'Mitarbeiter' sollte ganz wörtlich genommen werden. Von Einfluß auf Zusammenarbeit und Arbeitsteilung sind die Schwierigkeit des Arbeitsgebietes und die Persönlichkeit des Mitarbeiters (Alter, Fähigkeiten, Vorbildung, Erfahungen). Feste Regeln lassen sich kaum aufstellen." (*Raatz/Podschwadek* 1962: 67)

Detailliert wurde in der FAGO von 1954 das *Zeichnungsrecht* geregelt: Dem Vorsteher wurde das ausschließliche Zeichnungsrecht in bestimmten Punkten zugewiesen, so u.a. für alle Berichte und sonstige Schreiben an übergeordnete Behörden, in

22) Raatz/Podschwadek (1962: 1, Anm. 1) listen die bis dahin gebräuchlichen Bezeichnungen für die einzelnen Dienststufen in den Finanzämtern auf:

Buchungsordnung für die Finanzämter vom 15.12.1932		Dienstordnung für die Finanzämter (FDO) vom 1.9.1938 (bis 1954)		Geschäftsordnung für die Finanzämter (FAGO) (ab 1954)
Sachbearbeiter	=	Sachbearbeiter	=	Sachgebietsleiter
Bezirksbearbeiter	=	Mitarbeiter (im Veranlagungsdienst: Bezirksbearbeiter)	=	Sachbearbeiter
		Hilfsarbeiter	=	Mitarbeiter

23) Bezirke mit Steuerpflichtigen, deren Einnahmen aus einem Gewerbebetrieb stammen.

24) Karlsen (1978: 21); die Zahlen stammen aus einer Umfrage des Forschungsprojekts Verwaltungsautomation an der GH Kassel vom März 1976. Eine ähnliche Beschreibung - gleichfalls für ein hessisches Finanzamt - findet sich bei Körber (1976: 81f).

Sachen von grundsätzlicher Tragweite oder politischer Wirkung, in Sachen von großer geldlicher oder wirtschaftlicher Bedeutung, oder in Fällen mit erheblichen Folgen für den Steuerpflichtigen. Die Sachgebietsleiter besaßen das Zeichnungsrecht für ihr Sachgebiet, soweit nicht der Vorsteher abschließend zeichnete. Die Mitarbeiter besaßen nicht die Befugnis zur Zeichnung oder Mitzeichnung. Zunächst wurde den Sachbearbeitern nur ein Zeichnungsrecht in einfachen Sachen mit Erlaubnis der OFD zugewiesen, später wurde das Zeichnungsrecht der Sachbearbeiter in mehreren Schritten "erheblich erweitert" (*Körber* 1976: 80) und ihnen allgemein das "einfache Zeichnungsrecht" (§ 9 III FAGO) zugewiesen:[25]

> "Damit ist der Sachgebietsleiter von der Pflicht entbunden worden, jeden einzelnen rechtlich bedeutsamen Arbeitsvorgang detailliert zu prüfen und mit seiner Unterschrift die persönliche Verantwortung dafür zu übernehmen, was bei der Masse der zu bearbeitenden Fälle und bei der organisatorischen Zergliederung und Standardisierung der Arbeitsprozesse praktisch undurchführbar, normalerweise aber auch überflüssig wäre." (*Körber* 1976: 79)

Insgesamt war also der Sachbearbeiter in den Veranlagungsstellen vor Inkrafttreten der GNOFÄ[26] ein "weitgehend selbständiger Organisator des konkreten Arbeitsablaufs und verantwortlich für die Arbeitsergebnisse in 'seinem' Arbeitsgebiet" (*Körber* 1976: 80).

3.2.2.2 Die Bildung von Sonder- und Branchenbezirken

Die Gliederung der Steuerbezirke innerhalb des Veranlagungsbereiches konnte unter diesen Bedingungen stark spezialisiert werden. In der herkömmlichen Organisation der Finanzämter auf der Grundlage der FAGO 1954 erfolgte die Zuordnung der Steuerpflichtigen zu den Teilbezirken nach verschiedenen Gesichtspunkten: der Kreis der einem Bezirk zugeordneten Pflichtigen konnte regional (nach Ortschaften oder Stadtteilen), nach Berufen oder alphabetisch nach den Namen der Steuerpflichtigen erfolgen (*Katterbe* 1980: 9).

Die gängigste Unterscheidung innerhalb der *Veranlagungsbezirke* zur Einkommen- und Körperschaftsteuer war neben der rein geographischen Aufteilung die Einteilung nach Berufen oder die Schaffung von *Branchenbezirken.* Ihre Einrichtung

---

25) Nach § 9 III FAGO in der Form des Erlasses des Finanzministeriums NRW vom 27.08.1959 (BStBl. II 1959: 153; von allen Ländern übernommen) erhielten die Sachbearbeiter für ihr Arbeitsgebiet das 'einfache Zeichnungsrecht', das ihnen - entgegen früheren Regelungen - nicht ausdrücklich verliehen werden mußte. Ausdrücklich vom Vorsteher übertragen werden mußte hingegen das 'erweiterte Zeichnungsrecht', dessen Bereich dabei genau zu umgrenzen war (vgl. Raatz/Podschwadek 1962: 62f; BMF 1980: 9).

26) Vgl. Kap. 3.3.2.

entsprang der "Erkenntnis, daß nicht ein Steuerfall wie der andere zu bearbeiten ist" (*Herrmann* 1955: 74) und schon deswegen auch auf der Seite der Steuerbeamten eine gewisse Spezialisierung notwendig wurde. Auch hier konnte innerhalb eines Amtes eine erhebliche Zahl von solchen Sonderbezirken gebildet werden, wie das Beispiel des FA Bielefeld-Innenstadt (*Übersicht 3/2*) zeigt.

Übersicht 3/2: Sonderbezirke und Branchenbezirke im FA Bielefeld-Innenstadt (bis 1976)

Art des Bezirkes	Gebildet am	Aufgelöst am
Körperschaften (ohne Genossenschaften)	1922	
Genossenschaften	1922	
Personengesellschaften	25.01.1937	
Reisegewerbetreibende	12.01.1938	31.12.1976
Beschränkt Steuerpflichtige	01.04.1939	
Land- und Forstwirte	12.02.1954	
Gesellschafter der Personengesellschaften	22.08.1956	
Gewerbliche Großbetriebe	25.07.1957	31.12.1976
Prominente, Finanzbeamte, Schwierige Steuerpflichtige (*sic !*)	25.07.1957	31.12.1976
Grundstücksgemeinschaften	25.07.1957	31.12.1976
Teilhaber der Grundstücksgemeinschaften	25.07.1957	31.12.1976
Branchenbezirke	25.07.1957	31.12.1976
Namenbezirke	25.07.1957	31.12.1976
Konzerne und andere zusammenhängende Unternehmen (auch Unternehmer)	17.02.1959	

(Quelle: *Amtsübersicht des Finanzamtes Bielefeld-Innenstadt*)[27)]

Auch in anderen Ämtern wurden ähnliche Sonderbezirke gebildet: zumeist schon in den zwanziger Jahren solche für Körperschaften und Genossenschaften und noch vor dem Krieg solche für Reisegewerbetreibende, Personengesellschaften und beschränkt Steuerpflichtige. Spezielle Branchenbezirke wurden hingegen zumeist erst in den fünfziger Jahren gebildet. In einem ländlichen Bezirk wie dem des FA

27) Zum 1. Januar 1977 trat im FA Bielefeld-Innenstadt die Neuorganisation des Veranlagungsbereiches nach den GNOFÄ in Kraft (vgl. Kap. 3.3.3).

Lemgo wurden dabei neben besonderen Bezirken für 'Handels- und Versicherungsvertreter' und 'Bäckereien, Konditoreien, Cafés' auch solche für 'Fleischereien, Fleischwaren' und 'Hausschlachter und Viehkastrierer' eingerichtet.[28)] Das FA Detmold richtete hingegegen im Januar 1958 einen speziellen 'Gesundheitsbezirk' für die Apotheker, Ärzte, Zahnärzte, Hebammen, Heilpraktiker, Masseure und Masseusen der Städte Bad Salzuflen, Detmold, Lage und Schötmar ein.[29)] Spätestens beim Inkrafttreten der Neuformierung des Veranlagungsbereiches der Finanzämter durch die GNOFÄ zum 1. Januar 1977 fielen diese Branchenbezirke weg. Einige Sonderbezirke - etwa die für Land- und Forstwirte - wurden aber auch danach beibehalten.

Eine wesentliche Umstellung bei den untersuchten nordrhein-westfälischen Ämtern war die Neuverteilung der Steuerbezirke im Zusammenhang mit der Alphabetisierung. Im FA Lemgo wurde dies zur Vorbereitung der GNOFÄ-Neuordnung im Mai 1976 vorgenommen. Die Steuerpflichtigen wurden dabei innerhalb der fünf im Bereich des Finanzamtes liegenden Großgemeinden alphabetisch sortiert und dementsprechend in neue Steuerbezirke eingeteilt. Es handelte sich also um eine alphabetische Zuteilung auf geographischer Basis.[30)] Sonderbezirke blieben dabei bestehen für: Körperschaften, Personengesellschaften sowie Land- und Forstwirte, Gärtnereien.[31)] Gleichzeitig wurden die neu zu bildenden Steuerbezirke auf die verschiedenen Teilbezirke (Veranlagungsstellen) verteilt. Dabei wurden sowohl reine Teilbezirke mit alphabetischer Aufteilung als auch Bezirke mit einer gemischten Aufteilung aus alphabetischer Zuordnung und festen Branchenbezirken gebildet.[32)]

3.2.2.3 Der Kontakt zu den Steuerpflichtigen und der Einsatz von Bürohilfsmitteln

Bezüglich der Form der Schriftstücke wurde in der FAGO von 1954 sehr viel Wert auf die formale Reglementierung in bestimmten Fragen (Eingangsvermerke, Angabe der Adressdaten des Finanzamtes etc.) gelegt, die grundsätzliche Form der Schreiben wurde nur in § 13 I angesprochen:

28) Gerade in diesem Amt wurde das System der Branchenbezirke 'perfektioniert', vgl. dazu die Gesamtdarstellung in Anlage 3/I; Quelle: Amtsübersicht des FA Lemgo.

29) Vgl. Amtsübersicht des FA Detmold, Bd. I, S. 35.

30) Vgl. Anlage 3/II.

31) Rundschreiben des Vorstehers an die Bediensteten des FA Lemgo vom 11. 5. 1976 (AZ O 1524 - 1 I).

32) Vgl. Anlage 3/III.

"Alle Schriftstücke sollen höflich, in der Form knapp, klar und leicht verständlich abgefaßt sein und dennoch die Sache erschöpfend darlegen. Besondere Einleitungen, ersetzbare Fremdwörter und abgekürzte Fachausdrücke sind im allgemeinen zu vermeiden. Ablehnende Bescheide sollen menschliches Verständnis für die Lage des Empfängers erkennen lassen."

Die noch in den Vorschriften der FGO von 1925 zu spürenden Hoffnungen, die in die bürotechnische Ausstattung der Finanzverwaltung gesetzt wurden, waren mittlerweile verflogen und machten einer sehr nüchternen Betrachtung Platz: "Die technischen Hilfsmittel sind weitgehend auszunutzen und pfleglich zu behandeln. Sie sind nach den dafür bestehenden Dienstanweisungen zu bedienen." (§ 20 FAGO 1954) Die Beschreibung, die *Raatz/Podschwadek* (1962: 144f) für die frühen sechziger Jahren beispielsweise für den Einsatz von Schreibmaschinen geben, lassen darauf schließen, daß von einem regelrechten Einsatz von 'Bürohilfsmitteln' ohnehin nur sehr eingeschränkt gesprochen werden kann:[33)]

"Schreibmaschinen sollten nach Möglichkeit nicht nur in der Kanzlei stehen. Anzustreben ist, daß jeweils zwei oder drei Arbeitsgebiete gemeinsam mit einer Schreibmaschine ausgestattet werden. Der maschineschreibende Sachbearbeiter kann nicht nur schneller, sondern auch lesbarer schreiben. Er kann in einfacheren Fällen mit dem Entwurf zugleich die Reinschrift fertigen. Auf diese Weise entlastet er die Kanzlei und beschleunigt den Arbeitsablauf."

In einer Anlage zur FAGO 1954 wurden genaue Bestimmungen über die Aktenführung aufgenommen. Von jedem Sachbearbeiter wurde verlangt, *Handakten* zu führen, in welche die sein Arbeitsgebiet betreffenden Abdrucke von Erlasssen, Rundverfügungen, Amtsverfügungen etc. aufzunehmen waren (*Raatz/Podschwadek* 1962: 131). Der sorgfältigen Führung der Handakten wurde große Bedeutung beigemessen, deshalb sollte der Sachbearbeiter diese Handakte auch selbst führen und sie nicht einem Mitarbeiter überlassen.

33) An anderen technischen Bürohilfsmitteln nennen Raatz/Podschwadek (1962: 145) - neben der erst in den Kinderschuhen steckenden Automatisierung der Steuerverwaltung - die Benutzung von Rechen- und Adressenmaschinen (Adrema), von Fernsprechern ("ist zu benutzen, wenn dadurch eine dienstliche Angelegenheit schnell erledigt und Schriftwechsel vermieden oder eingeschränkt werden kann"), den Einsatz von Stempeln und Vervielfältigungen und das Durchschreibeverfahren (etwa von Berechnungsbogen und Bescheid zu gleicher Zeit).

In Ergänzung zu der Geschäftsordnung ergingen noch die jeweiligen landesrechtlichen Bestimmungen hinsichtlich von Arbeitszeit, Urlaubsregelungen, Disziplinarmaßnahmen u.ä.. Die FAGO von 1954 blieb in dieser Form nahezu unverändert in Kraft, bis sie am 1. Januar 1986 von einer Neufassung (FAGO 1985)[34] abgelöst wurde.

3.3 Die Neuordnung des Veranlagungsbereiches der Finanzämter durch die GNOFÄ

3.3.1 Die Überlastung der Steuerverwaltung durch die steigenden Fallzahlen

Unabhängig von den Umstellungen in der Finanzverwaltung im Zusammenhang mit der Neufassung der Finanzverfassung 1969 wurde seit Ende der sechziger Jahre von mehreren Seiten die Neuorganisation der Finanzämter gefordert. Schon im April 1968 hatte der Präsident des Bundesrechnungshofes in einem Schreiben an den Bundesfinanzminister auf die zunehmenden Schwierigkeiten der Finanzämter bei der Erledigung ihrer Aufgaben hingewiesen. Nicht nur die zu beurteilenden Lebenssachverhalte, sondern auch das anzuwendende Recht wurde immer komplizierter, zudem stieg auch die Zahl der zu bearbeitenden Fälle immer weiter an. Allein in Nordrhein-Westfalen stieg von 1960 bis 1969 die Zahl der Lohnsteuerjahresausgleichsanträge von 1,7 Millionen auf 3,6 Millionen Stück, die Sparprämienanträge von 750.000 auf 3,5 Millionen Stück und die Einheitswertfälle von 350.000 auf 1,2 Millionen Stück (*Weiss* 1972: 163). In den Finanzämtern führte das auch dazu, daß die Anzahl der Steuerbezirke insgesamt und die Zahl der Steuerbezirke pro Teilbezirk immer mehr zunahm. In den in *Anlage 3/IV* dargestellten Fällen der Finanzämter Minden, Detmold und Wiedenbrück hat sich beispielsweise die Zahl der Steuerbezirke von 1956 bis 1975 verdoppelt bis verdreifacht. Zugleich mußten in den siebziger Jahren zu den bestehenden auch immer mehr spezielle Steuerbezirke gebildet werden. In diesem Anstieg der Zahl der Steuerbezirke spiegelt sich - neben der Notwendigkeit, auf die Komplizierung des Einkommensteuerrechts und die "immer mannigfaltigeren bürgerrechtlichen und handelsrechtlichen Gestaltungsmöglichkeiten" (*BRH* 1970: 31) zu reagieren - die gestiegene Anzahl der Steuerpflichtigen wider, die sich im besonderen im Veranlagungsbereich der Einkommensteuer zeigte.

Diese Überlastung zeigte Auswirkungen. In seinen 'Bemerkungen zur Bundeshaushaltsrechnung für das Haushaltsjahr 1967' kritisierte der Bundesrechnungshof[35]

---

34) Vgl. Kap. 3.4.

35) Nach einer mehrjährigen Untersuchung bei insgesamt 51 Finanzämtern.

insbesondere die unzureichenden Möglichkeiten der Steuerverwaltungen, die Angaben der Steuerpflichtigen zu überprüfen:

> "In den meisten Fällen müssen die ohnehin überforderten Veranlagungsdienststellen schon aus Zeitmangel auf die vorgeschriebenen Ermittlungen verzichten. Nur selten können sie aus den ihnen von den Steuerpflichtigen vorgelegten Unterlagen den steuerlich erheblichen Sachverhalt eindeutig erkennen. Dazu kommt, daß insbesondere die größeren Steuerzahler ihre Steuererklärungen meistens sehr spät einreichen und die Finanzämter die bedeutendsten Fälle schnell veranlagen müssen, damit die durch die späte Abgabe dieser Steuererklärungen verzögerten Abschlußzahlungen bald fällig werden. Aus diesen Gründen ist das finanzielle Ergebnis der Beanstandungstätigkeit bei der Veranlagung in ein immer krasser werdendes Mißverhältnis zu dem Verwaltungsaufwand geraten. Dabei wiegt besonders schwer, daß die Finanzverwaltungen von ihrem knappen Personal zu viele gute Fachkräfte im Veranlagungsdienst verwenden und deshalb außerstande sind, die vorgeschriebenen oder erforderlichen Betriebsprüfungen in angemessenen Zeitabständen oder - zum Teil - überhaupt noch durchzuführen. Dies führt zu nicht mehr erträglichen Ungleichmäßigkeiten bei der Besteuerung und auch zu großen Steuerausfällen. Insbesondere weichen die Zeitabstände zwischen den Betriebsprüfungen in den einzelnen Ländern und sogar in den Bezirken einzelner Oberfinanzdirektionen erheblich voneinander ab." (*BRH* 1970: 31)

Die Zahl der Einkommensteuerpflichtigen (und die Einnahmen an veranlagter Einkommensteuer) vergrößerte sich, die Personalzahlen kamen da nicht mehr mit. Die *Übersicht 3/3* zeigt diese Entwicklung am Beispiel des Finanzamtes Detmold auf. Die Zahl der Steuerpflichtigen hat sich im Bereich dieses Finanzamtes von 1952 bis 1975 mehr als verdreifacht; im Gegensatz dazu wurde die Zahl der Sachbearbeiter nur etwa um die Hälfte, die der Mitarbeiter - gemessen am Niveau der frühen fünfziger Jahre - nur etwa um ein Drittel erhöht. Von diesen Mitarbeitern wurde zwar - nicht inflationsbereinigt - 1975 allein an veranlagter Lohn- und Einkommensteuer mehr als achtmal mehr eingenommen als 1952. Dennoch mußten sich die verschobenen Relationen zwangsläufig auf die Qualität der Steuererhebung auswirken.[36] Die Entwicklung führte "zwangsläufig" dazu, daß nicht mehr alle Steuerfälle mit der gleichen Gründlichkeit geprüft werden konnten; "dieser Qualitätsverlust wirkte sich häufig gerade bei den steuerlich bedeutsameren Fällen aus" (*Manke* 1976: 83). Der Senat von Berlin beispielsweise erkannte diese Problematik für seine eigenen Dienstkräfte an:

36) Genauere Relationen herzustellen, ist hier nicht sinnvoll, da die Beamten und Angestellten in den Veranlagungsbereichen auch andere Steuerarten bearbeiteten, andererseits die Steuerzahlungen aus Erstattungsfällen z.T. nicht in dieser Statistik (sondern in der LSt-Statistik) aufgenommen sind; zu diesem Problem vgl. auch Kap. 7.3.1.

"Der Berliner Steuerverwaltung ist es offenbar noch nicht in ausreichendem Maße gelungen, die in den Veranlagungsstellen tätigen Dienstkräfte von einer sinnvollen Auslegung des § 204 Abs. 1 AO (Ermittlungspflicht des Finanzamts) zu überzeugen. Die eingehenden Steuererklärungen werden häufig noch unterschiedslos und schematisch auf ihre Richtigkeit geprüft - soweit dies vom 'grünen Tisch' her möglich ist -, ein Bearbeitungsverfahren, das zwar zeitaufwendiger ist, aber nicht gewährleistet, daß tatsächlich die steuerlich gewichtigen Sachverhalte erkannt und geprüft werden." (*Senat von Berlin* 1975: 13)

Übersicht 3/3: Entwicklung des Veranlagungsbereiches Einkommensteuer im Bereich des Finanzamtes Detmold (1939-1975)

Jahr	Einkommen-steuerpflichtige	Sachbearbeiter in den Veranlagungsbezirken: Sachbearbeiter	Mitarbeiter	Einnahmen an veranl. ESt in Tsd. DM*
1939	10.237	14	13	5.594
1948	---	18	21	9.351
1952	12.870	21	37	16.184
1956	13.631	26	31	19.103
1958	15.735	25	31	21.338
1960	14.544	28	32	29.558
1962	13.670	31	29	51.154
1964	15.178	25	25	60.281
1966	17.685	28	25	71.570
1968	18.559	26	25	72.387
1970	21.825	28	28	72.231
1972	27.929	35,55	32,55	109.651
1974	37.054	34,16	36,50	121.923
1975	40.249	33,16	40,50	133.386

* 1939: in Tsd. Reichsmark, 1948 nur DM-Beträge

(Quelle: *Amtsübersicht FA Detmold*)

Vor diesem Hintergrund kam es häufig zu einem verzögerten Erlaß der Steuerbescheide, was wiederum die Steuererstattungen weiter nach hinten verschob, wodurch auch hohe Nachzahlungen erst spät festgesetzt und erhoben wurden. Anfang 1973 betrug die Bearbeitungszeit im Veranlagungsgeschäft (gerechnet vom Ablauf der allgemeinen Erklärungsfrist an) rund 21 Monate, gegenüber 9 Monaten zu Zeiten der Reichsfinanzverwaltung und noch 14 Monaten im Jahre 1961 (*Arlt* 1973:

31). Bedingt wurden diese Verzögerungen durch einen - auch im Licht der damaligen positiven Arbeitsmarktsituation zu sehenden - Personalfehlbestand von rund 25 - 30 % im Bundesdurchschnitt (ebd.: 33). Da die Finanzverwaltungen innerhalb ihres knappen Personalbestandes zu viele Fachkräfte im Veranlagungsdienst verwenden mußten, waren sie auch nicht mehr in der Lage, die vorgeschriebenen oder erforderlichen Außenprüfungen in angemessenen Zeitabständen durchzuführen (*Katterbe* 1980: 12). Aus Protest gegen die Überlastung der Steuerverwaltung und ihre personelle Unterausstattung rief die Steuergewerkschaft im Deutschen Beamtenbund (BDSt) im Januar 1971 sogar zum 'Dienst nach Recht und Gesetz' (also nach Vorschrift) auf.[37] Neben dem Personalfehlbestand - der als Problem nicht zu beseitigen war - litten die Finanzämter auch darunter, daß sie für die auf sie zu kommenden Massenarbeiten nicht entsprechend organisiert waren, wie das der damalige Berliner Oberfinanzpräsident *Arlt* (1973: 35f) anführte:

> "Sie haben eine seit Jahrzehnten unveränderte Organisationsform, die in keiner Weise den veränderten Arbeitsanfällen angepaßt ist. Die Aufgabenbereiche: Veranlagung, Vollstreckung, LSt-Stelle, Bewertung für Grundbesitz, sind in Sachgebiete mit je einem Sachgebietsleiter aufgeteilt, die mehrere Arbeitsgebiete (je ein Sachbearbeiter/Mitarbeiter) umfassen. Der Sachbearbeiter eines Teilbezirks ist wegen der umfassenden Zuständigkeit mit unterwertigen Arbeiten beschäftigt; dadurch fehlt ihm oft für seine eigentliche Veranlagungstätigkeit die erforderliche Zeit. Die Unterstützung durch die Mitarbeiter bringt angesichts des Volumens der anfallenden Arbeiten, die einfacher Art sind, keine ausreichende Entlastung des Sachbearbeiters, zumal diesem auch noch die laufende Kontrolle der Mitarbeitertätigkeit obliegt."

Innerhalb dieser Organisation gab es kein Zusammenwirken der Bediensteten, sondern lediglich ein Nebeneinander von selbständigen Einzelbearbeitern mit einem genau festgelegten Betätigungsfeld. Das 'Vier-Augen-Prinzip' der abschließenden Zeichnung des Sachbearbeiter-Entwurfes durch den Sachgebietsleiter war unter diesen Bedingungen nicht mehr aufrecht zu erhalten (*BMF* 1977: 22), die Zahl der veranlagten Fälle machte dem Sachgebietsleiter eine tatsächliche Kontrolle unmöglich (*Rieger* 1971: 345).

3.3.2 Die Grundsätze zur Neuorganisation der Finanzämter von 1975

Kurz nach dem angeführten Schreiben des Präsidenten des Bundesrechnungshofes vom April 1968 setzten die obersten Finanzbehörden des Bundes und der Länder einen 'Arbeitsausschuß für Fragen der Neuorganisation der Finanzämter und des Besteuerungsverfahrens' ein, der die Möglichkeiten zur Verbesserung der Organisation der Finanzämter und ihrer Verfahren prüfen sollte. Dieser Ausschuß legte

37) Vgl. DStB Nr. 1/1971: 3 und Krein (1977: 3, Anm. 4) mit vielen Nachweisen (Zeitungsberichten).

im Februar 1971 einen umfangreichen Bericht vor,[38] der verschiedene Schwerpunkte für eine Neuorganisation festlegte:[39]

- die *differenzierte Überprüfung* der Steuerfälle war grundsätzlich einer umfassenden und unterschiedslosen Prüfung jedes Steuerfalles vorzuziehen;
- die Grundsätze einer sich jährlich wiederholenden Überprüfung jedes einzelnen Steuerfalles war gegenüber einer Rationalisierung der Prüfungstätigkeit in einem *mehrjährigen Veranlagungsturnus* abzubauen;
- bei der Überprüfung der Steuerfälle war auf eine *rasche Erstattung bzw. Nachforderung der Steuern* zu achten;
- die Prüfung war so weit wie möglich vom Innendienst auf die *Betriebsprüfung* zu verlagern;
- die Aufteilung der Arbeitsgebiete bei der Veranlagungsstelle war in Abkehr vom Prinzip der regionalen Zuständigkeit hin zu einer *sachlichen Zuständigkeit* entsprechend der Befähigung der einzelnen Bediensteten zu verschieben;
- das *Zeichnungsrecht* war so zu ordnen, daß die Eigenverantwortlichkeit der Mitarbeiter vergrößert und ihre Initiative gefördert wurde;
- im Leistungsbereich war auf eine *einheitliche Führung in organisatorischer, personeller und fachlicher Beziehung* auch bei sehr großen Finanzämtern zu achten;
- routinemäßige Arbeiten sollten soweit wie möglich mit Hilfe der *elektronischen Datenverarbeitung* erledigt werden.

Das Ergebnis solcher Veränderungen sollte auch im Sinne des Steuerzahlers Verbesserungen erbringen: Alle diese Reformmaßnahmen zur Neuorganisation der Finanzämter und des Besteuerungsverfahrens dienten dem Ziel, "den Bürger auf seine Erklärungen und Anträge schneller bescheiden zu können" (*Heinke* 1973: 99). Auf der Grundlage dieses Berichts wurden nach einem Beschluß der Landesfinanzministerkonferenz vom 24. Juni 1971 die vorgeschlagenen Grundsätze der Neuorganisation bei mehreren Finanzämtern in allen Ländern erprobt.[40] Nach Abschluß dieser Erprobungsphase wurden sie nach einem Beschluß der Landesfinanzministerkonferenz vom 4. Dezember 1975 als *Grundsätze zur Neuorganisation der Finanzämter und zur Neuordnung des Besteuerungsverfahrens (GNOFÄ)* veröffentlicht[41] und ab Herbst 1976 bei den Finanzämtern eingeführt. Die Neuordnung beschäftigte sich im wesentlichen mit dem Veranlagungsbereich des Finanzamtes

38) Vgl. DStB Nr. 6/1971: 91 ff.

39) Vgl. Rieger (1971: 345); Arlt (1973: 42f); Manke (1976: 83f); Katterbe (1980: 7f).

40) Zu den 19 nordrhein-westfälischen Finanzämtern, in denen das bundeseinheitliche Modell versuchsweise eingeführt wurde, gehörten auch die in die vorliegende Untersuchung mit einbezogenen Finanzämter Herford und Lübbecke aus dem Bereich der OFD Münster.

41) BStBl. I 1976: 88 ff.

und einigen allgemeinen Fragen der Zuständigkeit und der Arbeitsweise der Lohnsteuerstelle. Im Veranlagungsbereich wurde darauf abgestellt, daß sich "der Aufwand bei der Prüfung der Fälle nach deren steuerlicher Bedeutung zu richten hat" (*Manke* 1976: 84), was einen "Verzicht auf kleinliche Ermittlungen" (der Bundesfinanzminister laut *BRH* 1987: 98) bedeutete. Zu diesem Zweck wurden die Steuerfälle in drei Gruppen eingeteilt, *für die jeweils eine spezielle Bearbeitungsweise vorgesehen* war: In *Gruppe 1* wurden Steuerfälle eingeordnet, die

- einer regelmäßigen Betriebsprüfung unterlagen oder
- in denen innerhalb der nächsten drei Jahre eine Betriebsprüfung vorgesehen war;

die Veranlagung sollte hierfür bis zur Durchführung der Betriebsprüfung *vorläufig* erfolgen. In diese Gruppe fielen neben den Großbetrieben auch Mittel- und Kleinbetriebe, wenn im Einzelfall eine Betriebsprüfung vorgesehen war. Neben dem Ausbau des Einsatzes der elektronischen Datenverarbeitung in den Finanzämtern war - wegen dieser Fallgruppeneinteilung - der Ausbau der Betriebsprüfungsdienste in den Ämtern ein wesentlicher Bestandteil der GNOFÄ-Umordnung. Nach diesen Umstellungen wertete der Außenprüfer nach Abschluß der Prüfung seinen Bericht selbst aus und setzte die Steuer endgültig fest.[42] In *Gruppe 2* wurden die Steuerfälle eingeteilt,

- bei denen es sich um Einkünfte nach § 2 I Nr. 4-7 EStG oder
- um Einkünfte nach § 2 I Nr. 1-3 EStG handelte, wenn die zu besteuernden Betriebe als Kleinstbetriebe im Sinne der Betriebsprüfungsordnung (Steuer) eingestuft wurden;

In diesen Fällen sollte die Veranlagung *jährlich* erfolgen. Diese Gruppe stellte die weitaus größte Veranlagungsgruppe dar, sie umfaßte etwa drei Viertel aller Steuerfälle, unter anderem den Großteil der Arbeitnehmer-Veranlagungen. Das Ziel dieser Einteilung war deutlich:

> "Bei Einkünften aus nichtselbständiger Arbeit, aus Kleinstbetrieben und aus sonstigen weniger wichtigen Steuerfällen soll eine Beschränkung auf die Schlüssigkeitsprüfung der Steuererklärung und ein Verzicht auf die Heranziehung der Steuerakte bei der Veranlagung durchgeführt werden." (*Wagener* 1977: 669)

In *Gruppe 3* wurden alle Steuerfälle, die nicht zu den ersten beiden Gruppen gerechnet werden, zusammengefaßt. Hier erfolgte zunächst eine vorläufige Veranla-

---

42) Veranlagende Betriebsprüfung gemäß Ziff. 1.7 GNOFÄ; vgl. Furkel (1978: 310); Katterbe (1980: 49f); Bolk/Deppe (1987: 40).

gung und erst in einem Turnus von *zwei bis drei Jahren* eine endgültige Veranlagung. Es handelte sich hier um Fälle mit Gewinneinkünften, in denen ein Betrieb als Klein- oder Mittelbetrieb eingestuft wurde und eine Betriebsprüfung innerhalb der nächsten drei Jahre nicht vorgesehen war.[43] Neben dieser Fallgruppeneinteilung wurde in den GNOFÄ - in Abkehr von den bisher gültigen sachlichen und örtlichen Abgrenzungsprinzipien in den herkömmlichen Veranlagungsstellen - auch eine organisatorische Gliederung des Veranlagungsbereiches festgelegt. Der Veranlagungsbereich war in mindestens vier Stellen zu gliedern, nämlich

- die Übernahmestelle (*ÜSt*),
- die Amtsprüfungsstelle (*ApSt*),
- die Veranlagungs-Verwaltungsstelle (*VVSt*),
- die Rechtsbehelfstelle (*RBSt*),[44]

Als weitere Fachbereiche außerhalb der Veranlagungsbereiche wurden in den Finanzämtern regelmäßig auch eine Umsatzsteuer-Voranmeldungsstelle (*UVSt*), eine Erlaß- und Stundungsstelle (*ERSt*) und eine Amtsbetriebsprüfungsstelle (*Amts-BPSt*) eingerichtet. Die *Übernahmestelle* war für die überschlägige Prüfung der Steuerfälle zuständig. Sie sollte offensichtlich fehlerhafte Angaben richtig stellen, fehlende Daten ergänzen und fehlende Angaben anfodern. Sie sollte grundsätzlich ohne Steuerakten veranlagen und sich dazu ausgiebig der Hilfe der automatischen Datenverarbeitung bedienen:[45]

> "In der ÜSt sind im allgemeinen keine Arbeitsgebiete mit festen Zuständigkeiten eingerichtet. Die Bearbeiter arbeiten vielmehr 'vom Stapel'. Sie haben die Aufgabe, jeden Steuerfall nach Eingang der Steuererklärung innerhalb kurzer Zeit zu erledigen. Abgesehen von den Fällen, die an die ApSt abzugeben sind oder auf Grund eines Maschinenhinweises dorthin gelangen, sollen auf diese Weise in allen Fällen alsbald zumindest vorläufige Steuerbescheide ergehen. Diese Beschleunigung dient den Steuerzahlern, die ihre Erstattung schneller erhalten, und läßt umgekehrt auch Nachzahlungen früher fällig werden." (*Manke* 1976: 86)

Eine Abgabe der einzelnen Steuerfälle an die Amtsprüfstelle sollte demnach (nur) erfolgen, wenn Beanstandungen, die sich bei der lediglich überschlägigen Prüfung der Steuerfälle ergeben hatten, "nicht ohne wesentliche Beeinträchtigung des Arbeitsflusses" (*Hegemann* 1977: 2) zu beseitigen waren, bzw. eine intensive Prüfung erforderlich wurde oder unter grundsätzlichen, von Zeit zu Zeit wechselnden Gesichtspunkten Prüfungen durchgeführt werden sollten. Die *Amtsprüfungsstelle* -

43) Vgl. GNOFÄ; Punkt 1 und Manke (1976: 84f).

44) Vgl. Anlage 3/V.

45) GNOFÄ Ziff. 1.3.2.

nicht zu verwechseln mit der Amtsbetriebsprüfungsstelle - wurde für die *endgültige Veranlagung* zuständig; sie arbeitet mit Steuerakten. Innerhalb der ApSt wurden auch feste Zuständigkeiten eingerichtet. Hier veränderten sich die Zuordnungen: Statt in über 90 % aller Fälle Nachprüfungen durchzuführen, sollten sich die Bearbeiter des gehobenen Dienstes in den ApSt auf ca. 40 % aller Steuerfälle[46] konzentrieren können (*Weiss* 1972: 181). Die Arbeitsweise in den Amtsprüfungsstellen entsprach damit weitgehend der Tätigkeit der bisherigen Sachbearbeiter in den herkömmlichen Teilbezirken. Der *Veranlagungs-Verwaltungsstelle* wurden hingegen verschiedene 'veranlagungsbegleitende Maßnahmen' übertragen, sofern diese nicht maschinell erledigt werden konnten. Dazu gehörten u.a.

- die Aufnahme und Übernahme von Steuerfällen,
- die Führung von Listen und Karteien und die Verwaltung der Akten,
- die Versendung und Überwachung des Eingangs der Steuererklärungen einschließlich der Erinnerungen,
- die Fallgruppenzuordnung,

sowie die Erledigung des einfachen Schriftverkehrs und die Erteilung von Auskünften einfacher Art.[47] Die *Rechtsbehelfsstelle* wurde zuständig für die Bearbeitung aller Rechtsbehelfe aus dem Veranlagungs- und Lohnsteuerbereich, denen nicht nach Aktenlage abgeholfen werden konnte. Sie sollte außerdem die Aufgaben des Finanzamtes im steuergerichtlichen Verfahren wahrnehmen.[48]

Beim *Zeichnungsrecht* innerhalb des Finanzamtes wurde das "Vier-Augen-Prinzip", das in der Praxis ohnehin schon zurückgedrängt worden war, "auch als Grundsatz aufgegeben".[49] Künftig wurde jedem Bearbeiter innerhalb seines Arbeitsbereiches grundsätzlich das Zeichungsrecht zugesprochen. Die noch bestehenden Zeichungsvorbehalte des Sachgebietsleiters und des Vorstehers wurden auf ein Mindestmaß beschränkt. Damit änderte sich gleichzeitig die Aufgabenstellung der Sachgebietsleiter: Sie hatten "noch stärker Führungsaufgaben im fachlichen, organisatorischen und personellen Bereich wahrzunehmen" (*Manke* 1976: 87). Alle Bearbeiter des Veranlagungsbereichs wurden nun dem Sachgebietsleiter unmittelbar unterstellt, die althergebrachte Unterscheidung zwischen Sachbearbeitern und Mitarbeitern sollte wegfallen: 'Mitarbeiter' der alten Ordnung sollte es bei einer vollständigen Umsetzung der GNOFÄ nicht mehr geben. Grundsätzliches Prinzip der GNOFÄ

46) In der Mehrzahl solche der Gruppe 3.

47) Vgl. GNOFÄ Ziff. 1.5.1. In den VVSt konnten Arbeitsgebiete mit festen Zuständigkeiten eingerichtet werden.

48) GNOFÄ Ziff. 1.6.

49) Manke (1976: 87), genauso Weiss (1972: 174).

war es also, die alte Einheit des Teilbezirks mit der personellen Ausstattung durch Sachbearbeiter und Mitarbeiter zu beseitigen und an ihre Stelle ein "Geflecht von funktional abgegrenzten Einzelzuständigkeiten" zu setzen, "das untereinander nur noch vom Verfahrensablauf her (und nicht mehr personell) abhängig sein sollte" (*Rasenack* 1985: 334).

3.3.3 Die konsequente Umsatzung der GNOFÄ: Das Beispiel Nordrhein-Westfalen

3.3.3.1 Die ALDA-FEST als Arbeitsgrundlage in den nordrhein-westfälischen Finanzämtern

Im Land Nordrhein-Westfalen wurde schon in der Erprobungsphase - im Gegensatz zu anderen Ländern, in denen teilweise abweichende Versuche zugelassen wurden - das bundeseinheitliche Modell unter dem Namen 'ALDA-FEST[50])-Verfahren' eingeführt. Auch hier war es die "Kernfrage des Versuchs", herauszufinden, "wie die steuerlich unbedeutende, aber die Masse aller Steuerfälle umfassende Fallgruppe 2 ohne großen Aufwand zeitnah bearbeitet werden kann."[51]) Daher wurde ab 1971 versuchsweise bei einigen Finanzämtern mit der Einführung der späteren GNOFÄ-Prinzipien begonnen. In Nordrhein-Wetsfalen wurden insgesamt 19 Finanzämter an diesem Versuch beteiligt. Von vorneherein wurde auf landesspezifische Besonderheiten verzichtet und der Versuch unternommen, das bundeseinheitliche Modell des erwähnten Arbeitsausschusses der Länder möglichst vollständig in den Versuchsämtern umzusetzen. Deshalb wurde auch die Einteilung in die Fallgruppen im Grundsatz übernommen.

In die *Fallgruppe 1* wurden eingeordnet:

- alle Großbetriebe (nach § 162 11 AO),
- alle anderen Steuerpflichtigen, deren steuerliche Verhältnisse innerhalb der nächsten drei Jahre geprüft werden sollte.

In die *Fallgruppe 2* fielen

- die Steuerpflichtigen, die nach der Veranlagung (Zusammenveranlagung) Einkünfte aus nichtselbständiger Arbeit bis zu 60.000 DM und daneben andere Einkünfte von höchstens 18.000 DM (ohne Verlustausgleich bei den Einkunftsarten i.S. des § 2 II Nr. 1-3 EStG) hatten und

---

50) 'Allgemeine Dienstanweisung für die Festsetzung von Steuern und anderen Abgaben in den Finanzämtern'.

51) 'ALDA-FEST-Bericht 1973 und 1974', in: Mitteilungsblatt des Finanzministeriums Nordrhein-Westfalen, 8. Jg. (1975), Nr. 5, S. 10-15 (15); vgl. auch Suhr (1976: 194).

- alle Steuerpflichtigen, bei denen der Gesamtbetrag der Einkünfte aufgrund der Veranlagung (Zusammenveranlagung) 18.000 DM (ohne Verlustausgleich bei den Einkunftsarten i.S. des § 2 III EStG Nr. 1-3) nicht überstieg.[52]

In die *Fallgruppe 3* wurden analog zum Bundesmodell all diejenigen Steuerpflichtigen eingeordnet, die nicht unter die beiden anderen Gruppen fielen.

Grundlage der Veranlagungstätigkeit in den nordrhein-westfälischen Finanzämtern war nach der Umsetzung der GNOFÄ-Beschlüsse die 'Allgemeine Dienstanweisung für die Festsetzung von Steuern und anderen Abgaben' (ALDA-FEST)[53]. In ihr wurden die wesentlichen organisatorischen Vorgaben der bundeseinheitlichen GNOFÄ noch einmal aufgenommen und präzisiert. Da Nordrhein-Westfalen das Bundesmodell nahezu vollständig übernahm, bestand keine Notwendigkeit, die Regelungen prinzipiell zu verändern oder anders zu interpretieren. Die organisatorischen Bestimmungen veränderten die nordrhein-westfälischen Ämter grundlegend: Alle Arbeiten des Finanzamtes waren in *Fachbereichen* durchzuführen, diese wurden als *Stellen* bezeichnet. Dabei wurden drei Gruppen von Stellen unterschieden:[54]

- Stellen für die Festsetzung der V-Steuern (ÜSt, APSt, UVSt, ERSt, RBSt, VVSt, AmtsBpSt)
- Stellen für die Festsetzung sonstiger Steuern, u.a. die Lohnsteuerstelle (LoSt) und die Bewertungsstelle (BewSt);
- die übrigen Stellen des Finanzamtes (Geschäftsstelle, VRZ-Stelle,[55] Vollstrekkungsstelle, Finanzkasse).

In den Stellen (Fachbereichen) für die Festsetzung der V-Steuern waren als Bearbeiter Beamte bis zur Besoldungsgruppe A11 (und vergleichbare Angestellte) einzusetzen. In einem Schreiben an die Finanzämter vom 26. November 1975[56] hatte die OFD Münster für ihren Zuständigkeitsbereich schon vorher geklärt, aus welchen Dienststufen die Bearbeiter in den einzelnen Fachbereichen kommen sollten:

---

52) Schreiben der OFD Münster an die Finanzämter vom 26. März 1976 (AZ O 2000 - 3 - St 61 -1).

53) Finanzminister NRW, AZ 0 2000 - 3 II C 2/S 1060 - 19 - V A 1; hier zitiert nach dem Stand vom 1. Januar 1975 und - im Gegensatz zur grundlegenden Neufassung von 1981 - als ALDA-FEST-Alt bezeichnet. Die 'Urfassung' der ALDA-FEST vom 16. Dezember 1970 (nach dem Stand vom 1. Juni 1972) findet sich im Mitteilungsblatt des Finanzministeriums des Landes Nordrhein-Westfalen, (5. Jg.), 1972, Nr. 8, S. 11-14.

54) Bezugserlaß des Finanzministers Nordrhein-Westfalen zur ALDA-FEST vom 1. Juni 1972 in der Fassung vom 1. Januar 1975, übersandt an die OFDen Düsseldorf, Köln und Münster und das Rechenzentrum der Finanzverwaltung des Landes NRW durch Schreiben vom 27. Dezember 1974 (AZ 0 2000 - 3 - II C 2/A 1060 - 19 - V A 1); hier: Punkt 3.1 und 3.2.

55) Verbindungsstelle zum Rechenzentrum des Landes Nordrhein-Westfalen.

56) AZ O 2000 - 3 - St61 - 1.

Für die Amtsprüfungsstellen waren Beamte des gehobenen Dienstes oder vergleichbare Angestellte vorgesehen, für die Bearbeitung einfacherer Fälle konnten Beamte des mittleren Dienstes oder vergleichbare Angestellte eingesetzt werden. In den Übernahmestellen und der Veranlagungsverwaltungsstelle sollten Beamte des mittleren Dienstes oder vergleichbare Angestellte Dienst tun. Gleiches galt für die USt-Voranmeldungsstelle, für die ansonsten auch Bearbeiter des mittleren Dienstes vorgesehen waren. In den Rechtsbehelfstellen und den Erlaß- und Stundungsstellen sollten wiederum nur Beamte des gehobenen Dienstes oder vergleichbare Angestellte eingesetzt werden.

In Punkt 2.23 des angeführten Schreibens wurde der Vorsteher des jeweiligen Finanzamtes ermächtigt, Bearbeiter einzusetzen, die die Tätigkeit anderer, demselben Sachgebiet angehörenden Bearbeiter abzustimmen hatten, sog. *Koordinatoren.* Die Koordination war in den ÜSt Beamten des gehobenen Dienstes oder - wenn solche nicht einsetzbar waren - Beamten des mittleren Dienstes oder vergleichbaren Angestellten zu übertragen. In den VVSt konnte sie grundsätzlich Beamten des mittleren Dienstes bzw. vergleichbaren Angestellten übertragen werden. Das *Zeichnungsrecht* wurde jedem Bearbeiter für die innerhalb seines Zuständigkeitsbereiches zu bearbeitenden Vorgänge übertragen. Ausnahmen waren nur zu machen:

- wenn der Bearbeiter sich in der einjährigen Einarbeitungszeit befand;
- wenn die abschließende Zeichnung des Vorgangs dem SGL übertragen oder vorbehalten war oder
- wenn eine besondere Dienstanweisung die abschließene Zeichnung durch den SGL vorsah.

Grundsätzlich vorbehalten wurde dem Sachgebietsleiter die Zeichnung u.a., wenn es sich um die Aufnahme und den Abgang von Steuerpflichtigen sowie die Vergabe (Zuteilung/Löschung) von Signalen handelte, bei Entscheidungen im Rechtsbehelfsverfahren, bei der Veranlagung von Großbetrieben oder von Steuerpflichtigen mit mehr als 100.000 DM Reineinkünften oder mehr als 2 Mio DM Gesamtumsatz, bei Verfügungen zu USt-Voranmeldungen und USt-Jahresveranlagungen, die zur Erstattungen von mehr als 1.000,- DM führten, oder bei Bp-Berichten und Steuerfestsetzungen im Rahmen der veranlagenden Betriebsprüfung. Zudem konnte sich der SGL bei bestimmten Fällen im Einzelfall die Zeichnung vorbehalten. Er wurde angehalten, dies zu tun in Fällen, "die in rechtlicher oder tatsächlicher Hinsicht schwierig sind oder eine Entscheidung von erheblicher finanzieller Auswirkung erfordern."[57] Das Zeichnungsrecht des Vorstehers blieb von diesen Regelungen unberührt, es richtete sich weiterhin nach § 9 FAGO.

57) Punkt 5.13 Nr. 13 des angeführten Bezugserlasses zur ALDA-FEST vom 27. Dezember 1974.

Die entsprechenden *Fallzahlen* (Signalzahlen) pro Mitarbeiter wurden gleichfalls schon frühzeitig festgelegt. Sie betrugen insgesamt aus der Gesamtzahl der Signale E, K, F, U und Gw[58] für einen ApSt-Bearbeiter 2.500 Signale, einen ÜSt-Bearbeiter 6.600 Signale und für einen VVSt-Bearbeiter: 2.100 Signale. Der Richtwert für die ApSt von 2.500 Signalen stellte dabei nur einen durchschnittlichen Richtwert für die Gesamtheit der in der ApSt eingesetzten Bearbeiter dar. Für die einzelnen ApSt-Bereiche waren folgende Signalzahlen zugrunde zu legen:

Körperschaften	900 Signale
Gesellschaften	1.500 Signale
Land- und Forstwirte	1.500 Signale
Lehrbezirk	2.000 Signale
Übrige Steuerfälle mit Steuerbez.Nr. unter 600[59]	2.400 Signale
Steuerfälle mit Steuerbez.Nr. ab 800[60]	4.000 Signale

In den RBSt war für je 1.000 Einsprüche aus allen Bereichen, die jährlich beim Finanzamt eingingen, ein Bearbeiter vorzusehen. "Da erfahrungsgemäß ein Drittel der Rechtsbehelfe durch die RBSt bearbeitet wird, hat er durchschnittlich ca. 1,6 Rechtsbehelfe täglich zu erledigen."[61] In den ERSt wurde für die Erledigung von ca. 1.400 Stundungserträgen und 200 Erlaßanträgen jährlich 1 Bearbeiter eingesetzt (7 Stundungsanträge bzw. 2 Erlaßanträge täglich).

Großen Raum nahm in der Umstellungszeit auch die Anpassung der baulichen Verhältnisse an die Erfordernisse der GNOFÄ ein. Auch in den Einführungsverfügungen wurde diesem Gesichtspunkt breite Aufmerksamkeit geschenkt.[62] Im we-

58) Einkommensteuer, Körperschaftsteuer, Festsetzungsfälle, Umsatzsteuer, Gewerbesteuer. Die Zuordnung von Signal- statt 'Fallzahlen' ergibt sich aus der Bearbeitungszuteilung im Rahmen des eingesetzten EDV-Programmes, wonach ein Steuerfall mehrere Steuerarten umfassen kann und dies durch entsprechende Signale dem Bearbeiter kenntlich gemacht wird.

59) Dabei handelt es sich im wesentlichen um Nachzahlungsfälle.

60) Diese Gruppe umfaßt Einkommensteuerpflichtige mit regelmäßigen Vorauszahlungen, bei denen es sich oftmals um Erstattungsfälle handelt. Das sind zumeist Steuerpflichtige mit Einkünften aus nichtselbständiger Arbeit (Arbeitnehmerveranlagungen).

61) Schreiben der OFD Münster an die Finanzämter vom 26. November 1975, S. 3.

62) Wie überhaupt die Frage der räumlichen Umsetzung der GNOFÄ in die Praxis für die betroffenen Ämtern größte Bedeutung hatte. Bei der Durchsicht des heute noch verhandenen Materials zu dieser Umorganisation fällt auf, daß diese Frage am besten dokumentiert ist. Die Mehrzahl aller archivierten Rundschreiben, Besprechungen oder Protokollnotizen beschäftigt sich mit Fragen der räumlichen Verteilung und Anpassung der neuen Fachbereiche an die vorhandene Baustruktur im jeweiligen Amt. Zumeist war dabei das wesentliche Problem die Schaffung von zusammenhängenden Zimmertrakten mit Durchgangstüren, so wie sie für bestimmte Fachbereiche (etwa die VVSt) notwendig waren. So konnte es geschehen, daß eines der hier untersuchten Finanzämter (FA Wiedenbrück) nicht in die Umorganisation nach ALDA-FEST-Alt aufgenommen wurde, weil die räumlichen Verhältnisse

sentlichen war vorgesehen, daß für die Bearbeiter in den ÜSt, RBSt und ERSt je ein Raum zu schaffen war, während in den VVSt je drei und in den ApSt (außer den Lehrbezirken) je zwei Bearbeiter pro Raum unterzubringen waren. Bei den Übernahmestellen war zudem darauf zu achten, daß die einzelnen Räume mit Verbindungstüren ausgestattet waren und in der Nähe der Lohnsteuerstellen - erfahrungsgemäß überwiegend im Erdgeschoß - untergebracht wurden.

Wie schon angesprochen, brachte die Umorganisation der Veranlagungsstellen in den Ämtern nicht nur Umstellungen auf der Ebene der Fachbereiche (Veranlagungsstellen etc.) mit sich, auch innerhalb der Bereiche änderten sich die Formen der Zusammenarbeit mit der angestrebten Einebnung der bisherigen Unterscheidung zwischen Sachbearbeitern und Mitarbeitern und der Aufgabe des 'Vier-Augen-Prinzips' bei der Veranlagung. Es wurde schon in der Versuchsphase deutlich, daß sich auch die Rolle der mittleren Leitungseben in den Finanzämtern, der Sachgebietsleiter, ändern würde. Durch die Umstellung wurden sie von der Veranlagungstätigkeit weiter entfernt, weil sich die Eigenständigkeit der Sachbearbeiter erhöhte. Damit wurden die Sachbearbeiter gezwungen, sich die Informationen, die ihnen bisher im normalen Arbeitsablauf - durch ihr Zeichnungsrecht - zugetragen wurden, selbst zu erarbeiten.

> "Die Notwendigkeit, sich selbst in die Arbeitserledigung einzuschalten, Fehlerursachen aufzudecken und zu beseitigen sowie die Bearbeiter anzuleiten, ist um so dringender, als die Einführung des originären Zeichnungsrechts für den Bearbeiter den Sachgebietsleiter zwar einerseits entlastet, ihn andererseits aber auch weitgehend aus dem bisherigen Informationsfluß ausschaltet. So ist er insbesondere darauf angewiesen, sich Informationen über Arbeitsbelastungen und Arbeitsbedingungen in seinem Arbeitsgebiet selbst zu beschaffen. Diese werden nicht an ihn herangetragen."[63)]

Gleichzeitig änderte sich auch die Aufgabenstellung der Sachgebietsleiter erheblich: "Die SGebL haben künftig mehr als bisher Führungsaufgaben im fachlichen, organisatorischen und personellen Bereich wahrzunehmen."[64)] Auch nach der teilweisen Zurücknahme der GNOFÄ-Umstellung in Nordrhein-Westfalen 1981 bleibt diese Neubeschreibung der Rolle der Sachgebietsleiter gültig.

es schlicht nicht zuließen; das betreffende Amt hätte mehr oder weniger neu gebaut werden müssen. Bis entsprechende Mittel bereitstanden, war ohnehin abzusehen, daß die GNOFÄ in ihrer ursprünglichen strikten Form nicht beizubehalten war, und man verzichtete dann darauf, dieses Amt überhaupt noch umzuorganisieren (Auskunft des Geschäftsstellenleiters und des stv. FA-Vorstehers).

63) 'ALDA-FEST-Bericht 1973 und 1974', in: Mitteilungsblatt des Finanzministeriums Nordrhein-Westfalen, 8. Jg. (1975), Nr. 5, S. 10.

64) Schreiben der OFD Münster an die Finanzämter vom 26. März 1976, AZ O 2000 - 3 - St 61 - 1, S. 3.

Es ist schon angesprochen geworden, daß die maschinelle Bearbeitung der Steuerfälle - neben der Umstellung der Aufbauorganisation und der Neuordnung der Bearbeitungszuständigkeiten - einer der Kernpunkte der GNOFÄ-Umstellung war. Die Berechnung der Steuerfälle erfolgte danach nicht mehr manuell, sondern durch zentrale Berechnung mit Hilfe der EDV - jedenfalls soweit die Programmerstellung schon vorgenommen war.[65)] Neben dem eigentlichen Rechenvorgang beinhaltete das Programm auch bestimmte Kontrollprüfungen, aufgrund derer bei der Veranlagung zu den V-Steuern bestimmte Hinweise maschinell ausgedruckt wurden. Dies waren nach § 5 ALDA-FEST-Alt:

- *Fehlerhinweise* (FH), wenn infolge aufgetretener Mängel ein Steuerbescheid nicht erstellt werden konnte;
- *Prüfungshinweise* (PH), wenn ein Bescheid vor seiner Bekanntgabe nochmals zu überprüfen war;
- *Nachprüfungshinweise* (NPH), wenn ein Steuerbescheid nach der Bekanntgabe bei einer späteren Bearbeitung in einer bestimmten Weise besonders zu überprüfen war;
- *Kontrollhinweise* (KH), wenn ein anderer Steuerbescheid desselben Veranlagungszeitraumes oder derjenige eines vorangegangenen Veranlagungszeitraumes zu überprüfen war;
- *Veranlagungshinweise* (VH), wenn ein Steuerbescheid für endgültig zu erklären oder eine sonstige verfahrensmäßige Entscheidung zu treffen war.

Die *Übernahmestelle* hatte bei den Veranlagungen im maschinellen Verfahren Anweisungen über die Verläufigkeit oder Endgültigkeit der Steuerbescheide *nicht* zu treffen. Diese Entscheidung war - auf der Grundlage der von der ÜBSt eingegebenen Werte - nach § 12 I ALDA-FEST-Alt allein vom Maschinenprogramm zu treffen.[66)]

In der ALDA-FEST wurden auch die Voraussetzungen für die Übernahmereife einer Steuererklärung - durch die ÜSt - beschrieben (§ 9). Eine Erklärung war danach übernahmereif, wenn der Steuerpflichtige (und ev. auch der Ehegatte) die Steuererklärung unterschrieben hatte, die Besteuerungsmerkmale vollständig angegeben oder aus den Anlagen ersichtlich und die Unterlagen beigefügt waren und offensichtliche Unrichtigkeiten oder Widersprüche nicht erkennbar *oder ohne Zuziehung von Steuerakten und ohne Schriftverkehr zu beseitigen* waren. Schreib-, Re-

---

65) Vgl. zu dieser Frage Kap. 5.

66) Begleitschreiben des Finanzministers NRW an die OFDen Düsseldorf, Köln und Münster und das Rechenzentrum der Finanzverwaltung des Landes NRW mit Übersendung der ALDA-FEST, AZ O 2000 - 3 - II C 2/S 1060 - 19 - V A 1, S. 3.

chen- und Übertragungsfehler konnten die ÜSt selbst berichtigen, fehlende Unterschriften oder Unterlagen waren - ev. durch Rücksendung - nachzufordern; in diesen Fällen hatte die ÜSt die 'Übernahmereife' herbeizuführen. War dies nicht möglich, war die betreffende Steuererklärung mit allen anderen Erklärungen und bereits durchgeführten Veranlagungen dieses Falles an die ApSt abzugeben. Für die Veranlagung erforderlich waren hierbei:

- die Bilanz- und VuG-Rechnung bzw. die Einnahmeüberschußrechnung;
- die Lohnsteuerkarte(n);[67]
- die Aufgliederung der Werbungskosten;
- die Anlage V[68], wenn diese bei Einkünften aus Vermietung und Verpachtung der Steuererklärung beizufügen war;
- die Bescheinigung über einbehaltende Kapitalertragsteuer.

Die *Amtsprüfstelle* war zuständig für die Übernahme aller Aufgaben, die nicht anderen Fachbereichen für die Festsetzung der V-Steuern zugewiesen war. Dazu gehörten nach § 14 ALDA-FEST-Alt u.a. die Veranlagung aller von der ÜBSt abzugebenden Fälle, die Veranlagung zur Körperschaftsteuer, die gesonderte Feststellung von Einkünften, die Durchführung von Veranlagungen, bei denen die Besteuerungsgrundlagen zu schätzen waren, die Bearbeitung von Fehlerhinweisen, Prüfungs- und Nachprüfungshinweisen, Kontrollhinweisen und Veranlagungshinweisen und die Erteilung von rechtlich schwierigen Auskünften. Auch die APSt hatte sich dabei grundsätzlich des maschinellen Verfahrens zu bedienen (§ 16 I). Großen Raum nahm in der ALDA-FEST-Alt die Beschreibung der Aufgaben der gleichfalls neu eingerichteten *Rechtsbehelfstellen* ein. Ihre Aufgabe war es nach § 22 II im Rechtsbehelfsverfahren die 'Entscheidungsreife' herbeizuführen. Eine Vorprüfung hatte dabei durch den Sachgebietsleiter, in dessen Zuständigkeitsbereich der angefochtene Verwaltungsakt erlassen worden war, zu erfolgen. Danach war der Rechtsbehelf zu übernehmen. Die letztliche Entscheidung war gleichfalls mit der erlassenden Stelle abzusprechen (§ 23). Die Aufgaben der Rechtsbehelfstellen beschränkten sich aber nicht nur auf die rein qualitative Rechtsanwendung in den angeführten Fällen. Sie sollten darüber hinaus "die übrigen Fachbereiche durch rationelle und zügige Erledigung derjenigen Rechtsbehelfe unterstützen, die umfangreichere Sachaufklärungen erforderlich machen."[69] Die *Veranlagungsverwaltungsstellen* waren nach § 28 ALDA-FEST-Alt für die veranlagungsbegleitenden Maßnahmen zuständig. Darunter fielen u.a. die Vergabe (Zuteilung und Löschung)

67) Nur in begründeten Ausnahmefällen genügte hier die Lohn- und Gehaltsbescheinigung.

68) Für Einkünfte aus Vermietung und Verpachtung.

69) Bezugserlaß des Finanzminsters NRW zur ALDA-FEST vom 27. Dezember 1974.

von Steuersignalen, die Überwachung des Eingangs der Steuererklärungen, die Erteilung von Auskünften, soweit nicht andere Stellen zuständig waren, die Überprüfung maschinell erstellter Bescheide und von Kontrollhinweisen, die Führung der V-Liste und der Ergebnis- und Versandliste und die Führung der Namenkartei.

3.3.3.2 Das Kernziel der GNOFÄ: Die Gewichtung der Steuerfälle

Die Grundsätze zur Neuordnung der Finanzämter beinhalteten mehrere Neuerungen organisationeller, arbeitsorganisatorischer und bearbeitungstechnischer Art. Die Kernpunkte waren nach dem bisher gesagten:

- die *Bildung größerer Arbeitszusammenhänge*;
- die *differenzierte Überprüfung der Steuererklärungen* (Einteilung in drei Fallgruppen);
- die *weitgehende Übertragung von Befugnissen auf die untere Funktionsebene* mit der Einführung eines eigenständigen Zeichnungsrechts durch die neugeschaffenen 'Bearbeiter';
- die möglichst starke *Nutzung der elektronischen Datenverarbeitung*.[70]

Kernziel war bei alledem eine differenzierte (und damit effizientere) Bearbeitung der einzelnen Gruppen von Steuererklärungen. Auch in der herkömmlichen Organisation der Finanzämter wurde ja - da der Anstieg der Fallzahlen gar nicht anders zu verkraften war - unterschiedlich intensiv geprüft. Und häufig trat dabei "an die Stelle der steuerrechtlich erforderlichen exakten Beurteilung des Einzelfalles eine sich an Quantitätsmerkmalen orientierende Arbeitserledigung".[71] Das widersprach dem Grundsatz der Gleichmäßigkeit der Besteuerung, weil *Ausmaß und Intensität* der Prüfung (bzw. der Nicht-Prüfung) nicht normiert waren: Manches wurde dort intensiver und hier weniger intensiv geprüft, anderes hier nach anderen Gesichtspunkten als dort. Es bildeten sich damit unterschiedliche Verfahrensweisen: innerhalb der einzelnen Bundesländer, der einzelnen Finanzämter und oft sogar innerhalb der Finanzämter zwischen den verschiedenen Teilbezirken.

---

70) Vgl. den Beschluß der Einigungsstelle beim Finanzministerium Nordrhein-Westfalen, in: Mitteilungsblatt des Finanzministeriums des Landes Nordrhein-Westfalen, (10. Jg.), 1977, Nr. 3, S. 3-8 (5). Die Einigungsstelle mußte angerufen werden, weil der Hauptpersonalrat beim Finanzministerium NRW am 27. April und 14. Dezember 1976 die generelle Einführung der GNOFÄ-Prinzipien in NRW zunächst abgelehnt hatte.

71) Ebd., S. 3

In den zitierten Bemerkungen des Bundesrechnungshofes zur Bundeshaushaltsrechnung für das Jahr 1967 hatte dieser Aspekt eine Rolle gespielt, als der BRH zusätzlich auf die nur unzureichenden Bearbeitungs- und Kontrollmöglichkeiten der Sachbearbeiter bei der Prüfung der Angaben der Steuerpflichtigen hinwies.[72] Auch nach der Aufnahme der ersten Versuche wies der BRH darauf hin, daß die 'Schwerpunktbildung' innerhalb der Steuerverwaltung nicht ausgeprägt genug betrieben wurde, weil insbesondere bei den Steuerpflichtigen der Fallgruppe 2 - die 70 v.H. aller Steuerfälle ausmachten - noch zu sehr an dem Ziel einer einheitlichen Überprüfung der Steuererklärungen festgehalten und die vom Arbeitsausschuß der Länder vorgeschlagene Beschränkung der Überprüfung dieser Steuererklärungen auf formelle Tatbestände ohne Akteneinsicht noch nicht entschlossen durchgeführt wurde.

> "In der Verwaltungswirklichkeit führt das dazu, daß überwiegend die gewichtigen - weil in der Regel schwierigen - und nicht die weniger gewichtigen - weil in der Regel einfachen - Steuerfälle ungeprüft bleiben. Nach der Auffassung des Bundesrechnungshofes ist es geboten, das vorhandene Personal für die Überprüfung der gewichtigen Steuerfälle einzusetzen und dafür die Erörterungen bei den Steuerfällen der Fallgruppe 2 einzuschränken oder in bestimmten Fällen auszusetzen. Nur wenn die Verwaltung den bei der Personalnot nicht vermeidbaren Qualitätsverlust durch klare Prioritäten steuert und nicht durch zu umfangreiche Ausnahmekataloge oder eine Vielzahl von Vergleichsprogrammen den Anschein erweckt, alle Steuerpflichtigen mit gleicher Intensität tatsächlich überprüfen zu können, wird das vom Arbeitsausschuß empfohlene Verfahren für die Steuerfestsetzung bei Steuerfällen der Fallgruppe 2 zu den angestrebten Zielen führen können." (*BRH* 1974: 86)

Die Fallgruppeneinteilung des neuen Verfahrens schuf nun die Möglichkeit, eine verbindliche, generelle Gewichtung der Fälle festzulegen und so die angestrebte 'Prioritätensetzung' zu erreichen. Auch der Bundesfinanzminister unterstützte diese Sichtweise und führte in seinem Einführungserlaß zur neuen AO 1977 in Zusammenhang mit § 88 AO (Untersuchungsgrundsatz) aus:

> "Die Finanzbehörden sind nicht verpflichtet, den Sachverhalt auf alle möglichen Ausnahmen hin zu erforschen. Für den Regelfall kann davon ausgegangen werden, daß die Angaben in der Steuererklärung vollständig und richtig sind."[73]

72) BRH (1970), Vgl. Kap. 3.3.1.

73) BStBl. I 1976, Nr. 21, S. 576-629 (594), mit dem Verweis auf die entsprechenden BFH-Urteile vom 28. 1. 1960 (BStBl. III S. 291) und vom 17.4. 1969 (BStBl. II S. 474). Vgl. auch die Ausführungen in Kap. 1.2 hinsichtlich der ähnlichen Bestimmungen im Anwendungserlaß des BMF zur Abgabenordnung (AEAO) von 1987.

Die GNOFÄ bauten auf dieser Grundeinstellung auf und legten für die einzelnen Fälle verbindlich und genau fest, mit welchem Aufwand der einzelne Fall zu prüfen war. Sie verlagerten den Schwerpunkt der Tätigkeit der Finanzämter auf "Fälle lohnender Art, minderten den personellen Arbeitsaufwand in Fällen geringer Einkünfte und führen somit zu einer ökonomischen Arbeitsweise."[74] Damit sollte die "Schwerpunktbildung und Spezialisierung" (*Suhr* 1976: 193) bei der Besteuerung ermöglicht werden. So veränderten sich auch die Problemstellungen für den einzelnen Bearbeiter im Finanzamt. Die Verantwortung dafür, daß die unterschiedliche Prüfung von Fällen sich innerhalb des Grundsatzes der Gleichmäßigkeit der Besteuerung vollzog, trugen nun Bund und Länder und nicht mehr der einzelne Bearbeiter:

> "Die durch die Fallgruppeneinteilung des neuen Verfahrens verbindlich geregelte Gewichtung der Fälle ermöglicht je nach Bedeutung eine differenzierte Bearbeitungsintensität. Diesen Grundsatz der Arbeitsökonomie erkennen die GNOFÄ erstmals 'amtlich' an. Damit werden 'Gewissenskonflikte' vermieden und nicht etwa hervorgerufen. Erst recht ist richtig verstandene Verwaltungsökonomie auch nicht etwa dem Ansehen, der Qualität und dem Selbstverständnis der Steuerverwaltung abträglich, sondern eher förderlich."[75]

Damit nahm die Politik und die Verwaltungsspitze dem einzelnen Bearbeiter die Entscheidung über die Intensität der Sachverhaltsermittlung ab:

> "Die Disposition, auch im Sinne einer Arbeitsteilung, hat bisher ganz eindeutig beim Sachbearbeiter alter Art gelegen. Der mußte die berühmte Nadel im Heuhaufen der vielen Arbeit selbst suchen. Er war dafür verantwortlich, wenn er die Gewichtung nicht so gesetzt hatte, wie sie objektiv erwartet werden konnte. Die Steuerverwaltung beabsichtigt, ihm heute konkrete Hilfen bei dieser Suche zu geben, insbesondere durch eine entsprechende maschinelle Unterstützung. Dies ist in meinen Augen das Wichtigste: Die Spitze der Verwaltung übernimmt die Verantwortung dafür, was als wichtig und was als weniger wichtig bezeichnet werden kann. Sie trägt damit auch die Verantwortung dafür, daß Fälle, die in ihren Augen weniger wichtig sind, nicht mehr so intensiv geprüft werden wie früher."[76]

Gleichzeitig stiegen auch auch die Kontrollmöglichkeiten der Verwaltung hinsichtlich des einzelnen Bearbeiters. Hier wirkte sich insbesondere der EDV-Einsatz in Kombination mit dem neuen Verfahren dahingehend aus, daß sowohl die Verwal-

74) Beschluß der Einigungsstelle beim Finanzmisterium NRW (s.o.), S. 3.

75) Beschluß der Einigungsstelle beim Finanzmisterium NRW (s.o.), S. 6.

76) Der Ltd. Ministeralrat aus der Organisationsgruppe des Finanzministeriums NRW (und spätere Münsteraner Oberfinanzpräsident) Chrons in einem Interview mit ihm und Minsterialrat Bleker ('Werden die Finanzämter schneller?') in: Mitteilungsblatt des Finanzministeriums des Landes NRW, (9. Jg.) 1976, Nr. 4, S. 3-8 (4).

tungsspitze innerhalb des Hauses, als auch die übergeordneten Stellen den Arbeitsstand in den einzelnen Stellen viel besser überblicken konnte als vorher. Die statistischen Auszählungen durch den Rechner konnten sich hier deutlich zum Nachteil der Beamten auswirken:

> "Eine wesentliche Erfahrung mit dem neuen Verfahren besteht darin, daß wir bei den neu organisiserten Finanzämern eine schmerzhafte Transparenz erleben. Es gibt dort die nostalgischen, die lauschigen Ecken und Winkel nicht mehr. Das kann gnadenlos sein. Manchmal hat man den Eindruck, als wenn grelles Scheinwerferlicht auf die Veranlagungsbereiche der Finanzämter pralle und in diesem Scheinwerferlicht kann man nicht mehr viel verstecken. Das bedeutet, daß die statistische Lüge kaum möglich ist. Es gibt also kaum unsichtbare Rückstande."[77]

Die verschiedenen, vom Rechner gesetzten Veranlagungshinweise taten ein übriges. Der Rechner vergaß und vergißt hier nichts. Einmal gesetzte Hinweise (etwa zu einer Überprüfung einer bisher nur vorläufigen Veranlagung) tauchen immer wieder als unerledigt auf, solange bis sie endgültig beseitigt werden: "Der Rechner steht dem Bearbeiter solange auf den Zehen, bis er das Geforderte erledigt hat."[78]

Die GNOFÄ hatten von Anfang an also ein klares Kernziel: die *Gewichtung der Steuerfälle* und die Orientierung des Arbeitsaufwandes an dieser Gewichtung. Zur Erreichung dieses Zieles waren große organisatorische und arbeitstechnische Umstellungen notwendig. Es sollte sich aber zeigen, daß die Probleme der Veranlagungsstellen durch diese Umstellung nicht beseitigt werden konnten, sie wurden nur verlagert.

3.3.4 Die Neufassung und Öffnung der GNOFÄ 1981

3.3.4.1 Schwierigkeiten bei der Umsetzung der GNOFÄ-Beschlüsse: Der Verlust der persönlichen Beziehung des Bearbeiters zum Steuerpflichtigen

Die Neuregelung der Organisation und des Besteuerungsverfahrens wurde auch - abseits der prinzipiellen Infragestellung der Regelung von inhaltlichen Fakteneinteilungen und -gewichtungen durch eine Verwaltungsvorschrift[79] - in ihren praktischen Auswirkungen kritisiert. So äußerte 1975 der Landesrechnungshof von Nordrhein-Westfalen in seinem Jahresbericht Bedenken gegen die damalige Ver-

77) Ltd. MR Chronz, siehe vorstehende FN.

78) Ebd., S. 4

79) Vgl. Martens (1980). Verfassungsbeschwerden gegen die GNOFÄ wurden vom Bundesverfassungsgericht nicht zur Entscheidung angenommen, weil die GNOFÄ - als innerdienstliche Maßnahme - keine Rechte und Pflichten für den einzelnen Bürger geschaffen hatten (vgl. Wenzig 1989: 79, Anm. 98 mit Verweis auf BStBl. II 1978: 616).

suchsreihe in einigen Finanzämtern, weil einerseits die Arbeitnehmerveranlagungen, die ja die Masse der Steuerfälle darstellen, nicht schneller als im herkömmlichen Verfahren bearbeitet wurden und andererseits ein gutes Drittel der beschleunigt erledigten Steuerfälle nicht endgültig, sondern nur vorläufig veranlagt worden war, woraus sich ebenfalls eine deutliche zeitliche Verschiebung ergab. Damit ging der gewonnene Nutzen wieder verloren. Der zuständige Landesfinanzminister widersprach dieser Ansicht und stellte im Juli 1977 fest, daß die erkennbaren Vorteile der Neuregelung (*Übertragung des 'Verantwortungsrisikos'* hinsichtlich der Priorität der Veranlagung vom Personal der Steuerverwaltung auf die oberste Finanzbehörde des Landes, *höhere Transparenz der Arbeitsabläufe*, *schnellere Auswertung der Betriebsprüfungsberichte* und *Neubestimmung der Sachgebietsleiteraufgaben* mit der Neuordnung des Zeichnungsrechts) die Reform rechtfertigten und erste Erfolg zeigten (vgl. *Wagener* 1977: 670f). Während und nach der Umstellung der Finanzämter waren die Veränderungen weithin umstritten. Einwände wurden vor allem gegen die Fallgruppeneinteilung und die daraus folgende unterschiedliche Intensität der Nachprüfung erhoben.[80)] Jedenfalls bewirkten die GNOFÄ "den wohl stärksten organisatorischen Einschnitt im Finanzamt seit der Erzbergerschen Steuerreform mit der Abspaltung des Steuerfestsetzungs- vom Steuererhebungsbereich" (*Löbich* 1981: 165).

Aber die Probleme blieben unübersehbar: Im Verhältnis der Steuerbeamten zu den Bürgern und ihren Steuerberatern ergaben sich Änderungen. Da es in der neuen Organisation keine allein zuständigen Sachbearbeiter mehr gab, wurde der Kontakt zwischen Steuerberater oder Bürger und dem Finanzamt schwieriger. Der Schriftweg wurde notwendig, wo früher ein Telefonanruf weiterhelfen konnte (vgl. *Arlt* 1973: 51f). *Rasenack* (1985: 334) faßt die Kritik zusammen:

> "Die Mängel waren zu augenscheinlich. Niemand fühlte sich noch voll zuständig und verantwortlich. Die einheitliche Aktenführung durch eine Stelle war verlorengegangen. Akten waren häufig über längere Zeit völlig unauffindbar. Man fragt sich, wieso den verantwortlichen Planern derartige Erkenntnisse nicht schon selbst hätten kommen können und wieso die Entfremdung der Finanzbeamten vom Produkt ihrer Tätigkeit entgegen allen Erfahrungen in der Industrie tatsächlich derart zum Exzeß getrieben werden mußte."

Die Probleme, die der Verlust des direkten Kontaktes zum Steuerpflichtigen mit sich brachte, waren bei der Umstellung gar nicht als solche erkannt worden, man beschränkte sich hier vielmehr auf eine rein 'innerbetriebliche' Sichtweise: "Im wesentlichen handelt es sich ... um eine interne Verwaltungsreform, die den Steuer-

80) Kritisch zu den GNOFÄ: Streck (1976), Schmid (1977) und (1977a) Horst (1978); mit positiver Wertung: Suhr (1976) und (1977).

pflichtigen nur sehr mittelbar berührt."[81] Die Entwicklung zeigte, daß das eine Fehleinschätzung war. Die Umstellungen wirkten sich sogar stark auf das Verhältnis der Bearbeiter zu den Steuerpflichtigen aus:

> "Die Umgestaltung des Veranlagungsbereiches nimmt dem Steuerpflichtigen den Gesprächspartner, der seine persönlichen und beruflichen Verhältnisse kennt, der seinen Fall von Anfang bis zu Ende bearbeitet und der daher 'im Bild' ist. Es fehlt der Beamte, an den sich der Steuerpflichtige wenden kann, wenn er seinen Steuerbescheid nicht versteht oder Fehler darin entdeckt zu haben glaubt. An die Stelle eines Gesprächspartners im Finanzamt tritt eine Vielzahl von Beamten. Der Steuerpflichtige läuft von Tür zu Tür, um den zuständigen Beamten zu finden. Selbst wenn dieser noch so gutwillig ist, ist er nicht in der Lage, ihm zu helfen. Dem Beamten fehlt die umfassende Kenntnis des Sachverhalts. Die Steuerakten kann er oft nicht einsehen, weil sie in einer anderen Stelle liegen. Der Informationsfluß im Finanzamt ist gestört." (*Katterbe* 1980: 93f)

Gerade in den nordrhein-westfälischen Finanzämtern wurde bei der Festsetzung der Steuern der Inhalt der Steuererklärung im Regelfall unbeanstandet dem endgültigen Steuerbescheid zugrunde gelegt, "ohne daß der (ÜSt)-Bearbeiter auch nur einen Blick auf die Gewinnermittlung des Vorjahres" warf oder auch nur werfen konnte, denn dem Bearbeiter war ja der Zugriff auf die Steuerakte verwehrt (*Schmid* 1978a: 599). Die Probleme, die sich etwa nach der Abgabe von Akten aus den ÜSt in andere Stellen der einzelnen Ämter ergeben sollten, waren so nicht vorausgesehen worden. So nahm man beispielsweise auch an, daß die Fragen auskunftsuchender Steuerpflichtiger in Bezug auf die Bearbeitung ihres Falles (Stand der Veranlagung, besondere Einzelprobleme) schnell lösbar seien. Etwaige Anfragen sollte der Koordinator in der ÜSt schnell beantworten können. "Wenn er sich von der Schwierigkeit der Frage her überfordert fühlt, ist er ohne weiteres in der Lage, den zuständigen Amtsprüfer einzuschalten, der nach unserer Idealvorstellung unmittelbar benachbart im Nebenzimmer residiert."[82] Das dem oftmals nicht so war, hat sich auch bei den im Rahmen dieser Studie durchgeführten Interviews in nordrhein-westfälischen Finanzämtern gezeigt. Die Trennung von *Aktenführung und Veranlagung* stellte bei der Bearbeitung der Steuerfälle ein nicht zu überwindendes Hindernis dar: In den Übernahmestellen wurden die Erklärungen nur entgegengenommen. Hier war lediglich eine grobe Überprüfung der Belege (z.B. bei den Fahrtkosten) und der Vollständigkeit (Lohnsteuerkarte) möglich. Schon bei den Einkünften aus Vermietung und Verpachtung war - bei den nur überschlägig geprüften, aber endgültig veranlagten Steuerpflichtigen der Fallgruppe 2 - mehr nicht möglich, weil in den ÜSt keine Akten (zum Vergleich mit den Angaben des

81) Der MR Bleker 1977, vgl. FN 76, S. 6.

82) Ltd. MR Chronz ebd., S. 8.

Vorjahres) zugänglich waren. Die Mitarbeiter der ÜSt waren zur Kontrolle der Angaben des Steuerpflichtigen (etwa bei Reparaturaufwendungen über mehrere Jahre hinweg) gar nicht in der Lage, da ging es "nur nach Glauben." Ein Anschreiben der Steuerpflichtigen mit der Bitte um die Nachsendung fehlender Belege durch die ÜSt war gar nicht gewollt: "Das ging immer zugunsten des Steuerpflichtigen. Der Steuerpflichtige, der durchblickte, wie das lief, konnte das sehr stark ausnutzen." [83)]

Die "Entpersönlichung des Verhältnisses Fiskus zu Steuerbürger"[84)] war auch für die Beschäftigten selbst sehr unbefriedigend. Die Bearbeiter kannten die einzelnen Steuerpflichtigen nicht mehr (was auch für sie unangenehm war). Zudem klappte die Zusammenarbeit mit den anderen Fachbereichen nicht. "Es war ein ständiges Suchen nach Akten. Man wußte bei Rückfragen nie, wer noch an dem Fall arbeitete."[85)] Letztlich fühlte sich auch "keiner für den Steuerfall verantwortlich".[86)] Diese Situation war oftmals für beide Seiten unangenehm: Weder konnte sich der Steuerpflichtige mit Informations- oder Verfahrensfragen an einen bestimmten Bearbeiter, noch der SB (ohne Aktenkenntnis) mit Rückfragen an den Steuerpflichtigen wenden; damit war auch die Nutzung telefonischer Kontakte bei der Fallbearbeitung - heute ein wesentlicher Bestandteil der Veranlagungstätigkeit - stark eingeschränkt. Die vereinfachten Tätigkeiten, die den Sachbearbeitern des mittleren Dienstes in den ÜSt zugewiesen worden waren, entsprachen zudem nicht dem Selbstverständnis der Bearbeiter von den Inhalten ihrer Arbeit: die SB hielten sich "für besser ausgebildet als zum Aktenheften".[87)] Auch dies wirkte sich nachteilig auf die Arbeitserledigung aus.

Der Gesamtvollzug litt unter diesen Problemen: Schon in der Versuchsphase hatte sich in den nordrhein-westfälischen Ämtern gezeigt, daß insbesondere die *Übernahmestellen* dem Arbeitsanfall nicht gewachsen waren: Zeitweise lagen mehrere tausend Steuererklärungen unbearbeitet in den Finanzämtern. Konnte dieses Problem im Versuchsverlauf durch organisatorische Änderungen und einen verstärkten Personaleinsatz teilweise gelöst werden, so konnten die Schwierigkeiten in den *Amtsprüfstellen* nicht beseitigt werden. So wurden 1973 bei 44,1 % und 1974 bei

83) Aussagen einer ehemaligen Mitarbeiterin einer ÜSt, Sachbearbeiterin, mittlerer Dienst; sie beschreibt das sog. "Zweier-Privileg" der in der Fallgruppe 2 veranlagten Steuerpflichtigen, deren Erklärungen nur überschlägig geprüft wurden (Schmid 1978: 180).

84) Aus der Stellungnahme der Bundessteuerberaterkammer zum Bericht des Landesrechnungshofes NRW in: DStR Nr. 14/1978: 14. Genauso Streck (1976: 212): "Der Steuerbürger wird zu Teilaspekten."

85) Zitat Sachbearbeiterin, mittlerer Dienst.

86) Zitat Vorsteher UF 9, RD, hD.

87) Vorsteher UF 1, Ltd.RD, hD.

41,9 % aller maschinellen Einkommensteuerveranlagungen Prüfungshinweise ausgegeben. Das bedeutete, daß nahezu *die Hälfte* aller Erstveranlagungen durch die ÜSt aufgrund eines FH oder PH *erneut bearbeitet* werden mußte. Damit konnten die ApSt ihrer Hauptaufgabe, der Überwachung der vorläufigen Veranlagungen der bedeutenden Steuerfälle aus den Fallgruppen 1 und 3, nur unvollständig nachkommen. Zudem wurden die ApSt sehr stark durch Auskunftserteilungen in Anspruch genommen.[88] Diese Schwierigkeiten besserten sich zwar später und sie hatten auch nicht direkt ihre Grundlage in den organisatorischen Umstellungen der GNOFÄ, aber sie trugen zu ihrem Scheitern bei.

Die Festlegung der einheitlichen Organisationsgrundsätze für die verschiedenen Steuerverwaltungen der Länder bedeutete außerdem noch nicht, daß auch alle Länder diese Grundsätze direkt und unverändert umsetzten. Die unterschiedliche Verwaltungsentwicklung in den einzelnen Ländern hatte in den siebziger Jahren einen Stand erreicht, der nur ein langsames Zurückgewinnen einheitlicher Organisationsformen zuließ. Bei der Umsetzung der (bundeseinheitlichen) GNOFÄ-Beschlüsse wurden - insbesondere was die aktenlose Veranlagung in den 'steuerlich unbedeutenden' Fällen der Fallgruppe 2 angeht - sehr unterschiedliche Bearbeitungsformen in den einzelnen Ländern gewählt.[89] Daran waren im wesentlichen die unterschiedliche Ausstattung der Landessteuerverwaltungen mit der EDV und ihre "nach Quantität wie Qualität unterschiedliche Personalausstattung" schuld (*Schmid* 1978a: 601). Der Grundsatz der Fallgruppeneinteilung und der abgestuften Fallbearbeitung des einzelnen Steuerfalles nach seinem steuerlichen Gewicht war jedoch unumstritten.[90]

Am Anfang der achtziger Jahre hatten die meisten Flächenstaaten die Mehrzahl ihrer Finanzämter auf die neuen Organisationsgrundsätze umgestellt; die Umstellungsquote betrug in Bayern, Nordrhein-Westfalen und Niedersachsen zwischen 80

---

88) 'ALDA-FEST-Bericht 1973 und 1974', in: Mitteilungsblatt des Finanzministeriums Nordrhein-Westfalen, 8. Jg. (1975), Nr. 5, S. 11.

89) Während in NRW bei diesen Fällen die konsequente Veranlagung ohne Akten betrieben wurde, wurden beispielsweise in den Finanzämtern Hamburgs die Erklärungen der Steuerpflichtigen von bestimmten Bearbeitern in den ÜSt mit festen Zuständigkeiten bearbeitet; diese Bearbeiter besaßen zumindest Zugang zu den Steuerakten des Vorjahres. In Bayern wiederum sollten Kleinstbetriebe in jedem Fall von Bearbeitern mit festen Zuständigkeiten nur nach Einsicht in die Steuerakten veranlagt werden; dabei wurden bestimmte Prüfungskriterien bindend vorgeschrieben. Grundsätzlich wurde die Konzentration der GNOFÄ-Aufgaben, wie sie in NRW erreicht worden war, in diesen Ländern nicht mitgemacht; vgl. Schmid (1978a: 598f), Strassl (1977). Im Saarland wurde hingegen auf der Grundlage der an die GNOFÄ angelehnten ALNO (Arbeitsanleitung für die Finanzämter zur Neuorganisation der Finanzämter und Neuordnung des Besteuerungsverfahrens) wie in NRW die aktenlose Veranlagung bei den Fällen der Fallgruppe 2 vorgeschrieben; vgl. Schneider (1977).

90) DStG Nr. 2/1981: 33.

und 100 %; in Baden-Württemberg waren etwas mehr als die Hälfte der Finanzämter neu organisiert (vgl. *Tabelle 3/4*).

Tabelle 3/4: Stand der Umstellung der Finanzämter auf die GNOFÄ 1980

Bundesland (Stand 1.2.1980)	Anzahl der FÄ insgesamt	davon umgestellt
Baden-Württemberg	* 81	** 76 (64)
Bayern	83	78
Berlin	*** 15	5
Bremen	5	1
Hamburg	* 18	6
Hessen	44	2
Niedersachsen	57	57
Nordrhein-Westfalen	104	101
Rheinland-Pfalz	37	--
Saarland	11	3
Schleswig-Holstein	20	19
insgesamt	475	336

* Darunter drei Spezialfinanzämter, die für die GNOFÄ nicht in Betracht kamen.
** Fallgruppeneinteilung: 76, VVSt: 64
*** ohne 2 Zentralfinanzämter

(Quelle: *Katterbe* 1980: 26)

Allerdings gab es gravierende landesspezifische Besonderheiten und Abweichungen von den Grundsätzen. So wurden in Baden-Württemberg die Veranlagungsbereiche mit Sachbearbeitern und Mitarbeitern grundsätzlich beibehalten und Bayern verzichtete auf die Fallgruppeneinteilung, nahm aber eine eigene Trennung in G- (Gewinneinkünfte-) und Ü-Bereiche (Überschußeinkünfte) vor.[91] Zudem begann Nordrhein-Westfalen, wegen der geschilderten schlechten Erfahrungen mit der Schaffung der undifferenzierten Fachbereiche, die Rückkehr zur herkömmlichen Veranlagung in Teilbezirken mit festen Über- und Unterordnungen zwischen Sachbearbeitern und Mitarbeitern vorzubereiten (*DStG* Nr. 2/1981: 33). Alles in allem herrschte große Unzufriedenheit mit den GNOFÄ, sowohl was ihre sachlichen Regelungen, als auch was die mangelnde Einheitlichkeit in den Bundesländern be-

91) Vgl. Martens (1980: 168f).

traf: "Die Finanzminister haben kein Glück mit diesem Sproß gehabt." (*Ulmer* 1981: 16)

3.3.4.2 Die Zeltlösung

In dieser Situation wurde von den Organisationsabteilungsleitern der obersten Finanzbehörden des Bundes und der Länder im Oktober 1980 ein Modell für eine einheitliche Neuordnung erarbeitet, das als Kernpunkt den Kompromiß enthielt, daß die Übernahme, die Amtsprüfung und die Veranlagungsverwaltung in Arbeitsgebieten mit festen Zuständigkeiten organisiert werden können. Damit sollte das "Fehlen eines für den einzelnen Steuerfall zuständigen, verantwortlichen und über alle Vorgänge informierten Ansprechpartners" als "wichtigster systemimmanenter Mangel" der GNOFÄ[92] beseitigt werden. Diese, die verschiedenartigen Organisationsformen der einzelnen Bundesländer umspannende *Zeltlösung*[93] läßt den einzelnen Finanzverwaltungen genug Spielraum, um ihre eigenen Organisationsweisen den GNOFÄ anzupassen. Die festen Zuständigkeiten eröffnen auch bessere Möglichkeiten zur Verständigung zwischen Steuerzahlern und Finanzverwaltung:

> "Dem Bürger als Steuerzahler soll wieder ein Ansprechpartner in den Finanzämtern zugewiesen werden, indem für ihn feste Zuständigkeiten geschaffen werden. Nicht zuletzt soll der Zugriff zu den Steuerakten wieder ermöglicht werden und damit der Untersuchungsgrundsatz - wenn auch abgeschwächt - die Fließbandarbeit ersetzen." (*DStG* Nr. 2/1981: 33)

Gemäß einem Beschluß der Landesfinanzministerkonferenz vom 15. Januar 1981 wurden die *GNOFÄ* durch gleichlautende Erlasse der obersten Finanzbehörden der Länder[94] mit Wirkung zum *4. März 1981* neu gefaßt. Die inhaltliche Gliederung und die Grundeinteilung der Neuorganisation von 1976 wurden dabei im wesentlichen beibehalten. Kernsatz der neuen GNOFÄ mit der Zeltlösung war die Ziffer 1.2.3: "Übernahme, Amtsprüfung und Veranlagungsverwaltung können in Arbeitsgebieten mit festen Zuständigkeiten zusammengefaßt werden." Diese neue Regelung erleichterte den Ländern, die die GNOFÄ schon bis dahin umgesetzt hatten, eine Fortführung dieses Organisationsprinzips. Die Länder wiederum, die die GNOFÄ noch nicht eingeführt hatten, konnten ihre eigenen Modelle in Richtung auf das Bundesmodell ohne abrupte Eingriffe kontinuierlich weiterentwickeln.[95]

---

92) Stellungnahme der Bundessteuerberaterkammer: Aus der Arbeit der Bundessteuerberaterkammer - Weiterentwicklung der GNOFÄ, in: DStR Nr. 5/1979: 122.

93) DStG Nr. 3/1981: 46.

94) BStBl. I 1981: 270 ff.

95) DStG Nr. 3/1981: 46.

In Nordrhein-Westfalen (und beispielsweise auch im Saarland) sind daraufhin innerhalb der Veranlagungsstelle feste Veranlagungsbezirke (Vbz) gebildet worden, in denen sowohl die Steuerfestsetzungsaufgaben als auch die veranlagungsbegleitenden Aufgaben für einen bestimmten Kreis von Steuerpflichtigen wahrgenommen werden (vgl. *Bolk u.a.* 1987: 34f). Ähnlich der Amtsprüfungsstelle wurde in der Neufassung der GNOFÄ auch der Übernahmestelle verordnet, 'soweit erforderlich' auch bei der überschlägigen Prüfung mit Akten zu arbeiten. In zwei (beibehaltenen) Anlagen zu den GNOFÄ wurden detailliert die Fälle festgehalten, die nach Ziffer 1.3.3.2 GNOFÄ von der ApSt zu bearbeiten sind, und für die Fälle, in denen die ÜSt Belege und sonstige Unterlagen benötigt, Anweisungen zu deren Umfang gegeben,[96] bzw. die Grenzwerte, bis zu denen auf solche Unterlagen verzichtet werden kann, festgeschrieben.[97]

Bei der Einführung des Kompromißvorschlages zeigte es sich, daß die GNOFÄ in dieser Form "mehr Flexibilität in die Arbeitsabläufe, aber auch mehr Bürgernähe" bringen.[98] Ihre wesentlichen, unstrittig durchgesetzten Elemente sind die Ausgliederung der Rechtsbehelfstellen, die Möglichkeit einer betriebsnahen Veranlagung (unter Vorbehalt der Nachprüfung) und auf arbeitsorganisatorischem Gebiet die Vergrößerung der Verantwortungsbereiche der Bearbeiter. Aber der alte 'Teilbezirk' ist in Umrissen sichtbar geblieben (*Rasenack* 1985: 334f). Der Unterschied zur alten Form der Teilbezirke liegt beispielsweise in den nordrhein-westfälischen Finanzämtern darin, daß nicht mehr Fälle mit regelmäßigen Vorauszahlungen und Erstattungsfälle in gemeinsamen Bezirken geführt werden. Die früher oftmals vorkommenden starken Schwankungen in der Größe der einzelnen Bezirke (etwa durch Veränderungen bei der Baukonjunktur in Zusammenhang mit der einkommensteuerlichen Förderung des Wohnraumbaus nach § 7b EStG oder durch regional unterschiedliche Bautätigkeiten) wurden zudem durch eine *Umstellung der Zuordnung von der Regionalisierung zur Alphabetisierung* vermieden.

In Nordrhein-Westfalen ging die Finanzverwaltung schon in der Neufassung der ALDA-FEST vom 1. Dezember 1980 zur Bildung fester Zuordnungen über. Die Übernahmestellen und die Veranlagungsverwaltungsstellen wurden aufgelöst und die Steuerfestsetzungsaufgaben und die veranlagungsbegleitenden Aufgaben in *Veranlagungsbezirken* (Vbz) zusammengefaßt, die mit drei bzw. zwei Bearbeitern besetzt wurden. Die jeweiligen Bearbeiter eines Vbz wurden in ein bzw. zwei Räumen zusammen untergebracht, in denen auch die zu führenden Akten gelagert wurden. Im FA Minden wurden dazu ab 1981 beispielsweise gebildet:

96) Etwa bei Einkünften aus nichtselbständiger Arbeit.

97) So u.a. bei Spenden, Versicherungsbeiträgen, Bausparkassenbeiträgen.

98) DStG Nr. 3/1981: 42 über das umgestellte nordrhein-westfälische Finanzamt Gummersbach.

- 8 Vbz für Körperschaften,
- 4 Vbz für Personengesellschaften und Gemeinschaften mit deren Gesellschaftern und Gemeinschaftern,
- 2 Vbz für Land- und Forstwirte sowie
- 16 allgemeine Vbz (davon 12 Grundmodelle mit drei Bearbeitern und 4 Vbz mit zwei Bearbeitern).[99)]

3.3.5 Die Durchführung der Veranlagung in den nordrhein-westfälischen Finanzämtern

Für die Geschäftsverteilung werden im Veranlagungsbereich nordrhein-westfälischer Finanzämter bestimmte Gruppen von Steuerpflichtigen in *Steuerbezirken* zusammengefaßt. Dabei ist darauf zu achten, daß nicht zu große Steuerbezirke gebildet werden, damit bei einer späteren Änderung der Geschäftsverteilung der jeweilige Steuerbezirk geschlossen einem anderen Arbeitsgebiet zugeordnet werden kann (§ 7 I ALDA-FEST). Die Steuerbezirke werden durch *Steuerbezirksnummern*, die in den Steuerbezirken zusammengefaßten Steuerpflichtigen durch Unterscheidungsnummern gekennzeichnet. Finanzamtsnummer, Steuerbezirksnummer und Unterscheidungsnummer bilden - getrennt durch jeweils einen Schrägstrich - die Steuernummer des Steuerpflichtigen. Im Veranlagungsbereich ist dabei das Prinzip einzuhalten, daß die Steuerbezirke nach den Anfangsbuchstaben der Zunamen/Firmenbezeichnungen der Steuerpflichtigen gebildet werden (Alphabetisierung).[100)] Neben den normalen Steuerbezirken ist auch heute noch die Bildung von *Sonderbezirken* zulässig. Nach § 7 IV bzw. 7 V ALDA-FEST ist die Bildung von Sonderbezirken zulässig für:

- Körperschaften,
- Handels- und Personengesellschaften des bürgerlichen Rechts mit überwiegenden Einkünften aus Gewerbebetrieb,
- Steuerpflichtige mit Einkünften aus Land- und Forstwirtschaft,
- beschränkt Steuerpflichtige,
- Gesellschafter von Gesellschaften i.S. von § 7 IV ALDA-FEST,
- Reisegewerbetreibende
- und Freiberufler.

99) Quelle: Chronik des FA Minden.

100) Vgl. Das Beispiel für eine solche Gliederung auf dem Hintergrund einer geographischen Zuordnung in Anlage 3/III.

Die Bildung von *Branchenbezirken* ist grundsätzlich untersagt. Lediglich bei ortsspezifischen Besonderheiten kann die zuständige Oberfinanzdirektion Ausnahmen zulassen. Besondere Bedeutung kommt in der Grobgliederung der Finanzämter den *Rechtsbehelfsstellen* (RBSt) zu. Sie sind (u.a. bei den Veranlagungssteuern) für Einspruchsentscheidungen, Berichte über Beschwerden, die der OFD vorzulegen sind, und die damit zusammenhängende Abwicklungsfragen zuständig. In Rechtsbehelfsverfahren, die umfangreichere Sachverhaltsermittlungen erfordern, hat die RBSt die "Entscheidungsreife herbeizuführen" (§ 25 III ALDA-FEST). Die Bestimmungen der ALDA-FEST hinsichtlich der Abhilfe von Rechtsbehelfen sind deutlich auf eine möglichst unbürokratische Erledigung des Falles ausgelegt. So hat der Sachgebietsleiter, in dessen Zuständigkeitsbereich der angefochtene Verwaltungsakt fällt, diesen unmittelbar nach Eingang des Rechtsbehelfs überschlägig und "ohne eingehendere Ermittlungen" dahingehend zu prüfen, ob diesem abgeholfen werden kann (§ 26 I ALDA-FEST). Will der hier zuständige SGL dem Rechtsbehelf nicht abhelfen, so hat er dem Sachgebietsleiter der RBSt den Fall unter Beifügung der Steuerakten und sonstiger Vorgänge zuzuleiten und mit diesem Sachgebietsleiter nach Möglichkeit ein Einvernehmen über die Übernahme in die RBSt herzustellen. Kommt dies - wegen der Weigerung des SGL der RBSt - nicht zustande, so entscheidet der Vorsteher des Finanzamtes. Eine einfache Überleitung strittiger Fälle an die Rechtsbehelfstellen ohne eingehende Befassung der zunächst zuständigen Stelle und eine deutlichen Begründung der Übergabe ist damit nahezu ausgeschlossen.

Im Bereich der Veranlagung werden die mit *festen Zuständigkeiten* gegeneinander abgegrenzten Arbeitsgebiete als *Veranlagungsbezirke* (Vbz) bezeichnet. Ein Veranlagungsbezirk umfaßt nach § 11 I ALDA-FEST sowohl die Steuerfestsetzungsaufgaben als auch veranlagungsbegleitende Aufgaben für einen bestimmten Kreis von Steuerpflichtigen. Sind in einem Vbz mehrere Bearbeiter eingesetzt, ist einer von ihnen als *Koordinator* zu bestellen. Im Bereich der Einkommensteuerveranlagung werden aufgrund dieser Bestimmung in den Finanzämtern für die einzelnen Steuerbezirke *Dreiergruppen* aus einem Koordinator, einem Bearbeiter (Mittelmann) und einem Veranlagungsbegleiter gebildet. Als *Steuerfestsetzungsaufgaben* werden in § 12 II ALDA-FEST für die Veranlagung zur Einkommen- und Körperschaftsteuer u.a. definiert:

- die Veranlagung zur Einkommen- bzw. zur Körperschaftsteuer;
- die gesonderte Feststellung von Einkünften und die sonstigen Veranlagungen oder Feststellungen, die zusammen mit ihr durchzuführen sind;
- die Beratung des Bürgers nach § 89 AO und die Erteilung von Rechtsauskünften;

- die Bearbeitung von Einsprüchen und Beschwerden sowie die Berichtigungsveranlagung;
- die Erteilung von Nichtveranlagungs-Bescheinigungen.

Veranlagungsbegleitende Aufgaben im Sinne der ALDA-FEST sind im Bereich der ESt-Veranlagung hingegen u.a. die Aufnahme oder die Entscheidung über die Nichtaufnahme, die Übernahme und die Abgabe von Steuerfällen (Aktenüberweisungen), die Zuteilung und Löschung von Signalen, sowie die Versendung von Steuererklärungsvordrucken und die Überwachung des Eingangs der Steuererklärungen (soweit letztere Aufgaben nicht maschinell durchgeführt werden). Hierunter fällt auch das Schreiben von Bescheiden und Mitteilungen, die Sichtung des Kontrollmaterials, die Erteilung formularmäßiger Bescheinigungen sowie die Androhung und erstmalige Festsetzung von Zwangsgeldern bei Nichtabgabe von Steuererklärungen. Als *veranlagungsbegleitende Aufgaben* gelten weiterhin die Führung der V-Listen, der Ergebnis- und Versandlisten sowie anderer Listen aus dem Veranlagungsbereich sowie die Führung der Namensdatei und die Verwaltung der Steuerakten. Bestimmte veranlagungsbegleitende Aufgaben (etwa Aktenübernahmen) können innerhalb der Veranlagungsstelle bei einem oder mehreren Vbz zentralisiert werden.

Auch in der Neufassung der ALDA-FEST wird an dem GNOFÄ-Grundsatz der Fallgruppeneinteilung der Steuerfälle festgehalten und deutlich auf die unterschiedliche Intensität bei der Fallbearbeitung hingewiesen: "Der Aufwand bei der Prüfung der Fälle hat sich nach deren steuerlicher Bedeutung zu richten." (§ 14 I, Satz 1 ALDA-FEST-Neu). Zu diesem Zweck wird die Einteilung in drei unterschiedliche Fallgruppen beibehalten. Den Veranlagungsstellen obliegt es, die unterschiedlich intensive Prüfung der Steuerpflichtigen in den drei Fallgruppen vorzunehmen. Dabei haben sie sich grundsätzlich des maschinellen Verfahrens zu bedienen. Die jeweilige Veranlagungsstelle prüft die Steuererklärungen und führt die erforderlichen Ermittlungen durch. Sie kann - soweit nicht die Vornahme einer Außenprüfung geboten ist - den Sachverhalt an Ort und Stelle klären. Bei einer *überschlägigen Prüfung* sind von der Veranlagungsstelle "offensichtliche Fehler richtigzustellen, fehlende Angaben zu ergänzen und fehlende Unterlagen ... anzuforden" (§ 15 IV ALDA-FEST).

Das *Zeichnungsrecht* bei der Fallbearbeitung ist grundsätzlich dem Bearbeiter für sein Arbeitsgebiet zugewiesen, sofern es nicht dem Koordinator, Sachgebietsleiter oder dem Vorsteher vorbehalten ist (§ 38 ALDA-FEST). Die Bearbeiter des Vbz haben grundsätzlich das Zeichnungsrecht für alle ihnen zugewiesenen Aufgaben zur selbständigen Erledigung.[101] Darunter fallen:

- die Veranlagung (einschließlich Berichtigungsveranlagung) von Steuerfällen mit einer Steuerbezirksnummer ab 800;
- die Veranlagung oder die gesonderte Feststellung in leichten Steuerfällen mit einer StBezNr. unter 600 nach Zuweisung durch den Koordinator im Einzelfall.

Dem Sachgebietsleiter ist das Recht zur abschließenden Zeichnung u.a. zugewiesen (sofern es nicht dem Vorsteher zusteht) bei

- Rechtsauskünften und verbindlichen Zusagen;
- Festsetzungen und Feststellungen aufgrund einer Außenprüfung;
- Entscheidungen in außergerichtlichen Rechtsbehelfsverfahren;
- dem Schriftverkehr in Streitsachen vor dem Finanzgericht;
- Prüfungsersuchen an die Steuerfahndungsstelle;

sowie in Fällen, deren Zeichnung er sich im Einzelfall vorbehalten hat. Weiterhin obliegt dem Sachgebietsleiter grundsätzlich die Zeichnung von Vorgängen von erheblicher Bedeutung sowie "rechtlich und tatsächlich besonders schwieriger Fälle" (§ 41 II ALDA-FEST).

3.4 Die Geschäftsordnung für die Finanzämter von 1985 (FAGO) als Organisationsgrundlage der Finanzämter

3.4.1 Die Aufgaben der verschiedenen Gruppen von Amtsangehörigen

Durch die GNOFÄ wurde der *Veranlagungsbereich* der Finanzämter mit dem Ziel einer schnelleren Durchführung der Besteuerung mit Hilfe der EDV neu geordnet. Die bisherige Geschäftsordnung für die Finanzämter entsprach danach nicht mehr der neu festgelegten Grundstruktur. Aus diesen Gründen mußte auch die FAGO neu gefaßt werden. Im März 1983 legten die Organisationsabteilungen der obersten Finanzbehörden des Bundes und der Länder eine neue Geschäftsordnung für die Finanzämter vor, welche die alte FAGO von 1954 ablösen sollte. Diese *Neufassung der 'Geschäftsordnung für die Finanzämter' (FAGO)* auf der Grundlage des Gesetzes über die Finanzverwaltung wurde am *2. Dezember 1985* veröffentlicht (BStBl. I 1985: 685) und durch gleichlautende Erlasse der obersten Finanzbehörden der Länder in Kraft gesetzt.

---

101) Vorbehaltlich der den Sachgebietsleitern oder dem Vorsteher explizit zugewiesenen Zeichnungsrechte aus den §§ 41 und 42 ALDA-FEST.

Die bewährte Gliederung des Finanzamtes in *Sachgebiete* und die Aufteilung dieser Sachgebiete in mehrere *Arbeitsgebietes* wurde auch in der Neufassung der FAGO beibehalten (§ 2 I und II). Die Finanzkasse ist demnach grundsätzlich ein eigenes Sachgebiet. Die Arbeitsgebiete wiederum bilden die "kleinste Organisationseinheit" in den Ämtern, der "bestimmte, abgegrenzte Aufgaben zugewiesen sind" (§ 2 III). Gleiche, gleichartige oder aus Zweckmäßigkeitsgründen miteinander zu verbindende Aufgaben im Amt können unter dieser Grundgliederung als *Stellen* zusammengefaßt werden.[102)] Die zentrale Rolle des Vorstehers wurde auch in der neuen FAGO beibehalten. Er leitet das Finanzamt und ist Vorgesetzter aller Amtsangehörigen. Sofern landesrechtlich nichts anderes bestimmt ist, ist er auch Dienstvorgesetzter der Beamten. Als die wesentlichen Aufgaben des Vorstehers werden in § 3 II der FAGO 1985 u.a. genannt:

- die Sorge für eine *einheitliche Rechtsanwendung* und die Fach- und Dienstaufsicht für den gesamten Dienstbetrieb;
- die *Überwachung des Personaleinsatzes* und die Vorsorge für eine möglichst gleichmäßige Auslastung und gerechte Beurteilung der Beamten;
- die *Durchführung regelmäßiger Besprechungen* mit den Sachgebietsleitern und erforderlichenfalls weiteren Amtsangehörigen (Dienstbesprechungen);
- die *Abgabe regelmäßiger Berichte an die Oberfinanzdirektion* über Angelegenheiten von besonderer oder grundsätzlicher Bedeutung;

Weiterhin ist dem Vorsteher aufgetragen, sich mit den steuerlichen und wirtschaftlichen Verhältnissen seines Amtsbezirks vertraut zu machen und mit den Wirtschafts- und Berufsvertretungen Kontakt zu halten. Nach § 3 VI FAGO 1985 ist der Vorsteher grundsätzlich Sachgebietsleiter für Organisation, Haushalt und Personal (Geschäftsstelle). Er kann seinem Sachgebiet auch weitere Arbeitsgebiete zuordnen. In § 9 FAGO wurde die Pflicht des Vorstehers, einen *Geschäftsverteilungsplan* jährlich neu aufzustellen und der OFD vorzulegen, festgeschrieben. Der Geschäftsverteilungsplan muß die Aufgaben der Sachgebiete und der Arbeitsgebiete abgrenzen und die tatsächliche Besetzung und die Vertretung ausweisen. In ähnlicher Weise wie der Finanzamtsvorsteher ist der *Sachgebietsleiter* für die Belange des ihm zugeteilten Sachgebietes verantwortlich (§ 5 FAGO). Zu diesem Zweck übt er - im Auftrag des Vorstehers - die Dienst- und Fachaufsicht in seinem Sachgebiet aus. Er sorgt für die einheitliche Rechtsanwendung in diesem Sachgebiet, "gibt die erforderlichen dienstlichen Weisungen sowie Bearbeitungs- und Entscheidungshilfen" und hält zu diesem Zweck in seinem Sachgebiet Dienst- und Fachbesprechungen ab (§ 5 II S. 1 bzw. § 4 FAGO 1985).

102) In der FAGO 1985 werden als Beispiele die Rechtsbehelfstelle und die Bewertungsstelle genannt.

Übersicht 3/5: Organisation der Kontrollebene in einem Berliner Finanzamt 1985

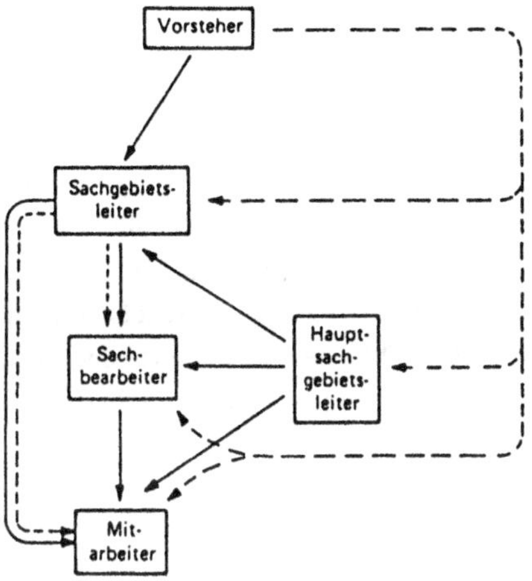

Durchbrochene Linie: Dienstaufsicht
undurchbrochene Linie: Fachaufsicht.

(Quelle: *Rasenack* 1985: 336)

Es ist die Aufgabe des Sachgebietsleiters, den Vorsteher regelmäßig über die Arbeits- und Personallage in seinem Sachgebiet zu unterrichten. In Übereinstimmung mit der bisherigen Praxis können für Aufgaben, die mehrere Sachgebiete betreffen, *Hauptsachgebietsleiter* eingesetzt werden, die den Vorsteher "in fachlicher, organisatorischer und personeller Hinsicht" (§ 7 II) unterstützen. Aufgabe des jeweiligen Hauptsachgebietsleiters ist es, bei Fachbesprechungen die Sachbearbeiter über Gesetzesänderungen, Verwaltungsanweisungen und die Entwicklung der Rechtsprechung auf seinem Gebiet zu unterrichten und dort insbesondere auf eine einheitliche Rechtsanwendung zu achten. Als Einzelaufgaben nennt die FAGO auch noch die Vorbereitung von Amtsverfügungen (das eigene Fachgebiet betreffend), die Steuerung von Abläufen, die Klärung steuerrechtlicher Zweifelsfälle und den Entwurf von Berichten, soweit sie das Fachgebiet betreffen (§ 7 II S. 1-4 FAGO 1985). Die Position eines Hauptsachgebietsleiters stellt eine *Funktion*, nicht aber eine Beförderungsstelle dar.

Die Aufgaben eines Arbeitsgebietes werden von einem *Sachbearbeiter* (Bearbeiter) in eigener Verantwortung erledigt (§ 6 FAGO). Zur Unterstützung können ihm

Mitarbeiter zugewiesen werden. Grundsätzlich ist aber der Sachbearbeiter/Bearbeiter "für die rechtzeitige, sachgerechte und wirtschaftliche Erfüllung der Aufgaben in seinem Arbeitsgebiet verantwortlich" (§ 6 II FAGO 1985). So wie der Sachgebietsleiter gegenüber dem Finanzamtsvorsteher, hat auch der Sachbearbeiter gegenüber seinem Vorgesetzten eine Informationspflicht, der er in regelmäßigen Unterrichtungen nachzukommen hat (§ 6 III S. 2; vgl. *Übersicht 3/5*). Zudem ist ihm aufgetragen, auf eine einheitliche Rechtsanwendung in seinem Arbeitsgebiet zu achten, die erforderlichen dienstlichen Weisungen sowie Bearbeitungs- und Entscheidungshilfen an die Mitarbeiter zu geben und diese Mitarbeiter über rechtliche und verfahrenstechnische Bestimmungen zu informieren. Die Reform der GNOFÄ spiegelt sich in den Bestimmungen zur Aktenführung im jeweiligen Arbeitsgebiet wider: Nach § 6 IV FAGO 1985 verwaltet jeder Sachbearbeiter/Bearbeiter - soweit nicht aus organisatorischen Gründen eine andere Regelung erfolgt - seine Akten grundsätzlich selbst.

3.4.2 Das Zeichnungsrecht

Die FAGO 1985 regelt das Zeichnungsrecht zunächst grundsätzlich und zählt danach die Zeichnungsbefugnisse der einzelnen Funktionsgruppen im Amt auf. § 19 I bestimmt allgemein: "Wer einen Entwurf erstellt, weitergibt oder beteiligt ist, zeichnet ihn. Der Zeichnungsberechtigte zeichnet abschließend. Zeichnungen erfolgen durch Namenszeichen und Datum." In § 21 wird dem *Sachbearbeiter* (Bearbeiter) für sein *Arbeitsgebiet grundsäzlich das Zeichnungsrecht zugewiesen*, soweit kein anderer Zeichnungsvorbehalt besteht. Auch dem *Mitarbeiter* kann für bestimmte Aufgaben innerhalb des Arbeitsgebietes ein Zeichnungsrecht zugewiesen werden. Grundsätzlich sind die Zeichnungsvorbehalte von Vorsteher und Sachgebietsleiter so gestaltet, daß sie die Ausnahme bilden: "Die Mehrzahl der Arbeitsvorgänge soll dem Vorgesetzten nicht vorgelegt werden müssen." (*Wenzig* 1989: 63) Dem *Sachgebietsleiter* sind bestimmte Vorgänge grundsätzlich oder im Einzelfall zur Zeichnung zugewiesen. Er zeichnet abschließend, soweit das Zeichnungsrecht nicht dem Vorsteher vorbehalten ist. Unter sein Zeichnungsrecht fallen einerseits die Vorgänge, die er sich allgemein oder im Einzelfall in seinem Sachgebiet vorbehält, sowie bestimmte Vorgänge von erheblicher Bedeutung oder von rechtlicher oder tatsächlicher Schwierigkeit. Die FAGO 1985 zählt dazu (in § 22 II) u.a. auf:

- Rechtsauskünfte und verbindliche Zusagen;
- Prüfungsanordnungen für Außenprüfungen sowie Festsetzungen und Feststellungen auf Grund einer Außenprüfung;
- Entscheidungen im außergerichtlichen Rechtsbehelfsverfahren

sowie diejenigen Zeichnungsvorbehalte, die dem Sachgebietsleiter aufgrund einer *programmgesteuerten Prüfung* durch den Rechner nach Weisung der obersten Finanzbehörde zugewiesen werden. Auch dem *Vorsteher* werden von der FAGO 1985 (in § 23 I) bestimmte Vorgänge zur abschließenden Zeichnung zugewiesen. Neben den Sachen, deren Zeichnung er sich allgemein oder im Einzelfall vorbehalten hat, fallen darunter

- Berichte an übergeordnete Behörden;
- Vorgänge "von großer Tragweite, grundsätzlicher oder politischer Bedeutung oder einschneidender finanzieller oder wirtschaftlicher Wirkung";
- Steuerangelegenheiten von Amtsangehörigen;
- abweichende Festsetzungen von Steuern aus Billigkeitsgründen;
- der Erlaß von Steuern und steuerlichen Nebenleistungen, soweit die Befugnis nicht übertragen ist und
- Amtsverfügungen.

3.4.3 Der Kontakt zu den Steuerpflichtigen

Das gewandelte Verhältnis zwischen Bürger und Verwaltung spiegelt sich auch in Bestimmungen der Neufassung der FAGO zum Verhältnis der Steuerverwaltung zu den einzelnen Pflichtigen wider. Diese Bestimmungen sind in der FAGO 1985 ausgiebiger und detaillierter gefaßt als in den ihr vorausgehenden Geschäftsordnungsbestimmungen für die Finanzämter: Im Verhältnis der Steuerbeamten zum Bürger werden in der neuen FAGO grundsätzliche Anweisungen hinsichtlich eines höflichen, sachgerechten und die Angelegenheit nach Möglichkeit beschleunigenden Verhaltens gegeben (§ 10). Neben der Möglichkeit, Terminabsprachen mit den Steuerpflichtigen zu treffen (auf Wunsch auch außerhalb der Öffnungszeiten)[103] und der Anweisung, werdenden Müttern und erheblich Behinderten grundsätzlich Vorrang vor anderen Besuchern zu geben, ordnet die FAGO in § 10 auch Prinzipielles zum Verhältnis Bürger - Verwaltung an:

> "(1) Die Amtsangehörigen haben die Aufgaben höflich und mit Verständnis für die Belange des Bürgers wahrzunehmen und die Anliegen sachgerecht und zügig zu erledigen.
> (2) Jedem Ratsuchenden ist, soweit möglich, verständliche Auskunft und notwendige Hilfe zu gewähren. Wendet sich der Bürger an eine unzuständige Stelle, ist er an die zuständige Stelle zu vermitteln. ..."

103) "Kommt ein Bürger außerhalb der Öffnungszeiten zum Finanzamt, so soll er nicht abgewiesen werden, wenn sein Anliegen ohne gewichtige Störung des Dienstbetriebs erledigt werden kann. " (§ 10 II S. 2 FAGO 1985)

Auch der Schriftverkehr hat sich an der Vorstellung von einer mit dem Bürger eher 'kooperierenden' Verwaltung auszurichten. Wiederholt wird in der FAGO 1985 (§ 16 I S. 1) die Bestimmungen der Geschäftsordnung von 1954, wonach alle Schriftstücke "höflich, knapp, klar und leicht verständlich" abzufassen seien und auf Fremdwörter und überflüssige Abkürzungen zu verzichten ist. Hinzugefügt wurde die Bestimmung, im Schriftverkehr mit den Steuerpflichtigen die Ich-Form und die "gebräuchlichen Höflichkeitsanreden und Grußformeln" zu verwenden; lediglich im Schriftverkehr zwischen den Behörden, innerhalb des Finanzamtes und in förmlichen Bescheiden kann die neutrale Form 'das Finanzamt' verwendet werden (§ 16 II FAGO 1985). Bestimmungen zum *Einsatz technischer oder Bürohilfsmittel* finden sich in der FAGO 1985 - im Gegensatz zu den vorhergehenden Geschäftsordnungen für die Finanzämter - überhaupt nicht mehr.

Den Ländern wurde in § 29 FAGO das Recht zugewiesen, ergänzende Bestimmungen zu dieser Geschäftsordnung zu erlassen. Die neue Geschäftsordnung trat nach § 30 zum 1. Januar 1986 in Kraft; damit wurde die alte FAGO mit allen Anlagen hinfällig.

3.5 Zusammenfassung: Organisatorische Bedingungen der Steuerrechtsanwendung in den deutschen Steuerverwaltungen

Den entscheidenden Einschnitt in die Organisation der Finanzämter in Deutschland bildete die Trennung der *Steuerfestsetzung* von der *Steuererhebung* im Rahmen der Erzbergerschen Finanzreform 1919/20. Der - in dieser Studie zu untersuchende - Bereich der Steuerfestsetzung war in dem darauf folgenden halben Jahrhundert vor allem dadurch gekennzeichnet, daß er immer weiter *aufgesplittert und in kleinere Arbeitsgebiete zerlegt* wurde. Den Anfang bildete schon in den zwanziger Jahren die Herauslösung der Besteuerung von Einkünften aus nichtselbständiger Arbeit nach dem EStG aus dem Veranlagungsverfahren mit der Einführung des Lohnsteuerabzugsverfahrens.[104] Zu späterer Zeit war dieser Prozeß der Ausdifferenzierung vor allem gekennzeichnet durch die Ausgliederung weiter Arbeitsgebiete innerhalb des Veranlagungsbereiches der Finanzämter und die Bildung besonderer Steuerbezirke in den Veranlagungsbereichen. Die Durchführung der GNOFÄ-Beschlüsse in den siebziger Jahren stellte auch den Versuch dar, diese Entwicklung umzukehren. Es handelte sich dabei um den Versuch der *Reintegration ausgelagerter Arbeitsprozesse* in den Gesamtzusammenhang der Veranlagung mit dem ausdrücklichen Ziel, den einzelnen Fall nicht mehr - wie bisher - nach seinen sachlichen Besonderheiten zu ordnen und zu bearbeiten, sondern ihn nach seiner *steuer-*

104) Was für diesen kleinen Bereich - durch den Direktabzug beim Arbeitgeber - wieder eine Vereinheitlichung und Reintegration mit der Steuererhebung innerhalb eines Verfahrens bedeutete.

lichen Bedeutung zu gewichten und ihn in einem einheitlichen, zwar nach *arbeitsökonomischen Gesichtspunkten* aufgeteilten, aber im Arbeitsablauf eng verzahnten Verfahren zu bearbeiten. Gerade in diesem Punkt sind die GNOFÄ gescheitert.[105)]

Die Finanzämter in Deutschland haben nach dem Aufbau der Reichsfinanzverwaltung relativ schnell zu einer dauerhaften Binnenorganisation gefunden: Nach der vorläufigen Geschäftsordnung von 1921, die noch dem Charakter des Provisorischen trug und einen in Teilen anderen inneren Aufbau vorsah, wurden schon mit der Finanzamtsgeschäftsordnung von 1925 (FGO) Organisationsprinzipien normiert, die - bis auf zeitgemäße Anpassungen - über Jahrzehnte hinweg prägend für den Aufbau der Ämter waren und im Grundsatz auch von der Geschäftsordnung für die Finanzämter von 1954 (FAGO) für die Bundesrepublik übernommen wurden. Diese Prinzipien waren:

- ein *dreistufiger innerer Aufbau* der Finanzämter;
- die *Leitung* durch einen *Vorstehers*;
- die Einführung einer durchgehenden *mittleren Führungsebene (Sachgebietsleiter)* und
- auf der unteren Ebene die Durchführung der Besteuerung durch *fachlich vorgebildete* und spezialisierte *Mitarbeiter*.

Diese Prinzipien bildeten auch die Grundlage der FAGO-Neufassung von 1985.

Die eigentliche Arbeitsverteilung innerhalb der Finanzämter geschieht durch einen vom Vorsteher jährlich zu erstellenden *Geschäftsverteilungsplan*. Die zentrale Leitungsfunktion innerhalb der Finanzämter nimmt der *Vorsteher* wahr. Er ist Fachvorgesetzter aller Amtsangehörigen und - soweit landesrechtlich nichts anderes bestimmt ist - Dienstvorgesetzter der Finanzbeamten. Zu seinen Aufgaben gehört die Sorge für eine *einheitliche Rechtsanwendung* und einen *effizienten Personaleinsatz* im Haus. Gleichzeitig stellt er die Verbindung zu den übergeordneten Finanzbehörden her und ist für den gesamten organisatorischen Ablauf der Besteuerung verantwortlich. Diese zentrale Rolle des Vorstehers findet sich in allen bisherigen Geschäftsordnungen für die Finanzämter seit 1925. Die mittlere Führungsebene für die Finanzämter bilden seit der Zeit der Reichsfinanzverwaltung die *Sachgebietsleiter*. Mit der schon damals getroffenen Einteilung der Ämter in *Sachgebiete* (als Koordinierungsstellen für die einzelnen *Arbeitsgebiete*) wurde es notwendig, unterhalb der Position des Vorstehers Stellen zu schaffen, deren Aufgabe es war - und

105) Erfolgreich sind die GNOFÄ hingegen gerade dort gewesen, wo sie eine sachlich notwendige Spezialisierung mit sich brachten, so etwa mit der Veranlagung unter dem Vorbehalt späterer Nachprüfung und einer daran anschließenden Außenprüfung.

heute noch ist - den eigentlichen Prozeß der Besteuerung zu organisieren und zu leiten, sowie schwierigere Steuerfälle aus der allgemeinen Bearbeitung herauszunehmen und gesondert auf einer höheren Ebene zu bearbeiten. Die Sachgebietsleiter haben also einerseits eine *Koordinationsfunktion*, andererseits eine herausgehobene fachliche Kompetenz. Mit der Öffnung des Zeichnungsrechts für die Sachbearbeiter nahmen die *koordinierenden und beratenden Funktionen* der Sachgebietsleiter deutlich gegenüber den kontrollierenden und einzelfallbezogenen Aufgaben zu.

Die eigentliche Durchführung der Besteuerung obliegt in den Finanzämtern im Regelfall den *Sachbearbeitern* (vorher: Bezirksbearbeiter) und den - meist aus dem mittleren Dienst stammenden - Mitarbeitern (vorher: Hilfsarbeiter). Während die Sachbearbeiter im herkömmlichen Organisationsmodell die grundlegenden Träger der Veranlagung in den einzelnen Bezirken waren, und den Mitarbeitern '1. Klasse' zumindest die Masse der einfachen Steuerfälle zugewiesen wurde, bekamen die Mitarbeiter '2. Klasse' zumeist nur Hilfsaufgaben übertragen. Mit der Neugestaltung und Öffnung des *Zeichnungsrechts* änderten sich diese Aufgabenzuordnungen: Waren in der FGO von 1925 und der ersten Fassung der FAGO von 1954 ausschließlich den Sachgebietsleitern (Sachbearbeitern) und dem Vorsteher das Zeichnungsrecht zugewiesen, wurden später den Sachbearbeitern/Mitarbeitern auch eigenständige, zunächst genau umgrenzte Zeichnungsrechte zugewiesen. Heute besitzt (nach der FAGO 1985) der *Sachbearbeiter ein grundsätzliches Zeichnungsrecht*; auch den Mitarbeitern kann - für bestimmte Aufgaben - ein solches zugewiesen werden. In dem heute in Nordrhein-Westfalen in den Veranlagungsbezirken weithin praktizierten Grundmodell (Dreiergruppen) nimmt der *Koordinator* überwiegend die Funktionen der früheren Sachbearbeiter war, während dem *Veranlagungsbegleiter* die Hilfstätigkeiten der einstigen Mitarbeiter '2. Klasse' zugewiesen sind. Der *Mittelmann* ist an die Stelle der ehemaligen Mitarbeiter '1. Klasse' getreten; sein Aufgaben- und Verantwortungsbereich geht aber über deren Funktionen hinaus,[106] so daß seine Rolle durchaus auch als besondere Form der Sachbearbeiterfunktion gesehen werden kann.

Am Ende der sechziger Jahre schien es deutlich zu sein, daß die Finanzämter den wachsenden Fallzahlen in der herkömmlichen Organisationsweise nicht mehr Herr werden konnten. Die Grundsätze zur Neuorganisation der Finanzämter (GNOFÄ) von 1976 sollten dem Rechnung tragen und die bisherige Organisationsstruktur der Ämter und insbesondere der Veranlagungsbereiche völlig neu ordnen. An die Stelle der bisherigen Teilbezirke mit festen (geographischen und/oder alphabetischen) Zuständigkeiten sollten unter arbeitsökonomischen Gesichtspunkten zurechtge-

106) Besonders durch das eigenständige Zeichnungsrecht.

schnittene, funktional geordnete *Fachbereiche* (Stellen) treten. Erklärtes Ziel der Reform war es, bei der Veranlagung zur Einkommensteuer anhand vorgegebener Einteilungsmerkmale grundsätzlich und verbindlich festzulegen, *mit welcher Intensität der einzelne Steuerfall zu prüfen* war. Dem diente die Bildung von drei Fallgruppen, in deren zweiter die Masse der Steuerpflichtigen mit der Vorgabe einer jährlichen, endgültigen Veranlagung zusammengefaßt wurde. Diese Steuerfälle waren das eigentliche Zielobjekt der Reform. Auf ihre Bearbeitung - die nach dem herkömmlichen System der einheitlichen Fallbearbeitung verglichen mit dem steuerlichen Ergebnis einen zu großen Arbeitsaufwand erforderte - sollte nur so viel Zeit wie unbedingt notwendig verwandt werden.

Die Auflösung der herkömmlichen Veranlagungsbezirke brachte Ergebnisse mit sich, die vorher so nicht vorausgesehen worden waren: Neben Koordinationsproblemen zwischen den einzelnen Stellen wirkte sich insbesondere der Verlust des persönlichen Kontaktes zwischen Steuerpflichtigem und Berater negativ auf die Besteuerung aus. Zudem stellte es sich heraus, daß eine Veranlagung ohne die Hinzuziehung von Akten ausschließlich anhand einer reinen Schlüssigkeitsprüfung - wie für die Fälle der Fallgruppe 2 vorgesehen - das Postulat einer gleichmäßigen und gerechten Besteuerung in weite Ferne rücken ließ. In dieser Situation galt es, einen organisatorischen Kompromiß zu finden, der einerseits den Landessteuerverwaltungen, die die GNOFÄ-Reformen vollständig umgesetzt hatten, genug Raum beließ, um die nicht praktikablen Reformteile zu korrigieren, andererseits das Gesamtziel der GNOFÄ nicht preisgab. Die Zeltlösung von 1981 behielt die bisherige Fallgruppeneinteilung und die Aufteilung des Bearbeitungsprozesses auf die verschiedenen Fachbereiche bei. Sowohl die überschlägige Prüfung ohne Akten für die Masse der Steuerpflichtigen als auch die vorläufige Veranlagung unter dem Vorbehalt der Nachprüfung blieben weiter tragende Prinzipien der Besteuerung. Die Zeltlösung veränderte dennoch die Durchführung der Steuerfestsetzung stark. Sie gab den einzelnen Bundesländern die Möglichkeit, im Veranlagungsbereich wieder *feste Zuständigkeiten* einzurichten. Das bedeutete beispielsweise für Nordrhein-Westfalen eine grundsätzliche Abkehr von der Organisation der Veranlagungsstellen in Fachbereichen: Übernahmestellen, Veranlagungs-Verwaltungsstellen und Amtsprüfungsstellen wurden nach fünfjährigem Bestand wieder aufgelöst. Was von den GNOFÄ blieb, ist die Trennung der Bearbeitung der Rechtsbehelfe von der ursprünglichen Steuerfestsetzung, die modifizierte Anwendung der Fallgruppeneinteilung, die *teilweise Aufhebung der herkömmlichen dreistufigen Hierarchie* innerhalb der Finanzämter durch den Ausbau des Zeichnungsrechts und die *gruppenmäßige Bearbeitung der Steuerfälle* im Grundmodell (Dreiergruppe).

Die Regelung der Kontaktes zu den Steuerpflichtigen in den verschiedenen Geschäftsordnungen für die Finanzämter spiegelt das sich wandelnde Verhältnis von Steuerpflichtigen und Finanzverwaltung wider: beschränkten sich solche Bestimmungen in der FGO von 1925 nur darauf, Formalia hinsichtlich des Schriftverkehrs und des Bearbeitungsverfahrens zu regeln und wies die FAGO von 1954 lediglich dazu an, im Schriftverkehr auf Höflichkeit und Verständlichkeit zu achten, so nehmen Bestimmungen bezüglich der Verhaltensregeln für die Steuerbeamten in der FAGO von 1985 größeren Raum ein. Heute wird von den Beamten das *Eingehen auf die Bedürfnisse der Steuerpflichtigen* und die Beachtung ihrer Probleme im Umgang mit den Behörden erwartet. Die Form des Umganges der Steuerbehörden mit den Pflichtigen soll so weit wie möglich frei von obrigkeitsstaatlichen Elementen sein und sich allein am Ziel einer reibungslosen Durchführung der Besteuerung orientieren. In genau umgekehrtem Verhältnis zu den Bestimmungen hinsichtlich der Kontakte zu den Steuerpflichtigen verhielten sich die Vorschriften zum Einsatz von technischen und Bürohilfsmitteln in der Steuerverwaltung: Wies die FGO die Beamten noch an, von zur Rationalisierung hilfreichen Mitteln wie Formularen und Schreibmaschinen ausgiebigen Gebrauch zu machen, verzichtete schon die FAGO darauf, zum Gebrauch solcher Hilfsmittel aufzurufen. Einerseits hatten sie eine gewisse Verbreitung erreicht, andererseits wurde in ihren Einsatz wohl keine Rationalisierungshoffnung mehr gesetzt. In der Neufassung der FAGO von 1985 werden solche Bürohilfsmittel gar nicht mehr erwähnt. Die Aufmerksamkeit gilt heute dem Einsatz der elektronischen Datenverarbeitung in den Steuerbehörden und den mit ihnen verbundenen Rationalisierungshoffnungen.

4. Das Personal der Finanzverwaltungen

4.1 Personalzahlen und Personalaufbau der Länderfinanzverwaltungen

4.1.1 Personalumfang und Personalstruktur

Die Bestimmung der genauen Zahl der Beschäftigten in den Steuerverwaltungen der Bundesländer (und im besonderen der Zahl der Beschäftigten auf der Ebene der Finanzämter) für die letzten Jahrzehnte ist schwierig, da ihre Zahl nirgends zentral erhoben wird. Genaue Daten über die Personengruppen im öffentlichen Dienst in der Bundesrepublik liegen zudem erst ab 1960 vor, als aufgrund der Bestimmungen des Gesetzes über die Finanzstatistik erstmals bei regelmäßigen Zählungen eine Gliederung der Personalbestandes nach funktional geordneten Aufgabenbereichen vorgesehen wurde (*WiSta* Nr.7/1966: 710).

4.1.1.1 Der Personalbestand der Finanzverwaltungen der Länder

Bei einer Betrachtung der Zahl und Struktur der (vollbeschäftigten) Bediensteten der Finanzverwaltungen von Bund, Ländern und Gemeinden zeigt sich, daß der Gesamtpersonalbestand von 1960 bis 1986 insgesamt vergrößert wurde (um rund 17.500 Beschäftigte oder 9,6 %), daß aber die Finanzverwaltungen der einzelnen Gebietskörperschaften in unterschiedlichem Maße an diesem Gesamtwachstum beteiligt waren. Dabei läßt sich eine eindeutige Tendenz absehen: Während sich der Personalbestand der Gemeindefinanzverwaltungen (- 8,7 % oder rund 4.200 Personen) und der der Finanzverwaltung des Bundes (- 15,7 % oder rund 7.700 Beschäftigte) verringerte, wuchs der Personalbestand der Länderfinanzverwaltungen im gleichen Zeitraum um 34,2 % oder rund 29.400 Personen auf annähernd 115.200 Beschäftigte im Jahre 1986 an (vgl. *Tabelle 4/1*). Das Wachstum der Finanzverwaltungen von Bund, Ländern und Gemeinden insgesamt beruht also ausschließlich auf der Zunahme der Beschäftigten in den *Länderfinanzverwaltungen*. Die Zahl der Vollbeschäftigten in den Finanzverwaltungen aller Gebietskörperschaften geht aber seit einem Höchststand am Anfang der achtziger Jahre zurück.

Die Größe der Länderfinanz- und -steuerverwaltungen in der Bundesrepublik schwankt beträchtlich. Die mit Abstand größte Finanzverwaltung ist die des Landes Nordrhein-Westfalen mit gegenwärtig (1986) rund 29.000 Beschäftigten, gefolgt von den Verwaltungen Bayerns (19.500 Beschäftigte), Baden-Württembergs (17.000 Beschäftigte), Niedersachsens (12.000 Beschäftigte) und Hessens (10.500 Beschäftigte). Die Landesfinanzverwaltungen von Berlin (West), Hamburg, Rheinland-Pfalz und Schleswig-Holstein sind mit jeweils fünf- bis siebentausend Beschäftigten deutlich kleiner. Das 'Schlußlicht' bilden die Verwaltungen Bremens und des Saarlandes mit jeweils rund 1.800 (vollzeit-) beschäftigten Beamten, Angestellten und Arbeitern.[1] Die Finanz- und Steuerverwaltung Nordrhein-Westfalens stellt damit allein etwa 25,3 % der rund 115.200 Beschäftigten aller Landesfinanzverwaltungen.[2]

Tabelle 4/1: Bedienstete der Finanzverwaltungen von Bund, Ländern und Gemeinden (Vollzeitbeschäftigte)

Jahr	Bund	Länder	Gemeinden	*insges.*
1960	49.047	** 85.800	48.135	** 182.982
1963	48.205	89.899	52.824	190.928
1966	45.800	92.345	53.669	191.814
1969	43.814	97.162	53.607	194.583
1972	43.129	108.065	40.757	191.951
1974	43.455	112.313	40.471	196.239
1976	42.387	116.576	*	*
1978	43.133	118.766	46.100	207.999
1980	43.086	118.542	46.908	208.536
1982	43.881	116.666	48.500	209.047
1984	44.282	115.457	*	*
1986	41.361	115.165	43.951	200.477

* nicht nachgewiesen   ** Schätzung

(Quelle: *Stat. Jahrbuch Bundesrepublik*; *Finanzen und Steuern, Reihe 6*)[3]

Alle Landessteuerverwaltungen haben seit 1960 ihren Personalbestand erweitert. Der Gesamtpersonalbestand vergrößerte sich *zwischen 1960 und 1986* um rund *fünfunddreißig Prozent* von rund 85.800 auf 115.200 Beschäftigte; mit einem

1) Vgl. die genauen Zahlen zum Personalbestand der Steuer- und Finanzverwaltungen der bisherigen Bundesländer in Anlage 4/II. Dazu kommen in allen Ländern noch einmal etwa zehn Prozent des Vollbeschäftigtenstandes als Teilzeitbeschäftigte; für Nordrhein-Westfalen waren das 1986 etwa 3.200 Beschäftigte (vgl. auch Tabelle 4/4).

2) Sie zog damit (1985) mehr als 29 % des gesamten von den Landessteuerverwaltungen erhobenen Steueraufkommens von rund 437 Milliarden DM ein (vgl. Stat. Bundesamt (Hg.), Fachserie 14, Finanzen und Steuern, Reihe 4, Steuerhaushalt, für 1985.)

3) Zum Vergleich die Zahlen für die Steuerverwaltungen in der Weimarer Republik:

Jahr	Reich	Länder	Gemeinden	insgesamt
1927	88.575	5.961	32.894	122.474

(Quelle: Statistisches Jahrbuch für das Deutsche Reich (1930: 514f); Stichtag: 31. 03. 1927).

Höchststand von annähernd 119.900 Beschäftigten im Jahre 1979.[4] Die Zunahme selbst schwankte aber beträchtlich zwischen den einzelnen Länderverwaltungen (vgl. *Tabelle 4/2*). Die größten Änderungen des Personalumfangs lassen sich bei den Finanz- und Steuerverwaltungen Baden-Württembergs, Hessens und des Saarlandes mit jeweils über sechzig Prozent Zunahme seit 1960 verzeichnen. Stark unterdurchschnittlich vergrößert haben sich die Finanzverwaltungen Westberlins, Bremens und Schleswig-Holsteins.

Tabelle 4/2: Vergrößerung des Personalumfanges der Landesfinanz- und Steuerverwaltungen 1960-1986 (Vollzeitbeschäftigte)

Verwaltung des Landes ...	Personalumfang 1960	1986	Zunahme in %
Nordrhein-Westfalen	* 20.700	29.159	40,9
Bayern	15.102	19.525	29,3
Baden-Württemberg	* 10.400	17.108	64,5
Niedersachsen	* 9.500	12.105	27,4
Hessen	** 6.491	10.480	61,2
Rheinland-Pfalz	5.064	7.014	38,5
Berlin (West)	5.826	6.544	12,3
Schleswig-Holstein	4.872	6.061	24,4
Hamburg	* 5.100	5.298	3,8
Saarland	1.159	1.889	62,9
Bremen	* 1.650	1.873	13,5
Landesfinanzverwaltungen insgesamt	* *85.800*	*115.165*	*34,2*

* Schätzung ** 1958

(Quelle: *Anlage 4/II*)

Die Veränderung des Personalbestandes der nordrhein-westfälischen Finanz- und Steuerverwaltung liegt demnach mit einer Zunahme von rund 40,9 % etwas über dem Durchschnitt. Die Gesamtzahl der Beschäftigten der Finanzverwaltungen der Länder hat sich von 1960 bis 1979 nahezu kontinuierlich vergrößert (vgl. *Anlage 4/III*). Nach dem Höchststand von etwa 119.900 Beschäftigten 1979 entwickelt sich der Umfang des Personalbestandes seither leicht rückläufig; er *stagniert*

4) Vgl. die graphische Darstellung des Gesamtpersonalbestandes der Länderfinanz- und -steuerverwaltungen (Vollzeitbeschäftigte) in Anlage 4/III.

heute auf dem Niveau der Mitte der siebziger Jahre. Allerdings erhöht sich die Zahl der teilzeitbeschäftigten Mitarbeiter, so daß der nominale Gesamtbestand an Beschäftigten in den Finanzverwaltungen der Länder weiter ansteigt. Auch bei den einzelnen Landesfinanzverwaltungen zeigt sich diese Tendenz, in der die Sparmaßnahmen der Länder im Personalbereich seit dem Anfang der achtziger Jahre zum Ausdruck kommen. Die meisten Länderfinanzverwaltungen haben in den Jahren 1978 bis 1980 ihren Höchstpersonalbestand erreicht; allein Bayern (Höchststand 1983) und Schleswig-Holstein (Anwachsen des Personalbestandes bis 1986) bilden hier eine Ausnahme.

Tabelle 4/3: Entwicklung des Personalbestandes der jeweiligen gesamten Landesverwaltungen und der Finanz- und Steuerverwaltungen (1980-1985)

Land	Zu- oder Abnahme des Personalbestandes 1980-1985 Landesfinanzverwaltungen	Landespersonal insgesamt
Baden-Württemberg	- 7,5	+ 1,1
Bayern	- 0,7	- 2,6
Berlin (West)	- 2,9	+ 3,4
Bremen	-11,6	+ 0,9
Hamburg	- 9,5	+ 0,3
Hessen	- 2,9	- 0,3
Niedersachsen	- 1,3	- 1,5
NRW	- 1,5	+ 2,1
Rheinland-Pfalz	- 3,7	- 1,5
Saarland	+ 1,7	- 1,8
Schleswig-Holstein	+ 3,3	- 0,1
Länder insgesamt	- 2,5	+ 0,1

(Quelle: Eigene Berechnungen; Grundzahlen: *Statistisches Bundesamt*)

Bei der Analyse der Personalentwicklung, in den für die Finanzsituation der Länder schwierigen Jahren von 1980 bis 1985 zeigt sich, daß das Personal der Finanzverwaltungen in diesem Zeitraum nur unterdurchschnittlich wuchs bzw. sogar verringert wurde: In diesen Jahren wurde der Gesamtpersonalbestand der Länder nur in Nordrhein-Westfalen und Berlin in nennenswerten Umfang gesteigert. In allen anderen Bundesländern stagnierte er oder ging sogar zurück, am deutlichsten in

Bayern. Demgegenüber wurde der Personalbestand der *Finanzverwaltungen* in diesen Jahren nur im Saarland und in Schleswig-Holstein vergrößert. In den anderen Ländern ging er zurück; hier am deutlichsten in den Stadtstaaten Bremen und Hamburg sowie in Baden-Württemberg und in Rheinland-Pfalz.

Der Vergleich der Veränderungsraten der Finanzverwaltungen und der gesamten Landesverwaltungen in der ersten Hälfte der achtziger Jahre zeigt, daß sich *der Personalbestand der Finanzverwaltungen deutlicher negativer entwickelt hat als derjenige des Gesamtpersonalbestandes*: Lediglich in Bayern und Niedersachsen verkleinerte sich der Gesamtbestand in stärkerem Maße als derjenige der Finanzverwaltungen, und nur im Saarland und in Schleswig-Holstein steht einer Abnahme des Landespersonals eine Zunahme des Personals der Finanzverwaltungen gegenüber (vgl. *Tabelle 4/3*). In allen anderen Bundesländern nahm das Personal der Finanzverwaltung stärker ab als das der gesamten Landesverwaltung bzw. stand einem Zuwachs beim gesamten Landespersonal eine (teilweise deutliche) Abnahme bei den Beschäftigten der Finanzverwaltungen gegenüber.

Die Bestimmung der Zahl der in den Finanzämtern beschäftigten Beamten und Angestellten stellt sich noch schwieriger dar als bei den Beschäftigten der Länderfinanzverwaltungen insgesamt. Die Personalzahlen, die die *Deutsche Steuergewerkschaft* vorlegt, weisen einen Anteil der Beschäftigten der Finanzämter von mehr als achtzig Prozent am Gesamtpersonalbestand der Finanz- und Steuerverwaltungen der Länder aus. Weitere fünf Prozent des Personals sind nach diesen Angaben in den *Oberfinanzdirektionen* eingesetzt (*Fredersdorf* 1978: 12).

Tabelle 4/4: Zahl der Bediensteten der Finanzämter

Ist-Bestand am	Anzahl der Bediensteten*
31.12.1962	56.241
31.12.1965	57.599
31.12.1970	60.631
31.12.1971	76.561
31.12.1975	89.729
31.12.1980	99.521
31.12.1984	100.135

* Beamte, Angestelle und Arbeiter; der Ist-Bestand für 1962, 1965 und 1970 bezieht sich nur auf zehn Bundesländer

(Quelle: *DStG* Nr. 5/1986: 62)

Folgt man diesen Zahlen, so hat sich der Personalstand der Beschäftigten der Finanzämter von 1965 bis 1984 um rund 73,8 % erhöht (vgl. *Tabelle 4/4*). Hingegen hat sich der Gesamtpersonalbestand der Finanz- und Steuerverwaltungen der Länder bei den vollbeschäftigten Beamten, Angestellten und Arbeitnehmern nur um 26,1 % vergrößert. Wie im gesamten Bereich der Finanz- und Steuerverwaltungen der Länder stagniert die Zahl der Beschäftigten der Steuerverwaltungen - zumindest auf der Ebene der Finanzämter - in den letzten Jahre nahezu. Während von 1971 bis 1980 noch ein Stellenzuwachs von rund 30 % zu verzeichnen war, betrug der Zuwachs in den Jahren von 1980 bis 1984 nur noch etwa 0,8 %; hier wirkten sich die globalen Stellenkürzungen der Bundesländer in den Jahren von 1982 bis 1984 aus (*DStG* Nr. 5/1986: 62).

4.1.1.2 Die Personalstruktur der Finanzverwaltungen

Neben diesen Veränderungen des Gesamtbestandes stellen sich die *internen Veränderungen in der Zusammensetzung des Personals* der Finanz- und Steuerverwaltungen der Länder als interessanter Aspekt dar. Bei einer Analyse der Zusammensetzung des gesamten Personalbestandes der Finanz- und Steuerverwaltungen zeigen sich mehrere Entwicklungen. Zum einen *nimmt die Zahl der teilzeitbeschäftigten Arbeitnehmer in den Verwaltungen zu*: in den Jahren von 1975 bis 1986 stieg ihr Anteil von rund 4,7 % auf 11,9 % (vgl. *Tabelle 4/5*).[5)]

Auch innerhalb dieser Gruppe der Teilzeitbeschäftigten verschoben sich die Gewichtungen. Waren 1975 noch rund 56,4 % aller Teilzeitbeschäftigten Angestellte, aber nur 9,7 % Beamte, so hat sich dieses Verhältnis heute nahezu ausgeglichen; rund 42 % bzw. 44 % aller Teilzeitbeschäftigten sind Angestellte bzw. Beamte, der Rest Arbeiter. Verändert haben sich auch die Zusammensetzungen bei den - zahlenmäßig weitaus dominierenden - Vollzeitbeschäftigten. Waren hier noch 1975 65,8 % des Personals Beamte (1965: 59,9 %) so erhöhte sich deren Anteil bis 1986 auf 73,3 %. Hingegen nahm der Anteil der Angestellten am Gesamtpersonal von 37,5 % (1965) über 32,3 % (1975) auf etwa 25 % (1986) ab. Völlig im Gegensatz zur Situation bei den Teilzeitbeschäftigten verstärkt sich der Anteil der Beamten bei den Vollzeitbeschäftigten der Finanz- und Steuerverwaltungen der Länder immer mehr. Er beträgt jetzt schon rund drei Viertel des Personals. Dagegen nimmt der Anteil der Angestellten an dieser Gruppe des Personals nicht nur relativ ab, sondern sinkt auch seit Mitte der siebziger Jahre absolut. Da die Vollzeitbeschäftigten immer noch annähernd neunzig Prozent des Gesamtpersonals der Finanzverwaltungen stellen, vergrößert sich auch insgesamt der *Personalanteil der Beamten*

5) Teilzeitbeschäftigte im öffentlichen Dienst der Bundesrepublik 1990 insgesamt: 17,2 %; vgl. Schneider (1990).

immer mehr zuungunsten der Angestellten.

Tabelle 4/5: Struktur der Beschäftigten der Finanz- und Steuerverwaltungen der Länder

Bedienstete	1965	1970	1975	1980	1982	1984	1986
Vollzeit-Beschäftigte	91.589	99.179	115.336	117.742	116.666	115.457	115.165
- Beamte	54.856	63.462	75.939	83.225	83.087	83.533	84.436
- Angestellte	34.368	33.730	37.222	32.622	31.704	30.033	28.823
- Arbeiter	2.165	1.987	2.175	1.855	1.875	1.891	1.906
Teilzeit-Beschäftigte	3.619	4.883	7.387	10.397	11.902	13.573	15.688
- Beamte	*	*	717	2.341	3.611	4.820	6.675
- Angestellte	*	*	4.169	5.256	5.589	6.110	6.905
- Arbeiter	*	*	2.501	2.800	2.702	2.643	2.108
insgesamt	95.208	104.062	128.139	128.139	128.568	129.030	131.343

* nicht nachgewiesen

(Quelle: *Stat. Jahrbuch Bundesrepublik; Finanzen und Steuern, Reihe 6*)

In allen Landesverwaltungen zeigt sich zudem, daß der relative Anteil der (vollbeschäftigten) Beamten am gesamten (vollbeschäftigten) Personal der Finanz- und Steuerverwaltungen immer deutlicher zunimmt, weil einerseits ihre tatsächliche Zahl immer mehr erhöht wird und andererseits die Zahl der Angestellten immer mehr absinkt. Das Personalwachstum der Finanzverwaltungen der Länder ist demnach in der *Vermehrung der Zahl der Beamten* begründet.

4.1.2 Personalausbildung und Personaleinsatz

4.1.2.1 Die Ausbildung der Steuerbeamten

Neben der Gesamtzahl der Beschäftigten in den Finanzverwaltungen insgesamt und auf der Ebene der Finanzämter ist im hier zu bearbeitenden Zusammenhang auch die *Struktur* des Personals der Finanzämter von Interesse. Die Ausführungen in Kap. 4.1.1 haben gezeigt, daß das Personal der Steuerverwaltungen in den Finanzämtern stark von *Beamten* dominiert wird. Die Gruppe der Angestellten ist deutlich schwächer vertreten. Das macht es notwendig, auf diese Beamten als die Hauptträger der Rechtsanwendung in den Finanzämter näher einzugehen. Nach der

Neufassung des Steuerbeamten-Ausbildungsgesetzes 1976[6] gliedern sich die Steuerverwaltungen - neben den Angestellten und (in sehr geringem Ausmaß) den Arbeitern - in Steuerbeamte des *einfachen Dienstes* (Besoldungsgruppen A1 bis A5), des *mittleren Dienstes* (A5 bis A9), des *gehobenen Dienstes* (A9 bis A13) und des *höheren Dienstes* (A13 bis B7; vgl. *Anlage 4/I*).

Nach 1945 war die *Aus- und Fortbildung* der Zoll- und Steuerbeamten zunächst Sache der einzelnen Landesfinanzverwaltungen. Die Grundsätze und Methoden der Ausbildung entwickelten sich in der Folgezeit vielfach auseinander.[7] Ab 1950 übernahm der Bund die Ausbildung in den drei Dienstzweigen der Bundesfinanzverwaltung (Bundeszoll-, Bundesvermögens- und Bundessteuerverwaltung), nach 1951 wurden dem Bundesfinanzministerium auch Bildungsaufgaben im Bereich der Landessteuerverwaltungen zugewiesen (*BMF* 1969: 154). Dieses Zugeständnis war eine Gegenleistung für die Zuweisung der eigentlich dem Bund zustehenden Verwaltung der Beförderungs- und Umsatzsteuern an die Finanzämter der Länder. Die einheitliche Ausbildung aller Steuerbeamten wurde vom Bund zuerst durch das *Steuerbeamten-Ausbildungsgesetz (StBAG)* vom 16. Mai 1961[8] geregelt. Dazu führte die Erkenntnis, "daß ein gleicher, hoher Leistungsstand aller Steuerbeamten nur durch eine im gesamten Bundesgebiet einheitliche Ausbildung und Fortbildung erreicht und gewahrt werden kann" (*BMF* 1969: 156).[9] Das StBAG regelte im wesentlichen die Voraussetzungen für den Zugang der Beamten und Anwärter für die Steuerverwaltungen der Länder. Der Zugang wurde an einheitliche Grundlagen gebunden. Das StBAG behielt dabei die Gliederung in vier verschiedene Laufbahngruppen bei. Unterschieden wurden - in Anlehnung an die Laufbahngliederung in der Reichssteuerverwaltung[10] - die Laufbahnen des einfachen, mittleren, gehobenen und des höheren Dienstes. In § 7 StBAG wurde dem Bund die Unterhaltung einer *Bundesfinanzakademie* zugewiesen,[11] deren Aufgabe die Aus- und Fortbildung der Beamten des höheren Dienstes (auch der Steuerverwaltungen der Länder) umfaßte.[12]

6) Vgl. dazu die Ausführungen unten in diesem Abschnitt.

7) Kohlrust/Heilmann (1968: 3f); Arlt (1973: 38); vgl. auch Sachverständigenkommission (1960: 111).

8) BGBl. I 1961: 603.

9) Die Kompetenz zur gesetzlichen Regelung des Ausbildungswesens hatte das Grundgesetz in Art. 108 II, Satz 2 dem Bund zugewiesen (Kohlrust/Heilmann 1968: 4).

10) Vgl. dazu Metzger/Weingarten (1989: 180 ff und ebd., Anlage 55).

11) Die Bundesfinanzakademie in Siegburg bestand aber schon seit 1951 und beschäftigte sich seit 1953 mit der systematischen Schulung der Beamten des höheren Dienstes (vgl. Metzger/Weingarten 1989: 254).

12) Nähers hierzu bei Jürgens (1986); Vogelgesang (1987).

Das *StBAG* wurde *1976* neu gefaßt[13] und die Bildungsgänge neu bestimmt, wobei sowohl Lehrinhalte als auch Lehrformen an die Entwicklung angepaßt wurden (*BMF* 1977: 51f). Die Vermehrung des steuerrechtlichen Stoffes, die zunehmende Durchsetzung des Steuerrechts mit wirtschafts- und sozialpolitischen Vorstellungen und die damit gestiegenen Anforderungen an die Steuerbeamtenschaft erforderten eine Neuordnung der Ausbildung (*Arlt* 1973: 39). Ziel der Veränderung des StBAG war vor allem eine Verlängerung der theoretischen Ausbildung und die verstärkte Vermittlung von Grundlagen- und Methodenwissen (*Lorenz* 1976: 442). Kern der Ausbildungsänderung war die *Einführung einer Fachhochschulausbildung für den gehobenen Dienst* in der Steuerverwaltung. Die Ausbildung und die Zugangsvoraussetzungen gliedern sich danach auf den verschiedenen Ebenen nach dem Bestimmungen des StBAG und der Ausbildungs- und Prüfungsordnung für die Steuerbeamten von 1982[14] wie folgt (vgl. *Lorenz* 1976: 442):

- beim *einfachen Dienst* wird als Zugangsvoraussetzung der Hauptschul- oder ein vergleichbarer Abschluß gefordert, der Vorbereitungsdienst dauert 6 Monate;
- für den *mittleren Dienst* ist der Realschulabschluß erforderlich, bis 31. Dezember 1979 wurden auch noch Bewerber mit geringerer Vorbildung zugelassen; der Vorbereitungsdienst beträgt *zwei Jahre*, danach ist die Laufbahnprüfung abzulegen; seit einer Gesetzesänderung vom 13. März 1985 (BGBl. I 1985: 554) ist auch die Einstellung von Bewerbern mit einem guten Hauptschulabschluß möglich (vgl. *Hasselmann* 1985);
- beim *gehobenen Dienst* ist das Abitur oder die Fachhochschulreife oder ein gleichwertiger Abschluß Zulassungsvoraussetzung (vorher: Abitur oder mittlere Reife und zweijährige Handelsschule), auch hier wurden bis zum 31. Dezember 1979 Ausnahmen zugelassen; der Vorbereitungsdienst wird nun in einer *verwaltungsinternen Fachhochschule* durchgeführt; die Ausbildungszeit beträgt drei Jahre;
- als Zulassungsvoraussetzung zum *höheren Dienst* in der Steuerverwaltung ist der Abschluß eines mindestens dreijährigen Studiums der Rechts-, Wirtschafts-, Finanz- oder Sozialwissenschaften notwendig (§ 5 StBAG 1976), danach muß nach einem mindestens zweijährigen Vorbereitungsdienst die Befähigung zum höheren Verwaltungsdienst nachgewiesen werden; die Bewerber werden anschließend in einer achtzehn Monate dauernden Vorbereitung in die Aufgaben des höheren Dienstes der Steuerverwaltung eingeführt, dies u.a. in ergänzenden Studien (4 Monate) an der Bundesfinanzakademie.

---

13) Gesetz zur Änderung des Steuerbeamten-Ausbildungsgesetzes vom 23. August 1976 (BGBl. I 1976: 2384; vgl. auch BGBl. I 1976: 2793 ff). Zu Zielsetzung und Entstehungsgeschichte sowohl des StBAG 1961 und der Neufassung von 1976 vgl. Fredersdorf/Kohlrust (1978: 16 ff).

14) BGBl. I 1982: 1257. Kritisch zu den vorgegebenen starren Lehrinhalten: Stadie (1988), Fröhle (1990).

Den Schwerpunkt der praktischen Ausbildung des höheren Dienstes bildet eine 13-monatige Einarbeitung bei einem Finanzamt, während der der Beamte für die Dauer von drei Monaten selbständig und eigenverantwortlich ein Sachgebiet leitet (*Hasselmann* 1986: 356). Danach erfolgt der endgültige Einsatz als Sachgebietsleiter bei einem Finanzamt. Nach der Neuordnung der Steuerbeamtenausbildung wurde für die Beamten des gehobenen Dienstes der Besuch einer Fachhochschule für Finanzen obligatorisch. Nach den jeweiligen landesrechtlichen Vorschriften wurde den Absolventen die Diplomierung bzw. Nachdiplomierung ermöglicht (als 'Diplom-Finanzwirt/in').[15]

4.1.2.2 Die Aufgaben der verschiedenen Laufbahngruppen

Entsprechend ihrer Ausbildung werden die Steuerbeamten auch in der Verwaltung zu inhaltlich und funktionell verschiedenartigen Aufgaben herangezogen: Die Beamten des *einfachen Dienstes* der Steuerverwaltung werden zumeist für einfache Tätigkeiten ohne steuerspezifische Fachkenntnisse (Botendienste, Postverteilungsstellen etc.) verwendet. Die Beamten des *mittleren Dienstes* stellen im wesentlichen den Mitarbeiterbereich in den Steuerfestsetzungsstellen und den Finanzkassen, sowie in der Lohnsteuer-und Prämienbearbeitung, der Lohnsteuerprüfung und im Vollstreckungsaußendienst. In geringerem Maße werden auch mittlere Steuerbeamte als Sachbearbeiter eingesetzt (*Fredersdorf/Kohlrust* 1978: 15; vgl. auch *Anlage 4/I*). Schon in der Ausbildung für die Laufbahn des mittleren Dienstes, bei der der Schwerpunkt im Veranlagungsbereich liegt, wird diesen anwendungsorientierten Tätigkeitsbereichen Rechnung getragen: "Praxisnähe ist daher oberstes Gebot des Unterrichts" (*Finanzministerium NRW* 1987). Die Steuerbeamten des *gehobenen Dienstes* werden in der Regel als Sachbearbeiter in der Veranlagung, in anderen Fachbereichen (Verkehrsteuern, Lohnsteuer, Finanzkasse etc.), als Betriebsprüfer oder als Steuerfahnder eingesetzt. Sie bilden mit diesem Tätigkeitsbereich das "Rückgrat der Steuerverwaltung" (*Fredersdorf/Kohlrust* 1978: 16). Daher gilt es

15) Vgl. exemplarisch für Nordrhein-Westfalen: SteuerStud Nr. 1/1985: 1, Hendricks (1985: 129) und DStG Nr. 11/1984: 149. Mittlerweile ist die Diplomierung/Nachdiplomierung der Finanzbeamten des gehobenen Dienstes in allen Bundesländern gesetzlich geregelt bzw. im Verfahren. Immer mehr kommen die Finanzbehörden - ähnlich wie schon in den sechziger Jahren - allerdings in die Schwierigkeit, noch ausreichendes Nachwuchspersonal zu finden. So hat sich beispielsweise im Bereich der OFD Köln die Zahl der Bewerbungen zur Einstellung in den gehobenen wie in den mittleren Dienst der Finanzverwaltung in den Jahren von 1985 bis 1988 halbiert. Auch nach der Einstellungszusage haben in diesen Jahren bis zu vierzig Prozent der Bewerber von sich aus - vermutlich wegen anderer attraktiverer Angebote - wieder abgesagt; vgl. 'Grünes Licht für Rücknahme und Absenkung und bessere Strukturen', in: DStG Nr. 7-8/1988: 91-93 (92). Auch die bayerische Finanzverwaltung beklagt die Abwanderung von jungen Beamten in die Kommunalverwaltungen, die Wirtschaft oder zum Studium; vgl. 'Hohe Arbeitsbelastung der Finanzämter', in: Süddeutsche Zeitung, 22.05.1990.

auch hier, schon in der Ausbildung "die praktischen Fähigkeiten und Fertigkeiten einzuüben, die unmittelbar nach dem Bestehen der Laufbahnprüfung verlangt werden" (*Finanzministerium NRW* 1987a). Über diesen Aufgabenbereich hinaus werden einige Steueramtmänner, vor allem aber Steueramtsräte und Steueroberamtsräte als Sachgebietsleiter oder in entsprechender Stellung als Großbetriebspüfer eingesetzt. Den Steuerbeamten des *höheren Dienstes* schließlich obliegen Leitungs- und Kontrollaufgaben in den Finanzämtern und den Oberfinanzdirektionen (*Löbich* 1981: 49). Diese Beamten des höheren Dienstes können sich dort entweder auf Personalführungs- und Organisationsaufgaben oder auf bestimmte Steuerfachgebiete spezialisieren (*Hasselmann* 1986: 355).[16)]

Die Verteilung der verschiedenen Laufbahnzüge der Steuerbeamten unterscheidet sich deutlich von derjenigen in anderen Verwaltungsbereichen. Vom Gesamtpersonalbestand der Länder gehörten am 30.06.1986 rund 20,6 % der vollzeitbeschäftigten Beamten dem höheren Dienst an, 44,2 % dem gehobenen Dienst, 27,3 % dem mittleren Dienst und nur 0,1 % dem einfachen Dienst. *Löbich* (1981: 50f) hat anhand der Berliner Steuerverwaltung gezeigt, daß hingegen dort (1978) mehr als die Hälfte (50,7 %) der Steuerbeamten dem gehobenen Dienst angehörten, fast genauso viele (42,9 %) waren Teil des mittleren Dienstes. Dagegen war die Bedeutung des einfachen (1,8 %) und vor allem des höheren Dienstes (4,6 %) eher gering. Diese Zahlen blieben in den gesamten siebziger Jahren relativ konstant.[17)] Sie gelten auch heute noch im Durchschnitt aller Länder: Von den vollzeitbeschäftigten Finanz- und Steuerbamten der Länder gehörten 1986 nur rund 4,1 % dem höheren Dienst an, aber 49,5 % dem gehobenen und 44,9 % dem mittleren Dienst. Zum einfachen Dienst gehörten 1,5 % der Steuer- und Finanzbeamten. Im Vergleich zum Gesamtpersonalbestand der Länder sind in den Finanz- und Steuerverwaltungen also *die Beamten des gehobenen und insbesondere des mittleren Dienst deutlich überrepräsentiert*, wohingegen die Zahl der Beamten des *höheren Dienstes deutlich geringer* ausfällt. Diese Zusammensetzung der Beamtenschaft hat auch Auswirkungen auf die interne Arbeitsorganisation und damit auch auf die Rechtsanwendung in den Finanzämtern:

> "Diese im Verhältnis zu anderen Verwaltungen sehr schmale Basis des höheren Dienstes macht die Schwierigkeit der ihm überlassenen Aufgaben besonders deutlich, unterstreicht damit aber zugleich die Bedeutung des mittleren und vor allem des gehobenen Dienstes in der Steuerverwaltung." (*Fredersdorf/ Kohlrust* 1982: 16)

16) Zur untergeordneten Bedeutung des Steuerrechts in der juristischen Ausbildung der (juristisch vorgebildeten) Beamten des höheren Dienstes der Steuerverwaltungen vgl. Metzger/Weingarten (1989: 254), Birk/Mick (1989); kritisch hierzu aus der Sicht der Steuerberater: Rose (1976: 77f).

17) Vgl. Metzger/Weingarten (1989, Anlage 72).

Schon aus der Zusammensetzung und der Ausbildung der Steuerbeamtenschaft heraus ist also zu vermuten, daß bei der Veranlagungstätigkeit in den Finanzämtern steuerfachliche Gesichtspunkte die juristischen Aspekte dominieren (was eine korrekte Rechtsanwendung natürlich nicht ausschließt). Dieser Umstand rechtfertigt auch die Konzentration auf die Sachbearbeiter des mittleren und des gehobenen Dienstes im Rahmen der hier vorliegenden Untersuchung.

4.2 Personalbestand und Personalbedarf in den Finanzämtern

Zu den schon in der Einleitung angesprochenen Problemen der Überlastung, mit den die Steuerverwaltungen heute zu kämpfen haben, trägt der häufig beklagte Personalmangel auf der Ebene der Finanzämter wesentlich bei. Nach Berechnungen der Steuergewerkschaft im Deutschen Beamtenbund (DStG) fehlten im Jahr 1986 über *13.000 Finanzbeamte*, durch deren Nichteinsatz dem Staat "jährlich mindestens 54 Mrd. DM" entgehen (*Stuttgarter Nachrichten*, 14.10.1987).[18)] Diese Lücken werden auch durch die Personalbedarfsberechnungen der Länderfinanzverwaltungen aufgezeigt: Selbst nach den offiziellen Personalbedarfsberechnungen (PersBB) - die nach Meinung der Steuergewerkschaft 'heruntermanipuliert' sind - ergab sich am 1. Januar 1985 ein Personalfehlbedarf von durchschnittlich *zwölf Prozent* (*DStG* Nr. 6/1986: 79f). Dieses Problem hat sich im letzten Jahrzehnt verschärft: Nach den vorliegenden Daten hat die Steigerung der Zahl der Beamten und Angestellten in der Finanzverwaltung mit der Steigerung der Fallzahlen gerade im Einkommensteuerbereich nicht Schritt halten können. Genauere Belege für die gesamte Bundesrepublik fehlen hier. Um die Entwicklung der Personalzahlen in den Finanzverwaltungen nicht nur global (wie in Kap. 4.1) sondern auch auf der Ebene der Finanzämter und der Veranlagungsbereiche verfolgen zu können, bietet es sich an, wie schon bei der Erläuterung des Wandels der inneren Organisation der Finanzämter auf Daten aus den Untersuchungsfinanzämtern zurückzugreifen. Mit diesen Daten sollen die Veränderungen des Personalbestandes der Finanzämter und die Relation zum ermittelten Personalbedarf und zur Entwicklung der Fallzahlen exemplarisch aufgezeigt werden.

18) Vgl. auch DStG Nr. 12/1986: 167. Die Zahl von 13.000 fehlenden Beamten bezieht sich auf einen Gesamtpersonalbestand in der Steuerverwaltung von rund 110.000 Beschäftigten.

4.2.1 Die Entwicklung des Personalbestandes der Finanzämter

4.2.1.1 Der gegenwärtige Personalbestand

Der Personalbestand eines Finanzamtes ist abhängig von den Rahmenbedingungen des Bezirkes, für den das jeweilige Finanzamt - sofern es nicht mit Sonderaufgaben betraut ist - die Zuständigkeit besitzt. Unter diese Rahmenbedingungen fallen insbesondere die Zahl der Einwohner im FA-Bezirk und daraus abgeleitet die Zahl der Einkommensteuerpflichtigen und der Umfang der unter den Lohnsteuerabzug fallenden Arbeitnehmer, aber auch die Zahl der Körperschaftsteuer- wie auch die der Umsatzsteuerpflichtigen. *Tabelle 4/6* zeigt den tatsächlichen Personalbestand eines Teiles der Untersuchungsfinanzämter am 1. Januar 1988. Daraus wird deutlich, daß die aufgelisteten Untersuchungsfinanzämter aufgrund ihrer unterschiedlichen Rahmenbedingungen in ihrer Größe z.T. erheblich voneinander abweichen.

Tabelle 4/6: Vorhandenes Personal in den Finanzämtern Bielefeld-Innenstadt, Bünde, Herford, Lemgo und Minden (1988)

Stand am	Personalbestand der Finanzämter				
01.01.1988	Bielefeld-Innenstadt	Bünde	Herford	Lemgo	Minden
SachGebL	19	9	13	8	16
davon hD	8	4	5	3	6
davon gD	11	5	8	5	10
Sachbearb.	99,7	54,3	74	38,2	110
davon gD	61	30,6	42,3	23,7	67
davon mD	38,7	23,7	31,5	14,5	43
Betriebspr. gD	17	12	15	8	22
Aussenpr.	15,1	6	8	4,5	9
davon gD	10,4	3	4	1,5	3
davon mD	4,7	3	4	3	6
Mitarb. mD	106,4	45,3	69	38,6	96,5
Datenerf.Kr	11,5	6	9,5	3,5	10,5
Sonstige*	21,9	13,8	11,5	11,5	21
insgesamt	290,6	146,4	200	112,3	285

* Mitarbeiter eD, Kanzleikräfte mD, Reinigungskräfte eD

(Quelle: *Amtsübersichten der Finanzämter*)

Je nach Größe der FÄ unterschiedlich ist die Zahl der *Sachgebietsleiter*. Während in den FÄ Lemgo und Bünde nur 8 bzw. 9 Sachgebietsleiter eingesetzt sind, sind es in Minden 16, im Finanzamt Bielefeld-Innenstadt 18. Unter den Sachgebietsleitern stellen die juristisch vorgebildeten Beamten des höheren Dienstes nur eine Minderheit dar. In Herford, Lemgo und Minden gehören weniger als vierzig Prozent der Sachgebietsleiter dem höheren Dienst an, in Bielefeld-Innenstadt und Bünde sind es knapp fünfundvierzig Prozent. In allen Ämtern wird die Mehrzahl der SGL aus dem *gehobenen Dienst* rekrutiert. Diese Dominanz des gehobenen Dienstes zeigt sich auch bei den *Sachbearbeitern*. Die Sachbearbeiter insgesamt bilden die *größte Gruppe* der Bediensteten in den Finanzämtern. Darunter sind wiederum deutlich mehr Angehörige des gehobenen als des mittleren Dienstes: Am höchsten ist der Prozentsatz an Sachbearbeitern des gD in den Finanzämtern Lemgo und Bielefeld-Innenstadt, wo 62,0 % bzw. 61,2 % der SB dem gD angehören. Etwas geringer ist ihr Anteil in Minden (60,9 %) Herford (57,2 %) und Bünde (56,4 %).

Überschlägig kann man davon ausgehen, daß *sechs von zehn Sachbearbeitern* in den Finanzämtern dem gehobenen Dienst angehören. In den Bereich der Bearbeiter sind aber auch die als *Mitarbeiter* geführten Bediensteten zu rechnen, die vollständig dem mittleren Dienst angehören. Sie stellen etwa ein Drittel der Bediensteten der Finanzämter. Bei den Sachbearbeiter des gehobenen Dienstes handelt es sich ganz überwiegend (in einigen Ämtern ausschließlich) um Beamte, bei den SB des mittleren Dienstes gehören sie überwiegend zu dieser Laufbahngruppe, hier besteht etwa ein Drittel der Sachbearbeiter aus Angestellten. Von den Bearbeitern des mittleren Dienstes (Mitarbeiter) sind zwischen dreißig und vierzig Prozent der Bediensteten Angestellte, die überwiegende Mehrheit aber gleichfalls Beamte. Die Datenerfassungskräfte (DErfKr) sind vornehmlich in den Verbindungsstellen der Finanzämter zum Rechenzentrum der Finanzverwaltung NRW (VRZ) eingesetzt. Es handelt sich zumeist um Teilzeitbeschäftigte. Sie gehören in allen Ämtern dem mittleren Dienst im Angestelltenverhältnis an. Die Betriebsprüfer gehören hingegen durchweg als Beamte dem gehobenen Dienst an, die Außenprüfer teils dem gehobenen, teils dem mittleren Dienst. Unter den Außenprüfern des mD finden sich in einigen Ämtern auch Angestellte, in der Mehrzahl handelt es sich dabei aber gleichfalls um verbeamtetete Bedienstete.[19)]

19) Zu den im Personalbestand aufgeführten Bediensteten sind auch noch die Beamten im Vorbereitungsdienst zu zählen. In einem Finanzamt wie dem FA Detmold mit rund 360 Beschäftigten waren das 1988 30 Beamte (ein Regierungsrat zA, 19 Finanzanwärter und 10 Steueranwärter bzw. Aufstiegsbeamte).

Tabelle 4/7: Anteil der Beamten am Personalbestand der Finanzämter (1988)

bei den Bediensteten des ...	Anteil der Beamten am Personalbestand der Finanzämter BI-Innenstadt	Bünde	Herford	Lemgo	Minden
höheren Dienstes	100	100	100	100	100
gehobenen Dienstes	95,9	100	97,1	97,4	96,1
mittleren Dienstes	57,9	62,8	50,6	61,3	57,5
einfachen Dienstes	--	20,4	28,6	23,5	14,3
FA-Bedienstete insgesamt	69,6	73,8	67,1	71,3	70,1

(Quelle: *Amtsübersichten der jeweiligen Finanzämter*)

Die in Kap. 4.1.1 festgestellte Überrepräsentanz der Bediensteten des gehobenen und des mittleren Dienstes läßt sich also auch anhand einer Analyse der Zahlen des vorhandenen Personales der Untersuchungsfinanzämter belegen. Der Anteil der Bediensteten des höheren Dienstes ist hier gleichfalls gering. Aus den Daten der Untersuchungsfinanzämter läßt sich auch die *Dominanz der Beamten* auf der Ebene der Finanzämter aufzeigen. Diese Dominanz fällt bei den Sachbearbeitern höher aus als bei den Mitarbeitern. Am stärksten ist sie bei den Sachgebietsleitern ausgeprägt. Auf die Laufbahngruppen bezogen zeigt sich, daß in den näher betrachteten Finanzämtern die Bediensteten des höheren Dienstes vollständig und die des gehobenen Dienstes fast vollständig aus Beamten bestehen. Etwas anders stellt sich die Situation bei den Bediensteten des mittleren Dienstes dar. Aber auch dort liegt der Beamtenanteil bei Schwankungen zwischen 50,6 % (FA Herford) und 62,8 % (FA Bünde) bei annähernd sechzig Prozent (vgl. *Tabelle 4/7*).[20] Im einfachen Dienst sind durchschnittlich nur etwa ein Fünftel der Bediensteten Beamte, im FA BI-Innenstadt gibt es ausschließlich Angestellte in dieser Laufbahngruppe. Insgesamt ergibt sich bei der Gesamtzahl der Bediensteten der Finanzämter in den Untersuchungsfinanzämtern ein Beamtenanteil von durchschnittlich etwa *siebzig Prozent.*

20) Ein ähnlicher Prozentsatz zeigt sich auch im Beamtenanteil der hier nicht tabellarisch dargestellten Untersuchungsfinanzämter (FA-Bedienstete insgesamt): FA Detmold (66,9 %), FA Bielefeld-Außenstadt (70,6 %), FA Wiedenbrück (67,2 %), FA Lübbecke (73,3 %; alle: Stand am 01.01.1988).

4.2.1.2 Personalzuwachs und Personalverschiebungen seit 1966

Alle Untersuchungsfinanzämter haben in den letzten zwei Jahrzehnten (1966-1986) einen erheblichen Personalzuwachs - auf jeweils unterschiedlicher Ebene - zu verzeichnen (vgl. *Tabelle 4/8*).

Tabelle 4/8: Personalzuwachs in den Untersuchungsfinanzämtern (1966-1986)

Personalbestand der Untersuchungsfinanzämter (*zugeteilte Stellen*)

Finanzamt	Personalumfang (Stellen) 1966	1970	1980	1986	Personalzuwachs (in %) 1966/1986	1980/1986*
BI-Außenstadt	151	183	306,5	308,5	104,3	0,7
BI-Innenstadt	286	312	349	** 344	20,3	- 1,4
Bünde	101	107	156	147	45,5	- 5,7
Detmold	269	308	400	395	46,8	- 1,3
Herford	155	159	212,5	218	40,6	2,5
Lemgo	99	100	120	113	14,1	- 5,8
Lübbecke	85	91	123	121	42,4	- 1,6
Minden	208	220	307	297,5	43,0	- 3,1
Wiedenbrück	174	182	269	281	61,5	4,5

* FA Bielefeld-Innenstadt: 1980/1984
** 1984

(Quelle: *Amtsübersichten der Finanzämter*)

Abgesehen vom Sonderfall des FA Bielefeld-Außenstadt[21] (Zuwachs: 104,3 %) und dem FA Lemgo (14,3 %) nahm das Personal der Untersuchungsfinanzämter um rund fünfvierzig Prozent im Zeitraum von 1966 bis 1986 zu. Der Zuwachs vollzog sich dabei im wesentlichen in dem Jahrzehnt zwischen 1970 und 1980. Nach 1980 verringert sich das Personal der Ämter wieder: bis 1986 um durchschnittlich 1,2 %. Ein Zuwachs ist hier lediglich noch im Finanzamt Wiedenbrück um 4,5 % festzustellen. Dem stehen beispielsweise die Verringerung der den Finanzämtern zugeteilten Stellen in den FÄ Bünde und Lemgo (5,7 % bzw. 5,8 %) gegenüber.

21) Am 1. April 1966 wurde aufgrund einer Verordnung des nordrhein-westfälischen Finanzministeriums das bisherige Finanzamt Bielefeld in die Finanzämter Bielefeld-Stadt und Bielefeld-Land geteilt. Durch die Teilung und die Ausweitung der Zuständigkeit im Rahmen der kommunalen Neugliederung zu Beginn der siebziger Jahre kamen auf das FA Bielefeld-Land (seit 1973: FA BI-Außenstadt) in erheblichem Maß neue Aufgaben zu.

Tabelle 4/9: Gegliederter Personalstand in den Finanzämtern Detmold und Wiedenbrück (1956-1987)

Zahl der Bediensteten der Finanzämter (*zugeteilte Stellen*)

im HH-Jahr	FA Detmold SachGebL	SachB	Mitarb.	*insges.*	FA Wiedenbrück SachGebL	SachB	Mitarb.	*insges.*
1956	14	85	121	244	9	58	77	161
1960	14	86	137	271	10	56	81	166
1965	18	87	135	273	13	57	87	178
1970	17	77	150	308	11	44	84	182
1975*	19	95	177	375	13	58	110	233
1980	20	112	175	400	15	74	119	269
1985	22	139	143	410,5	16	95	99	280,7
1987	21	142	133	395,1	16	99	92	279,5

* FA Detmold: 1976

(Quelle: *Amtsübersichten der Finanzämter Detmold und Wiedenbrück*)

Die Steigerungen von 1966 bis 1986 entsprechen in etwa der Größenordnung des Zuwachses, wie er für das Gesamtpersonal der Landesfinanz- und Steuerverwaltungen seit 1960 in *Tabelle 4/2* ermittelt worden ist.[22)]

Eine Betrachtung der Entwicklung der einzelnen Aufgabengruppen in den Finanzämtern im Längsschnitt (1956-1987; vgl. *Tabelle 4/9*) zeigt deutlich das zunehmende Gewicht der Sachbearbeiter in den Finanzämtern. Von 1956 bis 1987 nahm das Personal (gemessen an der Zahl der zugeteilten Stellen) um 61,9 % (FA Detmold) bzw. 73,6 % (FA Wiedenbrück) zu. Im gleichen Zeitraum vergrößerte sich die Zahl der Sachgebietsleiter in den beiden Ämtern um 50 % bzw. 77,7 %, die Zahl der - dem mittleren Dienst angehörenden - Mitarbeiter um 9,9 % (FA Detmold) bzw. 19,5 % (FA Wiedenbrück). Im gleichen Zeitraum stieg hingegen die

22) Genaue Vergleichsdaten aufgrund des Basisjahres 1960 konnten nicht ermittelt werden, da Zahlen über die Personalstruktur der Ämter aus der Zeit vor 1966 zumeist nicht mehr zu ermitteln sind. Genaue Daten liegen in den meisten Finanzämtern erst für den Zeitraum ab 1966 vor. Aus den vorhandenen Übersichten für die FÄ Detmold, Minden und Wiedenbrück konnten Zuwachsraten bei den zugeteilten Stellen von 45,8 % (FA Detmold) bzw. 44,4 % (FA Minden) für den Zeitraum von 1960 bis 1986 errechnet werden. Dies entspricht ungefähr der Zuwachsrate, wie sie für den Personalbestand der nordrhein-westfälischen Finanz- und Steuerverwaltung insgesamt für den gleichen Zeitraum errechnet wurde (40,9 %; vgl. Kap. 4.1.1.2). Die Zuwachsrate für das FA Wiedenbrück (69,3 %) liegt auch hier über dem Durchschnitt.

Zahl der Sachbearbeiter im Finanzamt Detmold um 67,1 %, im Finanzamt Wiedenbrück um 70,7 %.

Damit verschoben sich auch die internen Zusammensetzungen des Personals innerhalb der Finanzämter. 1956 stellten die Sachgebietsleiter 5,7 % bzw. 5,6 % des Personals der Finanzämter Detmold und Wiedenbrück, bis 1987 blieben diese Anteile konstant bei 5,3 % bzw. 5,7 % der zugeteilten Stellen. Gleichfalls konstant blieben die Anteile der Sachbearbeiter: Im Finanzamt Detmold stellten sie 1956 34,8 % des Personals, 1987 35,9 %. Im FA Wiedenbrück verringerte sich ihr Anteil unmerklich von 36,0 % (1956) auf 35,4 % (1987). Ganz anders entwickelte sich der Anteil der Mitarbeiter: Sie belegten 1956 in den beiden Ämtern mit 49,6 % (FA Detmold) und 47,8 % (FA Wiedenbrück) nahezu die Hälfte der zugeteilten Stellen. Bis 1987 ging der Anteil der Mitarbeiter am Personal des FA Detmold auf 33,7 %, im FA Wiedenbrück auf 32,9 % zurück und umfaßt damit nur noch etwa in Drittel der Stellen. Der Rückgang ihres relativen Anteils an der Gesamtstellenzahl wurde im wesentlichen von von neuen Mitarbeitergruppen (Datenerfassungskräfte) bzw. durch die Ausweitung der zu Prüfungsaufgaben herangezogenen Kräfte ausgeglichen.

4.2.1.3 Der Personalbestand der Veranlagungsstellen

Bei einem Vergleich des Personalstandes der Veranlagungsstellen aller Untersuchungsfinanzämter (vgl. *Tabelle 4/10*) zeigt sich die deutlich unterschiedliche Größe der Veranlagungsstellen innerhalb der Ämter. So unterschiedlich wie die Größe der Veranlagungsstellen ist auch ihre Wachstumsrate in den knapp zwei Jahrzehnten von 1966 bis 1985. Im Duchschnitt wurde der Personalbestand der VSt in diesem Zeitraum um *rund sechzig Prozent* erhöht.

Erkennbar ist auch eine deutliche *Verschiebung in der internen Zusammensetzung der Veranlagungsstellen*: 1966 war die Stellenbesetzung in den VSt zwischen Sachbearbeitern und Mitarbeitern nahezu ausgeglichen, in drei Finanzämtern überwog die Zahl der Sachbearbeiter (gehobener Dienst), in dreien diejenige der Mitarbeiter, bei drei weiteren war das Verhältnis ausgeglichen. Für den Stand von 1975 zeigt sich - wenn auch z.T. mit anderen Finanzämtern - die gleiche Verteilung. Ganz anders die Zusammensetzung der Veranlagungsstellen 1985: Nun überwiegen in allen neun Untersuchungsfinanzämtern in den Veranlagungsstellen die Zahl der Sachbearbeiter des gehobenen Dienstes. Die Mitarbeiter sind deutlich in die Minderheit gelangt.

Betrachtet man allein die Vermehrung und interne Zusammensetzung der Bearbeiter in dem Veranlagungsbereich eines Finanzamtes, so zeigt sich - am Beispiel des

FA Detmold - die starke Vermehrung der Personalzahlen in den letzten Jahrzehnten (vgl. *Tabelle 4/11*). Am Ende der Weimarer Republik, 1932, waren insgesamt 21 Bearbeiter im Veranlagungsbereich des Finanzamtes eingesetzt, davon 13 Sachbearbeiter (alle verbeamtet) und 8 Mitarbeiter (7 davon verbeamtet). In den zwei Jahrzehnten bis 1952 hat sich die Gesamtzahl der Bearbeiter annähernd verdreifacht. Aber auch die internen Gewichtungen haben sich verändert: Waren 1932 noch 61,9 % der Bearbeiter als (gehobene) Sachbearbeiter eingesetzt, so kehrten sich die Verhältnisse bis 1952 um. Nun waren nurmehr 36,2 % der Bearbeiter als SB eingesetzt, annähernd zwei Drittel hingegegen als untergeordnete Bearbeiter.[23)]

Tabelle 4/10: Verhältnis von Sachbearbeitern und Mitarbeitern in den Veranlagungsstellen der Finanzämter

Personalbestand der Veranlagungsstellen (vorhandenes Personal)

	1966		*1975*		*1985*	
Finanzamt	Sachbearb.	Mitarb.	Sachbearb.	Mitarb.	Sachbearb.	Mitarb.
BI-Außenstadt	27	21	36,16	30,5	54,6	32,8
BI-Innenstadt	27	28	29	28	37	25,2
Bünde	12,5	12,5	16	15	25,6	15,2
Detmold	28	25	33,16	40,5	58,7	34,6
Herford	16,6	19,2	*	*	34,7	30
Lemgo	9	9	9,7	12	17,5	10
Lübbecke	7,9	9,1	*	*	17,6	13,9
Minden	25	25	30	37,5	42	25
Wiedenbrück	22	21,3	25	25	46,5	25

* nicht nachgewiesen, Umstellung auf GNOFÄ-Fachbereiche schon erfolgt

(Quelle: *Amtsübersichten der Finanzämter*)

In den folgenden zwei Jahrzehnten von 1952 bis 1972 hat sich die Gesamtzahl der Bearbeiter nur unwesentlich erhöht. Gleichzeitig begann sich in der internen Zusammensetzung des Personals der Trend umzudrehen: 1972 gehörte wieder mehr als die Hälfte der Bearbeiter den Sachbearbeitern des gehobenen Dienstes an, die Mitarbeiter waren wieder in der Minderheit. Dieser Umkehrtrend setzt sich seither fort. Das Jahrzehnt zwischen 1972 und 1982 brachte im Veranlagungsbereich des

23) Diese Tendenz zeigt sich in nicht ganz so starkem Ausmaß auch für den Veranlagungsbereich des FA Wiedenbrück; hier für den Zeitraum von 1939 bis 1952 (vgl. Anlage 4/VII). Ein eher kontinuierlicher Personalzuwachs zeigt sich im Veranlagungsbereich des FA Minden im Zeitraum von 1939 bis 1985 (vgl. Anlage 4/VIII).

Finanzamtes Detmold eine weitaus stärkere Personalvermehrung als sie in den Jahrzehnten zuvor festzustellen ist, von 68,1 auf 92,5 Bearbeiter (insgesamt) erhöhte sich der Personalbestand um mehr als ein Drittel. Und intern dominieren 1982 wieder die Sachbearbeiter des gehobenen Dienstes (mit 65,4 %) gegenüber den Bearbeitern des mittleren Dienstes mit lediglich 33,5 % Anteil an der Gesamtzahl der Bearbeiter. Das sind Werte, deren ungefähre Relation sich auch für 1985 zeigt. Insgesamt wurde also das Personal des Veranlagungsbereiches im FA Detmold sowohl in der Zeit *vor, während und nach dem Zweiten Weltkrieg* als auch *seit Beginn der siebziger Jahre stark vermehrt*, während in der Nachkriegszeit kaum größere Personalzuwäche zu verzeichnen sind. In der internen Zusammensetzung nehmen heute die Sachbearbeiter des gehobenen Dienstes fast zwei Drittel der Stellen ein, eine Situation, wie sie in der Zeit der Weimarer Republik vorlag.

Gleichzeitig ist auch die starke *Tendenz zur Verbeamtung* bei beiden Gruppen von Bearbeitern erkennen. Während die Sachbearbeiter des gehobenen Dienstes schon immer stark von Beamten dominiert wurden - erst im Zuge des Personalausbaus seit den siebziger Jahren werden hier überhaupt Mitarbeiter im Angestelltenverhältnis eingesetzt -, zeigt sich bei den Bearbeitern des mittleren Dienstes eine echter Trendwandel: Waren die Mitarbeiter im Angestelltenverhältnis in der Nachkriegszeit noch zahlenmäßig stärker als die Beamten und herrschte bis 1962 ein ungefährer Gleichstand, so geht der Anteil und die absolute Zahl der Angestellten in diesem Bereich seither nahezu kontinuierlich zurück. 1985 war mit 30,6 von 34,6 Stellen die große Mehrheit der Mitarbeiter des mittleren Dienstes Beamte.

Tabelle 4/11: Verhältnis von Beamten und Angestellten im Veranlagungsbereich des FA Detmold (1932-1985)

	Sachbearbeiter			Mitarbeiter			*Bearbeiter*
Jahr	Beamte	Angest.	*insgesamt*	Beamte	Angest.	*insgesamt*	*insgesamt*
1932	13	--	13	7	1	8	21
1948	18	--	18	7	14	21	39
1952	21	--	21	18	19	37	58
1962	31	--	31	18	11	29	60
1972	35,55	--	35,55	24,55	8	32,55	68,1
1982	50,5	5	60,5	24	8	32	92,5
1985	55,7	3	58,7	30,6	4	34,6	93,3

(Quelle: *Amtsübersicht des Finanzamts Detmold*)

Nimmt man hingegen die Entwicklung des Personalbestandes von *Lohnsteuerstellen* in annähernd dem gleichen Zeitraum als Betrachtungsgegenstand - hier am Beispiel der LSt-Stellen der Finanzämter Lemgo und Wiedenbrück in der Zeit von 1939 bis 1985 (vgl. *Tabelle 4/12*) - so fällt auf, daß auch hier deutliche Personalzuwächse zu verzeichnen sind, ein starker Personalschub seit Beginn der siebziger Jahre (wie in den Veranlagungsstellen) aber nicht erkennbar ist.

Tabelle 4/12: Gegliederter Personalstand der Lohnsteuerstellen der Finanzämter Wiedenbrück und Lemgo (1939-1985)

	FA Wiedenbrück				FA Lemgo			
Stand am	Innendienst		Außendienst		Innendienst		Außendienst	
01.01.*	SachB	MitA	SachB	MitA	SachB	MitA	SachB	MitA
1939	1	1	-	1	1,5		0,5	
1950**	2	3	1	2	1,5		1,5	
1955***	2	4	1	3	2		1,5	
1960	3	6	2	2	****		****	
1965	5	7	2	2	3	3,6	2	
1970	5	9	3		3	3	3	
1975	5	6	4		3	5	2	
1980	5	6	7		2	2	3	
1985	6,5	8	6		2	3	3	

* bis einschließlich 1965: 01.04.
** FA Lemgo: 1952
*** FA Lemgo: 1956
**** nicht nachgewiesen

(Quelle: *Amtsübersichten der Finanzämter Lemgo und Wiedenbrück*)

Beim FA Lemgo ist erkennbar, daß Personalvermehrungen in der Lohnsteuerstelle seit 1965 kaum noch stattgefunden haben, der Personalstand also sowohl im Innen- als auch im Außendienst seither nahezu konstant ist. Ähnliches gilt für die LSt des FA Wiedenbrück. Auch hier sind seit 1965 im Innendienst kaum Personalveränderungen festzustellen; der leichte Personalzuwachs von 1965 auf 1985 beruht vorwiegend auf einer Verstärkung der Bearbeiterzahl im Außendienstbereich. Bei der - tabellarisch nicht ausgewiesenen - Aufgliederung nach dem Dienstverhältnis zeigt sich, daß der Bereich der Sachbearbeiter im Innendienst schon immer von Beamten dominiert wurde. Im Bereich der Mitarbeiter im Innendienst, bei denen früher (insbesondere im FA Wiedenbrück) ein starkes Übergewicht der Angestellten geherrscht hatte, ist heute etwa ein Gleichverhältnis zwischen beiden Gruppen erreicht. Auch im Außendienst dominierten die verbeamteten Bediensteten schon immer stark. Im FA Wiedenbrück werden hier seit 1980, im FA Lemgo seit 1983 nur noch Beamte eingesetzt.

Zusammengefaßt zeigt die Betrachtung des Personalbestandes und der Personalentwicklung der Finanzämter:

- Das Personal der Finanzämter wird in seiner Gesamtheit von den Sachbearbeitern geprägt, die allein mehr als ein Drittel der Beschäftigten der Ämter darstellen. Unter den Sachbearbeitern gehören wiederum rund 60 % dem gehobenen, 40 % dem mittleren Dienst an.
- Zum Stamm der Bearbeiter sind auch noch die in den Statistiken der Finanzämter als 'Mitarbeiter' ausgewiesenen Bearbeiter des mittleren Dienstes zu zählen. Sie stellen ebenfalls etwa ein Drittel der Beschäftigten.
- Der Beamtenanteil im Personalbestand der Finanzämter (insgesamt wie bei den Sachbearbeitern) liegt im gehobenen Dienst bei über neunzig Prozent, im mittleren Dienst bei etwa sechzig Prozent.
- Die Finanzämter hatten in den letzten zwei Jahrzehnten einen erheblichen Personalzuwachs zu verzeichnen; er liegt beim Gesamtpersonal bei etwa fünfundvierzig Prozent für den Zeitraum von 1966 bis 1986; seit 1980 geht der Gesamtpersonalbestand (im Durchschnitt) leicht zurück.
- Der Veranlagungsbereich der Finanzämter wird heute von den Sachbearbeitern des gehobenen Dienstes dominiert. Dies ist Ausdruck einer Veränderung des internen Zusammensetzungsverhältnisses zwischen Bearbeitern des mittleren und des gehobenen Dienstes in den letzten zehn Jahren; bis dahin waren beide Gruppen annähernd gleich stark in den VSt vertreten.
- Der Personalbestand der Veranlagungsstellen in den Ämtern wurde (mit rund sechzig Prozent von 1966 bis 1986) stärker erhöht als derjenige der Finanzämter insgesamt. Er überwiegt im Volumen und in den Wachtumsraten denjenigen der Lohnsteuerstellen, wo das Personal in weit geringerem Ausmaß vermehrt wurde.

4.2.2 Die Veränderungen des Personalbestandes im Verhältnis zu den Rahmendaten

4.2.2.1 Personalbestand und Einwohnerzahl in den FA-Bezirken

In den zwei Jahrzehnten zwischen 1966 und 1986 wurde das Gesamtpersonal der neun Untersuchungsfinanzämter deutlich vermehrt. Dabei vergrößerte sich der Gesamtpersonalbestand in den einzelnen Ämtern stark unterschiedlich. 1966 waren die 1.528 Beamten, Angestellten und Arbeiter in den neun FA-Bezirken für rund 1.357.000 Einwohner zuständig. Bis 1976 hatte sich die Zahl der Einwohner auf rund 1.463.000 erhöht, was einem Zuwachs von rund 7,8 % entspricht. Der Personalbestand der Finanzämter hatte sich im gleichen Jahrzehnt um mehr als 500 Bedienstete auf 2.056 erhöht. Dies entspricht einem Zuwachs von rund 34,5 % (vgl. *Tabelle 4/13*).

Nach weiteren zehn Jahren, 1986, hatte sich die Zahl der Einwohner in den neun FA-Bezirken auf etwa 1.434.000 Personen verringert und war damit nur noch etwa 5,7 % höher als 1966. Der Bestand an zugeteilten Stellen in den Finanzämtern hatte sich in diesem Zeitraum hingegen weiter erhöht: Er stieg nochmals um etwa 170 Bedienstete auf 2225, was gegenüber dem Stand von 1966 einen Zuwachs von rund 45,6 % bedeutete. In dem gleichen Zeitraum von zwanzig Jahren, in dem die *Bevölkerung der FA-Bezirke nahezu konstant* blieb, *vergrößerte* sich demnach deren *Personalbestand um nahezu die Hälfte.*

Tabelle 4/13: Personalbestand der Finanzämter und Einwohnerzahl der FA-Bezirke (1966-1986)

	Personalbestand und Einwohnerzahl					
	1966		*1976*		*1986*	
Finanzamt	Pers.best.**	Ew-Zahl***	Pers.best.	Ew-Zahl	Pers.best.	Ew-Zahl
BI-Außenstadt	151	207.006	255	267.188	308,5	263.765
BI-Innenstadt	286	172.176	348	* 165.000	**** 344	* 140.000
Bünde	101	98.937	140	104.028	147	101.983
Detmold	269	205.210	375	239.014	395	250.604
Herford	155	130.580	200	135.255	218	128.273
Lemgo	99	84.051	108	84.423	113	86.847
Lübbecke	85	92.074	115	97.693	121	95.763
Minden	208	197.847	275	197.510	297,5	189.348
Wiedenbrück	174	169.201	240	172.777	281	177.285
Summe	1.528	1.357.000	2.056	1.463.000	2.225	1.434.000
durchschnittl. Entwicklung	*100 %*	*100 %*	*134,5%*	*107,8%*	*145,6%*	*105,7%*

* vom Finanzamt geschätzt
** Personalbestand des Finanzamtes (zugeteilte Stellen)
*** Einwohnerzahl im FA-Bezirk
**** 1984

(Quelle: *Amtsübersichten der Finanzämter*)

Zwischen den einzelnen Finanzämtern verlief die Entwicklung zwar mit gewissen Abweichungen, aber in einheitlicher Richtung: mit zwei Ausnahmen wurde ihr Personal um jeweils mindestens vierzig Prozent erhöht, Erhöhungen von mehr als fünfzig Prozent kamen ebenfalls nur bei zwei Ämtern vor. Das Finanzamt mit dem höchsten Personalzuwachs (das neu aufgebaute FA BI-Außenstadt mit 104,3 % Zuwachs) hat auch den größten Zuwachs bei der Einwohnerzahl zu verzeichnen (plus 27,4 %). Andererseits zeigt sich, daß *der Personalbestand der einzelnen Finanzämter auch dort wuchs, wo die Zahl der Einwohner im FA-Bezirk zurückging*: In der Zuständigkeit der Finanzämter Herford und Minden ging die Einwohnerzahl von 1966 bis 1986 um rund zwei bzw. vier Prozent zurück, im FA-Bezirk BI-Innenstadt verringerte sie sich nahezu um ein Fünftel. Dennoch wurde auch das Personal dieser Finanzämter vermehrt: im FA Herford um rund 40 %, im FA Minden um 43 %, und im FA BI-Innenstadt immerhin noch um mehr als 20 %.

4.2.2.2 Der Personalbestand der Veranlagungs- und Lohnsteuerstellen im Verhältnis zur Zahl der Lohn- und Einkommensteuerpflichtigen

In *Anlage 4/IV* ist in einem Längsschnitt die Entwicklung des FA Minden mit den wichtigsten Rahmendaten (Zahl der Einwohner im FA-Bezirk, Zahl der Einkommen- und Körperschaftsteuerpflichtigen sowie der LSt-Jahresausgleichsanträge) und den internen Personaldaten (Personal in der Veranlagungsstelle und der Lohnsteuerstelle) sowie den Ergebnissen der Besteuerung (Steuereinnahmen an veranlagter Einkommensteuer und an Lohnsteuer) dargestellt. All diese Beschreibungsmerkmale zeigen eine deutliche Zunahme: Von 1952 bis 1985 nahm die Zahl der Einwohner im Bezirk des FA Minden um 4,3 % zu. Mehr als verdreifacht haben sich im gleichen Zeitraum hingegen die Zahl der Einkommensteuerpflichtigen und die Zahl der beim Finanzamt eingereichten LSt-Jahresausgleichsanträge. Mehr als versechsfacht hat sich die Zahl der Körperschaftsteuerpflichtigen (vgl. *Tabelle 4/14*). Der Umfang des mit der Festsetzung und Erhebung der Steuern beauftragten Personals hat sich nicht in gleichem Umfang mitentwickelt; dieses wuchs gegenüber dem Stand von 1952 bis 1985 nur um 52,2 % (VSt) bzw. 83,3 % (LSt-Stelle) an. Die weitaus größten Zuwächse bei den Rahmenbedingungen der Besteuerung im Bereich des FA Minden verzeichnen die Steuereinnahmen: Das nominale Aufkommen an veranlagter Einkommensteuer im Bereich des Finanzamtes wuchs von 1952 bis 1985 um mehr als 500 %, das der Lohnsteuer gar um mehr als 4.000 %.

Auch wenn alle Rahmenbedingungen der Besteuerung eine deutliche Ausweitung im Betrachtungszeitraum verzeichnen, erfolgte die Entwicklung in den einzelnen Bereichen unterschiedlich und mit verschiedenen Höhepunkten. Daß die Zahl der

Einwohner im FA-Bezirk Minden annähernd konstant geblieben ist, wurde schon angesprochen. Sie erreichte um 1970 einen geringfügigen Höhepunkt. Seitdem geht die Einwohnerzahl im FA-Bezirk Minden nahezu kontinuierlich (aber mäßig) zurück. Anders bei der Zahl der *Einkomensteuerpflichtigen*: Sie wuchs bis 1975 stetig an, erreichte dabei einen Stand, der etwa einer Verdreifachung desjenigen von 1952 bedeutete, sank danach bis 1980 leicht ab und stieg ab 1981 jedes Jahr deutlich an. 1987 wurde hier der bisherige Höchststand erreicht. Die Zahl der *Körperschaftsteuerpflichtigen* erhöhte sich bis 1975 in etwa gleichem Umfang wie die der ESt-Pflichtigen, erreichte aber schon 1980 einen starken Höhepunkt und steigt seitdem weiter an.

Tabelle 4/14: Entwicklung der Rahmendaten im Bereich des Finanzamts Minden (1939-1987)

Relative Entwicklung der Rahmendaten im FA M i n d e n in % (Basis: 1952)

Jahr	Ew-Zahl	EStPfl	KStPfl	LStJA-Antr.	*Personal* VSt**	*Personal* LSt-Stelle***	*Steuereinnahmen* veranl. ESt	*Steuereinnahmen* LSt
1952	100	100	100	100	100	100	100	100
1956	103,5	102,3	102,7	174,4	95,5	122,2	123,1	155,2
1960	101,8	121,9	106,0	228,5	125,0	122,2	200,3	169,1
1966	108,6	121,5	107,1	474,5	113,6	155,6	513,2	555,8
1970	110,8	144,1	166,5	572,7	109,1	222,2	494,4	1077,5
1975	108,9	270,1	282,4	522,6	153,4	133,3	705,5	2138,1
1980	107,2	259,4	461,5	455,4	*	144,4	1046,6	3252,5
1985****	104,3	336,8	671,4	372,0	152,2	183,3	683,1	4153,7

* nicht nachgewiesen
** Veranlagungsstelle (Teilbezirke); Sachbearbeiter und Mitarbeiter
*** Sachbearbeiter und Mitarbeiter im Innendienst, ohne Außenprüfer
**** Einwohnerzahl geschätzt

(Quelle: *Anlage 4/IV*)

Verzeichnen die letztgenannten Rahmenbedingungen eine stetigen Zuwachs in ihrem Umfang, so läßt sich an der Zahl der *LStJA-Anträge* eine andere Entwicklung ablesen: Sie haben sich bis zum Anfang der siebziger Jahre stark erhöht und erreichen um 1970 (genauer: 1972) einen Höhepunkt. Seitdem *sinkt* die Zahl der gestellten Anträge - mit gelegentlichen Schwankungen - wieder ab; der Stand von 1987 umfaßt nur noch etwa zwei Drittel der 1972 gestellten Anträge. Die unterschiedlichen Entwicklungen bei den Einkommen- und den Lohnsteuerpflichtigen (gemessen an der Zahl der LStJA-Anträge) zeigt sich auch bei der Entwicklung des Personals in den zuständigen Stellen des Finanzamtes: Während das Personal in den VSt - unterbrochen durch den Zeitraum der GNOFÄ-Fachbereiche - stetig anstieg, erreichte das Personal in der Lohnsteuerstelle - wie die zu bearbeitenden Fallzahlen - den Höhepunkt in den Jahren 1970-1972, seitdem wurde es deutlich verringert. Von der Entwicklung der Fallzahlen bei der Lohn- und veranlagten Einkommensteuer unterscheidet sich das *Aufkommen* dieser beiden Erhebungsformen der ESt deutlich: Das Aufkommen an veranlagten Einkommensteuer erreichte seinen Höhepunkt 1980. Ein solches Volumen hatte das LSt-Aufkommen im Bereich des FA Minden schon 1975 erreicht, seitdem wächst es nahezu kontinuierlich weiter bis zu seinem bisherigen Höhepunkt 1987.

Tabelle 4/15: Zahl der Einkommensteuerpflichtigen pro Bearbeiter in den Veranlagungsstellen/Teilbezirken (1956-1985)

	Zahl der Einkommensteuerpflichtigen pro Bearbeiter in den VSt**					
Finanzamt	1956	1966	1970	1975	1982	1985
BI-Außenstadt	*	311,1	385,8	487,5	524,7	614,4
BI-Innenstadt	*	224,6	292,1	533,5	430,9	491,9
Bünde	*	303,0	353,9	587,1	484,4	540,9
Detmold	239,1	333,7	389,7	546,4	536,4	566,9
Herford	*	277,2	331,9	*	435,2	419,5
Lemgo	228,7	362,1	332,1	550,3	489,2	593,5
Lübbecke	241,6	297,1	337,8	*	472,9	530,2
Minden	279,2	278,5	344,1	458,7	498,6	576,4
Wiedenbrück	238,5	295,2	385,6	589,9	543,9	554,1
Durchschnitt	*245,4*	*298,1*	*350,3*	*417,0*	*490,7*	*543,1*
Gesamt-entwicklung	*82,3 %*	*100 %*	*117,5 %*	*139,9 %*	*164,6 %*	*182,2 %*

* Wegen fehlender Einzeldaten nicht errechenbar.
** Sachbearbeiter und Mitarbeiter in den Veranlagungsstellen (Teilbezirken).

(Quelle: Eigene Berechnungen aufgrund der *Amtsübersichten der Finanzämter*)

Aus dieser Betrachtung der Entwicklung lassen sich Besonderheiten ablesen, die es sinnvoll machen, die personellen Ressourcen der Steuerfestsetzung zum steuerlichen Ergebnis in Beziehung zu setzen. Die Entwicklung der Bearbeiterzahlen innerhalb der Veranlagungsstellen ist schon analysiert worden. Setzt man die Entwicklung dieser Bearbeiterzahlen zur Zahl der Einkommensteuerpflichtigen in Beziehung, wird deutlich, daß die *Zahl der Einkommensteuerpflichtigen* pro Bearbeiter in den Veranlagungsstellen in den letzten zwei Jahrzehnten stark angestiegen ist (vgl. *Tabelle 4/15*). Von 1966 bis 1985 hat sich die Zahl der Einkommensteuerpflichtigen, die auf einen Bearbeiter kommen, im Durchschnitt der neun Finanzämter um mehr als 80 % erhöht.[24] Es zeigt sich, daß dabei die Ausweitung annähernd kontinuierlich von sich ging: Im Zeitraum von 1966 bis 1975 stieg die Fallzahl von rund 300 auf rund 420 Fälle pro Bearbeiter; das bedeutet einen Zuwachs um knapp vierzig Prozent. Den annähernd gleichen Zuwachs brachte das Jahrzehnt von 1975 bis 1985, in dem die Fallzahl von etwa 420 auf 545 Fälle wuchs.[25]

Tabelle 4/16: Zahl der LStJA-Anträge pro Bearbeiter in den Lohnsteuerstellen (1956-1985)

	Zahl der LStJA-Anträge pro Bearbeiter in den LSt-Stellen**					
Finanzamt	1956	1966	1970	1975	1982	1985
BI-Innenstadt	*	2.644	2.389	2.171	1.869	1.819
Bünde	*	2.389	2.148	1.969	1.622	1.581
Detmold	1.371	2.350	1.853	2.642	*	*
Herford	*	2.703	2.461	1.378	1.866	1.604
Lemgo	1.343	2.193	2.325	1.972	2.984	2.170
Lübbecke	1.766	2.568	2.742	2.357	2.027	2.250
Minden	1.119	2.408	2.022	3.075	1.968	1.592
Wiedenbrück	1.501	2.598	2.440	3.148	1.987	1.774
Durchschnitt	*1.420*	*2.482*	*2.298*	*2.339*	*2.046*	*1.827*
Gesamtentwicklung	*57,2 %*	*100 %*	*92,6 %*	*94,2 %*	*82,4 %*	*73,6 %*

* Wegen fehlender Einzeldaten nicht errechenbar.

** Sachbearbeiter und Mitarbeiter in den Lohnsteuerstellen, ohne Bearbeiter im Außendienst (Außenprüfer); FA BI-Außenstadt nicht erhoben.

(Quelle: Eigene Berechnungen aufgrund der *Amtsübersichten der Finanzämter*)

---

24) Als Basis der relativen Entwicklung wurde in den Tabellen 4/15 bis 4/18 das Jahr 1966 gewählt, weil ab diesem Zeitpunkt durchgehende Daten vorliegen. Wo Daten auch schon für das Jahr 1956 vorliegen, wurden sie beigefügt. Die Jahre 1975 und 1982 'umrahmen' die GNOFÄ-Zeitphase in den meisten Untersuchungsfinanzämtern; für diese Phase sind Bearbeiter/Fall-Relationen aus dem Veranlagungsbereich nicht errechenbar.

25) Allein aufgrund der Zahl der Einkommensteuerpflichtigen läßt sich der Aufgabenumfang der Bearbeiter in den VSt nicht bestimmen. Dazu sind z.B. auch die Zahl der Körperschaftsteuerfälle - die, ausweislich der Daten für das FA Minden in Anlage 4/IV, gleichfalls stark zugenommen haben - und die zu bearbeitenden Gewinnfeststellungen (F-Fälle) zu zählen (vgl. hierzu auch Kap. 7.3.2).

Ganz anders ist die Entwicklung von zugeteiltem Personal und zu bearbeitenden Fällen/Steuerpflichtigen bei den *Lohnsteuerstellen* der untersuchten Finanzämter verlaufen: Hier ist die Zahl der LStJA-Anträge pro Bearbeiter in den zwei Jahrzehnten von 1966 bis 1985 nicht gestiegen, sondern gefallen (vgl. *Tabelle 4/16*). 1966 kamen auf einen Bearbeiter in den Lohnsteuerstellen der acht einbezogenen Finanzämter durchschnittlich 2.482 Anträge auf Lohnsteuer-Jahresausgleich (1956: 1.420). Bis 1975 sank diese Zahl auf 2.339 Anträge (entsprechend rund 94 % der Zahl von 1966), bis 1985 gar auf 1.827 Anträge (73,6 %). Damit war bis 1985 der starke Zuwachs von 1956 bis 1966 bei den Bearbeitungszahlen zur Hälfte wieder kompensiert. Diese Entwicklung verlief - ähnlich wie der umgekehrte Trend bei den Veranlagungsstellen - relativ gleichmäßig zwischen den verschiedenen Ämtern. Auch im Ergebnis zeigen sich nur geringe Unterschiede. Im Gegensatz zur Entwicklung bei den Veranlagungsstellen ist also die Zahl der Anträge auf Lohnsteuerjahresausgleich pro Bearbeiter der Lohnsteuerstellen (Sachbearbeiter und Mitarbeiter im Innendienst) von 1966 bis 1985 *um mehr als ein Viertel gesunken.*

Tabelle 4/17: Einnahmen an veranlagter Einkommensteuer pro Bearbeiter in den Veranlagungsstellen/Teilbezirken (1956-1985)

Finanzamt	Einnahmen an veranlagter ESt pro Bearbeiter in den VSt**					
	1956	1966	1970	1975	1982	1985
BI-Außenstadt	*	1.476	1.455	2.319	1.775	1.967
BI-Innenstadt	*	1.513	1.657	2.318	1.876	4.071
Bünde	*	1.542	1.638	1.818	1.832	1.633
Detmold	335	1.350	1.290	1.811	1.668	1.683
Herford	*	1.581	1.290	*	1.464	1.866
Lemgo	227	1.343	866	1.683	1.148	1.390
Lübbecke	222	1.542	1.533	*	1.246	1.515
Minden	427	1.494	1.499	1.521	1.840	1.484
Wiedenbrück	413	1.712	1.798	2.290	1.972	1.729
Durchschnitt	*325*	*1.505*	*1.447*	*1.966*	*1.647*	*1.926*
Gesamtentwicklung	*21,6 %*	*100 %*	*96,1 %*	*130,6 %*	*109,4 %*	*128 %*

* Wegen fehlender Einzeldaten nicht errechenbar.
** in Tsd. DM

(Quelle: Eigene Berechnungen aufgrund der *Amtsübersichten der Finanzämter*)

Die Einnahmen an *veranlagter Einkommensteuer pro Bearbeiter in den Veranlagungsstellen* zeigt eine Entwicklung, die sich von den beiden Veränderungsmustern, wie sie bei den Relationen von Bearbeitungsanfall und Personalausstattung in den VSt und LSt gezeigt haben, unterscheiden: Hier ist im Durchschnitt der neun Finanzamter von 1966 (1956) bis 1975 ein Ansteigen, danach eine Stagnation festzustellen (vgl. *Tabelle 4/17*). Betrachtet man wie bei den vorangegangenen Tabellen den Zeitraum zwischen 1966 und 1985, so zeigt sich ingesamt über die neun Finanzämter hinweg ein Ansteigen des nominalen Aufkommens an veranlagter Einkommensteuer um 28 %. 1966 wurden pro Kopf der Sachbearbeiter und Mitarbeiter in den Veranlagungsstellen durchschnittlich 1.505.00 DM eingenommen. Bis 1970 blieb dieser Wert (bei einem geringfügigen Rückgang) annähernd konstant, steigerte sich dann aber bis 1975 auf annähernd 2 Millionen DM pro Bearbeiter (130,6 % des Standes von 1966). Der Wert von 1982 liegt mit rund 1.650.000 DM deutlich darunter; er steigerte sich aber bis 1985 wieder auf 1.936.000 DM an veranlagter ESt pro Bearbeiter der VSt.[26)]

Um diese Werte schwanken die die Ergebnisse der einzelnen Finanzämter beträchtlich. Den 50 Sachbearbeitern und Mitarbeiter der Teilbezirke des FA Minden im Jahre 1966 stehen rund 74.691.000 DM an Aufkommen aus veranlagter Einkommensteuer gegenüber, den 67 VSt-Bearbeitern des gleichen Finanzamtes 1985 99.413.000 DM; das bedeutet jeweils rund 1.490.000 DM an veranlgter ESt pro Bearbeiter. Im Bereich des FA Lübbecke ging der Betrag von veranlagter ESt pro Bearbeiter von 1.542.000 DM (1966) sogar leicht auf 1.515.000 DM (1985) zurück. Auch im Bereich des FA Wiedenbrück steigerte sich der Betrag pro Bearbeiter nur geringfügig (+ 0,1 %). Hingegen ist im Bereich der Einkommensteuerveranlagung des FA BI-Innenstadt ein weitaus deutlicherer Zuwachs erkennbar: 1966 standen dort 55 Bearbeiter einem Aufkommen von 83.228.000 DM an veranlagter ESt gegenüber; 1985 waren es 62,2 zugeteilte Bearbeiter und das Gesamtaufkommen an veranlagter ESt hatte sich auf 253.246.000 DM erhöht. Der Betrag von veranlagter Steuer pro Bearbeiter hat sich im gleichen Zeitraum von rund 1,5 Millionen DM pro Bedienstetem auf über 4 Millionen DM gesteigert.[27)] Festzuhalten bleibt als Fazit, daß das durchschnittliche Aufkommen an veranlagter Einkommensteuer pro Bearbeiter von 1966 bis 1975 *um rund dreißig Prozent anstieg* und seitdem wieder

26) Diese Annahmen beziehen sich immer auf das nominale Aufkommen an veranlagter Einkommensteuer in den jeweiligen Jahren. Darauf beziehen sich auch die Werte für die durchschnittliche Entwicklung auf der Basis von 1966. Bei einer Einrechung der inflationsbedingten Steigerungsraten würden sich die Relationen nach unten verschieben.

27) Im Jahre 1985 war der Betrag an eingenommener veranlagter Einkommensteuer im Bereich des FA BI-Innenstadt mit rund 253 Millionen DM außerordentlich hoch. 1984 lag er bei lediglich rund 160 Millionen DM, 1986 bei rund 185 Millionen DM.

abgesunken ist.[28)]

Tabelle 4/18: Lohnsteuereinnahmen pro Bearbeiter in den Lohnsteuerstellen (1956-1985)

Finanzamt	Lohnsteuereinnahmen** pro Bearbeiter in den VSt*** 1956	1966	1970	1975	1982	1985
BI-Innenstadt	*	7.039	9.534	18.925	26.316	32.857
Bünde	*	2.792	4.242	7.683	12.402	17.203
Detmold	1.488	2.521	3.263	9.408	*	*
Herford	*	4.884	5.673	8.310	20.456	22.863
Lemgo	514	1.942	4.306	5.527	18.728	18.643
Lübbecke	962	2.345	4.655	7.513	14.476	22.102
Minden	1.008	2.838	3.851	12.736	12.987	17.994
Wiedenbrück	1.888	4.448	7.216	18.269	25.205	29.943
Durchschnitt	*1.172*	*3.601*	*5.343*	*11.046*	*18.653*	*23.086*
Gesamtentwicklung	*32,5 %*	*100 %*	*148,4 %*	*306,7 %*	*518 %*	*641,1 %*

* Wegen fehlender Einzeldaten nicht errechenbar.
** in Tsd. DM
*** Sachbearbeiter und Mitarbeiter in den Lohnsteuerstellen, ohne Bearbeiter im Außendienst (Außenprüfer); FA BI-Außenstadt nicht erhoben.

(Quelle: Eigene Berechnungen aufgrund der *Amtsübersichten der Finanzämter*)

Auch in diesem Punkt unterscheidet sich das Bild deutlich von der Situation in den *Lohnsteuerstellen*, in denen seit 1966 (1956) der Betrag der Lohnsteuereinnahmen pro Kopf der Sachbearbeiter und Mitarbeiter beständig angestiegen ist (vgl. *Tabelle 4/18*). Pro Bearbeiter in den Lohnsteuerstellen wurden 1966 im Durchschnitt der Untersuchungsfinanzämter rund 3,6 Millionen DM eingenommen.[29)] Bis 1975 steigerte sich dieser Betrag auf rund 11 Millionen DM, bis 1982 auf rund 18,7 Millionen DM. 1985 schließlich wurden pro Kopf der Bearbeiter in den Lohnsteuerstellen rund 23 Millionen DM an Lohnsteuer erhoben. Zwischen den

28) Der annähernd gleich hohe Wert von 128 % für 1985 kommt nur durch die hohe Steigerungsquote des FA BI-Innenstadt zustande; ohne dieses Amt wäre 1985 nur ein Satz von 110,2 % der Basisquote von 1966 erreicht worden.

29) Die Relation zwischen Steueraufkommen und Bearbeiterzahl in der zuständigen Abteilung des Finanzamtes ist bei der Lohnsteuer - wegen ihrer auf die Arbeitgeber abgewälzten Erhebung - nicht so klar herzustellen wie im Bereich der Einkommensteuerveranlagung. Die trotzdem erfolgte Hereinnahme der Lohnsteuerstellen dient hier der Schaffung von Vergleichsmöglichkeiten zu den VSt.

einzelnen Finanzämtern verlief diese Entwicklung weitaus unterschiedlicher, als das beim Aufkommen an veranlagter Einkommensteuer pro Bearbeiter zu beobachten war.
Der prinzipielle Unterschied zur Entwicklung in den Veranlagungsstellen liegt darin, daß zwar in dem Jahrzehnt zwischen 1966 und 1975 in beiden Fällen Steigerungen festzustellen sind (wenngleich diese in den LSt weitaus stärker sind), sich aber insbesondere zwischen 1975 und 1985, in einem Zeitraum, in dem das Pro-Kopf-Aufkommen in den VSt gesunken ist, das Aufkommen an Lohnsteuer pro LSt-Bearbeiter nochmals verdoppelt hat. Die Lohnsteuereinnahmen in den Finanzämter pro Bearbeiter sind in den zwei Jahrzehnten also stetig gewachsen und liegen heute im Durchschnitt auf dem sechsfachen Niveau im Vergleich zur Mitte der sechziger Jahre.

Zusammenfassend läßt sich zu den Steuerpflichtigen/Personal- und Aufkommen/Personal-Relationen im Bereich der Lohn- und Einkommensteuer in den Untersuchungsfinanzämtern festhalten:

- Die Zahl der Einkommensteuerpflichtigen pro Bearbeiter hat sich in den zwei Jahrzehnten von 1966 bis 1985 *um mehr als achtzig Prozent erhöht.*
- Die Zahl der Anträge auf Lohnsteuerjahresausgleich pro Bearbeiter der Lohnsteuerstellen (Sachbearbeiter und Mitarbeiter im Innendienst) ist dagegen im gleichen Zeitraum *um mehr als ein Viertel gesunken.*
- Das Aufkommen an veranlagter Einkommensteuer pro Bearbeiter (Sachbearbeiter und Mitarbeiter) ist von 1966 bis 1975 nominal *um rund dreißig Prozent angestiegen* und ist seitdem wieder *abgesunken.*
- Im Unterschied hierzu ist das Aufkommen an Lohnsteuer pro Bearbeiter in den Lohnsteuerstellen in den letzten zwanzig (dreißig) Jahren stetig angestiegen und beträgt heute (nominal) mehr als das sechsfache des Standes von 1966.

Bei der Zusammenstellung dieser Daten muß darauf hingewiesen werden, daß ein Teil der ESt-Pflichtigen zunächst als LSt-Zahler den 'Umsatz' der Bearbeiter in den LSt-Stellen erhöht - obwohl auch dort größtenteils Erstattungen stattfinden - , aber im Rahmen der anschließenden ESt-Veranlagung eine Erstattung erfolgt, so daß in der ESt-Aufkommensbilanz des Finanzamtes in diesen Fällen kein Zuwachs ausgewiesen ist. Die Relationen können nur unter dieser Einschränkung hergestellt werden.

4.2.3 Die Ermittlung des Personalbedarfs in den Finanzämtern

4.2.3.1 Grundlagen der Personalbedarfsberechnung in den Finanzämtern

Berechnungen des Personalbedarfs werden in vereinfachter Form in verschiedenen Verwaltungsbereichen schon länger durchgeführt. Umfassende Personalbedarfsberechnungen (PersBB) gibt es durchgehend in den Verwaltungszweigen der Zoll- und Finanzverwaltung. In der Steuerverwaltung werden solche Berechnungen auf der Ebene der Finanzämter seit mehr als dreißig Jahren durchgeführt.

Bei Berechnungen mit *quantifizierbaren Daueraufgaben*, wie sie in den Steuerverwaltungen vorliegen, spielen dabei die Elemente (a) Zahl der Arbeitsvorgänge pro Jahr, (b) die Fallzahlen je Vorgang pro Jahr, (c) die mittlere Bearbeitungszeit in Minuten pro Vorgang und (d) die Netto-Arbeitszeit einer Normalarbeitskraft in Minuten pro Jahr (JAM) eine Rolle. Sie werden zusammengefaßt und der Personalbedarf formelhaft berechnet, wobei ein Zuschlagsfaktor für nichterfaßte Tätigkeiten in Rechnung gestellt wird. Zu diesem errechneten Personalbedarf ist gewöhnlich noch eine personelle Grundausstattung hinzuzuzählen, die die Leitungsaufgaben und Funktionen eines Bürobetriebsdienstes erfaßt (*Kübler* 1980: 75). Die so ermittelten *analytischen Schlüsselzahlen* können über mehrere Jahre hinweg zur Ermittlung des Personalbedarfs genutzt werden, wenn die jeweilige Zahl der Vorgänge pro Jahr aktualisiert wird.

> "Aus der Streubreite von Bearbeitungszeiten für bestimmte Arbeitsvorgänge muß ein Mittelwert gebildet werden, der aus zahlreichen Beobachtungen und Schätzungen gebildet wird. Die mittlere Bearbeitungszeit wird in Minuten ausgedrückt. Grundlage für die Ermittlung von mittleren Bearbeitungszeiten sind tägliche Arbeitsaufzeichnunngen, Tätigkeits-Listen, Arbeitsverteilungsübersichten, Interviews mit den Stelleninhabern, Laufzettel und zusätzliche Feststellungen durch den Organisator." (*Kübler* 1980: 77)

Die Personalbedarfsberechnung für die Finanzämter (PersBB-FÄ) ist dabei nicht so angelegt, daß durch sie der Bedarf eines einzelnen Arbeitsgebietes bundeseinheitlich exakt ermittelt werden könnte. Sie dient vielmehr dazu, den Personalbedarf auf Landesebene zu ermitteln und die Stellenverteilung auf die einzelnen Finanzämter zu erleichtern. Das Ergebnis der PersBB ist demzufolge auch "Grundlage für die Stellenverteilung, den Personalausgleich, die Raumbedarfsberechnung, die Teilung von Finanzämtern sowie die Basis für den Neuzuschnitt von erweiterten Zuständigkeiten" (*Göppert* 1986: 64). Nach dem Versuchsbeginn in Nordrhein-Westfalen 1951 werden seit *1954* in einem dreijährigen Turnus in der Finanzämtern der Bundesrepublik Personalbedarfsberechnungen nach einem einheitlichen, zunächst im Bezirk der OFD Münster entwickelten Verfahren durchgeführt. Das Verfahren wird zu dem jeweiligen Stichtag von einem durch die obersten Finanzbehörden der

Länder eingesetzten Ausschuß fortgeschrieben (*Lindner* 1976: 16). Der Personalbedarf für die Finanzämter wird dadurch ermittelt, daß getrennt für *jede Stelle* des Finanzamtes (Veranlagungsstelle, Rechtsbehelfsstelle usw.) der Personalbedarf ermittelt wird. Bewertungkriterien sind: die *typischen Aufgaben*, die *Berechnungsgrundlage*, die *Zahl der Fälle*, die *durchschnittliche Bearbeitungszeit pro Fall* der typischen Aufgabe, der *Gesamtzeitbedarf* in Minuten und die *Jahresarbeitszeitminuten* (*Göppert* 1986: 64).

Die typischen Aufgaben werden in den jeweiligen PersBB-Vordrucken getrennt nach Funktionsgruppen (Sachbearbeiter-, Mitarbeiteraufgaben) katalogmäßig aufgeführt.[30)] Als Berechnungsgrundlage für die *Zahl der Fälle* können angenommen werden: die Zahl der im vorangegangenen Kalenderjahr eingegangenen Anträge, die Zahl der im vorangegangenen Jahr bearbeiteten Fälle, die Zahl der Steuerpflichtigen, die Zahl der Betriebe oder die durchschnittliche Übernahmequote der vorangegangenen drei Kalenderjahre (*Göppert* 1986: 64). Zur Ermittlung der *durchschnittlichen Bearbeitungszeit pro Fall* wird bestimmt, welcher Zeitaufwand eine "durchschnittliche Arbeitskraft der betreffenden Funktionsgruppe" zur Erledigung der typischen Aufgaben benötigt (ebd.: 64). *Wagner* (1968: 99) weist ausdrücklich darauf hin, daß die hier anfallenden Nebenarbeiten (Studium von Gesetzen, Verordnungen, Erlassen und Verfügungen, der Rechtsprechung usw.) in die Ansetzung eines typischen Arbeitsfalles der Steuerverwaltung aufzunehmen sind. Aus der Multiplikation der Zahl der Fälle mit der durchschnittlichen Bearbeitungszeit ergibt sich der *Gesamtzeitbedarf* der betreffenden Stelle; die Addition aller Arbeitsbelastungen des einzelnen Stellen ergibt die Arbeitsbelastung des betreffenden Finanzamtes.

Die *Normalarbeitskraft* ist ein Rechenfaktor, der einheitlich für die gesamte Problemstellung festgelegt wird. Dabei wird von der "normalen zeitlichen Verfügbarkeit" einer Arbeitskraft im Jahr ausgegangen (*Kübler* 1980: 77). Hierbei ergibt sich - unter den bis Ende der achtziger Jahre im öffentlichen Dienst gültigen Bedingungen[31)] einer regelmäßigen Wochenarbeitszeit von 40 Stunden - eine normale Jahresarbeitszeit von *100.500 Minuten für Angestellte und Beamte* und 98.500 Minuten für Arbeiter. Von dieser prinzipiellen Verfügbarkeit sind bestimmte Zeiten

30) Für die Veranlagungsstelle gelten beispielsweise die Vorgaben nach § 46 EStG: die einmalige Durchführung von Jahresveranlagungen, weitere fallbezogene Aufgaben in Zusammenhang mit der Steuerfestsetzung, die Erteilung von Auskünften, das Verfertigen von Berichten, Mitteilungen und anderem Kontrollmaterial u.a. (Göppert 1986: 64).

31) Ausgehend von einem Arbeitsjahr von 210 Tagen (365 Tage - 115 Feiertage und feiertagsähnliche Freizeit - 40 Tage für Urlaub (29) und Erkrankungen incl. Kuren (11)) ergibt sich bei einer 5-Tage-Arbeitswoche eine Arbeitszeit von 100.800, abgerundet 100.500 Jahresarbeitsminuten (JAM) (vgl. Kübler 1980: 77).

für unvermeidbare oder persönlich bedingte Arbeitsausfälle abzuziehen:

> "Die gesamte Tätigkeit einer Arbeitskraft dient nicht völlig der eigentlichen Aufgabenerfüllung. Jeder Mensch braucht Pausen und kurze Unterbrechungen, er arbeitet nicht maschinell. Ein - häufig beträchtlicher Teil - der Arbeitszeit kann durch das Herrichten und Aufräumen des Arbeitsplatzes, durch Essen, Waschen, Zeitunglesen, durch das Führen von Privatgesprächen, das Warten auf Arbeit aus betriebsbedingten Gründen usw. aufgezehrt werden." (*Wagner* 1968: 32)

Kübler (1980: 78) geht hierbei von einem Faktor von *5 bis 10 %* aus; *Lindner* (1976: 14) nimmt "ca. 10 %" an. Bei der Beschreibung der 'typischen Aufgaben' und der Bemessungsgrundlagen ergeben sich Schwankungen wegen der organisationsbedingten Abweichungen zwischen den Steuerverwaltungen der Länder. Die Zahl der *Jahresarbeitsminuten* wurde für die achtziger Jahre für jede Arbeitskraft in den Finanzämtern einheitlich auf 98.500 Minuten festgelegt,[32)] d.h. eine Arbeitskraft galt bisher als ausgelastet, "wenn auf sie im Kalenderjahr eine Arbeitsleistung von 98.500 Minuten entfällt" (*Göppert* 1986: 64). Für die zum 1. Januar 1988 durchgeführte PersBB wurde in Nordrhein-Westfalen eine neue durchschnittliche Jahresarbeitszeit für die 'Normalarbeitskraft' festgelegt. Unter Berücksichtigung der Entwicklung des Erholungsurlaubes seit 1982, der Arbeitszeitverkürzung durch die Gewährung arbeitsfreier Tage seit dem 1. Januar 1985 und der Arbeitsfreistellungen aufgrund der gesetzlichen Bestimmungen hinsichtlich der Arbeitnehmerweiterbildung wurde die durchschnittliche Jahresarbeitszeit ab 1988 auf *96.860 Jahresarbeitsminuten*, oder *201,79 Jahresarbeitstage* festgelegt.[33)] Der Bedarf an erforderlichen Arbeitskräften für die einzelnen Stellen des Finanzamtes ergibt sich aus der Teilung des für diese Stellen berechneten Gesamtzeitbedarfes durch die Jahresarbeitsminuten. Die PersBB-FÄ wird nicht getrennt für jedes Kalenderjahr, sondern nur zu Beginn eines Dreijahreszeitraumes durchgeführt.[34)] Mit ihr wird also der Personalbedarf für jeweils drei Jahre ermittelt, was ab einer gewis-

32) Die Finanzverwaltung ging unter den Bedingungen der 40-Stunden-Woche von 205 Arbeitstagen (365 Arbeitstage - 104 Samstage und Sonntage - 11 Feiertage - 17 Krankheitstage - 28 Urlaubstage) aus, die zu je acht Arbeitsstunden gerechnet wurden, woraus sich 98.400 (aufgerundet 98.500) Arbeitsminuten ergaben (vgl. Göppert 1986: 65).

33) Schreiben des Finanzministers des Landes Nordrhein-Westfalen an die Oberfinanzdirektionen vom 15. Januar 1988, AZ 0 1510 -4/88 - II C 2.

34) Weil Personalvermehrungen für ohnehin nicht mehr finanzierbar gehalten wurden, sollte nach einem Beschluß der Landesfinanzministerkonferenz vom 23. September 1982 hinfort auf eine bundeseinheitliche Personalbedarfsberechnung verzichtet werden, da diese in einer solchen Situation ihre Funktion verloren habe (vgl. DStG Nr.5/1986: 30). Nach längeren Beratungen werden seit dem 1. Januar 1985 solche Berechnungen aber wieder durchgeführt. Die Arbeitsgruppe 'Personalbedarfsberechung' der Länderfinanzverwaltungen arbeitet seitdem als Arbeitsgruppe 'Personalbemessung' des Bundes und der Länder weiter (DStG Nr. 3/1984: 18; DStG Nr. 4/1985: 43).

sen Veränderungsrate zu Problemen führen kann: "Bei steigender oder sinkender Tendenz des Arbeitsanfalls ist der der PersBB zugrunde gelegte Arbeitsanfall nicht mehr real, mit der Folge, daß der auf dieser Grundlage ermittelte Personalbedarf auch nicht real ist." (*Göppert* 1986: 65). Neben der Kompliziertheit und Undurchschaubarkeit des Berechnungsverfahrens[35] ist dies das Hauptproblem der PersBB in den Steuerverwaltungen der Länder.[36]

Es ist vorstehend schon ausgeführt worden, daß in der Finanzverwaltung unter den Bedingungen einer 40-Stunden-Woche von 98.500 Jahresarbeitsminuten ausgegangen wurde. Gegenüber der von *Kübler* (1980: 78) - nach Abzug der besonderen Arbeitsvorgänge - in Verwaltungen generell angesetzten Nettoarbeitszeit von 90.000 Minuten ergab sich hier also eine *Überlastung von rund 10 %*: "Die PersBB-FÄ geht demnach von einer zu hohen jährlichen Gesamtarbeitszeit aus und muß demzufolge auch zu einem geringeren als dem tatsächlichen Personalbedarf führen." (*Göppert* 1986: 65) Von den Veranlagungssachbearbeitern eines Finanzamtes wird als Berechnungsgrundlage beispielsweise erwartet, daß sie pro Woche etwa 50 Steuerpflichtige zur Einkommensteuer, zur Gewerbesteuer oder zur Umsatzsteuer veranlagen oder etwa 100 einfache Einkommensteuerfälle durch Steuerbescheide erledigen (*Tipke/Lang* 1989: 658). Nach dem heutigen Stand des Verfahrens[37] können dazu die in den Finanzämtern erhobenen und zentral berechneten Daten für jeden Veranlagungsbezirk genau ausgewertet werden.

4.2.3.2 Das Verhältnis von Personalbedarf und Personalbestand in den Untersuchungsfinanzämtern

Auch in den Finanzämtern, die im Rahmen dieser Untersuchung näher betrachtet werden, wurden und werden in regelmäßigen Abständen Personalbedarfsberechnungen nach dem vorstehend beschriebenen Muster durchgeführt. Die Ergebnisse dieser PersBB sind zumeist dokumentiert. In *Anlage 4/VI* sind die Ergebnisse der Personalbedarfsberechnung im FA Detmold zwischen 1955 und 1987 aufgelistet. Aus diesen Ergebnissen und dem Vergleich mit dem in *Anlage 4/V* belegten tatsächlichen Bestand an *zugeteilten Stellen* im FA Detmold zwischen 1956 und 1987 lassen sich beispielhaft einige Entwicklungen des Verhältnisses von Personalbedarf und Personalbestand in den letzten dreißig Jahren ablesen.

---

35) Vgl. 'Personalbedarfsberechnung: Kompliziert und unhandlich', in: DStG Nr. 3/1989: 27.

36) Eine bundeseinheitliche PersBB in den Länderfinanzverwaltungen ist bis heute noch nicht durchgeführt worden; immerhin wurden mittlerweile durch die Arbeitsgruppe 'Personalbemessung' bundeseinheitliche Kriterien hierfür erarbeitet (vgl. DStG Nr. 3/1989: 24).

37) In Nordrhein-Westfalen erfolgte die Personalbedarfsberechnung zum 1. 1. 1985 zum ersten Mal maschinell.

Zu Beginn der Personalbedarfsberechnungen, in den Jahren 1956/57, lag der errechnete *Gesamtpersonalbedarf* des Finanzamts Detmold oberhalb des tatsächlichen Personalstandes. Dieser Fehlbetrag blieb bis zum Anfang der sechziger Jahre konstant. Danach erhöhte er sich schlagartig: Während der tatsächliche Personalstand des Amtes bis 1966 nur auf etwa 270 Stellen stieg, geht die PersBB seit 1966 von einem Bedarf von deutlich über 400 Stellen aus, was 1966 zu einem Fehlbestand von rund 34,6 % der errechneten Stellen führte. Dieser Fehlbetrag verminderte sich im FA Detmold wegen der nur geringfügigen Stellensteigerungen nur langsam. Erst in der zweiten Hälfte der siebziger Jahre verbesserte sich dieses Verhältnis durch Steigerungen des Personalbestandes sowie durch herabgesetzte Maßzahlen der PersBB. Dank dieser Entwicklung zeigt sich 1985 erstmals ein Überschuß der vorhandenen Stellen, der sich bis 1987 durch einen Stellenabbau, verbunden mit Steigerungen des Bedarfs, wieder auf einen Fehlbetrag von 7,3 % der errechneten Stellen wandelte. Die große Differenz zwischen Personalbedarf und Personalbestand, wie sie sich ab der Mitte der sechziger Jahre im FA Detmold gezeigt hat, löste sich demnach in der zweiten Hälfte der siebziger Jahre auf; erst in den letzten Jahren beginnt sich die Schere wieder zu öffnen.

Die Entwicklungslinien sind in allen Untersuchungsfinanzämtern einheitlich: *Große Differenzen* zwischen Personalbedarf und Personalbestand bei den Gesamtpersonalzahlen in den sechziger Jahren, ein *langsamer Abbau* dieser Differenz bis Mitte der siebziger, ein deutlich *schnellerer Abbau* bis zum Anfang der achtziger Jahre und seitdem wieder eine Auseinanderentwicklung mit einem *Anwachsen* der Differenz zwischen Personalbestand und Personalbedarf.

Noch deutlichere Fehlbestände als im Gesamtpersonalbestand hat es in den sechziger Jahren im FA Detmold bei den *Sachgebietsleitern* gegeben. Dort fehlten nach Maßgabe der Personalbedarfsberechnungen für 1966 und 1969 mehr als vierzig Prozent des benötigten Personals. Bis 1978 hat sich der Fehlbetrag durch geringe Stellenausweitungen auf 25,1 % reduziert, ein Niveau, auf dem der Fehlbetrag bis heute verharrt. Die Entwicklung bei den *Sachbearbeitern* folgt deutlicher als bei den Sachgebietsleitern derjenigen beim Gesamtpersonalbestand. 1957 hat es hier einen Fehlbestand von rund 15,5 % gegeben. Dieser Fehlbestand blieb bis 1966 nahezu konstant. Durch Umstellungen bei den Stellenzuordnungen (gesonderte Ausweisung von Betriebs- und Außenprüfern) und einer Ausweitung des Bedarfs an Sachbearbeitern erhöhte sich der Fehlbetrag bis 1972 auf 36,1 %. Er konnte bis 1978 wieder abgesenkt werden. In der Folge wurde bis 1985 die Zahl der dem FA Detmold zugewiesenen Stellen beständig erhöht, so daß sich 1985 eine *positive* Differenz zwischen Personalbestand und Personalbedarf ergab. Bis 1987 zeigte sich wieder - durch Erhöhung des errechneten Bedarfs - ein Fehlbetrag von rund

4,2 %. Die Ausweitung der Differenz zwischen Personalbedarf- und -bestand ergab sich demnach *deutlich später als beim Gesamtpersonalbestand.* Sie kam erst ab dem Ende der sechziger/Anfang der siebziger Jahre voll zum Tragen.

Eine Ausweitung des Fehlbestandes, wie er im Bereich des FA Detmold bei den Sachbearbeitern in den achtziger Jahren deutlich wurde, kann bei der Gesamtbetrachtung aller Finanzämter nicht nachgewiesen werden. Die *Fehlbestände* der einzelnen Finanzämter haben sich *bis 1975 deutlich aneinander angeglichen* und lagen im Durchschnitt nur leicht über dem Niveau der Mitte der sechziger Jahre. Insgesamt zeichnet sich die Entwicklung bei den Sachbearbeitern der Finanzämter dadurch aus, daß ihr Fehlbestand zum errechneten Bedarf in den sechziger Jahren *deutlich höher* war als beim Gesamtpersonal, daß dieser Fehlbestand seitdem aber deutlich - und nach den Zehn-Jahres-Statistiken mit einer gewissen Stetigkeit - abgebaut wird. Die Verringerung der Fehlbestände zwischen 1966 und 1975 erfolgte bei den Sachbearbeitern allerdings langsamer und auf einem geringeren Niveau als beim Gesamtpersonalbestand. Nach der PersBB für 1987 ist der *Fehlbestand bei den Sachbearbeitern aber mittlerweile geringer als beim Gesamtstellenbestand der Finanzämter.*

Differenzen zwischen Personalbedarf und Personalbestand zeigen sich auch bei den dem mittleren Dienst angehörenden *Mitarbeitern.* Der Fehlbestand der Mitarbeiter lag in allen Phasen zwischen 1957 und 1982 *unter* dem der Sachbearbeiter oder dem des Gesamtpersonals, d.h. die Differenz zwischen Personalbedarf und Personalbestand war hier am geringsten, bzw. es bildete sich z.T. sogar ein Stellenüberschuß heraus. Bis 1987 hatte sich in allen Ämtern, zu denen hierfür Daten vorliegen, wieder ein leichter Personalfehlbestand (- 4,7 %) ergeben, denn obwohl in der Mehrzahl der Ämter die Bedarfszahlen zwischen 1982 und 1987 zurückgefahren wurden, kehrte sich die Relation zwischen Personalbestand und Personalbedarf bei den Mitarbeitern des mittleren Dienstes wieder um, da in allen Ämtern die Zahl der zugeteilten Stellen verringert wurde.

Der tatsächliche Personalbestand der Finanzämter ist in der Regel noch geringer, als es die Richtzahlen der zugeteilten Stellen - an der die PersBB gemessen werden - aussagen: Aus dem Vergleich von *zugeteilten Stellen* und tatsächlich *vorhandenem Personal* am Jahresanfang 1988 zeigt sich, daß die den Finanzämten zugewiesenen Stellen in unterschiedlichem Maße besetzt werden (vgl. *Tabelle 4/19*). In einigen Ämtern sind - über alle Personalbereiche hinweg - bis zu acht Prozent der Stellen unbesetzt (Besetzungsquote FA Detmold: 91,6 %, FA Wiedenbrück: 92,2 %, FA BI-Außenstadt: 92,3 %). Im Durchschnitt aller Ämter betrug die Quote des vorhandenen Personals 96 % der vorhandenen Stellen. Aus der Anzahl des vorhandenen

Personals in den Finanzämtern ist zudem erkennbar, daß die durchschnittliche Besetzungsquote bei den *Sachbearbeitern* mit 106,8 % deutlich über dem Stand der zugeteilten Stellen liegt. Die Zahl der *Mitarbeiter* liegt mit einer Quote von 99,2 % Besetzungen leicht unter der Stellenzahl.

Tabelle 4/19: Zugeteilte Stellen und vorhandenes Personal in den Untersuchungsfinanzämtern (1987/88)

Finanzamt	Zugeteilte Stellen und vorhandenes Personal in den Finanzämtern							
	*zugeteilte Stellen***				*vorhandenes Personal****			
	SGL	SB	Mitarb.	*insges.*	SGL	SB	Mitarb.	*insges.*
BI-Außenstadt	19	112	83	310,5	17	102,5	83	286,50
BI-Innenstadt	*	*	*	*	19	99,7	106,4	290,6
Bünde	9	52	46	147,3	9	54,3	45,3	146,4
Detmold	21	142	133	395,1	20	130,3	127	361,8
Herford	12	78	73	213,7	13	73,8	69	200,8
Lemgo	7	40	35	111,3	8	42,7	38,6	116,8
Lübbecke	8	44	39	121,5	8	39,8	39	118,1
Minden	16	113	94	294,2	16	110	96,5	284,46
Wiedenbrück	16	99	92	279,5	16	96,43	85	257,74

* nicht nachgewiesen
** im Haushaltsjahr 1987
*** am 01.01.1988

(Quelle: *Amtsübersichten der Finanzämter*)

Der Vergleich von *Personalbestand* und *Personalbedarf* der Finanzämter am Beispiel des FA Detmold im Längsschnitt und in der Gegenüberstellung der Daten für die Gesamtzahl der Untersuchungsfinanzämter haben gezeigt, daß zumeist deutliche Differenzen zwischen dem mittels der PersBB errechneten Personalbedarf der Finanzämter und dem tatsächlich vorhandenen Personalbestand (gemessen an dem Bestand an zugeteilten Stellen) bestehen. Im einzelnen läßt sich hierzu festhalten:

- Beim *Gesamtpersonal* der Finanzämter haben zwischen dem Personalbedarf und dem Personalbestand in der Mitte der sechziger Jahre erhebliche Differenzen bestanden. Dieser Fehlbestand wurde bis Mitte der siebziger Jahre leicht, danach bis Anfang der achtziger Jahre deutlich (mittels Personalausweitungen und Absenkungen der Maßzahlen) abgebaut. Seit dem Anfang der achtziger Jahre kommt es erneut zu Steigerungen des Fehlbetrages zwischen Personalbestand und Personalbedarf.

- Der Fehlbestand im Bereich der *Sachbearbeiter* war zwischen 1957 und 1982 deutlich höher als beim Gesamtpersonal; er wurde auch deutlich langsamer abgebaut. Allerdings kam es gerade bei den SB in den achziger Jahren zu keinen Verschlechterungen der Relation zwischen Personalbestand und -bedarf, so daß 1987 der Fehlbetrag bei den Sachbearbeitern unter dem Gesamtfehlbestand von 6 % lag.
- Der Fehlbestand der *Mitarbeiter* lag von 1957 bis 1982 ständig auf einem niedrigeren Niveau, als das für die Sachbearbeiter oder den Querschnitt des Gesamtpersonals galt. Vor allem wegen der deutlichen Absenkung der Bedarfszahlen wurde in den meisten Finanzämtern 1982 sogar ein Überschuß an zugeteilten Stellen errechnet. Durch den Abzug von Stellen änderte sich dies bis 1987 wieder in einen (durchschnittlichen) Fehlbetrag von rund 4,7 % des errechneten Bedarfes.
- Ein nennenswerter Teil der zugeteilten Stellen (etwa 4 %) ist gegenwärtig im Durchschnitt aller Ämter nicht besetzt.

4.3 Zusammenfassung: Die personelle Situation der Steuerverwaltungen

Der Personalbestand der Finanzverwaltungen von Bund, Ländern und Gemeinden hat sich von 1960 bis 1986 um etwas mehr als ein Zehntel vergrößert. Zu dieser Vergrößerung trugen die einzelnen Gebietskörperschaften in unterschiedlichem Maße bei: Während der Personalbestand der Finanzverwaltungen von Bund und Gemeinden in diesem Zeitraum absank, vergrößerte sich der Personalumfang der Länderfinanzverwaltungen um etwa ein Drittel. Das Personalwachstum der Finanzverwaltungen aller Gebietskörperschaften zusammen resultiert also aus der starken *Zunahme des Personals der Finanz- und Steuerverwaltungen der Länder.* Der Personalumfang der einzelnen Finanzverwaltungen der Länder schwankt wegen der stark unterschiedlichen Einwohnerzahlen beträchtlich. Stark *unterschiedlich* sind auch die *Wachstumsraten* der einzelnen Finanz- und Steuerverwaltungen der Länder in den Jahren von 1960 bis 1986. Zusammenhänge zwischen der Größe und der Wachstumsrate der jeweiligen Finanzverwaltung sind aber nicht erkennbar.

Das Personalwachstum der Finanzverwaltungen der Länder erfolgte nicht kontinuierlich. Die Zeit beständiger Zuwachsraten seit dem Beginn der sechziger Jahren endete für die meisten Landesfinanzverwaltungen in den Jahren von 1978 bis 1980, als der Personalbestand seinen Höhepunkt hatte. 1979 wurde in der Addition des Personalstandes aller Länder gemeinsam mit ca. 119.900 Vollbeschäftigten ein Höhepunkt erreicht; zur Mitte der achtziger Jahre hat sich der Personalbestand leicht abgeschwächt und umfaßte etwa 115.000 vollzeitbeschäftigte Beamte, Angestellte und Arbeiter bei den Finanzverwaltungen der Länder.[38] Mißt man die Zunahme des Personals der Finanzverwaltungen an der Vergrößerung des Gesamtpersonalbestandes der Länderverwaltungen in den Jahren von 1970 bis 1985, so zeigt sich, daß sich das Personal in den Finanzverwaltungen nur *unterdurchschnittlich* vergrößert hat. Diese Tendenz zeigt sich auch bei einem Vergleich der Personalveränderungen in der für die Haushalte der Länder kritischen ersten Hälfte der achtziger Jahre: In den meisten Fällen wurden die Finanzverwaltungen stärker abgebaut bzw. in geringerem Maße vergrößert als der Durchschnitt aller Verwaltungen der jeweiligen Länder. Im Gesamtbestand des Personals der Finanzverwaltungen nimmt die Zahl der teilzeitbeschäftigten Beamten, Angestellten und Arbeiter immer mehr zu. Mittlerweile beträgt ihr Anteil mehr als zehn Prozent der Gesamtbeschäftigten. Unter den *Teilzeitbeschäftigten* sind insbesondere die *Angestellten* überproportional vertreten.[39] Bei den Vollzeitbeschäftigten verstärkt sich hingegen der Anteil der *Beamten* kontinuierlich; 1986 waren annähernd drei Viertel aller Vollzeitbeschäftigten Beamte.

Die Finanzverwaltungen der Länder verfügen für ihre Steuerbeamten über ein ausgebautes, nach bundeseinheitlichen Maßstäben organisiertes Ausbildungswesen, dessen Besonderheiten eine duale Ausbildung für die Beamtenanwärter des mittleren Dienstes, eine spezielle Fachhochschulausbildung für die Anwärter des gehobenen Dienstes (inklusive der Zuteilung eines eigenen Diploms als Finanzwirt/in) und ein eigener Vorbereitungsdienst für Anwärter des höheren Dienstes darstellen. Die Durchführung des Veranlagungsverfahrens in den Finanzämtern obliegt in der Regel Beamten des *gehobenen Dienstes*, die darüber hinaus auch als Sachbearbeiter in anderen Fachbereichen oder als Betriebsprüfer bzw. Steuerfahnder eingesetzt werden. Ihnen als Mitarbeiter zur Seite gestellt werden im Veranlagungsverfahren die Beamten des *mittleren Dienstes*, die darüber hinaus im Lohnsteuerbereich, in den Finanzkassen sowie im Vollstreckungsaußendienst eingesetzt werden. In geringem Maße übernehmen sie auch Sachbearbeiterfunktionen. Die Leitungs- und Kontrollfunktionen als Sachgebietsleiter bzw. Vorsteher in den Ämter sind den Angehörigen des höheren Dienstes vorbehalten, wenngleich auch in Ausnahmefällen Mitarbeiter aus dem gehobenen Dienst in Sachgebietsleiterfunktionen eingesetzt werden. Die Aufgabenzuweisungen im Besteuerungsverfahren spiegeln sich in der Personalstruktur der Finanzverwaltungen wider: Innerhalb ihrer Beamtenschaft sind die Angehörigen des *gehobenen* und des *mittleren Dienstes* deutlich *überrepräsentiert*. Hingegen sind Angehörige des höheren Dienstes in der Finanzverwaltung

38) Unter Berücksichtigung der steigenden Zahl von teilzeitbeschäftigten Mitarbeitern der Länderfinanzverwaltungen (1986: ca. 15.000) erhöht sich die rechnerische Gesamtzahl an Beschäftigten weiter.

39) Wenn man von der zahlenmäßig geringen Gruppe der Arbeiter absieht: Hier ist schon mehr als die Hälfte aller Mitarbeiter teilzeitbeschäftigt.

deutlich geringer vertreten als im Durchschnitt der Landesverwaltungen insgesamt.

Das Personal der Finanzämter wird geprägt von den *Sachbearbeitern,* die allein mehr als ein Drittel der Beschäftigten der Ämter darstellen; unter ihnen dominieren wiederum die Sachbearbeiter des gehobenen Dienstes. Ein weiteres Drittel wird von den als 'Mitarbeitern' bezeichneten Sachbearbeitern des mittleren Dienstes gestellt. Der Beamtenanteil im Personalbestand der Finanzämter liegt insgesamt und bei den SB des gehobenen Dienstes bei über neunzig Prozent, bei den SB des mittleren Dienstes bei etwa sechzig Prozent. In den letzten zehn Jahren hat sich der Anteil der Sachbearbeiter des gehobenen Dienstes am Gesamtpersonal der Veranlagungsstellen deutlich erhöht.

Der in den Finanzämtern bestehende *Fehlbestand* zwischen Personalstand und Personalbedarf konnte bis Mitte der siebziger Jahre leicht, ab Anfang der achtziger Jahre durch Personalausweitungen und Absenkungen der Maßzahlen deutlich abgebaut werden. Seit dem Anfang der achtziger Jahre kommt es erneut zu Steigerungen des Fehlbetrages zwischen Personalbestand und (errechnetem) Personalbedarf. Der Fehlbestand an Sachbearbeitern lag bis 1982 deutlich höher als beim Gesamtpersonal; gegenwärtig liegt er leicht darunter. Bei den Fall/Bearbeiter-Relationen hat sich in den VSt die Zahl der Einkommensteuerpflichtgen pro Bearbeiter von der Mitte der sechziger bis zur Mitte der achtziger Jahre *um mehr als achtzig Prozent erhöht*; die Zahl der LStJA-Anträge pro Bearbeiter in den LSt ist dagegen im gleichen Zeitraum *um mehr als ein Viertel gesunken.* Das Aufkommen an veranlagter ESt pro Bearbeiter der VSt ist von 1966 bis 1975 nominal um rund dreißig Prozent angestiegen und sinkt seitdem wieder ab. Ganz anders in den Lohnsteuerstellen: Hier ist das Aufkommen pro Bearbeiter in den letzten drei Jahrzehnten stetig angestiegen.

5. Umfang und Folgen des Einsatzes der EDV in der Steuerverwaltung

5.1 Zielrichtung und Entwicklung der EDV-Unterstützung der Veranlagungstätigkeit in den Finanzämtern

Neben der Organisation der Finanzbehörden und deren personeller Ausstattung hat sich in den letzten zwei Jahrzehnten auch die Ausstattung der Finanz- und Steuerverwaltungen mit der EDV - die ihrerseits wieder Einfluß auf Organisation und Prozeßformen der Besteuerung nahm - als wichtige Rahmenbedingung für die Rechtsanwendung in den Finanzämtern herausgebildet. Die Zusammenhänge zwischen der EDV-Ausstattung der Finanzämter und den dort praktizierten Formen der Fallbearbeitung sowie den daraus resultierenden spezifischen Problemen müssen gemeinsam betrachtet werden.[1] Als in den sechziger Jahren die Fallzahlen in der Finanzverwaltung zunahmen, war weithin unstrittig, daß die Finanzämter sich aus mehreren Gründen für einen zunehmenden Einsatz der elektronischen Datenverarbeitung eigneten:

- die Steuerfestsetzung beinhaltet weitgehend *Rechen- und Schreibaufgaben*;
- sie ist ein typisches Massenverfahren mit *großen Fallzahlen*;
- *Aufbau- und Ablauforganisation* der Finanzämter und des Besteuerungsverfahrens waren schon seit langer Zeit analysiert und durch Verwaltungsvorschriften geregelt;
- *Personalknappheit*, *steigende Fallzahlen* und die *wachsenden Schwierigkeiten* der Rechtsanwendung bedingten einen wachsenden Handlungsbedarf;
- der *hohe Ausbildungsstand* des Finanzamtspersonals stand in einem Mißverständnis zum Anteil der gleichförmigen Routine- und Massenarbeiten des Besteuerungsverfahrens.[2]

Bei den notwendigen Umorganisationen zur Bewältigung des Anwachsens der Fallzahlen griff man gegen Ende der sechziger Jahre versuchsweise und später auf breiter Basis auf den Einsatz von EDV-Anlagen als Ausweg bei der Bewältigung der Überlastung zurück. Schon in den sechziger Jahren hat *Rendels* die Ziele einer Automatisierung des Veranlagungsverfahrens zusammengefaßt:

- die Erzielung zeitnaher, genauer, gleichmäßiger und vielseitiger Ergebnisse,
- die Gewinnung von Nebenergebnissen, insbesondere Statistiken, zur Auswertung für die Finanzamtsführung und die vorgesetzten Dienststellen und

---

1) Vgl. als Beispiel: Jäger (1988).

2) Püschel (1981a: 9); ders. (1986: 47).

- die Entlastung qualifizierten Personals von Routinearbeiten.[3]

Der Umfang und der Nutzen aus dem EDV-Einsatz im Bereich der Steuerverwaltungen sind erheblich. Gemessen an der Hardware-Ausstattung und den verarbeiteten Fällen ist die Steuerverwaltung heute - neben der Sozialverwaltung - der größte EDV-Anwender (*Brinckmann u.a.* 1981: 15). Nach einer Untersuchung der OFD Koblenz aus dem Jahre 1985 über die Wirtschaftlichkeit des EDV-Einsatzes in der Steuerverwaltung des Landes Rheinland-Pfalz ergibt sich durch den Einsatz der EDV ein berechenbarer jährlicher Netto-Nutzen von rund 39 Mio. DM. Bei der automatisierten Einkommensteuerveranlagung konnte durch den Wegfall von Rechen-, Schreib- und sonstigen manuellen Tätigkeiten der Zeitaufwand *um fast 19 Minuten pro Arbeitsfall vermindert* werden (*Jäger* 1988: 133).

In diesem Kapitel soll deutlich werden, unter welchen Bedingungen die Einführung der EDV in die Steuerverwaltungen erfolgte, welche arbeitsorganisatorischen Änderungen dabei notwendig wurden und wie der EDV-Einsatz das Umfeld der Besteuerung (Hierarchie in den Finanzämter, Kontakt zu den Steuerpflichtigen) veränderte.

Selbst wenn die Versuche zur Technisierung der Steuerverwaltung schon relativ früh einsetzten, darf nicht außer acht gelassen werden, daß die Ausstattung der Steuerverwaltungen der Länder selbst auf dem Gebiet einfacher Büromaschinen wie Schreibmaschinen und Kopiergeräte noch bis in die siebziger Jahre hinein äußerst dürftig war. So standen etwa im Jahre 1972 nach Berechnungen der Deutschen Steuergewerkschaft im Durchschnitt für je *vier* Beschäftigte eine Schreibmaschine, je *sechs* Beschräftigte eine Rechenmaschine, je *90* Beschäftige ein Diktiergerät, je *170* Beschäftigte ein Vervielfältigungsgerät und je *180* Beschäftigte ein Fotokopiergerät zur Verfügung.[4] Und in der hessischen Steuerverwaltung verfügten im Januar 1971 von den 298 Kanzleikräften bei allen Finanzämtern nur 112 über elektrische Schreibmaschinen; in den 2.384 anderen Arbeitsgebieten (Veranlagungsbezirke etc.) waren 1.838 Schreibmaschinen vorhanden, davon waren 1.051 Maschinen älter als 15 Jahre (*Jungesblut* 1978, Teil I, S. 112).

3) Vgl. Rendels (1964/65: 105), der auch noch - die aus der Zeit heraus verständlichen - Forderungen nach der "Abhilfe des chronischen Personalmangels" und dem "Erreichen einer Unabhängigkeit vom Arbeitskräftemarkt" aufzählte.

4) Handelblatt Nr. 105 vom 09.10.1972, zit. nach Jungesblut (1978, Teil I, S. 111).

5.1.1 Die getrennte Automatisierung von Steuerfestsetzungs- und Steuererhebungsverfahren

Die Finanzämter sind nach den Vorschriften der Abgabenordnung die Hauptträger der Steuerveranlagung. Aufgrund der Zuordnung der Finanzämter zu den Landesfinanzbehörden sind die *Bundesländer* für die technische Ausstattung der Steuererhebungsbehörden zuständig. Dies führte "zwangsläufig" (*Ludwig* 1972: 100) dazu, daß bei den Arbeitsabläufen Differenzierungen in den einzelnen Ländern auftraten; ein Merkmal, daß sich bis heute als Problem beim EDV-Einsatz in den Steuerverwaltungen erhalten hat. Unter dem "Druck einer steigenden Arbeitsbelastung und eines Personalmangels" (*Bundesregierung* 1975: 4) entschieden sich aber die Finanzminister der Länder *Baden-Württemberg*, *Bayern*, *Bremen*, *Hamburg*, *Hessen*, *Niedersachsen* und *Rheinland-Pfalz* für ein in *Berlin* entwickeltes gemeinsames 'integriertes automatisiertes Besteuerungsverfahren' (IBV). Ziel des Verfahrens war die "Automatisierung der Steuererhebung und deren Verbindung mit der automatisierten Steuerfestsetzung (Integration)" (*Jäger* 1988: 127).[5] Von den von Bund und Länder gemeinsam eingesetzten, aus Beamten des gehobenen Dienstes bestehenden Programmiergruppen werden auf dieser Grundlage nur Rahmenvorgaben erarbeitet. Die von ihnen erstellten bundeseinheitlichen Programmunterlagen beschränken sich auf die Festlegung der *Dateneingabe*, die Festlegung der *Datenausgabe*, die *Erstellung der Programmablaufpläne* für die Steuerfestsetzung und die Erarbeitung des *Musters einer Arbeitsanleitung* für die Finanzämter.[6] Zwischen den beteiligten acht Bundesländern besteht für die integrierte Verfahren ein arbeitsteiliger Programmierverbund im Erhebungsbereich; für sechs Bundesländer auch ein solcher für wesentliche Teile der Steuerfestsetzung (*Jäger* 1988: 130). Die anderen Länder entwickelten eigene Steuererhebungsprogramme für ihre jeweiligen Steuerverwaltungen.

Vor der Zuziehung der EDV geschah die Bearbeitung einer Steuerakte im Festsetzungsverfahren bei den Veranlagungssteuern - also auch bei der Einkommensteuer - in *neun Einzelschritten*: Das Verfahren begann in der Regel damit, daß der Teilbezirk des Finanzamtes den Eingang jeder Steuererklärung in einer der Überwachung dienenden V-Liste (Veranlagungs-Liste) vermerkte (1). Die schubweise im Amt eintreffenden Erklärungen konnten nicht sofort bearbeitet werden. Sie wurden gestapelt (2), "Stück für Stück vom Stapel abgearbeitet" und so die Steuer berechnet (3). Die Arbeitsergebnisse (die Steuerfestsetzung) wurden i.d.R. erneut ge-

5) Nach der Einigung auf ein gemeinsames Verfahren verzichteten die meisten Länder bis heute darauf, eigenständige DV-Entwicklung im Bereich der Steuererhebung durchzuführen; lediglich das Saarland, Nordrhein-Westfalen und Schleswig-Holstein schlossen sich bisher diesem Verfahren nicht an (Jungesblut 1986: 74).

6) Vgl. Bundesregierung (1975: 10); Jungesblut (1978, Teil II, S. 95 ff).

stapelt (4), bis ein Mitarbeiter des Teilbezirkes die Steuerbescheide schrieb (5) und das Ergebnis jeder einzelnen Steuerfestsetzung in die V-Liste eingetragen wurde (6). Dann wurden die Steuerbescheide der Finanzkasse zugeleitet (7), wo ein Buchhalter "das festgesetzte Steuersoll (und festgesetzte künftige Vorauszahlungen) in die Sollkarte eintrug, mit den nach der Sollkarte geleisteten Zahlungen (Vorauszahlungen) verrechnete, eine Abrechnung fertigte (8), sowie den Steuerbescheid absandte (9)."[7)]

Diese Art der Bearbeitung zog - bedingt insbesondere durch die Übertragung der Daten nach der Berechnung - vermeidbare Fehler nach sich. Die Quote der Schreib- und Rechenfehler lag im manuellen Verfahren bei etwa 15 %; hiervon wurde nur ein Teil berichtigt (*Rendels* 1964/65: 195). Beim EDV-gestützen Verfahren der ersten Entwicklungsstufe prüft hingegen ein Bearbeiter die eingereichte Steuererklärung oder den Antrag auf formelle und sachliche Richtigkeit, nimmt Ermittlungen vor und füllt eventuell vorhandene Lücken aus. Die eingetragenen Werte werden mit der erfassungsgerecht gestalteten Steuererklärung oder mit einem besonderen Eingabewertbogen zur Datenerfassung weitergegeben (*Jäger* 1988: 127). Dort werden die für die automatisierte Bearbeitung benötigten Daten auf maschinell verwertbare Träger (Lochkarte bzw. -streifen, später Magnetband oder Diskette) übertragen. Die bespielten Datenträger werden dem entsprechenden Rechenzentrum zur Bearbeitung zugeleitet, wo der Computer die Eingabe prüft und "die für die Ermittlung der Steuer erforderlichen logischen Entscheidungen und Berechnungen durch(führt)" (*Bundesregierung* 1975: 5).[8)] Dort werden die Steuerbescheide in doppelter Ausfertigung gedruckt und an das zuständige Finanzamt geschickt, wo - bei der Anzeige von Prüfhinweisen durch den Rechner - eventuelle notwendige Überprüfung der Bescheide zu erfolgen hat (*Grimmer/Lenk* 1978: 147; *Jungesblut* 1980: 53). Nach der Datenerfassung werden die eigentliche Steuerberechnung und das Schreiben des Steuerbescheides also im jeweiligen Rechenzentrum durchgeführt; der zuständige Bearbeiter erhält anschließend den fertigen Steuerbescheid. Zudem fallen noch als "Nebenprodukt" (*Löbich* 1981: 94) entsprechende Statistiken an.

Durch den Einsatz der EDV wird der Bearbeiter schon in dieser *ersten Entwicklungsstufe* des EDV-Einsatzes von Rechen-, Schreib- und Statistikarbeiten befreit. Für den einzelnen Bearbeiter ändert sich der Arbeitsablauf nur insoweit, als er

---

7) Püschel (1981: 122f); vgl. auch Hebler (1989: 250) und Anlage 5/II.

8) Technisch-organistorische Kennzeichen dieser ersten Automatisierungsphase waren eine zentrale, sequentielle Stapelverarbeitung, Magnetbänder als Speicherungsmedien, fest terminierte, für die einzelnen Finanzämter mehrere Wochen auseinanderliegende Rechenläufe und die Dominanz des Arbeitsrhythmusses der Finanzämter durch den zentralen Großrechner (Püschel 1981a: 10).

sich darauf beschränken kann, "die Angaben des Steuerzahlers zu prüfen, die Besteuerungsgrundlagen zu ermitteln und für die Datenerfassung aufzubereiten" (*Löbich* 1981: 94). Sichtbares Resultat der Tätigkeit des Sachbearbeiters ist danach nicht mehr - wie im konventionellen Verfahren - eine Steuerfestsetzungsverfügung, die die geschuldete Steuer festsetzt, sondern ein *Eingabewertbogen*, der die im EDV-Programm definierten Besteuerungsgrundlagen und andere für das Verfahren notwendige Daten enthält. Die Maschinen entlasten die Mitarbeiter demnach vor allem auf drei Gebieten: bei *Rechenarbeiten* (Erstattungsansprüche, Freibeträge etc.), bei *Schreibarbeiten* (Übernahme des Bescheiddrucks, Führung der für die Finanzämter notwendigen Arbeitsunterlagen) und bei *statistischen Arbeiten* (Feststellung des Arbeitsstandes, Führung und Auswertung von Listen, Karteien, Verzeichnissen etc.).[9] Der Sachbearbeiter kann sich auf die eigentliche Veranlagungstätigkeit, die *Ermittlung der Besteuerungsgrundlagen*, konzentrieren. Durch den Einsatz der EDV "wurden Kapazitäten für Arbeiten, die eine Handlung und Entscheidung des Bearbeiters erforden, freigesetzt" (*Hebler* 1989: 265). Bei der Einführung wurde sogar die Hoffnung ausgedrückt, daß der Einsatz der Rechenmaschinen der Steuerfestsetzung eine höhere, gleichsam 'objektivere' Qualität geben würde:

> "Das Besondere des maschinellen Verfahrens besteht somit darin, daß der Steuerbetrag nicht mehr von dem Beamten festgesetzt wird, seine Tätigkeit und auch Verantwortung endet mit der Abgabe der geprüften Eingabewerte. Das Ergebnis, die betragsmäßige Steuerfestsetzung, beruht für den Einzelfall nicht mehr auf einer Willensentscheidung des Beamten, sondern entsteht durch das von der Maschine vorgenommene Zusammenspiel von Eingabewerten und Programm." (*Xingas* 1972: 118)

5.1.2 Zweite Entwicklungsstufe: Die Integration mit der Steuererhebung

Bei den Versuchen zur Erarbeitung eines gemeinsamen EDV-gestützten Verfahrens der Länder in Berlin und im Saarland wurde in einer zweiten Entwicklungsstufe die Steuererhebung in das automatisierte Verfahren miteinbezogen. Während das *Steuerfestsetzungsverfahren* von der Anforderung der Steuererklärung bis zur Festsetzung der Steuerschuld (oder eines Erstattungsbetrages) reicht, umfaßt das *Steuererhebungsverfahren* alle Schritte von der Verbuchung dieser Steuerschuld bis zur Verbuchung des Zahlungseingangs (oder der Erstattung; *Strassl* 1975: 258). Die Integration dieser Verfahren bedeutet hier,

9) Löbich (1981: 95) in Anlehnung an Strassl (1975: 260f); genauso Grimmer/Lenk (1978: 148), Grimmer (1990: 33).

"... daß von der Eingabe der Steuerfestsetzungsdaten über die Steuerberechnung bis zur Steuerabrechnung und zum Ausdruck eines Bescheides, der sowohl die Steuerfestsetzung als auch die Steuerabrechnung enthält, kein menschlicher Eingriff in den Ablauf des Verfahrens erforderlich wird (von der Tätigkeit der Maschinenbediener abgesehen)." (*Bundesregierung* 1975: 5)[10)]

Die Verbesserungen der zweiten Entwicklungsstufe umfassen vor allem:

- die Speicherung von Buchungen und Aufzeichnungen auf einem *magnetischen Datenträger* anstelle der herkömmlichen Sollkarte;
- die *zeitnahe Buchung* von festgesetztem Steuersoll und Steuerzahlungen;
- die *Erschließung neuer Arbeitsbereiche* für die automatisierte Bearbeitung durch die "anwendungsneutrale" (*Püschel* 1981: 125) Gestaltung der Speicherkontendatei, die auch die Grundinformationen (Stammdaten) des Steuerpflichtigen enthält;
- und die direkte *Auskunftsbereitschaft* der Speicherkonten.[11)]

Neben der Personaleinsparung im Bereich der Finanzkassen zeigten sich Rationalisierungsfortschritte vor allem auch im Bereich des *Vollstreckungsverfahrens*: Die Steuerrückstände werden beim Schuldner angemahnt und der Vollstreckungsstelle übermittelt.

Die Finanzverwaltung des Landes Nordrhein-Westfalen ging einen anderen Weg der Integration. Seit 1976 werden in NRW die Basisdaten der Steuerpflichtigen in einer Grunddatei - Steuer - (GDS) gesammelt. In den Jahren 1976 bis 1980 wurde im Rahmen des Gesamterhebungsverfahrens (GEV) der Bereich der Steuererhebung automatisiert. Seit Juni 1979 erfolgt zudem die Festsetzung der Steuern im Rahmen einer automatisierten Bearbeitung (Gesamtfestsetzung; GFV). Mittlerweile besteht zwischen beiden Bearbeitungsbereichen ein Verbund. Seit 1987 erfolgt der zentrale Versand der Steuerbescheide an Steuerpflichtige mit StN über 800, seit Mai 1988 auch an Steuerpflichtige mit StN unter 600.

Die beispielhafte Untersuchung des Einführungsprozesses der EDV in eine Landessteuerverwaltung[12)] zeigt, daß die Einführung der EDV nicht von den objekti-

10) Heyse (1977: 25, Anm. 4) sieht in dieser Zusammenziehung von Steuererhebung und Steuerfestsetzung eine Gleichartigkeit zur Besteuerung vor der Erzbergerschen Finanzreform und zieht die Parallele vom integrierten Besteuerungsverfahren mit EDV-Unterstützung zum 'integrierten' Verfahren der Besteuerung in Preußen mit der Allzuständigkeit des preußischen Landrates bei der Steuererhebung. Tatsächlich wird aber die eigentliche Prozeßteilung zwischen Festsetzung und Erhebung nicht aufgegeben, worauf Grimmer/Lenk (1978: 150) hinweisen.

11) Vgl. Bundesregierung (1975: 5); Püschel (1981: 125); ders. (1981a: 11).

12) Die Einführung der EDV in eine Landessteuerverwaltung ist am Beispiel Hessens besonders gut dokumentiert. Sie wurde von der 1974/75 an der Gesamthochschule Kassel eingerichtete Forschungs-

ven Bedingungen des Technikeinsatzes dominiert wird, sondern "in weit stärkerem Maße durch die komplizierten und langwierigen Prozesse der Willensbildung und -durchsetzung in dem mehrstufigen Aufbau der Steuerverwaltung" (*Jungesblut* 1986: 27). Ziel der EDV-Einführung war zunächst eine möglichst rasche und umfangreiche Umstellung der Steuerverwaltung auf die EDV-Anwendung, die sich am technisch Möglichen orientierte. Neue Arbeitsformen oder Arbeitsstrukturen sollten sich - jedenfalls nach Plan - nicht herausbilden, was die Einsatzmöglichkeiten der EDV in der Steuerverwaltung möglicherweise schwächte:

> "Die Steuerverwaltung nutzte die im Rahmen der politischen Grundentscheidung und der technischen Möglichkeiten bestehende Auswahl in der Weise aus, daß sie - der Vorstellung vom Computer als einer zentral eingerichteten und ausgenutzten Maschine für Massen- und Routinearbeiten folgend - zunächst einfachere Rechen- und Schreibarbeiten im Bereich hoher Fallzahlen als jeweils isolierte Aufgabenbündel auf die Maschinen brachte. Die EDV wirkt somit auf der Ebene der Arbeitsprozesse heute vornehmlich als technisch verbesserte und zentral eingerichtete Rechen- und Schreibmaschine." (*Brinckmann/Jungesblut* 1977: 7)

Die zunächst beibehaltenen Grundmuster der bisherigen Aufbau- und Ablauforganisation in der Finanzämtern und der rein physische Datenträgertransport unterstützten diese eingeschränkte Betrachtung der EDV-Nutzung (*Brinckmann/Jungesblut* 1977: 9).

Mit dem Einsatz der EDV in der hessischen Steuerverwaltung wurden zwei umfangreiche Vorschriftensammlungen in Kraft gesetzt, um den Umgang mit der EDV und die Organisation der Arbeit auf eine einheitliche Grundlage zu stellen. Es handelte sich um die *Arbeitsanleitung-EDV*, in der die Kodierung der auf den Steuererklärungen korrekt festgehaltenen Daten auf dem Eingabebogen geregelt wurde und die *Dienstanweisung-EDV*, in der die Reihenfolge der Arbeitsschritte festgelegt wurden, dies vor allem im Hinblick auf die Zuarbeit und Nacharbeit der automatisierten Arbeitsschritte.[13] Für den Ablauf der automatisierten Steuerfestsetzung war insbesondere die Arbeitsanleitung-EDV von großer Wichtigkeit, um einen (in Grenzen) reibungslosen Verlauf der Festsetzung durchführen zu können:

---

gruppe Verwaltungsautomation untersucht (zusammenfassend: Grimmer/Lenk (1978); Brinckmann u.a. (1981); Jungesblut (1986)). Im Mittelpunkt des empirischen Teils der Untersuchung standen das Steuerfestsetzungsverfahren im Einkommensteuerbereich und die Umstellung der Finanzkassen auf das integrierte automatisierte Besteuerungsverfahren (Brinckmann u.a. 1981: 16; Jungesblut 1986: 26). Im hier besprochenen Zusammenhang sollen nur die Ergebnisse der Untersuchung zitiert werden, die sich auf organisatorische oder arbeitstechnische Umstellungen innerhalb der FÄ beziehen.

13) Vgl. Brinkckmann u.a. (1981: 41).

> "Die in den Arbeitsanleitungen-EDV enthaltenen Regelungen für die Formalisierung und Fixierung der Informationen müssen peinlich genau befolgt werden, da andernfalls nach etwa 6 bis 8 Wochen mit Hinweis- und Fehlermeldungen der DV-Anlage zu rechnen ist, welche zum erneuten Aufrollen des Falles führen." (*Brinckmann u.a.* 1981: 42)

Damit bekamen die Verarbeitungsvorschriften betreffend die EDV eine *große Bedeutung für die Anwendung des Steuerrechts in der Finanzverwaltung.* Bedingt durch die maschinelle Berechnung der Steuern sind sie mittlerweile für die Herstellung der "Produkte der Finanzverwaltung nicht weniger wichtig als die entsprechenden Gesetzestexte und Vorschriften" (*Karlsen* 1978: 51). Die Vorschriften für die EDV trugen dazu bei, den Umfang der Gesamtvorschriften in der Finanzverwaltung deutlich zu vergrößern: Die Arbeitsanweisungen wurden "mit ihren Eingabebogen, Ergänzungsbogen, Erklärungsvordrucken und Schlüsselverzeichnissen zu einem Papiersyndrom, das erst mit der EDV in die Finanzverwaltung drang und das vom Personal als 'Papierflut' bezeichnet wurde" (*Karlsen* 1978: 51). Eine *genauere Festschreibung von Aufgabenabläufen* als zuvor fand sich auch in der Dienstanweisung-EDV:

> "Im manuellen Verfahren konnten die Sachbearbeiter ihre Steuerrechnungsbogen ausfüllen und kontrollieren, wann und wie sie wollten. Im laufenden DV-Verfahren gibt es hingegen genaue Vorschriften darüber, wann, wie und von wem Prüfhinweise, Fehlerhinweise und Fälle ohne Hinweise nach Rücklieferung von der Datenzentrale kontrolliert werden sollen. So sind die Prüfhinweisfälle am Rücklieferungstag von der Datenzentrale sämtlich von den zuständigen Bearbeitern zu kontrollieren. Dies bedeutet nicht nur eine Regelung der Reihenfolge des Gesamtablaufs, sondern auch eine Vorgabe für eine an einem Wochentag zu leistende Arbeitsmenge." (*Brinckmann u.a.* 1981: 43f)

Zur organisatorischen Bewältigung der Aufgaben, die durch die Verlagerung der Datenerfassung auf die Steuerverwaltungen auftauchten, wurde in den Finanzämtern die neue Stelle eines *Sachbearbeiters-EDV* (SB-EDV) geschaffen und ein Sachbearbeiter eines Veranlagungsteilbezirkes als EDV-Experte bestellt. Dieser erhielt den Status eines "Sachverständigen in EDV-Fragen für das Finanzamt und somit Beratungs- und Aufklärungsfunktionen den Finanzamtsbediensteten gegenüber" (*Karlsen* 1978: 115). Zum *Sachgebietsleiter-EDV* wurden die Finanzamtsvorsteher berufen. Sie hatten aber die Möglichkeit, diese Aufgaben auf andere Sachgebietsleiter zu delegieren, was die Mehrzahl von ihnen auch tat. Generell hielten die Vorsteher die EDV-Aufgaben im Rahmen ihrer sonstigen Führungs- und Aufsichtsaufgaben für nachrangig (*Brinckmann u.a.* 1981: 44).

Mit der Errichtung der SB-EDV-Funktionen wurden die im Finanzamt in Verbindung mit der EDV anfallenden Aufgaben an einer Stelle konzentriert. Dies war organisatorisch ein Vorteil, aber in der tatsächlichen Arbeit nicht problemlos. Im Kontakt zu den Mitarbeitern wurde aber diese Position als "Fremdkörper ohne Durchsetzungsmöglichkeiten" (*Karlsen* 1978: 123) betrachtet. Die Position der SB-EDV blieb "zumeist schwach"; dies wurde noch dadurch erschwert, daß ein großer Teil der Finanzamtsbelegschaften (einschließlich der Führungen) dem EDV-Einsatz "äußerst reserviert" gegenüberstand (*Jungesblut* 1986: 67). Letztlich zog aber die Einsetzung dieser Stabsstellen tendenziell einen (sektoralen) *Abbau der Finanzamtshierarchie* nach sich; die Sachbearbeiter-EDV konnten ihre Aufgaben weitgehend ohne Rücksicht auf den hierarchischen Aufbau des Finanzamtes wahrnehmen.

> "Von den Sachbearbeitern bzw. Mitarbeitern in den einzelnen Steuerbezirken her gesehen stellt sich dies im Ergebnis so dar, daß sie einen Vorgesetzten für Steuerfachfragen - den Sachgebietsleiter - und einen für DV-Fragen - eben den Sachbearbeiter-EDV - haben. Auch die Mitarbeiter in den Steuerbezirken wenden sich in DV-Fragen nicht in erster Linie an den Sachbearbeiter, sondern in den meisten Fällen direkt an den Sachbearbeiter-EDV."[14)]

Generell brachte die Einführung der EDV eine Verschiebung der bisherigen hierarchischen Über- und Unterordungen mit sich, da sie neue Kenntnisse und Einarbeitungsfähigkeiten verlangte und die Kontrollmöglichkeiten der Leitungsebenen im Einzelfall verringerte (in Fragen der Statistik aber erhöhte). Die Umstellung auf das integrierte Verfahren war damit "keineswegs hierarchisch neutral", sondern zog *Veränderungen der formalen und informalen Struktur des Finanzamtes* nach sich (*Jungesblut* 1986: 67).

5.1.3 Dritte Entwicklungsstufe: Die dezentrale Ausgestaltung des Steuerfestsetzungsverfahrens

5.1.3.1 Der Ausbau der EDV in Zusammenhang mit den GNOFÄ

Die Komplizierung des Steuerrechts und die Steigerung der Fallzahlen machte den Steuerverwaltungen in den siebziger Jahren zunehmend zu schaffen. Aus der Erkenntnis heraus, daß der immer wieder geforderten Vereinfachung des Steuerrechts unter den "tatsächlichen und rechtlichen Gegebenheiten von vorneherein enge Grenzen gesetzt" (*Senat von Berlin* 1975: 82) waren, setzte man bei der organisatorischen Behandlung dieser Steuerfälle in der Finanzverwaltung an. Nach einer längeren Erprobungsphase seit Anfang der siebziger Jahre wurden hierzu im Dezember 1975 die *Grundzüge zur Neuorganisation der Finanzämter und zur Neuordnung des Besteuerungsverfahrens (GNOFÄ)* als Beschluß der Landesfinanzministerkonferenz veröffentlicht.[15)]

14) Brinckmann u.a. (1981: 47); vgl. auch Karlsen (1978: 148).

15) BGBL. I. 1976: 88 ff; neuformuliert in BGBl. I. 1981: 270 ff; vgl. dazu Kap. 3.3.

Als Ergänzung zur Weiterentwicklung der Organisation der Finanzämter wurde vorgesehen, auch die *Arbeitsweise der Finanzbeamten* mittels verstärkten EDV-Einsatzes den neuen Bedingungen anzupassen. Ziel war es, den einzelnen veranlagenden Beamten die Möglichkeit zu geben, "die eingehenden Steuererklärungen in der Übernahmestelle ohne Beiziehung der Akten nach überschlägiger Prüfung im automatisierten Verfahren zu bearbeiten" (*Bundesregierung* 1975: 6). Erst die EDV-Unterstützung ermöglichte dabei in den *Übernahmestellen* (ÜSt) durch die Speicherung eine aktenlose Arbeitsweise.

Es war in dieser Ausbauphase unstrittig, daß eine *Dezentralisierung* der EDV-Berechnung im Rahmen des Veranlagungsverfahrens ein grundlegendes Ziel des weiteren Ausbaus des integrierten Verfahrens bilden mußte. Grundsätzlich standen dabei zwei Alternativen zur Diskussion:

- das Modell einer 'verteilten Datenverarbeitung mit zentraler Hauptlast', bei dem die Arbeiten der Steuerfestsetzung vom zentralen Computer ausgeführt werden, die veranlagungsbegleitenden Anwendungen hingegen dem Computer im Finanzamt überlassen sind;
- die Alternativ-Modell einer 'verteilten Datenverarbeitung mit dezentralisierter Hauptlast' bei dem die Computer im Finanzamt die Hauptlast tragen, während dem zentralen Computer ergänzende Aufgaben zugewiesen werden.[16)]

Geht man den Weg zu einer *zentralen* Verarbeitung und Kontoführung, müssen zwei Voraussetzungen gegeben sein, um das Verfahren zeitnah und für den Bearbeiter übersichtlich abwickeln zu können: Zum einen muß eine dezentrale Datenerfassung beim Finanzamt mit einer Übertragung der Daten an das Rechenzentrum im Wege einer Datenfernübertragung möglich sein, zum anderen ist der dezentrale Zugriff auf die im zentralen Konto abgelegten Informationen wichtig, weil der Bearbeiter selbst keine Aufzeichnungen über den jeweiligen Kontenstand führt (*Hübner* 1984: 95). In den Steuerverwaltungen ging man diesen Weg. Seit der zweiten Hälfte der siebziger Jahre wurden die Finanzämter zunehmend mit Minicomputern ausgerüstete, die in einem Netzwerk mit dem Rechenzentrum der jeweiligen Finanzverwaltung verbunden sind. Diese Minicomputer unterstützen und beschleunigen vor allem die Datenerfassung aus den Steueranmeldungen, Steuererklärungen und Anträgen auf den Lohnsteuer-Jahresausgleich. In dieser "verteilten Datenverarbeitung mit zentraler Hauptlast" wird die Datenübermittlung zum Rechenzentrum stapelweise durchgeführt (*Püschel* 1986: 50). Gleichzeitig ermöglicht sie auch Bildschirmabfragen aus den zentralen Datenbeständen. Insgesamt verkürzt das verbesserte Veranlagungsverfahren das Besteuerungsverfahren erheblich.

---

16) Vgl. Püschel (1981: 134); Büdel/Krebs (1983: 26).

In der Mehrzahl der Bundesländer wurde mittlerweile das in den Jahren von 1961 bis 1969 in der Berliner Steuerverwaltung entwickelte integrierte automatisierte Besteuerungsverfahren eingeführt.[17] Verstärkt wurden die Bemühungen um ein automatisches Verfahren bei der Steuererhebung durch die schwierigere Berechnung der Säumniszuschläge in der Folge der neuen Abgabenordnung von 1977 und die zu erwartende Vollverzinsung, die bei manueller Berechnung eine "unzumutbare Verwaltungsbelastung" (*Altfelder* 1985: 9) mit sich gebracht hätten.[18]

Technisch beruht das Verfahren auf folgenden Prinzipien: Die Steuerzahlungen werden nach dem aus dem Einzahlungsbeleg ersichtlichen Willen des Steuerpflichtigen oder den rechtlichen Vorschriften entsprechend im auf magnetischen Datenträgern gespeicherten *Speicherkonto* abgelegt. Das Speicherkonto wird periodisch in einer vom Menschen lesbaren Form (Papier oder Microfilm) ausgegeben; es enthält neben den Steuerzahlungen auch die Grunddaten des Steuerpflichtigen.[19] Durch diese Form der Datenspeicherung entfällt die bisherige Führung der Kontokarten im Erhebungsverfahren; darüber hinaus ist ein Zugriff auf die gespeicherten Daten bei einer erneuten Veranlagung möglich. (*Altfelder* 1985: 10). Das Speicherkonto ist in vier Abschnitte mit Daten unterschiedlicher Funktion gegliedert: den Speicherkontokopf, den Steuerartenkopf, die Zusatzinformation[20] und den Speicherzeilenbereich.

Der *Speicherkontenkopf* dient der Organisation und der Sicherung der im Speicherkonto abgelegten Daten.[21] Für jede Steuerart (Abgabeart) wird im Speicherkonto ein *Steuerartenkopf* gebildet, in dem auch die steuerlichen Nebenleistungen (Zinsen, Säumniszuschläge, Verspätungszuschläge) erfaßt sind. Alle steuerrelevanten Daten über den Steuerpflichtigen, die nicht im Speicherkontokopf oder dem Steuerartenkopf niedergelegt sind, finden sich als *Zusatzinformation* im dritten Teil des Speicherkontos. Zu diesen Daten gehören u.a. die Anschriften des Steuerpflichtigen und seiner Ehefrau sowie die Bankverbindung.[22] Der Grundinformati-

17) 1981 arbeiteten 313 von 503 Finanzämtern in der Bundesrepublik nach dem neuen Verfahren (Reitz 1981: 14). Zu Ausstattung und Verarbeitungsverfahren in einzelnen Bundesländern vgl. Büdel/Krebs (1983; Bayern), Hübner (1984; Bayern), Dobler/Ober (1988; Baden-Württemberg) und Jäger (1988; Rheinland-Pfalz). Über die Bemühungen in Schleswig-Holstein, ein eigenes 'Allgemeines Erhebungsverfahren' zu entwickeln, berichtet Kolbe (1983).

18) Zur Verzinsung von Steuernachforderungen und Steuererstattungen nach § 233a AO vgl. Kortschak (1989: 225 ff) und das BMF-Schreiben vom 4. Juli 1990, abgedr. in: DStR, Nr. 29/1990: 1437-1440.

19) Beispielsweise Steuernummer, Steuerdaten, Anschrift und Bankverbindung, laufende Soll- und Istbuchungen (vgl. Altfelder 1985: 10). Näheres über die Form der Dateneingabe in diesem Bereich (Ausfüllen des Eingabebogens) findet sich bei Porsche u.a. (1985: 2 ff). Zum Problem des Datenschutzes bei diesem Verfahren vgl. Carl/Klos (1990).

20) Auch: Grundinformationsbereich bzw. Grundinformationsdienst (GInfD); vgl. Fuchs (1982, RN 302).

21) Vgl. Fuchs (1981: 87f); Altfelder (1985: 11); Hebler (1989: 259).

22) Bei Unternehmen auch andere Grundangaben wie die Gewerbekennzahl, die Rechtsform und die Be-

onsbereich des Speicherkontos wird von der jeweiligen zuständigen Festsetzungsstelle 'verwaltet' und auf dem laufenden gehalten (*Fuchs* 1981: 91). Im *Speicherzeilenbereich* findet sich der erforderliche Raum für die Aufnahme der Buchungen. Mit Hilfe der Buchungssätze werden z.B. Steuerfestsetzung, Korrekturveranlagung, Aussetzung der Vollziehung, Zahlung, Stundung, Erlaß oder Niederschlagung in das Speicherkonto eingegeben (*Altfelder* 1985: 12)[23] Durch den Einsatz der EDV hat sich die Tätigkeit des *Buchhalters* in der Finanzkasse grundlegend geändert: Die früher von ihm vorgenommenen Massenarbeiten werden nun von der EDV übernommen. Insbesondere

- können sich die Arbeiten auf die zu verändernden Daten konzentrieren; unveränderte Daten müssen nicht mehr neu aufgeführt werden;
- ist eine maschinelle Überwachung und Zuordnung der Fälle zu den Fallgruppen der GNOFÄ, und dort die aktenlose Bearbeitung der Fälle der Fallgruppe 2 möglich;
- können integrative Beziehungen zwischen verschiedenen Steuerfestsetzungsbereichen aufgebaut werden (z.B. eine automatische Vermögensteuerveranlagung aufgrund einer angewiesenen Einheitsbewertung des Betriebsvermögens);
- ist eine kurzfristige und umfassende Auswertung der gespeicherten Daten für sekundäre Zwecke (etwa für Statistiken oder bei Gesetzesänderungen) möglich).[24]

Der direkte (Informations-)Zugriff des Buchhalters auf das Speicherkonto wird durch Abfragegeräte erreicht, die über Fernmeldeleitungen mit der EDV-Anlage verbunden sind; der tatsächliche Zugriff geschieht durch Umbuchungsanweisungen. Neben dieser *manuellen* Form der Umbuchung gibt es auch vollmaschinelle, *programmgesteuerte Umbuchungen*. Durch diese vollmaschinelle Anmahnung rückständiger Beträge bzw. deren Meldung an die Vollstreckungsstellen des Finanzamts wird ein weiter Bereich der Aufgaben der Finanzkassen, die *Kontenpflege*, entlastet. Das Speicherkonto bildet also die "eigentliche Buchführung" (*Rendels* 1978: 176). Auf die Speicherkontendatei als Kernstück des integrierten Verfahrens greifen sämtliche Verfahrensteile zurück:

- der Adreßdienst entnimmt ihm sämtliche Anschriftendaten, Bankverbindungen etc. aus dem Speicherkontenbereich 'Anschriften und Zusatzinformation';
- das Festsetzungsverfahren greift für die Veranlagung und Festsetzung der Vorauszahlungen auf den Zusatzinformations- und Speicherzellenbereich zu;

triebsgröße (Fuchs 1981: 89).

23) Zu den Buchungsvorgängen im einzelnen vgl. Fuchs (1981: 85 ff).

24) Vgl. Rendels (1978: 176).

- im Erhebungsverfahren werden sämtliche Geschäftsvorgänge auf dem Speicherkonto abgelegt und teilweise über die Datenfernverarbeitung abgerufen.[25]

5.1.3.2 Der Ausbau des Verarbeitungsverfahrens in der nordrhein-westfälischen Steuerverwaltung

Die Datenverarbeitung in der nordrhein-westfälischen Finanzverwaltung ist gegenwärtig auf einer zentralen Batch- (Stapel-)Verarbeitung für alle 107 Finanzämter des Landes aufgebaut (vgl. *Übersicht 5/1*). In jedem nordrhein-westfälischen Finanzamt ist als 'Finanzamtsrechner' ein Minirechner mit der Bezeichnung DATAEND mit bis zu 24 'unintelligenten' Bildschirmplätzen installiert. Dabei sind bis zu 18 Terminals für die Erfassung der in den Finanzämtern anfallenden Daten (im wesentlichen Steuererklärungen und Buchungen) bestimmt. Die - von Datentypistinnen - erfaßten Daten werden täglich über das landesweite dreistufige Netzwerk zum RZF übertragen und in den zentralen Batchsystemen verarbeitet.[26] Bis zu 6 Terminals pro Finanzamtsrechner sind für die Abfragen der Speicherkonten vorgesehen, da die zentrale Kontenführung im RZF ein Auskunftssystem erfordert, das den Finanzämtern den lesenden Zugriff auf die Sollkonten der Steuerpflichtigen ermöglicht.[27] (*Göldner* 1984: 93).

In der Finanzverwaltung des Landes Nordrhein-Westfalen wurde in den sechziger Jahren in der Fallbearbeitung eine zentrale Batchverarbeitung (mit zentraler Lochkartenerfassung) durchgeführt. Die Sollkartenbearbeitung geschah zu dieser Zeit dezentral mit Hilfe mechanischer Buchungsmaschinen, die erst in den siebziger Jahren durch dezentral eingesetzte Kontokartenmaschinen ersetzt wurden.[28] Die ursprüngliche zentrale Batchverarbeitung wurde dann zu einer 'Remote-Batch'-Verarbeitung weiterentwickelt, indem

> "... die Finanzämter mit zunächst primitiven, später jedoch sehr leistungsfähigen Minicomputern ausgestattet wurden, mit denen die Datenerfassung auf Anweisung der Sachbearbeiter dezentral - also vor Ort - durchgeführt wird mit anschließender Datenübertragung (DÜ) zum Rechenzentrum." (*Göldner* 1984a: 93)

25) Vgl. Brinckmann u.a. (1981: 33).

26) Vgl. Anlage 5/IV.

27) Zu diesem Zweck sind Kopien der zentralen Datenbestände in dezentral geführten Datenbanken abgelegt, die in den 16 DATAVOR genannten Netzknoten des Kommunikationssystems der nordrhein-westfälischen Finanzverwaltung (vgl. Anlage 5/IV) abgelegt sind.

28) Vgl. Göldner (1982: 2) und Anlage 5/III.

Übersicht 5/1: Heutiges 'Remote-Batch'-Verfahren bei der Steuerfestsetzung in der Finanzverwaltung Nordrhein-Westfalens

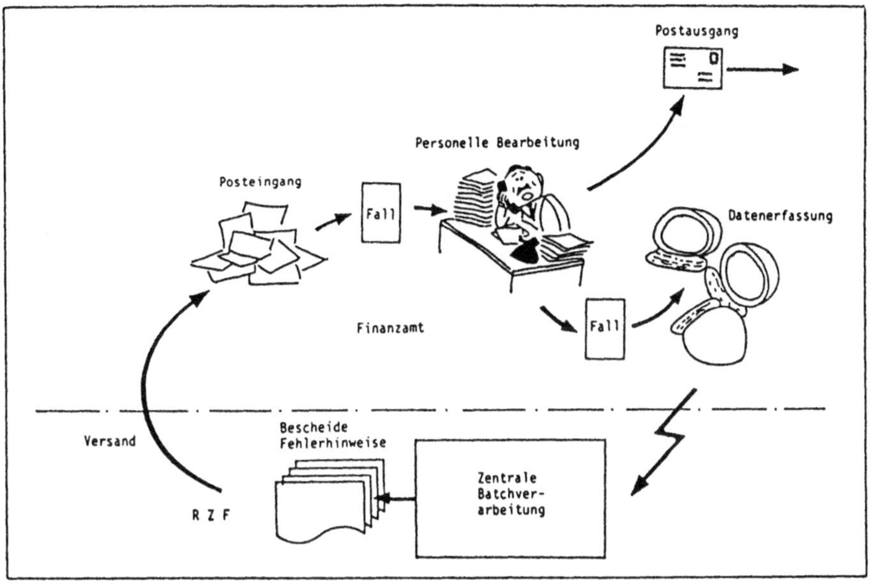

(Quelle: *Göldner* 1984: 96)

Dieses System wurde durch eine dezentrale Auskunftsmöglichkeit für den Grundinformationsdienst erweitert. Die geplante Realisierung einer interaktiven Fallbearbeitung durch die Ausstattung der Veranlagungsarbeitsplätz mit PCs stellt hier nur den "nächste(n) konsequente(n) Schritt" in Richtung einer weiteren *Dezentralisierung der Automation* dar (*Göldner* 1984a: 94). Einen "genau entgegengesetzten Trend" (ebd.: 94) zeigt der andere große Bereich der Massendatenverarbeitung in der Steuerverwaltung, die *Steuererhebung*, auf. Hier wurde mit der *dezentralen* Verarbeitung mit Hilfe von Kontokartenmaschinen begonnen und als zentraler Batchprozeß lediglich der täglich Kassenabschluß durchgeführt. Auch hier folgte - bedingt durch die technischen Möglichkeiten - als nächster Schritt die Konzentration der Verarbeitung in Form der zentralen Speicherkontenführung. Wegen der "Sensibilität dieser Daten" (*Göldner* 1984a: 94) scheidet hier auch in Zukunft eine Rückkehr zur dezentralen Verarbeitung in den Ämtern im Direktzugriff (durch die

Sachbearbeiter der Finanzkassen) aus. Hier wird die *zentrale Bearbeitung* beibehalten werden. Als Ergänzung dieses Verfahrens wurde aber ein dezentrales Auskunftssystem hinzugefügt, daß sich als "wirkungsvoller Schritt für die Nutzbarmachung von Computerleistung am Arbeitsplatz erwiesen" hat (ebd.: 94).

Als Beispiel für die Vorgehensschritte innerhalb der Finanzämter sei hier auf die Entwicklung der EDV-Ausstattung des nordrhein-westfälischen Finanzamtes Wiedenbrück[29)] verwiesen: Bis Anfang der sechziger Jahre wurden im FA Wiedenbrück alle Aufgaben weitgehend im personellen Verfahren verrichtet. Eine Verbindungsstelle zum Rechenzentrum der Landesfinanzverwaltung (RZF) wurde 1965 eingerichtet. Die Datenerfassung erfolgte zunächst nur für Erhebungsdaten zur Kraftfahrzeugsteuer. Als Datenträger diente hierbei ein Lochstreifen, der (arbeits-) täglich dem RZF per Post zugeleitet wurde. Zwei Jahre später wurden in der *Finanzkasse* die Sollkarten abgeschafft und ab 1968 (bis 1982) das Kontokartenverfahren genutzt. Neben der Speicherung der erfaßten Daten auf Lochstreifen erfolgte die Aufzeichnung der Erhebungsdaten (Einzahlungen/Auszahlungen, Umbuchungen) auf Kontokarten mittels eines auf die Erfassungsterminals aufgesetzten 'Intromatenaufsatzes'. Dabei war für jeden Steuerpflichtigen und jede Steuerart eine Kontokarte anzulegen.[30)] Im Jahre 1971 wurde die VRZ mit neuen Erfassungsgeräten ausgestattet. Hier wurde erstmals ein On-Line-Anschluß über eine feststehende Datenleitung zu einer Datenübertragungsstation (beim FA Hamm) eingerichtet, wo die Speicherung der empfangenen Daten auf Magnetband erfolgte. Die Magnetbänder wurden dann von der Datenübertragungsstation (DÜSt) per Kurier dem RZF zugeleitet. Gleichzeitig erweiterten sich die Aufgaben der VRZ beträchtlich. Die bisherige zentrale Erfassung der Eingabewertbögen außerhalb des Finanzamtes entfiel für die ESt-Festsetzung und den LStJA. Die erfassungsgerecht gestalteten Steuererklärungsvordrucke wurden nunmehr in der VRZ des jeweiligen Finanzamtes erfaßt. Rechenläufe erfolgten im Abstand von 10 Kalendertagen. Damit wurden die *personelle Berechnung* und die *handschriftliche Erstellung von Steuerbescheiden* in den Veranlagungsbezirken *überwiegend abgelöst.* Bis 1976 wurden Anschrift und Kennbuchstaben der einzelnen Steuerpflichtigen in der Stammdatei VSt gespeichert. Danach wurde dieses Verfahren durch die Schaffung einer

29) Der Autor dankt dem Vorsteher des FA Wiedenbrück, Herrn Ltd. RD Roßbach für die Zurverfügungstellung entsprechender Unterlagen. Im hier besprochenen Zusammenhang wird schwerpunktmäßig nur auf die Schritte eingegangen, die in Zusammenhang mit der Veranlagung zur Einkommensteuer oder dem Lohnsteuerjahresausgleich stehen.

30) Damit entfielen die personellen Aufzeichnungen für die 'Ist-Buchungen' und die für die Sollkarten eingesetzen Anker-Buchungsmaschinen konnten abgeschafft werden. So wurde eine zentrale Sachkontenbuchführung (durch das RZF) und maschinell erstellte Tages-/Monats- und Jahresabschlüsse im Bereich des Kassenwesens möglich.

'Grunddatei Steuer' (GDS) abgelöst - eine Voraussetzung für das spätere Gesamterhebungsverfahren. Nach entsprechenden Versuchen bei Testfinanzämtern wurde im Jahr darauf für Erstattungen im Rahmen des Lohnsteuer-Jahresausgleichs das Zentrale Erstattungsverfahren (ZEV) eingeführt.

Das FA Wiedenbrück wurde zum 1. Dezember 1979 Versuchsfinanzamt für das neue *Gesamterhebungsverfahren.* Dabei handelt es sich um eine einheitliche Bearbeitung aller Festsetzungsaufgaben[31] unter Anbindung an *eine* Datei (die Grunddatei). Damit konnten einheitliche, tägliche Rechenläufe für die Steuern durchgeführt werden und es bestand die maschinelle Möglichkeit zur erstmaligen Festsetzung laufender Vorauszahlungen außerhalb der Veranlagung. 1981 wurden die bisherigen Erfassungsgeräte in der VRZ ausgesondert und durch Bildschirmarbeitsplätze im Rahmen des Erfassungssystems DATAEND ersetzt.[32] DATAEND besteht aus einer Magnetplattenstation, die über eine Datenstandleitung über DATAVOR (FA Paderborn) mit DATADÜST (RZF Düsseldorf) verbunden ist. Für die Erfassung in der VRZ bedeutete der Einsatz des neuen Erfassungssystems den *Wegfall der aufwendig zu errechnenden Kontrollsummen* bei numerischen Daten, was eine wesentliche Kapazitätssteigerung in der Datenerfassung nach sich zog. Die Protokollierung der Daten erfolgt auf Microfilm. 1982 wurde das Gesamterhebungsverfahren auch in der Finanzkasse umgesetzt, was den Wegfall der seit 1968 verwendeten Kontokarten bedeutete. Damit konnte erstmals eine maschinelle Sach-, Zeit- und Personenkontenbuchführung im Bereich der *Erhebung* eingesetzt und durch eine programmgesteuerte Sollstellung ein Verbund zwischen Festsetzungsdatei und Erhebungsdatei geschaffen werden. Auskunftsdaten über die Erhebung können über eine beim FA Paderborn bestehende Datenbank (DATAVOR) an den Bildschirmplätzen direkt abgefragt werden.

1985 wurden für das FA Wiedenbrück eigene Datenbanken - die sich bisher beim FA Paderborn befanden - eingerichtet. Diese enthalten auf 2 Magnetplattenstationen die Auskunftsdaten für die Erhebung (EAK), für die Namensauskunft (NAK) und für die Kraftfahrzeugsteuernamensauskunft (KRAK).[33] Zm selben Zeitpunkt wurde die Bearbeitung des Lohnsteuerjahresausgleiches in das Gesamterhebungsverfahren eingebunden und eine Grunddatei für die Kontenführung bei LStJA-

31) Zunächst bei der Einkommen- und der Gewerbesteuer, später auch bei der Vermögensteuer und der Einheitsbewertung Betriebsvermögen.

32) Dies geschah im Rahmen des geschilderten dreistufigen Aufbaus des Rechnersystems der Landesfinanzverwaltung Nordrhein-Westfalen (vgl. Anlage 5/IV). Das System DATEND (Datenaufbereitung, Terminalanschluß, Erfassung, Normierung und Dialog) ist ein Datenkommunikationssystem, an dessen Zentraleinheit Bildschirme und Drucker angeschlossen sind, über die Daten erfaßt und Auskünfte eingeholt und gedruckt werden können. Zudem ist es möglich, Druckdaten des RZF zu empfangen.

33) In der VRZ wurden damit 14 Erfassungsplätze eingerichtet.

Fällen mit Speicherung der Anschrift und Festsetzungsdaten unter einer Steuernummer eingerichtet. Im Jahr 1988 wurde in der VRZ ein neues Erfassungssystem installiert. Dabei handelt es sich um ein 'Subsystem', das ausschließlich für die Aufgaben der Datenerfassung zuständig ist und über den Finanzamtsrechner (FAR) die 'prüferfaßten' Daten an das RZF in Form von 'Datenkoffern' weiterleitet. Das System dient der Entlastung des Finanzamtsrechners und soll Speicherplatz für künftige Auskunftsdaten frei machen.

5.2 Gegenwärtiger Stand des EDV-Einsatzes und Folgen für die Rechtsanwendung

5.2.1 Der Verfahrensablauf im EDV-gestützten Verfahren in der nordrhein-westfälischen Finanzverwaltung

Die grundlegenden nordrhein-westfälischen Bestimmungen hinsichtlich des Veranlagungsverfahrens finden sich in Fach 1 der *Dienstanweisung-ADV* (DA-ADV), der 'Vorläufigen Buchungsordnung für die Finanzämter bei Einsatz automatischer Datenverarbeitungsanlagen' (BuchO-ADV) mit den Ausführungsvorschriften des Finanzministers des Landes NRW.[34] Die BuchO-ADV beschäftigt sich im I. Teil mit den V-Steuern und den nicht veranlagten Steuern vom Ertrag. Als Veranlagungs- (V-) Steuern i.S. der Buchungsordnung gelten u.a. die Einkommen- und die Körperschaftsteuer. Die *Veranlagung* dieser Steuern bedeutet nach § 2 BuchO-ADV die Festsetzung dieser Steuern und Ansprüche "für den in dem jeweiligen Gesetz vorgesehenen Festsetzungszeitraum". *Steuerbezirk* im Sinne der Buch-O ist derjenige Teil des Finanzamtsbezirks, der einen bestimmten Gebietsteil oder eine bestimmte Gruppe von Bearbeitungsfällen umfaßt. Die *Steuernummer* des Steuerpflichtigen ist die Ordnungsnummer, unter welcher der Bearbeitungsfall in die V-Liste oder in eine sonstige Steuerliste einzutragen ist. Die Speicherung der Daten des Steuerfalles geschieht auf einem *Speicherkonto*. Die Eingabe der Steuerdaten zur Berechnung der Steuerschuld geschieht in der *Datenerfassungsstelle*, die für die maschinelle Erfassung der Daten aus den in der Buchungsordnung im einzelnen bezeichneten Buchungsunterlagen und sonstigen Anweisungen zuständig ist. Die in den nordrhein-westfälischen Ausführungsbestimmungen zur BuchO (ADV) festgeschriebene Zuteilung von Steuernummern aufgrund fester Steuerbezirke folgt den geschilderten Prinzipien der ALDA-FEST-Neu. Im Veranlagungsbezirk sind hiernach feste Steuerbezirke nach dem Prinzip der Alphabetisierung (Ordnung nach den Anfangsbuchstaben der Zunamen/Firmenbezeichnungen der Steuerpflichtigen) zu bilden. Für diese Steuerbezirke - und die zulässigen Sonderbezirke - sind in

34) Hier zitiert nach dem Stand von 8/87, übersandt mit Verfügung vom 11.11.1987, AZ 02206 - 1 - St 62 - 1.

NRW *Steuerbezirksnummern von 800 bis 999* zu vergeben ('800er-Fälle'). In solchen Fällen ist von der Festsetzung von laufenden Vorauszahlungen abzusehen.

Die Buch-O-ADV schreibt in § 4 vor, daß für alle für die Besteuerung in Betracht kommenden Bearbeitungsfälle eine Überwachungsliste V (*V-Liste*) zu führen ist. Anhand dieser V-Liste sind alle für die Bearbeitung in Frage kommenden Fälle zu erfassen, die eröffneten Speicherkonten einzutragen, die eingehenden Steuererklärungen zu vermerken und die durchgeführten Veranlagungen und Feststellungen aufzuführen. Lediglich für Bearbeitungsfälle, bei denen ausschließlich die Einkommensteuer und diese überwiegend ohne die Festsetzung von Vorauszahlungen allein im Wege des Abzugs vom Arbeitslohn erhoben wird ('Arbeitnehmerveranlagungen'), können vereinfachte Überwachungsverfahren durchgeführt werden. Jeder Bearbeitungsfall ist mit seiner Steuernummer in die V-Liste einzutragen. Über alle in die V-Liste eingetragenen Bearbeitungsfälle ist nach § 15 BuchO darüber hinaus noch eine *Namenkartei* zu führen.

Der zuständige Bearbeiter hat nach § 17 BuchO-ADV die Besteuerungsgrundlagen und ggf. die Angaben zur Festsetzung von Verspätungszuschlägen in der Steuererklärung, die als *Eingabebogen* gestaltet ist, für die Datenerfassung aufzubereiten bzw. in einen besonderen Eingabebogen einzutragen. Erläuterungen zum Steuerbescheid sind - soweit sie nicht ausgedruckt werden - in einen gesonderten Vordruck zu übernehmen. Eingabebogen und Verfügungen, die zur Aufhebung, Änderung oder Berichtigung einer Steuerfestsetzung dienen, sind von den Zeichnungsberechtigten mit Namenszeichen und Datum zu versehen. Die Eingabebogen sind der Datenerfassungsstelle zuzuleiten.[35] Die im Eingabebogen eingetragenen Eingabedaten sind nach § 17a BuchO auf solche Datenträger zu übernehmen, die die ADV-Anlage verwenden kann bzw. unmittelbar in die ADV-Anlage einzugeben.[36] Führt die Verarbeitung der Eingabedaten zu einer Veranlagung oder zur Festsetzung von Vorauszahlungen, so wird über das Ergebnis ein *Steuerbescheid* mit einer Zweitschrift ausgedruckt. Der Steuerbescheid enthält als Datum den Tag der Aufgabe zur Post. Der Bescheid nebst der Zweitschrift sowie der Eingabebogen ist hiernach dem zuständigen Bearbeiter zuzuleiten. Dieser hat dem Steuerbescheid etwaige Erläuterungen beizufügen und zu veranlassen, daß der Bescheid an

35) Prinzipiell ist nach § 17 VIII BuchO-ADV auch die unmittelbare Eingabe der Daten in die EDV-Anlage durch den Bearbeiter zulässig, wenn dabei die datenschutzrechtlichen Bestimmungen gewahrt werden und eine nachträgliche Kontrolle des Eingabevorganges möglich ist.

36) Die Übernahme bzw. Eingabe ist dadurch zu sichern, daß aus der Steuernummer, den Besteuerungsgrundlagen und den dazu gehörenden Kennzahlen eine Kontrollzahl gebildet und diese auf den Eingabebogen gesetzt wird. Die Kontrollzahl ist maschinell mit der bei der Datenerfassung oder Eingabe gewonnenen Kontrollzahl zu vergleichen. Wird die Datenerfassung nicht durch Kontrollzahlen abgesichert, sind die Verarbeitungsergebnisse durch Stichproben zu überwachen.

dem vorgesehenen Tag zur Post gegeben wird (§ 17b III BuchO-ADV). Die Veranlagung ist vom zuständigen Bearbeiter in die V-Liste einzutragen; danach ist der Eingabebogen mit der für die Akten bestimmten Zweitschrift des Steuerbescheides zu den Steuerakten zu nehmen. In Fällen einer personellen Veranlagung (ohne maschinelle Berechnung) hat der zuständige Bearbeiter die für die Veranlagung eines Steuerpflichtigen ermittelten Ergebnisse in einen Berechnungsbogen einzutragen und darin die festzusetzende Steuern sowie ggf. den Verspätungszuschlag zu berechnen. Die Ausfertigung des Steuerbescheides erfolgt hierbei gleichfalls durch den zuständigen Bearbeiter.

Nach § 23 BuchO-ADV sind zur Anschreibung von Rechtsbehelfen *Rechtsbehelfslisten* zu führen. Anhand dieser Eintragungen ist der Stand eines jeden Verfahrens bis zu seiner Beendigung zu überwachen. Die nordrhein-westfälischen Ausführungsvorschriften bestimmen hierzu, daß dazu getrennte Rechtsbehelfslisten für außergerichtliche Verfahren (Rechtsbehelfsliste A) und für gerichtliche Verfahren (Rechtsbehelfsliste G) zu führen sind. Mit Hilfe dieser Listen sind genaue Anschreibungen von Einsprüchen und formellen Rechtsbehelfsverfahren zu führen. Anhand dieser Listen hat sich der zuständige Sachgebietsleiter vierteljährlich[37] von der zeitgerechten Bearbeitung der Rechtsbehelfe zu überzeugen.

Die näheren Erläuterungen zur ESt-Veranlagung finden sich im Rahmen der BuchO-ADV im wesentlichen in Fach 5 (Dienstanweisung für die Bearbeitung mit Hilfe des Gesamtfestsetzungprogrammes (GF))[38] und Fach 10 (Dienstanweisung für die Veranlagung unbeschränkt sowie beschränkt Einkommensteuerpflichtiger mit Hilfe des Gesamtfestsetzungsprogrammes)[39]. In der generellen DA für die Arbeit mit dem Gesamtfestsetzungsprogramm werden dem Bearbeiter genaue Richtlinien für die Benutzung und insbesondere die Beschriftung der Eingabebögen gegeben. Da die Schilderung von Sachverhalten hierbei grundsätzlich auf der Verwendung von *Kennziffern* und *Schlüsselzahlen* beruht, wird der Erläuterung der einzelnen Schlüsselzahlen und der Zuordnung der Kennziffern breiter Raum gewährt. Das gleiche Prinzip gilt für im Steuerbescheid ausgedruckte *Erläuterungstexte*.

Eine Überprüfung von Eingabe- und sachlichen Fehlern wird bei der Berechnung aufgrund der eingegebenen Daten maschinell durchgeführt und durch ein Hinweissystem dem zuständigen Bearbeiter angezeigt. Das Hinweissystem beinhaltet Fehlerhinweise (FH), Vorpüfungshinweise (VPH/PH) und Bearbeitungs- (Prüf-)

37) Rechtsbehelfsliste A, für die Rechtsbehelfsliste G gelten halbjährliche Prüfungszeiträume.

38) Hier zitiert nach dem Stand von 10/87; Übersendung der Neufassung durch die OFD mit Verfügung vom 16.12.1987, AZ O 2250 - 1 - St 62 - 1.

39) Zitiert nach dem Stand von 11/87.

hinweise (BPH). *Fehlerhinweise* werden gedruckt, wenn die festgestellten Mängel so schwerwiegend sind, daß eine weitere maschinelle Bearbeitung nicht mehr möglich oder nicht zweckmäßig ist. Sie werden z.B. ausgegeben, wenn die Eingabedaten fehlerhaft oder unvollständig sind. Ein Bescheid wird hierbei nicht gedruckt. Der Fall wird nicht zu Ende gerechnet und ist ggf. erneut maschinell zu bearbeiten. *Vorprüfungshinweise* werden gedruckt, wenn die festgestellten Mängel eine personelle Prüfung vor Bekanntgabe des Bescheides notwendig erscheinen lassen. Der Fall wird aber zu Ende gerechnet und das Vorpüfverfahren eingeleitet. *Bearbeitungs- (Prüf-) Hinweise* werden gedruckt, wenn zusätzlich zum (maschinellen) Ergebnis eine weitere personelle Bearbeitung notwendig ist.

Die oftmaligen *Normänderungen* im Bereich des Einkommensteuerrechts spiegeln sich auch in der Dienstanweisung-ADV wider. So müssen etwa bei der Berücksichtigung der Zahl der Kinder im Rahmen der Grundangaben unbeschränkt Steuerpflichtiger für verschiedene Veranlagungszeiträume unterschiedliche Kennziffern eingetragen werden. Dies kompliziert die Bearbeitung erheblich (vgl. das Beispiel in *Anlage 5/V*). Das Beispiel belegt, wie stark sich Veränderungen des Steuerrechts auf Bearbeitungsvorschriften auswirken. Auch mit diesem Problem müssen die Sachbearbeiter in den Veranlagungsbereichen zusätzlich zu den Problemen der Fall- und Normenüberflutung fertig werden.

5.2.2 Der Einsatz von Personalcomputern und dezentralen Rechnern in der Steuerverwaltung

Der zentralisierte Ablauf des Berechnungsverfahrens mit Hilfe der EDV in den Finanz- und Steuerverwaltungen "hat deutliche Nachteile zur Folge": Die Stapelverarbeitung führt zu "beachtlichem Sortieraufwand" und bringt zwangsweise die Abkehr von der fallweisen Bearbeitung mit sich (*Altfelder* 1985: 14). Das gesamte Verfahren leidet unter der *eingeschränkten Zugriffsmöglichkeit auf die Daten* (etwa durch die Bearbeiter) und den damit zusammenhängenden Wartezeiten.

Nach dem heute praktizierten Remote-Batch-Verfahren in der nordrhein-westfälischen Finanzverwaltung wird ein Steuerfall nach der Bearbeitung durch den Sachbearbeiter an die Datenerfassungsstelle im Finanzamt abgegeben und von dort zur Verarbeitung an das RZF über das Netzwerk übertragen. Nach der Verarbeitung im zentralen Batchverfahren geht der Steuerbescheid (oder ggf. die Bearbeitungshinweise) an den Bearbeiter im Finanzamt zurück, "der den Vorgang dadurch ein zweites Mal 'anfassen' muß".[40] Wenn der zentrale Batchprozeß Fehlerhinweise liefert, kann sich dieser Vorgang sogar mehrmals wiederholen. Dieser arbeits- und

40) Göldner (1984: 96), vgl. Übersicht 5/1.

zeitintensive Vorgang müßte durch ein Dialogverfahren (interaktive Fallbearbeitung) ersetzt werden, das im Kern so aussehen wird:

> "Die Steuererklärungen werden nach dem Posteingang in der Datenerfassungsstelle des Finanzamtes erfaßt und im Finanzamtsrechner gespeichert. Danach werden sie dem Sachbearbeiter im Veranlagungsbezirk zugeleitet. Zur Bearbeitung des Falles ruft dieser die erfaßten Daten am Bildschirm seines PCs auf, ändert sie ggf. im Dialog und startet die Steuerberechnung. Etwaige Bearbeitungshinweise werden sofort erledigt. Nach fehlerfreier Bearbeitung werden die Ergebnisdaten zum RZF in Düsseldorf übertragen, dort als Steuerbescheide auf leistungsfähigen Laserdruckern ausgedruckt, mit DV-Frankierung versehen und an die Steuerpflichtigen versandt." (*Göldner* 1984: 96)

Der Bearbeiter seinerseits könnte sich die für die Akten benötigten Ausfertigungen des Steuerbescheides ausdrucken lassen (vgl. *Übersicht* 5/2).

Übersicht 5/2: Steuerfestsetzung als interaktive Fallbearbeitung (Planung)

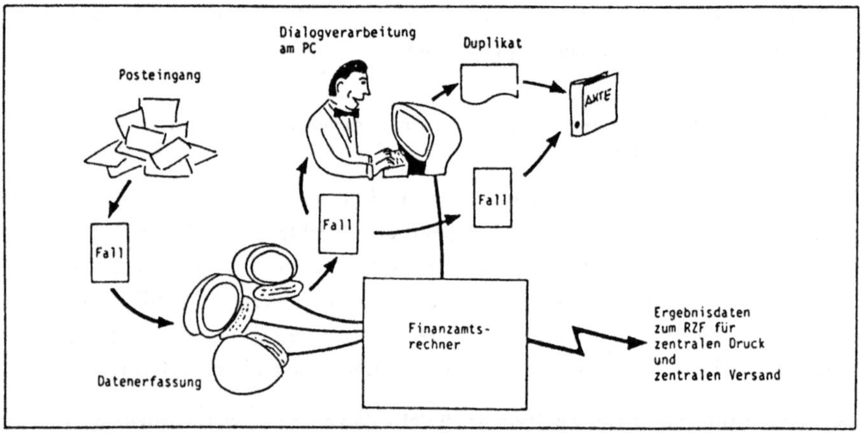

(Quelle: *Göldner* 1984: 96)

Für die Verwaltung würde die Ausrüstung der Sachbearbeiter mit Datenverarbeitungsgeräten den völligen Wegfall der Eingabewertbögen bedeuten, weil die Einzelfalldaten unmittelbar in die Rechenanlage einzugeben wären. Dieser

Schritt könnte auch eine teilweise Aufhebung der negativen Begleiterscheinungen des EDV-Einsatzes hinsichtlich des Arbeitsdruckes mit sich bringen, weil bei der dezentralen Erfassung der Daten eines Steuerfalles unmittelbar aus der Steuererklärung heraus und am Arbeitsplatz der jeweilige Sachbearbeiter wieder stärker Zeitpunkt und Umfang der Erledigung der ihm übertragenen Arbeiten bestimmen könnte (*Emmesberger* 1983: 20).[41)]

Versuche dieser Art laufen u.a. im Land Nordrhein-Westfalen seit einigen Jahren. Dabei wird im Rahmen des GFD-Verfahrens ('Gesamtfestsetzung Dezentral') in einigen Finanzämtern die direkte Eingabe in einzelnen Veranlagungsbezirken erprobt. Sobald die Daten aus der Steuererklärung eingegeben worden sind, wird im GFD-Verfahren die Berechnung durchgeführt und das Ergebnis angezeigt; der Fall kann sofort abschließend bearbeitet werden. Damit können auch mögliche Fehler und Ungereimtheiten schneller korrigiert werden.[42)] Ziel der nordrhein-westfälischen Finanzverwaltung ist es, in allen Veranlagungsbezirken Terminals zu installieren, um einerseits die Auskunftsmöglichkeiten verfügbar zu machen und andererseits eine "interaktive Fallbearbeitung" zu ermöglichen. Dies würde für jedes Finanzamt eines zusätzlichen Bedarf von ca. 30 (maximal 80) Terminals bedeuten (*Göldner* 1984: 94). Auf absehbare Zeit wird allerdings auch die Einführung von Bildschirmarbeitsplätzen die gegenwärtig praktizierte Stapelverarbeitung nicht beseitigen können. Aus "organisatorischen, finanziellen und politischen Gründen (wird) die Hauptlast der Datenverarbeitung weiterhin von den Rechenzentren getragen werden" (*Altfelder* 1985: 14).[43)]

Bei einer Zuordnung der verschiedenen Tätigkeitsfelder zu den Dienststufen im Finanzamt[44)] zeigt sich, daß lediglich der *Vorsteher* mit reinen Führungsaufgaben

41) Nicht ändern würden sich hingegen die Möglichkeiten der Arbeits- und Erledigungskontrolle durch Vorgesetzte mit Hilfe der EDV.

42) Vgl. 'Finanzverwaltung: Die Steuerberechnung kann sofort am Bildschirm durchgeführt werden', in: Handelsblatt, 10.10.1989 und 'Steuerbescheide demnächst schneller beim Bürger', in: Bonner General-Anzeiger, 05.10.1989. In der hessischen Steuerverwaltung wird seit 1989 mit einer abgeschwächten Zielsetzung (Direkteingabe) das System BELOS (Bearbeitereingabe Lohnsteuer) in den LoSt eingeführt. Bis Ende 1991 sollen alle Finanzämter darauf umgestellt sein; vgl. Steuer und Studium (SteuerStud), 13. Jg., Nr. 1/1990: 1.

43) Auf eine schon genutzte Möglichkeit des Einsatzes von PCs in Zusammenhang mit der Steuerveranlagung, nämlich dem Außendienst bei der Betriebsprüfung, weist Hoppstädter (1985) hin. Auch hier liegen die Vorteile im wesentlichen in der Vermeidung doppelter Arbeit (durch die einfache Aktualisierung schon vorhandener Daten) und der daraus resultierenden Zeitersparnis. Wie bisher zumeist, ist auch hier die 'Gegenseite' schneller: Über die zunehmende Ausstattung der Steuerberater mit tragbaren Personal Computern (Portables), die eine noch weitergehende Dezentralisierung ermöglichen, informiert Faltermaier (1988).

44) Vgl. Anlage 5/I.

betraut ist. Schon die nächste Hierarchiestufe - die *Sachgebietsleiter* - haben neben Führungs- auch Fachaufgaben, wie die Bearbeitung besonders schwerer Fälle, zu erfüllen. Andererseits haben die Mitarbeiter teilweise auch Sachbearbeitungsaufgaben zu erfüllen. Damit tritt die gerätemäßige Unterstützung der Führungsaufgaben "deutlich zurück gegenüber der Unterstützung der im Finanzamt überwiegenden Sachbearbeiteraufgaben" (*Göldner* 1984: 95). Wegen der speziellen Struktur der Verwaltungsaufgaben im Finanzamt kann die *interne Kommunikation im Finanzamt als vernachlässigbar gegenüber der externen Kommunikation mit den Steuerpflichtigen* angesehen werden (ebd.: 95). Damit ist auch die marktübliche PC-Anwendungssoftware im Finanzamt nur sehr beschränkt einsetzbar:

> "Das für einen PC sinnvolle Einsatzspektrum im Finanzamt zeichnet sich insbesondere dadurch aus, daß hier sehr spezielle Fachaufgaben abgewickelt werden sollen, nämlich die Steuerveranlagung als transaktionsorientierte Sachbearbeitung. Die gerätemäßige Unterstützung der anderen Büroarbeiten, wie etwa die Entscheidungsfindung ist für ein Finanzamt kaum relevant, ebensowenig die gerätemäßige Unterstützung der allgemeinen Bürokommunikation wie z.B. Elektronische Post. Auch Textverarbeitung ist im Finanzamt an nur sehr wenigen Stellen angesiedelt, so daß hier kaum ein bedeutendes Rationalisierungspotential vorhanden ist." (*Göldner* 1984: 95)

Damit bestehen kaum Möglichkeiten zum Einsatz handelsüblicher Softwareprogramme, was bedeutet, daß die Programme für den Einsatz der PCs im Finanzamt von der Finanzverwaltung selbst entwickelt werden müssen.

Die befürchtete Verzögerung bei der Ausstattung der Finanzämter mit EDV-Anlagen führt offensichtlich dazu, daß ein Teil der Finanzbeamten dazu übergeht, nicht nur bei Betriebsprüfungen, sondern auch im Innendienst *private Personalcomputer* einzusetzen.[45] Der nordrhein-westfälische Finanzminister hat in einem Erlaß vom 7. März 1985[46] den Einsatz solcher privater PCs nicht generell untersagt, sondern nur eingeschränkt. Unter dem Gesichtspunkt des Datenschutzes ist das eine etwas fragwürdige Praxis: Neben den Bestimmungen des Steuergeheimnisses (§ 30 AO) können auch die Vorschriften des nordrhein-westfälischen Datenschutzgesetzes verletzt werden.[47] Der Hauptpersonalrat beim Finanzministerium NRW hat darauf hingewiesen und gleichzeitig - in Zusammenhang mit dem permanenten Beurteilungsverfahren in der Landesfinanzverwaltung - Befürchtungen

---

45) Ein Verhalten, daß sich offenbar in vielen Verwaltungen zeigt; vgl. Reese/Seibel (1987: 405f).

46) AZ O 2200 - 1 - II B 1.

47) Dies gilt auch in anderen Landesverwaltungen; vgl. die Ausführungen des saarländischen Datenschutzbeauftragten, der generell dazu aufruft, die Benutzung privater PCs für dienstliche Zwecke zu verbieten: 'Der Diebstahl wird immer leichter. Personal Computer bereiten Datenschützer Sorgen', in: Handelsblatt, 20.02.1989.

geäußert, der Einsatz solcher privateigener PCs und der damit gesteigerte Bearbeitungsumfang könne den betreffenden Beamten "Vorteile mit entsprechenden Auswirkungen bei Beurteilungen" verschaffen.[48] Der Einsatz privater PCs kann unter diesen Bedingungen kein Ersatz für die fehlende Aurüstung der Finanz- und Steuerverwaltungen mit eigenen Geräten sein.

5.2.3 Probleme des EDV-Einsatzes in der Steuerverwaltung für die Bearbeiter und die Steuerpflichtigen

5.2.3.1 Veränderungen der Arbeitssituationen

Die Einführung und der Einsatz elektronischer Datenverarbeitungsanlagen haben die Arbeitsvorgänge in den Steuerverwaltungen z.T. stark verändert. Auch die Arbeitsumstände der einzelnen Bearbeiter haben sich geändert. *Brinckmann/Jungesblut* (1977: 11 ff) haben die Veränderungen zusammengefaßt, die sich bei der Einführung der EDV in Bezug auf die Arbeitssituationen und -strukturen gezeigt haben:

- Die *Verarmung der Arbeit*: Mit dem Einsatz der Automation wurde etliche Arbeitsschritte vom manuellen Verfahren auf die maschinelle Bearbeitung übertragen. Dazu gehören die Rechenvorgänge sowie die Endfeststellung des Ergebnisses: "Der Sachbearbeiter entscheidet nur noch über die einzelnen Positionen einer Steuererklärung, kann aber das Ergebnis seiner Arbeit höchstens noch schätzen." (*Brinckmann/Jungesblut* 1977: 12) Der Sachbearbeiter überblickt nur noch Teile des Verfahrens und ist "nicht mehr Herr des Verfahrens auf allen Stufen" (ebd.: 112). Das erschwert auch die Zusammenarbeit mit den Steuerpflichtigen: Bei deren Anfragen kann er "weder präzise Angaben über zu erwartende Steuerforderungen oder Rückzahlungsansprüche noch über die Fristen der Abwicklung des Besteuerungsverfahrens machen" (*Brinckmann u.a.* 1981 91). Damit ändert sich die Arbeitseinstellung der Bearbeiter: Nicht mehr der Kontakt zum einzelnen Bürger und die Erstellung der 'Verwaltungsleistung Besteuerung' stehen im Vordergrund, sondern die *Aufrechterhaltung des Arbeitsflusses* als Ganzes[49] - mit der Folge, daß die Möglichkeiten des einzelnen Mit-

---

48) Rundschreiben Nr. 18/1988 des Hauptpersonalrates beim Finanzministerium NRW vom 13. Juni 1988, Punkt 2. Zur zunächst vorsichtigen, aber im Grundsatz bejahenden Haltung der Deutschen Steuergewerkschaft zum Einsatz privater PCs in der Steuerverwaltung vgl. DStG Nr. 9/1985: 113-114.

49) Der Personalrat bei FA Bünde beklagte in einem Schreiben vom 09.01.1978 an den Bezirkspersonalrat bei der OFD Münster die durch die Einführung des ALDA-FEST-Verfahrens in Verbindung mit der fortschreitenden Automation der Finanzverwaltung einhergehende 'zunehmende Resignation' bei den Beschäftigten, die nach der Zerschlagung der Teilbezirke den 'Überblick über das gesamte Festsetzungsverfahren' verloren hätten, 'nicht mehr zur Anwendung des materiellen Steuerrechts', für die sie ausgebildet seien, kämen und über die sich laufend 'eine Flut von Anweisungen auf dem Gebiet

arbeiters, sich mit den von ihm wahrzunehmenden öffentlichen Interessen zu identifizieren, sinken (*Brinckmann/Jungesblut* 1977: 16).

- Die zunehmende *Arbeitsmonotonie*: Dies gilt insbesondere für die neu geschaffenen Arbeitsplätze in den Datenerfassungstellen; es handelt sich um (ausschließlich von Frauen besetzte) Arbeitsplätze mit niedriger Qualifikation und entsprechend niedrigen Aufstiegschancen.[50)]
- Die *Einschränkung der Autonomie am Arbeitsplatz*: Die Automation zwingt grundsätzlich dazu, den Arbeitsablauf formal und präzise zu regeln. Die damit verbundene Vereinheitlichung der Anweisungen, Formulare, Darstellungen von Arbeitsergebnissen etc. beseitigt einen Teil der Freiräume in der Steuerverwaltung sowohl im Verhältnis zu den übergeordneten Behörden, als auch in den Teilbezirken/Veranlagungsstellen und an den einzelnen Arbeitsplätzen.
- Die *Verkürzung der Taktzeiten*: Da einzelne Bearbeitungsschritte abgetrennt werden, verkürzt sich die Bearbeitungszeit pro Fall - der angestrebte Rationalisierungseffekt. Was sich im Gesamtzusammenhang positiv auswirkt, führt am einzelnen Veranlagungsarbeitsplatz zu einer verkürzten Arbeitszeit am einzelnen Fall mit "rigorosen Zeitvorgaben" (*Schaad* 1981: 9). Dadurch wiederholen sich für die Sachbearbeiter und Mitarbeiter die einzelnen Arbeitsschritte schneller als vorher, die Taktzeiten sinken.
- Die Zunahme der Kontrolle durch *neue Kontrollformen*: Mit der automatischen Bearbeitung werden von der EDV-Anlage zugleich auch Bearbeitungslisten erstellt, Fehlerhinweise ausgedruckt etc. Damit wird Kontrollmaterial zur Verfügung gestellt, "das wesentlich intensivere Einblicke in der Arbeitsleistung ermöglicht" (*Brinckmann/Jungesblut* 1977: 14; genauso *Grimmer/Lenk* 1978: 148). Mit der Kontrolle steigt der "Zwang zur Normerfüllung" (*Karlsen* 1978: 190).
- Der *Mangel an Schulung und Information*: Die Ausbildung der Beamten der Steuerverwaltungen soll diese dazu befähigen, einen Einzelfall nach geltendem Steuerrecht richtig zu lösen. Fragen der Arbeitsorganisation und des Sachmitteleinsatzes treten demgegenüber als Ausbildungsziele zurück.[51)] Die Automation verlangt aber neue Qualifikationen in Kooperation, Flexibilität, Beachtung formaler Regeln oder der Beherrschung des Arbeitsflusses. Die Schulung konzentriert sich aber auf die Vermittlung von Sachkenntnissen über die Datenverar-

der automatischen Datenverarbeitung' ergieße, die ihr 'berufliches Leben' und ihren 'Arbeitsrhythmus in zunehmenden Maße' bestimmten.

50) Daß dort (insbesondere in der Umstellungsphase) die Unzufriedenheit mit der Arbeit hoch ist, belegen die Bemerkungen von Schaad (1981: 10). Die Hoffnung von Brinckmann/Jungesblut (1977: 12), daß sich dieses Problem in den Datenerfassungsstellen durch die technische Entwicklung lösen würden, hat sich bis heute nicht erfüllt. Auch in den untersuchten nordrhein-westfälischen Finanzämtern zeigten sich die Arbeitsplätze in den (dezentralisierten) Datenerfassungsstellen der VRZ als die monotonsten und die mit den niedrigsten Qualifikationsanforderungen im Veranlagungsprozeß.

51) Über die heute noch bestehenden Unklarheiten hinsichtlich der Relevanz der EDV in der Ausbildung und Prüfung des Beamtennachwuchses findet sich ein kuzer Überblick bei Kiefer (1986).

beitung. Die Mitarbeiter werden mit den sich daraus ergebenden Problemen alleingelassen (*Brinckmann/Jungesblut* 1977: 17f).

- Die besonderen Probleme *älterer Mitarbeiter*: Dieses Problem hängt in Teilbereichen mit dem vorstehenden zusammen. Ältere Mitarbeiter sind zudem "weniger in der Lage, die neuen Anforderungen der Arbeitsorganisation und der Arbeitsinhalte zu akzeptieren" (*Brinckmann/Jungesblut* 1977: 18).

Insgesamt gesehen führte die Automatisierung in der Steuerverwaltung - jeweils in einzelnen Bereichen und für einzelne Arbeitsplätze in unterschiedlichem Ausmaß - "zu Spezialisierung und größerer Arbeitsteiligkeit, die sich objektiv in veränderter Arbeitsorganisation und subjektiv in geringerer Arbeitszufriedenheit und absinkender Motivation" niederschlagen (*Brinckmann/Jungesblut* 1977: 11).

5.2.3.2 Veränderungen im Verhältnis zu den Steuerpflichtigen

Die Veränderungen der Arbeitsgrundlagen in der Steuerverwaltung haben auch das Verhältnis zwischen Steuerbürger und Verwaltung berührt. Verändert wurden sowohl die *Formen der Kommunikation* mit dem Bürger als auch die *Anforderungen an den Steuerpflichtigen.* Die empirische Untersuchung der EDV-Einführung in die hessische Steuerverwaltung hat gezeigt, daß mit dem integrierten Verfahren teilweise "markante Benachteiligungen des Steuerbürgers" (*Lange/Sippel* 1986: 7) einhergingen:

- eine *Erhöhung der Normierungsanforderungen*, weil die Steuerzahler zur ordnungsgemäßen Verbuchung ihrer Steuern mehr und präzisere Angaben machen müssen als vor der Automatisierung;
- die *Verschärfung der Zahlungsbedingungen*, da Säumniszuschläge rascher eingefordert werden;
- der fehlerhafte *Versand ungerechtfertigter Mahnungen* und die Einleitung von *Vollstreckungsmaßnahmen*;
- der *Fortfall der Information des Steuerzahlers* durch (Zwischen-) Kontoauszüge im Zusammenhang mit der Umstellung des Buchungsverfahrens.[52)]

Auf der anderen Seite verringern sich die Möglichkeiten der informalen Kontakte zwischen Bürger und Verwaltung. Auf Angaben und Wünsche des Steuerpflichtigen kann nur noch begrenzt eingegangen werden (*Altfelder* 1985: 82f). Ganz allgemein werden die Möglichkeiten einer gleichberechtigten Kommunikation zwischen Steuerzahler und Verwaltung durch den Einsatz der EDV eingeschränkt:

- die Häufigkeit der Kommunikation wird reduziert;

52) Vgl. Lange/Sippel (1986: 7) in Zusammenfassung von Brinkmann u.a. (1981: 77 ff (79)).

- die dem Bürger gegebenen Informationen werden unverständlicher (Form, Begründung);[53]
- nicht alle Informationen, die der Steuerpflichtige berücksichtigt wissen möchte, können berücksichtigt werden (räumliche und zeitliche Begrenzung der gespeicherten Grundinformationen);
- der Steuerpflichtige findet schwerer einen Ansprechpartner im Finanzamt (Unterschrift und Namenswiedergabe).[54]

Unter den Vorgaben der EDV werden die Möglichkeiten der Kommunikation demzufolge immer mehr eingeschränkt und formalisiert. Die Steuerbescheide beschränken sich inhaltlich auf solche Informationen, die vom Datenverarbeitungsprogramm wegen ihrer Wichtigkeit allgemein vorgesehen sind. Aus der Sicht der betroffenen Steuerzahler stellt sich die Automatisierung - in Zusammenhang mit den schon angesprochenen Umstellungen und Spezialisierungen der Bezirkseinteilungen und den GNOFÄ - als eine sich verschärfende Entwicklung dar:

> "Von dem nebenamtlichen Gemeinderechner mit persönlichem Kontakt im kommunalen Bereich, von der an Straßen- und Stadtquartieren orientierten und daher auf sinnlich erfahrbare Zusammenhänge bezogenen Abgrenzung der Bezirke hin zu den nach Schwierigkeiten und Namen geordneten Zuständigkeiten, von der auf persönlichem Vorwissen basierenden flexiblen Handhabung des Verfahrens und auch des Steuerrechts hin zur rigiden Automatik der Anwendung von Vorschriften." (*Brinckmann/Jungesblut* 1977: 15)

Die angestrebte Effizienz der Bearbeitung der Steuererklärungen geht also teilweise auf Kosten der betroffenen Steuerpflichtigen: die Sachbearbeiter können häufig den Informationswünschen der Steuerpflichtigen nicht nachkommen, längere Bearbeitungszeiten erhöhen die Ungewißheit über die Entscheidungen und die erschwerte Verständlichkeit von Formularen und Bescheiden belastet sowohl den Steuerpflichtigen wie den Sachbearbeiter (*Grimmer/Lenk* 1978: 148). All dies führt dazu, daß die Einführung der Automation in das Besteuerungsverfahren die Distanz zwischen Steuerpflichtigen und Verwaltung tendenziell vergrößert hat, weil aus der Dienstleistung eines Mitarbeiters "das Produkt einer DV-Maschine" wird; "die Verwirklichung einer größeren, aber eher abstrakten Gleichheit wird erkauft durch Abbau der Kontakte zwischen dem Sachbearbeiter auf der Vollzugsebene

53) Unter Umständen wird der Bürger durch die Verwendung von standardisierten Textbausteinen dazu gebracht, seinen Fall ohne Hinterfragung des (vom FA unterstellten) Sachverhaltes auf diesen Standard zu beziehen. Daraus können sich insbes. bei Rechtsbehelfsentscheidungen Nachteile ergeben (vgl. Neckels 1990: 246; Anm. 27).

54) Vgl. Altfelder (1985: 137) und die Gegenposition bei Jäger (1988: 132f). Die Kritikpunkte decken sich mit denen, die generell hinsichtlich der Veränderung der Außenbeziehungen von Verwaltungen bei einem verstärkten Einsatz der EDV vorgebracht werden; vgl. Leis (1985: 67f).

und dem Steuerzahler" (*Brinckmann/Jungesblut* 1977: 15). Ein Resultat dieser zunehmenden Kommunikationsschwierigkeiten und der wachsenden Distanz ist, daß sich immer mehr "vermittelnde Instanzen" (*Brinckmann/Jungesblut* 1977: 15) zwischen den Bürger und die Steuerverwaltung schieben: Die *steuerberatenden Berufe* zur Vermittlung der Anträge und Steuererklärungen aufgrund des sich verkomplizierenden Steuerrechts und *technische Medien* zur Vermittlung der Kommunikation.

5.2.4 Zusammenfassung: Die Veränderung der Arbeitszusammenhänge durch den Einsatz der EDV

Die Ausführungen zum Einsatz der EDV in den Steuerverwaltungen haben gezeigt, daß ein Teil des Anwachsens der Fallzahlen durch die Rationalisierung des Verfahrens mittels der verstärkten Nutzung der EDV aufgefangen werden konnte. Gleichzeitig verhielten sich diese Hilfsmittel nicht neutral hinsichtlich des inneren Verfahrens bei der Steuerfestsetzung und Steuererhebung: Bestehende Arbeitsschritte und -zusammenhänge wurden beschleunigt, aber auch materiell beeinflußt. Von den ersten Verfahren mit Lochkartenmaschinen über die getrennte Mechanisierung von Steuerfestsetzungs- und Steuererhebungsverfahren bis hin zum Integrierten Besteuerungsverfahren zieht sich ein Bogen von Änderungen der technischen Ausstattung der Finanzämter, die jeweils Veränderungen im Innenbereich der Ämter (durch veränderte Arbeitsschritte), aber auch im Außenkontakt zum Bürger (hier insbesondere durch Umstellungen der Buchungsvorschriften) nach sich zogen. Die EDV-gestützte Integration von Steuerfestsetzung und Steuererhebung brachte eine deutliche *Zentralisierung* des Verfahrens mit sich. Diese Zentralisierung und die Anpassung der Arbeitsschritte mit den qualitativen (Fehlerhinweise) und (quantitativen) Vorgaben der neuen Technik zogen eine deutliche Veränderung der Arbeitsinhalte und -formen der Sachbearbeiter in den VSt nach sich. Diese Veränderungen sind gekennzeichnet durch eine *Vereinfachung* und *Beschleunigung* der Tätigkeiten im Rahmen der Veranlagung, aber auch durch die *Verarmung* der Arbeitsaufgaben und eine stärkere (statistische) *Kontrolle* der individuellen Bearbeiteraufgaben.

Das Ziel der Ausstattung der Finanzverwaltung mit der EDV war es, über eine Beschleunigung der individuellen Fallbearbeitung eine Steigerung der 'Verarbeitungskapazität' der Ämter unter Beibehaltung eines rechtlich einwandfreien und organisatorisch bewältigbaren Verfahrens zu erreichen. Unter den durch ständig steigende Fallzahlen und eine Komplizierung der rechtlichen Grundlagen der Besteuerung gekennzeichneten Bedingungen der Steuerrechtsanwendung in den Ämtern hat diese Form der "stille(n) Personaleinsparung" (*Stadler* 1978: 5) ohne Zweifel ihre Berechtigung: Mit gleichgebliebenem Personal kann nun ein wesentlich größerer Umfang an Abgabenverfahren rascher durchgeführt werden. Höhepunkt dieser verfahrensmäßigen und organisatorischen Umstellungen war die Verknüpfung von Organisation, Verfahrensablauf und technischer Ausstattung der Finanzämter nach dem GNOFÄ-Konzept. Dessen Scheitern war das Eingeständnis der Begrenztheit organisatorischer und verfahrensmäßiger Reformen in einem hinsichtlich der Akteure und der materiell-rechtlichen Grundlagen so komplexen System. Nach der Schaffung der Integration bei der Bearbeitung der Steuerfälle, aber dem weitgehenden Scheitern solch umfassender Reformen wie dem GNOFÄ-Konzept, ist es heute das Ziel, die Rationalisierungsfortschritte durch den EDV-Einsatz beizubehalten und durch eine weitere Beschleunigung der Bearbeitung auszubauen, gleichzeitig aber die Abhängigkeit der Ämter und Bearbeiter von der zentralen Recheneinheit im Interesse der Arbeitsvorgänge und unter dem Gesichtspunkt der Bürgerfreundlichkeit zu vermindern. Dies geschieht - durch eine wiederum EDV-gestützte - *Dezentralisierung* der Berechnung, die ihren logischen Höhepunkt in der Direkteingabe der steuerlich relevanten Daten durch den Bearbeiter in den Veranlagungsstellen finden muß. Dies macht deutlich, daß der Einsatz der Elektronischen Datenverarbeitung in den Finanzämtern nicht nur Auswirkungen auf die Organisation der Ämter und den generellen Verfahrensablauf hat, sondern sich auch auf die Arbeitszusammenhänge, die Arbeitseinteilung und die *Freiräume des einzelnen Bearbeiters* bei der Durchführung der Besteuerung erstreckt. Wenngleich die Ausstattung der Ämter mit der EDV weniger veränderlich ist als früher, sondern mehr als feste Größe zu gelten hat, kann man bei der Beurteilung der Arbeitssituationen und Anforderungen der Sachbearbeiter in den Veranlagungsstellen nicht an den Vorgaben und Erfordernissen der EDV vorbeigehen.

Teil III: Die Anforderungen der Steuerrechtswissenschaft an die Rechtsanwendung durch die Finanzverwaltung

6. Grundlagen der Rechtsanwendung im Steuerrecht

Aufgabe der Beamten der Finanzverwaltungen ist es, das geltende Steuerrecht umzusetzen und im konkreten Einzelfall anzuwenden. Für die Beamten ist daher notwendig, den Normenbestand des Steuerrechts - zumindest in ihrem jeweiligen Arbeitsgebiet - überblicken und ihn dem Rechtsquellencharakter entsprechend einordnen zu können, denn: "Wer berufen ist, das Steuerrecht zu handhaben, muß wissen, wo er es findet." (*List* 1975: 140) Was dabei insgesamt als Normenbestand des Steuerrechts anzusehen ist, ist innerhalb der Steuerrechtswissenschaft weitgehend unstrittig:

> "Sechs unbestrittene Rechtsquellen des Steuerrechts gibt es: das Grundgesetz, völkerrechtliche Normen, supranationales Recht, die Steuergesetze sowie Rechtsverordnungen und autonome Satzungen. Bestritten ist der Rechtsquellencharakter des Gewohnheitsrechts, der Steuerrichtlinien und der Rechtsprechung im Steuerrecht."[1]

Die verschiedenartigen Normen des Steuerrechts verlangen von den Rechtsanwendern in den Ämtern strikte Beachtung in ihrem Inhalt und ihren Beziehungen untereinander.[2] Um darzulegen, wie umfassend die rechtsdogmatischen Ansprüche an die Anwender sind, wird im folgenden auf die in der Anwendung bedeutsamsten Rechtsquellen (die Steuergesetze, die richterlichen Entscheidungen und die Verwaltungsvorschriften) eingegangen und die an ihre Anwendung geknüpften Auslegungsbedingungen aufgezeigt.

6.1 Steuergesetze und ihre Auslegung

6.1.1 Das Gesetz als Grundlage der Besteuerung

6.1.1.1 Materielle Anforderungen an die Steuergesetze

Steuergesetze müssen sich nach bestimmten Grundsätzen richten, um dauerhaften Bestand zu erlangen.[3] Die Auferlegung von Steuern ist nach dem Grundsatz der *Gesetzmäßigkeit der Besteuerung* nur zulässig, sofern und soweit sie durch Gesetz angeordnet ist (Vorbehalt des Gesetzes). Die Besteuerung kann also nur erfolgen, wenn ein gesetzlicher Tatbestand erfüllt ist, an den als Rechtsfolge eine Steuer ge-

---

1) Arndt/Zierlinger (1986: 12); mit einem umfassenderen Rechtsquellenbegriff: List (1975).

2) Zum generellen Mangel an Systematik im geltenden Steuerrecht vgl. Mösbauer (1975).

3) Zur Unterordnung dieser Grundsätze unter das Prinzip steuerlicher Gerechtigkeit vgl. Jehner (1990).

knüpft ist.[4] Der Grundsatz der Gesetzmäßigkeit der Besteuerung hat in der Besteuerungspraxis vorwiegend eine zweifache Bedeutung:[5]

- er schließt Steuervereinbarungen über die Höhe der zu entrichtenden Steuer zwischen Steuergläubiger und Steuerbürger aus;
- die Finanzverwaltung hat keinen Entscheidungsspielraum, ob sie die gesetzlich festgelegte Steuer erheben soll, sondern sie muß gemäß § 85 AO die Steuern nach Maßgabe der Gesetze festsetzen und erheben (verfahrensrechtliches Legalitätsprinzip).

Trotz des Ausschlusses solcher Abmachungen haben sich Steuervereinbarungen in der Praxis eingebürgert, wenngleich sie u.U. nicht als solche kenntlich gemacht werden:

> "Im gegenseitigen Arrangement vereinbaren Steuerberater und Finanzverwaltung eine steuerliche Rechtsfolge, formulieren diese Verständigung aber als einvernehmliche Feststellung eines Sachverhalts. Diese Absprachen wirken faktisch verbindlich, weil die Beteiligten in einem Dauerrechtsverhältnis langfristig auf gegenseitiges Wohlverhalten angewiesen sind." (*Kirchhof* 1981: 225)

Nach § 85 AO ist die Festsetzung und Erhebung von Steuern nur 'nach Maßgabe der Gesetze' zulässig.[6] Öffentlich-rechtliche Verträge, etwa Vergleichsverträge kennt die Abgabenordnung nicht. Auch dies dient der Gerechtigkeit der Besteuerung:

> "Um die Gleichmäßigkeit wäre es schlecht bestellt, würde man zulassen, daß Steuerpflichtige Verträge mit den Finanzämtern abschließend und Finanzgerichte eine Art Schlichtung betreiben dürften, zumal auf der Grundlage kommerziellen Denkens, eine Angebots- und Nachfragementalität, eines Feilschens um die Höhe der Steuerschuld bis zur Grenze der Sittenwidrigkeit. Gesetzmäßigkeit und Gleichmäßigkeit verbieten den Behörden ein gesetzeswidriges Paktieren ... mit dem Bürger." (*Tipke* 1987: 31)

Vereinbarungen mit den Steuerpflichtigen würden grundsätzlich gegen die Grundsätze der Gleichheit und Allgemeinheit der Besteuerung verstoßen (*Felix* 1955: 45; *Thebrath* 1978: 12). Eine einzige Ausnahme von der strikten Gesetzmäßigkeit der Besteuerung stellen Billigkeitsmaßnahmen (Steuernächlässe) nach § 131 AO und die Pauschalisierung für bestimmte Tatbestände dar. *Tipke* (1987: 27) räumt aber ein,

4) Tatbestandsmäßigkeit der Besteuerung; vgl. Tipke (1987: 27). Über den zulässigen Inhalt der Steuergesetze trifft der Grundsatz der Besteuerung keine Aussage; zu den Grundrechtbindungen der Steuergesetze vgl. Arndt/Zierlinger (1986: 16 ff).

5) Vgl. Arndt/Zierlinger (1986: 15f).

6) Nicht tangiert werden durch diese Bestimmungen die durch Gesetz oder Verordnung dem Steuerpflichtigen eingeräumten Wahlmöglichkeiten in bestimmten Einzelfragen; vgl. hierzu Rose (1980).

daß Fälle "aus Gründen der Arbeitsüberlastung", aus Zweifel über den Sachverhalt - und möglicherweise auch über die Rechtslage - zuweilen nicht durch aufwendige Sachverhaltsermittlungen, sondern durch Vereinbarungen geregelt werden. Auch in Fällen, in denen der Anspruch des Finanzamtes vertretbar, vielleicht aber nicht (oder nur schwer) durchsetzbar ist, einigt man sich auf einer "mittleren Linie", die dann zwar als Verhandlungsergebnis, nicht aber aus der Sache heraus begründbar ist.

Ein weiterer bedeutsamer Grundsatz der Besteuerung ist der *Grundsatz der Tatbestandsmäßigkeit*. Er besagt, daß Steuern nur erhoben werden können, wenn der Tatbestand verwirklicht ist, an den das Gesetz die Steuerpflicht knüpft (*Kruse* 1960: 109). Dieser Grundsatz ist eine spezifische Ausprägung des Grundsatzes der gesetzmäßigen Verwaltung; beide genannten Grundsätze sind sehr eng verwandt.[7] Dieser Grundsatz bewirkt - in Anlehnung an *Bühler* -, daß der Steuerverwaltung für die Anforderung von Steuern keine Generalklauseln an die Hand gegeben werden dürfen, sondern daß die Besteuerung nur aufgrund einer eindeutigen Formulierung (des gesetzlichen Tatbestandes) erfolgen darf (vgl. *Paulick* 1954: 144).[8] *Otto Mayer* (1924: 317) hat die wesentlichen Bestandteile der gesetzlichen Bedingung aufgelistet:

> "Ein solches Steuergesetz hat dann einen dreifachen Inhalt: es bestimmt die äußerlichen Merkmale, an welche die Steuer sich knüpft, den Gegenstand der Besteuerung; sodann die Höhe des Betrages, mit welchem die Steuerpflicht den Einzelfall treffen soll, der sich berechnet aus Steuerfuß und Steuersatz, und endlich das Verfahren, in welchem die Steuerpflicht zur Durchführung kommt, die Erhebungsform."

Der Grundsatz der Tatbestandsmäßigkeit wird von Teilen der Literatur nur als Unterfall, als "Verschärfung" des Gesetzmäßigkeitsgrundsatzes gesehen (vgl. *Brinkmann* 1982: 6f); nach der Argumentation von *Hahn* (1984: 243) beruhen beide Prinzipien im Grund auf dem gleichen Rechtssatz, daß nämlich die Steuerauflage nur durch ein Gesetz erfolgen darf. Die Anknüpfung der Steueransprüche an den gesetzlich normierten Tatbestand wurde zuerst in § 81 RAO und § 3 I StAnpG

---

7) vgl. Thebrath (1978: 10); Weber-Fas (1979: 37) und Hartmann/Walter (1984: 111).

8) Die Existenz von steuerlichem Gewohnheitsrecht ist zu verneinen, da sie im Widerspruch zum grundgesetzlich festgeschriebenen Legalitätsprinzip steht (Hoepffner 1970: 105; Tipke 1987: 100; Birk 1988: 33). Nach Arndt/Zierlinger (1986: 14) ist die Frage der Zulässigkeit von Gewohnheitsrecht im Steuerrecht 'mangels Masse' völlig irrelevant: "Selbst dann, wen man - mit einer Mindermeinung - die Ansicht vertritt, trotz Art. 105 GG sei Gewohnheitsrecht im Steuerrecht theoretisch zulässig, lohnt eine weitere Beschäftigung mit dieser Frage nicht, weil es zur Zeit in der Bundesrepublik kein ungeschriebenes steuerliches Gewohnheitsrecht gibt."

festgeschrieben und dann auch in die §§ 3 und 38 der AO 1977 übernommen.[9] Das Prinzip der Tatbestandsmäßigkeit erleichtert die Analyse der Zielsetzungen einer Steuer, was für die Praktizierung, die Auslegung und die verfassungsrechtliche Kontrolle der Norm wichtig ist. Daneben dient das Prinzip auch dem gerichtlichen Rechtsschutz (*Hartmann/Walter* 1984: 110). Nach heutiger Ansicht erfordert der Grundsatz der Tatbestandsmäßigkeit, daß *Steuersubjekt*, *Steuergegenstand*, *Steuerbemessungsgrundlage* und *Steuertarif* von einem Gesetz im formellen Sinn bestimmt werden.[10]

Die Bindung des Gesetzes geht über das reine Merkmal der *Tatbestandsmäßigkeit* hinaus, denn auch die genaue Rechtsfolge (Höhe der Steuer) ergibt sich aus dem Gesetz: "Die Höhe der Steuer bestimmt nicht der Beamte nach seinem Ermessen, sondern das Gesetz; allerdings gibt es gesetzliche Rechtsfolgenwahlrechte" (*Tipke* 1987: 27). Für Anhänger der strengen Lehre von der Gewaltenteilung sind deshalb Fehler, Schwächen und Mängel, die dem Gesetzgeber bei der Gesetzesformulierung unterlaufen sind, in der Handhabung der Gesetze durch die Verwaltung nicht mehr reparierbar (*Spitaler* 1954: 2). Ob der Gesetzesvorbehalt einengend als Vorbehalt des formellen Gesetzes zu verstehen ist, oder ob er sich auch auf Gesetze im materiellen Sinn bezieht, ist in der Literatur nicht geklärt (*Hahn* 1984: 30f). Gegen eine Zuordnung von Gesetzen im materiellen Sinn läßt sich anführen, daß die Rechtssicherheit (noch mehr) abnehmen könnte, da die Änderungshäufigkeit der Gesetze noch verstärkt würde (*Brinkmann* 1982: 129). Zudem spricht der Gesetzesvorbehalt von Art. 80 GG beim Erlaß von Rechtsverordnungen gegen eine solche Sichtweise; die Tatbestandsmäßigkeit ist also "Ausdruck der umfassenden und abschließenden Herrschaft des parlamentarischen Gesetzes im materiellen Steuerrecht" (*Brinkmann* 1982: 136).

Mit den Grundsätzen der Gesetzmäßigkeit und der Tatbestandsmäßigkeit der Besteuerung bildet der Grundsatz der *Gleichmäßigkeit der Besteuerung* die tragenden Säulen eines rechtsstaatlich aufgebauten und geordneten Steuerwesens (*Paulick* 1954: 125).[11] Er beinhaltet, daß alle betroffenen Bürger gleichmäßig für die jeweilige Steuerlast aufkommen - das schließt "trotz erkenbarer 'Ungerechtigkeit'" eine sachgerechte Typisierung[12] zugunsten der Praktikabilität im Steuerrecht nicht aus (*Arndt* 1988: 71).

9) Vgl. Hahn (1984: 19); Pelka (1982: 211).

10) Weber-Fas (1979: 36); Hahn (1984: 243).

11) Zum Zusammenhang von Steuergerechtigkeit und sachgemäßen Regelungen vgl. Tipke (1988: 269f).

12) Zur Typisierung im Steuerrecht generell: Isensee (1973) und (1976).

Über die materiellen Kriterien der Gestaltung von Steuerrechtsnormen hinaus sind auch formelle Ansprüche an Rechtsnormen als Gesetze im formellen Sinn zu stellen: so ist durch das Gesetz die den staatlichen Eingriffen obliegende Rechtssphäre deutlich abzugrenzen und inhaltlich genau zu bestimmen. Nach der Rechtsprechung des Bundesverfassungsgerichts sind danach keine Rechtsbegriffe zu verwenden, "die dem Gesetzesanwender ein unüberprüfbares Ermessen einräumen" (*List* 1975: 145). Ob die heutige Steuergesetzgebung dieser Forderung hinsichtlich der Klarheit und Bestimmtheit noch erfüllt, kann im Lichte der tatsächlichen Menge und Komplexität des Steuerrechts[13] bezweifelt werden. Bei aller angebrachten Kritik ist aber prinzipiell dem Hinweis von *Möllinger* (1982: 349) zuzustimmen, der auf den Vorrang des Gesetzes*inhalts* vor der äußeren Form hinweist:

> "Steuergesetze sind keine schöngeistigen Werke. Sie sind auch nicht Ausfluß einer Jurisprudenz. Mit ihnen wird vielmehr in erster Linie handfeste Politik betrieben, und zwar abzielend auf breite Bevölkerungsschichten... Es spielen einfach Systematik, Gesetzesaufbau, Einheitlichkeit der Rechtsordnung nur eine untergeordnete Rolle, wenn ein bestimmtes Ziel im politischen Raum verfolgt wird und verwirklicht werden soll."

Diese Probleme bei der Gewinnung von Klarheit innerhalb der Steuergesetze ändern nichts daran, daß für die Entstehung des Steueranspruchs - genauso wie für seine Realisierung (wegen des Legalitätsprinzips) - jedes Ermessen ausscheidet (*Paulick* 1977: 128; *Weber-Fas* 1979: 101). Hier liegen eindeutige Regelungen vor. Die Ermächtigung zu einer konkreten Ermessensentscheidung muß sich aus dem Gesetz ergeben (*Sudau u.a.* 1986: 40). Ist den Finanzbehörden in Einzelfragen ein Ermessen eingeräumt, so haben sie ihr Ermessen entsprechend dem Zweck der Ermächtigung auszüben und die gesetzlichen Grenzen des Ermessens einzuhalten (§ 5 AO). Die *äußeren Ermessensgrenzen* resultieren in erster Linie aus Vorschriften der Ermessensnorm selbst und bezeichnen den Umfang der Ermächtigung. Die *inneren Ermessengrenzen* bestimmen sich aus dem Grundsatz der Verfassungsmäßigkeit der Verwaltung und umfassen u.a. das Rechtsstaatsprinzip, das Sozialstaatsprinzip und die Grundrechtsbindung (*Raddatz* 1983: 133). Überschreitungen dieser Ermessensausübung durch die Steuerbehörden lassen sich entweder als Ermessensfehlgebrauch oder als Ermessensüberschreitung einordnen (*Paulick* 1977: 128; *Sudau u.a.* 1986: 41).

Die 'Billigkeit', die "auf den Einzelfall angewandte Gerechtigkeit" (*Paulick* 1977: 129), gebietet, daß die Ausübung des Ermessens nicht schematisiert vorgenommen wird. Sie muß im Gegenteil individuell auf die Gegebenheiten und Besonderheiten des einzelnen Falles abgestimmt sein, aber auf einer gleichmäßigen Praxis aufbau-

---

13) Vgl. die Ausführungen zum Wachstum und zur Komplizierung des Steuerrechts in Kap.7.

en. Durch die Gerichte nachprüfbar ist die Entscheidung nur insofern, ob sie unter dem Gesichtspunkt von Recht und Billigkeit vertretbar ist, also ohne Verletzung dieser Rechtsgrundsätze ergehen konnte. Die Gerichte sind hingegen nicht berechtigt, eine andere, ebenso zulässige Entscheidung (ihres Ermessens) an die Stelle des Verwaltungsermessens zu setzen (ebd.: 130). Anders verhält es sich bei der Auslegung von *unbestimmten Rechtsbegriffen* im Steuerrecht:

> "Während Ermessensentscheidungen von den Gerichten nur daraufhin überprüft werden können, ob der Verwaltungsakt oder die Ablehnung oder Unterlassung des Verwaltungsaktes rechtswidrig ist, weil die gesetzlichen Grenzen des Ermessens überschritten sind oder von dem Ermessen in einer dem Zweck der Ermächtigung nicht entsprechenden Weise Gebrauch gemacht ist (§ 102 FGO), ist die Anwendung unbestimmter Rechtsbegriffe im vollen Umfang nachprüfbar." (*Paulick* 1977: 131; genauso *Arndt* 1988: 38f)

Dar hier nur eine Entscheidung möglich ist, können die Gerichte im Streitfall darüber entscheiden und das Finanzamt auf diese Entscheidung verpflichten. Der Rechtsschutz des Steuerpflichtigen ist hier deutlich stärker ausgeprägt als bei Ermessensentscheidungen (*Paulick* 1977: 133; *Weber-Fas* 1979: 103).

6.1.1.2 Der verfassungsrechtliche Hintergrund der deutschen Steuergesetzgebung

Die vielfachen Einzelregelungen des Grundgesetzes hinsichtlich steuerrechtlicher Fragen[14)] zeigen, daß "das Steuerrecht besonders stark vom Verfassungsrecht bestimmt ist" (*Hartmann/Walter* 1984: 68). Innerhalb der verfassungsrechtlichen Begrenzungen der Steuerhoheit durch das Grundgesetz lassen sich die Steuergesetzgebungshoheit, die Steuerertragshoheit und die Steuerverwaltungshoheit unterscheiden. Im hier besprochenen Zusammenhang steht die *Steuergesetzgebungshoheit* im Mittelpunkt.[15)] Wenn auch in der Literatur die Auffassung vertreten worden ist, daß der Abschnitt 'Finanzwesen' des Grundgesetzes sowohl dem Steuersystem als Ganzem als auch den einzelnen Steuern Verfassungsrang gebe - so von *G. Wacke* -, ist doch der von *Tipke* (1987: 87) vertretenen Position zuzustimmen, daß der Verfassungsgeber im Grundgesetz "lediglich Kompetenzen verteilen, nicht aber ein bestimmtes Steuersystem festschreiben und mit den verfassungsrechtlichen Weihen versehen" wollte. Bei Änderungen dieses Steuersystems muß der Gesetzgeber dem-

---

14) Vgl. die Aufstellung bei Hartmann/Walter (1984: 68). Das GG enthält allerdings nicht (wie die Weimarer Reichsverfassung) materiell-rechtliche Bestimmungen über die Ausgestaltung der Steuern (zur Festlegung des Prinzips der Besteuerung auf der Grundlage der wirtschaftlichen Leistungsfähigkeit in Art. 134 WRV vgl. Paulick 1977: 47f, 90). Zur Berücksichtigung verfassungsrechtlicher Prinzipien bei der Auslegung von Steuergesetzen findet sich eine Zusammenstellung bei Friemel/Schiml (1982).

15) Zur Steuerverwaltungshoheit vgl. Kap. 2.3 und Metzger/Weingarten (1989: 232 ff und 259 ff); zur Steuerertragshoheit Paulick (1977: 41 ff); Weber-Fas (1979: 30f) und Birk (1988: 62 ff).

nach lediglich die verfassungsmäßigen Grundrechte und die der Aufkommensverteilung der Steuern zugrunde liegenden Aufgaben berücksichtigen. Bei seiner Kompetenzaufteilung gibt das Grundgesetz keine Definition des Begriffes 'Steuer'. Von einer solchen ist aber auszugehen, falls einem betreffenden Gesetz - auch - haushaltspolitische Zwecke zugeordnet sind: "Steuergesetze liegen immer dann vor, wenn das Gesetz einen (solchen) Finanzzweck ... zumindest mitverfolgt." (*Starck* 1972: 210). In diesem Fall geht die besondere Gesetzgebungskompetenzverteilung des Grundgesetzes vor.

Art. 105 GG regelt die Gesetzgebungskompetenz im Finanzwesen. In der 'Rohfassung' des Grundgesetzes, dem Herrenchiemseer Entwurf, hatten die Verfassungsgeber dem Bund ursprünglich eine sehr weitgehende Gesetzgebungskompetenz auf dem Gebiet des Finanzwesens zuerkannt. Auf Druck der Besatzungsmächte wurde diese Kompetenz beschnitten und dem Bund - neben der ausschließlichen Gesetzgebungskompetenz für die Zölle und Finanzmonopole - die *konkurrierende Gesetzgebung* für die Steuern zugestanden, die der Bund ganz oder zum Teil für seine eigenen Ausgaben in Anspruch nimmt oder bei denen (in Einklang mit den grundsätzlichen Bedingungen des Art. 72 II GG) das Bedürfnis nach bundesgesetzlicher Regelung besteht.[16] In der Finanzreform von 1969 wurde - ausgehend von der Erwägung, daß die Gleichverteilung der öffentlichen Lasten im ganzen Staatsgebiet die Voraussetzung für eine möglichst weitgehende Wettbewerbsgleichheit ist (*Klein* 1969: 1321) - dem Bund eine umfassende Befugnis für alle Bundes- und Landessteuern gegeben:
Nach Art. 105 I GG steht dem Bund neben der ausschließlichen Gesetzgebung über die Zölle auch die Gesetzgebung über die Finanzmonopole zu. Die Länder haben auf diesem Gebiet also auch dann kein Gesetzgebungsrecht, wenn der Bund von seiner Befugnis keinen Gebrauch macht (*Birk* 1988: 52). Nach Art. 105 II GG hat der Bund die konkurrierende Gesetzgebung über die übrigen Steuern, 'wenn ihm das Aufkommen dieser Steuern ganz oder zum Teil zusteht' oder die Voraussetzungen des Art. 72 II GG vorliegen. Bei der konkurrierenden Gesetzgebung nach Art. 72 I GG haben die Länder die Gesetzgebungsbefugnis, *solange und soweit* der Bund von seinem Gesetzgebungsrecht keinen Gebrauch macht. Der Bund hat nach Art. 72 II GG die Kompetenz zur Gesetzgebung, wenn ein Bedürfnis nach bundesgesetzlicher Regelung besteht, weil die betreffende Angelegenheit durch die Gesetzgebung einzelner Ländern nicht geregelt werden kann, durch Landesgesetzgebung die Interessen anderer Länder oder der Gesamtheit beeinträchtigt werden könnten, oder weil grundsätzlich die Wahrung der Rechts- oder Wirtschaftseinheit, insbesondere die Wahrung der Einheitlichkeit der Lebensver-

16) Vgl. Metzger/Weingarten (1989: 259 ff); zusammenfassend Klein (1969).

hältnisse, die Bundeskompetenz erfordert. Voraussetzung für die konkurrierende Steuergesetzgebung des Bundes nach Art. 105 II GG ist, daß:

- dem Bund das Aufkommen dieser Steuern ganz oder zum Teil zusteht (geregelt in Art. 106 und 107 GG);
- die in Art. 72 II GG festgelegten Grundvoraussetzungen (Verletzung von Länderinteressen bei Landesgesetzgebung u.ä.) vorliegen, aus dieser Einschränkung ergeben sich keine unmittelbaren Schranken;
- es sich nicht um örtliche Verbrauch- und Aufwandsteuern handelt (Art. 105 IIa GG);
- es sich nicht um die Kirchensteuer handelt, die nach Art. 140 GG i.V. mit Art. 137 VI WRV nach landesrechtlichen Bestimmungen erhoben wird.[17)]

Der Sinn des in Art. 105 II GG angelegten *Gleichartigkeitsverbotes* liegt zum einen darin, daß der Steuerbürger vor Mehrfachbelastung geschützt wird, zum anderen darin, daß die einem Steuerberechtigten zugewiesenen Steuerquellen nicht von einem anderen Steuerberechtigten gleichfalls ausgeschöpft werden (*Hartmann/Walter* 1984: 41; *Tipke* 1987: 89).[18)] Neben den (sich aus Art. 105 II GG ergebenden) Fällen, in denen der Bund von seiner Gesetzgebungskompetenz keinen Gebrauch macht, kommt den Ländern nach Art. 105 IIa GG die ausschließliche Befugnis zur Gesetzgebung nur bei den örtlichen Verbrauch- und Aufwandsteuern zu. 'Örtlich' sind Steuern dann, wenn sie an lokale Gegebenheiten anknüpfen und ihre "unmittelbare Wirkung auf das Gemeindegebiet begrenzt ist" (*Hartmann/Walter* 1984: 41; *Birk* 1988: 55f). Die ausschließliche Gesetzgebungskompetenz der Länder reicht hier nur soweit, wie die örtlichen Verbrauch- und Aufwandsteuern nicht bundesgesetzlich geregelten Steuern gleichartig sind.[19)] Die Gemeinden haben nach der (abschließenden) Regelung des Art. 105 kein eigenes Steuerfindungsrecht; auch aus dem in Art. 28 II festgelegten Selbstverwaltungsrecht der Gemeinden läßt sich ein solches nicht ableiten (*Tipke* 1987: 90).

Insgesamt läßt sich festhalten, daß bei der Steuergesetzgebung "die Kompetenz des Bundes gänzlich dominiert", eingeschränkt dadurch, daß Bundesgesetze über diejenigen Steuern, deren Aufkommen den Ländern oder Gemeinden ganz oder zum Teil zufließt, nach Art. 105 III GG der Zustimmung des Bundesrates bedürfen (*Tipke* 1987: 91).

17) Vgl. Tipke (1987: 88); zur Problematik der Abgrenzung der 'Steuerquellen' Vogel (1971: 308 ff).

18) Birk (1988: 54) weist darauf hin, daß i.d.R. die vielfältigen Steuerarten nur unterschiedliche Formen des Zugriffs auf die Zahlungsfähigkeit (Leistungsfähigkeit) des Einzelnen darstellen; es bleibt als Kriterium nur die Anknüpfung an die steuerbegründenden Merkmale (Form des Zugriffs) und im besonderen an die Wirkungsstruktur der Steuern.

19) Zum Problem der Gleichartigkeit vgl. Birk (1988: 56).

6.1.2 Der Auslegungsrahmen von Steuergesetzen

6.1.2.1 Der Wortlaut als Grundlage der Auslegung

Die Auslegung von Steuergesetzen muß prinzipiell auf der Grundlage des *Wortlautes des Gesetzes* erfolgen. Die Auslegung muß dabei die rein grammatikalischen Zusammenhänge überschreiten, auf die Verkehrsauffassung der Beteiligten Bezug nehmen und die verwendete Begriffssprache berücksichtigen. Sowohl der Reichs- als auch der Bundesfinanzhof haben immer wieder erklärt, daß bei der Auslegung steuerrechtlicher Bestimmungen nicht an dem buchstäblichen Wortlaut der Norm zu haften sei, sondern daß der *wirkliche Sinn* des Gesetzes zu ermitteln und anhand dieses Sinnes die Bestimmungen auszulegen seien. Wenn die Auslegung die Grenzen des Wortsinnes voll ausschöpft, handelt es sich um eine *extensive Auslegung*, bei einer "enge(ren) Sinnvariante" (*Tipke* 1987: 115) spricht man von *restriktiver Auslegung*. Problemlos sind in diesem Zusammenhang die ausdrücklichen Verweisungen des Steuerrechts auf das bürgerliche Recht: die bürgerlich-rechtlichen Vorschriften sind hier auch in der Auslegung, die sie in jenem Rechtsbereich gefunden haben, anzuwenden. Ohne Probleme sind auch die Fälle, wo das Steuerrecht Begriffe aus dem bürgerlichen Recht übernimmt, ihnen aber einen eigenen, vom bürgerlichen Recht abweichenden Inhalt gibt (z.B. der Begriff des Wohnsitzes in § 13 StAnpG). Schwierig wird es aber dort, "... wo im bürgerlichen Recht mehr oder weniger fest geprägte Begriffe verwendet werden, ohne daß die steuerlichen Normen etwas darüber aussagen, ob der bürgerlich-rechtlich geprägte Inhalt ohne weitere Besonderheiten auch für das Steuerrecht Anwendung zu finden hat" (*Spanner* 1972: 181).

Diese Kriterien zeigen, daß bei der Auslegung von Steuergesetzen nicht buchstabengetreu an ihrem Text festzuhalten ist. Gegebenenfalls kann sogar eine *Auslegung gegen den Wortlaut des Gesetzes* notwendig werden:

> "Ein solches Vorgehen wird jedoch nicht schlechthin und allgemein für zulässig erachtet, sondern grundsätzlich nur zur Regelung solcher Fälle, in denen dies notwendig erscheint, in denen erhebliche sachliche Gesichtspunkte erkennen lassen, lediglich ein Abweichen von der Wortfassung werde dem mit der Vorschrift verfolgten Zweckgedanken gerecht werden können." (*Weinsheimer* 1958: 297)

Grundsätzlich hat der Auslegende auch dabei davon auszugehen, daß der Gesetzgeber - solange nichts gegenteiliges ersichtlich ist - genau das gewollt hat, was die Norm bestimmt. Unproblematisch ist daher eine Korrektur, wenn ersichtlich ist, daß es sich bei der getroffenen Wortwahl im Gesetz um eine falsche Formulierung oder einen nicht gewollten Ausdruck handelt.[20] Über solche Versehen hinaus ist eine Auslegung gegen den Wortlaut nur zulässig, "wenn eine wortgetreue Auslegung zu einem sinnwidrigen, mit den Grundgedanken des Gesetzes in Widerspruch stehenden Ergebnis führen würde", bzw. wenn dadurch ein Ergebnis verhindert wird, das jeder wirtschaftlichen Vernunft wiederspräche.[21] Schon der RFH hatte anerkannt, daß auch eine Auslegung gegen den klaren Wortlaut des Gesetzes zulässig sei, wenn auf diese Weise dem *Zweck* und der *wirtschaftlichen Bedeutung* der Norm Geltung zu verschaffen war; auch der BFH schloß eine solches Vorgehen nicht aus. In Anlehnung an die Methodenlehre von *Larenz* (1975: 30f) hält *Woerner* (1982: 31f) folgende 'Eckpunkte' fest:

- die Auslegung gegen den klaren Wortlaut kann eine Auslegung im Rahmen des möglichen Wortsinnes sein, wobei der Auslegende lediglich vom rein grammatikalischen Wort- oder Satzsinn Abstand nimmt; diese Fälle fallen in der Regel nicht unter die Auslegung 'gegen den klaren Wortlaut':
- der Wortlaut der Auslegung ist - nach *Meier-Hayoz*[22] - zugleich Ausgangspunkt als auch Grenze der Auslegungsmöglichkeiten. Da der klare Wortlaut Ergebnis einer Auslegung ist, befindet sich der Auslegende bei einer Auslegung gegen den klaren Wortlaut nicht mehr im Einklang mit dem möglichen, aber auch nicht mehr dem wirklichen Wortsinn. Faktisch füllt der Auslegende Regelungslücken des Gesetzes aus, auch wenn diese im Rahmen einer Auslegung 'gegen den klaren Wortlaut' gefertigt wird.

Nicht einvernehmlich geklärt ist, ob eine Abweichung zulässig ist, wenn sich die einer eindeutigen Gesetzesformulierung zugrunde gelegten Wertungen geändert haben oder der Gesetzgeber sachlich grundsätzlich von falschen Voraussetzungen ausgegangen ist. Ob - auch zu Lasten des Steuerpflichtigen - eine Schließung von Gesetzeslücken auf der Basis der *Analogie* zulässig ist, ist in der Steuerrechtswissenschaft weithin umstritten.[23]

20) Sog. Redaktionsversehen; vgl. Fischer (1979: 360).

21) Spitaler (1954: 4); genauso Weinsheimer (1958: 297); ders. (1958a: 69f).

22) Meier-Hayoz, A., Der Richter als Gesetzgeber, 1951, S. 42; zit. nach Larenz (1975: 309); vgl. dazu auch Beisse (1976: 177f).

23) Vgl. Arndt/Zierlinger (1986: 23); Fischer (1979: 354); Flume (1986: 294); Friauf (1978: 58f); Kruse (1973: 96); Offerhaus (1984: 995);Pelka (1982: 239); Pflugfelder (1984: 290); Schick (1982: 578f); Sudau u.a. (1986: 37); Tanzer (1981: 201); Tipke (1981: 189; 1982a: 3; 1987: 56); Völker (1989: 236); Woerner (1982: 27) und das Resumée bei Tipke (1982b: 406).

6.1.2.2 Die Auslegung im systematischen Zusammenhang

Diese Form der Auslegung hängt eng mit der sprachlichen Auslegung zusammen. Sie berücksichtigt den Gesamtzusammenhang der auszulegenden Norm, nicht nur mit anderen im Rahmen desselben Steuergesetzes, sondern aus der Stellung des Rechtssatzes in der Rechtsordnung,[24] im Gesetz, im einzelnen Gesetzesabschnitt, im Paragraphenzusammenhang, aber auch im Hinblick auf die gesamten Grundsätze und Rechtsbegriffe der Rechtsordnung: "Das richtige Erfassen der Systemgedanken eines Gesetzes ist schlechtweg unerläßlich, wenn wir uns den Inhalt eines Gesetzes geistig aneignen wollen." (*Spitaler* 1949: 284) Die logisch-systematische Auslegung beinhaltet hierzu zwei verschiedenen Auslegungsmethoden, die wegen ihrer engen Verknüpfung zusammengefaßt werden:

> "Die logische Auslegung ermittelt mehr den Sinn der Begriffe, die systematische Auslegung berücksichtigt den Sinnzusammenhang der Normen, in denen die auslegungsbedürftigen Rechsbegriffe vorkommen. Dabei ist insbesondere auf die Stellung der einzelnen Begriffe innerhalb des Gesetzes, mitunter auch verwandter Gesetze abzustellen. Die systematische Auslegung beachtet also den Aufbau des Gesetzes und folgert aus der Einordnung der auszulegenden Norm in das Gesetz." (*Friemel/Schiml* 1981/82: 353)

Wichtig wird diese Auslegungsform besonders dort, so der Gesetzgeber in einer bestimmten Frage schweigt; der Auslegende betreibt hier im Grunde "ergänzende() Rechtsfindung" (*Eckhardt* 1967: 34). Die Auslegung nach dem systematischen Zusammenhang ist aber auf einen in sich geschlossenen, logischen Gesetzesaufbau angewiesen, der oftmals nicht gegeben ist:[25]

> "Aus dem äußeren Gesetzesaufbau kann ... nur mit Vorsicht auf das innere System mit seinen Prinzipien und Zwecken geschlossen werden. Beispiel für verfehlte systematische Stellung: §§ 3 IV, 5, 33, 34, 158 - 160 AO; §§ 13a, 15 IV EStG. Beispiel für einen Fall, in dem äußerer Aufbau und inneres System auseinanderfallen: § 7b EStG; er ist den Abschreibungsvorschriften zugeordnet worden, gehört aber zum inneren System der steuergesetzlichen Subventionsvorschriften; letzteres ist für die Auslegung maßgeblich." (*Tipke* 1987: 114)

---

24) Dabei gelten auch hier die durch Rechtslehre und Rechtsprechung entwickelten Ordnungsprinzipien, wonach die ranghöhere der rangniederen, die spätere der früheren und die speziellere Vorschrift der allgemeinen vorgeht (Friemel/Schiml 1981/82: 6; Arndt 1988: 28). Zur Bedeutung der typographischen Ausgestaltung von Gesetzestexten vgl. Raupach (1988).

25) Feldhausen (1981: 118) spricht aus diesen Gründen der Unübersichtlichkeit schon von einer "Zerschlagung des Gesetzessystems".

6.1.2.3 Die Auslegung nach dem Zweck des Steuergesetzes (teleologische Auslegung)

Grundlage jeder Auslegung von Steuergesetzen ist - im Prinzip - noch heute der 'Auslegungsbefehl' des ehemaligen § 1 II StAnpG, der einzigen Auslegungsnorm der deutschen Rechtsordnung: "Dabei[26] (*bei der Auslegung der Steuergesetze; der Verf.*) sind die Volksanschauung, der Zweck und die wirtschaftliche Bedeutung der Steuergesetze und die Entwicklung der Verhältnisse zu berücksichtigen."[27] Die Auslegung nach dem Zweck der Gesetze ist rechtsdogmatisch nicht unumstritten, wird aber heute als durchaus legitim betrachtet und war in § 1 II StAnpG ausdrücklich vorgeschrieben.

Der Auslegende stellt hier nicht auf die im positiven Recht vorhandenen Begriffe, sondern auf den Sinn und Zweck der Vorschrift ab (*Gast* 1957: 22). Die teleologische Auslegung ist jene Auslegungsform, die "unabhängig von der Entstehungsgeschichte der Vorschrift nach ihrem Zweck fragt" (*Spitaler* 1949: 288). Bei der Festlegung der Steuer ist der Gesetzgeber hinsichtlich des Besteuerungsgegenstandes nicht gebunden: der Steuertatbestand ist frei wählbar, "es gibt praktisch keinen Sachverhalt, der nicht besteuert werden könnte" (*Kruse* 1982: 73). Diese Tatsache bleibt auch von der oft erhobenen Forderung nach Sachgerechtigkeit unberührt (ebd.: 76). Der Zweck der Steuergesetze ist heute nicht (mehr) ausschließlich fiskalisch bestimmt. Neben dem Ziel der Bedarfsdeckung der öffentlichen Haushalte treten heute zunehmend wirtschafts-, sozial- und kulturpolitische "Nebenzwecke" (*Eckhardt* 1967: 35).[28] Auch diese Nebenzwecke müssen - in Übereinstimmung mit der objektiven Auslegungstheorie - bei der Auslegung berücksichtigt werden. Die oftmals fehlende Möglichkeit der direkten Zuordnung eines speziellen Zwekkes erschwert aber die teleologische Auslegung. Deshalb stützt sich der BFH im Grundsatz nur bei den *Vergünstigungsvorschriften* auf teleologische Kriterien.
Eine - nach herrschender Meinung - besondere Form der teleologischen Auslegung ist die *wirtschaftliche Betrachtungsweise* (*Hartmann/Walter* 1984: 195; *Arndt/Zierlinger* 1986: 20; *Arndt* 1988: 39). Ihr Zweck ist es, "bei wirtschaftlichem Gehalt nach gleichen bürgerlich-rechtlichen jedoch unterschiedlich gestalteten Vorgängen

26) Ursprünglich bezog sich dieses 'dabei' auf die angeordnete Auslegung der Steuergesetze nach "nationalsozialistischer Weltanschauung" (§ 1 I StAnpG), ein Umstand der heute zumeist schamhaft verschwiegen wird, nur Kruse (1973: 88) und Brunn/Fritz (1980: 55) weisen auf die Aufhebung von § 1 I StAnpG durch ein Kontrollratsgesetz vom 11.2.1946 (Amtsbl. des Kontrollrates 1946, S. 60) hin.

27) RGBl. 1934 I: 925

28) Zur Unterscheidung zwischen Fiskalzwecknormen und Sozialzwecknormen im Steuerrecht vgl. Tipke (1988: 272 ff).

eine gleiche steuerliche Behandlung sicherzustellen" (*Arndt/Zierlinger* 1986: 20).[29] Ein besonders wichtiges Anwendungsgebiet der wirtschaftlichen Betrachtungsweise stellt - neben der Körperschaftsteuer - die *Einkommensteuer* dar:

> "Das Einkommensteuerrecht hat sich einen vom Zivilrecht weitgehend losgelösten Begriffsapparat geschaffen. So können die Vorschriften über die Abgrenzung der einzelnen Einkunftsarten und über die Ermittlung der Einkünfte grundsätzlich nur mit Hilfe der wirtschaftlichen Betrachtungsweise ausgelegt werden. Gleiches gilt für die grundlegende Unterscheidung zwischen Einkunftserzielung und Einkommensverwendung. Nur ausnahmsweise hat die Rechtsprechung eine Bindung an zivilrechtliche Begriffe angenommen, so bei der Besteuerung von Leibrenten." (*Beisse* 1981: 12)

Die wirtschaftliche Betrachtungsweise wirkt sich dabei in zwei Richtungen aus: zum einen in einer richtigen, dem wirtschaftlichen Gehalt entsprechenden Wertung des Gesetzesausdrucks, der Gesetzesnorm und zum anderen der zutreffenden Beurteilung des Sachverhaltes, auf den Rechtsnormen angewendet werden sollen als solchem. Die wirtschaftliche Betrachtungsweise ist also gleichzeitig "ein Auslegungsprinzip für Gesetzesnormen und ein Wertungsprinzip für Tatsachen" (*Hartz* 1956: 13). Auch wenn sich die Regelung des § 1 II StAnpG nicht mehr in der AO von 1977 findet, hat sich in der Sache dadurch nichts geändert; als Auslegungshilfe der teleologischen Methode gilt die wirtschaftliche Betrachtungsweise "uneingeschränkt weiter".[30] Allerdings hat die wirtschaftliche Betrachtungsweise stark an Bedeutung verloren, weil viele Gesetzesbestimmungen der AO-Neufassung von 1977 ohnehin von dieser Betrachtungsweise ausgehen und den Vorrang wirtschaftlicher Lebensvorgänge vor eventuell verschleiernden formalrechtlichen Konstruktionen normieren (*Arndt/Zierlinger* 1986: 21). Bei der Auslegung des Wortbegriffes nach der wirtschaftlichen Betrachtungsweise hat sich nach der aktuellen Rechtsprechung des Bundesverfassungsgerichtes folgende Auslegungspraxis gebildet:[31]

- *steuerrechtliche Wirtschaftsbegriffe*, also Begriffe, die speziell für das Steuerrecht definiert wurden, sind in wirtschaftlicher Betrachtungsweise auszulegen;

29) Bedeutung bekommt die wirtschaftliche Betrachtungsweise dort, wo im Steuerrecht Begriffe verwendet werden, die dem Zivilrecht entnommen sind. Bei der Besteuerung nach der wirtschaftlichen Leistungsfähigkeit kommt es im wesentlichen auf das tatsächliche Eintreten der Besteuerungsgrundlagen (das wirtschaftliche "Ist"; Tipke 1987: 124) an. Daraus lassen sich verschiedene, allgemein gültige Aussagen ableiten:
- ist ein Rechtsgeschäft zwar wirksam, wird aber nicht tatsächlich durchgeführt, dann ist es steuerrechtlich irrelevant;
- die Rückdatierung und Rückbeziehung von Verträgen ist steuerrechtlich irrelevant;
- für die Bestimmung des Inhaltes der Rechtsgeschäfte ist allein maßgeblich, wie die Beteiligten dieses Rechtsgeschäft tatsächlich durchführen (vgl. Tipke: 1987 125).

30) Friemel/Schiml (1981/82: 356); genauso Beisse (1981: 1); Hartmann/Walter (1984: 179).

31) Vgl. Beisse (1981: 8); Hartmann/Walter (1984: 198).

- *zivilrechtliche Begriffe* sind wirtschaftlich zu interpretieren, wenn der Zweck des Steuergesetzes eine Abweichung von dem zivilrechtlichen Begriffsinhalt gebietet" (*Beisse* 1981: 8), die Abweichung also (so das BVerfG) "sachlich hinreichend gerechtfertigt" ist;
- eine Bindung an den *zivilrechtlichen Inhalt* von Rechtsbegriffen liegt nur dann vor, wenn aus dem Sinn und Zweck des Steuergesetzes ersichtlich ist, daß der Gesetzgeber genau diesen Inhalt gemeint hat;
- eine zivilrechtliche (oder andere außersteuerliche) Begriffsbindung zeigt sich dabei im wesentlichen aus dem Gesetz selbst, aus seiner Entstehungsgeschichte oder einer langjährigen Praxis der Rechtsprechung, die der Gesetzgeber nicht korrigiert hat.

Daraus folgend lassen sich feste Regelungen für bestimmte Sachverhalte des Steuerrechts festhalten:[32)]

- der Eigentumsbegriff ist bei der Auslegung wirtschaftlich aufzufassen, Wirtschaftsgüter sind dem rechtlichen Eigentümer zuzuordnen (§ 39 I), sofern nicht ein anderer der wirtschaftliche Eigentümer ist (§ 39 II Nr. 1 AO);
- Scheingeschäfte und Scheinhandlungen bleiben ohne steuerliche Wirkung, es kommt allein auf das tatsächliche Verhalten an (§ 42 II AO);
- es ist für die Besteuerung gleichgültig, ob ein Tun oder Unterlassen gegen ein gesetzliches Gebot oder Verbot oder gegen die guten Sitten verstößt (§ 40 AO);
- die Nichtigkeit oder Anfechtbarkeit eines Rechtsgeschäfts ist nach § 41 AO für die Besteuerung ohne Bedeutung;
- durch den Mißbrauch von Formen und Gestaltungsmöglichkeiten des bürgerlichen Rechts kann die Steuerpflicht nicht umgangen oder gemildert werden (§ 42 AO).

Dem Steuerpflichtigen ist es auch gestattet, aus mehreren angemessenen rechtlichen Gestaltungsformen für wirtschaftliche Vorgänge die günstigste auszuwählen: "Eine rechtliche Gestaltung ist nicht allein deshalb unangemessen, weil sie aus steuerlichen Gründen gewählt worden ist." (*Tipke* 1987: 129)

---

32) Vgl. Arndt/Zierlinger (1986: 21f), Helmschrott/Schaeberle (1984: 18f), Koch (1986: 157 ff); zu den aus diesen unterschiedlichen Interpretationen resultierenden Spannungsverhältnissen zwischen Steuer- und Zivilrecht vgl. Crezelius (1985: 162 ff) und Steinberg (1988); Beispiele für typische Rechtsfolgen der wirtschaftlichen Betrachtungsweise finden sich bei Drexler u.a. (1988: 30 ff).

6.1.2.4 Die Entstehungsgeschichte (historisch-genetische Auslegung)

Die Entstehungsgeschichte des jeweiligen Steuergesetzes ist in Gesetzesmaterialien, Plenar- und Ausschußprotokollen, Anträgen und Gutachten zum Gesetz in der Regel ausführlich dokumentiert. Der historisch ausgerichteten Auslegung liegt vor allem "der Gedanke der Stabilität der gesetzlichen Ordnung" (*Gast* 1957: 20) zugrunde. Das Bundesverfassungsgericht hat dieser Entstehungsgeschichte bei der Auslegung der Norm eine "dienende Rolle" zugewiesen. Ihr kann aber bei zweifelhaftem Wortsinn oder einem unklaren Gesetzeszweck eine entscheidende Bedeutung zuwachsen (*Eckhardt* 1967: 36), was sich auch in der Rechtssprechung des Verfassungsgerichtes wie des BFH widerspiegelt (*Friemel/Schiml* 1981/82: 355). Die dienende Rolle ergibt sich aus der heutigen Bevorzugung der objektiven Theorie der Gesetzesauslegung, wohingegen bei der subjektiven Auslegung die historische Auslegung ja der grundlegende Faktor ist (*Hartmann/Walter* 1984: 184). *Tipke* (1987: 113) spricht sich dafür aus, daß der Gesetzgeber Gesetze nicht nur erlassen und veröffentlichen, sondern diesen auch eine "dem Gesetzesverständnis dienende Begründung liefern" solle - ähnlich wie bei EG-Verordnungen, in denen der Zweck oftmals in Präambeln festgehalten wird. Die bisherige Praxis bei der historischen Auslegung, bei der in den Materialien zum Gesetz nachzuforschen ist, ist im Einzelfall oft kaum durchzuführen:

> "Dem Gesetzesanwender ist zwar zuzumuten, sich mit der amtlichen Begründung zu befassen. Ihm ist m.E. aber nicht zuzumuten, sich (zur Entscheidung eines Einzelfalls oft tagelang) mit der Entwicklung einer Vorschrift (eventuell seit ihrer Entstehung im vorigen Jahrhundert) wie ein Rechtshistoriker sowie mit den verstreuten Äußerungen von Referenten, Regierungsmitgliedern, Ausschußmitgliedern, Bundestagsabgeordneten und Bundesratsmitgliedern zu befassen. Ein solches Verfahren ist nicht nur unökonomisch; die Einzelstimmen sind auch irrelevant." (*Tipke* 1987: 103)

Die genannten Kriterien der Auslegung von Gesetzen, insbesondere von Steuergesetzen sind alle als Auslegungsorientierungen zulässig. Strittig ist, ob innerhalb dieser Kriterien eine *Rangordnung* besteht.[33] Mit Rücksicht auf das Bedürfnis nach sicherem Recht spricht sich *Eckhardt* (1967: 36) dafür aus, die *objektiven Kriterien den subjektiven vorzuziehen*, denn die Auslegung "beginnt zwar nicht mit dem Buchstaben, aber dem Wortsinn, und nur im Rahmen des möglichen Wortsinns und des objektiven Bedeutungszusammenhanges dienen Zwecksetzung und Entstehungsgeschichte ihrerseits dazu, verbleibende Auslegungszweifel zu klären." Überzeugender ist die Sichweise von *Arndt/Zierlinger* (1986: 20), die davon abra-

33) Zur Diskussion der Rangfolge der Auslegung in der Rechtswissenschaft vgl. Gern (1989).

ten, die genannten vier klassischen Interpretationsmethoden isoliert voneinander zu betrachten oder zu gewichten:

> "Alle Methoden sind auf die Ermittlung des 'richtigen' Gesetzeszwecks ausgerichtet. Wörtliche, systematische und historische Auslegung sind mithin nur Wege zu seiner Eruierung. Sie sollen insbesondere vermeiden helfen, daß der jeweilige Interpret dem Gesetz seine eigenen, subjektiven Vorstellungen unterschiebt. Diese Gefahr besteht immer dann, wenn der Interpret einseitig teleologisch verfährt, ohne zuvor gründlich Wortlaut, Systematik und Historie überprüft zu haben."[34]

6.2 Die Bedeutung von Verwaltungsvorschriften und Rechtsprechung für die Rechtsanwendung im Steuerrecht

6.2.1 Verwaltungsvorschriften im Steuerrecht

6.2.1.1 Der Rechtsquellencharakter der Verwaltungsvorschriften

Die Verwaltungsvorschriften der Steuerverwaltungsbehörden sind für die praktische Anwendung und den einheitlichen Vollzug der Steuergesetze von großer Bedeutung, denn sie "sichern nicht nur die innere Ordnung und die äußere Einheitlichkeit der Finanzverwaltung, sondern bestimmen weitgehend auch die materielle Rechtsanwendung" im Besteuerungsverfahren. Und: "Wer würde es wagen, eine Steuererklärung abzugeben, ohne die Richtlinien zu Rate zu ziehen?" (*List* 1975: 157f)

Nach der herkömmlichen, auf *Laband* zurückgehenden Lehre unterscheidet man bei den Verwaltungsvorschriften *Rechtsverordnungen* und *Verwaltungsverordnungen*. Die Rechtsverordnungen enthalten Rechtssätze; sie grenzen die Befugnisse und Pflichten der einzelnen Rechtssubjekte gegeneinander ab. Die Verwaltungsverordnungen hingegen regeln - in der traditionellen Sichtweise - das 'Innenleben' des Rechtssubjektes Staat und haben demzufolge nur eine Innen- aber keine Außenwirkung (etwa gegenüber dem Bürger).[35] Nach der herrschenden Meinung gehören Verwaltungsanweisungen daher "nicht zu den eigentlichen Rechtsquellen".[36] Sie können aber - über den Umweg der Beachtung des Gleichheitsgrundsatzes im Steuerrecht Gegenstand der Rechtsprechung werden:

---

34) Auf die gegenseitige Ergänzung der verschiedenen Auslegungsarten verweisen auch Paulick (1977: 118) und Völker (1989: 241).

35) Zur rechtshistorischen Entwicklung dieser Teilung vgl. Jaehnike (1979: 294f), Leisner (1982: 25f).

36) Hartmann/Walter (1984: 67). Genauso Kruse (1973: 78): "Verwaltungsvorschriften sind keine Rechtsquellen. Ihnen sind keine Rechtssätze zu entnehmen. Sie binden kraft der aus dem Behördenaufbau sich ergebenden Weisungsbefugnisse (nur) die nachgeordneten Verwaltungsbehörden, nicht aber die Gerichte."

> "Es ist nicht die Verwaltungsvorschrift als solche, welche das Gericht beachtet oder anwendet - das wäre eine Behandlung der Verwaltungsvorschriften als Norm -, sondern das Gericht bringt über den Gleichheitsgrundsatz zur Geltung, daß sonst die Finanzverwaltung gemäß der Verwaltungsvorschrift verfahren wird und es deshalb auch in dem ihr vorliegende Fall so geschehen muß." (*Flume* 1953: 107)

Wesentliche Bedeutung bekommen die Verwaltungsvorschriften unter dem Grundsatz der *Praktikabilität der Verwaltung*. Gerade ein Massenverfahren wie etwa das Lohnsteuerverfahren ist "in besonderem Maße auf Praktikabilität angewiesen" (*List* 1975: 165). Geht die Verwaltung über den vom Gesetzgeber (nur unvollkommen) gegebenen Typisierungsrahmen hinaus und macht die Rechtsnorm durch weitere Pauschalisierung erst vollzugsfähig, muß wohl auch hier von einem gestaltenden Eingriff in die Rechtsordnung und einer über die Selbstbindung hinausgehenden Schaffung allgemein verbindlicher Normen gesprochen werden (*List* 1975: 165). Dies ist etwa bei Bewertungsrichtlinien der Fall, bei denen die Verwaltung in der Ausfüllung bewußt vom Gesetz offen gelassener Fragen der Wertermittlung rechtsgestaltend neben den Gesetzgeber tritt. Ihre Richtlinien erhalten damit Außenwirkung und Verbindlichkeit. Allgemein ist daher - trotz des Zögerns der Rechtsquellenlehre - kaum zu bezweifeln, daß sich im deutschen Steuerrecht die *aktuelle Rechtslage* überwiegend aus Verwaltungsvorschriften und Richterrecht ergibt. Bei Berücksichtigung der faktischen Bedeutung der Verwaltungsvorschriften für den Vollzug des Steuerrechts ist ihre Einordnung als Rechtsquelle deshalb möglich:

> "Die Frage nach dem Rechtsquellencharakter der Richtlinien beantwortet sich ... wie folgt: sie geben Auskunft darüber, wie die Finanzverwaltung das Gesetz auslegt. Ob die Gerichte dem folgen, ist offen. Wenn man herkömmlicherweise unter Rechtsquellen nur Normen mit bindender Außenwirkung versteht, muß man ihnen den Rechtsquellencharakter absprechen. Aber auch in diesem Fall ändert sich nichts an der Tatsache, daß die Richtlinien die wichtigste Erkenntnisquelle für die praktisch so außerordentlich bedeutsame Frage sind, wie die Verwaltung die Steuergesetze auslegt." (*Arndt/Zierlinger* 1986: 14f)[37]

Nach *Martens* (1982: 167) handelt es bei amtsadressierten Vorschriften um Rechtssätze, die einen abstrakten Tatbestand mit einer möglichen Rechtsfolge verbinden und sich damit verpflichtend an die Adressaten wenden. Sie besitzen damit "strukturelle Rechtssatzqualität": Die Bedeutung der Vorschriften liegt vor allem darin, daß die gleiche gesetzliche Bestimmung von den verschiedenen Behörden nicht verschieden gehandhabt wird. Ein Übermaß an Verwaltungsvorschriften kann deren nützliche Folgen wieder zunichte machen:

---

37) Zu konsequenten Gegenposition vgl. Leisner (1982: 43 ff), der nur bei Ermessensrichtlinien und einigen Kompetenz- und Verfahrensvorschriften eine Außenbindung von Bürgern und Gerichten zulassen will.

"So nützlich Verwaltungsvorschriften für sich sein mögen, ein Übermaß an solchen Vorschriften mag jeden nützlichen Effekt verlieren. Daß manche Verwaltungsvorschriften die Beamten der örtlichen Behörden nur gängelten, Ausdruck bürokratischer Reglementiersucht seien, lediglich die Aktivität der üppig mit Personal ausgestatteten Oberbehörden demonstrieren sollten, ist eine Klage, die man gelegentlich von örtlichen Beamten hören kann." (*Tipke* 1981: 199)

Auch bei Berücksichtigung des Gesetzesvorbehaltes im Steuerrecht ist deutlich, "daß mit der Verkündung eines Gesetzes noch keineswegs ein Instrument vorhanden ist, mit dem sogleich eine rechtsstaatlichen Anforderungen genügende Rechtsanwendung bewirkt werden kann" (*Martens* 1982: 175). Die Finanzverwaltung benötigt zusätzlich eine Handlungsanweisung, um die vom Gesetz geforderten Regelungen direkt und einheitlich anwenden zu können:

"Da die Finanzverwaltung den meist mehrere Jahre erfordenden Prozeß der Verdichtung der Rechtslage durch die Rechtsprechung nicht abwarten kann, ist sie darauf angewiesen, sofort unterhalb des Gesetzes ein engmaschigeres Netz von Vollzugsmaßstäben zu knüpfen, um zu verhindern, daß auf die Zweifelsfragen zu den gesetzlichen Vorschriften schon innerhalb der Verwaltung unterschiedliche Antworten gegeben werden." (*Martens* 1982: 177)

Die Verwaltungsvorschriften dienen also einerseits der Sicherstellung der *Gleichmäßigkeit der Besteuerung*, andererseits liegt in diesen Anweisungen auch ein *Entlastungseffekt*, der aus der zentralen Herausarbeitung von Maßstäben für die Gesetzesauslegung im Hinblick auf die große Zahl der Veranlagungen resultiert.[38)] Der Erlaß von Anweisungen durch die Verwaltung kann so als Arbeitsteilung interpretiert werden, mit dem Ziel, durch die Ausgestaltung des parlamentarisch zustande gekommenen Gesetzes durch die Verwaltung "eine gleichmäßige und maßvolle Besteuerung sicherzustellen" (*Kirchhof* 1975: 366).

Der Umfang der Erlasse zu jedem einzelnen Steuergesetz ist fast unübersehbar: Finanzministerien und OFDen erlassen heute jährlich insgesamt 2000 Verwaltungsvorschriften (*Tipke* 1987: 102; *Arndt* 1988: 23).[39)]

38) Auch die AO geht von der Zulässigkeit allgemeiner Verwaltungsvorschriften aus, wie Möllinger (1982: 353) anhand von § 176 II AO aufzeigt.

39) Arndt (1988: 23) spricht von insgesamt ungefähr 40.000 geltenden Verwaltungsvorschriften im Bereich des Steuerrechts.

6.2.1.2 Die Entlastungsfunktion der Verwaltungsvorschriften

Die untere Verwaltungsbehörde der Finanzverwaltung ist bei der Anwendung der Gesetze auf die Verwaltungsvorschriften der Verwaltungsspitze (Finanzministerien) oder der Mittelbehörden der Finanzverwaltung angewiesen (*Hoepffner* 1970: 151). Die Befugnis zum Erlaß steuerlicher Verwaltungsvorschriften ergibt sich aus der *Organisations- und Geschäftsleitungsgewalt* der erlassenden Behörden. Die Bundesregierung kann nach Art. 108 VII GG allgemeine Verwaltungsvorschriften erlassen. Diese Befugnis gilt nicht nur für Anweisungen an die Bundesfinanzverwaltung, sondern auch - mit Zustimmung des Bundesrates - in den Fällen, die die Verwaltung von Bundessteuern durch Länder und Gemeinden betreffen.[40] Auf dieser Ermächtigung durch den Art. 108 VII GG beruhen die Richtlinien zu den großen Steuergesetzen. Durch Art. 108 III Satz 2 i.V. mit Art. 85 III GG ist auch das Bundesfinanzministerium berechtigt, Verwaltungsvorschriften zu erlassen. Die Finanzverwaltung ist hingegen nicht ermächtigt, Verwaltungsvorschriften zu erlassen,

- welche "die Aufklärungstätigkeit der Finanzbehörden in einer Weise beschränken, die die Gleichmäßigkeit der Besteuerung und damit den Gleichheitsgrundsatz (Art. 3 GG) verletzt" (*Tipke* 1987: 102); dabei dürfen in Grenzen Praktikabilitätsgesichtspunkte berücksichtigt werden, durch Verwaltungsvorschriften festgesetzte Pauschalbeträge sind aber unzulässig, wenn durch sie eine offensichtlich unzutreffende Besteuerung bewirkt wird;
- wenn durch sie außerhalb des Gesetzes eine eigenständige Wirtschafts- oder Sozialpolitik betrieben wird.

Nach *Tipke* (1987: 102) erläßt die Bundesregierung *Richtlinien*, die Ministerien geben *Erlasse* und *Schreiben* heraus und die OFDen erlassen *Verfügungen*[41]. Der föderalistische Aufbau der Bundesrepublik schafft beim Erlaß von Verwaltungsvorschriften keine Probleme: "Die bekannten Bdf-Schreiben werden ebenso wie 'Referentenbeschlüsse' auf der Ebene Bund-Länder von den Ländern umgesetzt in eigene Erlasse, Weisungen" (*Möllinger* 1982: 245). So erscheinen die Verwaltungsvorschriften nicht nur in Form von Anordnungen, Erlassen und Rundverfügungen der Mittelbehörden der Finanzverwaltung, sondern - vor allem bei den Veranlagungssteuern - als Richtlinien; sie stellen ein dieser Form "geradezu einen Prototyp der Verwaltungsvorschriften dar" (*Hoepffner* 1970: 150). Generell lassen sich die Steuerverwaltungsvorschriften in folgende Gruppen unterteilen:[42]

---

40) **Möllinger (1982: 340) sieht in dieser Bindung an die Zustimmung durch den Bundesrat eine Garantie für eine geregeltes, Willkür der Ministerialbürokratie ausschließendes Verfahren.**

41) **Zur Regelung von Sachen mit "regionaler oder untergeordneter Bedeutung" (Kruse 1973: 77).**

42) **Vgl. List (1975: 158f). Birk (1988: 33); Tipke (1987: 102) und Jaehnike (1979: 297) unterteilen die Verwaltungsvorschriften zudem in Organisationsvorschriften einerseits und Gesetzesanwendungsvorschriften (norminterpretierende Anordnungen, Ermessensanordnungen und Anordnungen zur Sach-**

- *Organisationsvorschriften*, die den Behörden der Finanzverwaltung ihre Zuständigkeiten zuweisen und die innere Organisation oder den Geschäftsgang von Behörden regeln;
- Verwaltungsvorschriften, die *Auslegung zweifelhafter Rechtsvorschriften* regeln, hierunter fällt auch die Konkretisierung unbestimmter Rechtsbegriffe und Generalklauseln (norminterpretierende Verwaltungsregelungen); diese sollen die einheitliche Auslegung der Steuergesetze sicherstellen;
- *Ermessensrichtlinien*, im Steuerrecht vor allem die Richtlinien zu § 131 AO; sie sollen den Ermessensgebrauch steuern;
- Verwaltungsvorschriften zur *Sachverhaltsermittlung*, zu denen auch die Vereinfachungsanweisungen gehören (Pauschalisierungs- und Bewertungsrichtlinien), sie dienen der Beweiserleichterung und der Vereinfachung bei der Aufklärung tatsächlicher Geschehensabläufe.

Auch Verwaltungsvorschriften mit rein verwaltungsinternen Regelungen haben eine Bedeutung für den normalen Steuerpflichtigen. Wenn sie in der Form von Richtlinien und Erlassen herausgegeben werden, sind die Steuerpflichtigen direkt betroffen. In anderen Fällen dienen sie zumindest als Informationsmaterial, an dem sich der Steuerpflichtige "über die Auffassung der Finanzverwaltung in bestimmten Fragen der Besteuerung orientieren kann" (*Hoepffner* 1970: 152).

Die mit der Steuerrechtsanwendung betrauten Finanzbeamten sind auf die entlastenden Wirkungen der Verwaltungsvorschriften bei der Durchführung der Besteuerung angewiesen. Die Entlastungswirkung für Verwaltungsbeamte und Steuerberater ergibt sich aus der Eigenschaft der Verwaltungsvorschriften als Kommentierungshilfen zum Gesetz. Bei *jährlich etwa 120 Millionen Verwaltungsakten*, die von den Finanzverwaltungen erlassen werden (*Tipke* 1987: 103), erleichtern solche Entscheidungshilfen die Rechtsanwendung stark: "Ohne die Fülle von Verwaltungsvorschriften der Bundes- und der Landesfinanzbehörden würden steuerrechtliche Normen fraglos unterschiedlich ausgelegt und angewendet werden." (*Arndt* 1983: 18f) Wenn auch "bürokratische Reglementiersucht" und "Aktivitätsdemonstration(en) der Oberbehörden" (*Tipke* 1981: 199, 1987: 102) für die Vielzahl der Verwaltungsvorschriften verantwortlich gemacht werden, dürfen die positiven Wirkungen der Verwaltungsvorschriften nicht übersehen werden. *Tipke* (1987: 102f) nennt dazu drei Hauptwirkungen: Verwaltungsvorschriften

- tragen wesentlich zur Gleichmäßigkeit der Besteuerung bei,
- haben eine Entlastungswirkung für Verwaltungsbeamte und Steuerberater und

verhaltsermittlung) andererseits, letztere teilt Tipke wiederum in allgemeine Gesetzesanwendungsvorschriften und Erlasse und Verfügungen im Einzelfall.

- erhöhen die Rechtssicherheit.

Die Steuerverwaltungsvorschriften *erleichtern das Gesetzesverständnis* (freilich in der Interpretation der Verwaltungsführungen), stabilisieren durch ihre Anwendung die Rechtsanwendung und tragen so zur Rechtssicherheit bei. Diese Verstärkung der *Rechtssicherheit* durch Einheitlichkeit der Rechtsanwendung ist in jedem Fall festzustellen, gleichgültig, ob sich die betreffenden Vorschriften ausschließlich innerhalb der Behörde auswirken, oder ob sie eine mittelbare Außenwirkung auf den Bürger haben (*Trzaskalik* 1982: 318). Diese Einheitlichkeit der Rechtsanwendung verstärkt unmittelbar die Bemühungen um die *Gleichmäßigkeit der Besteuerung*, sie ist damit aber ein "Feind der Individualgerechtigkeit":

> "Die Gewöhnung an Verwaltungsvorschriften fördert nicht unbedingt das selbständige Denken, lähmt die Entscheidungsfreudigkeit in Fallgestaltungen, die nicht in Verwaltungsvorschriften angesprochen wind, in denen das Gesetz also unmittelbar anzuwenden ist. Wer die Richtlinien gegen sich hat, für den wird die Rechtsdurchsetzung zur Geduldsprobe." (*Trzaskalik* 1982: 318)

Diese intensive Steuerungswirkung der Verwaltungsvorschriften hat direkte Folgen für die Arbeit der Gerichte. Durch die massenhafte Anwendung von Richtlinien wird ohne Zweifel ihre *Entscheidungsfreiheit eingeschränkt*, "die selbständige Auslegung des Gesetzes gerät in Gefahr, sich unmerklich in ein Vertretbarkeitsurteil über die Interpretationskünste der Verwaltung zu wandeln" (*Trzaskalik* 1982: 318). *Feldhausen* (1981: 123) vertritt die Auffassung, daß unter diesen Umständen der Rechtsschutz eines Bürgers bei Erlassen der Finanzverwaltung, die nicht mit den Gesetzen in Einklang stehe, über den ordentlichen Rechtsweg schlechthin nicht zu erreichen" ist, zumal es vorkommen kann, daß ein Finanzamt sich an den durch einen Erlaß geschaffenen Rechtszustand überhaupt nicht gebunden fühlt (vgl. *Seckelmann* 1981: 338).

Verschiedene Gruppen von Verwaltungsvorschriften dienen der Vereinfachung der Arbeit der unteren Verwaltungsbehörden. Durch diese Vereinfachung wird das Gesetz besser handhabbar und seine Anwendung rechtssicherer (*Martens* 1982: 196). Ihr Ziel ist es, die tatsächliche "Aufklärung eines aufklärbaren steuerlichen Sachverhaltes zu ersparen" (*Arndt* 1983: 21f). Die Bildung von *Typusbegriffen* ist eine dieser Entlastungsmaßnahmen. Diese Begriffsbildung hat nichts mit der im Steuerrecht umstrittenen Typisierung[43] zu tun, sondern ist das Symbol für die Ausdifferenzierung des Gesetzesbegriffes (*Martens* 1982: 197): "Derartige Typenbildungen dienen vor allem dazu, charakteristische Merkmale vergleichbarer Fälle

43) Vgl. Isensee (1973) und (1976).

herauszustellen und daraus Fallgruppen zu bilden, deren 'Formenbezeichnung' als Typusbegriff erscheint."

Eine andere Form der Entlastung durch Verwaltungsvorschriften spiegelt sich in der *Quantifizierung von Rechtsbegriffen* wider. Dabei werden Rechtsbegriffe - und vor allem die in ihnen enthaltenen Wertungen - durch zahlenmäßige Begrenzung quantifiziert (*Martens* 1982: 198). Im Unterschied zur Quantifizierung wird bei der *Pauschalisierung* von Rechtsbegriffen ein *tatsächlicher Vorgang* umschrieben. Aufgrund genereller Ermittlungen und Erfahrungen wird ein bestimmter Betrag benannt, "der dann den Charakter eines Durchschnittswertes hat" (ders. 1982: 198). In Ermittlungen treten die Finanzbehörden in davon betroffenen Fällen erst dann ein, "wenn Aufwendungen geltend gemacht werden, die über den Bagatellgrenzen, Erfahrungswerten bzw. Pauschalbeträgen liegen" (*Arndt* 1983: 21). Die Vorstellung von einem typischerweise entstehenden Aufwand bildet den Hintergrund bei der *Pauschalierung von Aufwendungen* (Bildung von Pauschalansätzen). Sie stellen - anders als die vorstehend erörterte Quantifizierung von Rechtsbegriffen keine rechtliche Wertung des Sachverhaltes dar.

6.2.1.3 Die Lenkung des Verwaltungshandelns: GNOFÄ und Bankenerlaß

Im Unterschied zu den vorstehend angeführten Beispielen der Vereinfachung, bei denen die Verwaltungsvorschriften danach trachten, Ermittlungsergebnisse vorwegnehmend festzulegen, ist eine zweite Gruppe von Verwaltungsvorschriften darauf ausgerichtet, die auf Einzelermittlung ausgerichtete Verwaltungstätigkeit zu lenken und die Sachverhaltsermittlung zu beschränken. Die beiden bekanntesten sind die Grundsätze zur Neuorganisation der Finanzämter (GNOFÄ)[44] und der - mittlerweile im Rahmen der Steuerreformgesetzgebung 1990 in § 30a AO übernommene - *Bankenerlaß*.

Die Grundsätze zur Neuorganisation des Veranlagungsbereiches der Finanzämter (GNOFÄ) wirken auf die Sachverhaltsermittlung im Einzelfall. Sie zielen darauf ab, den "Grad der Überzeugung des Steuerbeamten von der Richtigkeit der Steuererklärung" nicht mehr von den Umständen des Einzelfalles abhängig zu machen, sondern für die der Fallgruppe 2 zugeordneten Steuerpflichtigen (vereinfachte, jährliche Veranlagungsform, umfaßt bei der ESt den Großteil der Arbeitnehmer-Veranlagungen) "generell in einer Weise zu reduzieren, die dem Bild der 'Reduzierung auf Null' nahekommt" *(Martens* 1982: 204). *Martens* sieht in den Vereinfa-

44) Vom 16. Februar 1976 in der Fassung vom 4. März 1981; BStBl. I 1981: 270. Die GNOFÄ werden in Kap. 3.3 inhaltlich behandelt.

chungsabsichten, einen Verstoß gegen den Vorrang des Gesetzes, da hier die Vorschriften der AO zur Sachverhaltsermittlung verletzt werden:

> "Kern der Gesetzwidrigkeit der GNOFÄ ist die für die Fallgruppe 2 getroffene Regelung, nur noch ganz selten zu ermitteln, also nicht mehr zu fragen, ob nach Maßgabe der individuellen Umstände dem Steuerpflichtigen zu folgen ist oder nicht." (*Martens* 1982: 204, Anm. 226)

Der Sinn der GNOFÄ - die Entlastung der Finanzämter und die Vereinfachung des Verfahrens im Dienst des Steuerpflichtigen - verschwimmt hier:

> "Das eigentliche Dilemma der 'GNOFÄ' dürfte es sein, daß ein Verwaltungsverfahrensrecht, das lediglich darauf bedacht ist, den Steuerbürger gegen Übergriffe der Finanzverwaltung abzusichern, zwangsläufig versagen muß, wenn die Steuerbürger in großer Zahl ihre Verpflichtungen nicht erfüllen."[45)]

Der gleiche Vorwurf trifft den *Bankenerlaß*,[46)] die "Magna Charta der Steuerhinterziehung" (*Tipke* 1989: 157), bzw. seine Neufassung in § 30a AO,[47)] nach dem - hinsichtlich der Einkünfte aus Kapitalvermögen - dem guten Glauben an die Vollständigkeit und Richtigkeit der Steuererklärung der Vorzug vor Nachprüfungen gegeben wird. Danach haben die Finanzbehörden auf das Vertrauensverhältnis zwischen den Kreditinstituten und ihren Kunden besonders Rücksicht zu nehmen (§ 30a I AO), was sich darin äußert, daß sie von den Kreditinstituten periodische Mitteilungen von Konten bestimmter Art oder bestimmter Höhe nicht verlangen dürfen (§ 30a II AO), die Ausschreibung von Kontrollmitteilungen bei anderweitigen Überprüfungen von Guthabenkonten oder Depots unterbleibt (§ 30a II S. 2 AO) und in den Vordrucken für Steuererklärungen die Angabe der Nummern von Konten oder Depots des Steuerpflichtigen i.d.R. nicht erfolgt (§ 30a IV AO). Die Zielrichtung dieser Regelung ist eindeutig:

> "Die Sachaufklärung der Finanzämter wird eingeschränkt, weil nach dem Bankenerlaß im Regelfall davon ausgegangen werden soll, daß die Angaben in der Steuererklärung, auch in Bezug auf die erklärten Zinserträge, vollständig und richtig sind. Von dieser Grundannahme ausgehend, glaubt die Finanzverwaltung darauf verzichten zu können, von den Banken zum Zwecke der allgemei-

---

45) Trzaskalik (1982: 334). Zu den rechtsdogmatischen Kritikpunkten, die gegenüber den GNOFÄ vorgebracht werden vgl. insbesondere Martens (1980); zur möglichen Kollision mit höherrangigen steuerrechtlichen Normen und Besteuerungsgrundsätzen vgl. Katterbe (1980).

46) Vom 2. August 1979 in der Fassung vom 31. August 1979; BStBl. I 1979: 590. Zur Entstehung und Entwicklung des Bankenerlasses vgl. Hamacher (1985).

47) Zur Aufwertung des Bankenerlasses mit der Aufnahme in § 30a AO vgl. Scholtz (1989: 266, insbes. Anm. 34 mit weiteren Nachweisen), Apitz (1989), Nieland (1990) sowie 'Nur bei Banken ist das Finanzamt blind', in: Handelsblatt, 24.05.1989.

nen Überwachung die einmalige oder periodische Mitteilung von Konten bestimmter Art oder Höhe verlangen zu müssen." (*Klos* 1987: 148)

Unabhängig davon sind Einzelauskunftsersuchen an die Kreditinstitute zulässig. Nach dem Erlaß bzw. dem § 30a AO müssen die Steuerpflichtigen nicht mit der Überprüfung ihrer Angaben (oder Nichtangaben) über ihre Kapitaleinkünfte rechnen. Eine Aufhebung des Bankenerlasses ist - nach *Möllinger* (1982: 357) - in den siebziger Jahren deshalb nicht erfolgt, weil die Akzeptanz in der Bevölkerung für Erlaß eine Verzinsung der Sparzinsen nicht als gegeben angesehen wurde, obwohl der schon in der alten Form von 1949 teilweise als rechtswidrig beurteilt wurde (vgl. *Hoffmann-Riem* 1972: 139).[48] Der Kritik am Bankenerlaß (und zugleich an den GNOFÄ) schließt sich auch *Möllinger* an:

> "Wenn die nachgeordneten Behörden de facto angewiesen werden, dem Kapitalvermögen, Einkünften daraus und den Bewegungen in diesem Bereich, ich möchte mich vorsichtig ausdrücken, keine große Aufmerksamkeit zu schenken, obwohl aufgrund der verschiedensten Hinweise genügend konkreter Anlaß für Ermittlungen gegeben wäre, scheint mir das nicht Rechtens zu sein." (*Möllinger* 1982: 356)

Tatsächlich wirkt der Bankenerlaß einer wohl gerechten Besteuerung eher entgegen, weil er nicht eine gleichmäßigere, sondern eine ungleichmäßigere Besteuerung nach sich zieht: "Die Versteuerung der Zinsen wird zur Sache der Dummen und der Skrupelhaften."[49] Die gescheiterte Einführung des Direktabzugs einer zehnprozentigen Steuervorauszahlung bei bestimmten Zinseinkünften durch die Kleine Kapitalertragsteuer ('Quellensteuer') im Rahmen der Steuerreform 1990 hat aber gezeigt, wie schwer durchsetzbar eine Institutionalisierung der Steuerehrlichkeit auf diesem Gebiet ist. Die Aufwertung des Bankenerlasses durch die Übernahme in die Abgabenordnung (§ 30a) in Verbindung mit der Wiederabschaffung der Quellensteuer nach nur halbjähriger Gültigkeit Mitte 1989 zeigt im Gegenteil ganz deutlich, daß das hinter dieser Verfügung stehende politische Ziel gar nicht die vollständige Aufdeckung aller steuerpflichtigen Einkünfte ist. Denn formal hatte

48) Dem so geschützten Bankgeheimnis erkennt Felix (1976: 350) mittlerweile den Rang von Gewohnheitsrecht zu. Eine Beschreibung der Umstände und Grenzen der Amtshilfe in Steuersachen zwischen anderen Verwaltungsbehörden und der Finanzverwaltung am Beispiel der Postämter gibt Halaczinsky (1989) Zur angestrebten einheitlichen Regelung der Erteilung von Kontrollmitteilungen von Behörden, die nicht zur Finanzverwaltung gehören, an den Fiskus vgl. Kottke, K.: 'Behörden müssen Fiskus informieren. Neue Kontrollmitteilungs-Verordnung in Vorbereitung', in: Süddeutsche Zeitung, 17.08.1989.

49) Tipke (1981a: 156); in gleicher Richtung Möllinger (1982: 356), Bilsdorfer (1984) und Birk (1989). Dem Fiskus gehen nach Schätzungen der Deutschen Steuergewerkschaft jährlich etwa 15 Milliarden DM an hinterzogenen Steuern aus Kapitaleinkünften verloren; vgl. 'Fiskus verliert 15 Milliarden', in: Neue Rhein Zeitung, 06.12.1989.

der Bankenerlaß bisher nur den internen Charakter einer Verwaltungsanweisung. Das hat sich durch die Heraufstufung in die Abgabenordnung geändert. Das angeblich schutzwürdige Vertrauensverhältnis zwischen Bankkunden und ihren Banken ist hier nur vorgeschoben:

> "In Wahrheit geht es um das Vertrauen, daß das Geld in der Bank vor der Einkommen- und Vermögensteuer sicher sei. Ist ein solches Vertrauen der Steuerhinterzieher aber schutzwürdig? Wenn ja, aus welchem Grunde? Und wieder vermißt man Konsequenz, Regelhaftigkeit. Warum wird die Lohnsteuer nicht mit der Begründung abgeschafft, das Vertrauen der Arbeitnehmer zu den Arbeitgebern werde lädiert, wenn die Arbeitgeber als Büttel des Staates beim Steuereinzug aufträten? Warum schafft man nicht - generalisierend - Kontrollmitteilungen überhaupt ab mit der Begründung, das Vertrauen eines Vertragspartners zum anderen müsse geschützt werden?" (*Tipke* 1988: 279)

6.2.1.4 Die Typisierung von Sachverhalten: Steuerrichtlinien

Eine weitere Gruppe von Verwaltungsvorschriften zielt darauf ab, bei der Sachverhaltsermittlung den *Ermittlungsweg* festzulegen. Hier sind besonders die *Richtlinien* zu nennen. Diese Richtlinien der Bundesregierung zu Einzelsteuern (etwa die EStR) stellen durchweg eine "Interpretation von materiellem Recht durch die Verwaltung" (*Möllinger* 1982: 344) dar. Solche Richtlinien zu Einzelsteuergesetzen werden von der Bundesregierung mit Zustimmung des Bundesrates erlassen und "möglichst nur einmal jährlich geändert und ergänzt", um dann in neuer Fassung veröffentlicht zu werden (*Kruse* 1973: 77); die Neuveröffentlichung geschieht i.d.R. aber in dreijährigem Abstand.[50)]

Die *Typisierung von Sachverhalten* entspringt dem Versuch, bei der Steuerveranlagung zu 'rationalisieren'. Dabei wird der von dem einzelnen Steuerpflichtigen geschilderte Sachverhalt auf das 'typische Maß' zurechtgestutzt, so daß ohne weitere Ermittlungstätigkeit die maßgebliche Rechtsfolge festgestellt werden kann. Gerade das Einkommen- und hier insbesondere das Lohnsteuerrecht bietet sich mit der Vielzahl der geregelten Fälle ("Massenfallrecht") für Typisierungen an (*Isensee* 1976: 52f). Die Gefahr der Typisierung liegt in dem Konflikt mit dem im Steuerrecht wesentlichen Grundsatz der Tatbestandsmäßigkeit der Besteuerung.[51)] Die gesetzesanwendende Verwaltung geht von der Berücksichtigung der speziellen Ver-

---

50) Es handelt sich dabei um die Richtlinien zum EStG, KStG, GewStG und VermStG sowie die Lohnsteuerrichtlinien. Alle anderen allgemeinen Verwaltungsvorschriften werden nur zu einzelnen Problemen erlassen und ergehen in loser Folge. Die mit Zustimmung des Bunderates ergangenen Verwaltungsvorschriften des Bundes werden im Bundesanzeiger veröffentlicht, die übrigen Verwaltungsvorschriften des Bundes erscheinen im BStBl. Teil I und/oder im Ministerialblatt des BMF. Die Länder veröffentlichen ihre Verwaltungsvorschriften seit 1968 ebenfalls im BStBl. Teil I und/oder in ihren Ministerialblättern (vorher im BStBl. Teil II); vgl. Kruse 1973: 77f).

51) Isensee (1973: 201), vgl. auch Kap. 6.1.1.1.

hältnisse des Einzelfalles ab. Der Gesetzesanwender verzichtet also bewußt darauf, "das Differenzierungspotential der Norm auszuschöpfen, um den Gesetzesvollzug zu vereinfachen" (*Isensee* 1973: 200). Die für eine Typisierung geeigneten Materien sind insbesondere durch den *Massencharakter der betroffenen steuerlichen Vorgänge* und die *Ermittlungsschwierigkeiten* gekennzeichnet, die sich bei diesen steuerlichen Vorgängen daraus ergeben, daß diese in einem dem Finanzamt schwer zugänglichen Lebensbereich liegen.[52)]

Zu unterscheiden ist hierbei die strikte Anwendung der Typisierung, bei der dem Steuerpflichtigen der Vortrag atypischer Umstände schlechthin abgeschnitten wird (*kategorische Typisierung*) und der Fall, in dem dem Steuerpflichtigen die Beweislast für das Atypische aufgebürdet wird (*hypothetische Typisierung*; vgl. *Isensee* 1973: 200). Richtlinien für die Typisierung finden sich auf den verschiedensten Ebenen. Grundsätzliche Handhabe bei der Gesetzesauslegung bilden die zu einzelnen Steuern erlassenen Richtlinien (LStR u.a.), die relativ detailliert Typisierungskategorien vorgeben. Die Überprüfung solcher vorgeschriebenen Ermittlungswege kann durch die Gerichte nur eingeschränkt erfolgen:

> "Ist die in der Verwaltungsvorschrift statuierte Ermittlungsmethode in diesem Sinne mit den gesetzlichen Zielvorstellungen vereinbar, so darf das Gericht wegen der ... Relation zwischen Methode und Ergebnis keine andere Ermittlungsmethode anwenden, weil sonst die Gleichmäßigkeit der Besteuerung prinzipiell in Frage gestellt wäre." (*Martens* 1982: 207)

Die Bedeutung der Richtlinien darf auch aus diesen Gründen nicht unterschätzt werden, denn eine "Vielzahl von Praktikern greift grundsätzlich nach den Richtlinien und nicht nach dem Gesetzestext. Wenige steigen in die Richtlinien usw. kritisch ein; die meisten unterstellen wohl ohne weiteres, daß sie mit dem Recht in Einklang stehen werden." (*Möllinger* 1982: 359) Und in den Fällen, in denen die Steuerrichtlinien nicht zur Problemlösung beitragen können, werden nachrangige Normen zur Bearbeitung herangezogen:

> "Wo die Steuerrichtlinien Lücken lassen, treten die Verwaltungsvorschriften der verschiedenen Instanzen in hierarchischer Reihenfolge ein. Die Direktiven werden ergänzt durch koordinierende Absprachen, die zwischenbehördlich und innerbehördlich erfolgen. Neben die förmlichen Entscheidungsprogramme treten die Usancen des jeweiligen Finanzamts. Ferner leistet Typisierungshilfe das steuerliche Schrifttum, das Lösungsmuster anbietet. Last, not least - ist für den jeweils entscheidenden Beamten Erkenntnisquelle seine eigene Lebenserfahrung über das, was üblich ist." (*Isensee* 1976: 54)

---

52) Vgl. Isensee (1973: 200) und zu den angeführten Vorteilen der Typisierung die auf der Darstellung von Isensee (1976) beruhende Zusammenfassung in Kap. 1.2.

6.2.2 Rechtsfortbildung durch die Rechtsprechung in Steuersachen

6.2.2.1 Die Rechtsprechung des BFH als Rechtsquelle

Grundsätzlich unterscheidet sich das Richterrecht vom gesetzlichen Recht auch durch die Art seines Zustandekommens: es geht aus einzelnen Entscheidungen hervor und bezieht daraus "eine andere Art von Geltung" (*Coing* 1975: 278) als gesetzliches Recht. Auch seine Intensität kann verschieden sein: von der "gelegentlich geäußerten Rechtsansicht" über ungefestigte Rechtsprechung und vereinzelte Entscheidungen zur gefestigten und ständigen Rechtssprechung (ebd.: 280). Die Notwendigkeit der verstärkten Setzung von Richterrecht im Steuerwesen ergibt sich aus den dort verwandten Begriffen: Steuergesetze beschreiben steuerwürdige, wirtschaftliche Sachverhalte mit neuen, im Rechtsleben bis dahin z.T. nicht verwendeten Begriffen, verweisen auf das Zivil- und Handelsrecht und verwenden oftmals unbestimmte Rechtsbegriffe und Generalklauseln. Zudem bedürfen immer wieder neu auftretende wirtschaftliche Vorgänge der steuerlichen Wertung und Beurteilung (*List* 1975: 151).
Von Bedeutung für das Steuerrecht sind Urteile der Finanzgerichte der Länder, des Bundesfinanzhofs (BFH) und des Bundesverfassungsgerichts. Dabei sind grundsätzlich "selbst die höchstrichterlichen Entscheidungen des BFH keine Rechtsnormen." (*Hartmann/Walter* 1984: 81). Der Rechtsquellencharakter des Richterrechts ist umstritten, da gerichtliche Entscheidungen weder die Verwaltung, noch die Rechtsprechung binden, sondern nur zwischen den Beteiligten wirken. Zudem sind die Finanzgerichte nicht an Urteile des BFH gebunden. "Faktisch ergibt sich eine Abhängigkeit aber aus § 115 Abs. 2 Nr. 2 FGO, der eine Revision zuläßt, wenn das FG vom BFH abweicht und das Urteil auf dieser Abweichung beruht" (ebd.: 81). Selbst ein höchstrichterliches Urteil bindet aber zunächst nur die am Prozeß beteiligten Parteien. In einer engen Begriffsauslegung erfüllt die Rechtsprechung des BFH deshalb nicht die Anforderungen, die an eine Rechtsquelle gestellt werden: "Versteht man mit der wohl herrschenden Meinung nur eine jedermann bindende Rechtsnorm darunter, dann zählt auch eine langjährige festgefügte höchstrichterliche Rechtsprechung nicht dazu." (*Arndt/Zierlinger* 1986: 15)

Berücksichtigt man aber, daß die *aktuelle Rechtslage* im Steuerrecht sich ganz wesentlich aus der Rechtssprechung des BFH ergibt, ohne die das Steuerrecht gar nicht anwendbar wäre, so kommt man wohl nicht umhin, dem Richterrecht den Charakter einer Rechtsquelle zuzuerkennen: Der "faktischen Geltung des Richterrechts kommt mit Rücksicht auf die Breitenwirkung der Urteile des BFH erhebliche Bedeutung zu" (*List* 1975: 156). Unter Würdigung der Bindungswirkung der Rechtsprechung des BFH für diesen selbst läßt sich deshalb festhalten, daß "steuerrechtliches Richterrecht von den Finanzgerichten, insbesondere vom BFH aus den Steuergesetzen kraft Funktion und im Einverständnis mit dem Gesetzgeber abgeleitete Rechtssätze sind" (*List* 1975: 157). Will man nicht so weit gehen, kann man auch hier - ähnlich wie bei den Verwaltungsvorschriften - auf dem Umweg über die *faktische Bedeutung* der Rechtsprechung für den Prozeß der Besteuerung deren Rechtsnatur festlegen kann: Unabhängig vom Rechtsquellencharakter der höchstrichterlichen Rechtsprechung steht deren "überragende Bedeutung ... im Steuerrecht außer Frage" (*Arndt/Zierlinger* 1986: 15).

6.2.2.2 Rechtsprechung und Rechtsfortbildung

Das Steuerrecht ist - nach *List* (1980: 41) - die umfangreichste aller Rechtsmaterien. In diesem umfangreichen Rechtsgebiet besteht einerseits ein erhebliches Defizit an Gliederungen und Dogmatik, andererseits gibt es eine Unzahl von nicht definierten Begriffen und Generalklauseln (ebd.: 41f). In dieser schwierigen Rechtsmaterie ist die Rolle der Rechtsprechung von einiger Bedeutung: die Entscheidungen der Finanzgerichte - und insbesondere des BFH - sind "nächst den Gesetzen und Rechtsverordnungen .... Erscheinungsformen des geltenden Rechts" (*Paulick* 1977: 110). Trotz der gemachten Einschränkungen hinsichtlich des Rechtsquellencharakters der Rechtsprechung im Steuerrecht läßt sich die Breitenwirkung einiger Urteile nicht leugnen. Schon im Einzelfall hat die "Regelbildung" durch den Richter (*Kruse* 1975: 377) gesetzesausfüllende - und damit rechtssetzende - Wirkung. Die Bedeutung der einzelnen Entscheidung wirkt aber über diese hinaus: Wenn die finanzgerichtlichen Urteile auch - nach § 110 FGO - keine über den Einzelfall hinaus bindende rechtliche Wirkung erzeugen, ist die Rechtsprechung in der Lage "durch eine kontinuierliche Spuchpraxis Rechtsinstitute und Rechtsanwendungsregeln zu entwickeln, die in der Gesetzesformulierung keine Stütze finden" (*Birk* 1988: 34). Die Entscheidung hat jedenfalls praktische Bedeutung für die steuerrechtliche Behandlung einer großen Zahl gleichgelagerter Sachverhalte (*List* 1980: 43). Besondere Bedeutung gewinnt dies bei der Rechtsprechung des Bundesfinanzhofes. Da die Geschäftsverteilung beim BFH sich nach den Steuerarten richtet, wird die Rechtsprechung auf diesen einzelnen Gebieten (und damit auch mögliche Änderungen) weitenteils von einem einzigen Senat des BFH beherrscht:

> "Wenn man bedenkt, daß auf einem Gebiet der steuerlichen Massenverfahren, wie z.B. der Lohnsteuer, die Ergebnisse der Rechtsprechung eines einzelnen Senats Millionen Steuerpflichtiger betreffen - und zwar alljährlich wieder -, wenn man weiter bedenkt, daß die Beteiligten, sowohl die Steuerpflichtigen als auch die Finanzverwaltung, sich auf diese Rechtsprechung einstellen, die Verwaltung sie unter Umständen auch in ihre die Finanzämter bindenden Richtlinien aufnimmt, dann wird klar, welche Auswirkungen eine Rechtsprechungsänderung unter Umstanden haben kann." (*Grimm* 1988: 472)

In immer größerem Maße ist nicht mehr die Kontrolle der Verwaltung, sondern der *Schutz des Bürgers vor Eingriffen der Verwaltung* zum Gegenstand des Rechtsschutzes geworden (*List* 1978: 511). Wichtig für die Rechtssicherheit und die Sicherheit bei wirtschaftlichen Dispositionen der Bürger ist hier wie in anderen Streitfragen die *Beständigkeit der Rechtsprechung*. Dies gilt insbesondere für die Rechtsprechung des BFH. Dennoch ist auch hier ein gelegentlicher Wandel unvermeidbar.[53)] Nach *List* (1980: 44) geht die Stetigkeit der Rechtsprechung sogar der Gleichmäßigkeit der Besteuerung vor. In der gleichen Richtung argumentiert *Flume* (1986: 310): "Jede Änderung der Steuerrechtssprechung ist problematisch in Hinsicht auf die Rechtssicherheit und die Einfachheit und Überschaubarkeit des Steuerrechts." Änderungen der Rechtsprechung bedürfen daher schwerwiegender sachlicher Begründung:

> "Als solche Gesichtspunkte sind entweder die Veränderung der tatsächlichen Verhältnisse oder der Wandel einer ständigen Rechtsprechung in einer anderen ähnlich liegenden Materie angesehen worden. Natürlich kann die Änderung einer ständigen Rechtsprechung auch schlicht auf besserer Rechtserkenntnis beruhen." (*List* 1980: 44)

Die Rechtsprechung des BFH hat über ihre faktische Bedeutung für die aktuelle Rechtslage im Steuerrecht auch Einfluß auf die *Steuergesetzgebung*. Dieser Einfluß kann sich in drei Richtungen widerspiegeln: mit dem Ziel der Festigung des vom Richter geschöpften Rechts, zur Schließung einer Lücke, "die der Richter nicht glaubte, füllen zu dürfen" und um einer von der Rechtsprechung eingeschlagenen Entwicklung Einhalt zu gebieten und sie in eine andere Bahn zu lenken.[54)] *Koch* (1975: 372f) sieht den Einfluß der Gerichtsentscheidungen auf die Steuergesetzgebung vor allem in drei Fallgruppen:

- in den Fällen, in denen die Rechtsprechung den Gesetzgeber zum Tätigwerden zwingt, "weil gegen die gesetzliche Regelung verfassungsmäßige Bedenken bestehen";
- in den Fällen, in denen zwar kein Zwang zur Gesetzesänderung besteht, aber die Finanzverwaltung aufgrund der Rechtsprechung eine Änderung nahelegt;
- und in den Fällen, in denen von der Rechtsprechung Entscheidungen getroffen werden, die den Gesetzgeber veranlassen, eine solchermaßen entwickelte Rechtsauslegung ins Gesetz zu übernehmen.

53) Im Jahre 1986 änderte der Bundesfinanzhof in 28 Fragen seine Rechtsprechungspraxis; 13 davon bezogen sich auf Fragen des Einkommensteuerrechts. Die Zahl entspricht in etwa der Größenordnung der Vorjahre; vgl. die Gesamtaufstellung bei Lohse/Madle (1987). Beispiele für eine Komplizierung des Steuerrechts durch die höchstrichterliche Rechtsprechung führt Messmer (1988: 224 ff) an.

54) Vgl. Kreile (1985: 41)

6.2.2.3 Die Nichtanwendungserlasse der Finanzverwaltung

Es ist unstrittig, daß für die Veranlagungsarbeit der Finanzbeamten auch die Finanzrechtsprechung, insbesondere die des Bundesfinanzhofes von großer Wichtigkeit ist. Sie ist oftmals zur Fallbearbeitung heranzuziehen. Besondere Bedeutung erlangen die Sachprobleme, in denen die Leitung der Finanzverwaltung (in diesem Fall das Bundesfinanzministerium) die Finanzbehörden aufruft, ergangene Gerichtsurteile nicht anzuwenden (sog. *Nichtanwendungserlasse*), eine Anweisung, mit der "die zweite Gewalt die dritte empfindlich desavouiert" (*Felix* 1979: 65). Diese Nichtberücksichtigung zeigt sich schon bei der Nichtaufnahme von für die Verwaltung negativ ausgegangenen Finanzprozessen in den Teil II des vom Bundesfinanzministerium herausgegebenen Bundessteuerblattes, durch das das BMF eine "Informationsmonopol" für BFH-Urteile besitzt: Letztlich bestimmt also "die beklagte Behörde, die in München 25 Prozent aller Prozesse an den Steuerzahler verliert, was und ob es überhaupt gedruckt wird."[55] Zwischen 1970 und 1977 wurden auf diese Weise 357 zur Veröffentlichung freigegebene Entscheidungen nicht abgedruckt.[56]

Über die Problematik des (Nicht-) Abdruckes hinaus wurden von 1972 bis Mitte 1976 ca. 1 % der Urteile des BFH mit dem Vermerk belegt, daß sie über den im Einzelfall entschiedenen Sachverhalt hinaus nicht angewandt werden sollten.[57] Amtliche Übersichten über die Zahl solcher *Nichtanwendungserlasse* existieren nicht, da die Veröffentlichung nicht durchweg erfolgt. Ein Teil der Nichtanwendungserlasse wird im BStBl., ein anderer in Zeitschriften veröffentlicht (*Krüger* 1987: 38).[58] Festzustellen ist lediglich, daß die absolute Zahl der Nichtanwendungserlasse ansteigt: 1977 wurden viermal soviel Urteile für nicht anwendbar erklärt, wie in den fünfziger Jahren (*Leisner* 1980: 12). Inhaltlich betreffen sie vor allem die Ertragsteuern. Die nicht anzuwendenden Urteile haben "auch ihrem Inhalt nach weitreichende Bedeutung" (*Krüger* 1987: 38). Die Möglichkeiten des Bürgers, sich gegen diese Erlasse zur Wehr zu setzen, sind gering:

> "Die Finanzämter werden vom Bundesfinanzminister angewiesen, Urteile des obersten Finanzgerichts, des Bundesfinanzhofs, nicht über den entschiedenen Fall hinaus anzuwenden. Steuerbürger, die sich in derselben Lage befinden, müssen eben erneut klagen. In der Regel dauert es mehrere Jahre, bis auch ihnen der Bundesfinanzhof recht geben kann. Die meisten Bürger ziehen es da-

---

55) Der Spiegel Nr. 10/1979: 94; 1988 verlor die Verwaltung 20,6 % der Prozesse am BFH; vgl. Kap. 8.3.

56) Vgl. Der Spiegel Nr. 15/1981: 103.

57) Vgl. die Aufstellung in DStR Nr. 7/1977: 197.

58) Krüger (1987: 154, Anlage 1) führt für den Zeitraum von 1951 bis 1983 insgesamt 125 Nichtanwendungserlasse auf, durch die 140 Entscheidungen des BFH für nicht anwendbar erklärt wurden. Auch diese Aufstellung ist nicht vollständig (ebd.: 21).

her vor, die Steuern zu zahlen. Wegen des typisierten Massenverfahrens bei den Finanzämter bleibt deshalb die Rechtsprechung des Bundesfinanzhofs in vielen Fällen ohne jede Auswirkung." (*Leisner* 1980: 128)

Innerhalb des Steuerrechts hat die Praxis der Nichtanwendungserlasse im Verhältnis der Bürger zur Verwaltung u.U. weitreichende Folgen: den Bürgern wird ein im ähnlichen Fall rechtlich gesicherter Sachverhalt nicht als rechtmäßig anerkannt, obwohl ihnen dies "mit an Sicherheit grenzender Wahrscheinlichkeit zusteht": Damit nimmt die Rechtssicherheit ab, die Nichtanwendung von für den Bürger günstigen BFH-Urteilen kann als eklatanter Bruch der Steuergleichheit empfunden werden (*Leisner* 1980: 13). Unabhängig von der Diskussion über eine prinzipielle Zulässigkeit von Nichtanwendungserlassen im Steuerrecht[59] ist es für die Finanzbeamten notwendig, nicht nur die in ihrem Arbeitsbereich einschlägigen BFH-Urteile, sondern auch ev. dazu vorliegende Nichtanwendungserlasse zu kennen und anzuwenden.

6.2.3 Weitere untergesetzliche Rechtsquellen des Steuerrechts

Neben den Verwaltungsvorschriften sind weitere Gruppen von untergesetzlichen Rechtsnormen im Steuerrecht zur Anwendung zu bringen. Hierunter fallen die *autonomen Satzungen* und aus dem Bereich des internationalen Steuerrechts *Doppelbesteuerungsabkommen* sowie *Europäisches Gemeinschaftsrecht*. Auch diese Normen sind u.U. von den Finanzbeamten anzuwenden.

Autonome Satzungen sind Rechtsnormen, "die von einer dem Staat inkorporierten juristischen Person des öffentlichen Rechts im Rahmen ihrer Autonomie erlassen werden" (*Tipke* 1987: 99). Autonome Satzungen unterscheiden sich von Rechtsverordnungen im wesentlichen dadurch, daß das ihnen zugrundeliegende Satzungsrecht nicht einer delegierten staatlichen, sondern einer eigenen autonomen Nomsetzungsgewalt entstammt (*Weber-Fas* 1979: 77f). Über eine solche Autonomie verfügen die Gemeinden. Aus dieser Autonomie ist allerdings keine Befugnis zur Auferlegung von Steuern abzuleiten; diese Befugnis könnte sich nur aus einer besonderen gesetzlichen Ermächtigung ergeben. Den Gemeinden ist also (im Rahmen ihrer Selbstverwaltungsgarantie in Art. 28 II GG) die Finanzhoheit im Rahmen ihrer Aufgaben, nicht aber eine eigene Steuergesetzgebungshoheit zugewiesen (*Birk* 1988: 57). Da eine Ermächtigung zum Erlaß von Steuern von Art. 105 und Art. 106 VI 2 GG begrenzt wird, müssen sich die Gemeinden auf die Festsetzung der Realsteuerhebesätze beschränken (*Tipke* 1987: 99). Damit sind sie genau wie z.B. die Religionsgemeinschaften auf landesrechtliche Regelungen angewiesen (*Hart-*

59) Vgl. dazu Leisner (1980), Jakob/Jüptner (1984: 165); Krüger (1987: 133 ff); Birk (1988: 34).

mann/Walter 1984: 77). Die Steuersatzungen der Gemeinden stehen im Rang unter dem förmlichen Gesetz (*Birk* 1988: 57). Nähere Bestimmungen über die kommunalen Steuersatzungen finden sich in den Kommunalabgabengesetzen der Länder; diese sehen auch eine Genehmigung der Steuersatzungen durch die Aufsichtsbehörde vor.[60]

Im Bereich des internationalen Steuerrechts sind in weitem Maß *Doppelbesteuerungsabkommen* von Bedeutung. Doppelbesteuerungsabkommen (DBA) sind *völkerrechtliche Verträge* mit anderen Staaten über die Vermeidung bzw. Milderung der Doppelbesteuerung, d.h. der Erhebung vergleichbarer Steuern in zwei oder mehr Staaten von demselben Steuerpflichtigen, für denselben Steuergegenstand und denselben Zeitraum (*Spönlein* 1984: 194); als solche sind die DBA Teil des 'Internationalen Steuerrechts' (*Vogel* 1982: 112).[61] Durch den Abschluß eines DBA verpflichten sich zwei Staaten[62] "bei einem die Grenzen dieser Vertragstaaten überschreitenden Sachverhalt Steueransprüche, die sich aus dem jeweiligen nationalen Steuerrecht ergeben, den Abkommensregelungen entsprechend einzuschränken." (*Jarosch* 1981: 34)
Die steuereingriffsbeschränkende Wirkung der in Kraft gesetzen DBA besteht darin, daß ihre zwischenstaatlich vereinbarten Rechtsvorschriften "die Besteuerungen im Wohnsitzstaat und Quellenstaat gegeneinander abgrenzen" (*Weber-Fas* 1979: 67). Doppelbesteuerungsabkommen sind völkerrechtliche Verträge zwischen zwei international voneinander getrennten Staaten. Ihr Zustandekommen und ihre Wirkung erlangen sie nach nationalem Recht und Völkergewohnheitsrecht.[63] DBA gehören aber nicht zu den 'allgemeinen Regeln des Völkerrechts', die nach Art. 25 GG Bestandteil des Bundesrechts sind;[64] sie genießen deshalb auch nicht den Vorrang, den das Grundgesetz den allgemeinen Regeln des Völkerrechts einräumt (*Weber-Fas* 1979: 71). Innerstaatliche Rechtsqualität erhalten diese Doppelbesteuerungsab-

60) Vgl. Kruse (1973: 82); Tipke (1987: 99, Anm. 6).

61) Die Bemühungen, solche Doppelbesteuerung durch zweiseitige Abkommen zu vermeiden, haben ihre Wurzeln in der zweiten Hälfte des 19. Jahrhunderts. Im Jahre 1928 wurden erstmals vom Völkerbund Musterabkommen erstellt, um die Abkommen zu vereinheitlichen. Die OECD (Organisation für wirtschaftliche Zusammenarbeit und Entwicklung) hat 1963 ein Musterabkommen mit Kommentar veröffentlicht; eine Neufassung erfolgte 1977. Am 1. Januar 1984 bestanden mit der Bundesrepublik Deutschland 53 Abkommen auf dem Gebiet der Steuern vom Einkommen und Vermögen, 4 Abkommen auf dem Gebiet der Erbschaftsteuern und 6 Sonderabkommen betreffend die Einkünfte aus Schiffahrt und Luftfahrt. 27 Abkommen wurden zu diersem Zeitpunkt noch ausgehandelt bzw. waren noch nicht in Kraft getreten. (Spönlein 1984: 194).

62) Der Regelfall ist bis heute der Abschluß eines zweiseitigen Abkommens, in jüngerer Zeit gibt es aber auch Versuche mit mehrseitigen Abkommen (vgl. Spönlein 1984: 194).

63) Eine Auslegungshilfe für zwischenstaatliche Verträge gibt neuerdings das 'Wiener Abkommen über das Recht der Verträge' (WÜRV) vom 22. Mai 1969 (Vogel 1982: 120 ff; Spönlein 1984: 194).

64) Vgl. dazu Paulick (1977: 91f)

kommen erst durch die in Art. 59 II Satz 1 GG geregelte Zustimmung oder Mitwirkung der jeweils für die Bundesgesetzgebung hier zuständigen Körperschaften in der Form eines Bundesgesetzes (Zustimmungsgesetz). Die durch Zustimmungsgesetz nach Art. 59 GG zu innerstaatlichem Recht gewordenen völkerrechtlichen Verträge haben in der Bundesrepublik keinen Vorrang vor anderen Gesetzen, könnten demnach also durch nachfolgende innerstaatliche Regelungen wieder aufgehoben werden (was den Verlust der völkerrechtlichen Wirkung nach sich ziehen würde). Um diesen Fall zu vermeiden, ordnet § 2 AO für das Steuerrecht generell einen Vorrang des zu innerstaatlichem Recht gewordenen DBA vor den Steuergesetzen an (*Spönlein* 1984: 195). Zu den Inhalten eines DBA gehören (in den für die Aufteilung der Steuertatbestände wichtigen 'Verteilungsnormen') im wesentlichen drei Teilbestimmungen:[65)]

- *Voraussetzungen für die Anwendung* (räumlicher, persönlicher, zeitlicher und sachlicher Geltungsbereich);
- *Tatbestand* (Bezeichnung des Tatbestandes, eventuelle Bemessungsregelungen, Zurechnung zu einem bestimmten Steuerpflichtigen, Anknüpfung an die Steuergläubiger über eine Eigenschaft oder über Sachverhaltselemente);
- die *Rechtsfolge.*

Auch völkerrrechtliche Verträge in Form von Doppelbesteuerungsabkommen bedürfen der Auslegung. Nach der Auffassung des BFH in mehreren Urteilen[66)] ist in der Bundesrepublik beim innerstaatlichen Recht einerseits und dem Recht der DBA andererseits von zwei "in sich geschlossenen Rechtskreise(n)" (*Spönlein* 1984: 195) auszugehen, die ihre eigenen Abgrenzungen und Begriffsbestimmungen haben (vgl. *Debatin* 1987: 211f). Deshalb ist bei der Auslegung von DBA abzustellen auf: die *Definition* des Abkommens, den *Sinnzusammenhang* des Abkommens und das *innerstaatliche Recht.* Generell gilt, daß sich die Probleme bei der Auslegung von Steuerfällen bei Auslandsbeziehungen "potenzieren", weil ein mehrfaches an Auslegungsnormen heranzuziehen ist (*Lotz* 1982: 102).

Ein weiter Gegenstand der Rechtsanwendung durch Finanzbeamte kann supranationales Recht sein. Supranationale Rechtsnormen sind Rechtsnormen, die "von supranationalen Organisationen kraft ihrer eigenen Rechtssetzungsbefugnis erlassen werden" (*Tipke* 1987: 91). Sie fußen auf der Übertragung der Befugnis zur Ausübung von Hoheitsrechten von den Mitgliedsstaaten auf zwischenstaatliche Gemeinschaften und bedürfen zu ihrer Wirksamkeit keiner nationalstaatlichen Zustim-

65) Vgl. Spönlein (1984: 195); Jarosch (1981: 195); zu den gängigen inhaltlichen Grundbestimmungen von DBA vgl. Manke (1983: 71 ff); Arndt/Zierlinger (1986: 33f).

66) Spönlein (1984: 195) verweist auf das BFH-Urteil vom 15.6.1973 III R 118/70 in: BStBl. 1973 II: 810.

mung mehr. In Übereinstimmung mit Art. 24 I GG wird die Rechtsetzungsbefugnis auf den betreffenden Gebieten auf die supranationalen Einrichtungen übertragen. Relevant für das Steuerrecht sind hier im wesentlichen die Verordnungen und Richtlinien der Europäischen Gemeinschaft nach Art. 189 EWG-Vertrag; "das Gemeinschaftsrecht bildet eine eigenständige Rechtsordnung, die vom nationalen Rechtskreis unabhängig ist" (*Hartmann/Walter* 1984: 71).

Die *Verordnungen* der Europäischen Gemeinschaft wenden sich - genau wie nationalstaatliche Gesetze - an jedermann und sind im gesamten Gemeinschaftsbereich unmittelbar geltendes Recht (*Weber-Fas* 1979: 72; *Tipke* 1987: 101;). Sie verpflichten die Mitgliederstaaten, die in den Richtlinien enthaltenen Ziele auf eine von innerstaatlichen Stellen zu bestimmende Weise zu erreichen." (*Hartmann/Walter* 1984: 70).[67] Die *Richtlinien* der Gemeinschaft gelten hingegen nicht aus sich heraus, sondern müssen durch nationalstaatliche Akte eingeführt werden, da sie sich - nach Art. 189 III EWG-Vertrag - nur an die EG-Mitgliedsstaaten wenden (*Arndt* 1988: 20). Sie besitzen aber - etwa im Bereich des Harmonisierungsmaßnahmen innerhalb der EG - eine wesentliche steuerliche Bedeutung. Für die einzelnen Staaten ist hier nur das zu erreichende Ziel verbindlich, die Wahl der Formen und Mittel ist den innerstaatlichen Stellen überlassen (*Paulick* 1977: 92). Falls diese Richtlinien aber nicht (oder verspätet) in nationalstaatliches Recht überführt würden, könnte sich der betroffene Bürger zur Erlangung seines Rechts unmittelbar auf die Richtlinien berufen; diesem Standpunkt des Europäischen Gerichtshofes folgt auch die Finanzverwaltung (vgl. *Tipke* 1987: 101).

6.3 Grundlagen und Problemfelder bei der Anwendung und Auslegung des EStG

Die Fragestellung dieser Untersuchung zielt darauf ab, die Probleme und Vorgehensweisen von Steuerbeamten bei der Anwendung des geltenden Steuerrechts aufzuzeigen und zu analysieren. Maßstab der Handlungen der Steuerbeamten sind dabei die Vorgaben der Steuerrechtswissenschaft zur Geltungshierarchie und zur Auslegung der Steuerrechtsnormen. Diese Vorgaben gelten für alle Steuerarten in gleichem Maße. Unter Beachtung dieser allgemein gültigen Vorgaben beansprucht die vorliegende Untersuchung, Anspruch und Wirklichkeit des Besteuerungsprozesses auf einem bestimmten Feld - dem Vollzug des *Einkommensteuerrechts* - zu beleuchten. Deshalb scheint es angebracht, auf einige grundsätzliche und einige spezielle Regelungen des EStG kurz einzugehen. Zum einen wird dann deutlich, welche spezifischen Anforderungen das Gesetz an die Steuerbeamten stellt, zum ande-

67) Verordnungen der EG sind bisher (1986) - mit einer praktisch nicht sehr bedeutenden Ausnahme - nur für Zölle, nicht aber für Steuern ergangen (Nachweis bei Arndt/Zierlinger 1986: 13).

ren können Informationen vorweggenommen werden, die es im empirischen Teil der Untersuchung[68] ermöglichen, in Einzelfragen (Regelungsinhalte von Paragraphen etc.) auf dieses Unterkapitel zu verweisen.
Analog zu der Aufgabenstruktur der im empirischen Teil dieser Studie befragten Sachbearbeiter soll hier der Schwerpunkt auf den Sachproblemen liegen, die für Einkommensteuerpflichtige mit (überwiegenden) Einkünften aus unselbständiger Arbeit zutreffen. Insbesondere wird auf vier Problembereiche eingegangen, die sich bei der Auswertung der Interviews als problematisch erwiesen haben: Werbungskosten (§ 9), Sonderausgaben (§ 10), Außergewöhnliche Belastungen (§§ 33 - 33c) und die Freibeträge nach § 32 EStG. Auf prinzipielle Fragen der Entstehungsgeschichte und Systematik des heutigen EStG (Besteuerungsprinzipien, Einkunftsarten, Tarif) ist schon an anderer Stelle eingegangen worden.[69]

6.3.1 Grundlagen der Einkommensbesteuerung

Die Einkommensteuer ist eine Personensteuer. Gegenstand der Besteuerung nach dem EStG ist das Einkommen einer natürlichen Person. Dabei stehen die *persönlichen Verhältnisse des Steuerpflichtigen* im Vordergrund. *Besondere Umstände*, die seine wirtschaftliche Leistungsfähigkeit behindern, finden bei der Bemessung der Steuer Berücksichtigung (*Plückebaum u.a.* 1982: 30). Die Einkommensteuer ist eine Gemeinschaftssteuer. Ihr *Aufkommen* steht dem Bund und den Ländern gemeinsam zu, soweit es nicht nach Art. 106 V GG den Gemeinden zugewiesen wird. Am Aufkommen der Einkommensteuer sind Bund und Länder nach Art. 106 III GG je zur Hälfte beteiligt. Die *Verwaltung* der ESt obliegt nach Art. 108 II und III GG den Landesfinanzbehörden. Die Zuständigkeiten bei der Besteuerung richten sich nach den §§ 16 bis 20 AO und § 46 VI EStG (vgl. *Plückebaum u.a.* 1982: 30f). Neben ihrer großen fiskalischen Bedeutung[70] dient sie seit der Schaffung einer einheitlichen Einkommensbesteuerung in Deutschland 1920[71] auch steuerungspolitischen Zielen. In der Bundesrepublik wird das Gesetz im besonderen zur Wirtschafts- und Konjukturförderung sowie unter familienpolitischen Gesichtspunkten eingesetzt:

> "Es ist ein besonderes Merkmal moderner Steuerpolitik, die Steuererhebung nicht allein als Mittel zur Erzielung öffentlicher Einnahmen anzusehen, sondern gleichzeitig auch als ein Instrument der Wirtschafts-, Sozial- und Gesellschaftspolitik. Dies gilt in besonderem Maße für die Einkommensteuer. ...

---

68) Auswertung der Interviews in Kap. 9.

69) Vgl. Metzger/Weingarten (1989, inbes. die Kap. 1, 3, 5 und 7.1).

70) Zur fiskalischen Bedeutung der Einkommensteuer und zum Verhältnis von Lohn- und Einkommensteuereinnahmen und Lohn- und Einkommensteuerpflichtigen vgl. Kap. 7.3.

71) Vgl. dazu detailliert Metzger/Weingarten (1989).

Der rasche Wiederaufbau der Wirtschaft der Bundesrepublik nach dem zweiten Weltkrieg wäre ohne diese die Investitionen, das Sparen und den Wohnungsbau fördernde Steuerpolitik nicht möglich gewesen."[72)]

Rechtliche Grundlagen der Einkommensbesteuerung sind das *Einkommensteuergesetz* (EStG) und die *Einkommensteuer-Durchführungsverordnung* (EStDV). Ergänzend hierzu gelten die Vorschriften der Abgabenordnung und des Finanzverwaltungsgesetzes, soweit das EStG keine besondere Regelung enthält. Einkommensteuerliche Spezialregelungen finden sich auch in anderen Gesetzen.[73)] Die für die Verwaltung verbindlichen Anweisung zur Anwendung des Gesetzes sind in den *Einkommensteuer-Richtlinien* (EStR) zusammengefaßt. Die EStR "behandeln Zweifelsfragen und Auslegungsfragen von allgemeiner Bedeutung, um eine einheitliche Anwendung des Einkommensteuerrechts durch die Behörden der Finanzverwaltung sicherzustellen. Sie geben außerdem zur Vermeidung unbilliger Härten und aus Gründen der Verwaltungsvereinfachung Anweisungen an die Finanzämter" (*Plükkebaum u.a.* 1982: 31). Ergänzt werden die EStR durch die Erlasse der Länderfinanzminister und durch die von den Oberfinanzdirektionen herausgegebenen ESt-Karteien.

6.3.2 Persönliche und sachliche Steuerpflicht

6.3.2.1 Persönliche Steuerpflicht

§ 1 EStG bestimmt den Personenkreis, für den die Steuerpflicht nach den Einkommensteuergesetz gilt. Nach § 1 I EStG sind unbeschränkt einkommensteuerpflichtig diejenigen natürlichen Personen, die im Inland ihren Wohnsitz oder ihren gewöhnlichen Aufenthalt haben. Nicht einkommensteuerpflichtig sind damit in erster Linie juristische Personen.[74)] Entscheidend für die Einkommensteuerpflicht ist der Aufenthaltsort. Hier ist das Tatbestandsmerkmal des 'gewöhnlichen Aufenthaltes' nur zu prüfen, wenn der Steuerpflichtige einen Wohnsitz nicht begründet hat. Werden die Tatbestandsmerkmale des § 1 EStG erfüllt, sind natürliche Personen mit allen Einkünften (sogenannte Welteinkünfte), die sie im Veranlagungszeitraum erzielt haben, unbeschränkt einkommensteuerpflichtig. Das gilt auch, wenn der oder die Betreffende auch eine Wohnsitz im Ausland hat (*Eigendorf u.a.* 1986: 17).

---

72) Plückebaum u.a. (1982: 31), die auch darauf hinweisen, daß diese Steuerungsfunktion des EStG nach der Rechtsprechung des Bundesverfassungsgerichtes mit dem Grundgesetz in Einklang steht (BVerfGE Bd. 19, S. 119). Erläuterungen zu verfassungsrechtlichen und rechtssystematischen Grundlagen der Einkommensbesteuerung finden sich bei Merkenich (1982: 25 ff).

73) Berlinförderungsgesetz, Außensteuergesetz, Umwandlungssteuergesetz, Doppelbesteuerungsabkommen; vgl. Plückebaum u.a. (1982: 31) mit dem Verweis auf den Anhang zu den EStR.

74) Diese unterliegen nach § 1 I KStG der Körperschaftsteuer.

Geschäftsfähigkeit, Staatsangehörigkeit und Wohnsitz bzw. gewöhnlicher Aufenthalt sind für das *Bestehen* des Einkommensteuerschuldverhältnisses irrelevant; Wohnsitz bzw. gewöhnlicher Aufenthalt und Staatsangehörigkeit (§ 1 II EStG) "sind lediglich Kriterien für die *Art* der Einkommensteuerpflicht (unbeschränkte/beschränkte Einkommensteuerpflicht)" (*Tipke/Lang* 1989: 195). Beschränkt oder gar nicht steuerpflichtig sind nach § 1 III EStG Personen, die im Inland keinen Wohnsitz oder gewöhnlichen Aufenthaltsort haben. Auch aus diesen grundsätzlichen Vorschriften können sich bei der Ermittlung Einordnungsprobleme ergeben:

> "Bei der Prüfung der Steuerpflicht entstehen in der Praxis zumeist keine Schwierigkeiten, denn in den Fällen, in denen der Aufenthalt im Inland länger als 6 Monate gedauert hat, ist die unbeschränkte Steuerpflicht eindeutig. ... Dagegen ist die Frage, ob jemand seinen Wohnsitz oder gewöhnlichen Aufenthalt im Inland hat, bei kürzerer als sechsmonatiger Dauer vielfach sehr schwierig zu beantworten." (*Albrod u.a.* 1984: 28)

6.3.2.2 Sachliche Steuerpflicht

Nach § 2 IV EStG ist als Einkommen derjenige Gesamtbetrag der Einkünfte aus den einzelnen in § 2 I bezeichneten Einkunftsarten anzusehen, der nach Ausgleich mit den Verlusten, die sich aus den anderen Einkunftsarten ergeben, entsteht.[75)] Das EStG hat damit einen eigenen, von den bestehenden Lehrmeinungen zum Wirtschaftsbegriff 'Einkommen' unabhängigen Einkommensbegriff,[76)] der nicht theoretisch bestimmt, sondern aus der gesetzlichen Regelung selbst zu entnehmen ist. Das der Steuer unterworfene Gesamteinkommen wird insgesamt ermittelt. Das EStG unterscheidet zwischen sieben Einkunftsarten, deren Bemessung nach zwei unterschiedlichen Prinzipien erfolgt: Bei Einkünften aus Land- und Forstwirtschaft, aus Gewerbebetrieb und aus selbständiger Arbeit (*Gewinnermittlungseinkünfte*) sind positive Einkünfte (Gewinn) oder negative Einkünfte (Verlust) zu unterscheiden. Bei den übrigen vier ist der Überschuß der Einnahmen über die Werbungskosten oder der Verlust zu berechnen (*Überschußeinkünfte*). Die Aufzählung der Einkunftsarten des § 2 I EStG ist erschöpfend: Fallen Einkünfte eines Steuerpflichtigen nicht unter eine der sieben Einkunftsarten, so unterliegen diese Einkünfte auch nicht der Einkommensbesteuerung (*Eigendorf* 1986: 24).

75) Zu den sieben Einkunftsarten des EStG vgl. die Ausführungen in Metzger/Weingarten (1989: 201 ff).

76) Zur theoretischen Begründung des Eigentumsbegriffs in der Folge des preußischen Einkommensteuergesetzes vom 24. Juni 1891 mit dem Widerstreit zwischen der Einkommensbemessung als Vermögenszuwachs aus ständig fließender Quelle (Quellentheorie), als realisiertem Zugang von Vermögen (Reinvermögenszugangstheorie) und als (realisierter wie unrealisierter) Wertzuwachs des Vermögens vgl. Andel (1980: 334 ff); Jakob (1980: 25); Merkenich (1982: 21 ff); Metzger/Weingarten (1989: 25 ff); Tipke/Lang (1989: 202 ff). Zur teilweise hieraus resultierenden unterschiedlichen Behandlung praktisch identischer Sachverhalte aufgrund der gesetzlichen Vorschriften vgl. Jehner (1988).

Die Einkünfte nach den einzelnen Einkunftsarten werden jeweils getrennt ermittelt und danach mit den jeweils übrigen Einkünften anderer Art zusammengerechnet. Daraus ergibt sich die Summe der Einkünfte (*Albrod* u.a. 1984: 75). Zu versteuerndes Einkommen ist dann das Einkommen, daß sich nach Abzug des Kinderfreibetrages nach § 32 VI EStG, der Sonderfreibeträge nach § 32 VII und VIII EStG und der sonstigen vom Einkommen abzuziehenden Beträge[77)] ergibt. Die Ermittlung dieses Einkommens erfolgt in verschiedenen, genau festgelegten Schritten. Diese Schritte werden zwar größtenteils von den in Kap. 5 beschriebenen EDV-Rechenprogrammen durchgeführt, die notwendigen Einzeldaten müssen aber von den Bearbeitern geprüft werden.

6.3.2.3 Veranlagungsformen

Die Einkommensteuer ist eine Veranlagungssteuer. Erfüllt ein Steuerpflichtiger die in § 46 EStG festgelegten Voraussetzungen,[78)] ist die Steuer im Veranlagungsverfahren festzulegen.[79)] Das Veranlagungsverfahren läßt sich aus sich selbst heraus definieren: Unter Veranlagung versteht man "das Verfahren, in dem die Einkommensteuer festgesetzt wird" (*Eigendorf u.a.* 1986: 28). Der Gesetzgeber hat im gegenwärtig geltenden Einkommensteuergesetz dazu bestimmt, daß die Einkommensteuer nach Ablauf des Kalenderjahres (Veranlagungszeitraum) nach dem Einkommen veranlagt wird, das der Steuerpflichtige in diesem Zeitraum (1. Januar - 31. Dezember) erzielt hat.[80)] Das EStG unterscheidet in der Veranlagung zwischen der *Einzelveranlagung* nach § 25 I EStG und der *Veranlagung von Ehegatten* (§§ 26 ff EStG).

Voraussetzung für die Ehegattenbesteuerung nach § 26 I EStG ist, daß beide Ehegatten unbeschränkt steuerpflichtig sind und im Veranlagungszeitraum nicht dauernd getrennt gelebt haben. Diese Voraussetzungen müssen zu Beginn des Veranlagungszeitraumes vorgelegen haben bzw. im Laufe des Veranlagungszeitraumes eingetreten sein. Die Einordnung der vorliegenden Sachverhalte geht weit über steu-

77) Beispielsweise steuerfrei bleibende Veräußerungsgewinne nach § 16 IV EStG oder der Freibetrag nach § 46 III EStG (vgl. Eigendorf u.a. 1986: 28).

78) Die Veranlagungsgrenzen nach § 46 I EStG liegen seit der Steuerreform 1990 bei 54.000 DM für zusammen zu veranlagende Ehegatten (vorher: 48.000 DM) bzw. bei 27.000 DM für alle übrigen Personen (vorher: 24.000 DM).

79) Zum anderen Verfahrenszweig bei Einkünften aus nichtselbständiger Tätigkeit, dem Lohnsteuer-Jahresausgleich vgl. Dohrmann (1984), zum Quellenabzug generell Bieg (1987).

80) Zu davon in einzelnen Punkten abweichenden Regelungen früherer Einkommensteuergesetze (1920, 1925) vgl. Metzger/Weingarten (1989, Kap. 3.3). Noch heute haben Land- und Forstwirte i.S. des § 13 EStG ein vom Kalender abweichendes Wirtschaftsjahr vom 1.7. bis zum 30.6. (§ 4a I Nr. 1 EStG); vgl. dazu detailliert Plückebaum u.a. (1982: 57f) und Endriss (1982).

errechtliche Fragen hinaus:

> "Bei der Beurteilung der Frage, ob eine eheliche Lebensgemeinschaft noch besteht, ist jeweils darauf abzustellen, ob die Ehegatten die erkennbare Absicht haben, die eheliche Verbindung aufrecht zu erhalten bzw. nach Wegfall eines Hindernisses, z.B. bei längerer Abwesenheit eines Ehegatten durch Verbüßung einer Freiheitsstrafe oder durch Krankenhausaufenthalt, die eheliche Lebensgemeinschaft wieder aufzunehmen." (*Eigendorf u.a.* 1986: 68)

Der Beurteilung der tatsächlichen Verhältnisse siand aber schon durch die Untersuchungsbeschränkungen, denen die Finanzämter unterliegen, Grenzen gesetzt:

> "Zur Feststellung des Sachverhalts sind den Finanzbehörden Eingriffe in den persönlichen Lebensbereich und die Intimsphäre des ehelichen Lebens nicht gestattet, weil andernfalls das durch das Grundgesetz geschützte Gebot, die menschliche Würde zu achten, verletzt würde; die Ermittlungen dürfen nicht weiter als unbedingt nötig ausgedehnt werden. Deshalb haben die Finanzämter die Angaben der Steuerpflichtigen, sie lebten nicht dauernd getrennt, i.d.R. ohne Prüfung der Einkommensteuer-Veranlagung zugrunde zu legen, wenn - was insbesondere bei räumlich zusammenlebenden Ehegatten anzunehmen ist - nach dem äußeren Anschein die eheliche Lebens- und Wirtschaftsgemeinschaft gegeben ist (...) Im übrigen haben die Finanzbehörden das Recht und die Pflicht, hauptsächlich nach äußeren Merkmalen zu prüfen, ob die eheliche Lebens- und Wirtschaftsgemeinschaft aufgehoben ist oder nicht." (*Albrod u.a.* 1984: 100)

Im Rahmen der Ehegattenbesteuerung können die Ehegatten wählen zwischen der Zusammenveranlagung (§ 26b EStG), der getrennten Veranlagung (§ 26a EStG) und (im Veranlagungszeitraum der Eheschließung) der besonderen Veranlagung (§ 26c EStG). Die häufigste Form der Veranlagung im Rahmen der Ehegattenbesteuerung ist die *Zusammenveranlagung*. Da sie wegen des Splittingtarifs in der Regel auch die günstigste Veranlagung für die Steuerpflichtigen darstellt, brauchen diese - soweit sie die Zusammenveranlagung wählen - keine besondere Erklärung gegenüber dem Finanzamt abzugeben (*Eigendorf u.a.* 1986: 69). Seit dem 1. Januar 1958 ist bei der Zusammenveranlagung der Splittingtarif nach § 32a V EStG anzuwenden, "durch den die mit dem progressiven Steuertarif verbundenen steuerlichen Härten vermieden werden" (*Albrod u.a.* 1984: 123). Bei der Zusammenveranlagung werden die einzelnen Einkünfte zuerst getrennt ermittelt, dann zusammengerechnet und den Ehegatten gemeinsam zugewiesen. Dann werden die Ehegatten wie ein gemeinsamer Steuerpflichtiger behandelt. Faktisch werden heute Eheleute nahezu ausschließlich nach dem Splittingverfahren besteuert (*Andel* 1980: 385).

6.3.3 Abzugsfähige Ausgaben

In diesem Unterkapitel sollen diejenigen Aufwendungen behandelt werden, die bei den verschiedenenen Schritten der Ermittlung des zu versteuernden Einkommens abzugsfähig sind und bei der Mehrzahl der Steuerpflichtigen mit Einkünften aus unselbständiger Arbeit - denen hier das Hauptaugenmerk gilt - anfallen. Auch in diesem Bereich sollen die entsprechenden Vorschriften des Einkommensteuergesetzes nur umrissen werden, um einen Eindruck von den Anforderungen zu geben, die an die Steuerbeamten bei der Veranlagung nach dem EStG gestellt werden.

6.3.3.1 Werbungskosten

Der Werbungskostenbegriff wird in § 9 I Satz 1 EStG für alle Einkunftsarten im Sinne des § 2 I Nr. 4-7 EStG einheitlich festgelegt. Danach sind Werbungskosten Aufwendungen zur Erwerbung, Sicherung und Erhaltung der Einnahmen. Die Werbungskosten sind bei der Einkunftsart abzuziehen, bei der sie erwachsen sind. Dabei ist für bestimmte Aufwendungen in § 9 I Satz 3 prinzipiell festgelegt, daß diese als Werbungskosten anzusehen sind. Hier braucht "und darf" (*Eigendorf u.a.* 1986: 44) bei Vorliegen der Tatbestandsvoraussetzungen grundsätzlich nicht geprüft werden, ob die Aufwendungen zur Erwerbung, Sicherung und Erhaltung von Einnahmen gemacht worden sind. Bei diesen "Werbungskosten von Gesetzes wegen" (ebd.: 44) handelt es sich nach § 9 I Satz 3 Nr. 1-7 (vereinfacht dargestellt) um:

- Schuldzinsen und auf besonderen Verpflichtungsgründen beruhenden Renten und dauernden Lasten, soweit sie mit einer Einkunftsart in wirtschaftlichen Zusammenhang stehen;
- Steuern vom Grundbesitz, öffentliche Abgaben und Versicherungsbeiträge, soweit diese Ausgaben im Hinblick auf Einnahmeerzielung erfolgt sind;
- Beiträge zu Berufsständen und sonstigen Berufsverbänden, deren Zweck nicht auf einen wirtschaftlichen Geschäftsbetrieb gerichtet ist;
- Aufwendungen eines Arbeitnehmers für Fahrten zwischen Wohnung und Arbeitsstätte;
- notwendige Mehrausgaben aus einer beruflich bedingten doppelten Haushaltsführung des Arbeitnehmers 'unabhängig davon, aus welchen Gründen die doppelte Haushaltsführung beibehalten wird';
- Aufwendungen für Arbeitsmittel (Werkzeuge und Berufskleidung);[81]

81) Hierunter fallen auch die Aufwendungen für Fachliteratur. Generell sind Arbeitsmittel auch sonstige Gegenstände, die unmittelbar beruflichen Zwecken dienen (Plückebaum u.a. 1982: 335 mit Verweis auf BFH-Urteile in BStBl. 1977 II: 464 und BStBl. 1981 II: 735). Zu der mit zunehmender Breitenwirkung wichtiger werdenden Frage der steuerliche Berücksichtigung eines Arbeitszimmers bei den

- Absetzungen für Abnutzung (AfA) und für Substanzverringerung (AfS).

Nicht als Werbungskosten abzugsfähig sind die Ausbildungskosten, die dazu dienen, erstmalig einen Beruf zu erlernen.[82] Abzugsfähig sind hingegen Fortbildungskosten (nach § 9 I Satz 1), wenn die Weiterbildung den Zweck verfolgt, in dem bereits ausgeübten Beruf auf dem laufenden zu bleiben, "um den jeweiligen Berufsanforderungen gerecht zu werden" (*Eigendorf u.a.* 1986: 48). Sie sind wiederum zu unterscheiden von den nach § 10 I Nr. 7 EStG als Sonderausgaben abzugsfähigen Aufwendungen für die Weiterbildung in einem nicht ausgeübten Beruf. Auch bei der hier notwendigen Zuordnung werden den Sachbearbeitern oftmals Sachverhalte zur Beurteilung vorgelegt, bei denen sie sich nicht an festen Vorgaben orientieren können, sondern im Einzelfall entscheiden müssen.

Zu den Werbungskosten gehören nach § 9 I Satz 3 Nr. 7 auch Absetzungen für die Abnutzung eines Wirtschaftsgutes, dessen Verwendung oder Nutzung durch den Arbeitnehmer zur Erzielung von Arbeitslohn sich erfahrungsgemäß über einen Zeitraum von mehr als einem Jahr erstreckt:

> "Die Anschaffungskosten des Wirtschaftsgutes sind in einem solchen Fall nicht sofort als Werbungskosten abzugsfähig, sondern auf die gewöhnliche Nutzungsdauer des Wirtschaftsguts zu verteilen. Aus Vereinfachungsgründen kann im Jahr der Anschaffung für die im ersten Halbjahr angeschafften Arbeitsmittel der volle und für die im zweiten Halbjahr angeschafften Arbeitsmittel der halbe Jahresbetrag abgezogen werden. ... Nur bei Wirtschaftsgütern, deren Anschaffungskosten unter DM 800 einschl. USt liegen, kann aus Gründen der Verwaltungsvereinfachung ein sofortiger Abzug zugelassen werden." (*Eigendorf u.a.* 1986: 49)

Bei allen Einkunftsarten nach § 2 I Nr. 4-7 EStG kann im Zusammenhang mit Werbungskosten eine Absetzung für Abnutzung und Substanzverringerung nach § 9 I Satz 3 Nr. 7 in Frage kommen. Nach § 9a EStG sind für die Ermittlung der Einkünfte aus nichtselbständiger Tätigkeit, aus Kapitalvermögen und aus wiederkehrenden Bezügen Pauschbeträge abzuziehen, *soweit keine höheren Werbungskosten nachgewiesen werden.*[83] Die Pauschbeträge erhält der Steuerpflichtige im Rahmen

Werbungskosten (oder - wobei kein Unterschied mehr zu machen ist - bei den Betriebsausgaben) vgl. Bluschke (1984), Baumdicker (1984) und 'Die Aufteilung der Aufwendungen für das häusliche Arbeitszimmer', in: Handelsblatt, 02.06.1987. Die im Gesetzentwurf für das Steuerreformgesetz 1990 vorgesehene Einführung eines Pauschbetrages für ein häusliches Arbeitszimmer von 800 DM wurde vom Finanzausschuß des Deutschen Bundestages gestrichen (Walter 1989: 65).

82) Sie könne aber unter bestimmten Umständen im Rahmen der Sonderausgaben nach § 10 I Nr. 7 EStG geltend gemacht werden.

83) Mit der Steuerreform 1990 wurde die Struktur der Freibeträge grundsätzlich geändert: Hiernach wurden der Arbeitnehmer-Freibetrag (§ 19 IV EStG), der Weihnachtsfreibetrag (§ 10 III EStG) und der Werbungskosten-Pauschbetrag (§ 9a Satz 1 Nr. 1 EStG) zu einem Arbeitnehmer-Pauschbetrag

dieser Einkunfsarten "unabhängig davon, ob tatsächlich Werbungskosten entstanden sind" (*Eigendorf u.a.* 1986: 50). Pauschbeträge dürfen dabei nur bis zur Höhe der Einnahmen abgezogen werden. Sie sind ohne besonderen Antrag zu gewähren (ebd.: 51).

> "In der Praxis ist der Werbungskostenabzug ... äußerst kompliziert und gibt immer wieder Anlaß zu steuerpolitischen Initiativen und finanzgerichtlichen Verfahren. Diese Komplizierung ist vor allem das Resultat einer kaum noch überschaubaren Rechtsprechung und einer Fülle von Verwaltungsanweisungen. Schwierigkeiten bereitet vor allem die Abgenzung der Werbungskosten von den Lebensführungskosten." (*Borell/Schemmel* 1986: 179)

6.3.3.2 Sonderausgaben

Bei Sonderausgaben im Sinne der §§ 10 bis 10e EStG handelt es sich um Ausgaben des Steuerpflichtigen, die nicht bei den einzelnen Einkunftsarten, sondern vom *Gesamtbetrag* der Einkünfte abzuziehen sind. Der Begriff der Sonderausgaben wird im Gesetz selbst nicht erläutert, sondern es werden in den genannten Paragraphen eine Reihe von Lebenshaltungskosten zusammengefaßt, die "aus kultur-, sozial-, steuer- und wirtschaftspolitischen Gründen" (*Albrod u.a.* 1984: 222) steuermindernd berücksichtigt werden sollen. Sie stellen ihrem Charakter nach Kosten der privaten Lebensführung i. S. des § 12 EStG dar, die nur deshalb vom Gesamtbetrag der Einkünfte abgezogen werden dürfen, weil sie ausdrücklich im Gesetz als Sonderausgaben ausgewiesen sind. Es darf sich dabei weder um Betriebsausgaben, noch um Werbungskosten handeln (*Eigendorf u.a.* 1986: 85). Kosten der privaten Lebenshaltung sind generell - wenn es sich nicht um Sonderausgaben i.S. des § 10 I Nr. 1, 2-7, § 10b EStG oder um außergewöhnliche Belastungen i.S. der §§ 33 bis 33c EStG handelt - nicht abzugsfähig vom Gesamtbetrag der Einkünfte. Wenn Wirtschaftsgüter sowohl privat als auch betrieblich genutzt werden, gehören die hierfür gemachten Aufwendungen zu den Kosten der privaten Lebensführung, solange sie nur in einem losen Zusammenhang zum Betrieb oder Beruf des Steuerpflichtigen stehen. Ob es sich bei den Aufwendungen um Betriebsausgaben oder Werbungskosten handelt, ist "von Fall zu Fall zu prüfen" (*Eigendorf u.a.* 198: 61). Durch diese Regelungen sind die Vorschriften zu den Sonderausgaben außerordentlich kompliziert worden. Die Vorschriften können "nur noch von einem Teil der Steuerpflichtigen (den steuerlich erfahrenen oder zur Bezahlung eines Beraters

(§ 9a Satz 1 Nr. 1 EStG n.F.) zusammengefaßt; vgl. Tipke/Lang (1989: 225), Walter (1989: 65); kritisch dazu: Drenseck (1989: 265).

fähigen) richtig und zweckmäßig angewendet werden"; die Komplizierung hat mittlerweile "einen kaum mehr erträglichen Grad erreicht." [84)]

Bei den abzugsfähigen Aufwendungen i.S. der §§ 10 und 10b EStG unterscheidet das Gesetz zwischen den unbeschränkt und den beschränkt abzugsfähigen Sonderausgaben. Im ersten Fall können die Sonderausgaben in voller Höhe abgezogen werden, im zweiten nur bis zu den vom Gesetz vorgeschriebenen Grenzen. Beschränkt abzugsfähige Sonderausgaben sind:[85)] *Versicherungsbeiträge*, *Bausparkassenbeiträge*,[86)] *Unterhaltsleistungen* an den geschiedenen oder dauernd getrennt lebenden, unbeschränkt einkommensteuerpflichtigen Ehegatten, *Ausbildungskosten*, *Spenden* i.S. des § 10b EStG[87)] sowie Steuerbegünstigungen für die zu eigenen Wohnzwecken genutzte *Wohnung im eigenen Haus* (§ 10e EStG; ab dem Veranlagungszeitraum 1987). Für die Vorsorgeaufwendungen (Versicherungsbeiträge und Beiträge zu Bausparkassen) sind nach § 10 III EStG Höchstbetragsberechnungen durchzuführen. Als unbeschränkt abzugsfähige Sonderausgabe ist nach § 10 I Nr. 4 EStG die im Veranlagungszeitraum gezahlte *Kirchensteuer* zu berücksichtigen. *Steuerberatungskosten* sind abzugsfähig, soweit sie weder Betriebsausgaben noch Werbungskosten sind. Ist dies teilweise der Fall, "ist eine Aufteilung, notfalls im Schätzungswege, vorzunehmen" (*Eigendorf u.a.* 1986: 95). *Spenden* sind abzugsfähig, wenn sie zur Förderung mildtätiger, kirchlicher, religiöser, wissenschaftlicher und staatspolitischer Zwecke an bestimmte begünstigte Empfänger oder als Beiträge oder Spenden an politische Parteien gegeben werden. Dazu ist grundsätzlich eine Spendenbescheinigung - nach den Mustern der Anlage 8 der EStR - notwendig.[88)] Abzugsfähig als Sonderausgaben sind - im Gegensatz zu den als Werbungskosten zu behandelnden Fortbildungskosten - nach § 10 I Nr. 7 EStG die Aufwendungen des Steuerpflichtigen für seine Berufsausbildung oder seine Weiterbildung in einem nicht ausgeübten Beruf. Im Anwendungsfall ist also zu unterscheiden zwischen Fortbildung, Ausbildung und Weiterbildung in einem nicht ausgeübten Beruf:

> "Das Wort 'Berufsausbildung' läßt den Schluß zu, daß es sich um Kosten einer echten Berufsausbildung wie Studiengebühren, Kosten für Lehrbücher, Fachzeitschriften und Fahrten zwischen Wohnung und Ausbildungsstätte handeln muß. Die Geltendmachung solcher Kosten setzt nicht voraus, daß der Steuerpflichtige schon einen Beruf erlernt hat. Soweit vom Steuerpflichtigen eine

84) Herrmann, C./Heuer, G./Raupach, A., Kommentar zum Einkommensteuer- und Körperschaftsteuergesetz, § 10 EStG, Anmerkung 5, zit. nach Borell/Schemmel (1986: 152f).

85) Vgl. Eigendorf. u.a. (1986: 86); Plückebaum u.a. (1982: 828 ff).

86) Ab 1990 nach § 10 I Nr. 3 EStG nur noch zur Hälfte abzugsfähig.

87) Kritisch dazu: Kröger (1986).

88) Zum genaueren vgl. Hottmann (1983).

Ausbildungseinrichtung nur besucht wird, um die Kenntnisse in dem vom ihm bereits ausgeübten Beruf zu vertiefen und zeitgemäß zu ergänzen, handelt es sich um Fortbildungskosten." (*Eigendorf u.a.* 1986: 96)

Hat der Steuerpflichtige keine Aufwendungen in den in § 10 genannten Gebieten, ist ihm nach § 10c EStG ein Sonderausgaben-Pauschbetrag zu gewähren; dieser Betrag verdoppelt sich im Falle der Zusammenveranlagung von Ehegatten.[89)]

6.3.3.3 Außergewöhnliche Belastungen

Außergewöhnliche Belastungen sind Kosten der privaten Lebensführung (Lebenshaltungskosten), die weder Betriebsausgaben, Werbungskosten noch Sonderausgaben sind, die aber deswegen vom *Gesamtbetrag* der Einkünfte abgezogen werden können, "weil sie sich auf die Leistungsfähigkeit jedes einzelnen Steuerpflichtigen wegen ihrer Außergewöhnlichkeit auswirken" (*Eigendorf u.a.* 1986: 116). Dabei unterscheidet der Gesetzgeber zwischen den außergewöhnlichen Belastungen nach § 33 EStG und denen nach den §§ 33a bis 33c EStG. Während in § 33 EStG nicht näher bestimmte Einzelfälle abgehandelt werden, die nicht einheitlich regelbar sind (allgemeine außergewöhnliche Belastungen), werden in den §§ 33a bis 33c vier Tatbestände aufgezählt, bei deren Vorliegen außergewöhnliche Belastungen bis zu einer bestimmten Höhe anerkannt werden können.[90)] Gerade bei den außergewöhnlichen Belastungen haben seit den Einkommensteuerreformen der siebziger Jahre "gesetzgeberische Fehlleistungen zu einem Durcheinander an Vorschriften geführt, das für Finanzverwaltung und Steuerpflichtige kaum mehr zumutbar und überschaubar erscheint."[91)]

Nach § 33 EStG werden unter außergewöhnlichen Belastungen größere Aufwendungen verstanden, die einem Steuerpflichtigen "zwangsläufig im Gegensatz zur überwiegenden Mehrzahl der Steuerpflichtigen gleicher Vermögensverhältnisse und gleichen Familienstandes erwachsen" (*Eigendorf u.a.* 1986: 116). Auf Antrag kön-

89) Im Rahmen der Steuerreform 1990 wurde dieser Betrag abgesenkt. Der bislang für Beiträge zu Kranken-, Unfall- und Haftpflichtversicherungen, gesetzlichen Rentenversicherungen, Lebensversicherungen und für Beiträge an Bausparkassen zur Abdeckung von Vorsorgeaufwendungen (falls höhere Aufwendungen nicht nachgewiesen werden konnten) gewährte Pauschbetrag nach § 10c II EStG wurde gleichzeitig aufgehoben; vgl. Walter (1989: 66).

90) Typisierte Einzelfälle (§ 33a), Pauschbeträge für Körperbehinderte und Hinterbliebene (§ 33b), Kinderbetreuungskosten Alleinstehender (§ 33c) und der Sonderfall des Freibetrages für Vertriebene (§ 33a EStG 1953). Eine graphische Übersicht über die außergewöhnlichen Belastungen und die jeweiligen Folgerungen findet sich bei Hottmann (1986: 207).

91) Herrmann, C./Heuer, G./Raupach, A., Kommentar zum Einkommensteuer- und Körperschaftsteuergesetz, § 33a Einkommensteuergesetz, Erläuterungen zu Abs. III, A. I, zit. nach Borell/Schemmel (1986: 169f).

nen die eine zumutbare Belastung des Steuerpflichtigen übersteigenden Beträge vom Gesamtbetrag der Einkünfte abgezogen werden. Dazu müssen bestimmte Voraussetzungen erfüllt sein.[92] Ob dies zutrifft, muß vom zuständigen Bearbeiter im Finanzamt geprüft werden: "Wann Aufwendungen als außergewöhnliche Belastungen i.S. des § 33 EStG anzuerkennen sind, muß jeweils nach dem Einzelfall beurteilt werden" (*Eigendorf u.a.* 1986: 116). Bei den typisierten Fällen von außergewöhnlichen Belastungen (nach § 33a EStG) können die Aufwendungen bis zu einer bestimmten Höhe vom Gesamtbetrag der Einkünfte abgezogen werden. Auch hier ist "eine zumutbare Belastung nicht zu berücksichtigen" (*Eigendorf u.a.* 1986: 120). Für den Unterhalt und (oder) eine etwaige Berufsausbildung von Personen können bis zu 5.400 DM (wenn die unterhaltene Person das 18. Lebensjahr vollendet hat) bzw. 3.024 DM (wenn die Person das 18. Lebensjahr noch nicht vollendet hat) abgezogen werden. Die eigenen Einkünfte der betreffenden Person werden zur Ermittlung des tatsächlich abzugsfähigen Betrages herangezogen. Eine solche Unterstützung konnte sich - auch schon vor den politischen Umwälzungen in Ost- und Südosteuropa - auf Personen außerhalb des bisherigen Bundesgebietes und West-Berlins beziehen:

> "Nach §§ 33 I EStG werden auch Aufwendungen für Personen anerkannt, die in der DDR, Berlin (Ost), Sowjetunion, Tschechoslowakei, Polen, Rumänien, Ungarn und Bulgarien leben, indem für Paket- und Päckchensendungen 40 DM pro Paket bzw. 30 DM pro Päckchen als außergewöhnliche Belastung anerkannt werden können. Die Bedürftigkeit der Empfänger und die Zwangsläufigkeit der Aufwendungen werden in diesen Fällen unterstellt (*!; der Verf.*). Beantragt der Steuerpflichtige die Anerkennung höherer Aufwendungen, so muß er den höheren Wert des Inhalts eines Paketes oder Päckchens an Hand von Belegen oder Quittungen des Empfängers nachweisen oder glaubhaft machen." (*Eigendorf u.a.* 1986: 125)

Nach §§ 33a Ia EStG können Steuerpflichtige, die ein Kind haben, das dem anderen Elternteil zuzuordnen ist, und für das der Steuerpflichtige einen Kinderfreibetrag erhält, ab dem Veranlagungszeitraum 1986 "Aufwendungen zur Pflege des Eltern-Kind-Verhältnisses" auf Antrag als außergewöhnliche Belastungen von Gesamtbetrag der Einkünfte abziehen. Weitere Aufwendungen können nach den §§ 33a und 33b EStG geltend gemacht werden: Darunter fallen Aufwendungen für eine *Hausgehilfin* oder eine *Haushaltshilfe* (§ 33a III Satz 1 EStG),[93] ein *Altenheim-Freibetrag* (nach § 33a III Satz 2 EStG), Aufwendungen aufgrund außerge-

92) Eigendorf u.a. (1986: 116 ff) sowie Plückebaum u.a. (1982: 696 ff) nennen hierzu: der Steuerpflichtige muß belastet sein, das Ereignis muß für den Steuerpflichtigen außergewöhnlich sein, das Ereignis und die Beseitigung seiner Folgen müssen für den Steuerpflichtigen zwangsläufig sein und dem Steuerpflichtigen müssen durch das zwangsläufige Ereignis Aufwendungen erwachsen.

93) Zum Unterschied zw. Hausgehilfin und Haushaltshilfe vgl. Plückebaum u.a. (1982: 729).

wöhnlicher Belastungen *Körperbehinderter* (§ 33b EStG), Pauschbeträge für *Hinterbliebene* (§ 33b IV EStG) und (seit 1990) ein *Pflege-Pauschbetrag* (§ 33b VI EStG). 1985 wurden in das EStG die Vorschriften des § 33c EStG eingeführt, nach denen Alleinstehenden unter bestimmten Umständen Kinderbetreuungskosten anerkannt werden können. Wegen der Überschneidungen mit den anerkannten Aufwendungen des § 33 EStG ist hier eine aufwendige Form der Berechnung notwendig geworden. Das notwendige Vorgehen bei der Berechnung sei hier als Beispiel für die Einführung einer neuen Regelung in eine ohnehin schon sehr entwickelte Rechtsmaterie angeführt:[94]

> "Zunächst ist der Pauschbetrag in Höhe von 480 DM nach § 33c Abs. 4 EStG zu gewähren, sodann sind nach § 33c Abs. 3 EStG Aufwendungen in Höhe von maximal 4.000 DM für das erste und maximal weitere 2.000 DM für jedes weitere Kind abzugsfähig, wobei für den den Pauschbetrag übersteigenden Betrag die zumutbare Belastung zu errechnen ist. Bei Geltendmachung von Aufwendungen für mehrere Kinder kommt es nicht darauf an, welches Kind sie betreffen. Soweit weitere Aufwendungen i.S. des § 33 EStG geltend gemacht werden, ist die zumutbare Belastung von dem den Pauschbetrag übersteigenden Betrag zuzüglich der übrigen außergewöhnlichen Belastungen i.S. des § 33 EStG zu errechnen."

6.3.3.4 Besondere Freibeträge nach § 32 EStG

Grundsätzlich wird Steuerpflichtigen nach dem EStG nach § 32 I ein *Grundfreibetrag* eingeräumt.[95] *Kinder* wirken sich - außer im Rahmen der außergewöhnlichen Belastungen (§§ 33-33c EStG) auch in Bezug auf die Freibeträge des § 32 EStG aus, so etwa im Rahmen der Gewährung des *Kinderfreibeträges* (§ 32 VI EStG) und des *Haushaltsfreibetrages* (§ 32 VII EStG).[96] Nach § 32 III EStG können für alle unbeschränkt steuerpflichtigen Kinder, die das 16. Lebensjahr noch nicht vollendet haben, steuerliche Vergünstigungen in Betracht kommen. Seit dem 1. Januar 1986 wird ein einheitlicher *Kinderfreibetrag* pro Kind und Jahr gewährt (*Borell/Schemmel* 1986: 144). Für Kinder, die zu Beginn des Veranlagungszeitraumes das 16. Lebensjahr vollendet haben, können die Eltern nur dann Vergünstigungen erhalten, wenn "in der Person des Kindes bestimmte Voraussetzungen gegeben sind" (*Eigendorf u.a.* 1986: 78). Die grundlegende Bestimmung gilt für Kinder zwischen 16 und 27 Jahren, die eine Berufsausbildung durchlaufen. Der Freibetrag kann auch gewährt werden, wenn das Kind eine Berufsausbildung nicht begonnen

94) Vgl. Eigendorf u.a. (1986: 138), ein Berechnungsschema findet sich ebd. (: 138f).

95) Zur Diskussion um die Verfassungsmäßigkeit der Höhe des Grundfreibetrages vgl. Tipke (1990).

96) Das EStG (§ 32 I Nr. 1 und 2) unterscheidet dabei zwischen Kindern, die im ersten Grad mit dem Steuerpflichtigen verwandt sind und Pflegekindern. Die ersteren unterteilen sich wiederum in eheliche Kinder, nichteheliche Kinder, für ehelich erklärte Kinder und Adoptivkinder.

hat oder nicht fortsetzen kann oder wenn die Berufsausbildung durch bestimmte Dienste oder Tätigkeiten unterbrochen wird. Ab dem Veranlagungszeitraum 1986 wird nach § 32 VII EStG ein *Haushaltsfreibetrag* gewährt, wenn folgende Voraussetzungen erfüllt sind:

- auf den Steuertarif darf der Splittingtarif nach § 32 V oder VI EStG nicht angewandt werden;
- es darf keine getrennte Veranlagung nach den §§ 26, 26a EStG stattfinden;
- der Steuerpflichtige muß im Veranlagungszeitraum einen Kinderfreibetrag erhalten;
- die Zuordnungsregel ist zu beachten (§ 32 VII Satz 2 bis 4 EStG).[97)]

Nach § 32 VIII EStG erhielten Steuerpflichtige, die vor Beginn des Kalenderjahres das 64. Lebensjahr vollendet hatten, bislang einen *Altersfreibetrag*. Der Altersfreibetrag konnte neben dem Haushaltsfreibetrag vom Einkommen abgezogen werden. Im Rahmen der Steuerreform 1990 fiel dieser Freibetrag weg.[98)]

Der vorstehende Abriß der Vorschriften des EStG bezüglich der grundlegenden Verfahrensformen, der Bestimmungen zur Steuerpflicht und zum Umfang der abzugsfähigen Ausgaben hat gezeigt, daß das EStG auf vielen Ebenen statt einheitlicher Regelungen für alle Steuerpflichtigen *differenzierte Bestimmungen* für verschiedene Gruppen mit einem oftmals erheblichen Unterscheidungs- und Bearbeitungsaufwand enthält. Die prinzipiellen Forderungen an die Anwendung steuerrechtlicher Normen müssen auf diese konkrete Regelungsmaterie bezogen werden. Sie werden damit nicht hinfällig, aber es wird deutlich, daß ein 'Gesamtvollzug' des EStG unter Beachtung der in diesem Kapitel aufgeführten Vorgaben neben vollständiger Steuerehrlichkeit der Pflichtigen auch eine *hohe Bearbeitungsintensität im Einzelfall* verlangen würde.

---

97) Vgl. Eigendorf u.a. (1986: 143). In den Fällen, in denen beide Ehegatten unbeschränkt steuerpflichtig sind und beide einen Kinderfreibetrag erhalten, kann den Haushaltsfreibetrag nur derjenige Ehepartner erhalten, dem das Kind auch zugeordnet ist.

98) Als Ausgleich wurde der Altersentlastungsbetrag nach § 24a EStG erhöht; vgl. Tipke/Lang (1989: 216).

6.3.4 Zusammenfassung: Die normativen Bedingungen der Steuerrechtsanwendung

Ziele, Möglichkeiten und Grenzen der Steuerrechtsanwendung werden durch die Vorgaben der Steuerrechtswissenschaft, die - über die herrschende Lehrmeinung - starken Einfluß auf die Besteuerungspraxis hat, den Rechtsanwendern vorgegeben. Ein großer Teil dieser Vorgaben stützt sich auf grundgesetzlich fundierte Rechts- und Rechtsanwendungsprinzipien und ist deshalb unmittelbarer Bestandteil des faktisch geltenden Steuerrechts. Bei der Anwendung der Steuerrechtsnormen nimmt das Gesetz im formellen Sinn den zentralen Platz ein. Die Gesetzesauslegung muß sich - unter Wahrung der grundgesetzlichen Prinzipien - vor allem hieran orientieren. Diese Auslegungsaufgabe trifft als letztlich entscheidene Instanz vor allem die Steuergerichtsbarkeit. Aber auch die Verwaltungsbehörden stehen - im zeitlichen Ablauf zunächst sogar zuerst - vor der Aufgabe, die Vorgaben auf den Einzelfall anzuwenden. Wegen der zumeist generell-abstrakten Fassung des Gesetzesinhalts bedürfen die Steuergesetze als breit anzuwendende 'Massengesetze' der individuellen Auslegung für den Einzelfall. Der Auslegung der Steuergesetze liegen verschiedene, von der Rechtswissenschaft entwickelte Auslegungsmethoden zugrunde, die sich um die Auslegung des Wortsinns des Gesetzes gruppieren. Für die Auslegung der Steuergesetze gelten darüberhinaus noch gesonderte Prinzipien, die sich aus den besonderen Bedingungen dieses Rechtsgebietes ergeben und zum Teil direkt oder indirekt gesetzlich normiert sind. Hierzu gehören die Beachtung der wirtschaftlichen Bedeutung des zu beurteilenden Sachverhaltes und die Einschränkungen der Ausfüllung von Lücken im Gesetzestext.

Auch durch die Vielzahl der Rechtsquellen unterliegt das Steuerrecht einem ständigen, selbst von Experten kaum noch zu überblickendem Wandel; hierdurch wird das Prinzip der Rechtssicherheit stark gefährdet. Das Problem wird dadurch verschärft, daß neben der Erhöhung der Zahl der Gesetze auch die untergesetzlichen Normen stark zunehmen, durch die ein wesentlicher Teil des aktuellen Steuerrechts ausgestaltet wird und die gerade für die Auslegungstätigkeit der Steuerrechtsanwender in den Finanzämtern von großer Bedeutung sind. Steuerrechtliche *Verwaltungsvorschriften* sollen der Gleichmäßigkeit der Anwendung der Steuergesetze dienen. Sie spielen zum einen bei der Typisierung von Sachverhalten, zum anderen bei der direkten Lenkung des Verwaltungshandelns eine Rolle. Die GNOFÄ sind ein Beispiel dafür, wie weit diese Lenkung gehen kann. Dank der Bedeutung für die aktuelle Rechtslage im Steuerrecht bildet auch das *Richterrecht* faktisch eine bedeutsame Quelle der Rechtsanwendung; Veränderungen im Steuerrecht gehen oftmals von neuen Gerichtsentscheidungen aus. Strittig ist die Befugnis und faktische Rolle der Steuerrechtsprechung bei der Weiterentwicklung und Fortbildung des Steuerrechts. Zunächst nur an den entschiedenen Einzelfall gebunden, entwikkeln die in Urteilen des Bundesfinanzhofes gesprochenen Rechtssätze eine eigene Linie, die - insbesondere bei der Schließung von Lücken im Gesetz - eine dauerhafte Bindungswirkung nach sich ziehen kann.[99] Die Finanzverwaltung versucht in Einzelfällen, durch die Nichtveröffentlichung von Urteilen oder durch direkte *Nichtanwendungserlasse*, den Wandel oder die Fortbildung des Steuerrechts durch die Rechtsprechung des BFH zu unterbinden oder einzuschränken. Inwieweit dies zulässig ist bzw. sein sollte, ist auch in der Wissenschaft umstritten.

Zu der - gemessen an der Auslegungsbedürftigkeit der inhaltlichen Regelungen, der Zahl der Rechtsnormen und der Häufigkeit der Änderungen - kompliziertesten Rechtsmaterie des Steuerrechts gehört die Besteuerung des Einkommens natürlicher Personen durch das EStG und seine Nebenbestimmungen. Das Einkommensteuergesetz dient nicht nur fiskalischen Zielen der Einnahmesicherung des Staates, sondern mit seiner Hilfe wird eine Vielzahl gesellschaftspolitischer, aber auch struktur- und konjunkturpolitischer Ziele innerhalb der Wirtschaftspolitik verfolgt. Dies und die Bemühungen um Einzelfallgerechtigkeit - die zu einer Differenzierung zwischen Einkünften, Einkommen und *steuerpflichtigem* Einkommen führen - ziehen eine Vielzahl von Typisierungen, Einzelfallregelungen und Pauschalisierungen nach sich, die die Beamten der Steuerverwaltung oftmals zwingen, über völlig sachfremde (d.h. besteuerungsfremde) Zusammenhänge und Sachverhalte zu urteilen, weil sich diese Sachverhalte auf bestimmte, besteuerungsrelevante Größen beziehen. Erschwerend kommt hier hinzu, daß das Einkommensteuerrecht einem häufigen Wandel unterliegt. Dieser Wandel resultiert direkt aus der angesprochenen Steuerungsfunktion des Einkommensteuerrechts, die gesellschaftliche und politische Vorgaben widerspiegelt.

99) Als Nebeneffekt zeigt sich, daß durch die Vielzahl der finanzgerichtlichen Verfahren und die daraus resultierende Überlastung der Finanzgerichte und des BFH die Zeitspanne zwischen Beginn und Abschluß eines solchen Verfahrens eine Länge erreichen kann, die die mit dem Prinzip der ungehinderten rechtsstaatlichen Überprüfung von Entscheidungen der Verwaltung durch die zuständigen Gerichte kaum noch zu vereinbaren ist.

Teil IV: Theorie und Praxis - Annäherungen an die tatsächlichen Bedingungen der Rechtsanwendung in den Finanzämtern

7. Umfang und Struktur des Einkommensteuerrechts in der Bundesrepublik und die Entwicklung der Fallzahlen

Am Anfang einer Einschätzung des Handlungsrahmens von Sachbearbeitern in der Steuerverwaltung muß eine Beschreibung der wesentlichen Arbeitsgrundlage der Bearbeiter, des *Einkommensteuergesetzes* liegen. Das Gesetz wirkt sich in zweifacher Hinsicht auf die Durchführung der Besteuerung aus: Einmal als normative Handlungsgrundlage der Besteuerung, die Vorschriften der Besteuerung enthält und deren Änderung auch eine sofortige Änderung des Vorgehens bei der Ermittlung des jeweiligen Sachverhalts und der Festsetzung der Einkommensteuer nach sich ziehen kann (vgl. Kap. 6.3). Zum anderen definiert das EStG - in der Aufzählung der Einkunftsarten oder durch die Veranlagungsgrenzen des § 46 EStG - den vom Gesetz betroffenen Personenkreis, der sich wiederum durch Änderungen des EStG, aber auch durch Veränderungen der gesellschaftlichen und wirtschaftlichen Rahmenbedingungen ändern kann.

Sowohl die Funktion des EStG als normative Arbeitsgrundlage, als auch seine Funktion als Definitionsgrundlage für den Adressatenkreis haben eine *quantitative* Dimension, was einerseits den Umfang und die Struktur der Rechtsnormen des EStG und seiner Nebenvorschriften und andererseits die Größe und Struktur des vom Gesetz betroffenen Personenkreises angeht. Beide Größen - vereinfacht als Normenbestand und Fallzahlen zu bezeichnen - wirken sich direkt (über die Notwendigkeit der Information oder die Zahl der zu bearbeitenden Fälle insgesamt und pro Bearbeiter) auf die Arbeitsumstände und - in Grenzen - auch auf die Bearbeitungsziele der Steuerverwaltung. Die Struktur des Normenbestandes hat darüber hinaus auch eine *qualitative* Dimension: Innere Struktur, Verständlichkeit und Praktikabilität der Vorschriften des EStG beeinflussen die Rechtsanwendung durch die Sachbearbeiter; sie tun es indirekt, aber mit spürbare Folgen für die Geschwindigkeit und Korrektheit des Besteuerungsprozesses. Die Bereitschaft, sich mit Veränderungen des Normenbestandes auseinanderzusetzen, die Fähigkeit, sich sowohl mit dem Grundbestand an Vorschriften als auch mit Neuerungen zu beschäftigen, und die von den vorgesetzten Stellen eingeräumten zeitlichen und materiellen Freiräume (Gesetzeskommentare, Fachzeitschriften etc.) haben erhebliche Folgen hinsichtlich der faktischen Aufnahmen von Normänderungen durch die Sachbearbeiter und deren Berücksichtigung bei der täglichen Veranlagungsarbeit.

Die Entwicklung des Normenbestandes des EStG und seiner Vorschriften sowohl in ihrer quantitativen als auch in ihrer qualitativen Dimension müssen daher am Beginn der Einschätzung der realen Arbeitssituationen in den Veranlagungsstellen der Finanzämter liegen.

7.1 Die quantitative Entwicklung des Normenbestandes des EStG und seiner nachrangigen Vorschriften

7.1.1 Veränderungen des Normenbestandes des EStG

7.1.1.1 Das Anwachsen des EStG als Ganzes

Es ist in Kap. 6.3 gezeigt worden, daß und in welcher Form das EStG Kernstück der Besteuerung des Einkommens von natürlichen Personen in der Bundesrepublik ist. Diese zentrale Funktion führte - in Verbindung mit der Nutzung des EStG als verteilungspolitisches Steuerungsmedium - seit Bestehen der Bundesrepublik dazu, daß das Einkommensteuergesetz oftmaligen Änderungen unterworfen ist.[1] Das Einkommensteuergesetz als besonderes Beispiel "quantitativ erfolgreicher Tätigkeit des Gesetzgebers" (*Messmer* 1981: 9) wird von vielen Seiten, insbesondere unter dem Gesichtspunkt der häufigen Änderungen kritisiert.[2] Nach der Unterteilung von *Raupach* (1985: 21) lassen sich bei den Änderungen des EStG mehrere Problemkreise unterscheiden:

- die Verteilung der Änderungen auf zahlreiche Gesetze innerhalb eines Jahres, statt der Zusammenfassung in einem *Jahressteuergesetz*;[3]
- die "Torschlußgesetzgebung", d.h. die in steigendem Maße kurzfristig erfolgenden Änderungen, die erst zum Jahresende verabschiedet werden;

---

1) Im Rahmen dieser Untersuchung soll nur der Zeitraum seit 1949 behandelt werden. Auf das Einkommensteuergesetz in der Zeit der Weimarer Republik wurde ausführlich in Metzger/Weingarten (1989: 122 ff) eingegangen. Dort wurde der Nachweis geführt, daß eine oftmalige Änderung des EStG mit der daraus zwangsläufig resultierenden Unsicherheit bei der Besteuerung kein spezielles Problem des bundesdeutschen Steuergesetzgebung (oder gar der einzelner Bundesregierungen) ist, sondern seit dem Inkrafttreten des ersten reichseinheitlichen Einkommensteuergesetzes 1920 (in der heutigen Grundform besteht das EStG seit 1925 bzw. 1934) die Einkommensbesteuerung erschwert.

2) Die Kritik umfaßt sowohl systematische und rechtsdogmatische Schwächen des EStG (hohe Änderungshäufigkeit, Normenflut, mangelnde Transparenz für den Bürger), als auch die wirtschafts- und verteilungspolitischen Folgen der Einkommensbesteuerung (Höhe der Steuersätze, Durchdringung mit außerfiskalischen Zielen, unzureichende Planbarkeit für die Zukunft; vgl. Metzger/Weingarten (1989: 1 ff)).

3) Eine Forderung, die O. Bühler - nach englischem Vorbild - immer wieder erhoben hat: Raupach (1985: 21, Anm. 16) verweist dazu auf Bühler/Strickrodt, Steuerrecht, I. Halbband, (3. Aufl.) Wiesbaden 1959, S. 21.

- die zunehmenden Änderungen der gleichen Vorschrift, insbes. bei solchen Vorschriften, die das Massenverfahren betreffen.

Insbesondere bei den kurz vor Jahresschluß verabschiedeten, aber zu Beginn des neuen Jahres direkt Gültigkeit erlangenden 'Dezembergesetzen' ('Torschlußgesetzgebung' nach *Raupach*) wird offenbar vom Gesetzgeber billigend in Kauf genommen, daß ein *sofortiger Vollzug der Gesetze gar nicht möglich ist*: Ausführungsbestimmungen zu diesen Gesetzen liegen oftmals erst mit mehrmonatiger Verspätung vor, gleichwohl beginnt die Veranlagungstätigkeit für den VZ des vorangegangenen Jahres schon ab Anfang Januar des Folgejahres und ohne Ausführungsbestimmungen und - wie zu vermuten ist - mit zumindest nur eingeschränkter Berücksichtigung der neuen Rechtslage.

Übersicht 7/1: Änderungen des Einkommensteuergesetzes pro Jahr (1946-1988)

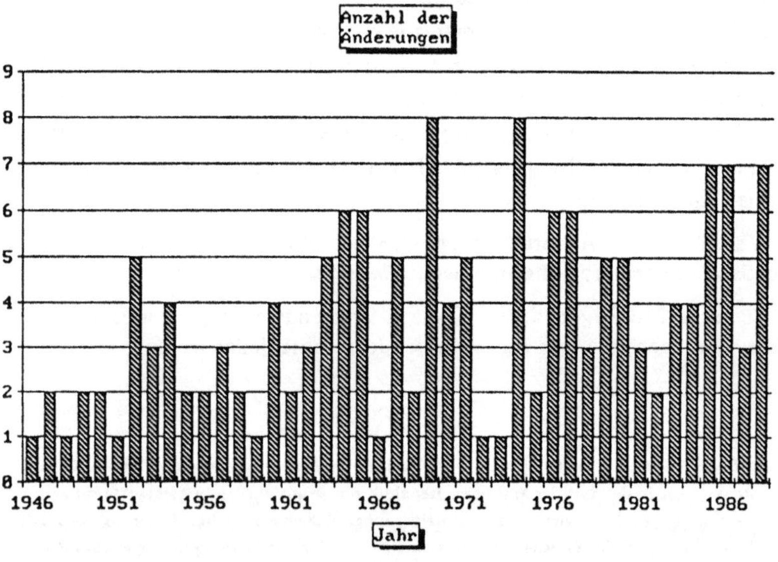

(Quelle: Eigene Berechnungen U. Metzger[4])

In einer anderen Einschätzung kann man *Raupach* nicht folgen: Er spricht an der gleichen Stelle (1985: 21) auch von einer "fast explosionsartigen Zunahme der Gesetzesänderungen", eine Aussage, die sich zumindest anhand einer formalen Auszählung der Änderungen des EStG seit 1946 so eindeutig nicht belegen läßt (vgl.

4) Vgl. Metzger/Weingarten (1989: Anlage 76).

Übersicht 7/1). Zusammengefaßt ergeben sich insgesamt *158 Änderungen des EStG* von 1946 bis einschließlich 1988, eine Quote von annähernd *vier Änderungen des EStG pro Jahr*. Eine deutliche Zunahme der Änderungen läßt sich hier seit dem Beginn der sechziger Jahre feststellen. Die Zunahme der Änderungen zu diesem Zeitpunkt wurde nur noch ganz selten unterboten und erreichte in der zweiten Hälfte der siebziger Jahre den absoluten Höhepunkt. Seither ist ihre Zahl geringfügig gesunken (vgl. *Tabelle 7/2*). Dabei ist zu berücksichtigen, daß als *eine* Änderung des EStG hier nur der formale Änderungsakt durch das Parlament gezählt wird, nicht aber, in wie vielen *Einzelpunkten* das Gesetz geändert wurde! Berücksichtigt man diese Einzeländerungen - und faßt die Änderungen der zum materiellen Gesetzesrecht zählende EStDV auch darunter - ergibt sich eine große Zahl von Änderungen mit z.T. erheblichen Auswirkungen auf die materielle Besteuerung und das Verfahren.

Tabelle 7/2: Periodisierte Änderungen des EStG

Zeitperiode	Änderungen des EStG	Zeitperiode	Änderungen des EStG
1946-1950	8	1966-1970	20
1951-1955	15	1971-1975	17
1956-1960	12	1976-1980	25
1961-1965	22	1981-1985	20

(Quelle: *Übersicht 7/1*)

Von einer 'explosionsartigen Zunahme' der Änderungen kann daher nicht gesprochen werden, eher von einem generell hohen 'Änderungssockel' seit dem Anfang der sechziger Jahre. Richtig ist dennoch, daß die Zahl der Änderungen als Ganzes bedenklich hoch ist. Nach eigenen Auszählungen[5] ergibt sich, daß von der Schaffung des reichseinheitlich gültigen Einkommensteuergesetzes 1920 bis 1949 7 Neufassungen des EStG und 29 Änderungsgesetze[6] verabschiedet wurden. Bei diesen Änderungen erfuhren insgesamt 386 einzelne Paragraphen (überwiegend mehrfache) Änderungen. Zwischen dem Inkrafttreten des Einkommensteuergesetzes von 1948[7] und dem EStG nach dem Stand vom Mai 1986 - also in einem um ein

5) Auswertung von U. Metzger; vgl. Metzger/Weingarten (1989, Anlage 76) mit Abweichungen zu den Angaben von Raupach (1985: 22).

6) Darin enthalten zwei Neufassungen.

7) WiGBl. 1948: 166

Viertel längeren Zeitraum - wurden hingegen *19 Neufassungen und 114 Änderungsgesetze* verabschiedet.[8)] In diesem Zeitraum wurden *911 Paragraphen* einmal oder mehrmals durch die einzelnen Gesetze geändert, was für den Gesamtzeitraum von 1920 bis 1986 eine Zahl von 1.297 geänderten Paragraphen ergibt.[9)] Allein zwischen 1980 und 1985 sind es drei Neufassungen und 22 Änderungsgesetze gewesen, davon wurden wiederum 12 in einem Dezember verabschiedet. Die Ablehnung von der These einer *explosionsartig* zunehmenden Änderungshäufigkeit des EStG in den letzten zwei Jahrzehnten ändert aber nichts an der Tatsache, daß einige besonders unrühmliche Beispiele für die Änderungswut des Gesetzgebers aus den letzten Jahren stammen:

- im Frühjahr 1980 wurden fünf Gesetzentwürfe zur Änderung des EStG im Finanzausschuß des Bundestages gleichzeitig beraten;
- im August 1980 wurden innerhalb einer Woche durch drei Änderungsgesetze 50 Paragraphen des EStG (rund 37 % der Gesamtzahl aller Paragraphen) geändert;
- im Dezember 1981 wurden wiederum 27 Paragraphen (20 % des Bestandes) und
- im Dezember 1982 erneut 20 Paragraphen (15 % der Gesamtzahl) geändert;
- durch ein einziges Änderungsgesetz (das Steuerbereinigungsgesetz 1985) wurden wiederum 50 Paragraphen geändert;[10)]
- nach der Neufassung des EStG 1987 wurde durch das Steuerreformgesetz 1990 vom 25. Juli 1988 (einschließlich seiner Berichtigung vom 4. Oktober 1988) das Gesetz in 74 Paragraphen geändert;
- nur fünf Monate später, am 20. und 22. Dezember 1988 wurde das Gesetz erneut durch vier andere Gesetze (u.a. durch das Haushaltsbegleitgesetz 1989) geändert, darunter der § 52 dreimal in zwei Tagen;[11)]
- zum 'Abschluß' der Steuerreform 1990 wurde in einem "Restantengesetz" vom 29. Dezember 1989 das EStG noch einmal in 30 Paragraphen geändert bzw. ergänzt; dabei wurden allein sieben Buchstabenparagraphen (§§ 7c, 7h, 7i, 7k, 10f, 11a, 11b) neu eingefügt.[12)]

---

8) Warum eine direkte Gleichsetzung dieser Perioden aus formalen Gründen nur eingeschränkt möglich ist, wurde schon in den Ausführung zur Steuergesetzgebung unter dem NS-Regime in Metzger/ Weingarten (1989: 149 ff, 185 ff) deutlich.

9) Quelle: Auszählung von U. Metzger auf der Basis der Angaben bei Frotscher (1989); ein vollständiger Abdruck aller Änderungsgesetze zum EStG mit der Zahl der geänderten oder neu hinzugefügten Paragraphen wurde von Metzger/Weingarten (1989) in Anlage 76 aufgenommen.

10) Messmer (1981: 8); Raupach (1985: 23).

11) Eigene Auszählung nach Frotscher (1989).

12) Das Restantengesetz zur Steuerreform (BGBl. I 1989: 2408) wurde als Artikel 1 des Wohnungsbauförderungsgesetzes vom 29.12.1989 eingebracht (vgl. Hahn 1990), durch das zudem noch sieben weitere Steuergesetze und die Abgabenordnung geändert wurden. Die Änderungen des EStG in 11 Para-

Auch das Anwachsen des EStG-Gesamtumfanges in den letzten drei Jahrzehnten ist beeindruckend: Das EStG des Jahres 1957 hatte einen Gesamtzeilenumfang von 3.315 Zeilen. Bis 1969 erhöhte sich der Bestand um etwa 1.400 auf 4.712 Zeilen. Bis 1987 erweiterte sich der Umfang um nochmals um mehr als 3.500 auf insgesamt 8.288 Zeilen. Insgesamt hat sich also der Zeilenumfang des Einkommensteuergesetzes in den drei Jahrzehnten von 1957 bis 1987 *verzweieinhalbfacht* (vgl. *Übersicht 7/3*).

Übersicht 7/3: Zeilenumfang des EStG

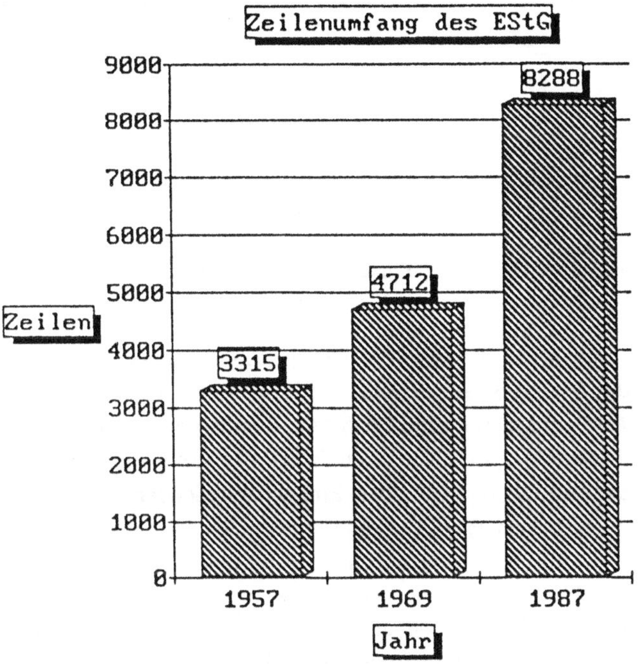

(Quelle: Eigene Auszählung U. Metzger[13])

---

graphen, die durch den Staatsvertrag der Bundesrepublik mit der DDR vom 18. Mai 1990 notwendig wurden (darunter Änderungen der erst im Dezember 1989 eingefügten §§ 7h, 7i, 11a und 11b; hier zit. nach dem Gesetzentwurf; BT-Drs. 11/7171), sind durch besondere Umstände notwendig geworden. Sie werden deshalb nicht in der Zusammenstellung erwähnt.

13) Vgl. Metzger/Weingarten (1989: 215). Ausgezählt wurde der Zeilenumfang der Einkommensteuergesetze, ohne Inhaltsverzeichnisse, Tabellen oder Anhänge zu berücksichtigen.

7.1.1.2 Die mangelnde Bestandskraft der Einzelbestimmungen

Neben der Häufigkeit der Änderungen des Gesetzes ist für die Folgen bei der Durchführung der Besteuerung auch die Vielzahl der Änderungen einzelner Paragraphen von Bedeutung. Für 125 der 138 Paragraphen (einschließlich Buchstabenparagraphen) des Einkommensteuergesetzes nach dem Stand von 1987[14)] kann die Änderungshäufigkeit seit dem 10. August 1949 belegt werden (vgl. *Tabelle 7/4*).

Tabelle 7/4: Änderungen der Paragraphen des EStG (1949-1987)

Paragraphen	Zahl der Änderungen
25	--
25	1
34	2 bis 5
27	6 bis 10
9	11 bis 20
3	21 und mehr.

(Quelle: Eigene Auszählung U. Metzger nach *Frotscher* 1989)[15)]

Einige der Paragraphen wurden besonders häufig geändert. 'Spitzenreiter' bei den Änderungen sind die Definition steuerfreier Einnahmen in § 3 EStG (39 Änderungen) und die Ermächtigungsnorm zum Erlaß von Rechtsverordnungen in § 51 (36 Änderungen; vgl. *Tabelle 7/5*). Dicht danach folgen die abzugsfähigen Kosten von den Einkünften bzw. vom zu versteuernden Einkommen: Sonderausgaben (§ 10, 28 Änderungen), Werbungskosten (§ 9, 12 Änderungen), Sonder- und Kinderfreibeträge nach § 32 EStG (14 Änderungen) und die Bestimmung außergewöhnlicher Belastungen in § 33a EStG (16 Änderungen). Eine weitere Gruppe von Paragraphen umfaßt äußere Definitionen wie den Gewinnbegriff (§ 4, 14 Änderungen), Bewertungsfragen (§ 6, 13 Änderungen) oder Veranlagungsfragen in § 46 EStG (14 Änderungen). In der Spitzengruppe liegen außerdem noch die Vorschriften für beschränkt Steuerpflichtige (§ 50, 18 Änderungen) oder hinsichtlich der Einkünfte aus der Land- und Forstwirtschaft (§ 13, 11 Änderungen).

---

14) Nach der Neuaufnahme des § 33c in das EStG 1984.

15) Vgl. die ausführliche Darstellung der Änderungen der einzelnen Paragraphen des Einkommensteuergesetzes seit 1949 in Metzger/Weingarten (1989, Anlage 77).

Tabelle 7/5: Paragraphen des EStG, die von 1949 bis 1987 mehr als zehn mal geändert wurden

geänderter Paragraph	*eingeführt*	*Zahl der Änderungen*
3	10.08.1949	39
4	10.08.1949	14
6	10.08.1949	13
7b	10.08.1949	12
9	10.08.1949	12
10	10.08.1949	28
13	10.08.1949	11
32	10.08.1949	14
33a	29.04.1950	16
46	10.08.1949	14
50	10.08.1949	18
51	27.06.1951	36

(Quelle: *Metzger/Weingarten* 1989, Anlage 77)

Im Regelungsinhalt der am meisten geänderten Paragraphen des EStG wird ein Grundproblem der dynamischen Besteuerung des Einkommens aus bestimmten Quellen deutlich: Durch das - mit wachsendem Wohlstand - ständige Hineinwachsen neuer Berufsgruppen in den Besteuerungsrahmen des EStG,[16] verbunden mit der Nutzung des Einkommensteuergesetzes als verteilungspolitischem Instrument wächst auch die Notwendigkeit, immer mehr Besonderheiten aus der Besteuerung herauszuhalten und immer mehr Ausnahmen zuzulassen, um die reale Belastung durch die Einkommensbesteuerung auf einem (auch politisch) erträglichen Niveau zu halten. Dies schlägt sich insbesondere in solchen Vorschriften nieder, die im Massenverfahren der Besteuerung "nicht unbedingt grundlegende, aber jedenfalls große praktische Bedeutung haben" (*Raupach* 1985: 24).

Zu der Zahl der geänderten Paragraphen kommen noch die völlig neu hinzugefügten hinzu, was die Gesamtzahl der Paragraphen weiter anschwellen läßt: "Die Zahl völlig neuer, ins EStG eingefügter Vorschriften steigt ständig, meist sind sie an Buchstabenzusätzen kenntlich." (*Raupach* 1985: 23)[17] Die äußerlich beinahe gleich-

16) Vgl. die Zahl der Einkommensteuerpflichtigen in Kap. 7.2.1.2.

17) Tipke (1983: 1) merkt an, daß diese Paragraphen, die mit den kleinen Buchstaben des Alphabets

bleibende Paragraphenzahl von 1934 (53 Paragraphen) und 1987 (56 Paragraphen) verschleiert, daß das Einkommensteuergesetz unter Mitzählung der Buchstabenparagraphen 1987 141 Paragraphen umfaßt. 1982 waren es schon 131, 1971 87 und 1961 erst 78 Paragraphen.[18] Sowohl für die Steuerpflichtigen und ihre Berater, als auch für die zur Anwendung des ständig geänderten Steuerrechts verpflichteten Sachbearbeiter der Veranlagungsstellen ergeben sich aus dieser Änderungshäufigkeit Probleme: "Bedenkt man, daß jede der Änderungen Übergangsregelungen auslöst, so wird die Erschwerung für die Rechtsanwendung, die durch die fortwährenden Änderungen entsteht, deutlich." (*Raupach* 1985: 24) Das Problem verschärft sich dadurch, daß eine Änderung des geltenden Rechts nicht automatisch eine generelle Umstellung der Besteuerung auf die neue Vorschriftenlage erlaubt. Die Beamten müssen statt dessen häufig nach zeitlichen Gesichtspunkten differenzieren, denn viele Änderungen gelten in verschiedenen Rechtszusammenhängen:

- zum Teil rückwirkend auch für bestandskräftige Festsetzungen;
- zum Teil rückwirkend nur für noch nicht bestandskräftige Festsetzungen;
- zum Teil nur rückwirkend, wenn innerhalb bestimmter Fristen Anträge gestellt werden;
- zum Teil innerhalb eines Veranlagungszeitraumes in unterschiedlichen Fassungen, und zwar abhängig davon, ob bestimmte Sachverhalte (etwa ein Baugenehmigungsantrag) an innerhalb des Veranlagungszeitraumes liegenden Tagen verwirklicht waren.

Darüber hinaus gelten oftmals lange Übergangsfristen für abgeschaffte Bestimmungen.[19]

In *Anlage 7/IV* wird exemplarisch für die Problematik im gesamten EStG die Entwicklung von Einzelbestimmungen im Rahmen des § 33a EStG (außergewöhnliche Belastungen in besonderen Fällen) für die Veranlagungszeiträume 1982 bis 1986 dargestellt. Obwohl in diese Übersicht ausschließlich die Vorschriften aufgenommen wurden, die für Veranlagungszeiträume *nach* 1982 geändert worden sind, zeigt sich deutlich die Vielzahl von unzusammenhängenden Einzeländerungen, die ganz deutlich beim Auf und Ab der DM-Summen verschiedener Freibeträge in-

---

nachträglich in Steuergesetze eingefügt werden, durchweg die Vermutung für sich haben, "systematisch und sprachlich verunglückt zu sein."

18) Vgl. die Gesamtübersicht in Metzger/Weingarten (1989, Anlage 56).

19) Walter (1989: 53) führt als Beispiel die Förderbestimmung in § 3 Nr. 68 EStG (Zinsersparnisse bei Arbeitgeberdarlehen) an, die 1987 eingeführt, bereits 1988 wieder abgeschafft, gleichzeitig aber mit Übergangsfristen bis zum Jahre 2000 versehen wurde: "Eine zwölfjährige Auslaufensregelung für eine zwei Jahre anwendbare Gesetzesbestimmung verleiht dem Begriff Stetigkeit im Steuerrecht eine neue Dimension."

nerhalb dieses relativ kurzen Zeitraumes zu erkennen ist. Auch bei neueren steuerlichen Reformvorhaben, die ausdrücklich den Anspruch der 'Rechtsbereinigung' oder 'Rechtsvereinfachung' haben, zeigen sich diese Probleme. Bei der Verflechtung des EStG mit anderen Rechtsnormen kann das auch kaum anders sein:

> "So ändert ... das Steuerbereinigungsgesetz 1986 - ursprünglich gedacht zur Steuervereinfachung- in 25 Artikeln 153 steuerrechtliche Vorschriften. An 48 Stellen wird die Abgabenordnung, an 23 Stellen das Einkommensteuergesetz verändert. Die Neuregelungen, die zu unterschiedlichen Zeiten in Kraft treten und teilweise rückwirkend in Kraft gesetzt worden sind, verändern sowohl das Besteuerungsverfahren als auch das materielle Steuerrecht. Die Angehörigen der Steuerverwaltung haben Tag für Tag damit fertig zu werden und dieses Dickicht von - teilweise konfusen und verworrenen - Vorschriften dem Bürger zu vermitteln."[20]

Dazu kommt, daß die einzelnen Paragraphen durch die Hinzufügung neuer Abschnitte immer länger werden, was gleichfalls die Rechtsanwendung erschwert. So kommen einige Paragraphen mittlerweile auf bis zu acht Absätze.[21] Die Komplexität und die ständige, größtenteils unstrukturierte Zunahme der Normen des EStG haben direkte Folgen für die Arbeitssituation in den Finanzämtern. Dabei lassen sich zwei Hauptprobleme des EStG unterscheiden:

> "Seine geringe Bestandswirkung und seine relative Unübersichtlichkeit. Die erstere bedeutet am Arbeitsplatz, daß für verschiedene Veranlagungszeiträume auch unterschiedliches Steuerrecht gilt und man sich ständig auf neues Recht einstellen muß, die letztere bewirkt einen erheblichen Erklärungsbedarf. Beides ist Ursache für umfangreiche, komplizierte, miteinander verschränkte und ständig sich verändernde Verwaltungsvorschriften." (*Ellwein* 1989: 42)

Daß sich diese Überlastung nicht zuletzt in einer Fülle von Formularen und zu beachtenden Vordrucken niederschlägt, zeigt die Übersicht in *Anlage 7/V*, in der die ständig gebräuchlichen Formularvordrucke in der Steuerverwaltung nach dem Stand von 1986 zusammengestellt sind.

---

20) 'DStG: 'Wie ein Maurer ohne Kelle" in: Die Steuer-Gewerkschaft (DStG), Jg. 1986, Nr. 3, S. 24-25 (24)

21) Beispiele bei Raupach (1985: 23). Damit werden die Gesetzestexte auch inhaltlich und sprachlich immer komplizierter. Schlicht (1982) hat anhand eines Vergleiches der Einkommensteuergesetze nach dem Stand von 1950 und 1977 gezeigt, daß nicht nur die Gesamtzahl der Sätze, sondern auch die Zeilenlänge von Sätzen und Satzgefügen sowie der Anteil von Sätzen mit einer größeren Wortzahl tendenziell zunehmen. Gleichzeitig wird die grammatikalische Konstruktion der Sätze immer komplizierter: die Zahl einfacher Satzgefüge nimmt ab und die der Neben- und Konditionalsätze immer mehr zu (ebd.: 95 ff).

7.1.2 Veränderungen der Nebenvorschriften

7.1.2.1 Die große Zahl von Verwaltungsvorschriften

Die zitierte Zusammenfassung von *Ellwein* verweist auf den zweiten großen Problembereich des EStG: Neben dem Umfang des eigentlichen Gesetzes ist auch der Bestand an Nebenvorschriften des Einkommensteuergesetzes für die Rechtsanwendung von Bedeutung. Hier sind wie in anderen Rechtsgebieten die *Rechtsverordnungen* (zuvorderst die EStDV und die LStDV) und die *Verwaltungsanweisungen*, die zwar prinzipiell nur im Innenverhältnis der Finanzbehörden Geltung haben, für die faktische Rechtsanwendung aber von großer Bedeutung sind (zentral die Lohn- und Einkommensteuerrichtlinien), zu nennen. Die Richtlinien werden in ca. dreijährigem Abstand im Bundesfinanzministerium in Absprache mit den Länderfinanzministerien bearbeitet und vom Bund förmlich, also mit Zustimmung des Bundesrates verabschiedet (*Ellwein* 1989: 42). Dazu sind von faktisch großer Bedeutung auch die *Urteile* des Reichs- und vor allem des Bundesfinanzhofes.

Tabelle 7/6: Verwaltungsanweisungen und Gerichtsurteile zu ausgewählten Paragraphen des EStG (1986)

(nach den im Informationssystem JURIS gespeicherten Daten)

Paragraph	*Verwaltungsanweisungen*	*Gerichtsurteile*
3	58	478
9	36	2.426
8	32	241
4	31	2.379
10	28	910
19	27	803
10b	25	82
21	22	853

(Quelle: *Ellwein* 1989: 40, Anm. 2)

Nicht nur die Zahl der Gerichtsurteile zu einzelnen Paragraphen des EStG ist bedeutend, auch die Verwaltungsanweisungen, die zu einzelnen Paragraphen ergangen sind, haben beträchtlichen Umfang angenommen: So gab es 1986 zu einzelnen Paragraphen des EStG mehr als dreißig, zum § 3 des Einkommensteuergesetzes sogar 58 einzelne Verwaltungsanweisungen (vgl. *Tabelle 7/6*).

Die Zahl der in JURIS gespeicherten Urteile[22] ergibt allein für die Paragraphen 4 und 9 einen Bestand von jeweils rund 2.400 Gerichtsurteilen. Darüber hinaus sind häufig Urteile ergangen zu den Paragraphen 12 (1.450 Urteile), 6 (1.390), 15 (1.288) und 5 (1.269) Urteile. Die Häufigkeit der ergangenen Urteile streut damit deutlich anders als bei den Verwaltungsanweisungen (*Ellwein* 1989: 40f, Anm. 2). Den Gesamtumfang der in JURIS gespeicherten Verwaltungsanweisungen zum Steuerrecht beziffert *Klein* (1986: 247) auf etwa 20.000. Bei den Verwaltungsanweisungen registrierte die hamburgische Finanzbehörde allein für 1985 *170 neu anzuwendende Erlasse und Verfügungen* zum Einkommensteuergesetz.[23] Zum gesamten Bereich der Bundes- und Landessteuern wurden an jedes Personenfinanzamt in Hamburg im Jahre 1985 349 Erlasse und Verfügungen übersandt (1983: 384, 1984: 347). Auf diese Weise wurden diesen Finanzämtern zwischen Anfang 1983 und August 1986 insgesamt 1.326 Anweisungen von den Mittel- und Oberbehörden zur Beachtung übersandt. Bei Einrechnung der Anweisungen zu den - dort von den Ämtern zu bearbeitenden - Gemeindesteuern ergibt sich, daß *durchschnittlich arbeitstäglich etwa zwei neue Anweisungen* an die Beamten herangetragen wurden.[24]

Eine besondere Quelle des Normenwachstums auf der Ebene des gesamten Bundesgebietes liegt auch in der föderativen Struktur der Steuerverwaltungen der Länder: Theoretisch kann eine auf Bundesebene abgestimmte Verwaltungsanweisung bis zu 28mal (durch das BMF, 11 Länderfinanzverwaltungen und 16 Oberfinanzdirektionen) vervielfacht und dabei mit eigenen Ergänzungen und sowohl sprachlichen als auch inhaltlichen Abweichungen versehen werden.

Eine 'Verordnungs- und Urteilsflut' im Sinne eines sprunghaften Anwachsens von Verwaltungsvorschriften und durch die Finanzverwaltung veröffentlichen BFH-Urteilen läßt sich bei einer rein quantitativen Analyse des Veröffentlichungsmediums der Finanzverwaltungen nicht feststellen: Eine Auszählung der Seitenzahlen des Bundessteuerblattes[25] zeigt, daß das gegenwärtige Niveau von mindestens

22) Ellwein weist auf mögliche Diskrepanzen zum tatsächlichen Bestand an ergangenen Urteilen hin.

23) 1983: 162 Erlasse und Verfügungen, 1984: 152 Erlasse und Verfügungen.

24) Ohne Einrechnung der Anweisungen zu den Bereichen Organisation und Verwaltung, Personalangelegenheiten und Haushalts-, Kassen- und Rechnungswesen. Allein für den Bereich 'Organisation und Verwaltung' gingen im gleichen Zeitraum (Anfang 1983 bis August 1986) weitere 633 Anweisungen bei einem hamburgischen Personenfinanzamt ein (Quelle: Finanzbehörde der Freien und Hansestadt Hamburg).

25) Der Zugang zum Vorschriftenbestand, der von den Sachbearbeitern der Steuerverwaltungen beachtet werden muß, über diese rein quantitative Form der Seitenauszählung ist schon deshalb zulässig, weil ja auch der einzelne Bedienstete in der Verwaltung, sei es nun der Sachgebietsleiter oder der Sachbearbeiter, neue Vorschriften zunächst in dieser anonymen Form. d.h. ohne nähere Erläuterung erhält. Auch die betroffenen Bediensteten müssen das einzelne, neu herausgegebene BStBl in seinem Gesamtbestand auf für sie bedeutsame Erlasse, Verfügungen und Entscheidungen durchsehen, stehen

1.500 und in 'Spitzenwerten' mehr als 2.000 Seiten Umfang pro Jahr jedenfalls schon seit Ende der sechziger Jahre besteht. Im Grunde ist das schon so seit dem Jahre 1958, als das BStBl erstmals rund 2.000 Seiten umfaßte und sich vom deutlich niedrigeren Niveau der fünfziger Jahre abhob (vgl. *Anlage 7/I*). Allerdings ist deutlich sichtbar, daß in den Jahren von 1981 bis 1988 die Grenze von 2.000 Seiten nur noch in einem Jahr (1983) unterschritten wurde und 1987 der Veröffentlichungsbestand auf über 2.200 Seiten anwuchs.[26)] Betrachtet man die einzelnen Teile des Bundessteuerblattes[27)], zeigt sich zunächst, daß der Umfang der Veröffentlichungen des Bundesministers der Finanzen und der obersten Finanzbehörden der Länder weitaus größeren Schwankungen unterworfen ist als der Umfang der Veröffentlichungen des Bundesfinanzhofes (vgl. *Anlagen 7/II* und *7/III*). Der jährliche Umfang der Neuveröffentlichungen des BFH stieg vom Anfang der fünfziger bis zum Anfang der siebziger Jahre nahezu kontinuierlich an und vervierfachte sich annähernd von 1951 bis 1972 von 240 auf 950 Seiten. Seit Beginn der siebziger Jahre verharrt der jährliche Seitenumfang - mit geringen Schwankungen - auf diesem Niveau und liegt in den letzten Jahren um die Marke von etwa 800 Seiten. Von einer 'Veröffentlichungsflut' im Sinne eines kontinuierlichen Anwachsens der Veröffentlichungen des BFH kann man daher nur für die fünfziger und sechziger Jahre sprechen. Seitdem ist ein dauerhaft hohes Niveau der Bekanntgabe von Entscheidungen erreicht. Das Problem liegt hier denn auch eher in der jährlichen Hinzufügung neuer Entscheidungsveröffentlichungen zum bisher schon zu beachtenden Bestand, was die Gesamtzahl der zu beachtenden Entscheidungen des BFH auf eine enorme Höhe treibt.

Anders verhält es sich mit dem Umfang der Veröffentlichungen des Bundesministers der Finanzen und der obersten Finanzbehörden der Länder (*Anlage 7/II*). Hier sind die Schwankungen ungleich stärker als bei den Veröffentlichungen des BFH. Der seitenmäßige 'Höhepunkt' des jährlichen Veröffentlichungsbestandes wurde schon 1958 erreicht. Danach nahm der Seitenumfang der Veröffentlichungen bis 1972 tendenziell ab. Seitdem ist - mit wenigen Ausnahmen am Ende der

---

also zunächst dem Gesamtumfang des BStBl gegenüber. Im übrigen kann hier unterstellt werden, daß der Anteil an Erlassen, Entscheidungen u.ä. im BStBl, die die Besteuerung nach dem EStG betreffen, sich (mindestens) proportional zu den Veränderungen des Veröffentlichungsbestandes i.S. der apostrophierten Normenflut verhält.

26) Ein Höchstwert, der 1974 nur erreicht wurde, weil sich in Teil I des BStBl rund 460 Seiten an Lohnsteuertabellen befanden. 1988 betrug der Umfang 2.095 Seiten incl. 339 Seiten ESt-Richtlinien und 140 Seiten zur Einheitsbewertung des Betriebsvermögens/Vermögensteuer ab 01.01.1988.

27) Das BStBl erschien von 1951 bis einschließlich 1967 in drei Teilen (Teil I: 'Veröffentlichungen des Bundesministers der Finanzen', Teil II: 'Veröffentlichungen der Länder', Teil III: 'Veröffentlichungen des BFH'). Seit 1968 erscheinen die vormaligen Teile I und II gemeinsam als Teil I des BStBl ('Veröffentlichungen des Bundesministers der Finanzen und der obersten Finanzbehörden der Länder'); der ehemalige Teil III erscheint nun als Teil II ('Veröffentlichungen des Bundesfinanzhofes').

siebziger und Anfang der achtziger Jahre - der Umfang wieder deutlich höher und liegt annähernd auf den Niveau der frühen sechziger Jahre. Zudem nimmt auch in den letzten Jahren die Kontinuität einer hohen Seitenzahl an Veröffentlichungen zu, 'Erholungspausen' gibt es keine mehr: Eine Periode wie die von 1984 bis 1987, als in jedem Jahr mehr als 1.200 Seiten von den obersten Finanzbehörden des Bundes und der Länder veröffentlicht wurden (1988: 1.027 Seiten), ist bisher einmalig. Unter diesem kurzfristigen Gesichtspunkt ist eine 'Veröffentlichungsflut' durchaus konstatierbar.

7.1.2.2 Die Zunahme der Verweisungen im EStG und den nachgeordneten Vorschriften

Eine Folge des Anwachsens der Nebenvorschriften zum EStG ist die zunehmende Verflechtung der verschiedenen Vorschriftenebenen, sowohl im Hinblick auf die nachrangigen Rechtsnormen und Verwaltungsvorschriften als auch in bezug auf andere Rechtsvorschriften. Nach einer Berechnung der hamburgischen Finanzbehörde waren 1986 allein für die Veranlagung zur Einkommen-, Körperschaft-, Umsatz und Gewerbesteuer als weitere Rechtsgrundlagen neben dem jeweiligen Gesetz und seinen nachgeordneten Vorschriften als weitere Rechtsgrundlagen Vorschriften aus *35 außersteuerlichen Bereichen* zu beachten, die in *82 Gesetzen* enthalten.[28)]

Dazu kam eine beträchtliche Zahl ebenfalls - z.T. rückwirkend anzuwendender - Doppelbesteuerungsabkommen. Augenfälliges Zeichen für diese Verflechtung ist die ständig steigende Zahl der *Verweise* sowohl im Gesetz als auch in den Verordnungen und den Richtlinien. Eine Übersicht über die Entwicklung von drei ausgewählten Paragraphen des Einkommensteuergesetzes zeigt die Zunahme an Verweisen auf; dies sowohl im Gesetz als auch in der Durchführungsverordnung und den Richtlinien (vgl. *Tabelle 7/7*). Es handelt sich dabei um die Paragraphen 4 (Gewinnbegriff des EStG), 21 (Einkünfte aus Vermietung und Verpachtung, und 33 (außergewöhnliche Belastungen). Die Übersicht zeigt eine deutliche Zunahme der Verweise vor allem im Bereich der Einkommensteuerrichtlinien. Im EStG ist zwar der prozentuale Zuwachs höher, aber die größere Zahl der Verweise liegt in den Richtlinien. Hier ist in allen drei Paragraphen eine durchgehende deutliche Vermehrung der Verweisstellen festzustellen. Selbst in dem kurzen Zeitraum von 1979 bis 1984 steigt die Zahl der Verweisungen noch einmal deutlich an. Im EStG selbst sind diese Zuwächse nicht festzustellen.[29)]

---

28) Quelle: Finanzbehörde der Freien und Hansestadt Hamburg.

29) Est (1988: 50f) hat an einem Beispiel belegt, daß in den EStR zum Paragraphen 32 EStG (Nr. 176-182, Stand 1987) an 34 Stellen auf die Abgabenordnung und 11 außersteuerliche Gesetze bezug ge-

Tabelle 7/7: Verweise in ausgewählten Paragraphen des EStG

a) *Verweise im EStG*

§§	1951	1979	1984
4	3	16	25
21	5	6	7
33	1	11	7

b) *Verweise in der EStDV*

§§	1951	1979	1984
4	-	2	2
21	-	51	55
33	9	-	-

c) *Verweise in den EStR*

§§	1951	1979	1984
4	118	330	456
21	63	111	131
33	68	105	135

(Quelle: Auszählung U. Metzger)

In den EStDV zeigen sich auch bei den Buchstabenparagraphen zu den ausgewählten Problemfeldern in den Jahren 1979 bzw. 1984 kaum Verweise; der § 21 ist hier eine Ausnahme. Ein erheblicher Teil der Verweisungen in den Einkommensteuerrichtlinien stammt aus dem Wirkungskreis der höchstrichterlichen Finanzrechtsprechung des BFH (bzw. des RFH). Eine Zuordnung der zitierten Urteile zu ihren Entstehungsperioden[30] zeigt, daß ein wesentlicher Teil der Urteile und Beschlüsse älteren Datums ist (vgl. *Tabelle 7/8*): rund die Hälfte von ihnen

nommen wird (Bundeskindergeldgesetz, BGB, Berufsbildungsgesetz, Entwicklungshilfegesetz, Bundesgrenzschutzgesetz, Bundesvertriebenengesetz, Grundgesetz, Gesetz zur Förderung eines freiwilligen sozialen Jahres, Schwerbehindertengesetz, Wehrpflichtgesetz, Zvildienstgesetz). Dazu kommen 20 Verweise auf Paragraphen des EStG, 10 Urteile des BFH und 13 Verweise auf andere Abschnitte in den EStR, was eine Gesamtsumme von 77 Verweisen ergibt. Ergänzend dazu finden sich weitere 15 Stellen, an denen in den Richtlinien auf den eigentlichen § 32 EStG verwiesen wird.

30) Ausgezählt wurden die Urteile, Beschlüsse und Gutachten des BFH, die Entscheidungen der oberen Finanzgerichte der Nachkriegszeit, sowie Urteile, Beschlüsse und Gutachten des RFH und Bundesverfassungsgerichtsentscheidungen.

war zum Zeitpunkt der Erfassung zwischen zehn und fünfundzwanzig Jahren alt. Ein beträchtlicher Teil, insbesondere in der Rechtsprechung zum § 21 EStG, stammte aus den sechziger Jahren.

Tabelle 7/8: Verweise auf höchstrichterliche Urteile in den EStR 1984 zu ausgewählten Paragraphen des EStG

Entstehungszeitraum	§ 4	§ 21	§ 33
1920-1949	4	3	-
1950-1960	6	14	17
1961-1970	22	37	27
1971-1975	22	11	25
1976-1980	28	29	22
1981-1984	18	6	9
insgesamt	100	100	100

(Quelle: Auszählung U. Metzger; alle Angaben in Prozent)

Das Anwachsen des Normenbestandes innerhalb des Einkommensteuerrechts geht nach dem hier ausgeführten weit über die quantitative Vermehrung - gemessen an der Paragraphen- oder Zeilenzahl und der Änderungshäufigkeit des EStG - hinaus, weil jede Änderung oder Ausweitung des EStG ein noch stärkeres Anschwellen des untergesetzlichen Normenbestandes nach sich zieht. *Ellwein* (1989: 49) hat anhand der zitierten Paragraphen belegt, daß für den Gesetzesvollzug - in diesem Fall für den Vollzug von rund 300 Zeilen Gesetzestext - rund das 28fache an Anordnungen für den inhaltlichen Vollzug erforderlich ist. Dazu kommen noch die Bestimmungen für das Verfahren (im wesentlichen in der AO) und für die EDV-gestützte Bearbeitung. Dieser Grundbestand an Normen wird kompliziert durch eine Vielzahl von Verweisungen, insbesondere in den Einkommensteuerrichtlinien (EStR). Auch diese Verweise vergrößern des Rechtsumfang:

> "Gesetzt den Fall, solche Verweise hätten eine ernstzunehmende Bedeutung, muß man sie mit irgendeiner Rechengröße berücksichtigen. Nimmt man nur 10 Zeilen je Verweis in den Texten der Verwaltungsvorschriften an - die Randverweise kommen hinzu -, treten noch einmal über 12.500 Zeilen dazu (*bei dem Beispiel der §§ 4, 21 und 33 EStG, der Verf.*). Das erlaubt die Feststellung, daß der tatsächliche Vorschriftenbestand im Falle dieser drei Paragraphen um das 40fache bis 70fache umfangreicher ist als der unmittelbar anwendungsgeeignet zu machende Kernbestand an Rechtsvorschriften." (*Ellwein* 1989: 49)

7.2 Qualitative Veränderungen und Mängel im Einkommensteuerrecht

7.2.1 Systematische und sprachliche Mängel des Gesetzes

Neben dem Anwachsen des Normenbestandes erschwert auch die Komplizierung des Einkommensteuerrechts eine gleichmäßige und gerechte Rechtsanwendung durch die Bearbeiter in den Steuerverwaltungen. Als erster Problemschwerpunkt sind hier Mängel und Lücken im Gesetz zu nennen. Solche Mängel liegen sowohl im äußeren Aufbau und der Struktur des EStG als auch im sprachlichen Stil und den normfremden Einschüben in den Einzelbestimmungen.[31)]

Übersicht 7/9: Äußere Gliederung des EStG (nach Überschriften)[32)]

EStG 1950		EStG 1977		EStG 1988	
I	Steuerpflicht	I	Steuerpflicht	I	Steuerpflicht
II	Einkommen	II	Einkommen	II	Einkommen
III	Veranlagung	III	Veranlagung	III	Veranlagung
IV	Tarif	IV	Tarif	IV	Tarif
V	Entrichtung der Steuer	V	Steuerermäßigungen	V	Steuerermäßigungen
		VI	Steuererhebung	VI	Steuererhebung
VI	Besteuerung nach dem Verbrauch	VII	Besteuerung nach dem Verbrauch	VII	(*weggefallen*)
VII	Besteuerung beschränkt Steuerpflichtiger	VIII	Besteuerung beschränkt Steuerpflichtiger	VIII	Besteuerung beschränkt Steuerpflichtiger
VIII	Schlußvorschriften	IX	Sonstige Vorschriften Ermächtigungs- und Schlußvorschriften	IX	Sonstige Vorschriften Ermächtigungs- und Schlußvorschriften

Der erste, deutlich sichtbare Problembereich hinsichtlich der Unübersichtlichkeit des EStG liegt im äußeren Aufbau des EStG. Es ist schon ausgeführt worden, daß die äußere Struktur des EStG sich seit den Reformen von 1925 und 1934[33)] kaum gewandelt hat. Die Hauptgliederung der Gesetzesteile hat sich auch während des Bestehens der Bundesrepublik bis heute nahezu unverändert erhalten (vgl. *Übersicht 7/9*). Innerhalb dieser Grobstruktur ist ein Großteil der Paragraphen an der gleichen Stelle verblieben. Sie wurden bei Bedarf durch das Anfügen von zugeord-

31) In diesem Teil folgt die Darstellung im wesentlichen den Ausführungen von Raupach (1985: 25 ff).

32) Struktur des EStG 1950 und 1977 nach Schlicht (1982: 48).

33) Vgl. Metzger/Weingarten (1989: 144 ff und 152 ff).

neten Paragraphen ergänzt - die schon erwähnten *Buchstabenparagraphen.* Auch innerhalb der ursprünglichen und der ergänzten Paragraphen des Einkommensteuergesetzes wurden Hinzufügungen und Einschübe sowie Untergliederungen unterhalb der gebräuchlichen Aufteilung (Paragraph, Absatz, Satz, Nummer) durch die *Hinzufügung von Buchstaben* kenntlich gemacht. Hier zeigt sich das Problem, daß - entgegen den Leitlinien der Gemeinsamen Geschäftsordnung der Bundesministerien - die Buchstaben nicht nur als Untergliederungen von Nummern verwandt werden, sondern zunehmend auch *Absätze und Nummern mit Buchstabenzusätzen* benutzt werden. Dies kann u.U. zu Verwechslungen führen.[34] Als erschwerend erweist sich, wenn vor die Absatzgliederung ein *Vorsatz* gestellt wird, im dem Anwendungshinweise gegeben werden, wie etwa bei § 53a EStG 1979. Die Zitierung wird hier "nahezu unmöglich" gemacht (*Raupach* 1985: 25).

Neben solchen systematischen Mängeln enthält das Steuerrecht - und insbesondere auch das EStG - eine Vielzahl von sprachlichen Problemen. Auf die Arbeit von *Schlicht* (1982) zur tendenziellen Verlängerung der einzelnen Sätze, der Zunahme der Worte und der komplizierten grammatikalischen Konstruktionen im EStG ist schon hingewiesen worden.[35] Darüber hinaus enthält das EStG eine Reihe von sprachlich kaum verständlichen oder vagen Konstruktionen, die die Anwendung des Gesetzes zusätzlich erschweren. Unter diesen komplizierten Konstruktionen sind im wesentlichen zu nennen:

- die Technik der *doppelten und dreifachen Verneinung* (.. gilt für Einkünfte die nicht stammen aus... es sei denn/soweit nicht/ausgenommen...), die in komplizierten Regel-Ausnahmeverhältnissen mehrfache Ausnahmen zu normieren versuchen;
- die *uneinheitliche Verwendung von Begriffen in derselben Vorschrift*, etwa dann, wenn ein Vorgang und der Gegenstand, auf den sich dieser Vorgang bezieht, mit demselben Begriff bezeichnet werden (*Raupach* 1985: 29). So wurde das Wort 'Einkünfte' in § 22 EStG 1981 12mal benutzt, "allerdings mit drei verschiedenen Bedeutungsgehalten" (*Messmer* 1981: 12);
- die *Verwendung vager Tatbestandsmerkmale*, etwa in dem Sinne, daß eine bestimmte Konstellation '(nicht) unwahrscheinlich' sei:
- die *ungeeignete Einschränkung von Begünstigungstatbeständen*, um den Einsatz begünstigter Wirtschaftsgüter für nichtbegünstigte Zwecke auszuschließen; dies aber in einer Form die - beispielsweise aufgrund wirtschaftlicher oder technischer Entwicklungen - oftmalige Änderungen zwangsläufig nach sich zieht;

34) Raupach (1985: 25) nennt als Beispiel den § 22 EStG (Sonstige Einkünfte) mit § 22 Nr.1a EStG (Leibrenten als sonstige Einkünfte) und § 22 Nr. 1a) (Einkünfte aus Unterhaltsleistungen).

35) Vgl. Kap. 7.1.1.2, FN 21.

- der *unklare Gebrauch gesetzlicher Vermutungen* im Zusammenhang mit der Regelung von Beweisfragen, um dadurch etwa Amtsermittlungen überflüssig zu machen, wenn bei Verwirklichung steuermindernder Tatbestände dem Steuerpflichtigen die Beweislast abgenommen werden soll, dies aber in einer Form geschieht, die keine klaren Zuordnungen beinhaltet (*Raupach* 1985: 31f);
- der *unklare Gebrauch gesetzlicher Analogien*, wenn eine 'entsprechende' oder 'sinngemäße' Anwendung einer Norm gefordert wird. Hier besteht gerade hinsichtlich der gegenseitigen Abgrenzung dieses Begriffspaares und einer möglichen Über- oder Unterordnung Unsicherheit;
- die *richtige Wortstellung* innerhalb eines Paragraphen, da u.U. ein Wort je nach seiner Einordnung in einem Satz dessen Regelungsgehalt völlig verändern kann;
- das Vorhandensein von *unscharfen Kollisionsnormen*, die den Kollisionsfall, also den Fall, der unter zwei Normen fällt, genau abgrenzen sollen, dies aber nicht mit Klarheit regeln:
- die Benennung *unklarer Konkurrenzverhältnisse*, insbesondere mittels der Zuordnung einer Geltung 'unbeschadet anderer Vorschriften';
- die *Bevorzugung von Generalklauseln*, wenn gelegentlich klare Regelungen unterlassen werden, um der "(wahrscheinlich begründeten) Furcht zu begegnen, daß Steuerpflichtige die klarere Regelung eines Gesetzes bis an die Grenze für sich ausnutzen könnten" (*Raupach* 1985: 35);
- die Regelung *systemfremder Rechtsfragen* im EStG, so etwa in der Aufnahme eindeutig genossenschaftsrechtlicher oder tarifvertragsrechtlicher Vorschriften in das Einkommensteuergesetz;
- die *Unklarheiten bei den Anwendungsvorschriften*, was sich insbesondere in der Festlegung des erstmals nach der neuen bzw. geänderten Norm zu behandelnden Veranlagungszeitraumes niederschlägt. § 52 EStG ('Schlußvorschriften') wird hiervon besonders in Mitleidenschaft gezogen:

> "Die Schlußvorschrift des EStG wird durch jedes einzelne Änderungsgesetz zum EStG geändert. Durch Aufnahme der jeweiligen Übergangsregelungen, die die erstmalige Anwendung neu eingeführter und die letztmalige Anwendung geänderter Vorschriften regeln, unterliegt § 52 EStG einer dauernden Änderung seiner Absatzfolge. Soweit § 52 EStG in früheren Fassungen enthaltene Anwendungsregelungen einzelner Vorschriften des EStG *nicht mehr enthält*, gelten diese Anwendungsvorschriften gleichwohl weiter. Ihr Aufsuchen ist dann zeitraubend und umständlich, außerdem kann nie auf die Vollständigkeit des § 52 EStG vertraut werden." (*Raupach* 1985: 38)

7.2.2 Vermutete Ursachen für das Anwachsen und die Komplizierung der Vorschriften

7.2.2.1 Das EStG als gesellschafts-, verteilungs- und konjukturpolitisches Steuerungsinstrument

Die geschilderten Fehlentwicklungen des Normenbestandes sowohl in quantitativer als auch in qualitativer Hinsicht stellen kein einkommensteuerspezifisches Problem dar. Schwierigkeiten hinsichtlich der Unüberschaubarkeit, der mangelnden Verständlichkeit und der fehlenden Systematik finden sich in vielen Rechtsgebieten. Die Diskussion um eine Gesetzes- und Normenflut spielt sich nicht nur auf dem Gebiet des Einkommensteuerrechts ab. Wohl aber ist das Einkommensteuerrecht in besondere Weise von dieser Problematik betroffenen, weil es einerseits in seiner Gültigkeit für weite Kreise der Bevölkerung als 'Massenrecht' zur Anwendung kommt und weil andererseits aufgrund dieses Einkommensteuerrechts erhebliche staatliche Eingriffe sowohl in die Gesamtverteilung des Einkommens in der Bundesrepublik (mit deutlich umverteilendem Charakter) als auch in das dem einzelnen zu Verfügung stehenden Einkommen unternommen werden. Das Einkommensteuerrecht dient neben dem fiskalischen Zweck der Beschaffung von Finanzmitteln für den Staat in deutlicher Weise auch Zielen aus Bereichen der Wirtschafts-, Sozial- und Kulturpolitik[36] wie auch der allgemeinen und speziellen Konjunkturförderung. Das hat direkte Folgen für das Gesamterscheinungsbild und die Praktikabilität des gegenwärtigen Einkommensteuerrechts:

> "Obwohl das Einkommensteuerrecht an die Leistungsfähigkeit der natürlichen Person anknüpft, ist es ein chaotisch-zerklüftetes Einkünfteartenrecht mit Gruppenprivilegierungen, vielen Wahlrechten und einem Gemenge aus Steuerbelastungsvorschriften und entlastenden Subventionsvorschriften." (*Tipke* 1983a: 76)

Ein Hauptbestandteil dieser Nebenregelungen stellt die versteckte Subventionierung von Wirtschaftssubjekten dar. Diese Subventionierung erweist sich als "eine der Hauptursachen für die Komplizierung unseres Steuerrechts" (so *Hartz* schon 1965: 91). *Messmer* (1981: 10) hat die Formen der wirtschafts- und sozialpolitisch motivierten Subventionen in folgende Gruppen unterteilt:

- unmittelbare persönliche Leistungen aus Steuermitteln, Zulagen und Vergütungen,
- persönliche Steuerbefreiungen,
- die Minderung der Steuerschuld,

36) Als Fallstudie für den Bereich der Familienförderung im Rahmen der Steuerpolitik vgl. Est (1988).

- steuerfreie Rücklagen, Bewertungsfreiheit und Sonderabschreibungen.[37]

Tabelle 7/10: Umfang der geplanten Subventionen 1988 in Mio DM

Finanzhilfen des Bundes		Steuervergünstigungen	
Ansatz	Umfang	Ansatz	Umfang
Berlinverkehr	630	Sonn-, Feiertags-, Nachtarbeit	1.140
Dieselverbilligung	660	Kultur	1.370
Wohnungsbauprämien	870	Arbeitnehmersparzulage	1.490
Luftfahrttechnik	940	Sonderabschr. Mittelstand	1.500
Agrarstruktur	1.172	Zonenrand	1.800
Sozialer Wohnungsbau	1.813	USt Landwirte	2.950
Wohngeld	2.132	Wohnungseigentum	5.400
Kokskohlenbeihilfe	2.400	Berlinförderung	9.172

(Quelle: *Süddeutsche Zeitung*, 20./21.02.1988, alle Angaben in Mio. DM)

Die Einkommensteuer eignet sich in besonderer Weise als gesellschafts- und verteilungspolitsches Steuerungsinstrument, da sie nach mehrheitlicher Meinung nicht überwälzbar ist. Unter den größten Steuervergünstigungen des Jahres 1988 finden sich gleich mehrere aus dem Bereich der Einkommensbesteuerung (vgl. *Tabelle 7/10*). Das Volumen der indirekten Steuervergünstigungen mit Subventionscharakter überwiegt dabei deutlich das der direkten Finanzhilfen des Bundes: Die acht größten Steuervergünstigungen summieren sich zu 24,8 Milliarden DM, die acht größten Finanzhilfen betragen weniger als die Hälfte, lediglich 10,6 Milliarden DM. Nach Aufgabenbereichen gegliedert, entfielen von den 1988 eingerechneten Steuervergünstigungen rund 3,9 Mrd. DM auf den Bereich Ernährung, Landwirtschaft und Forsten, 16,3 Mrd. DM auf die gewerbliche Wirtschaft (davon 11,8 Mrd. DM für regionale Strukturmaßnahmen), 1,2 Mrd. DM auf den Bereich Verkehr, 8,5 Mrd. DM auf Wohnungswesen und Städtebau, rund 3 Mrd. DM auf Sparförderung und Vermögensbildung. Die zur Gesamtsumme der Steuervergünstigungen von 36.146 Millionen DM fehlenden 3,3 Mrd. DM verteilten sich auf andere Steuervergünstigungen.[38] Von den rund 33,1 Mrd. DM Gesamtsteuervergün-

37) Zur prinzipiellen Definition und zur Abgrenzung einzelner Gruppen von Steuervergünstigungen vgl. auch Gottwald (1988) und Tipke (1989a).

38) Daten des 11. Subventionsberichts, zit. nach Buckard (1988: 347). In diesen Zahlen nicht enthalten sind u.a. ein Sonderabzug von 18,4 Mrd. DM für gesetzliche Rentenversicherungen und von 2,7 Mrd. DM für private Lebensvericherungen sowie 870 Mio. DM für Prämien nach dem Wohnungsbau-Prämiengesetz; vgl. 'Elfter Subventionsbericht: Letzter Akt vor der Bewährung', in: Die Steuer-Gewerk-

stigungen wurden rund 9,3 Mrd. DM als Abschreibungsvergünstigungen gewährt. Gerade in der zweiten Hälfte der achtziger Jahre haben die Steuervergünstigungen im Verhältnis zur Subventionierung durch direkte Finanzhilfen "eine nie dagewesene Bedeutung erlangt" (*Gottwald* 1988: 244).

Aus der Betonung des Steuerungscharakters der Einkommensteuer heraus muß eine Änderung des politischen Willens sich zwangsläufig auch in einer partiellen Zieländerung der Besteuerung nach dem EStG und damit wiederum mehr oder weniger direkt in einer Änderung des Normenbestandes äußern. Aber auch ohne eine Willensänderung des Gesetzgebers kann allein aus der Änderung der Verhältnisse in einem vernetzten, gegenüber Umwelteinflüssen offenen Rechtsgebiet wie dem des Einkommensteuerrechts, der Gesetzgeber zum Handeln gezwungen werden:

> "Die Verhältnisse und Wertungen, die einer aus nichtsfiskalischen Gründen getroffenen Regelung zugrunde liegen, können sich im Laufe der Zeit ändern. Dadurch kann eine ursprünglich mit einiger Berechtigung gewährte Steuerbegünstigung oder -vergünstigung zu einem gleichheitswidrigen Privileg werden. Dann ist der Gesetzgeber zu erneuter Aktivität aufgerufen. Bleibt er untätig, so können weitere Gruppen verlangen, in das Privileg einbezogen zu werden, damit die gestörte Gleichheit wiederhergestellt werde. Gleichgelagert sind Fälle, in denen eine Gruppe eine Steuerbegünstigung oder -vergünstigung erkämpft hat, die von vorneherein dem Grunde oder der Höhe nach nicht gerechtfertigt war. Die Ruhelosigkeit und Kompliziertheit des modernen Steuerrechts müssen hiernach in besonderem Maße als strukturell bedingt angesehen werden." (*Püschel* 1978: 251)

Widersprechen die im EStG sich widerspiegelnden Zielvorgaben einander oder sind sie - aufgrund unklarer oder lediglich additiv verbundener, weil nur auf Partikularinteressen beruhender Einzelformulierungen - nur noch eingeschränkt durchführbar, nimmt gleichzeitig auch die Steuerungsfunktion des Einkommensteuerrechts ab. Das EStG als Steuerungsinstrument gesellschaftlicher und wirtschaftlicher Prozesse ist also in besondere Weise auf einen direkten und vollständigen Vollzug angewiesen: Ist dieser - objektiv oder in der subjektiven Einstellung der rechtsanwendenden Bearbeiter - nicht mehr zu leisten, verliert das EStG als aktuelles Steuerungsmedium seinen Zweck und ist dann nur noch eine willkürliche Zusammenstellung von generellen Regelungen und fragwürdigen Ausnahmen.

Ein Teil der Ursachen für die Komplizierung des Einkommensteuerrecht liegt im steigenden Regelungsbedarf einer hochentwickelten Industriegesellschaft wie der der Bundesrepublik mit einer wachsenden Komplexität der Lebensverhältnisse, die

schaft (DStG), Nr. 5/1988: 57-60 (58, Übersicht 2). Zum Umfang und zur Herkunft der konkreten Subventionen vgl. Gottwald (1988); zur Nichterfassung von Steuervergünstigungen bei der Einkommensbesteuerung generell vgl. Albers (1988).

- etwa aufgrund der Veränderungen der Arbeitsgesellschaft mit den sich verschiebenden Gewichten von bezahlter Erwerbsarbeit und unbezahlten Tätigkeiten - schon aus dem Aspekt der Einzelfallgerechtigkeit heraus detaillierte Bestimmungen fordert. Ein anderer Teil der Komplizierung ist als Preis für die aus Gründen der Demokratisierung des Staatsaufbaus und der föderalen Zuordnung der Steuergesetzgebungs-, -ertrags-, und -verwaltungshoheit festgeschriebene Verwaltungshoheit der Länder auf dem Gebiet der Besteuerung zu bezahlen. Das Hineinwachsen in die Europäische Gemeinschaft mit weiteren Vereinheitlichungs-, aber auch Spezialisierungsnotwendigkeiten tut hier ein übriges. Andererseits gibt es auch Belege dafür, daß die Komplizierung des Steuerrechts keine ausschließliche Entwicklung der letzten Jahre und Jahrzehnte ist. So beklagte der spätere Vorsitzende der Deutschen Steuergewerkschaft, *H. Fredersdorf*, schon 1956 auf einer Arbeitstagung die "Kompliziertheit und den ständigen Wechsel der Vorschriften, ... die Hochflut der Verwaltungsanordnungen und ... die vielen Sonderbegünstigungen, die die Handhabung des Steuerrechts schon seit Jahren so sehr erschweren".[39] Und schon im Rahmen des Finanzberichtes für 1966 wies der Bundesminister der Finanzen darauf hin, "daß den anfänglich zu Recht gewährten Finanzhilfen die Tendenz innewohne, zu Dauereinrichtungen zu werden" (*Püschel* 1978: 251).

In den modernen Steuergesetzen spiegeln sich zudem auch die in der praktischen Gesetzeserarbeitung auftauchenden, einander teilweise widerstrebenden Interessen wider, die oft innerhalb desselben Gesetzes, jedenfalls aber zwischen verschiedenen Steuergesetzen auftauchen. Die Gesetze lassen oftmals die unterschiedlichen Interessenlagen und die darin begründeten verschiedenen Zielsetzungen erkennen ("Paketlösungen"; *Hill* 1987: 245). *Brinkmann* (1982: 126) sieht denn auch die Gefahr, daß der Steuergesetzgeber versucht ist, aus den Steuergesetzen einen "Gemischtwarenladen" zu machen, "bei dem jeder aus dem Steuerkuchen das Stück herausholt, was ihm gerade paßt." Diese Durchdringung der Steuergesetze mit politischen Zielvorgaben macht *Lotz* (1982: 89) für die hohe Änderungshäufigkeit der Gesetze verantwortlich, die nicht gründlich durchdachte, unpräzise Normen zur Folge habe und deshalb "ihrerseits wiederum Gesetzesänderungen involviert". *Lotz* (1982: 93f) sieht als ersten Grund für die Kompliziertheit des heutigen Steuerrechts den *hohen Finanzbedarf des Staates* und die damit verbundene hohen Steuersätze. Neben den rein fiskalischen Gesichtspunkten muß dabei auch der Gesichtspunkt der "gerade noch erträglichen Steuerbelastung" (ders. 1982: 94) berücksichtigt werden: je höher die Steuerbelastung liegt, um so notwendiger muß die Möglichkeit zu individuellen Ausnahme von diesen Steuerbestimmungen geschaffen werden. Um die Vergünstigungen aber nur denjenigen zukommen zu lassen,

39) Zit. nach Kempf (1956: 50)

die im Gesetz dafür gedacht sind, müssen der Finanzverwaltung präzise Auslegungsvorhaben gemacht werden. Daraus folgt,

> "... daß hohe Steuersätze ihrerseits Ausnahmevorschriften involvieren. Diese erfordern, um nicht ungerecht zu werden, zusätzliche Verwaltungsvorschriften. Damit ist aber bereits der Weg zu einer weiteren Komplikation des Gesetzgebungsverfahrens und der dieses Verfahren ergänzenden Verwaltungsanweisungen eingeschlagen." (*Lotz* 1982: 94)

Ein bedeutsames Problem des heutigen Steuerwesens ist nach der Argumentation von *Tipke* (1980: 207) und *Lotz* (1982: 97) der *Perfektionismus* im Steuerrecht. Er führt dazu, daß unter den Gesetzesanwendern als auch den vom Gesetz Betroffenen zunehmend Unklarheit über Inhalt und Zusammenhang der steuergesetzlichen Regelungen herrscht. *Tipke* sieht den Grund für diesen Perfektionismus in dem Bestreben, eine Materie des Steuerrechts möglichst umfassend, abschließend und erschöpfend zu regeln, und zwar mit Hilfe einer Regelung, die "in hohem Maß ins Detail geht." Um dieses Bestreben umzusetzen, versucht der Gesetzgeber, die Gleichmäßigkeit der Besteuerung dadurch herzustellen, daß eine Regelung entwickelt wird, die alle möglichen 'Schlupflöcher' zu verstopfen sucht, um die Umgehung der Besteuerung zu verhindern. Damit wird aber das Steuerrecht immer komplizierter. In dieser Situation können auch eigentlich steuerentlastende Maßnahmen das Gesamtsystem der Einkommensbesteuerung weiter komplizieren: Der Finanzbericht des Bundes für 1989 (*BMF* 1988: 206 ff) nannte für die Entlastungen im Rahmen der Steuerreform 1990 neben *sieben grundsätzlichen Neuregelungen* des Tarifs, der Progressions- und Eingangsbereiche der Besteuerung sowie der Änderung von Freibeträgen bzw. sonstigen Einzelbeträgen *neunundzwanzig weitere Einzelmaßnahmen* die sich in Änderungen des Einkommensteuergesetzes niedergeschlagen haben (darunter so schwerwiegende Verfahrensänderungen wie die - später zurückgezogene - Einführung des Quellenabzugsverfahrens im Rahmen der Erfassung von Kapitalerträgen)!

7.2.2.2 Das Zustandekommen von Steuergesetzen

Die aus der Bedienung zahlloser Einzelinteressen herrührende Zersplitterung des Steuerrechts im allgemeinen und des Einkommensteuerrecht im besonderen wird zu einem wesentlichen Teil dem Verfahren beim Zustandekommen dieser Gesetze zugesprochen. *Raupach* (1985: 41) faßt diese Kritikpunkte dahingehend zusammen, daß die "Verlagerung von Gesetzgebungskompetenzen auf Ausschüsse, 'Zirkel und Kränzchen' außerhalb des Parlaments" an der Misere des Steuerrechts mitschuldig sei. *Raupach* relativiert diese 'Grobüberschrift' dahingehend, daß letztlich wohl kein Zweifel daran bestehen kann, daß das zuständige Parlament, in Fragen des

Einkommensteuergesetzes also der Bundestag, als Gesetzgeber die Steuergesetze - ggf. mit der Zustimmung des Bundesrates - verabschiede. Aber zwei wesentliche Ansatzpunkte für eine informelle Herausnahme der Entscheidung über Steuergesetze sieht *Raupach* (1985: 41):

- in der Vorverlagerung der politischen Entscheidung in das Vorfeld des Gesetzgebungsvorhabens und
- bei der eventuellen Einschaltung des Vermittlungsausschusses wegen einer fehlenden Zustimmung des Bundesrates.

Die Regierungsbildung durch Koalitionsparteien kann diese Problemstellungen verschärfen. *Raupach* merkt dazu an, daß solche Mechanismen unabhängig von der Zusammensetzung der Bundesregierung Gültigkeit besitzen. Der Regierungswechsel von 1982 hat daran nicht geändert: Die Anmerkung des ehemaligen Steuerexperten der CDU/CSU-Bundestagsfraktion, *Kreile* (1977: 2), aus der Zeit der sozialliberalen Koalition, der Finanzausschuß des Bundestages werde immer mehr zum Notar, der Beschlüsse protokolliere, "die in Zirkeln und Kränzchen der Koalitionsfraktionen gefaßt worden sind", trifft in einer Bundesregierung, die aus drei Parteien gebildet wird, offenkundig noch deutlicher zu als früher.[40] Prinzipiell sind solche politischen Absprachen im Vorfeld und während des Gesetzgebungsprozesses weder unter demokratietheoretischen, noch unter Effizienzgesichtspunkten zu kritisieren: Es ist Sache des Bundestages, seine verfassungsmäßigen Kompetenzen gegenüber der Regierung durchzusetzen. Kritisch im Blick auf die hier zu untersuchende Verständlichkeit und Praktikabilität der Steuergesetze aus der Sicht der Anwender wird es erst dadurch, daß eine Vielzahl von - in den informellen Abstimmungsgremien formulierten und durchgesetzten Partikularinteressen - das *grundsätzliche Ziel* und den *logischen inneren Zusammenhang* eines Normensystems wie es das Einkommensteuerrecht in der Bundesrepublik darstellt, in den Hintergrund treten läßt.

Auch das formelle Gesetzgebungsverfahren - während der Formulierungsphase und während der Beratungen im Parlament - bietet mannigfaltige Einflußmöglichkeiten von außen. Sowohl bei den Anhörungen in der Vorbereitung eines Gesetz-

40) Die Diskussionen im Vorfeld der Steuerreform 1990 bieten zuhauf Beispiele für beide Formen der Herausverlagerung der tatsächlichen Entscheidungskompetenz aus dem Bundestag. Als bekannteste Beispiele seien nur genannt: die Steuerbefreiung für Flugbenzin (Vorabentscheidung in Koalitionsgremien, offenkundig nur widerwillige Zustimmung der Parlamentsmehrheit mit der festen Versicherung, die getroffene Regelung alsbald wieder abzuändern) und der dem ursprünglichen Willen von Regierung und Parlamentsmehrheit zuwider laufende Kompromiß bei der - letztlich eingeschränkten - Besteuerung von Sachleistungen von Unternehmen wie etwa Jahreswagen (Erkaufen der Zustimmung eines Bundeslandes zur Sicherung der Mehrheit für das Gesetz insgesamt im Bundesrat).

gebungsverfahrens als auch während der Beratungen können Verbände bzw. Interessenvertreter in erheblicher Weise Einzelbestimmungen beeinflussen. Dazu kommt die starke personelle und ressourcenmäßige Überlegenheit des Finanzministeriums gegenüber den Mitgliedern des Finanzauschusses des Bundestages.[41] Im Regelfall kombinieren sich die geschilderten Schwierigkeiten:

> "Im Vorfeld des Parlaments und weitgehend außerhalb des Fachministeriums wird eine politische Entscheidung getroffen, sie wird im Fachministerium zu einem Referentenentwurf verdichtet, der ... im Finanzausschuß durchgesetzt wird." (*Raupach* 1985: 44)

Tabelle 7/11: Gesetzesinitiativen zum EStG in der 10. Wahlperiode des Bundestages (1983-1987)[42]

Initiator	Zahl der Initiativen	davon verkündet*
Regierung	19	16
Fraktionen	11	2
Bundesrat	14	1

* ohne Zustimmung

Die Dominanz der Regierungsvorlagen im Bereich der Einkommensbesteuerung spiegelt sich auch in der Zahl der erfolgreichen, d.h. verabschiedeten Gesetzesinitiativen zum EStG wider (vgl. *Tabelle 7/11*). Hier zeigt sich deutlich, daß obwohl Bundesregierung, Fraktionen und die Länder (über den Bundesrat) annähernd gleichviel Initiativen in das Gesetzgebungsverfahren einbrachten, *die große Mehrzahl der letztlich verkündeten Gesetzesänderungen von der Regierung angeregt* wurde. Mehr als drei Viertel ihrer Vorlagen wurden letztlich als Gesetz verkündet. Von den Vorlagen der Fraktionen war es nur ein Fünftel, von denen des Bundesrates nur eine einzige (von 14).

41) Auf die Problematik sich verschärfender Ungleichgewichtigkeiten der parlamentarischen Beratungen (Häufung der zu beratenden Vorlagen am Jahresende und gegen Ende der Legislaturperiode) weist Kreile (1977: 4) hin. Zu Aufgaben und Arbeitsweise des Finanzausschusses des Bundestages generell vgl. Gattermann (1988) und Beichelt (1990).

42) Quelle: Deutscher Bundestag/Bundesrat (Hg.), Stand der Gesetzgebung des Bundes. Verkündete Gesetze und nicht Gesetz gewordene Entwürfe, Baden-Baden 1987.

7.3 Die zunehmende Bedeutung der Einkommensteuer in der Bundesrepublik und die Folgen für die Durchführung der Besteuerung

7.3.1 Strukturelle Rahmendaten der Besteuerung nach dem EStG

7.3.1.1 Die tragende Rolle der Einkommensteuer im Steuersystem der Bundesrepublik

Die Steuerbelastung in der Bundesrepublik erweist sich beim Vergleich von absoluter Höhe und Zuwachsraten des Bruttosozialproduktes mit der Entwicklung der Steuereinnahmen insgesamt als weitgehend konstant: die *volkswirtschaftliche Steuerquote* (der prozentuale Anteil der kassenmäßigen Steuereinnahmen in einem Jahr am nominalen Bruttosozialprodukt dieses Jahres) stieg von 22,6 % (1960) über 22,8 % (1970) und 23,5 % (1975) auf den bisherigen Höchststand von 24,6 % 1980. 1982 sank die Steuerquote deutlich auf 23,7 % und nimmt seither ab (1988: 23,0 %). Im Rahmen der Steuerentlastungen der Jahre 1986 bis 1988 ist mit einem Absinken der volkswirtschaftlichen Steuerquote auf etwa 22,9 % zu rechnen (*Buckard* 1988: 344).[43] Angestiegen ist hingegen auch seit 1982 die *Lohnsteuerquote* (Anteil des LSt-Aufkommens an der Bruttolohn- und -gehaltssumme). Sie betrug 1961 noch 7,18 %, 1969 10,01 % und 1980 15,54 %. Danach setzte sich die Zunahme über 16,0 % (1982), 17,6 % (1985) auf 17,7 % (1988) fort. Durch die Steuerreformen 1986/90 kann diese Quote für 1990 voraussichtlich auf rund 17 % zurückgeführt werden.[44] Ohne die Entlastungswirkungen im Rahmen der Steuerreformen von 1986 bis 1990 wäre die Lohnsteuerquote schon 1987 auf 19,1 % und bis 1990 voraussichtlich auf 20,4 % gestiegen.

Der Anteil der Steuern vom Einkommen insgesamt[45] am Gesamtaufkommen des Kalenderjahres betrug 1984 46,9 % und 1986 49,2 % (*BMF* 1987: 80). Darunter ist seit 1972 die *Lohn- und Einkommensteuer* zugleich die aufkommenstärkste Steuer in der Bundesrepublik. Ihr Anteil am Gesamtsteueraufkommen hat sich von 29,7 % (1962) auf 41,6 % (1987) erhöht. Der Anteil liegt seit 1974 durchgängig über 40 % (vgl. *Übersicht 7/13*).

---

43) Nach den Ergebnissen des Arbeitskreises 'Steuerschätzungen' vom Sommer 1989 (88. Sitzung) wird die volkswirtschaftliche Steuerquote 1991 22,75 %, 1992 23,03 % und 1993 23,12 % betragen; vgl. 'Steuerrecht aktuell - Steuerschätzungen' in: Deutsche Steuer-Zeitung (DStZ), Nr. 13-14/1989.

44) Vgl. BMF (1985: 81) und 'Lohnsteuer: Die Entlastungen', in: Handelsblatt, 19.07.1989 (beruhend auf Berechnungen des Instituts der deutschen Wirtschaft).

45) Lohnsteuer, veranlagte Einkommensteuer, nicht veranlagte Steuern vom Ertrag, Körperschaftsteuer, Ergänzungsabgabe zur Einkommensteuer und zur Körperschaftsteuer.

Tabelle 7/12: Verhältnis von direkten und indirekten Steuern in der Bundesrepublik

Jahr	Steueraufkommen insgesamt**	Steuern vom Einkommen *direkte Steuern** zusammen	darunter: Steuern vom Einkommen	Steuern auf die Eink.-verwendung *indirekte Steuern** zusammen	darunter: Steuern vom Umsatz
1952	33,2	51,6	33,8	48,4	27,2
1962	86,4	56,0	38,8	44,0	24,4
1972	197,0	55,9	43,2	44,1	25,4
1977	299,4	62,1	49,0	37,9	22,1
1980	365,0	58,5	47,6	41,5	26,9
1982	378,7	57,9	47,6	42,1	27,2
1983	396,6	56,8	46,8	43,2	28,3
1984	414,4	56,6	46,9	43,4	28,3

* in vH des Steueraufkommens
** in Mrd. DM

(Quelle: *Buckard* 1985: 192)

Den bisherigen relativen Höchststand erreichte das Aufkommen der Einkommensteuer (in beiden Erhebungsformen) im Jahre 1977 mit einem Anteil von etwa 42,5 % am Gesamtsteueraufkommen in der Bundesrepublik. Seither ist der Anteil auf Werte zwischen 40 % und 41 % des Gesamtsteueraufkommens zurückgegangen. Ein deutliches Anwachsen des ESt-Anteils am Steueraufkommen, wie es für die erste Hälfte der siebziger Jahre zu beobachten war, zeigt sich nicht mehr. Allein im Jahre 1987 lag der Anteil der ESt am Gesamtsteueraufkommen mit rund 41,6 % deutlich über dem Durchschnitt der letzten Jahre.

Deutlich ist in den letzten Jahrzehnten eine "Verschiebung der Steuerbelastungsstruktur" (*Lietmeyer* 1983: 158) in der Bundesrepublik mit einer Zunahme des Gewichtes der *direkten Steuern* und insbesondere der *Einkommensteuer* am Gesamtsteueraufkommen zu erkennen (vgl. *Tabelle 7/12*). Dieser Trend setzte sich auch in den achtziger Jahren fort (vgl. *Hansmeyer/Bretschneider* 1986: 478).

Übersicht 7/13: Anteil der Einkommensteuer am Gesamtsteueraufkommen in der Bundesrepublik (1970-1987)

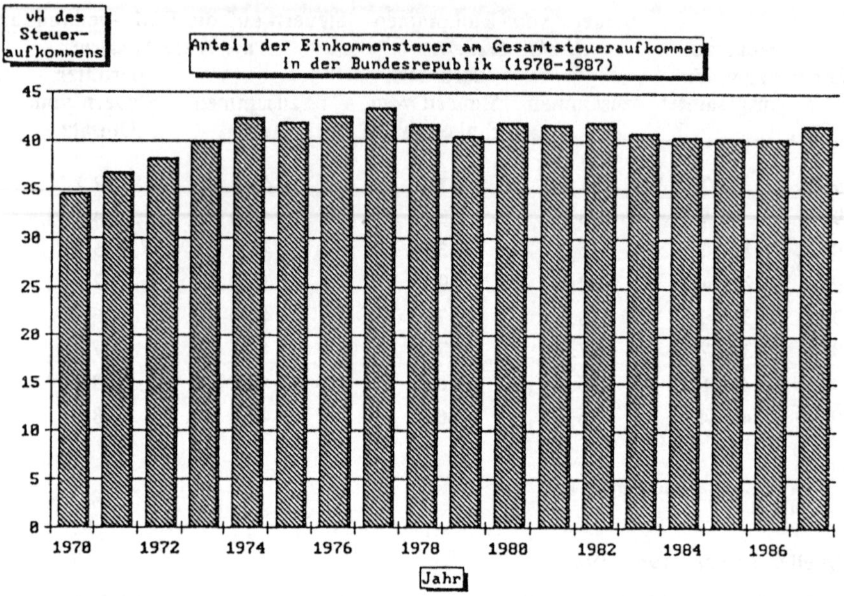

(Quelle: *Klein* (1985: 21); *Hansmeyer/Bretschneider* (1986: 476 f); für 1987: Handelsblatt, 23.06.1988)

Vom Gesamtsteueraufkommen von 468,2 Mrd. DM in der Bundesrepublik 1987 erbrachte allein die Lohnsteuer 35,08 % und die veranlagte Einkommensteuer 6,56 %, insgesamt also etwa *41,6 % des Gesamtsteueraufkommens*. Aus der Körperschaftsteuer resultierten weitere 5,83 % der Gesamtsumme.[46] Die Lohn- und Einkommensteuer erwies sich damit als die bei weitem aufkommenstärkste Steuerart im bundesdeutschen Steuersystem. An zweiter Stelle lag die Umsatzsteuer mit rund 25,38 % des gesamten Steueraufkommens für 1987. Allein Lohn- und Einkommensteuer sowie Umsatzsteuer erbringen also mehr als zwei Drittel des Steueraufkommens in der Bundesrepublik. Verändert haben sich hier im letzten Jahrzehnt deutlich die Relationen *innerhalb* des gesamten Einkommensteueraufkommens: 1980 erbrachte die Einkommensteuer in der Erhebungsform der Lohnsteuer 30,6 % des Gesamtsteueraufkommens, die veranlagte ESt erbrachte 10,1 %. Damit war der

46) Zahlenangaben nach Handelsblatt, 23.06.1988

Anteil der Lohnsteuer am Gesamtsteueraufkommen ungefähr drei mal so hoch wie derjenige der veranlagten Einkommensteuer. Während sich der Anteil der Lohnsteuer in der Folge über 32,6 % (1982) und 33,8 % (1985) auf etwa 34,3 % (1988) steigerte, sank der Anteil der veranlagten Einkommensteuer an den Gesamtsteuereinnahmen im gleichen Zeitraum von 10,1 % über 8,1 % (1982) und 6,5 % (1985) auf rund 6,8 % 1988.[47] Mittlerweile ist der Anteil der Lohnsteuer am Gesamtsteueraufkommen also mehr als fünfmal so hoch wie derjenige der veranlagten Einkommensteuer. Die relative Bedeutung der veranlagten Einkommensteuer für das Steueraufkommen insgesamt ist (auch) in den achtziger Jahren deutlich zurückgegangen.

Tabelle 7/14: Kassenmäßiges Aufkommen an Lohnsteuer und veranlagter Einkommensteuer in der Bundesrepublik

Jahr	LSt-Aufkommen	Aufkommen an veranlagter ESt
1950	1.806	2.087
1955	4.402	4.352
1960	8.102	8.963
1965	16.738	14.798
1970	35.086	16.001
1975	71.191	28.001
1980	111.559	36.796
1985	147.630	28.568
1989	181.832	36.789

(Quelle: *Stat. Jahrb. der Bundesrepublik*; 1989: *Süddeutsche Zeitung*, 24.04.1990)

Diese Entwicklung läßt sich noch deutlicher am nominalen Aufkommen der beiden Erhebungsformen der Einkommensteuer ablesen und als *langfristige* Tendenz einordnen: Übertraf 1950 das kassenmäßige Aufkommen an veranlagter Einkommensteuer dasjenige der Lohnsteuer noch deutlich und herrschte bis zur Mitte der sechziger Jahre noch ein annähernder Gleichstand im Aufkommen dieser beiden Erhebungsformen der Einkommensteuer, war schon um 1970 das LSt-Aufkommen mehr als doppelt so hoch wie dasjenige an veranlagter ESt. Seitdem haben sich die beiden Aufkommensformen stark unterschiedlich entwickelt. Während das Aufkommen an veranlagter ESt nach einem Höchststand 1979 (rund 37,5 Milliarden

47) Zahlen für 1980 bis 1986 nach Hansmeyer/Bretschneider (1986: 476f, Tabelle 4).

DM) seither zurück geht und 1989 auf dem Stand von 1980 verharrt, haben sich die kassenmäßigen Steuereinnahmen der Lohnsteuer seit Mitte der siebziger Jahre mehr als verdoppelt (vgl. *Tabelle 7/14* und *Anlage 7/VI*). Das zunehmende Gewicht der Einkommensteuer in unserem Steuersystem beruht "allein auf der Entwicklung der Lohnsteuer" (*Lietmeyer* 1983: 158). Seit 1962 hat sich ihr Anteil am Gesamtsteueraufkommen von 14,3 % auf rund 35,1 % annähernd um das Zweieinhalbfache erhöht. Die Ursachen für die Entwicklung der Einkommensteuer liegen auf mehreren Gebieten:

- der Anteil der Arbeitnehmer an den Erwerbstätigen hat sich erhöht, die Lohnquote (der Anteil der Bruttoeinkommen aus unselbständiger Arbeit am Volkseinkommen) stieg von 64 % (1962) auf rund 74 % (1982);
- es ist seither eine beträchtliche Verbesserung der relativen Einkommensposition der abhängig Beschäftigten eingetreten;
- die seit Mitte der siebziger Jahre aus wachstumspolitischen Gründen durchgeführten Steuerentlastungen bei den Gewinneinkünften haben - zusammen mit der schwachen Gewinnentwicklung - den Betrag des auf Gewinneinkünfte entfallenden Teils der Einkommensteuer reduziert.

7.3.1.2 Die Zahl und Struktur der Steuerpflichtigen nach dem EStG

Die Zahl der Lohn- und Einkommensteuerzahler hat sich seit Bestehen der Bundesrepublik stark erhöht. Von 13,3 Millionen Steuerpflichtigen 1950 stieg sie über 18,4 Millionen 1957 auf die Höchstzahl von 22,4 Millionen im Jahre 1965. Da Ehegatten mit beiderseitigem Bruttolohn seit 1968 grundsätzlich als ein Steuerpflichtiger statistisch erfaßt werden, sank die Zahl der Pflichtigen in jenem Jahr auf 18,7 Millionen. Aber auch nach dieser Umdefinition stieg die Zahl wieder an: von 20,8 Millionen 1974 über 21,1 Millionen 1980 auf rund 21,8 Millionen Steuerpflichtige 1983.[48] Während die Zahl der Lohn- und Einkommensteuerpflichtigen insgesamt damit zwar stetig, aber nur mäßig anstieg, versechsfachte sich im gleichen Zeitraum die *Zahl der zur Veranlagung herangezogenen Personen*: 1950 wurden rund 2,9 Millionen Personen zur Einkommensteuer veranlagt. Fünfzehn Jahre später, 1965, war ihre Zahl auf knapp 4 Millionen Steuerpflichtige gestiegen. Weitere 15 Jahre später, 1980, wurden schon 10,5 Millionen und im Jahre 1983 schon rund 12,1 Millionen Steuerpflichtige veranlagt (vgl. *Anlage 7/VII*). Auch gegenüber der (seit langem nahezu konstanten) Zahl der Erwerbstätigen in der Bundes-

48) Zahlen aus dem Statistischen Jahrbuch der Bundesrepublik (1971: 408) und (1987: 451 bzw. 456). Lohn- und Einkommensteuerstatistiken werden in der Bundesrepublik auf der Grundlage des Gesetzes über die Steuerstatistiken vom 6. Dezember 1966 (BGBl. I 1966: 665) alle drei Jahre durchgeführt.

republik nimmt die Zahl der zur Einkommensteuer veranlagten Personen immer mehr zu (vgl. *Anlage 7/VIII*). Die Zahl der Lohnsteuerpflichtigen insgesamt ist innerhalb der letzten zwei Jahrzehnte stark angestiegen. Da die Veranlagungsgrenzen zur Einkommensteuer in diesem Zeitraum im wesentlichen konstant geblieben ist, erhöhte sich durch das nominale Wachstum der Einkünfte vieler Lohnsteuerpflichtiger auch der Anteil der LSt-Pflichtigen, die gleichzeitig zur Einkommensteuer veranlagt wurden: ihr Anteil, der 1965 nur etwa 11,0 % der Lohnsteuerpflichtigen betragen hatte, stieg "kontinuierlich" bis auf 48,6 % 1983 (*Petersen* 1988: 269). Mittlerweile wird also annähernd jeder zweite Lohnsteuerpflichtige auch zur Einkommensteuer veranlagt.

Diese Zusammensetzung spiegelt sich auch in der Veranlagungsarbeit durch die Finanzämter wider: von den rund 21,8 Millionen Steuerpflichtigen nach dem EStG treten grob je die Hälfte jährlich über die Einkommensteuerfestsetzung bzw. den Lohnsteuer-Jahresausgleich mit den Finanzämtern in Verbindung. In etwa 80 % dieser Fälle geht es um Einkünfte aus nichtselbständiger Arbeit (sog. *Arbeitnehmerfälle*), deren Bearbeitung relativ einfach ist und die in der Regel eine *Steuererstattung* nach sich ziehen. In weiteren 10 % der Fälle treten zu den Arbeitnehmereinkünften solche aus 'Vermietung und Verpachtung' (bei eigengenutzten Einfamilienhäusern kraft gesetzlicher Fiktion), wobei es wegen der bisherigen Sonderabschreibung nach § 7b EStG auch hier häufig zu einer Steuererstattung kommt. Nur die restlichen *10 %* der Fälle weisen *mehr als zwei Einkunftsarten* auf und führen meist zu *Steuernachzahlungen* (*Püschel* 1981: 132).

Von den 12,1 Millionen veranlagten Lohn- und Einkommensteuerpflichtigen 1983 bildeten mit 9,6 Millionen die veranlagten Lohnsteuerpflichtigen mit überwiegenden Einkünften aus nichtselbständiger Arbeit die größte Gruppe; rund 3,7 Millionen Steuerpflichtige aus dieser Gruppe hatten ausschließliche Einkünfte aus nichtselbständiger Arbeit. Diese 'reinen' Arbeitnehmer erbrachten rund 33,7 Mrd. Mark an Einkommensteuer (*Rosinus* 1987: 937). Aus der Gesamtzahl aller Lohn- und Einkommensteuerpflichtigen waren 1983 44,7 % der Steuerpflichtigen (rund 9,8 Millionen) Alleinstehende, 25,5 % (5,6 Millionen) verheiratete Alleinverdiener und 29,7 % (6,5 Millionen) verheiratete Doppelverdiener (*Rosinus* 1987: 938). Bei den in § 2 I EStG festgehaltenen sieben Einkommensarten zeigen sich sowohl bei der Verteilung auf die Steuerpflichtigen, als auch bei den durchschnittlich daraus gezogenen Einkünften deutliche Unterschiede (vgl. *Tabelle 7/15*). Die Lohneinkommensbezieher machen 88,6 % aller Lohn- und Einkommensteuerpflichtigen aus; nur die Steuerpflichtigen mit einem Einkommen aus einem Gewerbebetrieb ergeben daneben mit 5,0 % noch eine nennenswerte Anzahl.[49] Ein anderes Bild ergibt sich bei der Betrachtung der Durchschnittseinkünfte. Hier stehen nicht die Einkünfte aus nichtselbständiger Arbeit (35.100 DM), sondern diejenigen aus selbständiger Arbeit (120.240 DM) an der Spitze. Die relativ wenigen Selbständigen (1,2 % der Steuerpflichtigen) haben damit "weit höhere Durchschnittseinkünfte als alle übrigen Steuerpflichtigen" (*Rosinus* 1987: 940f). Ähnlich große Einkünfte erzielten nur die Gewerbetreibenden mit durchschnittlich 85.100 DM pro Jahr.

Tabelle 7/15: Anteile der Einkunftsarten am Einkommensteueraufkommen

Einkünfte überwiegend aus:*	prozentuale Anteile	durchschnittliches Einkommen
Land- und Forstwirtschaft	1,0	32.290
Gewerbebetrieb	5,0	85.130
Selbständiger Arbeit	1,2	120.240
Nichtselbständiger Arbeit	88,6	35.100
Kapitalvermögen	0,9	55.120
Vermietung u. Verpachtung	1,3	31.500
Sonstigen Einkünften	1,9	10.290
insgesamt	100	38.270

* Die Einteilung der Steuerpflichtigen nach der 'überwiegenden Einkunftsart' ist durchaus berechtigt. Die jeweils überwiegende Einkunftsart macht fast überall zwei Drittel und mehr der Summe der positiven Einkünfte aus (Rosinus 1987: 941; Anm. 10).

(Quelle: *Rosinus* 1987: 941)

Eine Verschiebung hat sich bei den Steuerpflichtigen mit Einkommen aus unselbständiger Arbeit hinsichtlich der Gesamtverteilung ihrer Abgaben ergeben: Die Lohnsteuerbelastung von Durchschnittsverdienern war Anfang der sechziger Jahre gering; der überwiegende Teil der Abzüge entfiel auf Sozialabgaben. Insbesondere in der ersten Hälfte der siebziger Jahre hat dann die Lohnsteuerbelastung stark zu-

49) Eine durchaus bedeutsame Rolle spielen dabei die 10.318 Einkommensmillionäre der Bundesrepublik (1983), die zwar nur 0,5 Promille aller Steuerpflichtigen ausmachen, aber mit Einkünften von rund 27 Mrd. Mark (3,2 % der Gesamteinkünfte) rund 13 Mrd. DM an Einkommensteuer aufbrachten, das waren 8,4 % der Gesamtsumme; vgl. Rosinus (1987: 938). Die 106.109 Steuerzahler, die 1983 mit einem Spitzensteuersatz der ESt von (damals) 56 % belastet wurden, bestanden überwiegend (53 %) aus Unternehmern und Gewerbetreibenden; 18 % waren Freiberufler und andere Selbständige, 14 % Arbeitnehmer, 12 % Großaktionäre und Vermögensbesitzer sowie 3 % Wohnungs- bzw. Immobilienbesitzer; vgl. 'Die Spitzensteuer-Zahler', in: Süddeutsche Zeitung, 06.03.1989.

genommen. Innerhalb der gesamten Belastung mit direkten Abgaben ist aber die Lohn- und Einkommensteuer immer noch in der Minderheit: bei ca. drei Vierteln aller Arbeitnehmer entfällt weniger als die Hälfte der Belastung mit direkten Abgaben[50] auf die Lohn- und Einkommensteuer (*Lietmeyer* 1983: 158). Bei einem Längsschnitt der Entwicklung der einzelnen Anteile am Aufkommen der Einkommensteuer in den letzten zwei Jahrzehnten zeigt sich zudem eine deutliche Veränderung: Im Jahre 1965 belief sich der Anteilswert der veranlagten Einkommensteuer bei Einkünften aus Gewerbebetrieb noch auf 63,6 %. Bis 1971 blieb diese Einkunftsart aufkommensmäßig führend, aber bis 1983 ist ihr Anteil auf 23,0 % am Gesamtaufkommen der ESt abgesunken (*Petersen* 1988: 269). Insbesondere in den fünfziger und frühen sechziger Jahren stammte das Aufkommen an veranlagter Einkommensteuer überwiegend aus Einkünften aus Gewerbebetrieb; diese Anteilsart war sogar höher als das Lohnsteueraufkommen insgesamt. Mittlerweile erhöhte sich der Anteil der Steuerleistungen aus Einkünften aus nichtselbständiger Tätigkeit in entsprechendem Maß; mittlerweile beträgt er (1983) 63,4 % vom Gesamtaufkommen. Das Verhältnis hat sich völlig verändert:

> "An der Entwicklung des Lohnsteueraufkommens, aber vor allem des Aufkommens aus den Einkünften aus nichtselbständiger Arbeit im Rahmen der veranlagten Einkommensteuer wird deutlich, daß sich in der Nachkriegszeit der Charakter der Einkommensteuer stark verändert hat. Waren in den 50er Jahren die Arbeitnehmer aufgrund der relativ hohen Freibeträge weitgehend nicht steuerbelastet, ist die Einkommensteuer heute zu einer *Steuer auf die Masseneinkommen* geworden." (*Petersen* 1988: 269)

Mit der Steigerung des Aufkommens und der zunehmenden Aufnahme von Arbeitnehmern in die Einkommensteuerveranlagung bekommen auch die - zur Milderung der Progression bzw. des allgemein ansteigenden Steuertarifs dienenden - Abzugsbeträge vom errechneten Einkommen immer stärkere Bedeutung. *Albers* (1988: 182, Tab. 4) errechnet einen Gesamtbetrag von annähernd 125 Mrd. DM an (aus verschiedenen politischen Gründen gewährten) Abzügen von der Steuerbemessungsgrundlage der veranlagten Einkommensteuer für 1983. Die Lohnsteuer wurde danach durch Abzugsbeträge um etwa 178 Mrd. DM gemildert.

50) Lohn- und Einkommensteuer, Kirchensteuer, Sozialabgaben.

7.3.2 Die Entwicklung des Umfangs des Einkommensteueraufkommens und der Fallzahlen auf der Ebene der Finanzämter

Ähnlich wie in den Ausführungen zur inneren Organisation der Finanzämter, zum Personalbestand und zum Ausbau der EDV-Ausstattung der Ämter soll auch im hier besprochenen Zusammenhang auf die lokalen Folgen (für die Finanzämter) von Entwicklungen auf der bundesstaatlichen Ebene eingegangen werden. Ähnlich wie in den vorangegangenen Kapiteln geschieht dies durch die Auswertung von Daten aus den Finanzämtern, aus denen Sachbearbeiter für den Befragungsteil der Untersuchung ausgewählt wurden.

7.3.2.1 Die quantitative Bedeutung der Einkommensteuer auf der FA-Ebene

Die ganz unterschiedliche Entwicklung der beiden Erhebungsformen der Einkommensteuer, der Lohnsteuer und der veranlagten Einkommensteuer, zeigt sich auch bei der Betrachtung des Aufkommens in einzelnen Finanzamtsbezirken.

Übersicht 7/16: FA Detmold - Steuereinnahmen insgesamt und aus veranlagter Einkommensteuer (1956-1987)

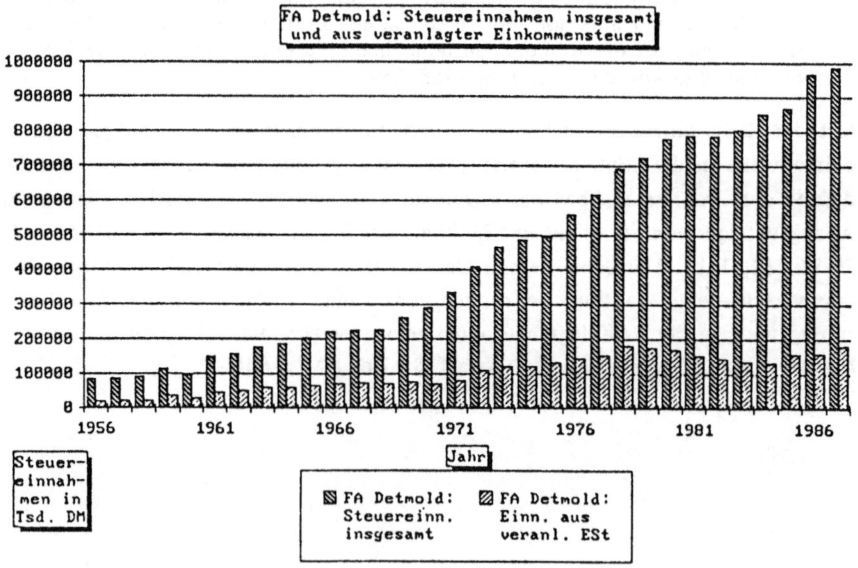

(Quelle: *Amtsübersicht des FA Detmold*)

In allen Ämtern zeigen sich prinzipiell die gleichen Tendenzen wie auf der Bundesebene:

- ein starker nominaler Anstieg der Gesamtsteuereinnahmen,
- ein gleichfalls starker Anstieg des Lohnsteueraufkommens,
- ein relativ schwacher Anstieg der Einnahmen aus veranlagter ESt mit einer annähernden Stagnation seit der Mitte der siebziger Jahre.

In einem relativ großen Finanzamt wie dem FA Detmold hat dabei die Entwicklung des Aufkommens aus der veranlagten Einkommensteuer nicht mit der Entwicklung des Gesamtsteueraufkommens Schritt halten können (vgl. *Übersicht 7/16*).

Übersicht 7/17: FA Minden - Aufkommen aus Lohn- und veranlagter Einkommensteuer (1956-1987)

a) nominales Aufkommen

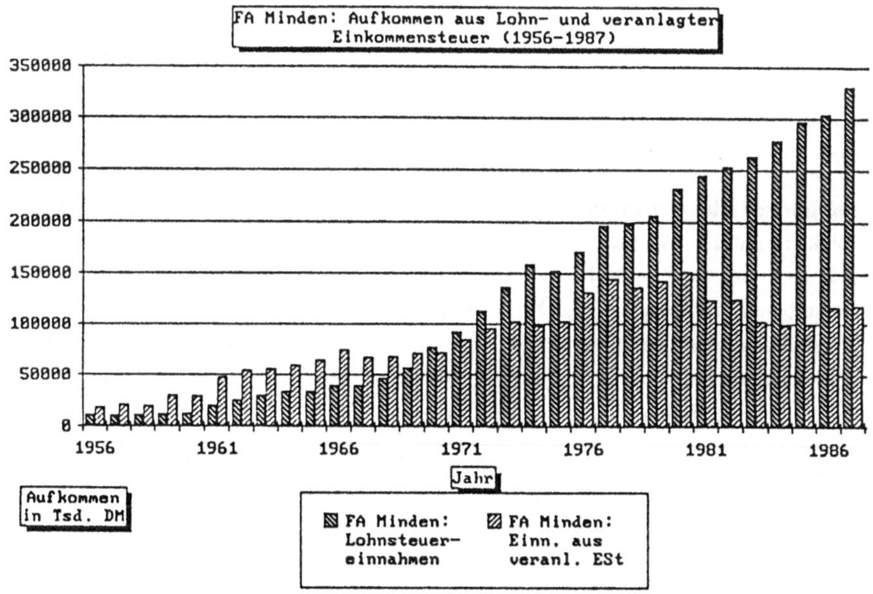

b) relative Anteile am Gesamtaufkommen der ESt

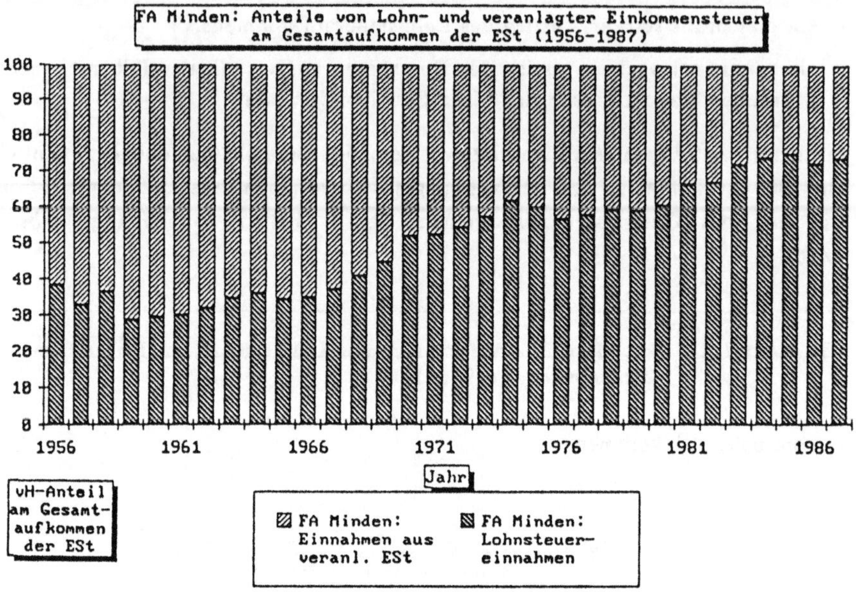

(Quelle: *Amtsübersicht des FA Minden*)

Im Bereich des Finanzamts Detmold haben sich die Einnahmen an Besitz- und Verkehrsteuern insgesamt von 1956 (83,5 Mio DM) bis 1987 (988 Mio DM) nominell mehr als verzehnfacht. Das Aufkommen aus der Lohnsteuer vergrößerte sich im selben Zeitraum von 13,3 Mio DM (1956) auf 361,6 Mio DM; das bedeutet eine Vergrößerung auf annähernd das dreißigfache. Das Aufkommen aus veranlagter Einkommensteuer wuchs hingegen nur von 19 Mio DM (1956) auf 181 Mio DM (1987), also lediglich auf das neuneinhalbfache.[51)]

Noch deutlicher wird die diesen Zahlen innewohnende Tendenz, wenn man die Anteile der Lohnsteuer und der veranlagten Einkommensteuer in der Entwicklung gegenüberstellt, wie das in *Übersicht 7/17* für das FA Minden geschieht. Auch im FA Minden zeigt sich dabei einerseits der stetige Anstieg des Lohnsteueraufkom-

51) Zudem wurde schon 1978 ein Höchststand von 182 Mio an veranlagter ESt erreicht; dem folgte ein deutlicher Rückgang auf rund 133 Mio DM 1984. Seitdem steigt das Aufkommen wieder an.

mens und andererseits das nur schwache, eher schubweise Ansteigen des Aufkommens aus veranlagter Einkommensteuer (das im übrigen bis zum Ende der sechziger Jahre dasjenige der LSt übertraf). Im Bereich des (kleineren) FA Minden ging zudem das Aufkommen aus der veranlagten ESt deutlicher zurück als beim FA Detmold. Die *relative Bedeutung* der beiden Erhebungsformen der Einkommensteuer hat sich damit im Bereich des FA Minden umgekehrt: Trug das Lohnsteueraufkommen 1956 nur annähernd 40 % des Gesamtaufkommens der ESt, stieg dieser Anteil nahezu kontinuierlich auf mehr als 70 % in der Mitte der achtziger Jahre; die relative Bedeutung der veranlagten Einkommensteuer nahm im gleichen Maße ab.

7.3.2.2 Folgen des Anwachsens der Fallzahlen für die Bearbeitungszeiträume in den Finanzämtern

Im Anwachsen des Einkommensteuer- und insbesondere des Lohnsteueraufkommens spiegelt sich auch die Steigerung der Zahl der Steuerpflichtigen in den einzelnen FA-Bezirken wider. Als Beispiel sei hier die Steigerung der Fallzahlen im Bereich des FA Herford angeführt (*Tabelle 7/18*).

Tabelle 7/18: FA Herford - Zahl der Lohn- und Einkommensteuerpflichtigen

Jahr	Einkommensteuerpflichtige StN unter 600	Einkommensteuerpflichtige StN über 800	Zahl der LStJA
1966	* 9.922		21.622
1969	11.049		24.765
1974	22.663		27.038
1979	8.669	11.491	25.515
1984	8.928	17.749	19.641
1988	9.800	20.977	16.972

* 1966-1974 keine Unterteilung nach den Steuernummern in der Statistik.

(Quelle: *Amtsübersicht FA Herford*)

An dieser Kurzübersicht (die vollständige Zahlenreihe bestätig dies) läßt sich im wesentlichen zweierlei ablesen: zum einen die *Zunahme* der Zahl der Einkommensteuerpflichtigen, insbesondere im Bereich der 800er Fälle (Arbeitnehmerveranlagungen) und zum anderen das *Absinken* der Zahl der Lohnsteuerpflichtigen (gemessen an der Zahl der Lohnsteuerjahresanträge). Darin zeigt sich das zunehmende Überwechseln von normalen Arbeitnehmern aus dem Lohnsteuerbereich in den Veranlagungsbereich. Aus diesem Grund steigert sich der Arbeitsanfall in den

Veranlagungsbezirken der Finanzämter. Die Lohnsteuerstellen werden hingegen tendenziell entlastet.[52)]

Diese Verschiebungen der Steuerpflichtigen in die Veranlagungsbezirke zeigt sich auch beim Personaleinsatz in den Veranlagungsbezirken und der Lohnsteuerstelle, hier gleichfalls erläutert am Beispiel des FA Herford (*Tabelle 7/19*).

Tabelle 7/19: Personalbestand im Veranlagungsbereich und der Lohnsteuerstelle des FA Herford

	Veranlagungsbereich		Lohnsteuerstelle**	
Jahr	Sachbearbeiter*	Mitarbeiter*	Sachbearbeiter	Mitarbeiter
1966	16,6	19,2	4	4
1968	16,3	19,4	4	5
1970	19,3	19,3	4	8
1972	***	***	4	13
1974	***	***	6	11
1976	4	17,66	4	7,5
1978	4	18	2,5	7,5
1980	4	18,5	3	8
1982	35,5	19	3	9
1984	31,1	19	3	8

* GNOFÄ-Alt (1976-1981): Koodinatoren anstatt Sachbearbeiter, hier nur Personal VVSt und ÜSt
** ohne Außenprüfer *** nicht nachgewiesen (GNOFÄ-Versuchsphase)

(Quelle: *Amtsübersicht des FA Herford*)

In dieser Übersicht ist zu erkennen, daß der Personalbestand in den Veranlagungsbezirken weit stärkeren Schwankungen unterworfen ist, als der in der Lohnsteuer-

52) Zum Arbeitseingang und Erledigungsstand in den LSt-Stellen (am Beispiel des FA Herford) vgl. Anlage 7/XIII. Dort ist deutlich erkennbar, daß sich der Eingang an LStJA-Anträgen parallel zu den 800er-Erklärungen im ESt-Bereich verhält und die überwiegende Mehrheit aller Anträge in den ersten fünf Monaten des Folgejahres eingeht. Nach der Aufhebung des 30.09. als Abgabeschlußtermin hat sich auch der noch einmal gesteigerte Antragseingang im September verflacht (vgl. die graphische Darstellung am Beispiel des FA Lübbecke in Anlage 7/XIV). Der Erledigungsstand in den LSt-Stellen ist noch höher als bei den 800er-Erklärungen zur Einkommensteuer: Schon im Mai des Folgejahres werden dort Erledigungsquoten von um 95 % erreicht. Generell sei hier auf die sich stark unterschiedlich entwickelnden Fall/Bearbeiter- und Fall/Aufkommens-Relationen verwiesen, wie sie in Kap. 4 ermittelt wurden; vgl. auch Tabelle 4/15 - Tabelle 4/18.

stelle.[53] Das Ansteigen der Bearbeitungsfälle in der LSt-Stelle (gemessen an der Zahl der LStJA-Anträge) bis in die Mitte der siebziger Jahre und die Rückentwicklung seitdem spiegeln sich auch im Personalbestand wider, der seinen Höchststand gleichfalls in der ersten Hälfte der siebziger Jahre erreichte. Im Veranlagungsbereich ist hier nicht so sehr die quantitative Dimension des Personalbestandes insgesamt interessant - der durch die GNOFÄ-Umstellungen ohnehin nur verzerrt darstellbar ist - sondern es sind die *strukturellen* Veränderungen in der Personalzusammensetzung der Veranlagungsbereiche wichtig: Während der Bestand der - aus dem mittleren Dienstes gestellten - Kreis der *Mitarbeiter* seit 1966 *nahezu konstant* geblieben ist, hat sich im gleichen Zeitraum die Zahl der größtenteils aus dem gehobenen Dienst gestellten *Sachbearbeiter annähernd verdoppelt.*[54]

Auf das Anwachsen der Fallzahlen im Bereich der Einkommensteuerveranlagung wurde also in einem gewissen Rahmen mit Personalaufstockungen in den Veranlagungsbezirken reagiert. Ein anderer Ausweg aus der Sicht der mit der Durchführung der Veranlagung betrauten Bediensteten der Finanzämter könnte in der gegebenen Situation darin liegen, die Bearbeitung der Steuererklärungen *zeitlich zu strecken*, um so den Arbeitsanfall bei annähernd konstantem Personal besser auffangen zu können. Daß dem nicht so ist, zeigt *Tabelle 7/20.* Sie belegt, daß sich der Erledigungszeitpunkt der eingehenden Erklärungen nicht nach hinten verschoben hat. Wurden für die Veranlagungszeiträume 1954 und 1964 - in denen es noch keine Unterteilung der ESt-Pflichtigen gab - annähernd vollständige Erledigungsquoten im Juni bzw. Mai des übernächsten Jahres erreicht, so zeigt sich, daß sowohl 1974 als auch 1982 die 800er Fälle zu mehr als 99 % im Februar des übernächsten Jahres bearbeitet sind. Von den Erklärungen aus dem 600er Bereich waren im Juli des übernächsten Jahres für den VZ 1974 annähernd 80 % und für 1982 annähernd 90 % bearbeitet worden. Die Erledigungszeiten für 1982 sind dabei deutlich besser als die für 1974.

Bei einer eingehenderen Betrachtung der Eingänge und Erledigungen der Einkommensteuererklärungen für den Veranlagungszeitraum 1982 im FA Herford (vgl. *Anlage 7/IX*) zeigt sich, daß im Bereich der großen Mehrzahl der Steuerpflichtigen mit Steuernummern ab 800 (Arbeitnehmerveranlagungen) die Zahl der Eingänge und Erledigungen in den ersten Monaten des an den Veranlagungszeitraum anschließenden Jahres sehr hoch sind.

53) Die Darstellung in Tabelle 7/19 enthält im Bereich der Veranlagungsbezirke einige Verzerrungen, da aus der Zeit der versuchsweisen Einführung des GNOFÄ-Verfahrens in das FA Herford am Anfang der siebziger Jahre die Daten fehlen und für die Zeit nach 1976 unter den Organisationsprinzip der GNOFÄ nur die Bereiche der VVSt und der ÜSt (vgl. Kap. 3.3.3) berücksichtigt sind.

54) Vgl. die Ausführungen zur Entwicklung der Personalstruktur der Finanzämter in Kap. 4.2.1.

Tabelle 7/20: FA Herford - Erledigungsstand der eingegangenen ESt-Erklärungen

Erledigt bis Ende ...**	Veranlagungszeitraum 1954	1964	1974 600er	1974 800er	1982 600er	1982 800er
Juni	*	*	15,7	*	14,7	72,6
Juli	*	*	24,9	85,4	20,4	76,3
August	*	32,0	29,7	88,0	26,0	78,9
September	*	49,0	34,7	89,1	31,9	85,5
Oktober	*	57,0	42,3	91,6	39,1	91,1
November	21,9	65,0	48,6	94,4	46,5	96,5
Dezember	34,1	73,0	54,1	97,2	53,3	97,6
Januar	45,5	81,0	58,3	98,5	60,0	98,7
Februar	63,7	86,0	62,0	99,1	64,9	99,7
März	78,0	91,0	67,3	99,4	70,5	99,5
April	89,7	94,0	70,5	99,5	75,9	99,6
Mai	96,7	97,0	73,1	99,6	81,7	99,7
Juni	98,0	*	76,5	99,7	85,8	99,8
Juli	*	*	79,5	99,7	89,1	99,9
August	*	*	81,7	99,8	92,7	99,9

* nicht nachgewiesen

** des darauffolgenden bzw. des übernächsten Jahres, alle Angaben in Prozent

(Quelle: *Erledigungsstatistik FA Herford*)

Mehr als ein Viertel aller Fälle werden in den ersten zwei Monaten, mehr als die Hälfte bis Ende April und ungefähr zwei Drittel bis Ende Mai des Folgejahres bearbeitet. Ab Juni geht auch die Zahl der Eingänge drastisch zurück und erhöht sich nur noch einmal im September (letzter Abgabetermin). Ab dem Jahresende gehen nur noch in ganz geringem Maße Erklärungen ein, der Erledigungsstand hat zum Jahresende 97,6 % erreicht. Die Veranlagung von Arbeitnehmern ist zum Jahresende nahezu abgeschlossen. Anders verhält es sich bei der deutlich kleineren Gruppe der 600er-Veranlagungen. Hier ist in den ersten Monaten ein unterdurchschnittlicher Eingang von Steuererklärungen festzustellen.[55] Auch der Schwer-

55) Daß die unterschiedlichen Eingangsrhythmen der Einkommensteuererklärungen aus dem Bereich der 600er und 800er Fälle finanzamtsübergreifend festzustellen ist, zeigt der Vergleich der Eingänge für den VZ 1985 in den Finanzämtern Lübbecke, Bünde und Herford in Anlage 7/X. In allen drei Ämtern ist der Eingang an 800er-Fällen am Ende des ersten Jahres nach dem VZ nahezu vollständig ab-

punkt der Bearbeitung liegt in der zweiten Jahreshälfte des Folgejahres und so wird bis zum Ende dieses Folgejahres nur etwas mehr als *die Hälfte* aller Veranlagungen mit Steuernummern über 600 abgeschlossen. Sowohl der Eingang an Steuererklärungen als auch die Bearbeitung ziehen sich noch über fast das ganze darauffolgende Jahr hin, so daß die Veranlagung erst Ende Oktober des darauffolgenden Jahres (Abschluß der Statistik) mit einer Erledigungsquote von 96,4 % als weitgehend abgeschlossen gelten kann. Der unterschiedliche Arbeitsanfall mit einem relativ raschen Eingang an Steuererklärungen mit StN über 800 und einer annähernden Gleichverteilung an Erklärungen mit StN unter 600 bis in die erste Hälfte des übernächsten Jahres hinein zeigt sich auch auf der Ebene einzelner Veranlagungsbezirke (vgl. als Beispiel den Erklärungseingang im FA Lemgo für den VZ 1985 in den Anlagen 7/XI und 7/XII).

Ob diesem unterschiedlich starken Arbeitsanfall auch eine unterschiedliche Bearbeitungsintensität folgt, ist eines der Teilprobleme, die in dieser Untersuchung geklärt werden sollen.

7.4 Zusammenfassung: Die Bedeutung des Normenbestandes und der Fallzahlen für die Veranlagung in den Finanzämtern

7.4.1 Die Anzahl und die Struktur der anzuwendenden Normen

Es hat sich gezeigt, daß der Normenbestand des Einkommensteuerrechts sowohl eine quantitative als auch eine qualitative Problemdimension in sich birgt: Sowohl aus der Sicht der betroffenen Pflichtigen und ihrer Helfer als auch aus Sicht der normanwendenden Verwaltungen gibt es gerade im Einkommensteuerrecht *zu viele* und *zu komplizierte* Bestimmungen. Beide Problemkreise beinflussen die Rechtsanwendung in den Finanzämtern. Die Zunahme der Rechtsvorschriften und ihre inhaltliche Komplizierung zeigen sich sowohl auf der Ebene des Einkommensteuergesetzes als auch bei den untergesetzlichen Vorschriften. Das EStG hat - obwohl in seiner grundsätzlichen Struktur und seinen wesentlichen Regelungen[56)] seit mehr als fünfzig Jahren konstant geblieben - sowohl in seinem Regelungsumfang als auch in der Spezialisierung in den letzten Jahrzehnten eine enorme Ausweitung erfahren, was sich rein quantitativ am *Umfang* des Gesetzestextes ablesen läßt. Dabei hat sich die Zahl der Gesetzes*änderungen* an sich seit längerer Zeit nicht sprunghaft erhöht: sie befindet sich schon seit dem Anfang der sechziger Jahre auf

---

geschlossen. Für Steuerpflichtige mit Steuernummern über 600 verteilt sich der Eingang hingegen nahezu gleichmäßig bis in die Mitte des darauffolgenden Jahres. 600er-Erklärungen, die nach dem ersten Jahr, daß auf den VZ folgt, abgegeben werden, stammen fast ausnahmslos von Steuerberatern (für 800er-Fälle wird eine 'Steuerberaterquote' statistisch nicht erfaßt).

56) Etwa in Bezug auf die Einkunftsformen und deren unterschiedliche Besteuerungsverfahren.

einer nahezu konstanten Höhe.[57] Im Durchschnitt der letzten vier Jahrzehnte wurde das EStG rund dreieinhalb mal pro Jahr geändert. Neben 114 Änderungsgesetzen mußte das EStG dabei insgesamt neunzehn Neufassungen über sich ergehen lassen. Diese ständig aufeinander folgenden Änderungen haben nicht nur den Umfang des Gesetzes seit 1934 auf das zehnfache ansteigen lassen, sondern auch seine innere Systematik, welche Besteuerungsgrundlagen und -verfahren bei genau festgelegten Einkunftsarten regelt, hinter einer Vielzahl von zeitlichen und sachlichen Ausnahmebestimmungen, Sonderregelungen und nur kurzfristig geltenden Übergangsbestimmungen verschwinden lassen. In Zusammenhang mit der zuweilen konstatierten Hektik bei der Formulierung und Verabschiedung von Gesetzesänderungen und der unsystematischen Hinzufügungen von isolierten Einzelbestimmungen, die mit dem Ziel der Befriedigung der eigenen Klientel im politischen Prozeß ausgehandelt wurden, geht zudem auch die sprachliche Klarheit des EStG immer mehr zurück: unklare Begriffsverwendungen, grammatikalisch komplizierte Konstruktionen und (bewußt oder unbewußt) vage gehaltende Bestimmungen erschweren die Rechtsanwendung zusätzlich. Zu den Problemen des *steigenden Gesamtumfanges* und der *abnehmenden inneren Systematik* des Gesetzes als Ganzem kommen damit auch noch die Anwendungserschwernisse durch *unklare inhaltliche Festlegungen* im Einzelfall und *mangelnde Bestandskraft* der einzelnen Bestimmungen.

Insbesondere im Bereich der Definition steuerfreier Einnahmen, der Sonderausgaben, der Werbungskosten, der Freibeträge nach § 32 EStG und der außergewöhnlichen Belastungen ist das Einkommensteuergesetz außergewöhnlich häufig geändert worden; darunter seit 1949 allein 39 mal im Bereich der steuerfreien Einnahmen und 28 mal bei den Sonderausgaben. Darin spiegelt sich die Notwendigkeit wider, ein umfassend als Instrument der Verteilungs- und Konjunkturpolitik eingesetztes Gesetz, in dessen Wirkungskreis mit wachsendem Wohlstand und der bewußten Hereinnahme sachlich zunächst nicht betroffener Gruppen (etwa zum Zwecke der Wohnungsbauförderung über die Regelungen der §§ 7b bzw. 10e EStG) immer mehr Steuerpflichtige geraten, durch eine zunehmende Zahl von Spezialregelungen und Ausnahmebestimmungen (auch politisch) erträglich zu halten, was sich nur in geringem Maße bei grundsätzlichen Bestimmungen, in weitaus stärkerem Maße in Verfahrensvorschriften mit großer praktischer Bedeutung niederschlägt. Als ein Nebeneffekt steigt die Anzahl der neueingegliederten Paragraphen ('Buchstabenparagraphen') des EStG immer mehr an.

57) Einen Zusammenhang mit einer kritisch apostrophierten "Reformeuphorie der 70er Jahre" (Raupach 1985: 20) läßt sich sachlich hiernach nicht belegen.

In der Anwendung komplizieren sich diese Neuhinzufügungen in vielen Fällen dadurch, daß sie von vorneherein nicht nur für zukünftige, sondern teilweise auch für vergangene Zeiträume in Kraft gesetzt werden und ihre Geltung im Einzelfall u.U. von der Beantragung durch den Steuerpflichtigen abhängt. Diese die Unübersichtlichkeit des jeweils geltenden Einkommensteuerrechts verstärkenden Anwendungsprobleme sind wiederum die Ursache für "umfangreiche, komplizierte, miteinander verschränkte und ständig sich vermehrende Verwaltungsvorschriften" (*Ellwein* 1989: 42), die den Gesamtbestand des faktisch geltenden Einkommensteuerrechts weiter vergrößern. Durchschnittlich werden so arbeitstäglich etwa zwei neue Anweisungen an die Bearbeiter herangetragen. Dieser Gesamtbestand wird weiterhin vergrößert durch die in großem Umfang veröffentlichten Urteile des Bundesfinanzhofes. Bei den veröffentlichten Urteilen des BFH wie auch bei einer Betrachtung des Gesamtumfanges des Bundessteuerblattes zeigt sich (ähnlich wie bei der Anzahl der Änderungen des EStG), daß das Problem der oft apostrophierten 'Normenflut' nicht in einem beständig steigenden Anstieg des Umfangs der veröffentlichten Urteile, Verweise etc. liegt, sondern in der dauerhaften *jährlichen Hinzufügung neuer Normen zum gültigen Gesamtbestand auf einem konstant hohen Niveau.* Ein weiterer zentraler Problempunkt innerhalb des Einkommensteuerrechts, an dem sich quantitative und qualitative Schwierigkeiten miteinander verbinden, ist die nahezu unüberschaubare Zahl von *Verweisen* auf allen Normebenen des Rechtsbestandes. Auch sie häufen sich dank eines stetigen Zuganges immer mehr an.

Aus all diesen Ergänzungen und den untergesetzlichen Normen zum eigentlichen Gesetzestext leitet *Ellwein* (1989: 49) anhand von ausgewählten Einzelbeispielen einen tatsächlichen Vorschriftenbestand ab, der mengenmäßig um das 40fache bis 70fache größer ist, als der "unmittelbar anwendungsgeeignet zu machende Kernbestand an Rechtsvorschriften". Rein quantitativ besteht dabei die Gefahr, daß der eigentliche Gesetzestext durch die Vielzahl ergänzender Verweise in den Hintergrund gedrängt wird:

> "Interpretierende Verwaltungsanweisungen erhöhen die Gefahr, daß sie 'statt' des Gesetzes angewendet werden; der Anwender schaut gar nicht mehr ins Gesetz, sondern sogleich in die Richtlinien. Was er dort nicht findet, gibt es für ihn nicht; Gesetzmäßigkeit und Rechtssicherheit geraten gleichermaßen in Bedrängnis." (*Raupach* 1985: 48)

Die Ausführungen in Kap. 6 haben gezeigt, daß der Normenbestand des Einkommensteuerrechts den Anspruch beinhaltet, sowohl als Ganzes als auch in einer (nach den Rechtsquellen) individuell gewichteten Rangfolge im Einzelfall in einer bestimmten Weise und vor allem *vollständig* angewendet zu werden. Unter diesen

Bedingungen ist die Bereitschaft und die Fähigkeit der Sachbearbeiter, sich mit einem *sich ständig in Einzelfragen ändernden*, *anwachsenden*, *inhaltlich komplizierten*, (zunehmend) *unsystematischen* Rechtsbestand auseinanderzusetzen und im Einzelfall die sachlich und zeitlich zutreffenden Normen herauszuarbeiten und zur Anwendung zu bringen, von entscheidender Bedeutung für die Aufrechterhaltung und die Rationalität des gesamten Besteuerungsverfahrens. Der Nichtvollzug von Normen oder Normbestandteilen aufgrund von bewußter oder unbewußter Nichtanwendung durch die Bearbeiter würde die Rationalität eines Verfahrens, das den Anspruch hat, durch ständige, kurzfristige Anpassung des Normenbestandes an die Lebensumwelt der betroffenen Steuerpflichtigen größtmögliche Einzelfallgerechtigkeit zu üben und aktiv wirtschaftliche und gesellschaftliche Vorgänge zu steuern, ins Absurde führen.

7.4.2 Das Anwachsen der Fallzahlen

Die Bedeutung der Einkommensteuer im Steuersystem der Bundesrepublik nimmt immer mehr zu. In einer Situation, in der die gesamtwirtschaftliche Steuerquote seit Jahrzehnten annähernd konstant ist, hat sich der Anteil der direkten Steuern insgesamt (und darunter im speziellen auch der der Steuern vom Einkommen) stark erhöht. Seit 1972 ist die Einkommensteuer die aufkommenstärkste Steuer in der Bundesrepublik; mittlerweile trägt die ESt mehr als *vierzig Prozent* des Gesamtsteueraufkommens. Innerhalb des Gesamtaufkommens der ESt zeigen sich deutliche Ungleichgewichtigkeiten: Bis zum Beginn der sechziger Jahre übertraf das Aufkommen an veranlagter ESt das LSt-Aufkommen. Danach herrschte bis zur zweiter Hälfte der sechziger Jahre ein annähernder Gleichstand. Seither hat sich das Aufkommen der beiden Erhebungsformen der Einkommensteuer deutlich auseinanderentwickelt: Das Aufkommen an veranlagter ESt steigerte sich bis zum Ende der siebziger Jahre nur noch relativ geringfügig und sank bis zur Mitte der achtziger Jahre wieder auf das Niveau von 1975 ab. Hingegen steigt das kassenmäßige Aufkommen der Lohnsteuer seit 1950 nahezu unaufhörlich an; nur in ganz wenigen Jahren wurde ein geringeres Aufkommen erzielt, als im Jahr zuvor. Seit der Mitte der siebziger Jahre hat sich der Anstieg noch verstärkt.

Die Gesamtzahl der Lohn- und Einkommensteuerpflichtigen hat sich seit Bestehen der Bundesrepublik gleichfalls stark erhöht. Sie betrug im Jahre 1983 rund 21,8 Millionen Steuerpflichtige.[58)] Während die Zahl der Lohn- und Einkommensteuerpflichtigen insgesamt seit 1950 nur um rund die Hälfte anstieg, *versechsfachte* sich im gleichen Zeitraum die Zahl der zur Einkommensteuer veranlagten Steu-

58) Seit 1968 werden Ehegatten mit beiderseitigem Bruttolohn statistisch grundsätzlich als ein Steuerpflichtiger erfaßt.

erpflichtigen von 2,9 Millionen (1950) auf rund 12,1 Millionen Personen (1983). Fast 89 % der Steuerpflichtigen nach dem EStG haben überwiegend Einkünfte aus nichtselbständiger Arbeit, lediglich 5 % solche aus Gewerbebetrieb und weniger als ein Prozent der Einkommensteuerpflichtigen hat überwiegende Einkünfte aus Kapitalvermögen. In rund 80 % der Veranlagungsfälle geht es bei der Veranlagung in den Finanzämtern um Einkünfte aus nichtselbständiger Arbeit (sog. *Arbeitnehmerfälle*). In weiteren 10 % der Fälle kommen dazu noch Einnahmen aus Vermietung und Verpachtung (bei eigengenutzten Einfamilienhäusern nur kraft gesetzlicher Fiktion). Auch hier kommt es zumeist zu einer Steuererstattung.[59] Nur in den restlichen 10 % der Fälle liegen mehr als zwei Einkunftsarten vor; hier sind in der Regel Steuernachzahlungen zu leisten. *Immer mehr Steuerpflichtige* werden also zur Einkommensteuer veranlagt. Die veranlagte Einkommensteuer trägt hingegen relativ *immer weniger* zum Gesamtaufkommen der Einkommensteuer (in den beiden Erhebungsformen der Lohnsteuer und veranlagter ESt) bei.

Auf der Ebene der Finanzämter wirkt sich die Steigerung der Fallzahlen unmittelbar aus, wobei hier nicht nur die absolute Zunahme der Zahl der Einkommensteuererklärungen (und LStJA-Anträge), sondern deren interne Zusammensetzung nach den verschiedenen Fallgruppen von Bedeutung ist. Die Aufarbeitung der Daten aus den zur Untersuchung herangezogenen Finanzämtern zeigt, daß zwischen den Eingängen der Steuererklärungen mit Steuernummern über 800 (Erstattungsfälle i.w.S.) und den Erklärungen mit Steuernummern unter 600 (Nachzahlungsfälle i.w.S.) erhebliche Unterschiede hinsichtlich ihres Einganges und ihrer Erledigung bestehen:

- Steuerklärungen für 800er-Fälle gehen in starkem Maße *innerhalb der ersten fünf Monate* nach Ende des Veranlagungszeitraumes ein. Der Eingang bleibt bis zum Oktober/November des ersten Jahres nach Abschluß des VZ - unterbrochen durch die Ferienzeiten - relativ hoch; danach ist der Erklärungseingang nahezu abgeschlossen. Der Zuwachs an Erklärungen liegt am Jahresanfang z.T. um ein Mehrfaches über dem der zweiten Jahreshälfte und im darauffolgenden Jahr gehen i.d.R. nur noch vereinzelt Erklärungen ein.
- Die *Erledigungsquote* für diese '800er-Fälle' kann mit dem Eingang Schritt halten; bis Ende September des ersten Jahres sind zumeist rund 85 % der eingegangenen Erklärungen bearbeitet. Am Jahresende des ersten Jahres kann die Veranlagung mit Erledigungsquoten von 98 % bis 99 % als abgeschlossen betrachtet werden.

59) Solche Steuererstattungen mindern natürlich das nominale Aufkommenm an veranlagter Einkommensteuer, gerade auch im Verhältnis zur Lohnsteuer.

- Bei Steuererklärungen im '600er'-Bereich ist ein deutlich anderer Eingangsrhythmus festzustellen: solche Erklärungen werden in den ersten Monaten des Folgejahres nach dem VZ nur in geringem Maße eingereicht und gehen mehr oder weniger *gleichmäßig* vom Juli des ersten Jahres (verstärkt nach Abschluß der Ferienzeit ab September) bis zum Juli des darauffolgenden Jahres über einen Zeitraum von zwölf Monaten ein. Dabei sind erhebliche Schwankungsbreiten beim Antragseingang innerhalb dieses Zeitraumes zwischen den einzelnen Monaten kaum festzustellen. Der Erklärungseingang von seiten der Steuerberater innerhalb dieses Zwölfmonatszeitraumes ist noch konstanter.
- Auch bei den Steuererklärungen im 600er-Bereich liegt die *Erledigungsquote* innerhalb des ersten Jahres knapp unter oder auf, danach über der Höhe des Erklärungseinganges. Die relativ geringe Quote (rund 50 % des Gesamteinganges für den VZ am Ende des ersten Jahres; rund 90 % erst in der Jahresmitte des zweiten Jahres) beruht im wesentlichen auf dem zurückhaltenderen Erklärungeingang.
- Der schnellste Antragseingang und die höchsten Erledigungsquoten sind im Bereich der *Anträge auf Lohnsteuer-Jahresausgleich* festzustellen. Hier massiert sich der Antragseingang noch deutlicher in den ersten fünf Monate des Jahres und schon im Mai des auf den Antragszeitraum folgenden Jahres sind Erledigungsquoten von rund 95 % festzustellen, eine Quote, die später nicht mehr unterschritten wird. Hier ist - wie bei den 800er-Fällen im ESt-Bereich - am Jahresende eine Erledigungsquote von 98 % bis 99 % feststellbar.

Diese relativ schnelle Bearbeitung des Erklärungsbestandes hat sich trotz des Anschwellens der Fallzahlen *kaum verändert*. Die Erledigungsquoten haben sich seit den sechziger und siebziger Jahren kaum verschoben. Die Steuerverwaltungen werden mit dem Anwachsen der Fallzahlen also rein *quantitativ* in einer Weise fertig, die sich statistisch nicht als Verzögerung des Bearbeitungseinganges auswirkt. Da der Personalbestand in den Veranlagungsstellen nicht in gleicher Weise wie die Fallzahlen gewachsen ist, muß sich die Bearbeitung *qualitativ* hin zu einer schnelleren Bearbeitung der *einzelnen* Steuererklärungen verändert haben.

8. Das Verhältnis von Steuerzahlern und Finanzverwaltung

8.1 Der Steuerzahler und sein Verhältnis zur Finanzverwaltung

Die Besteuerung nach den Einkommensteuergesetz vollzieht sich auf der Grundlage der bestehenden Rechtsnormen und Verwaltungsvorschriften, die in ihrem Regelungsinhalt und Umfang vorstehend beschrieben wurden. Wie auch für andere Steuerarten, gelten für die Heranziehung zur Einkommensteuer Verfahrensgrundsätze, vor deren Hintergrund sich die Einstellungen und Verhaltensweisen von Steuerpflichtigen und Finanzbeamten herausgebildet haben. Sie sind im wesentlichen in der Abgabenordnung festgelegt. *Körber* (1976: 44) hat darauf hingewiesen, daß bei der Beurteilung der Arbeitsanforderungen der Steuerbeamten aber nicht allein auf die bestehenden Rechtsnormen und die reinen Fallzahlen abgestellt werden darf:

> "Arbeitsmenge wie Schwierigkeit der Arbeit werden gerade in der Veranlagung wesentlich durch die Art und Weise der Kooperation der Steuerpflichtigen und deren kooperative Qualifikationen wie Informiertheit, Zuverlässigkeit und Loyalität gegenüber dem Staat und den allgemeinen Gesetzen (Steuerehrlichkeit), aber auch persönliche Aufgeschlossenheit und 'Kollegialität' gegenüber dem konkreten Bearbeiter im Finanzamt, bestimmt."

8.1.1 Die grundlegenden Verfahrensregeln im Abgabenrecht

8.1.1.1 Verfahrensgrundsätze im Steuerermittlungsverfahren

Es ist bereits dargelegt worden, daß sich in der Organisation der Finanzämter die Teilung der Bearbeitungsschritte in die beiden Bereiche *Steuerfestsetzung* und *Steuererhebung* spiegelt. Die Steuerfestsetzung läßt sich wiederum in die Verfahren der *Steuerermittlung* und der *Steuerfestsetzung i.e.S.* aufteilen. Soweit sich die beiden Verfahren im Bereich der Veranlagung abspielen, gehen sie arbeitsmäßig nahtlos ineinander über und "erfolgen in einem Arbeitsgang, wenn man dabei berücksichtigt, daß die technische Steuerfestsetzung überwiegend durch den Computer erfolgt" (*Brunn/Fritz* 1980: 76). Lediglich bei einer schwierigen oder zeitraubenden Ermittlung der Besteuerungsgrundlagen erfolgt diese arbeitsmäßig getrennt durch die Außenprüfung. Nach § 85 AO haben die Finanzbehörden die Steuern nach Maßgabe der Gesetze gleichmäßig festzusetzen und zu erheben und dabei insbesondere sicherzustellen, daß Steuern nicht verkürzt oder zu Unrecht erhoben und daß Steuererstattungen und Steuervergünstigungen nicht zu Unrecht gewährt oder versagt werden. Die Verwaltung hat damit keinen Spielraum und keine Wahl bei der Festsetzung der Steuern ("was auf ein Opportunitätsprinzip hinausliefe und damit verfassungswidrig wäre"; *Brunn/Fritz* 1980: 76). Für die Durchführung der

Besteuerung ähnlich bedeutsam ist der in § 88 AO niedergelegte *Untersuchungsgrundsatz*. Nach diesem Grundsatz ermittelt die Finanzbehörde den Sachverhalt von Amts wegen. Die Finanzbehörde bestimmt Art und Umfang der Ermittlungen und ist - etwa im Unterschied zum Zivilprozeß - an das Vorbringen und an die Beweisanträge der Beteiligten nicht gebunden (*Brunn/Fritz* 1980: 77). Auch die Verpflichtung der Behörde, die Nachholung unterlassener Erklärungen und Anträge anzuregen, steht dem Untersuchungsgrundsatz nicht entgegen. Bei der Ermittlung des Sachverhalts darf sich die Finanzbehörde der Beweismittel bedienen, die sie im Rahmen ihres Ermessens für erforderlich hält. Sie kann nach den Vorschriften der Abgabenordnung insbesondere Auskünfte von den Beteiligten und anderen Personen einholen (§§ 93, 94, 95 AO), Sachverständige zuziehen (§ 96 AO), Urkunden und Akten beiziehen (§§ 97, 98 AO), Augenschein einnehmen (§ 98 AO) sowie Grundstücke und Räume betreten (§ 99 AO; vgl. *Drexler u.a.* 1988: 88).

§ 90 AO, der die Beteiligten zur Mitwirkung bei der Ermittlung des Sachverhalts verpflichtet, ergänzt den in § 88 festgeschriebenen Untersuchungsgrundsatz, indem er bei der Ermittlung des Sachverhalts durch die Finanzbehörden auch dem betroffenen Steuerpflichtigen bestimmte Aufgaben zuweist, "ohne die die Finanzbehörden ihre Aufgaben gar nicht erfüllen könnten" (*Birk* 1988: 179f). § 91 AO garantiert - in Auskleidung des verfassungsrechtlichen Grundsatzes in Art. 103 GG - das rechtliche Gehör des Betroffenen. Um diesen Grundsatz "nicht zu übertreiben" (*Brunn/Fritz* 1980: 77) sieht § 91 AO vor, daß der Steuerpflichtige vor Erlaß eines belastenden Verwaltungsaktes gehört werden muß, wenn wesentlich zu seinen Ungunsten von seinen Angaben abgewichen werden soll.

8.1.1.2 Mitwirkungspflichten der Steuerpflichtigen

Das Besteuerungsverfahren im Rahmen der Abgabenordnung beinhaltet verschiedene Pflichten zu Lasten des Steuerpflichtigen (und teilweise auch zu Lasten Dritter). Sie lassen sich grob unterteilen in:

- Anzeigepflichten (§§ 134 ff, 138 AO);
- Aufzeichnungs- und Buchführungspflichten (§§ 140 ff AO);
- Steuererklärungspflichten (§§ 149, 150, 152, 153 AO);
- Auskunftspflichten (§§ 90, 93, 95 AO).[1)]

1) Einteilung nach Brunn/Fritz (1980: 78 ff); Birk (1988: 181) führt noch zusätzlich die Mitwirkungs- und Duldungspflichten nach den §§ 200, 208 und 211 AO auf.

Die *Anzeigepflichten* nach den entsprechenden Vorschriften der Abgabenordnung dienen der Erfassung der Steuerpflichtigen. Die genaue Erfassung der Steuerpflichtigen ist die Voraussetzung für eine gleichmäßige Verteilung der Steuerlast. Es reicht deshalb nicht aus, wenn sich die Behörden allein auf die Abgabe von Lohnsteuererklärungen oder die Abführung der Lohnsteuer verlassen (*Birk* 1988: 178). Wenn sich ein Steuerpflichtiger selbständig macht oder ein Arbeitnehmer wegen der Überschreitung der Veranlagungsgrenzen des § 46 EStG zur Einkommensteuer zu veranlagen ist, bedarf es zunächst seiner steuerlichen Erfassung und der Zuteilung einer sog. *Steuernummer*, um das Verfahren in Gang zu setzen. Die zweite Gruppe von Mitwirkungspflichten, die für Steuerpflichtige nach der Anmeldung eines Betriebes von Bedeutung sind, sind die *Aufzeichnungs- und Buchführungspflichten*. Unabhängig von den auf außersteuerlichen Vorschriften beruhenden Buchführungspflichten (*abgeleitete* Buchführungspflichten nach § 140 AO) legt § 141 AO für einen bestimmten Personenkreis eine *originäre* steuerliche Buchführungs- und Aufzeichnungspflicht fest (*Brunn/Fritz* 1980: 78; *Birk* 1988: 185). Über diese und die anderen speziellen Aufzeichnungspflichten der AO - etwa des Wareneingangs und -ausgangs nach den §§ 143 und 144 AO und den Ordnungsvorschriften für Buchführung und Aufzeichnungen - hinaus sind spezielle Aufzeichnungspflichten in den Einzelsteuergesetzen geregelt, so im EStG und UStG.

Für die Praxis der Besteuerung von "entscheidende(r) Bedeutung" (*Brunn/Fritz* 1980: 79) ist die dritte Gruppe von Pflichten der zur Besteuerung Herangezogenen, die der *Steuererklärungspflichten*. Wer zur Abgabe einer Steuererklärung verpflichtet ist, wird durch die Einzelsteuergesetze festgelegt.[2)] Darüber hinaus ist nach § 149 S. 2 AO jeder zur Abgabe einer Steuererklärung verpflichtet, der hierzu vom Finanzamt aufgefordert wird. Inhalt und Form der Steuererklärung werden durch § 150 AO bestimmt. Nach den Vorschriften der Abgabenordnung haben die Beteiligten eines Verwaltungsverfahrens - dazu gehört der Steuerpflichtige - ihren *Auskunftspflichten* hinsichtlich der zur Besteuerung erheblichen Tatsachen nachzukommen. Dazu gehört, "daß sie die für die Besteuerung erheblichen Tatsachen vollständig und wahrheitsgemäß offenlegen und die ihnen bekannten Beweismittel angeben" (*Brunn/Fritz* 1980: 80). All diese Mitwirkungspflichten ändern aber nichts an der in der Abgabenordnung vorgegebenen Rollenverteilung mit der alleinigen Kompetenz und uneingeschränkten Aufklärungspflicht der Finanzbehörde: "von einer Verantwortungs- oder Arbeitsteilung zwischen dem Verfahrensträger und den Verfahrensbeteiligten" kann nach *Weber-Fas* (1979: 14) "keine Rede sein".[3)] Kommt der Steuerpflichtige seinen Erklärungspflichten nicht nach, ist das

2) Zur Steuererklärungpflicht grundlegend: Schick (1988); zur strafrechtlichen Seite vgl. Dörn (1989).

3) Daß allerdings Weber-Fas' Anmerkung, eine solche Arbeitsteilung entspreche nicht der 'Rechtsnatur des Steuerrechts' sehr idealisiert ist, und - wenn auch nicht im Buchstaben der Abgabenordnung

Finanzamt berechtigt, anderweitige Wege der Informationsbeschaffung[4] zu beschreiten.

8.1.1.3 Grundlinien des Steuerfestsetzungsverfahrens

In Ergänzung der in Kap. 8.1.1.1 ausgeführten Verfahrensgrundsätze im Steuerermittlungsverfahren sind noch Kernpunkte des Steuerfestsetzungsverfahrens anzusprechen, so Begriff, Inhalt und Form sowie die Bekanntgabe und das Wirksamwerden des Steuerbescheides, und einige besondere Vorschriften wie die Schätzung der Besteuerungsgrundlagen oder eine abweichende Steuerfestsetzung aus Billigkeitsgründen.

Steuern werden - sofern nichts anderes vorgeschrieben ist - von der Finanzbehörde durch Steuerbescheid festgesetzt. Die Formvoraussetzungen hierzu werden in der Abgabenordnung geregelt. Die Feststellung der Besteuerungsgrundlagen im Steuerbescheid ist ein selbständig nicht anfechtbarer Teil des Steuerbescheids (§ 157 II AO). Rechtswirksamkeit erhält der Steuerbescheid erst dann, wenn er demjenigen bekanntgegeben worden ist, für den er bestimmt ist oder der von ihm betroffen wird (§ 124 I AO). Die Bekanntgabe kann auf verschiedene Weise vollzogen werden, so durch die Übermittlung des Verwaltungsakts per Post nach § 122 II AO, durch öffentliche Bekanntgabe nach § 122 III AO (wenn dies durch Rechtsvorschrift ausdrücklich zugelassen ist), oder durch förmliche Zustellung, die aber nur dort möglich ist, wo sie gesetzlich vorgeschrieben oder behördlich angeordnet wird (vgl. *Kortschak* 1990). Von der behördlichen Anordnung wird die Finanzbehörde nur Gebrauch machen, wenn ein Steuerpflichtiger laufend die Bekanntgabe von Bescheiden bestreitet (vgl. *Brunn/Fritz* 1980: 84f; *Große* 1990: 353). Durch die Neufassung der Abgabenordnung 1977 wurde § 164 AO neu eingeführt. Insbesondere das Verfahren in Zusammenhang mit Betriebsprüfungen wurde hierdurch grundlegend verändert (vgl. *Lohmeyer* 1976: 115; *Dziadkowski* 1987: 165 ff). Diese Vorschrift der *Steuerfestsetzung unter Vorbehalt* hat den Zweck, die Steuerfestsetzung zu beschleunigen, in dem sie erlaubt,...

oder des EStG festgelegt - die Durchführung der Besteuerung ohne Kooperation der Steuerzahler und ihrer Berater kaum noch möglich ist, soll diese Untersuchung belegen. Dies trifft sich auch mit der Einschätzung von Martens (1988: 105): "... im Steuerrecht hat man die Rolle des Steuerpflichtigen schon immer weniger vom hoheitlichen Standpunkt der Verwaltung her gesehen und mehr Gewicht auf die differenzierende Wertung des Steuerrechtsverhältnisses als Geflecht wechselseitiger Beziehungen mit aufeinander abgestimmten Rechten und Pflichten gelegt."

4) Vgl. Bilsdorfer (1988: 19 ff).

"... nach Eingang der Steuererklärung ohne sofortige Prüfung der tatsächlichen und rechtlichen Richtigkeit oder nach nur oberflächlicher Prüfung die Steuer allein aufgrund der Angaben des Steuerpflichtigen festzusetzen. Dadurch kann der zeitliche Abstand zwischen der Entstehung der Steuer und der Fälligkeit einer Abschlußzahlung oder Erstattung erheblich verkürzt werden." (*Brunn/ Fritz* 1980: 86f)

Eine Begründung von seiten der Verwaltung, warum eine solche Steuerfestsetzung unter Vorbehalt erfolgt, ist nicht notwendig; die Finanzbehörden können praktisch jeden Steuerbescheid unter dem Vorbehalt der Nachprüfung erlassen (*Brunn/Fritz* 1980: 87).[5] Die Mitwirkungspflichten und -möglichkeiten des Steuerpflichtigen sind bei der Vorbehaltsfeststellung deutlich größer als bei der normalen Festsetzung (*Martens* 1988: 104). Solange der Vorbehalt wirksam ist, bleibt der gesamte Steuerfall 'offen' und kann uneingeschränkt von Amts wegen oder auf Antrag des Steuerpflichtigen geändert werden.[6]

Eine *Schätzung der Besteuerungsgrundlagen* nach § 162 I AO stellt eine ungenaue Festlegung der Besteuerungsgrundlagen dar, weil diese weder ermittelt noch berechnet werden können. Der Schätzung ist der "möglichst wahrscheinliche Sachverhalt" (*Brunn/Fritz* 1980: 91) zugrunde zu legen. Die wichtigsten Fälle für eine solche Schätzung sind in § 162 II AO aufgeführt: Danach ist eine solche Schätzung zulässig, wenn der Steuerpflichtige über seine Angaben keine ausreichende Aufklärung zu geben vermag oder weitere Auskünfte verweigert oder der Steuerpflichtige Bücher oder Aufzeichnungen, die er nach den Steuergesetzen führen muß, nicht vorgelegt hat oder diese nach § 158 AO der Besteuerung nicht zugrunde gelegt werden können (vgl. *Rößler* 1988: 98f). Die häufigsten Schätzungsformen sind die von Umsatz und Gewinn. Eine abweichende *Steuerfestsetzung aus Billigkeitsgründen* mit einer niedrigeren Festsetzung der Steuer oder der Nichtberücksichtigung einzelner Besteuerungsgrundlagen ist nach § 163 I möglich, wenn die Erhebung der Steuer nach Lage des einzelnen Falles unbillig wäre. Sowohl bei der Steuer als auch bei den Besteuerungsgrundlagen kann die niedrigere Festsetzung bis Null reichen (*Brunn/Fritz* 1980: 92). Sind die Steuern bereits festgesetzt, so können sie nach § 227 AO erlassen, ggf. also erstattet werden. Die Vorschriften der §§ 163 und 227 AO dienen dazu, die durch Gesetz nicht regelbaren unbilligen Härten zu vermeiden. Dabei sind persönliche Billigkeitsgründe (die sich aus den wirtschaftlichen Verhältnissen des Steuerpflichtigen ergeben) und sachliche Billig-

5) Die GNOFÄ (vgl. Kap. 3.3) sehen jedoch vor, nur bei den dort genannten Fallgruppen 1 und 3 die Steuer unter dem Vorbehalt der Nachprüfung festzusetzen, während bei der Fallgruppe 2 die Steuer sofort ohne Vorbehalt festzulegen ist.

6) Zur Korrektur von Steuerbescheiden vgl. Lauer (1984).

keitsgründe (die sich am tatsächlichen oder mutmaßlichen Willen des Gesetzgebers orientieren) zu unterscheiden. Die Erlaßbefugnis steht nach § 163 II S. 1 AO der obersten Finanzbehörde derjenigen Körperschaft, die die Steuer verwaltet, oder den von ihr bestimmten Finanzbehörden zu.[7] Die obersten Finanzbehörden der Länder haben bestimmt, bis zu welchen Beträgen die Finanzämter und die Oberfinanzdirektionen Steuern erlassen dürfen. Für die Ablehnung von Erlaßanträgen sind die Finanzämter unbeschränkt zuständig (*Brunn/Fritz* 1980: 93).

In geringem Maß sind der Finanzverwaltung in diesem Rahmen auch *verwaltungsökonomische* Überlegungen gestattet: § 156 AO läßt das Absehen von einer Steuerfestsetzung zu, wenn der verwaltungstechnische Aufwand für die Steuererhebung größer ist als der ökonomische Nutzen der Steuerzahlung. Deshalb ermächtigt § 156 I AO den Bundesminister der Finanzen, durch Verordnung zu bestimmen, daß Steuern und steuerliche Nebenleistungen nicht festgesetzt werden, wenn bestimmte Mindestgrenzen nicht erreicht werden.[8] Außerdem kann nach § 156 II AO (unabhängig vom Erlaß der Verordnung) generell auf die Festsetzung von Steuern und steuerlichen Nebenleistungen verzichtet werden, wenn entweder die Einziehung voraussichtlich keinen Erfolg haben wird, oder die Kosten der Einziehung einschließlich der Steuerfestsetzung außer Verhältnis zu dem geschuldeten Betrag stehen (*Birk* 1988: 215).

8.1.1.4 Kontaktmöglichkeiten zwischen Steuerbeamten und Steuerpflichtigen im Rahmen des Besteuerungsverfahrens

Die Kontaktaufnahme zwischen Steuerpflichtigen und Steuerverwaltung wird im Rahmen der Einkommensbesteuerung durch die Verfahrensvorschriften in vielen Fällen vorgesehen; einzig bei der ausschließlichen Besteuerung des Einkommens durch Lohnabzug beim Arbeitgeber kann sie vermieden werden, wenn der Steuerpflichtige sie nicht von sich aus sucht.[9] Auch über die rechtlich vorgegeben Verpflichtungen des Steuerpflichtigen zur Zusammenarbeit mit der Steuerverwaltung im Rahmen der Abgabenordnung ergeben sich Möglichkeiten einer Kontaktaufnahme sowohl im Bereich der Lohnsteuer als auch bei der Einkommensteuer. Diese Anlässe für Kontaktmöglichkeiten zwischen Steuerpflichtigen und Verwaltung ma-

7) Da bei den Steuern vom Einkommen die Landesfinanzbehörden im Auftrag des Bundes tätig werden kann der Bund Weisungen erteilen. Diese sehen eine Zustimmung des Bundes bei Erlaßmaßnahmen von über 200.000 DM vor (Brunn/Fritz 1980: 93).

8) Geschehen durch die sog. 'Kleinbetragsverordnung' vom 10. 12. 1980 (BStBl. I 1980: 784).

9) In vielen Fällen verzichten Steuerpflichtige aus Unkenntnis oder Unsicherheit darauf, mit dem Finanzamt in Kontakt zu treten: Nach Schätzungen des Bundesverbandes der Lohnsteuerhilfevereine stellen etwa zwei Millionen Lohnsteuerzahler jährlich keinen Antrag auf Lohnsteuer-Jahresausgleich; vgl. 'Freiwilig zuviel Steuern bezahlt', in: Stuttgarter Nachrichten, 15.04.1988.

chen verschiedene *Formen* der Kontaktaufnahme und -abwicklung möglich. Im Rahmen des Besteuerungsverfahrens sind bei der Einkommensteuer folgende Kontaktformen denkbar:[10]

- der *mündlich-persönliche* Kontakt zwischen dem einzelnen Steuerpflichtigen und einem Bearbeiter im *Finanzamt*; eine Kontaktaufnahme beim Steuerpflichtigen zu Hause ist die absolute Ausnahme und findet nur durch Steuerfahnder, Vollziehungsbeamte oder Bearbeiter, die steuerlich relevante Sachverhalte überprüfen (Arbeitszimmer u.ä.) statt;
- der *schriftliche* Kontakt, sei es in der Zustellung von Anträgen, Belegen oder Bescheiden (zumeist auf der Basis von Formularen) oder durch persönliche Anschreiben des Steuerpflichtigen oder besondere Schriftsätze des Finanzamtes;
- der *telefonische* Kontakt zur Übertragung kürzerer Informationen, für Nachfragen von beiden Seiten etc..

Nach der Abgabe der Steuererklärung besteht - abgesehen von telefonischen Kontakten - zumeist die Möglichkeit eines mündlich-persönlichen oder schriftlichen Kontakts. Die Abgabenordnung räumt hier oftmals eine Wahlmöglichkeit ein. Die Wahl einer bestimmten Kontaktform zwischen Steuerpflichtigen und Steuerbeamten ist in diesen Fällen nicht vom Anlaß oder Anliegen des Pflichtigen abhängig, "sondern primär von den Einstellungen, Erwartungen und Kenntnissen der Steuerzahler hinsichtlich solcher Kontakte" (*Grunow u.a.* 1978: 91). Die Frage, welche Art von Kontakten von den Steuerpflichtigen bevorzugt wird, ist daher von Bedeutung zur Erklärung des Verhältnisses von Steuerpflichtigen und Steuerbeamten.[11] Aufgrund der geschilderten rechtlichen Vorschriften der Abgabenordnung und der verfahrensrechtlichen Vorschriften durch Verwaltungsanweisungen[12] lassen sich auch für mündlich-persönliche Kontakte bestimmte "formale Erwartungen hinsichtlich der Verlaufsformen" (*Grunow u.a.* 1978: 92) fomulieren:

- die Kontakte finden in einem *spezifischen räumlich-zeitlichen* und *personellen Kontext*, nämlich innerhalb der Öffnungszeiten im Dienstzimmer des zuständigen Bearbeiters statt;
- im Mittelpunkt des Kontaktes steht der *Austausch von Informationen* zwischen Steuerpflichtigen und Steuerzahlern;
- neben dem Informationsaustausch ist die *Vorlage von Dokumenten und Belegen* durch die Steuerpflichtigen wichtig;

---

10) Vgl. Grunow u.a. (1978: 91).

11) Vgl. hierzu Kap. 8.1.2.2. (aus Sicht der Steuerpflichtigen) und 8.2.2.2 (aus Sicht der Beamten).

12) Etwa im Rahmen der in Kap. 3 geschilderten Organisationsvorschriften.

- in den Fällen der *Abgabe einer Steuererklärung* oder eines Antrages durch den Steuerpflichtigen ist der Kontaktverlauf über die Durchsicht und Überprüfung der betreffenden Formulare *weitgehend strukturiert*;
- hingegen ist bei Kontakten, die lediglich Auskunftsersuchen, mündliche Einsprüche, Beschwerden etc. zum Anlaß haben, eine offenere Gestaltung anzunehmen, sie sind *wesentlich weniger strukturiert*;
- hinsichtlich der Umgangsformen sind die Bearbeiter zu einem höflichen und freundlichen Verhalten angehalten, ansonsten sind die Umgangsformen nicht vorgegeben;
- die relative Offenheit und die "damit gegebene potentielle Eigendynamik der Kontakte" (*Grunow u.a.* 1978: 93) werden durch die vorhandenen *Beurteilungs- und Ermessensspielräume der Bediensteten* gefördert, die häufig die 'Glaubhaftmachung' eines Sachverhaltes (unter Verzicht auf einen Beleg) durch den Steuerzahler ausreichen lassen.[13)]

Diese Gesichtspunkte lassen es als wahrscheinlich erscheinen, daß im Rahmen der rechtlich vorgegebenen und durch Rechts- und Verwaltungsvorschriften ausgekleideten Kontaktanlässe und -formen "erhebliche Variationen im *faktischen* Kontaktverlauf denkbar sind" (*Grunow u.a.* 1978: 93).

8.1.1.5 Hindernisse einer Verständigung zwischen Steuerzahlern und Finanzverwaltung

Insbesondere bei der Ermittlung von Sachverhalten ist die Steuerverwaltung oftmals auf die Kooperation der Steuerpflichtigen angewiesen, um die genauen Grundlagen der Steuerfestsetzung zu ermitteln. In Ergänzung von Ermittlungspflicht einerseits und Mitwirkungspflicht andererseits sind Finanzamt und Steuerpflichtiger angehalten, in der Sachverhaltsaufklärung zusammenzuwirken. Ohne ein solches Zusammenwirken wäre eine massenhafte Durchführung der Besteuerung kaum möglich: Von der "tatsächlichen Verständigung" über solche Sachverhaltsumstände, die nicht oder nur sehr schwer ermittelbar sind, "lebt die Praxis der Finanzverwaltung zu einem erheblichen Teil; mit ihr bewältigt sie ihre vielfältigen Aufgaben, ohne 'Verständigung' würde sie vermutlich in der Arbeitsflut ersticken" (*Ruppel* 1985: 684).

Bei Handlungen der Steuerpflichtigen mit besteuerungsrelevanten Folgen sind diese auf Stetigkeit und Klarheit der Entscheidungen der Finanzverwaltung angewiesen. Unabsehbares oder nicht einschätzbares Verhalten der Finanzverwaltung führt hier zu einer starken "Verunsicherung" der Steuerpraxis. *Rose* (1976: 55 ff) hat ver-

13) Vgl. Grunow u.a. (1978: 92f).

schiedene Handlungsmuster der Steuerverwaltung aufgelistet, die dieser Verunsicherung im besonderen Vorschub leisten. Er nennt hierunter:

- *Handlungsschwächen* der Finanzverwaltung, die beispielsweise aus der langen Unklarheit resultieren, die zwischen der Verkündung eines Gesetzes bzw. dem Bekanntwerden einer wichtigen höchstrichterlichen Entscheidung und der Publizierung der Verwaltungsmeinung über Anwendungs- und Auslegungseinzelheiten in der behandelten Frage liegen;[14)]
- *Qualitätsmängel* der Verwaltungsanweisungen, die oft unklar, oftmals aber auch überspezialisiert sind und insbesondere wenig Wert darauf legen, den Steuerpflichtigen auf Möglichkeiten hinzuweisen, durch Wahlrechtsausübung Steuerersparnisse zu erzielen;
- *Kompetenzüberschreitungen*, die sich beispielsweise in Verwaltungsanweisungen widerspiegeln, die die gesetzlichen Vorschriften in einer Weise 'korrigieren', die vom Gesetzgeber nicht beabsichtigt war.

Sind diese generellen Kritikpunkte eher in Maßnahmen oder Entscheidungen der Verwaltungsführungen begründet, zeigt sich eine bewußte Verunsicherung auch in speziellen Einzelfällen. *Hörstmann* (1981) belegt dies im Beispiel von freiwilligen Steuernachzahlungen bei nicht mehr eintreibbaren Steuerforderungen. Die Hinweise der Finanzämter in solchen Fällen sind oftmals stark verklausuliert formuliert, die wahre 'Botschaft' eines Schreibens des Finanzamtes in einem solchen Fall (daß nämlich die betreffende Steuer gezahlt werden kann, aber nicht muß) wird nicht offen dargelegt, sondern hinter einer Zahlungsaufforderung versteckt. Appelliert wird in einem solchen Fall an die fehlende oder *nicht ausreichende Rechtskenntnis* der Steuerpflichtigen, deren Sorge, eine *Pflicht* verletzt zu haben, das *Vertrauen in das Finanzamt*, den Willen, Auseinandersetzungen zu vermeiden, den Glauben, dem (vom Steuerpflichtigen geschätzten) *Veranlagungsbeamten* zur Wiedergutmachung eines Fehlers zu helfen und die Suggestion eines *Kodes der gerechten Besteuerung*, "den es nicht gibt" (*Hörstmann* 1981: 23).

8.1.2 Interessenlagen und Interessenartikulation von Steuerpflichtigen

Zur Beurteilung des Verhältnisses von Steuerzahlern und Finanzverwaltung ist es wichtig, auch die subjektiven Einstellungen der Steuerpflichtigen gegenüber den Beamten und dem Verfahren zu kennen.[15)] Nur bei Einbeziehung dieser Einstel-

14) Darunter gehört auch die "Gewohnheit" (Rose 1976: 56), die Veranlagungsrichtlinien zur Einkommensteuer, Körperschaftsteuer und Gewerbesteuer erst nach Ablauf des Jahres für das sie gelten sollen, zu veröffentlichen.

15) Systematisch untersucht wurden die Einstellungen von Steuerpflichtigen (und Steuerbeamten) zum Verfahren der Besteuerung im Rahmen eines Projekts an der Universität Bielefeld in den Jahren

lungen in die Betrachtung der rechtlich vorgeschriebenen Beziehungen ergibt sich ein Bild, aus dem heraus auf die tatsächliche Bedeutung der Interessen und Anforderungen der Steuerpflichtigen für die Arbeit der Steuerbeamten geschlossen werden kann.

8.1.2.1 Die Kenntnis der Rechtsvorschriften

Die Kenntnis der Rechtsvorschriften (und der durch sie bestimmten Verfahrensvorschriften) ist für die Steuerpflichtigen ein wesentliches Problem bei der Durchführung der Besteuerung. Bei der Befragung von Steuerpflichtigen im Rahmen der angeführten Untersuchung bezeichneten als 'schwierigsten Teil der Antragstellung':

- 36,7 % das richtige Verstehen und Ausfüllen der Formulare;
- 32,0 % das richtige Verständnis der Gesetzesvorschriften;
- 19,7 % das Sammeln aller wichtigen Belege;
- 5,5 % das Freinehmen von der Arbeit für den Finanzamts-Kontakt;
- 3,9 % das Verstehen der Computer-Bescheide und
- (nur) 1,2 % die Verhandlung mit den Beamten.[16)]

Bei der Auswertung der empirische Untersuchungen zeigt sich, daß generell das Wissen um Steuersachen um so größer ist, je *höher die Schulbildung* und je 'verwaltungsnäher' die Berufstätigkeit der Befragten ist. Zudem sind die Kenntnisse bei den Angestellten und Beamten regelmäßig höher als bei den übrigen Berufsgruppen (vgl. *Grunow u.a.* 1978: 61 ff). Es hat sich dabei auch gezeigt, daß neben dem soziologischen Hintergrund der Steuerpflichtigen auch die *Häufigkeit des Kontaktes* mit der Verwaltung und dem Verfahren entscheidend für den 'Erfolg' im Besteuerungsverfahren ist. Der Kenntnisstand hinsichtlich des Verfahrens und der rechtlichen Grundlagen war bei den Steuerpflichtigen, die (schriftlichen oder persönlichen) Kontakt mit dem Finanzamt hatten, größer als bei den Steuerpflichtigen ohne Kontakt. Der Anteil derjenigen, die die korrekten formellen Schritte (Rechtsmittel) nannten, lag bei den Steuerpflichtigen mit häufigen Finanzamtskontakt (vier mal oder mehr jährlich) deutlich höher als bei den Steuerpflichtigen oh-

1971 bis 1976. Die Ergebnisse dieser Untersuchung - auf die sich die Darstellung in diesem Unterkapitel stützen soll - beruhen zwar (im empirischen Bereich) auf Befragungen des SAMPLE-Instituts aus der ersten Hälfte der siebziger Jahre, können aber (gerade weil sie zu großen Teilen vor den Umorganisationen des GNOFÄ-Verfahrens liegen) auch heute noch als gültig angenommen werden. Zudem sind sie ausführlich dokumentiert; vgl. Grunow u.a. (1975) und (1978), Grunow (1978) und (1980), Grunow/Hegner (1980).

16) Dies deckt sich mit den Einschätzungen der gleichfalls befragten Finanzamts-Sachbearbeiter, die mit jeweils 41 % den ersten beiden Sachverhalten gleichfalls die größte Bedeutung beimaßen; vgl. Grunow/Hegner (1980: 263f).

ne oder mit geringerem Kontakt. Umgekehrt lag bei diesen Steuerpflichtigen mit geringen Kontakten der Anteil der Betroffenen, die die Entscheidung des Amtes ohne Reaktion hinnnehmen würden, fast dreimal höher als bei denjenigen mit häufigem Kontakt.[17)]

Die Frage nach den benutzten *Informationsquellen* wurde ebenfalls unterschiedlich beantwortet. Hier ließen sich deutliche Unterschiede hinsichtlich der Schulbildung aufzeigen: So war die Anzahl derjenigen Steuerpflichtigen, die sich bei einem *Steuerberater* über steuerliche Fragen informierten, bei den Pflichtigen mit Abitur am höchsten, bei den Pflichtigen mit Mittlerer Reife war er über-, bei denjenigen mit Volksschulbildung unterdurchschnittlich. Noch auffälliger war der Unterschied hinsichtlich der Nutzung spezieller Informationsmedien in Form von Ratgebern in *Buchform*, *Zeitschriften* oder *Zeitungen*: Hier lag der Anteil derjenigen, die diese Medien zur Information über steuerliche Fragen nutzten, bei den Pflichtigen mit Abitur und Mittlerer Reife weit höher als bei denjenigen mit Volksschulbildung.[18)] Der *Steuerbeamte* wurde überproportional von den Steuerpflichtigen mit Mittlerer Reife als Informationsquelle genutzt, hier lag der Anteil der Steuerpflichtigen mit Abitur deutlich unter dem Durchschnitt, während sich der der Steuerpflichtigen mit Volksschulbildung fast auf dem Durchschnittssatz befand. Kaum Unterschiede ergaben sich bei den *Merkblättern* und *Erläuterungen* des Amtes. Sie wurden von allen drei Gruppen gleichmäßig genutzt. Diejenigen Informationsmedien, bei denen die Steuerpflichtigen mit Volksschulbildung einen 'Nutzungsvorsprung' hatten, spielten insgesamt nur eine untergeordnete Rolle: So wurden *Betriebsrat* und *Gewerkschaften*, aber auch die *Lohnsteuerhilfevereine* nur von einem kleinen Prozentsatz aller Steuerpflichtigen als Informationsquelle genannt. Allein im Bereich 'Verwandte, Arbeitskollegen, Bekannte' hatten die Steuerpflichtigen mit Volksschulbildung einen Nutzungsvorsprung: solche Personen wurden von Steuerpflichtigen mit Mittlerer Reife oder Abitur nur im geringen Ausmaß zur Information über steuerliche Frage genutzt.

Fragt man hingegen nicht nach der *faktischen*, sondern nach der *optimalen* Informationsquelle in steuerlichen Fragen, bleiben die unterschiedlichen Gewichtungen im wesentlichen bestehen. Einzig die Bedeutung der Informationsquellen 'Finanzamt bzw. -beamter' und 'Steuerberater' erhöhen sich als Ganzes wie auch bei den

---

17) Vgl. Grunow u.a. (1978: 64, Tab. 2). Es zeigte sich aber auch, daß diejenigen Bevölkerungsgruppen, deren Wissen um das Verfahren und seine Grundlagen besonders gering ist, sich auch seltener über das Finanzamt ärgern: "Ohne ein Minimum an Wissen merkt man eben gar nicht, ob einem Unrecht geschieht bzw. welche Möglichkeiten einem das Finanzamt beschneidet" (Grunow u.a. 1978: 63).

18) Vgl. Grunow u.a. (1978: 66, Tab. 3; linke Hälfte, Frage nach den faktischen Informationsquellen hinsichtlich steuerlicher Fragen).

einzelnen Gruppen. Die Abstände innerhalb der Gesamtnutzung zwischen den Gruppen verschieben sich nicht wesentlich. Die größte Differenz zwischen faktischer und optimaler Informationsquelle ist beim *Steuerberater*[19] festzustellen: Steuerberater wurden weit häufiger als 'beste' Informationsquelle genannt (62 % insgesamt), als tatsächlich von den Befragten in Anspruch genommen (30 %) (*Grunow u.a.* 1978: 67).

Die Unterschiede hinsichtlich der Intensität der Nutzung der verschiedenen Personengruppen und Medien zur Information über steuerliche Fragen, die sich schon bei der Unterteilung nach der Schulbildung gezeigt haben, setzen sich bei der Aufgliederung nach Berufsgruppen fort. Hier wurde dem Steuerberater mit steigendem Berufsniveau auch steigende Bedeutung zugewiesen, bei der Nutzung von Informationen durch Betriebsrat und Gewerkschaften oder Lohnsteuerhilfevereine bzw. Verwandte, Arbeitskollegen und Bekannte war es umgekehrt. Hingegen ist die Heranziehung von Ratgebern in Buchform, Zeitungen oder Zeitschriften die Domäne des 'Mittelstandes'. Bei der - hier nicht dokumentierten - Frage nach der *optimalen* Nutzung der einzelnen Informationsmöglichkeiten ergab sich das gleiche Bild wie in den vorstehend beschriebenen Zahlen der Gesamtverteilung: Wiesen ihr insgesamt 50 % der Befragten idealerweise eine Rolle als wichtige Informationsquelle zu, so waren es bei den un- und angelernten Arbeitern nur 45 %; hier ergaben sich bei den gelernten Arbeitern (65 %), den Angestellten (59 %) und den Beamten (50 %) z.T. weit höhere Werte. Einzig die Angehörigen der 'Sonstigen Berufe' (hinter dieser Bezeichnung verbargen sich im wesentlichen Selbständige) maßen dieser Informationsquelle auch idealtypisch nur unterdurchschnittliche Nutzungsmöglichkeiten (38 %) zu. Es zeigte sich dennoch, "daß der ganz überwiegende Teil der Befragten von der Finanzverwaltung eine qualifizierte Hilfe und Information erwartet" (*Grunow u.a.* 1978: 67), um seine eigene Möglichkeiten im Verfahren der Besteuerung zu verbessern.

8.1.2.2 Die Einstellung zu den Steuerbeamten

Bei einer Darstellung der Einschätzung der Steuerverwaltung durch die Pflichtigen fällt zunächst die "Überschätzung der 'Unfehlbarkeit' des Finanzamtes durch das Publikum" (*Grunow u.a.* 1978: 72) auf: Mögliche Fehler im Amt wurden von den Steuerpflichtigen in geringerem Maße für möglich gehalten, als von den Beamten selbst, wie *Übersicht 8/1* zeigt.

19) Auf die Rolle der Steuerberater bei der Durchführung der Besteuerung wird gesondert in Kap. 8.4 eingegangen.

Übersicht 8/1: Einschätzungen von Steuerpflichtigen und Steuerbeamten hinsichtlich möglicher Fehler im Amt

(in Prozent; N (Steuerpflichtige) = 512; N (FA-Bedienstete) = 173)

Sachverhalte	Einschätzung: Das halte ich für ausgeschlossen		Kommt selten vor		Kommt häufiger vor	
	Beamte	Pflichtige	Beamte	Pflichtige	Beamte	Pflichtige
Daß niemand weiß, wo die Akten eines Steuerpflichtigen sind	20	73	59	26	21	1
Daß ein Beamter erst einmal nachsehen muß, bevor er eine Frage beantworten kann	2	29	56	55	42	16
Daß man auf eine bestimmte Frage verschiedene Antworten bekommt	10	55	70	39	20	6
Daß die Beamten gar nicht merken, wenn ein Steuerzahler versucht, das FA zu hintergehen	18	61	58	35	24	4
Daß auch ein Vorgesetzter eine Frage nicht beantworten kann	19	53	68	46	13	1
Daß ein Steuerzahler im FA von einer Stelle zur anderen geschickt wird	11	65	61	31	28	4

Frage: 'Es gibt ja unterschiedliche Meinungen darüber, wie gut man im FA Bescheid weiß. Ich lese Ihnen nun einige Dinge vor und möchte Sie bitten, zu überlegen, ob das im Finanzamt vorkommen kann.'

(Quelle: *Grunow u.a.* 1978: 73, Tab. 5)

Mit welcher Deutlichkeit die befragten Steuerpflichtigen Fehler oder Unsicherheiten der Steuerverwaltung ausschlossen, muß überraschen.[20] Auf der anderen Seite waren die befragten Bediensteten der Finanzämter viel kritischer. Sie räumten zu einem gewissen Teil ein, daß verschiedene (vorgegebene) Fehler und Unsicherheiten nicht nur manchmal, sondern sogar häufiger vorkommen.

Ergänzend dazu ist es auch von Bedeutung, die Einschätzung des Handlungsspielraumes der Bediensteten durch die Steuerzahler zu kennen: Nur 36 % der Befragten mit Kontakt zum Finanzamt (innerhalb des letzten Jahres) waren der Meinung,

20) Dabei standen die befragten Lohnsteuerpflichtigen den Beamten fast durchweg positiver gegenüber, schlossen Fehler und Unsicherheiten in stärkerem Maße aus bzw. hielten solche Fehler in geringerem Maße für möglich als die befragten Einkommensteuerpflichtigen; vgl. Grunow (1978: 110 ff; Tab. 1.7.3./1).

daß das Finanzamt bestimmte (grundsätzlich steuerlich abzugsfähige) Aufwendungen *ohne* Belege anerkennen könnte, während 60 % glaubten, *alles* sei gegenüber dem Finanzamt zu belegen. Diese Meinung wurde insbesondere von 86 % der un- und angelernten Arbeiter vertreten, während nur 46 % der Beamten sie teilten. Bei der Frage nach den *generellen* Erfahrungen mit dem Finanzamt gaben 53 % der Befragten an, nach ihrer Meinung verfahre die Verwaltung immer nach Vorschrift, lediglich 24 % sahen das Finanzamt die Vorschriften mehr oder weniger großzügig auslegen.[21)] Generell läßt sich daraus ableiten, "daß diejenigen Gruppen, die ihren eigenen Handlungsspielraum gering einschätzen, auch den Handlungsspielraum der Finanzbeamten gering einschätzen" und deshalb auch das Steuerverfahren "als eine Art feststehenden, durch nichts zu beeinflussenden Prozeß ansehen" (*Grunow u.a.* 1978: 74).

8.1.2.3 Die Einstellung zum Besteuerungsverfahren und die Vertretung der eigenen Interessen

Nach den Ergebnissen der empirischen Untersuchungen besteht ein Zusammenhang zwischen der Bereitschaft der Steuerzahler, ihre Interessen wahrzunehmen, und ihren Möglichkeiten hierzu: Danach zeigen diejenigen Personen bzw. Personengruppen, die (vermutlich) überdurchschnittliche *Fähigkeiten* im Umgang mit dem Finanzamt haben, in der Regel auch eine überdurchschnittliche *Bereitschaft*, ihre Interessen selbst handelnd wahrzunehmen (*Grunow u.a.* 1978: 69). Allerdings erweist sich, daß dafür nicht so sehr das tatsächliche Wissen um die Verfahrensweisen und Inhalte des Verfahrens, sondern die *Selbsteinschätzung des Wissens* von entscheidender Bedeutung ist:

> "Je höher die Selbsteinschätzung des Wissens, desto häufiger werden die Steuerformulare selbst ausgefüllt, desto häufiger unterhält man sich über Behörden, desto häufiger ist man der Auffassung, Merkblätter und Hinweise vollständig verstanden zu haben. Auch wendet man sich häufiger zu Auskunftszwecken ans Finanzamt und hat häufiger mit dem Finanzamt telefonischen Kontakt." (*Grunow u.a.* 1978: 71)

Typischerweise waren *Beamte* und *Angestellte* bei der Befragung in dieser Personengruppe stark vertreten. Dies war dagegen kaum bei den *un- oder angelernten Arbeitern* der Fall. Auch schätzten *Volksschüler* ihr Wissen in steuerlichen Fragen im Durchschnitt niedrigerer ein. Das galt auch für *Personen mit geringem Einkommen* und für *Frauen*. Hingegen ergaben sich nach dem Lebensalter keine erheblichen Unterschiede. Damit zeigt sich, daß gerade in der Gruppe der 'sozial Schwachen' die Defizite in bezug auf die Sachkenntnisse und der Mangel an Zugang zu

21) 12 % 'Mal so, mal so', 11 % 'Weiß nicht' , N = 512 (vgl. Grunow 1978: 120, Tab. 1.4/8)

Informationsquellen mit einer *skeptischen Einschätzung des eigenen Wissens* "und einer damit verbundenen geringen Handlungsbereitschaft" einhergehen (*Grunow u.a.* 1978: 71).[22] Sieht man die Einschätzungen der Steuerpflichtigen hinsichtlich des Spielraumes der Steuerbeamten zusammengenommen mit den Einschätzungen der Steuerbeamten hinsichtlich der Handlungsmöglichkeiten des Publikums, so weisen auch die daraus resultierenden Ergebnisse auf die *schichtspezifischen Benachteiligungen* hin:

> "Auch die Einschätzung der relativen 'Verhandlungsspielräume' wirkt dahin, daß bestimmte Gruppen von Steuerzahlern von sich aus keinerlei Anstrengungen unternehmen, um ihre Interessen gegenüber dem Finanzamt wahrzunehmen, während andere Gruppen sowohl die eigenen Möglichkeiten als auch die Spielräume der Bearbeiter durchaus richtig einschätzen und auch häufiger in Richtung auf eine optimale Wahrnehmung ihrer steuerlichen Interessen ausnutzten." (*Grunow u.a.* 1978: 74)

Es ist schon angesprochen worden, daß die Möglichkeiten von Kontakten persönlich-mündlicher Art durch die den Bearbeitern eingeräumten Beurteilungsspielräume unter Umständen relativ groß sind. Ihre tatsächliche Gestaltung hängt auch vom Auftreten des betreffenden Steuerpflichtigen ab. Ein wesentlicher Punkt ist hierbei der grundsätzliche *Verhandlungsstil* von Steuerpflichtigen und Beamten. *Grunow u.a.* haben bei den von ihnen beobachteten Gesprächen versucht, eine Quantifizierung von Verhandlungsstilen vorzunehmen: Die Mehrzahl der beobachteten Steuerpflichtigen und Bediensteten der Finanzämter bevorzugten einen Verhandlungsstil, der als überwiegend *verbindlich/freundlich* zu bezeichnen ist (52,9 % der Steuerpflichtigen, 56,9 % der Bediensteten). Die darin liegende Abweichung kann als relativ klein bezeichnet werden. Solche Abweichungen gab es aber bei anderen Verhandlungsstilen: Während 15,3 % der Steuerpflichtigen sich - nach Ansicht der Beobachter - *ängstlich/bemüht* verhielten, neigten nur 0,5 % der Bediensteten zu einem solchen Verhalten. Umgekehrt bemühten sich 16,8 % der Beamten um einen überwiegend *persönlich/vertraulichen* Verhandlungsstil; dabei folgten ihnen nur 5,4 % der Steuerpflichtigen. Offensichtlich wird also auf ängstliches Verhalten der Steuerpflichtigen häufig mit persönlich-vertraulichem Verhalten von seiten der Beamten reagiert (*Grunow u.a.* 1978: 194). Ein *aggressiver* Verhandlungsstil wurde von beiden Seiten so gut wie nicht, ein *verschlossen/wortkarger* nur in ganz wenigen Fällen gepflegt.[23] Insgesamt liefen die Kontakte zwischen den Bediensteten und den Steuerpflichtigen "weitestgehend sachbezogen und sche-

22) Dies ist für Grunow u.a. (1978: 72) auch die Erklärung dafür, warum die von Lindner (1972) festgestellten Lohnsteuerüberzahlungen bei Frauen, manuell Arbeitenden und Volksschülern überdurchschnittlich hoch waren.

23) Vgl. Grunow u.a. (1978: 103, Tab. 11; N = 1.175).

matisch, bei dominierender Gesprächsinitiative auf seiten des Personals" ab (*Grunow u.a.* 1978: 107).

Aus einem Vergleich des Verhandlungsstils mit dessen Erfolg (gemessen an der Vornahme/Nichtvornahme von Streichungen in der Erklärung) erkannten *Grunow u.a.* (1978: 109), daß die Steuerpflichtigen insbesondere dann ein 'schlechteres' Ergebnis erzielten, wenn sie sich im Gespräch 'wortkarg' bis 'kühl/aggressiv' verhielten. Gerade bei einem 'persönlich-vertraulichen' oder 'dynamisch-anpassungsfähigen' Verhandlungsstil schien der Erfolg größer zu sein. Ergänzende Befragungen verdeutlichten, daß es gleichzeitig von Bedeutung war, ob der Steuerzahler sein Anliegen oder seine Fragen *verständlich* zum Ausdruck bringen konnte: "Je besser die Ausdrucksfähigkeit des Publikums, desto häufiger konnte die Steuerangelegenheit abschließend bearbeitet werden" (*Grunow u.a.* 1978: 109). Dies ist wichtig, weil sich in den Untersuchungen auch gezeigt hat, daß zusätzliche Hinweise für den Steuerzahler nur dann zu gewinnen sind, wenn er bereits manches für *möglich* hält und sich durch Fragen Klarheit verschafft. Spontane Hinweise und Tips von den Steuerbeamten sind nur selten, ausführliche Auskünfte und Beratung gar nicht nachweisbar (ebd.: 120). Gerade deshalb ist die zielgerichtete Eigeninitiative des Steuerpflichtigen für dessen 'Erfolg' wichtig.

Bei der Untersuchung der *schriftlichen* Kontakte der Steuerpflichtigen zum Finanzamt zeigt sich in den Schreiben der Steuerpflichtigen "das Bild einer recht guten 'Anpassung' der Bürger an die Verwaltung - zumindest in formaler, aber auch in argumentativer Hinsicht" (*Grunow u.a.* 1978: 140). Das geht allerdings einher mit einem Mangel an Vermögen zur präzisen Bezeichnung und damit zu gezielten Nachweisen steuerrechtlich wirksamer Sachverhalte. Der persönliche Kontakt scheint hier für die Steuerpflichtigen insgesamt erfolgversprechender zu sein.[24)]

8.1.3 Steuerhinterziehung und Steuerumgehung

Einen eher 'unangenehmen', aber dauerhaften[25)] Aspekt der Beziehungen zwischen Steuerpflichtigen und Steuerverwaltung stellen die bewußte Steuerhinterziehung bzw. Steuerverkürzung und die (möglicherweise 'billigend' in Kauf genommene) Steuerumgehung durch die Steuerpflichtigen dar. Sowohl bei der Prüfung von Be-

---

24) Auch wenn das die Betroffenen anders sehen: Auf die Frage, ob derjenige, der seinen Antrag oder seine Erklärung persönlich beim Finanzamt abgebe, mehr 'herausholen' könne, als derjenige, der seinen Antrag immer per Post schicke, antworteten 72 % der Befragten mit Nein, lediglich 11 % der Steuerpflichtigen stimmten dieser Ansicht zu (dabei ergaben sich kaum Unterschiede zwischen Einkommensteuer- und Lohnsteuerpflichtigen; vgl. Grunow 1978: 126, Tab. 1.8/4).

25) Zu den Problemen der Steuerhinterziehung und der verschiedenen Amnestien hierzu insbesondere in den dreißiger Jahren vgl. Rainer (1989).

trieben, als auch bei der Entgegennahme von Steuererklärungen muß die Finanzverwaltung - auch wenn sie grundsätzlich davon ausgeht, daß die gemachten Angaben korrekt sind - die Möglichkeit eines solchen Steuervergehens in Betracht ziehen und diese durch Nachprüfungen auszuschließen oder zu minimieren trachten.

Die Summe der hinterzogen Besitz- und Verkehrsteuern sowie der Zölle und Verbrauchsteuern steigt nach den vom Bundesfinanzministerium veröffentlichten Statistiken immer mehr an (muß allerdings in Relation zum insgesamt steigenden Steueraufkommen gesehen werden). Die Summe der hinterzogenen und 'leichtfertig verkürzten' Steuern, die sich aus den 1987 rechtskräftig abgeschlossenen Straf- und Bußgeldverfahren ergab,[26)] betrug 686,6 Millionen DM bei den Besitz- und Verkehrsteuern (plus 12,7 % gegenüber 1986) und 70,9 Millionen DM bei den Zöllen und Verbrauchsteuern (plus 20,9 %). Wegen Steuerhinterziehung und -hehlerei wurde 1987 durch rechtskräftige Urteile Freiheitsentzug für die Gesamtdauer von 2.845 Jahren verhängt. Insgesamt wurden wegen der angeführten Delikte 87,7 Millionen DM an Geldstrafen und Bußgeldern ausgesprochen, rund 8 % mehr als 1986.[27)] Die 1987 durchgeführten Betriebsprüfungen[28)] haben zu Steuernachforderungen von 9,98 Mrd. DM (plus 12,4 % gegenüber 1986) geführt. Einschließlich der gesondert ausgewiesenen Prüfungsergebnisse bei den Bauherrengemeinschaften (308 Millionen DM) und den Klein- und Kleinstbetrieben (159 Millionen DM) betrug das Volumen der Nachforderungen für 1987 insgesamt *10,45 Mrd. DM.*[29)] 76 % der Nachforderungen entfielen auf Großbetriebe. Die Zahl der Betriebsprüfer betrug 1987 9.166, so daß rein rechnerisch auf jeden Prüfer bestandskräftige Steuernachforderungen von rund 1,1 Millionen DM entfielen.[30)]

---

26) Die Steuerhinterziehungen und -verkürzungen werden in dem Jahr statistisch erfaßt, in dem das zugrundeliegende Verfahren rechtskräftig abgeschlossen wird. Sie beruhen in der Regel zu einem erheblichen Teil aus Betriebsprüfungen der vorangegangenen Jahre.

27) Vgl. 'Steuerhinterziehung - Geldstrafen über 87,5 Mill. DM', in: Handelsblatt, 16.08.1988 und 'Über 10.000 Urteile wegen Steuerhinterziehung 1987', in: Die Steuer-Gewerkschaft (DStG), Nr. 10/1988: 140. Ergebnisse der Steuerfahndungsprüfungen aus den Jahren 1983 bis 1985 finden sich bei Klos (1986: 506, Anm. 4a).

28) Zur Frage der organisationellen Zuordnung und Durchführung der Betriebsprüfungen generell, zu den Problemen der (teilweise überlangen) Prüfungsspannen und den Abgrenzungsproblemen hinsichtlich der Größenklassen der zu prüfenden Betriebe vgl. Höppner (1986) und Metzger/Weingarten (1989: 262 ff).

29) 'Betriebsprüfungen - Nachforderungen von 10 Mrd. DM', in: Handelsblatt, 25.08.1988 (beruhend auf dem vom Bundesfinanzministerium veröffentlichten Arbeitsergebnis für 1987).

30) Zu der Schwierigkeit einer solchen einfachen 'betriebswirtschaftlichen' Zuordnung und Kostenrechnung und der Begrenztheit eines weiteren Ausbaus der Prüfungsdienste vgl. Jonas (1983: 322f). Zum Aufbau der Steuerfahndung, zu ihren Aufgaben und Kompetenzen vgl. Mösbauer (1986), Klos (1986) und Nolte (1989) sowie 'Steuerfahndung: Prügelknaben der Nation', in: Wirtschaftswoche, 43. Jg.,

Die mit der Durchführung der laufenden Prüfungen beauftragten Veranlagungsbeamten stehen vor den selben Problemen hinsichtlich der Glaubhaftmachung von Vorgängen wie ihre Kollegen bei der Einkommensteuerveranlagung: Wo hört die - rechtlich gedeckte - Steuerverminderung auf und geht in eine Steuerumgehung oder Steuerhinterziehung über? Denn daß die Betriebe - wie Einkommensteuerpflichtige auch - ungeklärte steuerliche Rechtsfragen "unter kaufmännischen Gesichtspunkten in dem für sie steuergünstigsten Sinne lösen, kann ihnen niemand verdenken, solange ihr Verhalten nicht den Tatbestand von Steuerstrafgesetzen erfüllt" (*Jonas* 1983: 323).

Auf die Problematik von rechtsfreien Räumen im Gesetz und der Diskussion um (nicht) zulässige Analogieschlüsse in diesen Fragen ist schon eingegangen worden. Der Steuerpflichtige ist bestrebt, dem Steuerdruck auf nicht verbotenem Weg auszuweichen. Nach der Vorgabe des in § 85 AO normierten Legalitätsprinzips ist die Finanzverwaltung verpflichtet, Ausweichversuche zu verhindern (*Ulmer* 1986: 292). Der Steuerpflichtige muß dabei die rechtlich gezogenen Grenzen (auch im außersteuerlichen Bereich, etwa im Privatrecht) einhalten. Soweit die rechtlichen Bestimmungen aber keine Einschränkungen beinhalten und dem Bürger Handlungsfreiheit zugestehen, "darf er diese Freiheit grundsätzlich nach seinem Belieben ausüben" (ebd.: 292).[31] Wo aber die Grenzen von Steuervermeidung (Steuerersparnis) einerseits und von Steuerumgehung mit Steuerhinterziehung andererseits liegen, ist oft ungeklärt - darüber herrscht auch bei den *Steuerberatern*, die von den Pflichtigen (z.T. in der laufenden Entscheidungsphase) um Rat gebeten werden, Unsicherheit:

> "Je mehr der Berater versucht, den vom Gesetz (oder dessen Lücken) gegebenen Spielraum auszunützen, um so mehr besteht die Gefahr, daß eine Gestaltung vom Finanzamt als Steuerumgehung angesehen wird oder daß gar ein Straf- oder Bußgeldverfahren eingeleitet wird." (*Ulmer* 1986: 293)

Ohne Rückversicherung bei der Finanzverwaltung sind solche Fragen oftmals nicht zu klären, wenn der Steuerpflichtige oder sein Berater nicht das Risiko eines Vorwurfes der bewußten Hinterziehung von Steuern eingehen will: "Da ist es schon besser, sich mit der Finanzverwaltung im Vorfeld zu einigen (....). Jedenfalls sollte man wissen, was passiert, wenn eine Gestaltung (nachträglich) als Steuerumgehung qualifiziert wird" (*Ulmer* 1986: 293). Hierbei ist der Versuch der Steuerverminderung an sich nicht strafbar, wenn er nicht mit dem Tatbestand der Steuerhinterziehung einhergeht. Man riskiert eben nur, daß die beabsichtigte oder getroffene

---

Nr. 42/1989: 66-77.

31) Zur Straflosigkeit bei Steuerumgehungen vgl. die Darstellung der aktuellen Rechtsprechung bei Kottke (1988: 389 ff).

Rechtsgestaltung - um solche Fälle handelt es sich zumeist - nicht anerkannt wird: Selbst wenn das Bemühen mißlingt, durch eine bestimmte rechtliche Konstruktion Steuern zu sparen, weil diese Gestaltung nach einer Entscheidung der Finanzverwaltung (oder des Finanzgerichts) als nicht angemessen beurteilt wird, liegt nur dann eine Steuerhinterziehung oder ein Versuch dazu vor, wenn die in § 370 AO festgelegten Tatbestandsmerkmale erfüllt sind (*Ulmer* 1986: 294).

Die Beurteilungsproblematik stellt sich hier letztlich genauso für die Finanzbeamten, die aus den ihnen vorgelegten Erklärungen und Unterlagen das Ziel der rechtlichen Konstruktion erkennen und eine Entscheidung hinsichtlich der Zulässigkeit treffen müssen.[32)]

8.2 Die Position der Steuerverwaltung gegenüber den Steuerzahlern

8.2.1 Praktikabilitätserwägungen in der Steuerverwaltung

Praktikabilitätserwägungen sind ein prinzipiell von der Finanzgerichtsbarkeit anerkannter Grundsatz bei der Auslegung von Steuergesetzen.

> "Im Hinblick auf den Zweck und die Bedeutung der Steuergesetze darf bei der Auslegung auch die Frage der Praktikabilität nicht außer acht gelassen werden. Wenngleich die Praktikabilität nicht für sich allein entscheidend sein kann, so wäre es doch falsch, sie von vorneherein als unerheblich auszuklammern." (*Hellwig* 1977: 40)

Schon 1923 hat der Reichsfinanzhof entschieden, daß die Grundsätze der Einfachheit und der Bequemlichkeit der Besteuerung bei der Ermittlung des Gesetzesinhalts nicht übersehen werden dürfen (*Felix* 1958a: 124). Allerdings dürfen Praktikabilitätserwägungen die Auslegung von Gesetzen nie dominieren, sie stellen nur "Hilfsgesichtspunkt(e)" (ebd.: 129) bei deren Auslegung dar. Die gesetzesanwendende Steuerverwaltung hat drei Möglichkeiten, bei ihren Entscheidungen Praktikabilitätserwägungen mitspielen zu lassen:[33)]

- wenn der Gesetzgeber die Verwaltung zum Erlaß von Rechtsverordnungen ermächtigt, überläßt er ihr die *Verwertung* ihrer *praktischen Erfahrungen* bei der Normsetzung;
- die Verwaltung kann sich die *Arbeit* durch Verwaltungsvorschriften *erleichtern*, etwa indem sie Pauschalsätze festlegt;

32) Hier sei als Beispiel auf die Ausführungen von Streck (1980) hinsichtlich der Abgrenzung von Betriebsausgaben/Werbungskosten von den Privatausgaben verwiesen, der belegt, wie stark sich die Finanzbeamten dabei auf ihre "allgemeine Lebenserfahrung" zurückziehen (ebd.: 276 ff).

33) Vgl. Arndt (1983: 8f).

- schließlich kann sich der *Anwender* auch direkt auf Praktikabilitätserwägungen bei der Behandlung *konkreter Fälle* berufen; diese Praxis wird sowohl vom Bundesfinanzhof als auch vom Bundesverfassungsgericht gedeckt, die es für zulässig erachten, wenn zur Ermittlung des gesetzgeberischen Willens auch dieser Gesichtspunkt herangezogen wird.

Eine *typisierende Handhabung* der Steuergesetze ist nahezu unvermeidlich.[34] Welche Bedeutung sie erlangt hat, würde dann am deutlichsten werden, wenn die Sachbearbeiter der Finanzverwaltung im Rahmen eines 'Dienstes nach Vorschrift' vom typisierendem zu striktem Gesetzesvollzug übergingen: "Die Folge einer lehrbuchgerechten Gesetzmäßigkeitspraxis wären auf breiter Front die Störung und der Zusammenbruch des Arbeitsablaufes der Verwaltung" (*Isensee* 1973: 202f). Auf der anderen Seite kann eine zu sehr typisierende und vereinfachende Besteuerungspraxis die *Freiheit des Steuerpflichtigen* in übermäßiger Weise einschränken:

> "Verwaltungsvorschriften automatisieren vertretbare Verwaltungsvorgänge nach zählbaren und meßbaren Rechtsmaßstäben. Richtsätze und Stichproben stützen Ermittlungen auf Vermutungen statt auf Erkenntnisse und ersetzen den Beweis durch allgemeine oder behördeninterne Erfahrung. Dienstliche Weisungen fordern nur noch eine 'überschlägige Prüfung'. Die Finanzverwaltung führt durch Einschränkung der Darlegungs- und Beweispflicht materiell Freibeträge und Freigrenzen ein oder bietet durch eine sog. 'Nichtbeanstandungsgrenze' eine Besteuerung nach behauptetem, statt nach tatsächlichem Sachverhalt an." (*Kirchhof* 1981: 268f)

8.2.2 Die Einstellung der Steuerbeamten zur Durchführung der Besteuerung

Genauso wie die in Kap. 8.1.2 dargestellten Interessenlagen und unterschiedlichen Interessenartikulationen der Steuerpflichtigen, sind auch die Einstellungen der Bearbeiter zu dem von ihnen zu betreuenden Verfahren und zum Publikum für eine Beurteilung der realen Arbeitssituationen der Bearbeiter von großer Bedeutung. Die wesentlichen Ergebnisse der empirischen Forschung zu diesem Problem sollen deshalb hier angesprochen werden.[35] Zu unterscheiden ist dabei die Selbsteinschätzung der betroffenen Bediensteten der Finanzämter, ihre Beurteilung des Verfahrens und - als ein konkretes Beispiel des Kontaktes zu den Steuerpflichtigen - ihre Bereitschaft zur Hilfestellung gegenüber den Pflichtigen.

---

34) Vgl. die Ausführungen zur Typisierung, auf die schon im Rahmen von Kap. 1 und Kap. 6 eingegangen wurde, bei Isensee (1973) und (1976).

35) Auch hier stützt sich die Darstellung auf die schon vorstehend angesprochene Bielefelder Untersuchung; vgl. FN 15 in diesem Kapitel. Soweit nichts anderes hinzugefügt ist, werden aus der Untersuchung immer nur die Ergebnisse der Befragung von Sachbearbeitern im Bereich Lohnsteuer/Einkommensteuer zitiert.

8.2.2.1 Die Einschätzung der eigenen Arbeitsumstände

Nicht nur die Einstellung der Steuerpflichtigen zu den Beamten und Angestellten der Finanzämter hat Auswirkungen auf den Ablauf des Veranlagungsverfahrens. Von Bedeutung ist es auch, wie die Sachbearbeiter in den Finanzämtern ihre Rolle, ihre Pflichten und Möglichkeiten im Kontakt mit den Pflichtigen ansehen. Die täglichen Aufgaben der Bearbeiter sind vielschichtig und nur schwer voneinander zu trennen. In der Selbsteinschätzung liegt aber deutlich der Bereich der *Sachverhaltsermittlung* bei den Bearbeitern an der Spitze. Bei den Sachgebietsleitern sind es eher *Kontrollaufgaben* oder Feststellungen hinsichtlich der Anwendbarkeit bestimmter *steuerrechtlicher Normen*, wie *Übersicht 8/2* zeigt. Im Rahmen der hier vorliegenden Untersuchung ist interessant, daß das *Sammeln von Informationen über steuerrechtliche Änderungen* in der Arbeit der Sachbearbeiter nur eine *untergeordnete Rolle* spielte: Als Tätigkeitsmerkmal, das mehrmals täglich vorkommt, wurde das routinemäßige Lesen von neuen Erlassen, Verfügungen, Gerichtsentscheidungen etc. nur zu 5 % von den befragten Sachbearbeitern genannt (SGL: 28 %), das intensive Lesen von Rechts- und Fachliteratur von den Sachbearbeitern gar nur zu einem Prozent (SGL: 7 %). Anders stellt sich die Situation beim Aufsuchen und Lesen von Vorschriften zu einem *bestimmten Fall* dar: Dies wurde als mehrmals täglich auftretende Tätigkeit zu 30 % von der Sachbearbeitern genannt, bei den Sachgebietsleitern waren es sogar 59 %.

Übersicht 8/2: Tätigkeitsmerkmale von Sachbearbeitern und Sachgebietsleitern

(in Prozent, Tätigkeitsmerkmale vorgegeben, Mehrfachnennungen möglich)*

Tätigkeitsmerkmale	Personal Bereich ESt/LSt	Sachgebietsleiter
Führung und Fertigung von Listen, Verzeichnissen und Karteien	27	0
Statistische Anschreibungen	26	0
Führung der Akten und Handakten; auch Abheften, Ordnen und Sammeln von Papieren	36	3
Routinemäßiges Lesen von neuen Erlassen, Verfügungen, Gerichtsentscheidungen u.ä.	5	28
Intensives Lesen von Rechts- und Fachliteratur	1	7
Sachverhaltserforschung im Sinne der Beschaffung und Sammlung von Angaben und Belegen der Pflichtigen	54	10
Sachverhaltserforschung im Sinne der Prüfung und Überprüfung von Angaben, Belegen und Unterlagen der Pflichtigen, u.a. auch Feststellungen	60	45

Tätigkeitsmerkmale	Personal Bereich ESt/LSt	Sachgebietsleiter
Aufsuchen und Lesen von Vorschriften, Richtlinien u.ä., die für die Bearbeitung einer Sache bzw. eines Falles maßgebend sind	30	59
Prüfen und Feststellen der Anwendbarkeit steuerrechtlicher Bestimmungen im Hinblick auf einen konkreten Fall sowie Einordnen erforschter Sachverhalte unter gegebene Vorschriften; u.a. auch Festsetzungen u.ä.	33	52
Begründung der Anwendung steuerrechtlicher Bestimmungen auf Sachverhalte, z.B. auch förmliche Einspruchsentscheidungen und Stellungnahmen für das Finanzgericht oder die OFD	4	17
Erteilen von Aufträgen und Einzelanweisungen an Mitarbeiter	33	38
Einweisen von Bearbeitern in neue Tätigkeiten bzw. Aufgaben sowie Einweisungen neuer Kräfte	4	0
Überprüfung der Arbeit anderer; z.B. auch Prüfen im Zusammenhang mit Gegenzeichnung oder abschließender Zeichnung	32	76
Verteilung der (täglich oder wöchentlich) anfallenden Arbeit auf die einzelnen Bearbeiter bzw. Teams sowie Verteilung der Arbeit zwischen verschiedenen Sachgebieten in Absprache mit Kollegen	14	28
Überlegungen und Entscheidungen zu Fragen des Arbeitsablaufs bzw. zur Art der Erledigung bestimmter Tätigkeiten	18	24
Überlegungen und Entscheidungen zur längerfristigen Arbeitsverteilung und zu Fragen des Personaleinsatzes; auch Vorbereitungen für die Entscheidungen anderer	1	7
Überlegungen und Entscheidungen zu Fragen der Beurteilung, der Beförderung und der Höhergruppierung; auch Vorbereitung der Entscheidungen anderer	0	0

* Frage nach Tätigkeitsmerkmalen, die mehrmals täglich vorkommen.

(Quelle: *Grunow* 1978: 163, Tab. 7.5/1 - Auszug -)

Relativ schwer taten sich die befragten Bearbeiter in den untersuchten Ämtern damit, die eigene *Leistungsfähigkeit* einzuschätzen - gemessen an der Zahl der Entgegennahme und Bearbeitung von LStJA und Einkommensteuererklärungen an einem Vormittag. Im Bereich der ESt-Erklärungen lagen die Schätzungen zwischen weniger als zehn und mehr als 46 Erklärungen an einem Vormittag. Im Durchschnitt gingen die Bearbeiter davon aus, daß sie etwa 20 Erklärungen an einem Vormittag entgegennehmen und bearbeiten könnten; die Schätzungen der Sachgebietsleiter entsprachen dem gleichen Wert.[36] Tatsächlich aber lagen die empirisch beobachteten Fallzahlen deutlich *unterhalb* dieser Selbsteinschätzungen: Im ESt-Bereich wurden zwar maximal 29 Gespräche an einem Vormittag beobachtet (LSt: 56 Gespräche). Im Durchschnitt wurden im Bereich der Einkommensteuerveranlagung jedoch *11 Anträge* an einem Vormittag besprochen und bearbeitet, bei den LStJA ergaben sich durchschnittlich 26 Fälle. Die Bearbeiter waren also (im Extremfall) in der Lage, *deutlich mehr Fälle* im direkten Publikumskontakt zu erledigen, als sie selbst das für möglich hielten, in der Regel lagen die Anforderungen aber unter ihrer Einschätzung (vgl. *Grunow u.a.* 1978: 123).

Hinsichtlich des Umgangs mit dem Publikum und der Reaktion auf großen Andrang in den Ämtern wichen die durch Beobachtung gewonnen Werte gleichfalls z.T. von der durch Befragung ermittelten Selbsteinschätzung der Bediensteten ab: So wurden beispielsweise bei den Beobachtungen nur sehr wenige Fälle als 'unangenehm' (für den Bearbeiter) eingestuft. Gleichwohl betonten die befragten Bediensteten diese Fälle relativ stark: 21 % von ihnen konnten sich an mehrere Fälle im Befragungsjahr erinnern *(Grunow u.a.* 1978: 124).[37] Auch die Frage danach, wie man sich verhalte, wenn die Schlange vor der Tür des Amtszimmers immer länger werde, wurde eher "selbstlobend" (*Grunow u.a.* 1978: 124) beantwortet: Während 36 % der Befragten angaben, sie würden in einem solchen Falle *keine Arbeitspause* machen, wurde dieses Verhalten tatsächlich nur sehr selten beobachtet. Auf der anderen Seite gaben nur 19 % der befragten Bearbeiter zu, daß sie dann 'nicht mehr alle Belege so intensiv prüfen' würden und nur 8 % meinten, in einem solchen Fall würden sie das Publikum weniger zu Wort kommen lassen und auch selbst weniger Kommentare abgeben. Weitere 36 % behielten öfters Unterlagen da, um den Antrag erst am Nachmittag zu bearbeiten (vgl. *Grunow u.a.* 1978: 230). Das Problem des Arbeitsdrucks beschäftigte die Bediensteten stark. Auf die Frage, was die Ursache dafür sei, daß die Verwirklichung des Gleichheitsgrundsatzes offenkundig zunehmend schwieriger werde, wurde über alle Ämter, Arbeitsbereiche und Laufbahngruppen hinweg die *Arbeitsbelastung*, die keine ausreichende Prüfung gestatte, als *größte Schwierigkeit bei der Verwirklichung des Gleichheits-*

---

36) Die angenommenen Fallzahlen in den LSt-Stellen waren fast doppelt so hoch: 41 Stück nach Schätzung der Bearbeiter, 37 Stück nach Einschätzung der SGL; Zahlen vgl. Grunow u.a. (1978: 122, Tab. 18) auf die Frage: 'Wieviele LStJA-Anträge bzw. ESt-Erklärungen kann man wohl an einem Vormittag im Schnitt, d.h. ohne extreme Problemfälle entgegennehmen und erledigen?'

37) Auch hinsichtlich der eigenen 'Großzügigkeit' ergaben sich Diskrepanzen zwischen Selbsteinschätzung und Beobachtung: Während rund 93 % der Bediensteten angaben, daß die Bearbeiter in den Ämtern schon mal mehr oder weniger großzügig die Vorschriften auslegen würden (Grunow 1980: 173, Tab. 7.7./1), konnten insgesamt nur sehr wenige solcher Fälle beobachtet werden. Allerdings: gerade die stillschweigende Großzügigkeit entzieht sich ja prinzipiell solchen Beobachtungen (Grunow u.a. 1978: 124).

grundsatzes genannt (60 %).[38)]

Auf die Frage, welche der (vorgegebenen) Persönlichkeitseinschätzungen sie bei einem Bediensteten der Finanzverwaltung für die wichtigste hielten, nannten 39 % aller Bediensteten an erster Stelle die *gründliche Kenntnis der Gesetze und Vorschriften*, 23 % die *Fähigkeit zu raschem Arbeiten* und jeweils 17 % der Befragten die *Unbestechlichkeit* sowie das *verständnisvolle Eingehen auf die Probleme des Steuerzahlers.*[39)] Darin spiegelt sich eine "eindeutige Prioritätensetzung auf dem Sektor der Rechts- und Fachkenntnisse" (*Grunow u.a.* 1978: 209) wider. Auch wenn nur 17 % der Sachbearbeiter mit Publikumskontakt (24 % der Sachgebietsleiter) das 'verständnisvolle Eingehen auf die Probleme des Steuerzahlers' als die wichtigste Eigenschaft eines Finanzamtsbediensteten ansahen, bestand andererseits Einigkeit über die unterschiedlichen Fähigkeiten der Bearbeiter zum Umgang mit den Steuerpflichtigen: 95 % der Bearbeiter stimmten der Auffassung zu, daß nicht alle Bearbeiter gleich gut mit dem Publikum zurechtkämen (ebd.: 209).

Nach Meinung der Bediensteten haben aber die unterschiedlichen Fähigkeiten auf diesem Gebiet weder auf den Personaleinsatz noch auf die Beförderung einen nennenswerten Einfluß: Nach der Auffassung von mehr als der Hälfte der Bearbeiter aus den Veranlagungsbezirken wird der Faktor 'Geschick im Umgang mit dem Publikum' weder beim Arbeitseinsatz (54 %) noch bei der Beförderung (58 %) in Rechnung gestellt.[40)] Gerade auch bei der Frage nach den *Einflußfaktoren hinsichtlich einer guten Beurteilung* wurde der *Fähigkeit zum Umgang mit dem Publikum* nur eine nachrangige Rolle zugewiesen: Lediglich 27 % der Befragten wiesen diesem Faktor großen Einfluß zu (59 % wenig Einfluß, 14 % keinen Einfluß).[41)] Weit mehr Bedeutung wurde anderen Orientierungen zugeordnet: 84 % der Finanzamtsbediensteten maßen *Fleiß und Leistungskraft* großen Einfluß hinsichtlich einer guten Beurteilung zu, der gleiche Prozentsatz stützte sich auf *steuerliche Kenntnis und fachliche Erfahrung*. Immerhin 58 % der Befragten gaben *gute Beziehungen zum Sachgebietsleiter oder Vorsteher* oder die Umstände des jeweiligen *Sachgebiets*, in dem man tätig sei, an, und auch die *Zahl der jährlich bearbeiteten Steuerfälle* lag mit 30 % noch über dem Wert, der dem Umgang mit den Steuerpflichtigen zugewiesen wurde. Das daraus resultierende Dilemma der Sachbearbei-

38) Faktoren wie die 'Aufweichung der Vorschriften' (9 %), der 'zunehmende Druck der Interessenverbände' (5 %) die 'uneinheitliche Rechtsprechung' (4 %) oder die 'immer größerere Steuerunehrlichkeit der Steuerzahler' (2 %) traten bei der Nennung als wichtigster Hinderungsgrund deutlich zurück. Selbst die 'zunehmende Undurchsichtigkeit des Steuerrechts' (20 %) wurde weit weniger oft als Hauptgrund genannt; Zahlen vgl. Grunow (1980: 187, Tab. 6).

39) Zahlen vgl. Grunow (1978: 184, Tab. 7.11/6), Grunow u.a. (1978: 209).

40) Vgl. Grunow u.a. (1978: 209f bzw. 210, Tab. 30); Grunow (1978: 168, Tab. 7.5/9).

41) Zahlen vgl. Grunow u.a. (1978: 212, Tab. 31a).

ter hat *Altfelder* (1985: 138f) so beschrieben:

"Angesichts der hohen Fallzahlen, die jeder Bearbeiter heute zu erledigen hat und des ständigen Wandels, der Kompliziertheit und Übersichtlichkeit des Steuerrechts und der Unüberschaubarkeit und der permanenten Änderung organisatorischer Abläufe ist der Beamte kaum in der Lage, die Rollenerwartungen zu erfüllen. Um so mehr wird er das Gefühl genießen, im Gespräch mit dem unkundigen Steuerbürger als intimer Kenner des Steuerrechts auftreten zu können. Andererseits muß der von Arbeitsstandstatistiken überwachte Bearbeiter daran denken, daß sein Gespäch mit dem Bürger in keiner Statistik auftaucht und er die geforderten Fallzahlen zusätzlich zu erbringen hat. Es kann daher nicht verwundern. wenn der ratsuchende Bürger, der beim Finanzamt vorspricht, häufig nur als Störfaktor für die 'eigentlich' zu erbringende Arbeit angesehen wird. Diese Problematik wird forciert, wenn sich vor der Tür des Bearbeiters Warteschlangen gebildet haben - wie es der Alltagspraxis im Finanzamt entspricht."

In der Befragung von *Grunow u.a.* nannten auf die Frage, wer im Rahmen ihrer Arbeit am häufigsten durch Aufträge und Anweisungen direkt in ihre Tätigkeit eingreife, 51 % der Bediensteten der Finanzämter den Sachgebietsleiter. Nur ein Prozent gab den Vorsteher bzw. Amtsleiter als wesentliche Kontrollinstanz an, ein weiteres Prozent nannte sonstige Personen und jeder zehnte Befragte gab an, keiner Kontrolle zu unterliegen.[42] Auch auf die Frage, welche Position der Vorgesetzte inne habe, der auf die Beurteilung der Person des Befragten und seiner Tätigkeit den größten Einfluß habe, wurde von 78 % der Bediensteten der Sachgebietsleiter genannt. Nur 12 % der Befragten nannten den Vorsteher, 10 % einen Sachbearbeiter.[43]

Die Wissen um die Bedeutung des Vorgesetzten mündet aber nicht unbedingt in einen sehr nahen Kontakt bei der täglichen Arbeit: Zwar gaben 39 % der Befragten an, den wichtigsten Vorgesetzten 'beinahe täglich' zu sehen, aber 23 % 'sehen ihn sehr selten'. Und nur 24 % der Bediensteten gaben an, 'sehr häufig' mit dem betreffenden Vorgesetzten zu sprechen, lediglich 15 % arbeiteten nach eigener Einschätzung 'sehr intensiv' mit dem Vorgesetzten zusammen.[44] Offensichtlich zeichnen sich gerade die Sachbearbeiter in den Finanzämtern durch eine betont selbständige Arbeitserledigung aus. Auch die Form der Kontrolle ist eindeutig: 29 % der befragten Bediensteten gaben an, das ihre täglich oder wöchentlich gelei-

42) 36 % der Befragten gaben Sachbearbeiter als wichtigste Kontrollinstanz an; Zahlen vgl. Grunow (1978: 167, Tab. 7.5/8), N = 173. Hierzu sei auf die geschilderte Teilung der Mitarbeiter in den Veranlagungsbezirken der nordrhein-westfälischen Finanzämter mit einer Teilung in Koordinatoren, Mittelmänner und Veranlagungsbegleiter oder die vorher bestehende Unterteilung in Mitarbeiter 1. und 2. Klasse verwiesen.

43) Zahlen vgl. Grunow (1978: 186, Tab. 7.16/1).

44) Zahlen vgl. Grunow (1978: 186, Tab. 7/16.2).

stete Arbeit durch die täglichen, wöchentlichen oder monatlichen *statistischen Anschreibungen und Aufzeichnungen* kontrolliert würde.[45] An zweiter Stelle[46] wurde die Kontrolle durch *Gegenzeichnung* bzw. *Unterschrift* des Vorgesetzten genannt (12 %). Alle anderen Formen der Kontrolle spielten nach den Ergebnissen der Befragung nur eine untergeordnete Rolle, so die allgemeine Kontrolle durch Nachschau oder Überprüfung (4 %).

Zur Erfüllung der den Veranlagungsstellen vorgegebenen Aufgaben existieren prinzipiell mehrere Möglichkeiten hinsichtlich der Binnenorganisation der einzelnen Stellen. *Brinckmann u.a.* (1978) haben - in Zusammenhang mit der Optimierung der Arbeitsvorgänge in den Finanzämtern bei verstärkter Nutzung der EDV - die Möglichkeiten, die Arbeitsorganisation innerhalb und zwischen den Kleingruppen (Vbz) zu organisieren, systematisiert. Grundsätzlich bieten sich folgende Verfahrensformen an:

- *konsequente Einzelfertigung*: Jeder verrichtet alle anfallenden Arbeiten und ist für das Resultat seiner Arbeit voll verantwortlich.
- *Einzelfertigung mit Kontrollhierarchie*: Dies ist die derzeit im Verhältnis zwischen Sachgebietsleiter, Sachbearbeiter und erstem Mitarbeiter faktisch vorherrschende Fertigungsweise.
- *Einzelfertigung mit horizontaler Arbeitsteilung* nach Zuschnitt und Schwierigkeit der Fälle (realisiert z.B. in den GNOFÄ).
- *Konsequente Gruppenfertigung*: Jede Gruppe verrichtet alle anfallenden Arbeiten selbst und ist für das Resultat ihrer Arbeit voll verantwortlich.
- *Gruppenfertigung mit Kontrollhierarchie*: Die Arbeit einer Gruppe wird in festgelegten Fällen oder allgemein durch den Sachgebietsleiter überprüft.
- *Gruppenfertigung mit horizontaler Arbeitsteilung*: Fälle mit unterschiedlichem Zuschnitt und Schwierigkeitsgrad werden durch unterschiedliche Gruppen bearbeitet.
- *Gruppenfertigung mit horizontaler Arbeitsteilung und Kontrollhierarchie.*

---

45) Diese "Leistungsbilanzen" (Grunow 1980: 194, Anm. 24) ermöglichen es dem jeweiligen Landesfinanzministerium, "den quantitativen Output jedes einzelnen Bediensteten in jedem Monat zu überprüfen". Grunow weist an der gleichen Stelle darauf hin, das manche Bearbeiter durch Stapelbildung (auf ihrem Schreibtisch) versuchten, die Kontrolleffekte der Statistik zu unterlaufen, in dem sie die "Gleichmäßigkeit des Outputs" steuerten. Prinzipiell ist das auch heute möglich: Zwar werden die dem jeweiligen Bearbeiter zuzuordnenden Bescheide heute durch die EDV statistisch erfaßt, aber immer noch ist es dem Bearbeiter (in einem gewissen Rahmen) überlassen, wann er den bearbeiteten Bescheid der Erfassungsstelle zuleitet.

46) Immerhin gaben aber 21 % der befragten Finanzamtsbediensteten keine Form der Kontrolle an; Zahlen vgl. Grunow (1978: 167, Tab. 7.5/7).

In der Befragung von *Grunow u.a.* hat sich gezeigt, daß bei den Formen der Zusammenarbeit im Lohn- und Einkommensteuerbereich der Finanzämter sowohl Formen der annähernd durchgängigen Teamarbeit als auch der weitgehenden Einzelbearbeitung unter einer eher weit gefaßten Aufsicht der Sachgebietsleiter dominieren (vgl. *Tabelle 8/3*). Dabei wurde von den Befragten die 'strukturierte' Teamarbeit (mit Eingriffen des Vorgesetzten) am häufigsten genannt (43 %), gefolgt von der reinen Teamarbeit (38 %). Eine detaillierte Arbeitsvorgabe durch den Vorgesetzten erfolgt nur bei einer Minderheit der Bearbeiter (16 %).

Tabelle 8/3: Formen der Zusammenarbeit in der Steuerverwaltung (Lohnsteuerstellen/Einkommensteuerstellen)

(Drei vorgegebene Antwortkategorien, N = 173)

Kooperationsformen	Häufigkeit (in %)
SGL, SB und Mitarbeiter arbeiten in einem Team zusammen, in dem die Arbeit gleichmäßig verteilt ist und in dem man sich gegenseitig Hilfestellung gibt.	38
Die Arbeit wird allen generell zugewiesen und jeder orientiert sich daran. Die Vorgesetzten greifen immer dann ein, wenn die Dinge nicht so laufen, wie es sein sollte.	43
Alle zu erledigenden Arbeiten werden jedem Bearbeiter genau vorgeschrieben und vom Vorgesetzten überprüft, der damit auch die Verantwortung für die richtige Erledigung übernimmt.	16
Keine der genannten.	1
Weiß nicht/keine Antwort.	1

(Quelle: *Grunow* 1978: 166, Tab. 7.5/5)

Andererseits sprach sich eine deutliche Mehrheit der Befragten (82 %) bei der Frage nach der *bevorzugten* Form der Zusammenarbeit - unabhängig von ihrer gegenwärtigen Arbeitssituation - für die erste Antwortkategorie, die reine Teamarbeit, aus. Die generelle Zuweisung der Arbeit unter einer allgemeinen Kontrolle durch den SGL, die nach Auskunft der Befragten die tatsächlich häufigste Form der Zusammenarbeit im Bereich LSt/ESt darstellte - wurde nur von einer Minderheit (11 %) bevorzugt. Für eine strikte Einzelfallkontrolle sprachen sich lediglich 6 % der Befragten aus.[47)]

47) Zahlen vgl. Grunow (1978: 166, Tab. 7.5/6). Die Teamarbeit wurde dabei sowohl von denen, die sie in ihrer täglichen Arbeit selbst erlebten, als auch von den Befragten, die unter der (allgemeinen)

8.2.2.2 Die Beurteilung des Verfahrens und des Verhaltens der Steuerpflichtigen

Es hat sich in der zitierten empirischen Untersuchung gezeigt, daß die Bearbeiter im Finanzamt die Handlungsmöglichkeiten der Steuerpflichtigen im Durchschnitt höher einschätzten als die Pflichtigen selbst. Das verdeutlichte sich schon bei der Frage der Art des Kontaktes mit dem Finanzamt: Im Gegensatz zu den befragten Steuerzahlern, die nur zu 11 % der Meinung waren, eine persönliche Abgabe der Steuererklärung im Amt bringe ihnen einen Vorteil, glaubten 47 % der Bearbeiter mit regelmäßigen Publikumskontakt, daß derjenige, der seinen Antrag oder seine Erklärung *persönlich* beim Finanzamt abgebe, mehr 'herausholen' könne als derjenige, der diesen Antrag immer *per Post* schicke.[48] Daß die per Post eingeschickten Unterlagen sorgfältiger von den Beamten geprüft werden als die persönlich vorgelegten, glaubten nur 5 % der befragten Steuerpflichtigen. Hingegen meinten 82 % der Bearbeiter - in Anerkennung solcher Unterschiede in der Behandlung - eine *persönliche Abgabe* der Unterlagen sei einer 'gerechten und gleichen Behandlung der Steuerpflichtigen eher dienlich' als das Prüfen bloß schriftlich per Post eingereichter Unterlagen nach zufälliger Arbeitsverteilung, die nur von 13 % der befragten Bearbeiter als eher zweckdienlich angesehen wurde.[49]

Die Beurteilung des Publikums durch die Bediensteten in den Finanzämtern zeigte deutliche Abweichungen von den Einschätzungen der Beobachter. Das verdeutlicht sich beispielsweise an der Beurteilung der *Ausdrucksfähigkeit der Steuerpflichtigen* durch das FA-Personal: Während eine schlechte Ausdrucksfähigkeit von Steuerpflichtigen (gemessen an der Unfähigkeit, Sachverhalte und Sinnzusammenhänge verständlich darzulegen) von 14 % der Bediensteten angegeben wurde, zeigte sich ein solches Verhalten nach Einschätzung der Beobachter tatsächlich nur in etwa 5 % der Fälle.[50] Bei der Auflistung von *Verhaltensweisen* der Steuerpflichtigen, die nach Meinung des Personals die Arbeit besonders beeinträchtigten, standen 'fehlende Sachkenntnis' 'Vielrederei' und 'Agressivität' auf den vorderen Plätzen. Eine fehlende inhaltliche Klarheit ärgerte die befragten Bearbeiter nicht nur im direkten persönlich-mündlichen Kontakt bei der Antragsbearbeitung im Amt, sondern auch bei schriftlichen Vorgängen.

Kontrolle eines SGL arbeiteten, annähernd gleich stark bevorzugt.

48) Genausoviele der befragten Sachbearbeiter (47 %) verneinten dies auch (Grunow 1978: 181, Tab. 7.11/1).

49) Vgl Grunow u.a. (1978: 74), Grunow (1978: 181, Tab. 7.11/2).

50) Die wenigen Fälle, in denen das Personal nicht verstehen oder erfassen konnte, was die Steuerpflichtigen ausdrücken wollten, bezogen sich zudem fast ausschließlich auf ausländische Steuerpflichtige (Grunow u.a. 1978: 125).

Generell konnten sich die Bediensteten der Ämter durchaus ein Bild von den unterschiedlichen Problemen von einzelnen Gruppen von Steuerzahlern machen: In der Befragung wurden als Gruppen von Steuerpflichtigen mit besonderen Schwierigkeiten genannt: *Ausländer* und *ungelernte Arbeiter*, denen 54 % bzw. 24 % der Bearbeiter die meisten Fehler beim Ausfüllen der Formulare zuerkannten, sowie Personen, die als 'unsicher/ängstlich/unwissend/nicht schriftgewandt' bezeichnet wurden und Steuerpflichtige mit den Statusmerkmalen 'Arbeiter/Handwerker/Landwirte/Ausländer' (von denen 30 % bzw. 12 % der Bearbeiter meinten, daß sie auch in begründeten Fällen keinen Einspruch erheben würden).[51)]

In Zusammenfassung der gemachten Beobachtungen im Vergleich mit dem erfragten Einschätzungen hinsichtlich der Verfahrensabläufe und der eigenen Rolle dabei stellen *Grunow u.a.* (1978: 127) fest, daß

- bei der Charakterisierung der Kontaktmöglichkeiten die befragten Bediensteten - insbesondere in der Einschätzung des Zeitfaktors - häufig stark von der Wirklichkeit abweichende Einschätzungen geäußert hatten;
- sich die Befragten bei der Beurteilung des Kontakts zu den Steuerpflichtigen durchweg als "publikumsorientierter und -freundlicher" ansahen, als es aufgrund der Beobachtungsergebnisse zu erwarten war;
- die Wahrnehmungen der Bediensteten hinsichtlich der Steuerpflichtigen dort der Realität am nächsten kamen, wo sie die Unzulänglichkeiten in Wissen und Verhalten des Publikums (wenn auch etwas negativer, als es sich aus den Beobachtungen ergab) einschätzten.

8.2.2.3 Die Bereitschaft zur Hilfestellung gegenüber den Steuerpflichtigen

Die Frage, ob die Bediensteten es für richtig hielten, daß der Steuerzahler im Finanzamt keinen Anspruch auf umfassende Beratung, sondern nur auf Auskunft im Einzelfall hat, beantwortete mehr als die Hälfte der Befragten mit Publikumskontakt ohne Einschränkung positiv. 26 % der Bearbeiter hielten die Beschränkung aus Zeitmangel aufgrund des ohnehin schon vorhandenen Arbeitsdrucks für notwendig; 14 % meinten, diese Aufgabe sein allein Sache der steuerberatenden Berufe.

---

51) Vgl. Grunow u.a. (1978: 214; zusammengefaßte Daten); Grunow (1978: 171, Tab. 7.6/4; Grundauszählung). Bei der Frage nach den Berufen von Steuerzahlern, bei denen der Bearbeiter sich auf Schwierigkeiten gefaßt machen müsse, wurden hingegen ganze andere genannt: bei Vertretern befürchteten 79 % der Bearbeiter Schwierigkeiten, bei 'Lehrern, Assistenten, Professoren' 93 %, bei Pastoren 44 %, bei im öffentlichen Dienst Beschäftigten 39 % und bei Ärzten 34 %. Auch grundsätzliche soziale Merkmale wirken sich auf die Einstellung der Bediensteten aus: Während sich bei Ausländern 72 % der Bearbeiter nach eigener Aussage auf Schwierigkeiten gefaßt machten, waren das bei 'weiblichen Steuerzahlern' nur 11 %, bei 'jungen Leuten unter 25' nur 16 %; Zahlen vgl. Grunow (1978: 172, Tab. 7.6./5 und 7.6./6).

Der Rest nannten keine oder sonstige Gründe (vgl. *Grunow u.a.* 1978: 219f).

Übersicht 8/4: Definition zulässiger Hilfestellungen der Bearbeiter für den Steuerzahler

(in Prozent, N = 173)*

vorgebene Antwortkategorien	Das kann der Bearbeiter machen	Das kann der Bearbeiter nicht machen
Erfragen von Angaben/und oder Beträgen, die der Pflichtige nicht geltend gemacht hat	94	5
Hinweis an den Steuerzahler, wie er sich am besten gegen eine zuvor ergangene Einspruchsentscheidung wehren kann	60	39
Sich über Anweisungen von Vorgesetzten stillschweigend hinwegsetzen, um dem Steuerzahler zu helfen	6	93
Streichung von Angaben, die sich zum Nachteil des Pflichtigen auswirken (können)	38	61
Dem Steuerzahler Hinweise geben, welcher Steuerberater noch mehr herausholen kann	10	90
Erteilung von Auskünften über rechtlich gegebene Möglichkeiten, die dem Steuerzahler einen zusätzlichen Vorteil verschaffen	93	7
Den Steuerzahler außerhalb der Öffnungszeiten hereinlassen, um sich mehr Zeit für ihn nehmen zu können	62	37
Den Steuerzahler nach Dienstschluß gründlich beraten und ihm seine Formulare ausfüllen	6	94

* Frage: 'Welche Arten von Hilfestellungen kann ein Bearbeiter einem ratlosen, unkundigen Steuerzahler geben, um ihn zur vollen Ausnutzung der gesetzlich vorgesehenen Möglichkeiten zu verhelfen?'

(Quelle: *Grunow* 1980: 178, Tab. 3)

Wie weit der Beurteilungsspielraum der Sachbearbeiter geht, ist in einem gewissen Rahmen diesen selber überlassen. Auf die Frage nach dem Beurteilungsspielraum gaben die befragten Sachbearbeiter zumeist generelle Hinweise (auf Werbungskosten, Sonderausgaben, außergewöhnliche Belastungen, Veranlagung; 19 %), Hinweise auf Vollziehungsfragen (Stundung/Erlaß etc.) oder mit Fahrten zusammenhängende Hinweise (Dienstreisen, Fahrten zwischen Wohnung und Arbeitsstätte etc.; 10 %). Auch angesprochen wurden Hinweise genereller Natur hinsichtlich von Vorschriften, Spielraum, Ermessen etc. (5 %), die Anerkennung von Ausbildungs- und Fortbildungskosten (2 %) oder die Einsetzung bzw. Anwendung von Pauschalen und Freibeträgen (2 %).[52] Auf die Frage nach konkret vorgegebenen Hilfestellungen wurden die in *Übersicht 8/4* vorgegebenen Kategorien in unterschiedlicher Intensität beantwortet. Aus den gegebenen Antworten kann man auf die Intensität der Bindung an die Vorschriften in den Einstellungen der Sachbearbeiter schließen, denn "was ein Bearbeiter für möglich hält, hängt nicht zuletzt auch davon ab, wie er den durch die Vorschriften gesetzen Handlungsspielraum einschätzt" (*Grunow u.a.* 1978: 220f). Nach der Auswertung *Grunows* zeigt *Übersicht 8/4* deutlich die Problematik der Antworten auf, die einen Gegensatz zwischen der Bewertung von Normvorgaben einerseits und organisatorischen Zielvorgaben andererseits (etwa persönlichen 'Erfolgsbilanzen') aufzeigen. Dies trifft insbesondere für die Verfahrensweisen zu, die zwar legitim sind oder sogar von den Sachbearbeitern gefordert werden,[53] jedoch mehr Arbeitszeit kosten und die 'Leistungsbilanz' des Amtes verschlechtern (*Grunow* 1980: 179).

Bei einer Aufgliederung der gegebenen Antworten auf diese Frage hinsichtlich äußerlicher Merkmale zeigte sich, daß Angestellte, Frauen und Bearbeiter in den Lohnsteuerstellen eher zu einer ausführlicheren Beratung bereit waren als Beamte, Männer und Bearbeiter in den ESt-Veranlagungsbezirken.[54] Männliche Befragte und Beamte waren demgegenüber stärker bereit, den Spielraum der Vorschriften (Bedienung außerhalb der Öffnungszeiten, Anerkennung von Kosten ohne Belege) zugunsten der Steuerpflichtigen auszunutzen. Ging es um die (teilweise zeitraubenden) Hilfen bei der Ausnutzung der für den Steuerzahler günstigen Möglichkeiten, gaben sich männliche Befragte, Beamte und Bearbeiter aus den V-Bezirken "publikumsfreundlicher" als Frauen, Angestellte und Bearbeiter aus den LSt-Bereichen. Allerdings waren die Unterschiede bei diesem Punkt weniger ausgeprägt als hinsichtlich der "Vorschriften- und Organisationsausrichtung" (*Grunow u.a.* 1978: 229). Durchgängig waren *ältere Bearbeiter* eher als jüngere bereit, den Interessen und Bedürfnissen des Publikums entgegenzukommen.

52) Der Rest bestand aus nicht klassifizierbaren Angaben oder Kombinationen (N = 173; vgl. Grunow 1980: 176, Tab. 1). Zur Kritik am Vorgehen Grunows mit der grundsätzlichen Infragestellung der Methodik (der Selbsteinschätzung des Beurteilungsspielraums durch die Sachbearbeiter) vgl. Treiber, H., 'Kritische Anmerkungen zum Referat Dieter Grunows', im Anschluß an Grunow (1980).

53) Kontakt mit dem Steuerzahler außerhalb der Dienstzeit, Aufklärung über Rechtsmittel, aktive Ausräumung der nicht notwendigen und für den Steuerzahler ungünstigen Aspekte der Antragstellung oder Steuererklärung.

54) Vgl. die genauen Aufgliederungen bei Grunow u.a. (1978: 221-229 und Tab. 32 -Tab. 35). Bezüglich der stärkeren Bereitschaft zur Hilfestellung in den LSt-Stellen merken die Autoren an, daß diese zum einen generell stark 'rückzahlungsdominiert' sind und die Verfolgung 'säumiger Steuerzahler' nur eine untergeordnete Rolle spielt und daß andererseits das Personal in den V-Stellen ohnehin stärker mit Beratungs- und Auskunftsersuchen der Steuerpflichtigen konfrontiert wird, als die Bearbeiter in den LSt-Stellen (ebd.: 229).

Übersicht 8/5: Bereitschaft zur Hilfestellung gegenüber Steuerpflichtigen

(in Prozent, gerundet, N = 173)*

mögliche Hilfestellungen	Würde ich grundsätzlich erfüllen	Würde ich nur erfüllen wenn Zeit vorhanden ist	Kommt darauf an, wer es ist	Kommt auf die Sache an	Würde ich nicht erfüllen
Die Bitte, dem Steuerzahler den Vordruck vollständig auszufüllen	10	55	4	1	30
Die Bitte, einem Steuerzahler einen Einspruch zu formulieren	20	39	2	1	38
Die Bitte, dem Steuerzahler Ratschläge zu geben, was dieser noch zusätzlich absetzen könnte	61	32	0	1	6
Die Bitte, dem Steuerzahler Kosten anzuerkennen, obwohl er die Belege verloren hat	23	3	4	24	47
Die Bitte, dem Steuerzahler einen Berater zu nennen, der noch mehr herausholen könnte	6	1	0	1	93
Die Bitte, den Steuerzahler auch außerhalb der Öffnungszeiten zu bedienen, um mehr Zeit für ihn zu haben	19	38	1	4	39
Die Bitte, dem Steuerzahler Auskunft darüber zu geben, ob man eine bestimmte Sache angeben muß oder nicht	80	8	0	2	10
Die Bitte des Steuerzahlers, sich stillschweigend über eine frühere Entscheidung eines Vorgesetzten hinwegzusetzen	5	1	0	2	93

* Frage: 'Das Publikum stellt mitunter sehr unterschiedliche Forderungen an das Personal im Finanzamt. Welche davon würden Sie erfüllen, welche würden Sie ablehnen?' (Kategorien vorgegeben).

(Quelle: *Grunow* 1980: 180, Tab. 4 - Auszug -)

Noch deutlicher werden die von den Bearbeitern verschieden eingeschätzten Möglichkeiten der Hilfestellung, wenn man nach konkreten Unterstützungsmöglichkeiten und den notwendigen Rahmenbedingungen fragt. Die Ergebnisse einer solchen detaillierteren Nachfrage drücken sich in *Übersicht 8/5* aus. Bei den Sachbearbeitern sind demnach *zeitbezogene Einschränkungen* der Hilfsbereitschaft gegenüber den Steuerpflichtigen festzustellen, insbesondere bei arbeitsintensiven Arbeitsschritten wie dem Ausfüllen eines Vordruckes, der Bedienung außerhalb der Öffnungszeiten oder der Formulierung eines Einspruches.

Grunow (1980: 179) bezeichnet dieses Ergebnis - zu recht - als "erstaunlich", weil zum einen der Steuerzahler beispielsweise ein ausdrückliches Recht darauf hat, einen Einspruch im Finanzamt mündlich vorzubringen und dort zu Protokoll nehmen zu lassen,[55] und zum anderen den Finanzamtsbediensteten ja bewußt ist, daß das Ausfüllen von Formularen für den Bürger zum schwierigsten Teil der Finanzamtskontakte gehört.[56] Weiter ist auffällig, daß gerade auf die Forderungen, in denen es darum geht, einen *Entscheidungsspielraum* bewußt auszunutzen (Anerkennung von Kosten ohne Belege, Bedienung außerhalb der Öffnungszeiten), sehr unterschiedlich reagiert wird. "Einig ist man sich eigentlich nur in der Ablehnung solcher Forderungen, die eine eklatante Regelverletzung darstellen würden (sich über Entscheidungen des Vorgesetzten hinwegzusetzen; 'Werbung' für einen Steuerberater zu betreiben)" (*Grunow* 1980: 179). Die Antworten verdeutlichen, daß sich die Sachbearbeiter eng an die vorgegebenen *Bearbeitungsnormen* halten und daß die Bürger am ehesten hinsichtlich der "unmittelbaren Kontaktanliegen" Auskunft und Unterstützung erhalten (im Hinblick auf ihre Rechte und Pflichten als Antragsteller), "daß aber gerade im Hinblick auf die unbekannten, schwierigen Verwaltungsverfahren kaum Hilfestellung angeboten wird" (*Grunow/Hegner* 1980: 266). Ganz generell zeigt sich hier ein deutlicher Zusammenhang zwischen der *Nutzung eigener Entscheidungsspielräume* und der jeweils *zu bearbeitenden Fallzahl* und insondere der Zahl der Fälle, in denen die Ausfüllung eines solchen Entscheidungsspielraumes verlangt wird.

Die empirisch untersuchten Einschätzungen der Sachbearbeiter in den Finanzämtern scheinen zusammenfassend zu belegen, daß

- die Ordnung und Vollständigkeit der Unterlagen,
- die genaue Kenntnis der rechtlichen Bestimmungen,
- das bescheidene und zurückhaltende Auftreten oder
- die Hilflosigkeit eines Steuerzahlers

die Bearbeiter am ehesten zu einer *großzügigen Auslegung* der Vorschriften veranlassen können. "Mit anderen Worten: 'verwaltungskonforme' und 'hilflose' Steuerzahler können am ehesten mit Wohlwollen rechnen" (*Grunow* 1980: 182). Neben Faktoren wie der *Gesetzesinterpretation*, dem *Zeitdruck* und *organisatorischen Erfolgsstandards* "ist also auch das *situative Verhalten des Verwaltungsklienten* und seine Wahrnehmung und Bewertung durch die Bearbeiter von großer Bedeutung für die Rechtsanwendung im Verwaltungsalltag" (ebd.: 182). Und selbst unter annähernd gleichen Bedingungen hinsichtlich der Kenntnisse und des Auftretens der

55) Vgl. dazu Bock (1985).

56) Vgl. Kap. 8.1.2.1.

Steuerpflichtigen muß nach den empirischen Ergebnissen eine gleiche oder gleichartige Rechtsanwendung nicht zwingend erfolgen. Als "für die Rechtsanwendung bedeutsame Wahrnehmungs- und Interpretationsunterschiede" faßt *Grunow* (1980: 183f) zusammen: Sowohl über die Kenntnisse um die Grenzen der *Ermessens- und Beurteilungsspielräume* als auch über die *konkrete Anwendung spezieller Vorschriften* gingen die Ansichten deutlich auseinander. Einheitliche Reaktionsformen der Befragten ergaben sich nur bei "sehr simplen Aspekten der Alltagspraxis" oder strikt durchgesetzen Mußvorschriften bzw. direkten Anordnungen eines Vorgesetzten; "dazwischen liegt ein weites Feld von Soll- und Kann-Bestimmungen, die sehr unterschiedlich 'ausgelegt' werden."

Insgesamt läßt sich festhalten, daß die Bereitschaft zur Hilfestellung gegenüber den Steuerpflichtigen sowohl von *grundsätzlichen subjektiven Einstellungen* als auch von der *Arbeitssituation* während der Annahme bzw. Bearbeitung des konkreten Falles abhängig ist. Dabei lassen sich verschiedene Grundeinstellungen feststellen:[57]

- sowohl bei der Zuordnung der Eigenschaften, die man bei einem Bearbeiter der Steuerverwaltung selbst für wichtig hält, als auch bei der Einschätzung des eigenen Verhaltens dominiert bei den Sachbearbeitern das Bemühen um eine *rasche Erledigung der Arbeit* und eine "routinemäßig-reibunglose Anwendung der Vorschriften" (sowohl rechtlicher als auch organisatorischer Art);
- die Bereitschaft, im Einzelfall und auf Anfrage Ratschläge zu geben, nimmt ab, sobald derartige Bitten der Steuerpflichtigen mit einem größeren *Aufwand an Zeit und Mühe* verbunden sind;
- das Argument der *Zeitknappheit* - die zur raschen Erledigung der Arbeit zwinge - wird dadurch relativiert, daß die Befragten ihm je nach Laufbahn, Arbeitsbereich, Geschlecht und Lebensalter *unterschiedliche Bedeutung* beimessen;
- die Bereitschaft, dem Publikum zu einer weitgehenden Ausnutzung der rechtlich gegebenen Möglichkeiten zu verhelfen, stellt sich bei männlichen Befragten, Beamten und den über 50jährigen - nach deren eigener Einschätzung - als stärker ausgeprägt dar.

57) Vgl. Grunow u.a. (1978: 231).

8.3 Das Anwachsen der Rechtsbehelfsmittel und Finanzgerichtsprozesse

8.3.1 Art und Anzahl der Rechtsbehelfsmittel und die Folgen für die Arbeitserledigung in den Finanzämtern

Kennzeichnend für das Verhältnis von Steuerzahlern und Finanzverwaltung ist nicht nur die wechselseitige Einstellung zueinander und zum Verfahren, wie sie sich aus den Ergebnissen empirischer Untersuchungen ablesen läßt, sondern auch die Anzahl der von den Steuerpflichtigen eingelegten Rechtsbehelfsmittel und der Prozesse vor den Finanzgerichten und dem Bundesfinanzhof, die ein deutliches Zeichen für Konflikte zwischen Steuerzahlern und Finanzverwaltung sind, weil sie - in der Regel - Ausdruck einer vom betroffenen Pflichtigen vermuteten ungerechten oder falschen Behandlung eines bestimmten Sachverhaltes durch die Verwaltung sind. Darüber hinaus wirken sich zumindest die in den Finanzämtern zu bearbeitenden Rechtsbehelfsverfahren[58] auf dem Umweg über die Rechtsbehelfstellen (RBSt)[59] und den hieraus resultierenden Arbeitsdruck auf die Fallbearbeitung in den Veranlagungsstellen aus.

8.3.1.1 Die Rechtsbehelfsbearbeitung im Bereich der OFD Münster als Beispiel: Die Zahl der Neuzugänge

Entscheidend für den Arbeitsstand hinsichtlich der Rechtsbehelfsverfahren in den Finanzämtern ist zunächst die Zahl der jährlich neu eingehenden *Einsprüche* in den Veranlagungsstellen. Für den Arbeitsstand in den RBSt maßgebend ist die Zahl der von den V-Stellen an diese abgegebenen Rechtsbehelfe. Die Quote aus den beiden Zahlen (Abgabenquote) zeigt in ihrer Tendenz den Abbau oder Anstieg der sich in Bearbeitung befindlichen Fallzahlen auf. Aus der Übersicht der Zahl der eingegangenen Einsprüche in *Tabelle 8/6* ergibt sich, daß 1987 245.580 Einsprüche in den Finanzämtern im Bereich der OFD Münster neu eingingen. Das waren etwa 6,6 % weniger als im Jahr zuvor.[60] Im selben Jahr wurden rund 67.100 Fälle an die Rechtsbehelfstellen in den Finanzämtern abgegeben, das entsprach einer Quote von 27,30 % des Gesamteingangs. Nach einem starken Anstieg der Neuzugänge in den Jahren 1984 bis 1986 schwächte sich die Zahl damit wieder

58) Zu den Grundlagen und Verfahrensschritten im Rechtsbehelfsverfahren vgl. Schlüter (1977: 11 ff), Drexler u.a. (1988: 298 ff) und Arndt (1988: 190 ff). Eine Untersuchung der Struktur der Einsprüche im Bereich der OFD Köln (allerdings auf der Basis des Jahres 1968) findet sich bei Schlüter (1977).

59) Zur Bedeutung der Rechtsbehelfsstellen im GNOFÄ-Konzept vgl. Kap. 3.3.2. Auch nach der Neufassung der GNOFÄ 1981 sind die Rechtsbehelfstellen als besondere Bereiche der Finanzämter beibehalten worden.

60) Die Zahlen beinhalten die reinen Fallzahlen, nicht bereinigt um besondere Fallgruppen (Investitionshilfeabgabe u.ä.). Die um solche Gruppen bereinigten Fallzahlen unterscheiden sich nur in einer Größenordnung von weniger als tausend Fällen pro Jahr von den hier angegebenen Zahlen.

deutlich ab und erreichte das Niveau vom Anfang der achtziger Jahre.[61] Da gleichzeitig die Zahl der an die Rechtsbehelfstellen abgegebenen Fälle nicht mehr in gleichem Umfang wie zu Beginn der achtziger Jahre anstieg, verringerte sich die Quote der an die RBSt abgegebenen Fälle, die von 1981 bis 1984 jeweils um oder knapp unter 30 % gelegen hattte, deutlich unter diese Marke.

Tabelle 8/6: Einspruchseingänge im Bereich der OFD Münster

Jahr	Eingegangene Einsprüche	Abgabe an die Rechtsbehelfstellen	Abgabe an die RBSt in vH vom Eingang
1981	238.778	71.771	30,06
1982	243.408	72.190	29,65
1983	239.787	68.946	28,75
1984	263.858	78.886	29,89
1985	261.715	68.904	26,33
1986	301.305	67.272	22,30
1987	245.580	67.061	27,30

(Quelle: OFD Münster)

Dadurch, daß der Umfang der an die RBSt abgegebenen Fälle nicht mit den Zuwachsraten der Neuzugänge Schritt halten konnte, erhöhte sich die die Zahl der *Endbestände* insbesondere in den Fachbereichen (VSt) deutlich (vgl. *Tabelle 8/7*).

Tabelle 8/7: Endbestände in den Fachbereichen und Rechtsbehelfstellen

Jahr	Endbestand Fachbereiche	Endbestand RBSt	Summe
1982	31.356	44.136	75.492
1983	33.893	43.608	77.501
1984	37.677	47.196	84.873
1985	45.624	51.250	96.874
1986	81.708	51.449	133.157
1987	46.420	53.766	100.186

(Quelle: OFD Münster)

---

61) Der Durchschnitt der Steigerungsrate in den Jahren 1973 bis 1981 hatte bei rund 5 % gelegen; Rechtsbehelfsstatistik der OFD Münster für 1983, AZ S 0090 - 4 - St 31 - 34.

In den Veranlagungsstellen erhöhte sich die Zahl der Rechtsbehelfe im Endbestand seit 1982 kontinuierlich. Ein besonders starkes Anwachsen um 79,1 % ergab sich von 1985 auf 1986, das allerdings im darauf folgenden Jahr annähernd wieder ausgeglichen werden konnte. Dennoch steigerte sich die Zahl der Endbestände in den Fachbereichen von 1982 bis 1987 *um fast 50 %*. Der Umfang der anstehenden Fälle in den RBSt erhöhte sich im gleichen Zeitraum um mehr als 20 %, was in der Summe eine Erhöhung des Endbestandes insgesamt auf mehr als einhunderttausend zu bearbeitende Einsprüche allein im Bereich der OFD Münster am Jahresende 1987 mit sich brachte. Diese Zuwachszahlen liegen ganz im bundesweiten Trend: Nach Angaben des Präsidenten des Bundesfinanzhofes erhöhte sich die Zahl der Einsprüche bei den Finanzämtern der Bundesrepublik in den Jahren von 1976 bis 1987 um 90 % auf nunmehr *2,1 Millionen Rechtsbehelfsverfahren* jährlich (*Klein* 1988b: 603). Die Zahl der unerledigten Einsprüche betrug am Jahresende 1985 *mehr als* 1 Million (*Gmach* 1987: 24, Anm. 17), am Jahresende 1988 *annähernd 1,2 Millionen* (*Szymczak* 1989: 2092). Dabei sind zwischen einzelnen Oberfinanzdirektionen erhebliche Spannbreiten erkennbar, "die auf eine unterschiedliche Arbeitsweise der einzelnen Finanzämter schließen lassen" (*BRH* 1987: 102).

8.3.1.2 Der Bearbeitungsrückstand

Um eine genaue Einschätzung des Arbeitsrückstandes in den Rechtsbehelfstellen zu gewinnen, ist es notwendig, aus den geschilderten Endbeständen die Zahl der Fälle in ruhenden Verfahren (aufgrund anderweitig anhängiger Entscheidungen in gleichgelagerten Fällen u.ä.) herauszunehmen.

Tabelle 8/8: Der Bearbeitungsrückstand* in den Rechtsbehelfstellen

Jahr	Endbestand	davon ruhende Verfahren	Bearbeitungsrückstand in Fällen	Bearbeitungsrückstand in Monaten
1985	51.250	18.330	32.920	6,1
1986	51.449	19.980	31.469	5,6
1987	53.766	27.291	26.475	4,9

* = Endbestand ohne ruhende Verfahren

(Quelle: OFD Münster)

Zieht man die insbesondere von 1986 auf 1987 stark angestiegene Zahl von ruhenden Fälle vom Gesamtbestand ab (vgl. *Tabelle 8/8*) ergibt sich für die OFD Münster ein zuletzt gesunkener Bearbeitungsrückstand. Wegen des deutlichen Anstiegs der ruhenden Verfahren zeigt sich insgesamt also - trotz der Steigerung des Endbestandes - eine Reduzierung des Bearbeitungsrückstandes. Der Bearbeitungsrückstand in Monaten wird seit 1988 landesweit einheitlich[62)] berechnet. Er beträgt gegenwärtig rund *4,9 Monate*. Bei einer Zuordnung zur Zahl der Bearbeiter in den RBSt der Finanzämter ergibt sich ein Rückstand von rund *40 Fällen pro Bearbeiter*.

8.3.1.3 Die Art der Erledigung

Neben der Frage, wieviele Rechtsbehelfsfälle in den Ämtern gegenwärtig zur Bearbeitung anstehen, ist zur Beurteilung der Bearbeitungsbedingungen der Sachbearbeiter auch die Frage entscheidend, *auf welche Art* die Mehrzahl der Fälle erledigt wird. Hierüber geben die *Tabellen 8/9* und *8/10* Auskunft. Die Form der Erledigung der Rechtsbehelfsfälle in den Fachbereichen (Veranlagungsstellen) in den letzten Jahren ist eindeutig: Annähernd vier Fünftel aller Fälle (1986: 151.647 Fälle oder 76,6 %) wurden durch ein Verfahren nach § 172 AO erledigt (sog. *Abhilfequote*). Rund 20 % der Rechtsbehelfe (1986 etwas mehr) wurden durch einfache Zurücknahme erledigt. Und nur *1,1 bis 1,4 %* wurden durch eine förmliche Entscheidung beendet.

Tabelle 8/9: Art der Erledigung in den Fachbereichen

Jahr	Art der Erledigung				
	Zurücknahme	§ 172 AO	in vH der Gesamterl.	förmliche Entscheidung	in vH der Gesamterl.
1983	31.602	134.350	79,8	2.352	1,4
1984	31.568	131.767	79,6	2.187	1,3
1985	35.582	147.137	79,6	2.145	1,2
1986	44.032	151.647	76,6	2.270	1,1

(Quelle: OFD Münster)

Bei den an die Rechtsbehelfstellen abgegebenen Fällen - den 'schwierigeren Fällen' - ist die Quote der förmlichen Entscheidungen aus der Natur der Sache heraus deutlich höher: Rund ein Drittel aller an die RBSt abgegebenen Rechtsbehelfe werden durch ein Verfahren nach § 172 AO erledigt; weniger als 20 % der Rechts-

62) Nach der Formel: $\frac{\text{Endbestand RBSt ohne ruhende Verfahren}}{\text{(Einsatztage x Erledigungsquote) : 12}}$

behelfsfälle erledigen sich durch Zurücknahme. Hingegen ist in rund der Hälfte aller Fälle (1986: 51,0 %) ein förmlicher Bescheid notwendig.

Tabelle 8/10: Art der Erledigung in den Rechtsbehelfstellen

Jahr	Art der Erledigung				
	Zurück-nahme	§ 172 AO	in vH der Gesamterl.	förmliche Entscheidung	in vH der Gesamterl.
1982	12.989	27.255	37,9	31.633	44,0
1983	12.228	24.943	35,9	32.303	46,5
1984	12.747	23.114	34,5	31.205	46,5
1985	16.622	19.989	30,8	32.239	49,7
1986	12.729	20.126	30,0	34.218	51,0

(Quelle: OFD Münster)

8.3.1.4 Der Neuzugang an Klagen und Revisionen

Als nächster Schritt nach der Beendigung des Rechtsmittelverfahrens auf der Ebene des Finanzamtes steht es dem Steuerpflichtigen offen, gegen den ergangenen Bescheid Klage beim zuständigen Finanzgericht zu erheben.

Tabelle 8/11: Neu eingegangene Klagen und Revisionen

Jahr	Klagen	in vH der Einspruchs-Entscheidungen	Revisionen	davon durch das FA
1980	7.175	23,8	305	*
1981	7.968	26,7	328	*
1982	8.693	25,8	377	*
1983	9.564	27,6	351	52
1984	9.747	28,9	512	112
1985	10.653	31,0	428	85
1986	11.280	30,9	342	75
1987	12.092	30,3	308	74

* nicht nachgewiesen

(Quelle: OFD Münster)

Dieser Verfahrensschritt zieht in seinen Auswirkungen das Anwachsen der Prozeßzahlen bei den Finanzgerichten und dem BFH nach sich. Dabei zeigt sich im Bereich der OFD Münster (vgl. *Tabelle 8/11*) seit 1980 ein kontinuierlicher Anstieg der pro Jahr aus beendigten Rechtsmittelverfahren resultierenden Klagen an den Finanzgerichten von 7.175 im Jahre 1980 auf 12.092 im Jahre 1987. Wurden 1980 nur rund 23,8 % der Einspruchsentscheidungen vor einem Finanzgericht angefochten, so steigerte sich diese Quote auf 30,3 % in 1987 (Höchststand 31,0 % im Jahre 1985). Mittlerweile wird also fast *jede dritte Einspruchsentscheidung durch eine Klage angefochten.* Die Zahl der Revisionen hat - nach einem deutlichen Anstieg insbesondere in den Jahren 1984 und 1985 - am Ende der Periode wieder das Niveau von 1980 erreicht; der Anteil der von den Finanzämtern beantragten Revisionen ist seit 1984 deutlich rückläufig.

8.3.1.5 Die großzügigere Rechtsanwendung als Folge des Anwachsens der Rechtsbehelfsmittel

Generell zeigt sich, daß von einem *kontinuierlichen* Anstieg der Rechtsbehelfsverfahren in den achtziger Jahren *nicht* gesprochen werden kann. Wohl aber ergeben sich Probleme durch den großen Bestand an nicht erledigten Fällen, der sowohl in den Fachbereichen als auch den Rechtsbehelfstellen aufgelaufen ist. Obwohl zum Jahresende 1987 erstmals seit Jahren eine deutliche Verminderung der Einspruchseingänge, der Bearbeitungsrückstände und der Altfälle eingetreten ist, betrug der Rückstand allein in den Rechtsbehelfstellen im gleichen Jahr immer noch rund fünf Monate. Rund 80 % der Rechtsbehelfsfälle in den Fachbereichen und noch etwa ein Drittel der Fälle in den Rechtsbehelfstellen werden dabei durch Abhilfeverfahren nach § 172 AO beendet. Daß diese Entwicklung in der OFD Münster keinen Einzelfall darstellt, sondern durchaus typisch für die Situation in den Steuerverwaltungen der Bundesrepublik ist, zeigt ein Blick auf andere Studien zu diesem Problem: *Eggesiecker* (1982: 141f) schildert das Beispiel einer nicht genannten Oberfinanzdirektion in der Bundesrepublik, in der jedes Jahr mehr als 150.000 Rechtsbehelfsfälle eingehen. Von diesen Rechtsbehelfsfällen wurden in den Jahren von 1979 und 1981 17 % durch Rücknahme und 13 % durch Abweisungen erledigt, insgesamt also lediglich 30 % der Behelfe *in keinerlei Weise stattgegeben.* Hingegen wurden 70 % der Rechtsbehelfe durch Änderungsbescheid erledigt, d.h. in diesen Fällen wurde dem Rechtsbehelf vollständig oder teilweise stattgegeben. Wegen dieser vergröberten Darstellung[63)] ist die Zahl von 70 % etwas zu hoch angesetzt. Daher folgert *Eggesiecker* (1982: 141), daß die Quote der erfolgreichen Rechtsbehelfe auf etwa *zwei Drittel* anzusetzen ist. Die sich in dieser hohen Quote

---

63) Auch 'verbösernde' Rechtsbehelfe werden durch Änderungsbescheid erledigt.

von "Pseudostreitfällen" (*Hörstmann* 1979: 21) widerspiegelnde Situation läßt nur einen Schluß zu:

> "Wenn ... zwei Drittel der Rechtsbehelfe erfolgreich sind, dann kann nicht davon gesprochen werden, daß die Steuerbürger das ihnen gebotene Instrumentarium mißbräuchlich nutzen. Im Gegenteil kann festgestellt werden, daß wegen der hohen Erfolgsquote die Steuerbürger nur sehr zurückhaltend ihre Rechtsbehelfsmöglichkeiten ausschöpfen. Denn eine sehr hohe Zahl von Rechtsbehelfen wird erst gar nicht eingelegt, obgleich die Steuer zu hoch festgesetzt wurde." (*Eggesiecker* 1982: 142)

Ein anderes Beispiel belegt diese Tendenz: In der OFD Düsseldorf gingen 1981 insgesamt 214.760 Einsprüche ein. Davon wurden 16,15 % durch Rücknahme und 71,25 % durch Abhilfe erledigt (vgl. *Lotz* 1982: 92). Daraufhin erließ die OFD am 23. Februar 1982 eine 'zur Bekanntgabe nicht geeignete' Verfügung, in der festgestellt wurde, daß ein großer Teil der erledigten Einsprüche hätte vermieden werden können, "wenn überzogene Beanstandungen unterblieben und die Regelungen über die Gewährung rechtlichen Gehörs vor Erlaß von Steuerbescheiden durchgängig beachtet worden wären" (*Lotz* 1982: 92). Die OFD rügte u.a. unvollständige Sachverhaltsermittlungen, fehlende oder unzureichende Erläuterungen bei Abweichungen von den Steuererklärungen und einen "bedenklichen Anteil von Flüchtigkeitsfehlern". Daraufhin wies sie die Finanzämter an, durch verstärkte Ausichtsmaßnahmen jene Sachbearbeiter herauszufinden, die überdurchschnittlich häufig Fehler machten und diesen Dienstaufsichtsmaßnahmen anzudrohen!

Bei der Klassifizierung der Einsprüche zeigt sich, daß Großbetriebe darin relativ wenig und Klein- und Mittelbetriebe nur durchschittlich vertreten sind. Die überwiegende Zahl von Einsprüchen entstammt aus *Arbeitnehmerveranlagungen* nach dem EStG, "bei denen es regelmäßig um Werbungskosten, Sonderausgaben und außergewöhnliche Belastungen geht" (*Wassermeyer* 1985: 160). Auch die OFD Münster zog aus der Anzahl der erfolgreichen Rechtsbehelfsverfahren Rückschlüsse auf die Bearbeitung in den Veranlagungsstellen und den Rechtsbehelfstellen: Schon bei der Übersendung der Rechtsbehelfsstatistik für das Kalenderjahr 1982 hatte die Oberfinanzdirektion die Finanzämter angewiesen, "mit Nachdruck" dafür zu sorgen, daß "unnötige Einsprüche" vermieden würden:

> "Wie systematische Überprüfungen wiederholt gezeigt haben, wird ein Teil der Einsprüche noch immer durch Fehler der Finanzbehörden selbst verursacht.
> Ein Abbau der vorhandenen Arbeitsrückstände, insbesondere der Altfälle, ist somit nur möglich, wenn bereits alle im Festsetzungsbereich tätigen Bediensteten mit erhöhter Sorgfalt um eine korrekte Arbeitsweise bemüht sind."[64]

64) Schreiben der OFD Münster vom 24.03.1983, AZ S 0090 - 4 - St 31 - 34.

Bei der Übersendung der Rechtsbehelfsstatistik für das Kalenderjahr 1985 verstärkte die OFD diese Aufforderung und wies insbesondere die *Sachgebietsleiter* an, "für eine zügige und ökonomische Erledigung der Arbeitsrückstände" Sorge zu tragen, die Einspruchsverursachung "kritisch zu beobachten und vermeidbare Einspruchsursachen abzustellen."[65] Insbesondere wies die OFD darauf hin, daß das Finanzamt - auch nach der Rechtsprechung - gesetzmäßig handele, wenn es in Fällen von *geringer Bedeutung* auf weitere Ermittlungen und Erörterungen verzichte und einem *schlüssigen Sachvortrag des Steuerpflichtigen* folge:

> "Das Finanzamt ermittelt den Sachverhalt von Amts wegen. Das bedeutet aber nicht, daß jeder Sachverhalt auf alle nur denkbaren steuererhöhenden oder steuermindernden Umstände hin untersucht werden muß. Die bloße Möglichkeit, daß der erklärte Sachverhalt auch anders gelagert sein kann, rechtfertigt noch keine Zweifel an der Erklärung des Steuerpflichtigen. Für den Regelfall kann davon ausgegangen werden, daß die Angaben in der Steuererklärung vollständig und richtig sind."

Diese Forderung an die Sachgebietsleiter wurde auch in den Jahren danach wiederholt und insbesondere die SGL in den Fachbereichen darauf hingewiesen, durch gezielte Maßnahmen auf eine *Reduzierung vermeidbarer Einsprüche* hinzuwirken. Bei der Übersendung der Rechtsbehelfsstatistik für das Kalenderjahr 1986 wurde explizit ausgeführt, daß insbesondere auf die Vermeidung zweier grundlegender Einspruchsursachen zu achten sei:

- die Nichtgewährung von rechtlichem Gehör (nach § 91 AO) und fehlende oder unzureichende Erläuterungen bei Abweichungen von den erklärten Besteuerungsgrundlagen;
- eine "zu einseitige (kleinliche) Auslegung der Steuergesetze und Verwaltungsanweisungen, Verfechten eines als sehr zweifelhaft erkannten Standpunkts, überspitzte Anforderungen an Nachweispflichten des Stpfl., kleinliche Arbeitsweise, besonders in steuerlich unbedeutenden Fällen."[66]

Diese Zielrichtung, im Rahmen von Nichtbeanstandungsgrenzen großzügig zu verfahren und Verletzungen rechtlichen Gehörs zu vermeiden, zeigt sich in Maßnahmen aller Steuerverwaltungen (*Wassermeyer* 1985: 159f). Bei der Mitteilung über die Rechtsbehelfsstatistik für das Kalenderjahr 1987[67] verwies auch die Oberfi-

---

65) Schreiben der OFD Münster vom 20.02.1986, AZ S 0090 - 4 - St 31 - 34.

66) Schreiben der OFD Münster vom 06.02.1987, AZ S 0090 - 17 - St 31 - 34. Daß diese Aufforderung berechtigt ist, zeigen die Erfahrungen des Richters am BFH Wassermeyer (1985: 165), der auf die "unzähligen Entscheidungen" in Finanzgerichtsprozessen unter seinem Vorsitz hinweist, in denen "über den Abzug von Aufwendungen für Aktentaschen, Fachliteratur, Taschenrechner, Telefonkosten u.a.m. zu entscheiden war, wobei jede Position in der Regel um die 150,- DM ausmachte".

67) Schreiben der OFD Münster vom 11.02.1988, AZ S 0090 - 17 - St 31 - 34.

nanzdirektion Münster erneut auf die Verantwortung der Sachgebietsleiter bei den Bemühungen, die 1987 erreichten Verbesserungen bei der Bearbeitung der Rechtsbehelfsfälle fortzusetzen. Die SGL wurden angewiesen, insbesondere dafür zu sorgen, daß:

- über streitige Rechtsfragen zügig entschieden wird;
- der Umfang der Korrespondenz und der Einspruchsentscheidung "in einem angemessenen Verhältnis zur steuerlichen Bedeutung des Falles steht";
- in Fällen schwieriger Sachverhaltsermittlung auch häufiger die Möglichkeit ausgeschöpft wird, "sich mit dem Einspruchsführer über die Annahme eines bestimmten Sachverhaltes und über eine bestimmte Sachbehandlung zu einigen";[68)]
- und daß Fristen im Rahmen der Rechtsbehelfskorrespondenz exakt überwacht werden und die Bearbeitung unmittelbar nach Fristablauf zügig und konsequent fortgeführt wird.

Insbesondere wurden die Finanzämter darauf hingewiesen, daß im Interesse einer rationellen Arbeitsweise auch zukünftig nicht darauf verzichtet werden kann, die Abgabe von Einsprüchen aus den Fachbereichen an die Rechtsbehelfstellen "auf ein Mindestmaß zu beschränken". Die bisherige Entwicklung der Zahl der Rechtsbehelfsfälle deutet aber darauf hin, daß *Wassermeyer* (1985: 166) mit der Einschätzung richtig liegt, daß "die Finanzverwaltung vor allem in den Fällen mit einem geringen Streitwert sich bis an die Grenze der Unzumutbarkeit wird vergleichsbereit zeigen müssen, wenn überhaupt Aussicht auf eine Besserung des heutigen Zustandes bestehen soll."[69)] Auch auf den oberen Verwaltungsebenen ist man sich der hohen "Filterwirkung" des außergerichtlichen Rechtsbehelfsverfahrens bewußt. Um diese Filterwirkung in Anbetracht des Anstiegs der außergerichtlichen Rechtsbehelfsverfahren und der hohen Zahl unerledigter Rechtsbehelfe zu erhalten, werden in einer beim Bundesfinanzministerium angesiedelten Kommission Überlegungen angestellt, ob und wie die Zahl der Rechtsbehelfe verringert und das Verfahren verbessert werden kann. Die Überlegungen gehen im wesentlichen in die Richtung, die Zweistufigkeit des Verfahrens (in den Fachbereichen und in den Rechtsbehelfstellen) generell festzuschreiben und vor der formellen Rechtsbehelfsentscheidung eine mündliche Verhandlung stattfinden zu lassen, sei es auf Antrag des Rechtsbehelfsführers oder nach dem Ermessen der Rechtsbehelfsbehörde.[70)] Darü-

68) Mit Verweis auf das BFH-Urteil vom 11.12.1984, BStBl. II 1985: 354-258.

69) Die von Streck (1986a) zitierte Verfügung der OFD Nürnberg, mit der die Finanzämter auf die Ausführungen von Wassermeyer (1985) aufmerksam gemacht wurden, belegt, daß solche Überlegungen auch im Bereich anderer Landesfinanzverwaltungen auf Interesse und Veränderungsbereitschaft stoßen; vgl. - mit dem gleichen Bezug - auch 'Die Verständigung mit dem Finanzamt suchen', in: Deutsches Steuerrecht (DStR), 23. Jg., Nr. 21/1985: 661.

70) Vgl. Szymczak (1989) und 'Verbesserter Rechtsbehelf in den Finanzämtern', in: Handelsblatt, 31.01.

ber hinausgehende Überlegungen beziehen auch die Möglichkeit einer Einschaltung der Aufsichtsbehörden oder die Wiedereinrichtung von Steuerausschüssen nach früherem Muster[71] ein, sind aber wegen des damit verbundenen Aufwandes umstritten. Gleichfalls diskutiert wird eine Abschaffung der bisherigen Kostenfreiheit der außergerichtlichen Rechtsbehelfe.

8.3.2 Die Überlastung der Finanzgerichtsbarkeit

Mit dem geschilderten, relativ hohen Prozentsatz an Klagen der Steuerpflichten als Reaktion auf Einspruchsentscheidungen der Rechtsbehelfstellen kommen auf die Finanzgerichte verstärkt Probleme zu.

Tabelle 8/12: Fallzahlen bei den deutschen Finanzgerichten (1975-1982)

Jahr	Anhängige Verfahren	Neuzugänge	Erledigte Verfahren	Stattgabe*	Abweisung
1975	55.306	26.738	21.719	3.399	4.875
1976	65.740	31.883	25.998	1.772	6.353
1977	82.081	42.609	30.021	2.618	7.178
1978	96.417	44.357	36.181	2.335	8.713
1979	104.848	44.821	38.347	2.556	9.621
1980	115.881	49.380	43.238	3.416	9.888
1981	130.394	57.751	47.189	2.231	11.108
1982	145.048	61.843	52.702	2.457	12.333

* Aus der Gesamtzahl der Urteile und Beschlüsse; ohne 'teilweise Stattgabe'.

(Quelle: *Stat. Jahrbuch Bundesrepublik* (1979: 324) (1981: 328) (1986: 333))

Denn wenn sich die "Kommunikation" von Steuerpflichtigen und Steuerverwaltung "zu einem wesentlichen Teil auf den Rechtsbehelfsweg" verlagert, droht im Ergebnis der "Erstickungstod der Finanzgerichtsbarkeit" (*Wassermeyer* 1985: 161).[72] Die-

1989. Kritisch zu diesen Versuchen, die das materielle Steuerrecht unangetastet lassen: Neckels (1990: 247).

71) Zur Aufgabe und Struktur der ursprünglich als Organe der Finanzbehörden eingerichteten, nach 1961 als neben dem Finanzamt bestehende Rechtsmittelbehörden fungierenden und im Rahmen der Vereinheitlichung der Finanzgerichtsbarkeit durch die 1965 verabschiedete Finanzgerichtsordnung (FGO) abgeschafften Steuerausschüsse vgl. Metzger/Weingarten (1989: 242f, 248).

72) Mitunter schlägt sich der gezielte Abbau von aufgelaufenen Rechtsbehelfsfällen in einem bestimmten Finanzamt sofort in einem noch stärkeren Anstieg der eingehenden Verfahren bei dem zuständigen

se Gefahr verstärkt sich, weil auch an den Gerichten die Zahl der Neuzugänge die der erledigten Verfahren deutlich übersteigt, so daß die Zahl der anhängigen Verfahren insgesamt immer mehr anschwillt, wie *Tabelle 8/12* zeigt: Trotz einer enormen Zunahme der erledigten Verfahren konnte die *Verdoppelung der Neuzugänge von 1975 bis 1982* nicht aufgefangen werden: die Zahl der anhängigen Verfahren verdreifachte sich seit 1975 annähernd auf rund 145.000 Fälle im Jahre 1982. Diese Entwicklung konnte in Teilen gebremst werden: 1986 betrug die Zahl der anhängigen Verfahren am Jahresende wieder deutlich weniger, nämlich 101.963 Verfahren, davon 96.709 Verfahren an den Finanzgerichten.[73] Im Ergebnis der Prozesse zeigt sich, daß die Zahl der Stattgaben von 1975 bis 1982 konstant geblieben ist, die Zahl der Abweisungen sich hingegen im selben Zeitraum fast verdreifachte.

Tabelle 8/13: Arbeitsstatistik des Bundesfinanzhofes (1976-1988)

Jahr	Anhängige Verfahren**	Neuzugänge	Erledigte Verfahren
1976	3.320	2.013	2.565
1978	*	2.284	2.155
1980	3.367	2.364	2.196
1982	4.067	2.747	2.491
1984	4.993	3.100	2.710
1986	5.194	3.209	3.205
1988	4.781	3.394	3.836

* Fallzahlen nicht nachgewiesen
** Zum Jahresende

(Quellen: Stat. Jahrbuch Bundesrepublik (1979: 324) (1981: 328) (1986: 333) (1988: 335); BFH-Jahresbericht 1985 in: DStZ, Nr. 8/1986: 196-201; BFH-Jahresbericht 1986 in: DStZ, Nr. 12/1987: 301-307; Klein/Triller (1986: 472); BFH-Jahresbericht 1988 in: DStZ, Nr. 8/1989: 191-199)

Finanzgericht nieder, wie Wassermeyer (1985: 166) das an einem Beispiel erläutert.

73) Zahlen nach Feit (1987). Birk (1988: 254) spricht von 99.098 unerledigten Verfahren am 13.12.1986, einer Zunahmen von 4 % gegenüber dem Vorjahr. Das Alter der unerledigten Fälle lag in 23.521 Fällen zwischen ein und zwei Jahren, in 15.071 Fällen zwischen zwei und drei Jahren, in 8.976 Fällen zwischen drei und vier Jahren, in 5.164 Fällen zwischen vier und fünf Jahren und in 4.784 Fällen lag das Alter über fünf Jahren (Birk 1988: 234 mit dem Verweis auf die von der Arbeitsgemeinschaft der Präsidenten der Finanzgerichte der Bundesrepublik erstellte Übersicht zur Tätigkeit der Finanzgerichte im Kalenderjahr 1986).

Demgegenüber blieb die Zahl der erledigten Verfahren beim BFH nahezu konstant, die der Neuzugänge stieg leicht an und die der anhängigen Verfahren wuchs ebenfalls verhältnismäßig gering, wie *Tabelle 8/13* zeigt. Im Jahre 1988 ist beim Erledigungsstand des Bundefinanzhofes erstmals in diesem Jahrzehnt wieder ein Rückgang der anhängigen Verfahren zu verzeichnen. Diese Tendenz wird sich aber nach der Einschätzung des BFH wegen des - aufgrund der Personalvermehrungen bei den Finanzgerichten - zu erwartenden höheren 'Outputs' der Finanzgerichte und einer damit automatisch steigenden Zahl von Neuzugängen beim BFH nicht fortsetzen.[74)] Von den 1989 getroffenen 3.337 Entscheidungen (ohne Zurücknahmen) wurden 873 (= 26,2 %) als unzulässig verworfen (28 davon waren Rechtsbehelfe der Finanzverwaltung), 1.606 (= 48,1 %) als unbegründet zurückgewiesen (216 Rechtsbehelfe der Finanzverwaltung), 265 (= 7,9 %) nach Aufhebung der Vorentscheidung an die Vorinstanz zurückverwiesen (110 Rechtsbehelfe der Finanzverwaltung) sowie 593 (= 17,8 %) nach Aufhebung der Vorentscheidung in der Sache selbst entschieden (davon Rechtsbehelfe der Finanzverwaltung: 310). Insgesamt wurden von den durch Urteil oder Beschluß 1989 erledigten 3.337 Verfahrenssachen *20,4 % zugunsten der Steuerpflichtigen entschieden*, im Jahr davor waren es 20,6 %, 1987 21,7 % gewesen.[75)]

Die Überlastung der Finanzgerichte[76)] spiegelt sich auch in der Prozeßdauer wider, die "nicht selten an Rechtsverweigerung grenzt" (*Wassermeyer* 1985: 160): die durchschnittliche Verfahrensdauer beträgt gegenwärtig bei *Finanzgerichten 30 Monate*, beim *Bundesfinanzhof* in München sogar *40 Monate* (*Klein* 1988b: 600). In Einzelfällen müssen Steuerpflichtige bis zu acht Jahre warten, bis sie eventuell zu viel bezahlte Steuern zurückerhalten.[77)] Von den Ende 1988 bei den Finanzgerich-

---

74) Vgl. BFH-Jahresbericht 1988, in: Deutsche Steuer-Zeitung (DStZ), 7. Jg., Nr. 7/1989: 191-199.

75) Vgl. die Übersichten zum BFH-Geschäftsstand 1987 und 1988 in: Deutsche Steuer-Zeitung/Steuerrecht Aktuell, DStZ Nr.6/1988 bzw. Nr. 4/1989; für 1989 den Jahresbericht des BFH in DStZ Nr. 9/1990: 219-226.

76) Zu den Folgen für die Finanzgerichte vgl. als Beispiel dEs FG Düsseldorf bei v.Schönberg (1978).

77) Vgl. 'Finanzgerichtsprozesse dauern länger', in: Handelsblatt, 29./30.10.1988. In einem besonders krassen Fall hat das Bundesverfassungsgericht 1987 einer Verfassungsbeschwerde stattgeben, weil aufgrund der überlangen Verfahrensdauer dem Kläger der grundgesetzlich zugesicherte Rechtsweg vorenthalten wurde. Es handelt sich um ein Umsatzsteuerverfahren aus dem Jahr 1969, bei dem ein Kaufmann gegen einen Bescheid des Finanzamtes Bremen-Nord im Jahre 1974 geklagt hatte: "Die Klage war 1976 vom Finanzgericht Bremen zurückgewiesen worden. Dagegen legte der Kläger im Mai 1976 beim Bundesfinanzhof Revision ein. Nachdem das höchste deutsche Steuergericht trotz diverser Anmahnungen zu Beginn des Jahres 1987 noch kein Urteil gefällt und auch noch keinen Verhandlungstermin anberaumt hatte, wurde die Verfassungsbeschwerde eingelegt" (Feit 1987). Offensichtlich geht dabei die Erledigung der Finanzgerichtsprozesse bei einigen Finanzgerichten wesentlich schneller voran und auch hinsichtlich des Streitwerts sind Unterschiede in der Prozeßdauer meßbar; vgl. Ule (1977: 102, 113 ff), Rößler (1987: 247).

ten anhängigen Verfahren waren rund 18 % 1985 und früher bei den Gerichten eingegangen.[78)] Die durchschnittliche Revisionsdauer mit Sachentscheidung beim Bundesfinanzhof - dabei handelt es sich um die Verfahren, die für eine breitere Öffentlichkeit von Bedeutung sind - lag 1986 bei drei Jahren und zwei Monaten,[79)] 1987 bei drei Jahren und sieben Monaten.[80)] Aufgrund anhängiger Verfahren sind nach Schätzungen des Bundesfinanzhofes derzeit (1988) rund *7 Mrd. DM an Steuern ausgesetzt.*[81)] Allein zum Abbau dieses Verfahrensstaus bräuchten die Organe der Finanzgerichtsbarkeit in der gegenwärtigen Ausstattung 21 (Finanzgerichte) bzw. 18 Monate (BFH). Ein erheblicher und deutlich zunehmender Teil der Finanzgerichtsprozesse entfällt auf Fragen des Einkommensteuerrechts. Hierunter geht es insbesondere um Fragen der Werbungskosten bei Einkünften aus nichtselbständiger Arbeit sowie außergewöhnliche Belastungen durch Unterhaltsleistungen nach § 33a EStG.[82)]

Zur Bekämpfung dieser Überlastung wurden schon in den siebziger Jahren Entlastungsmaßnahmen beschlossen. Aus historischen Gründen weist die Finanzgerichtsbarkeit als einziger Gerichtszweig der Bundesrepublik (nur) einen zweistufigen Instanzenzug auf. Gegen das Urteil haben die Beteiligten das Recht zur Revision beim Bundesfinanzhof. Durch das Gesetz zur Entlastung des Bundesfinanzhofs vom 8. Juli 1975,[83)] das am 15. September 1975 in Kraft trat, wurden verschiedene Maßnahmen eingeführt.[84)] Auch bei den Finanzgerichten wurden solche Maßnahmen beschlossen: Durch das Gesetz zur Entlastung der Gerichte in der Verwaltungs- und Finanzgerichtsbarkeit vom 31. März 1978[85)] wurde u.a. eine strengere Fristsetzung durchgesetzt (vgl. *List* 1980: 23f; *Arndt* 1989: 71). Zudem wurde die Zahl der Senate und Richter an den Finanzgerichten erhöht: Die Zahl der Senate an den Finanzgerichten stieg von 93 (1979) über 121 (1984) auf 129 (1986), die

78) Vgl. 'Keine Entspannung bei den Klagen. Finanzgerichte: Für Korrektur der Finanzgerichtsordnung', in: Handelsblatt, 22.05.1989.

79) Birk (1988: 255) mit dem Verweis auf den Jahresbericht des BRH für 1986, auszugsweise in: Deutsche Steuer-Zeitung (DStZ), Nr. 12/1987: 301-307.

80) Vgl. die Vorstellung des BFH-Jahresberichts für 1987 in: 'BFH plädiert für einfachere Steuergesetze. Oberste Finanzrichter blieben 1987 auf mehr unerledigten Fällen sitzen', in: Süddeutsche Zeitung, 02.02.1988.

81) Vgl. 'Bundesfinanzhof - die Zahl der Eingänge steigt weiter. Die Steuerreform ist endlich ein Schritt zur Entlastung der Finanzgerichtsbarkeit', in: Handelsblatt, 01.02.1988.

82) Raupach (1985: 62f) belegt das am Beispiel der Fallentwicklung am FG Kassel.

83) BGBl. I 1975: 1861.

84) U.a. der Vertretungszwang vor Gericht, eine Einschränkung der Beschwerden in Aussetzungs-, Kosten- und Streitwertsachen, eine Erhöhung der Streitwertgrenze auf 10.000 DM und eine Einschränkung der Revision ohne Begründung; vgl. Meyer-Ladewig (1975), Arndt (1989: 70f).

85) BGBl. I 1978: 446.

der Richter an den Finanzgerichten von 304 (1977) auf 476 (1986).[86] Die Erledigungszahlen pro Richter blieben konstant (1980: 110 Fälle; 1986: 118 Fälle pro Jahr).[87] Die Zahl der der Richter am Bundesfinanzhof wurde nicht in gleichem Maße erhöht: 1983 gab es noch genau wie 1977 47 Richter am BFH - zwischenzeitlich war ihre Zahl sogar auf 45 heruntergegangen. Erst in der Statistik für 1985 erhöhte sich die Zahl der Richter - in Zusammenhang mit der Neueinrichtung eines IX. Senats zum 1. Januar 1984 - der ersten Neueinrichtung seit der Schaffung des VIII. Senats 1971 - auf 52. Nach der zusätzlichen Einrichtung eines X. Senats 1987 beträgt die Zahl der Richter am BFH nunmehr 60.[88] Während sich die Richterschaft an den Finanzgerichten von 1970 bis 1986 um hundert Prozent erhöhte, stieg sie am BFH im gleichen Zeitraum also um weniger als fünfzig Prozent an (*Klein* 1988a: 131).

Die Maßnahmen durch die Entlastungsgesetze haben zwar eine Beschleunigung der Verfahren bewirkt, den Überhang bei den Gerichten, insbesondere beim BFH aber nicht dauerhaft beseitigt. Auch beim BFH-Entlastungsgesetz war der Entlastungseffekt schon wenige Jahre nach seinem Inkrafttreten wieder verbraucht (*Messmer* 1981: 2; *Klein* 1984: 18). Seit Inkrafttreten des BFH-Entlastungsgesetzes am 15. September 1975 haben sich die Zahl der Eingänge (bis Ende 1988) um 68,6 %, der Erledigungen um 49,6 % und der Rückstände um 44 % erhöht.[89] Durch Artikel 2 des Beschleunigungsgesetzes für verwaltungs- und finanzgerichtliche Verfahren vom 4. Juli 1985[90] wurde die Revision (ausgenommen die Fälle des § 116 FGO) von der Zulassung durch das jeweilige Finanzgericht abhängig gemacht und damit stark eingeschränkt: im Regelfall ist das erstinstanzliche Urteil heute nicht mehr anfechtbar (*Klein/Triller* 1986: 471; *Birk* 1988: 255). Seit dem 17. Juli 1985 ist damit die Streitwertrevision beim Bundesfinanzhof nicht mehr möglich.[91] Eine Revision findet nunmehr grundsätzlich nur noch statt, wenn das Finanzgericht - oder auf Beschwerde gegen die Nichtzulassung der Bundesfinanzhof - sie zugelas-

86) Wassermeyer (1985: 161) weist auf den interessanten Aspekt hin, daß die Eingänge an Verfahren am BFH im vergangenen Jahrzehnt immer rund 6 % der Erledigungsfälle der Finanzgerichte entsprachen - eine Erhöhung der Richterzahlen an den FG wird also aller Wahrscheinlichkeit nach zwangsläufig zu einem Anstieg der Eingänge beim Bundesfinanzhof führen (genauso: Klein 1988a: 131).

87) Zahlen vgl. Statistisches Jahrbuch Bundesrepublik (1978: 321), (1979: 320), (1981: 323), (1984: 338), (1986: 328) sowie Klein (1988b: 599).

88) Vgl. 'Finanzgerichtsbarkeit - Verbesserung des Rechtsschutzes', in: Deutsche Steuer-Zeitung/ Steuerrecht aktuell, DStZ Nr. 7/1988.

89) Zahlenangaben nach: BFH-Jahresbericht 1988, in: Deutsche Steuer-Zeitung (DStZ), 7. Jg., Nr. 7/ 1989: 191-199 (194).

90) BGBl. I 1985: 1274.

91) Kritisch zur Abschaffung der Streitwertrevision: List (1985), Kapp (1988); die Gegenposition findet sich bei Offerhaus (1989).

sen hat.[92] Die Abschaffung der Streitwertgrenze sollte eigentlich nur bis Ende 1987 befristet sein, wurde aber (gegenwärtig) bis 1991 verlängert und soll mit einer Novelle zur Finanzgerichtsordnung (FGO) zu dauerhaft geltendem Recht gemacht werden. Daneben enthält die Novelle weitere Maßnahmen zur Entlastung der Finanzgerichtsbarkeit und des BFH (vgl. *Arndt* 1989: 71 ff). Neben der Abschaffung der Streitwertrevision ist für den Bereich des BFH auch die vollständige Abschaffung der erstinstanzlichen Zuständigkeit eingearbeitet. Weitergehende Umstellungen, wie etwa die intensiv dikutierte Einführung einer dritten Instanz in der Finanzgerichtsbarkeit,[93] wurden nicht in die Novelle zur FGO aufgenommen. Die Vorschläge der - von der Steigerung der Rechtsbehelfsmittel ebenfalls betroffenen - Steuerbeamten gehen eher dahin, die Rechtsbehelfstellen in den Finanzämtern als "Quasi-erste-Instanz" (*Hegemann* 1988: 4) zu stärken, um die "Filterwirkung des Einspruchsverfahrens" besser zu nutzen.[94]

8.4 Die professionellen Gegenspieler: Steuerverwaltung und Steuerberater

Das Verhältnis von Steuerzahlern und Finanzverwaltung läßt sich nicht umfassend beschreiben, ohne auf die Aufgaben der von den Steuerpflichtigen beauftragten *Berater* einzugehen. Ihre Rolle ist eine unmittelbare Folge der geschilderten Unüberschaubarkeit und Kompliziertheit des Steuerrechts, zumal des Einkommensteuerrechts:

> "Die meisten Bürger, selbst höheren Intelligenzgrades, wären angesichts der Komplexität und Differenziertheit der zur Besteuerung gehörenden Rechtsnormen hoffnungslos überfordert, wollten sie ihre Steuersachen selbst bearbeiten; zumindest würden sie einem derartigen Vorhaben unverhältnismäßig große Teile ihrer Kraft und Zeit opfern müssen." (*Rose* 1976: 44)

Die Rolle der Berater in Steuerangelegenheiten bei der Umsetzung und 'Verständlichmachung' der steuerrechtlichen Normen bei der Durchführung der Besteuerung geht soweit, daß die Steuerberater und Steuerbevollmächtigten zuweilen schon als

92) Zum näheren vgl. Streck/Rainer (1985).

93) Vgl. Klein (1985a: 32), Feit (1987), Weber-Grellet (1987), (1987a) und (1989), Kapp (1988), Offerhaus (1988), Birk (1988: 256f), Hölscheidt (1989), und: 'Finanzgerichtsbarkeit/Die Spitzenverbände nehmen Stellung: Wiederherstellung des Rechtsschutzes durch Dreistufigkeit der Gerichte', in: Handelsblatt, 23./24.04.1988 sowie: 'Deutscher Anwaltstag: Die Finanzgerichtsbarkeit in drei Stufen gestalten', in: Handelsblatt, 04.05.1989; ausführliche Nachweise finden sich auch bei List (1988: 160f).

94) Vgl. 'Ursachen der Misere beseitigen. DStG zu Änderung der Finanzgerichtsordnung', in: Die Steuergewerkschaft (DStG), Nr. 1-2/1988: 15-16; 'Kritik an Finanzgerichtsordnung. DStG: Leistungsfähige Steuerverwaltung entlastet Gerichte, in: Die Steuergewerkschaft (DStG), Nr. 10/1988: 127-129 (129) und: 'Im Steuerbereich gibt es keinen Rechtsschutz mehr. Finanzgerichtsordnung: Eine Stellungnahme der Deutschen Steuergewerkschaft (DStG)', in: Handelsblatt, 07.09.1988.

"Dolmetscher zwischen dem Steuerzahler und der Finanzverwaltung"[95] bezeichnet werden. Die aus dieser Kennzeichnung sprechende Anerkennung für die Tätigkeiten der steuerberatenden Berufe ist nicht neu: Schon vor vierzig Jahren hat *Spitaler* darauf hingewiesen, daß ohne das Wirken der Steuerberater "die moderne, notwendig komplizierte und tiefschürfende Besteuerung einfach undurchführbar wäre" (ders. 1949a: 9).

8.4.1 Grundlagen der steuerberatenden Tätigkeiten

8.4.1.1 Die Vertretung in Steuersachen

Die Notwendigkeit der Beratung in steuerlichen Angelegenheiten ist eine der Folgen der geschilderten Ausweitung der steuerrechtlichen Vorschriften. Die "Vielschichtigkeit und Kompliziertheit des modernen Steuerrechts" bedingt die Einschaltung von "Mittelspersonen, damit deren Sachkunde den Bedürfnissen der Steuerpflichtigen nutzbar gemacht werden kann" (*Paulick* 1977: 209). Unmittelbare Folge dieser Vorgabe ist die Sorge des Staates um eine qualifizierte und ausgewählte Vertretung in Steuersachen. Auch das Bundesverfassungsgericht hat an den Zugang zu den steuerberatenden Berufen hohe Anforderungen gestellt:

> "Im Interesse des Steueraufkommens, der Steuermoral sowie zum Schutz gesetzesunkundiger Steuerpflichtiger, die durch Falschberatung unfähiger und ungeeigneter Berater schwere Nachteile erleiden können, soll sichergestellt werden, daß nur solche Berater geschäftsmäßig Hilfe in Steuersachen leisten, die dazu die erforderliche sachliche und persönliche Zuverlässigkeit besitzen."[96]

Für die Vertretung und Vollmacht in Steuersachen gelten die Vorschriften des bürgerlichen Rechts (§§ 164 ff BGB), soweit in der Abgabenordnung und im *Steuerberatungsgesetz* nichts anderes vorgeschrieben ist. Im Gegensatz zur bürgerlichrechtlichen Vollmacht erwächst beispielsweise dem steuerlichen Bevollmächtigten aus der Bevollmächtigung nicht nur die Berechtigung, sondern auch die unmittelbare Rechtspflicht, gegenüber dem Finanzamt tätig zu werden. Zur Erfüllung dieser Rechtspflicht kann der Berater durch Zwangsmittel angehalten werden, bei ihrer Verletzung kann ihn u.U. eine persönlich Haftung treffen (*Paulick* 1977: 210f).

95) So der hessische Finanzminister in einem Kontaktgespräch mit Vertretern der steuerberatenden Berufe; zit. nach Steuer und Studium (SteuerStud), 7. Jg., Nr. 12/1986: 353. Wegen der sehr begrenzten Organisations- und Konfliktfähigkeit von Steuerzahlerinteressen - auf die Junkernheinrich (1986) hingewiesen hat - bleiben den Steuerzahlern neben einer partiellen politischen Vertretung durch den Bund der Steuerzahler und einer teilweise Selbstorganisation in der Beratungspraxis durch die Lohnsteuerhilfevereine nur die Steuerberater als konkrete Unterstützung in der Auseinandersetzung mit den staatlichen Organen der Finanzverwaltung.

96) Zit. nach Trzaskalik (1985: 67), Nachweise ebd., Anm. 1.

Insbesondere haben die Berater dafür zu sorgen, "daß die Steuern aus den Mitteln, die sie verwalten, entrichtet werden" (ebd.: 218). Aufgaben und Pflichten der berufsmäßigen Beratung in Steuersachen sind im Steuerberatungsgesetz von 1975[97] geregelt, in dem die bis dahin gültigen Vorschriften zusammen- und teilweise neugefaßt wurden (vgl. *Mittelsteiner* 1975). Zur unbeschränkten geschäftsmäßigen Hilfeleistung in Steuersachen sind Steuerberater, Steuerberatungsgesellschaften und Steuerbevollmächtigte[98] sowie im weiteren Rechtsanwälte, Wirtschaftsprüfer, Wirtschaftsprüfungsgesellschaften, vereidigte Buchprüfer und Buchprüfungsgesellschaften befugt. Die Befugnis zur eingeschränkten Hilfeleistung besitzen die in § 4 StBerG aufgeführten natürlichen Personen, Verbände und Organisationen. Darunter fallen vor allem die seit 1964 als Selbsthilfevereinigungen für Arbeitnehmer zugelassenen Lohnsteuerhilfevereine,[99] aber auch Notare und Patentanwälte (*Rasenack* 1985: 337f). Der "Schutz des besonders wichtigen Gemeinschaftsgutes 'Steuerrechtspflege'" zwingt dazu, allen anderen als den nach den §§ 3 und 4 StBerG befugten Personen und Personenkreisen die geschäftsmäßige Hilfeleistung in Steuersachen zu untersagen und Zuwiderhandlungen durch die Finanzverwaltung zu ahnden (*Schick* 1984: 480).

8.4.1.2 Ausbildung und Berufsorganisationen der Steuerberater

Steuerberater und Steuerbevollmächtigte haben trotz der verschiedenene Voraussetzungen prinzipiell die gleichen Aufgaben bei der Beratung und Vertretung der Steuerpflichtigen. Die Voraussetzungen für die Bestellung zum Steuerberater sind detailliert im Steuerberatungsgesetz geregelt.[100] Als Steuerberater darf nach § 35 I StBerG nur bestellt werden, wer eine entsprechende Prüfung bestanden hat bzw. von dieser Prüfung befreit ist. Für den Steuerberaterberuf ist ein abgeschlossenes

97) Steuerberatungsgesetz vom 16. August 1961 in der Fassung des Dritten Änderungsgesetzes vom 24. Juni 1975; seither mehrfach geändert.

98) Das Berufsbild der Steuerbevollmächtigten läuft nach § 156 V StBerG aus; vgl. dazu Rasenack (1985: 337).

99) Zu den Befugnissen der Lohnsteuerhilfevereine vgl. Junkernheinrich (1986: 223 ff). Der im Einvernehmen mit den obersten Finanzbehörden der Länder ergangene Erlaß des niedersächsischen Finanzministeriums vom 6. Dezember 1989 betr. die Beratungsbefugnis der Lohnsteuerhilfevereine ist abgedruckt in: Der Betrieb (DB), 43. Jg., Nr. 7/1990: 353.

100) Über Entwicklung und Geschichte der steuerberatenden Berufe in Deutschland seit frühester Zeit informieren ausführlich Pausch/Kumpf (1986). Konkretisiert und der Rechtsprechung angepaßt wurden die Vorschriften über dem Zugang zum Beruf des Steuerberaters durch das das Vierte Gesetz zur Änderung des Steuerberatungsgesetzes vom 20.04.1989; vgl. dazu Mittelsteiner (1989). Nach einer Änderung des § 3 StBerG (durch Art. 17 des Gesetzes zum Staatsvertrag mit der DDR vom 18. Mai 1990) werden Steuerberater und Helfer in Steuersachen nach dem Recht der ehemaligen DDR den bisherigen bundesdeutschen Beratern und Bevollmächtigten gleichgestellt (zit. nach dem Gesetzentwurf, BT-Drs. 11/7171, vom 18. Mai 1990).

wirtschafts- oder rechtswissenschaftliches Universitätsstudium und eine mindestens dreijährige hauptberufliche Tätigkeit auf diesem Gebiet notwendig. Neben diesem *akademischen* Zugangsweg steht zum Beruf des Steuerberaters nach § 36 I StBerG auch der *nichtakademische* Weg offen, der die Ablegung der Steuerberaterprüfung nach dem Erwerb eines mittleren Bildungsabschlusses, der Absolvierung einer kaufmännischen Lehre und einer mindestens zehnjährigen hauptberuflichen Tätigkeit auf dem Gebiet des Steuerwesens ermöglicht (*Kurz* 1986: 194).[101)] Für ehemalige Beamte des höheren Dienstes der Steuerverwaltung ist hier in jedem Fall die Ablegung der zweiten Staatsprüfung notwendig. Ehemalige Angehörige des gehobenen Dienstes der Finanzverwaltung müssen nach § 36 II StBerG eine mindestens siebenjährige Sachbearbeitertätigkeit oder eine Beschäftigung in gleichwertiger Stellung nachweisen.[102)] Die verschiedenen Zugangsmöglichkeiten zum Beruf des Steuerberaters und das Eindringen anderer Berufsgruppen in steuerliche Beratungsaufgaben verstärken die Konkurrenz zwischen den Angehörigen der steuerberatenden und ähnlicher Berufe:

> "Sorgen bereitet dem Berufsstand der ... Einbruch anderer Berufsgruppen (Lohnsteuerhilfevereine, Kontierer) in ehemals den steuerberatenden Berufen vorbehaltene Arbeitsgebiete sowie der Rückgang der Zahl der Klein- und Mittelbetriebe, aus denen sich hauptsächlich die Mandanten rekrutieren. Befürchtet wird eine darüber hinausgehende Verschärfung des Wettbewerbs durch einen weiter anhaltenden hohen Zustrom von Berufsanfängern, hauptsächlich aus den Universitäten." (*Pausch/Kumpf* 1986: 434)

Steuerberater werden durch die für die Finanzverwaltung zuständige oberste Landesbehörde, Steuerbevollmächtigte durch die jeweils zuständige Oberfinanzdirektion bestellt. Nicht vereinbar mit dem Beruf des Steuerberaters oder Steuerbevollmächtigten ist eine gewerbliche Tätigkeit oder eine Tätigkeit als Arbeitnehmer. Zulässig ist hingegen die Anstellung bei einem anderen Steuerberater, Steuerbevollmächtigten oder einer Steuerberatungsgesellschaft (*Paulick* 1977: 217). Die besondere Rolle der steuerberatenden Berufe zeigt sich auch daran, daß Steuerberater und Steuerbevollmächtigte durch das Steuerberatungsgesetz an eine Gebührenordnung gebunden sind, die das Bundesfinanzministerium durch Rechtsverordnung mit Zustimmung des Bundesrates erläßt.[103)] Auf der anderen Seite wird der öffentlichen Funktion diese Berufsstandes dadurch Rechung getragen, daß den Steu-

101) Die dritte Möglichkeit ist die Ausbildung im Rahmen eines Fachhochschulstudiums im Bereich 'Steuerwesen'. Hier werden - wiewohl angelehnt an den nichtakademischen Zugangsweg - die Fristen bis zur Zulassungsprüfung durch Anrechnung der Ausbildungsdauer und den Wegfall der vorgeschriebenen Lehrzeit auf sechseinhalb bis sieben Jahre verkürzt; vgl. Kurz (1986).

102) Vgl. zu den Prüfungsvoraussetzungen Hasselmann (1987: 130 ff).

103) Näheres dazu bei Eckert (1982), (1982a) und (1982b); zur Neufassung der Steuerberatergebührenverordnung (StBGebV) ab 1988 vgl. ders. (1988a).

erberatern eine eigenständige Kammerorganisation zur Selbstverwaltung zugewiesen ist: Die Steuerberater und Steuerbevollmächtigten eines Oberfinanzbezirks bilden eine Berufskammer (die 'Steuerberaterkammer') als Körperschaft des öffentlichen Rechts.

Die Steuerberaterkammern haben die Aufgabe, die beruflichen Belange der Berufsangehörigen zu wahren und die Erfüllung der beruflichen Pflichten zu überwachen.[104] Diese Berufskammern sind zu einer Bundeskammer zusammengeschlossen, der 'Bundessteuerberaterkammer' (*Dann* 1987: 3). Auch sie ist eine Körperschaft des öffentlichen Rechts. Insgesamt werden rund 49.000 Steuerberater durch die 16 regionalen Steuerberaterkammern und die Bundessteuerberaterkammer vertreten.

Tabelle 8/14: Angehörige der steuerberatenden Berufe (1972-1989)

Jahr	Steuer-berater	Steuer-bevollmächtigte	Steuerberatungs-gesellschaften *	*Gesamtzahl*
1972	5.278	21.648	545	27.480
1974	7.058	22.248	701	30.007
1976	15.919	15.810	831	32.560
1978	17.968	16.118	1.108	35.194
1980	21.030	16.175	1.516	38.721
1982	23.909	17.500	2.146	43.555
1984	27.001	15.646	2.634	45.281
1986	30.825	12.785	3.137	46.747
1989	39.997	5.145	4.213	49.355

* und Personen nach § 32 und § 74 II StBerG

(Quelle: *Pausch/Kumpf* 1986: 411 - Auszug -; für 1989: DStR, Nr. 10/1990: 320)

Die Zahl der Angehörigen der steuerberatenden Berufe nimmt seit Beginn der 70er Jahre beständig zu. 1989 umfaßte diese Gruppe rund *49.400 Personen* und Gesell-

104) §§ 73 bis 84 StBerG; vgl. Paulick (1977: 217). Satzung und Wahlordnung der Bundessteuerberaterkammer sind abgedruckt in: Deutsches Steuerrecht (DStR), 25. Jg. (1987), Beihefter zu Nr. 10. Darauf, daß auch die Selbstverwaltung der Berufsangehörigen den angestreben Berufsethos wegen der niedrigen Mindestanforderungen nicht immer durchzusetzen vermag, weist Rasenack (1985: 342) hin, der insbesondere bei den Steuerberatungsgesellschaften den "Trend zur sog. schnellen Mark" befürchtet.

schaften, dies bedeutet eine Steigerung um rund 80 % seit dem Jahr 1972 (vgl. *Tabelle 8/14*). Von diesen rund 49.400 Angehörigen der steuerberatenden Berufe waren 39.997 Personen als Steuerberater tätig, nurmehr 5.145 arbeiteten als Steuerbevollmächtigte.[105] Zwischen diesen Berufsangehörigen bestehen etwa 2.700 Sozietäten (*Eckert* 1988: 2). Auch auf der Ebene der einzelnen Finanzämter zeigt sich dieser starke Zuwachs: So arbeiteten *1950* im Bereich des Finanzamtes Lemgo *1 Steuerberater* und 13 beim FA zugelassene Helfer in Steuersachen. Im *Juni 1988* waren im gleichen FA-Bezirk *37 Steuerberater und -beratungsbüros* zugelassen, dazu kamen noch 11 Steuerbevollmächtigte und zwei Beratungsgesellschaften.[106]

8.4.2 Die Aufgabenerledigung der Steuerberater in Zusammenarbeit mit der Steuerverwaltung

Auf die Wichtigkeit der Tätigkeit des Steuerberaters für die Aufgabenerledigung der Finanzverwaltung und die Durchführung der Besteuerung hat schon *Spitaler* (1949a: 14) hingewiesen: "Indem er die Steuererklärung samt den Belegen für den Stpfl. ausarbeitet, vollzieht er eine Tätigkeit, die für den Staat von höchster und unmittelbarster Relevanz ist." Die Aufgaben der Steuerberatung gehen aber über die reine Erstellung von Steuererklärungen hinaus. Sie lassen sich grob in drei Gruppen einteilen:[107]

- die *Steuerdeklarationsberatung*, die ausgelöst wird durch den Auftrag eines Mandanten, ihm bei der Erfüllung seiner steuerlichen Erklärungspflichten zu unterstützen;
- die *Steuerrechtsdurchsetzungsberatung*, die durch den Auftrag eines Mandanten ausgelöst wird, ihm gegen "tatsächliches oder vermeintliches Unrecht der Finanzverwaltung" (*Rose* 1981: 561f) - etwa durch Einlegung eines Rechtsbehelfs - zu helfen;
- die *Steuergestaltungsberatung*, die ausgelöst wird durch den Auftrag eines Mandanten, "ihm bei der Planung eines wirtschaftlichen Vorhabens mit einschlägigen steuerlichen Beurteilungen und Ratschlägen zu helfen" (*Rose* 1981: 562).

Im hier behandelten Zusammenhang der Aufgabenerledigung durch die Steuerberater in Kontakt bzw. in Zusammenarbeit mit der Steuerverwaltung interessieren nur die ersten beiden Formen der Steuerberatung. Die Änderungshäufigkeit und

105) Die innerhalb der steuerberatenden Berufe stattgefundene Verschiebung von den Steuerbevollmächtigten zu den Steuerberatern ist eine Konsequenz aus der (ursprünglich bis zum 13.08.1987 geplanten, aber bis August 1989 bzw. in Ausnahmen bis 1992 verlängerten) Übergangsmöglichkeit; vgl. Pausch/Kumpf (1986: 412).

106) Quelle: Amtsübersicht des FA Lemgo.

107) Einteilung nach Rose (1976: 44); (1981: 561f); vgl. auch Mellwig (1990: 54).

Kompliziertheit des Steuerrechts werden auch in Zukunft dafür sorgen, daß den steuerberatenden Berufen die Mandanten nicht ausgehen. Bei der Erledigung ihrer Tätigkeiten stehen die Steuerberater vor den selben Problemen hinsichtlich der quantitativen Zunahme und der Kompliziertheit der Steuerrechtsnormen wie die Beamten der Steuerverwaltungen. Zugleich stehen die Berater unter dem Einfluß der Auftraggeber und auch sie müssen auf die Veränderungen der Informations- und Kommunikationstechniken reagieren.

Die Kompliziertheit des Steuerrechts wird aller Voraussicht nach den betroffenen Steuerpflichtigen oder den Entscheidungsträgern in der Wirtschaft die Grenzen ihrer intellektuellen und zeitlichen Leistungsfähigkeit noch stärker als bisher ins Bewußtsein dringen lassen; "in entsprechend stärkerem Umfang werden sie sich vom Versuch, die Steuerprobleme selbst zu lösen, distanzieren und Steuerspezialisten zu Rate ziehen" (*Rose* 1981a: 566). Daß in Zukunft verstärkt mit raschen Steuerrechtsänderungen und einer zunehmenden Unsicherheit auf diesem Gebiet zu rechnen ist, darüber herrscht bei der Steuerberatern Einigkeit. Daß gleichzeitig eine intensivere Steuererhebung (vor allem in den Außenprüfungen) und damit auch ein "verschärfte(s) Steuerklima" zu erwarten ist, ist ebenfalls weithin unumstritten.[108] Zudem nimmt das Steuerbewußtsein bei den Auftraggebern der Steuerberater mit steigendem Steuerdruck zu und ihre Bereitschaft, Entscheidungen der Finanzverwaltung zu akzeptieren, geht zurück (ebd.: 566). Gleichzeitig ermöglichen die Fortschritte in den Forschungsschwerpunkten der Steuerlehre, auch im Hinblick auf die Handlungsmöglichkeiten der Steuerverwaltung größere Klarheit zu erhalten und diese Ergebnisse an die Steuerberater zu vermitteln, um so "die der Gegenseite, also der Finanzverwaltung, zur Verfügung stehenden Strategien im 'Steuerspiel'" besser aufzeigen zu können (*Rose* 1981a: 567).

Gerade im Bereich der Einkommensteuererklärungen - mit der geschilderten Entwicklung der Fallzahlen - ist das Verhältnis von Steuerberatern und Finanzverwaltung zwiespältig, eine Situation, die durch den gewollt herausgehobenene Status der Steuerberater bedingt ist. Einerseits ist der Berater Vertreter der Interessen seines Klienten und verpflichtet, diese Interessen so weit als möglich zu wahren, andererseits ist die Durchführung der Besteuerung im Bereich des Einkommensteuergesetzes faktisch nur zu erreichen, wenn die Steuerberater - als 'vorgelagerte Stellen' der Finanzverwaltung - eine doppelte Verbindungsfunktion zwischen der Verwaltung und den Bürgern erfüllen: Zum einen übernehmen sie einen wesentlichen Teil der notwendigen Übersetzungs- und Verständlichmachungsaufgaben der Gesetze gegenüber den Bürgern, die dem Gesetzes- und Verordnungsschwall und

108) Vgl. die detaillierten Umfrageergebnisse beim 32. Fachkongreß der Steuerberater 1980 bei Jany (1981; insbes. S. 607f).

der steuerjuristischen Fachsprache oftmals mit einer gewissen Hilflosigkeit gegenüberstehen (die vorstehend zitierte 'Dolmetscherfunktion'). Zum anderen übernehmen sie im Interesse der Finanzverwaltungen eine *Filterfunktion*, indem sie die Wünsche ihrer Klienten *kanalisieren* und - unter Wahrung der Interessen der Steuerpflichtigen - *mit der Steuergesetzgebung und -rechtsprechung in Einklang bringen*. Die von einem Steuerberater erstellte Einkommensteuererklärung mag in der Auslegung der Rechtsvorschriften und der Heranziehung von Präzedenzfällen und Urteilen bis an das Maximum des im Interesse des Steuerpflichtigen 'herausholbaren' gehen, sie wird sich - jedenfalls in der Regel - nicht wissentlich außerhalb der Rechtsvorschriften bewegen.
Zu diesen Übersetzungs- und Filterfunktionen kommt noch die alltägliche Unterstützung der Arbeit der Steuerbeamten durch die *Überprüfung der formalen Richtigkeit und Vollständigkeit* der über die Berater abgegebenen Steuererklärungen. Inwieweit hier das Wissen der Steuerbeamten um eine formale Richtigkeit der Erklärung sich in einem Vertrauen auf die inhaltliche Korrektheit der Angaben niederschlägt, also beispielsweise eine vollständige und exakte Aufstellung der Werbungskosten oder Sonderausgaben durch den Steuerberater den zuständigen Bearbeiter dazu bringt, auf eine Durchsicht der Belege zu verzichten, bzw. diese - falls vom Berater nicht beigefügt - nicht explizit nachzufordern, ist kaum nachprüfbar. Das gilt genauso für eine spezielle Problemlösung in größeren Veranlagungsfällen: die Kompromißfindung unter Einschluß der Spitze des Amtes, den "Kuhhandel bei der Schlußbesprechung" (*Rößler* 1987: 247).[109] Gerade die Schlußbesprechungen im Anschluß an Betriebsprüfungen stehen oftmals unter der Notwendigkeit, in beiderseitigem Interesse zu einer Verständigung zwischen Steuerpflichtigem bzw. -berater und der Steuerverwaltung führen zu müssen. Vielfach sind es "zähe Verhandlungen mit dem Ziel, zu einer Einigung zu kommen" (*Kraushaar* 1986: 161).[110] Der in einer solchen Besprechung gefundene Kompromiß entspricht "mitunter nicht dem Postulat der Gesetzmäßigkeit der Besteuerung, er hat vielmehr vergleichsähnlichen Charakter" (*Arndt* 1988: 177).

Die Zusammenarbeit zwischen der Steuerverwaltung und den Beratern ist so weit gediehen, daß ihr von seiten der Beamten grundsätzlich eine gleichberechtigte Rolle bei der Umsetzung des Besteuerungsauftrages zuerkannt wird:

---

109) Einigungsverhandlungen mit den Finanzbehörden sind in gewissen Fällen unumgänglich (vgl. Streck 1980), aber es gibt auch dort Grenzbereiche, bei deren Überschreitung eine Schlußbesprechung leicht zum "balkanischen Teil" der Betriebsprüfung ausarten kann, wenn einerseits über objektive Sachverhalte Kompromißverhandlungen geführt werden, andererseits willkürlich Beträge festgesetzt werden (Raupach 1985: 59).

110) Zu den Zielen und Abläufen von Schlußbesprechungen nach § 201 AO vgl. Latsch (1980), Kraushaar (1986: 160 ff) und Arndt (1988: 177).

"Die Angehörigen der Steuerverwaltung und die Angehörigen der steuerberatenden Berufe sind gleichgewichtige Träger der Steuerrechtspflege: während die steuerlichen Berater die Interessen ihrere Mandanten vertreten, haben die Angehörigen der Steuerverwaltung für das Gleichmaß der Besteuerung zu sorgen im Innen- und im Außendienst. Während die einen die steuererheblichen Sachverhalte vortragen, sind die anderen Entscheidungsträger. Beide verfügen über eine hochqualifizierte Ausbildung, deren Gleichwertigkeit nicht bestritten werden kann. Beiden gemeinsam ist der Kampf mit einer nicht abreißenden Normenflut, mit einem materiellen Steuerrecht, daß nicht nur die Betroffenen als chaotisch empfinden. Kurz: beide wirken eng und vertrauensvoll im Besteuerungsverfahren zusammen - in jeweils verschiedenen Rollen."[111]

In diese 'Auseinandersetzung' mit den Beamten der Steuerverwaltungen gehen die die Steuerberater zunehmend mit einer verbesserten wissenschaftlichen Ausbildung und einer weithin ausgebauten technischen Ausstattung. Strukturelle Verbesserungen werden die Bedeutung und die Durchsetzungsfähigkeit der Steuerberatung weiter erhöhen:[112]

- die Kommunikation der Steuerspezialisten untereinander (über die Literatur, Kongresse und Seminare) wird zunehmen;
- die Steuerrechtsdatenbanken (vor allem die der DATEV) erleichtern die Datenermittlung und Literaturauswertung;
- der Nachwuchs für die steuerberatenden Berufe wird zunehmend von den Universitäten rekrutiert und wird deshalb mit wissenschaftlichen Problemlösungsmöglichkeiten stärker vertraut sein.

8.4.3 Die bessere informationstechnische Ausstattung der Steuerberater

1966 wurde die 'Datenverarbeitungsorganisation des steuerberatenden Berufes in der Bundesrepublik Deutschland eG' (DATEV) gegründet. Ihre Gründung war eine Folge der Einführung der Mehrwertsteuer in der Bundesrepublik, durch die die Betriebe Mehrarbeiten im Bereich der Buchführung auf sich zukommen sahen

111) Paul Courth, Bundesgeschäftsführer der Deutschen Steuer-Gewerkschaft (DStG), 'Steuerbeamte und Steuerberatung', in: Handelsblatt, 15. Juni 1985, nachgedruckt in: Die Steuer-Gewerkschaft (DStG), Nr. 9/1985: 117-119. Das durch regelmäßige 'Klimatagungen' gepflegte Verhältnis von Steuerverwaltung und Steuerberatern (vgl. 'Verwaltung im Dienst der Bürger. 'Klimatagung' mit Steuerfachgespräch', in: DStG, Nr. 4/1988: 45-47, hat auch ganz praktische Auswirkungen: So spricht sich die Steuergewerkschaft dafür aus, im Rahmen der Arbeitszeitverkürzung die Finanzämter am Freitagnachmittag zu schließen, da "die Steuerberatungspraxen in der Regel am Freitagnachmittag geschlossen sind und dementsprechend für die Angehörigen der Steuerverwaltung die Ansprechpartner fehlen"; vgl. 'Wochenendfrühschluß in den Finanzämtern hat gute Gründe', in: DStG, Nr. 11/1988: 147-148 (148).

112) Vgl. Rose (1981a: 569f).

(*Pausch/Kumpf* 1986: 419). Durch den genossenschaftlichen Zusammenschluß in der DATEV konnten die enormen Kosten der EDV - ohne deren Einsatz der Mehranfall an Arbeit nicht mehr zu bewältigen gewesen wäre - in Grenzen gehalten werden. Gegenwärtig kann das Rechenzentrum der DATEV in Nürnberg von 27 Kopfstellen in der Bundesrepublik über eine Standleitung erreicht werden.[113)] Rund 80 % der Daten werden mittlerweile per Datenfernübertragung nach Nürnberg übermittelt (*Pausch/Kumpf* 1986: 420f). Mit 3.189 Mitarbeitern machte die DATEV im Jahre 1989 einen Umsatz von ca. 536 Millionen DM; rund 29.750 Steuerberater gehören gegenwärtig als Genossenschaftsmitglieder der DATEV an.[114)] Gerade die "ausgesprochen kleinbetriebliche Struktur" der Steuerberatungspraxen (*Sebiger* 1982: 277) macht eine solch zentrale Organisation zur Bewältigung der Rechenaufgaben notwendig.

Seit 1975 umfaßt das Dienstleistungsangebot der DATEV neben Buchführungs-, Steuerberechnungs- und Kanzleiorganisationsprogrammen auch die Steuerrechtsdatenbank LEX-inform.[115)] Mit der Bereitstellung solcher Daten wandelte sich das Erscheinungsbild der DATEV "von einem Rechenzentrum zur Bewältigung großer Datenmengen zu einem leistungsfähigen Serviceunternehmen für den modernen Steuerberater" (*Pausch/Kumpf* 1986: 421).[116)] Letzter Schritt in dieser Entwicklung ist die Einführung des DATEV-Verbundsystems (DVS) im Jahre 1984, mit dem Personal Computer (PCs) in den Informationskreis zwischen DATEV und Steuerberater eingeschaltet wurden (vgl. *Bürger* 1988).

Neben Programmen, die speziell auf die Erfordernisse einer Steuerberatungskanzlei zugeschnitten sind,[117)] gibt es besondere Datenverarbeitungsprogramme für Fragen der Lohn- und Einkommensteuerberechnung, wo sie es ermöglichen, alternative Lösungsmöglichkeiten zu erarbeiten und auch einzelne Programmschritte gesondert

---

113) Zum näheren vgl. Joergens (1984).

114) Vgl. 'DATEV schwimmt auf der Dienstleistungswelle', in: Süddeutsche Zeitung, 13.03.1989; 'Die meisten Steuerberater sind der DATEV angeschlossen', in: Frankfurter Allgemeine Zeitung, 01.07. 1989; 'DATEV eG: Marktführung ausgebaut', in: Handelsblatt, 18.10.1989 und 'DATEV-Programm auf Preissenkungen ausgerichtet', in: Süddeutsche Zeitung, 09.03.1990. Nach Eckert (1988: 2) bedienen sich 60 % aller Steuerberater (das sind 75 % der selbständig in einer Vollpraxis tätigen StB) der EDV, 95 % davon nehmen die Dienste der DATEV in Anspruch.

115) Die Steuerrechtsdatenbank LEX-inform, in der Gerichtsentscheidungen, Verwaltungsanweisungen und Beiträge aus Fachzeitschriften aus dem Bereich des Steuerrechts, des Rechts der steuerberatenden Berufe und des Handels- und Gesllschaftsrechts gespeichert sind, arbeitet mit frei formulierbaren Abfragen nach bestimmten festgelegten Grundregeln. Über den Zugang zum Programm vgl. Lehrer u.a. (1987).

116) Vgl. auch '20 Jahre DATEV. Der Weg vom Rechenzentrum zum modernen Serviceunternehmen', in: Der Steuerberater, 37. Jg., Nr. 10/1986: 261-265 (262).

117) Vgl. Emmerich (1987) und Roth (1987).

zu behandeln.[118] Auch bei der Bearbeitung von Einkommensteuerfällen ist es mittlerweile möglich, mit Hilfe des DATEV-Verbundsystems DVS die Verarbeitung zu dezentralisieren.[119]

Welche bedeutsame Rolle die DATEV in der Arbeit der Steuerberater spielt und in welchem Maß sie die Auftragserfüllung erleichtert, zeigt sich auch daran, daß die Vertretungen der Steuerbeamten immer wieder fordern, auch die Finanzämter an steuerrechtliche Datenbanken anzuschließen, wobei sowohl das System JURIS des Bundesjustizministeriums als auch des System LEX-inform der DATEV als Vorbilder genannt werden.[120]

Der Informationsvorsprung der Steuerberater wird von seiten der Beamten als große Benachteiligung empfunden. Das System LEX-inform wird als "schlechthin für das Steuerrecht vorbildlich" und die DATEV als "Vorbild" gesehen.[121] Die Steuerberater können sich durch den Rückgriff auf LEX-inform einen umfassenden Überblick über den aktuellen Stand von Rechtsprechung, Literatur und Verwaltungsvorschriften verschaffen. Auch bei komplexen Steuerrechtsänderungen stehen die Datenbanken der DATEV den Steuerberatern zur Verfügung, so etwa mit den Gesamtregelungen zur Steuerreform 1990 (vgl. *Memmert* 1989). Dieser Informationsvorsprung wird nach den Befürchtungen der Steuerverwaltung auf Dauer "die Steuerrechtspflege in eine Schieflage" manövrieren - "zugunsten der Steuerberatung, zu Lasten der Steuerverwaltung".[122] Die Frage der Ausstattung der Finanzverwaltung mit einer arbeitsplatzorientierten EDV mit Zugang zu den entsprechenden Datenbanken erweist sich hier im wesentlichen als ein finanzielles Problem. Rein technisch ist der Zugriff auf solche Datenbanken kein Problem mehr.[123]

Die Organisation in den Steuerberatungspraxen ist zwar teilweise weit fortgeschritten, aber wenig standardisiert (*Eggesiecker* 1981: 578). Eine Standardisierung ist aber üblicherweise im Bereich der Finanzbuchhaltung und der Lohnbuchhaltung

---

118) Vgl. Hümmer (1986) und (1987); Jäckel (1985).

119) Vgl. Nagler (1984).

120) 'DStG: Finanzämter an Datenbanken anschließen', in: Die Steuer-Gewerkschaft (DStG), Nr. 3/1983: 21; 'DStG drängt auf Vereinfachung', in: DStG, Nr. 7-8/1984: 94f (95).

121) 'Bundesleitung : DATEV ist Vorbild', in: DStG, Nr. 10/1985: 144.

122) 'DStG will jetzt endlich Klarheit', in: DStG, Nr. 9/1985: 113f.

123) Mittlerweile liegen die kompletten Entscheidungen des BFH (über 24.000 Einzelentscheidungen) aus dem juristischen Informationssystem JURIS auf am Arbeitsplatz mit Hilfe von PCs ablesbaren Compact-Disks (CD-ROM) vor (vgl. 'Alle BFH-Urteile auf einer kleinen Scheibe' in: Handelsblatt, 13.12. 1988). Mittlerweile wird das Informationssystem JURIS für die nordrhein-westfälische Finanzverwaltung im FA Essen-Süd erprobt, eine Ausweitung der Versuche ist geplant; vgl. 'JURIS wird in NRW erprobt', in: Die Steuer-Gewerkschaft (DStG), Nr. 11/1988: 148.

eingetreten, wo nach dem System der DATEV oder einem ähnlichen System gearbeitet wird. Auch wenn im Bereich der Steuerberatung die Computernutzung noch in hohem Maß auf dem "Organisationsprinzip der Datenverarbeitung außer Haus" (DVaH; *Sebiger* 1986: 29) beruht, bei dem der Anwender einen Teil der Datenverarbeitungsfunktionen auf Service-Rechenzentren überträgt,[124)] gewinnt die Datenverarbeitung in der eigenen Kanzlei zunehmend an Bedeutung. Mittlerweile sind in den Steuerberatungskanzleien schon rund *12.000 Personal Computer* installiert.[125)] Eine immer größere Rolle nehmen auch die Schreibsysteme in den Steuerberatungspraxen ein. Zum Verkehr mit den - auch weiterhin benötigten externen Rechenzentren - wird auch der Einsatz von Computersystemen zunehmen. Generell ist damit zu rechnen, daß der Einsatz technischer Organistionssysteme für die Steuerberater an Bedeutung gewinnen wird (vgl. *Eggesiecker* 1981: 579; *Schultze* 1985: 110).

Der nächste Schritt der Ausstattung der Beraterkanzleien wird die Einführung von tragbaren PCs mit der dazugehörenden Software sein. Insbesondere die Mandantenberatung im direkten Kontakt läßt sich hierdurch verbessern (vgl. *Faltermaier* 1988: 9; *Franzen* 1989: 78f). Die Steuerberater sind auch hier der Finanzverwaltung weit voraus.

8.5 Bedingungen der Rechtsanwendung in den Finanzämtern

8.5.1 Zusammenfassung: Bestimmungsfaktoren des Verhältnisses von Steuerpflichtigen und Steuerverwaltung

8.5.1.1 Die unterschiedlichen Erwartungen und Interessenartikulationen der Steuerpflichtigen

Das Besteuerungsverfahren nach dem Einkommensteuergesetz baut in wesentlichen Teilen auf einer Beteiligung der Steuerpflichtigen am Verfahren auf. Den Steuerpflichtigen treffen dabei die in der Abgabenordnung allgemein geregelten *Anzeige-, Aufzeichungs-, Erklärungs- und Auskunftspflichten* im Rahmen des Verfahrens der Steuerermittlung. Diesen Pflichten des Steuerzahlers, die sich im Rahmen

---

124) Vgl. Schlauch (1978). Nach einer Untersuchung der Verbreitung der EDV-Anwendung in den steuerberatenden Berufen arbeiten von den rund 35.000 Steuerberaterkanzleien (Stand 1984) rund 71 % mit einem Rechenzentrum zusammen, 6 % wenden nur EDV im Haus an, 13 % wenden die EDV sowohl außer Haus als auch im Haus an und nur noch 10 % arbeiten überhaupt nicht mit der EDV; vgl. Sebiger (1986: 30).

125) '20 Jahre DATEV. Der Weg vom Rechenzentrum zum modernen Serviceunternehmen', in: Der Steuerberater, 37. Jg., Nr. 10/1986: 261-265 (263). Die DATEV gibt die Zahl der in den Steuerberaterkanzleien insgesamt installierten Personalcomputer und Terminals mit über 38.000 an; vgl. 'Datev schwimmt auf der Dienstleistungswelle', in: Süddeutsche Zeitung, 13.03.1989.

der Besteuerung nach dem EStG im wesentlichen in Nachweispflichten hinsichtlich der verschiedenen Einkunftsarten und davon absetzbaren Beträgen äußern, stehen auch Pflichten der Steuerverwaltung gegenüber, welche zumeist - neben Grundsatzfragen (Rechtmäßigkeit und Gleichmäßigkeit der Besteuerung) - bei Auskunftsersuchen der Pflichtigen und Informationsbedürfnissen hinsichtlich der möglichen Rechtsmittel Bedeutung erlangen. Diese wechselseitigen Pflichten der Parteien im Besteuerungsverfahren ziehen eine Vielzahl von möglichen Kontakten zwischen dem einzelnen Steuerpflichtigen und der Steuerverwaltung (vertreten durch den zuständigen Sachbearbeiter) nach sich. Diese Kontakte sind - abgesehen von dem seltenen Fall, daß der zuständige Sachbearbeiter den Pflichtigen zu Hause aufsucht - in *mündlich-persönlicher* Form im *Finanzamt*, in *schriftlicher* Form oder *telefonisch* möglich. Die Form des Kontaktes ist in der Regel nicht festgelegt, sondern hängt primär von den Einstellungen, Erwartungen und Kenntnissen der Steuerzahlers hinsichtlich solcher Kontakte ab. Gerade persönlich-mündliche Kontakte zeigen sich dabei als wesentliche Verfahrenserleichterung für alle Beteiligten: Unter den Bedingungen der Massenverwaltung erweisen sie sich geradezu als notwendiges Mittel, "um trotz enormer Regelungsdichte noch zu halbwegs sachlich korrekten Arbeitsergebnissen zu kommen" (*Grunow/Hegner* 1980: 268). Hindernisse bei der Verständigung zwischen Steuerpflichtigen und Steuerverwaltung können sich einerseits durch Fehler der Finanzverwaltung, andererseits durch organisatorische Verständigungshindernisse oder durch mangelnde Kenntnisse der Steuerpflichtigen ergeben. Deren prinzipielle Einstellungen zu Kontakten mit der Steuerverwaltung sind also auch für den Erfolg des einzelnen Verfahrens (im Sinne der Steuerpflichtigen) von Bedeutung.

Die Handlungsschancen der einzelnen (Gruppen von) Steuerzahler(n) unterscheiden sich nach den Ergebnissen der empirischen Forschung beträchtlich. Sie sind von verschiedenen Faktoren abhängig. Eine unterschiedliche Artikulations- und Durchsetzungsfähigkeit von bestimmten Steuerzahlern ergibt sich insbesondere aufgrund:

- fehlender oder vorhandener *persönlicher Erfahrungen* mit der Finanzverwaltung;
- *allgemeiner Einstellungen* gegenüber Großorganisationen;
- 'pessimistischer' oder 'optimistischer' Einschätzungen gegenüber den *eigenen Handlungsmöglichkeiten* und den *Handlungsspielräumen des Finanzamtes* und
- aufgrund *unterschiedlicher Kenntnisse* in Bezug auf das Finanzamt und die Besteuerung.[126]

126) Vgl. Grunow u.a. (1978: 77f).

Diese unterschiedlichen Einstellungen führen insbesondere zu einem stark unterschiedlichen Informationsverhalten gegenüber steuerrechtlichen Bestimmungen und zu abweichenden Einschätzungen hinsichtlich der Möglichkeiten der Bearbeiter bei der Gestaltung des Verfahrens. Sie bringen zusammen mit der persönlichen Lebenslage der betreffenden Steuerpflichtigen eine u.U. ungünstige Ausgangslage noch vor Beginn der Besteuerung mit sich. Günstige Chancen, ihre Interessen wahrzunehmen, besitzen vor allem Personen mit einer *gehobenen Schulbildung*, die in 'verwaltungsnahen' Berufen arbeiten, also im wesentlichen *Angestellte* und *Beamte*. Gleichfalls im Vorteil sind diejenigen Steuerpflichtigen, die sich einen *Steuerberater* leisten. Weniger gut Chancen für die Wahrnehmung ihrer Interessen gegenüber dem Finanzamt besitzen aufgrund mehrerer Faktoren insbesondere *Arbeiter* und Angehörige sonstiger verwaltungsferner Berufsgruppen wie *Hausfrauen* oder *Rentner*.

Als Vertreter der Steuerpflichtigen stehen den Sachbearbeitern der Steuerverwaltung in vielen Fällen ausgebildete *Steuerberater* gegenüber. Ihr Auftrag geht heutzutage oftmals über die reine Beratung bei der Steuerdeklaration und der Steuerdurchsetzung hinaus und in den Bereich der laufenden Steuergestaltungsberatung über. Die Steuerberater geraten durch ihre zunehmende Beanspruchung immer deutlicher in eine Doppelrolle: Einerseits sind sie dazu verpflichtet, als Interessenvertreter ihrer Mandanten das Verfahren in deren Sinne voranzutreiben, andererseits haben die Berater objektiv eine - gewollte und durch starke Zugangsbeschränkungen zum Beruf geschützte - 'Dolmetscherfunktion' zwischen Bürger und Verwaltung inne: Sie übernehmen gerade im Bereich des Einkommensteuerrechts einen Teil der notwendigen Übersetzungs- und Verständlichmachungsaufgaben hinsichtlich der rechtlichen Bestimmungen gegenüber dem Bürger. Sie *kanalisieren* auf der anderen Seite die steuerlichen Wünsche ihrer Klienten in eine - jedenfalls formell - dem Verfahren angemessene und zulässige Form. Diese 'Vorprüfung' der Steuererklärung durch den Berater geht aber über rein formelle Fragen hinaus und greift - im ESt-Recht etwa in Fragen sich wiederholender, durch Belege nachzuweisender Kosten - in Bereiche der materiellen Prüfung ein. Dies geschieht mit Wissen und Billigung der Steuerverwaltung. Der Steuerberater ist damit nicht nur professioneller Gegenspieler des Sachbearbeiters im Verfahren, sondern gleichzeitig auch an der Durchführung Beteiligter, dem ein Teil der eigentlich hoheitlichen Prüfungsaufgaben zugewiesen wird. Dies ist ein Verhältnis, zu dessen Aufrechterhaltung wiederum ein erhebliches Maß an persönlichen Kontakten und Vertrauen in die Korrektheit der Aufgabenerledigung durch den 'Partner' notwendig ist und das die Arbeitsumstände von Sachbearbeitern in der Steuerverwaltung zu einem gewissen Maß prägt.

8.5.1.2 Verwaltungsinterne Bestimmungsfaktoren der Veranlagungstätigkeit

Die Arbeit der Sachbearbeiter in den Veranlagungsstellen ist nur ein Teil des gesamten Arbeitserledigungsprozesses der 'Organisation Finanzamt'. Die Tätigkeiten der Bearbeiter stehen in engem Zusammenhang zu der anderer Stellen im Finanzamt, die ihrerseits von dem Arbeitsergebnis in den Veranlagungsstellen betroffen sind. Dies gilt in besonderem Maße für die Mitarbeiter in den *Rechtsbehelfstellen* der Ämter. Bei unterschiedlichen Auffassungen von Sachbearbeitern und Steuerpflichtigen zum Sachverhalt, die nicht innerhalb der V-Stellen ausgeräumt werden können, werden im Falle eines Einspruchs die betreffenden Fälle an die RBSt weitergegeben. Der Arbeitsanfall dort ist also in erheblichem Maß von der Abgabequote in den V-Stellen abhängig. Diese Quote wird wiederum entscheidend von der Einstellung der Sachbearbeiter und Sachgebietsleiter zu den Notwendigkeiten und Spielräumen der Rechtsanwendung bei der Durchführung der Besteuerung beeinflußt: mehr oder weniger stark ausgeübte Großzügigkeit (im weiteren Sinne) in den Veranlagungsbezirken wirkt sich umgehend auf den Arbeitsanfall in den Rechtsbehelfstellen aus.

Diese Zusammenhänge gewinnen angesichts der zunehmenden Überlastung der Finanzämter durch eingelegte Rechtsbehelfsmittel (und der Finanzgerichte durch anschließende Klagen) immer mehr an Bedeutung. Da einerseits rund 80 % der Rechtsbehelfsverfahren in den Veranlagungsstellen abgeholfen wird und von den übrigbleibenden Fällen noch etwa ein Drittel in den Rechtsbehelfstellen durch Entscheidungen zugunsten der Steuerpflichtigen beendet werden, andererseits von den förmlichen Entscheidungen der Rechtsbehelfstellen rund ein Drittel durch eine Klage angefochten werden, entwickelt sich die Rechtsanwendung in den V-Stellen zur entscheidenden Steuerungsgröße hinsichtlich des Arbeitsanfalles in diesen Bereichen. Die vorgesetzten Behörden der Finanzämter - die Oberfinanzdirektionen und Landesfinanzministerien - machen sich diese Konstellation zu Nutze und versuchen in der gegenwärtigen Überlastung auf eine großzügigere Rechtsanwendung bei der Fallbearbeitung hinzuwirken. Die Konkretisierung der Vorgaben der vorgesetzten Finanzbehörden ist insbesondere den Sachgebietsleitern zugewiesen:[127)]

> "Ein gut informierter SGebL wird bald herausfinden, in welchen Fällen der SachB einer aktiven Entscheidungshilfe bedarf, wo also die Notwendigkeit besteht, sich selbst mal den Fall anhand der Akten genauer anzusehen, sich mit der Problematik vertraut zu machen und eigene Überlegungen darüber anzu-

127) Auszug aus der Niederschrift vom 03.10.1985, AZ O 1738 - 1 - St 61 - 1, betreffend Arbeitsbesprechungen mit den Vorstehern der Finanzämter und den Leitern der BP- und SteufaStn am 29.-31.05. 1985, mitgeteilt duch OFD-Verfügung vom 03.10.1985, AZ O 1738 - 1 - St 61 - 1; Anlage 7 zur Rundverfügung vom 11.02.1988, AZ S 0090 - 17 St 31 - 34, Punkt 3.1.2.2.

> stellen, wie der Fall am besten zu erledigen ist. Nur wenn der SachB merkt, daß der SGebL ihn auf diese Weise besonders in schwierigen Fällen tatkräftig bei der Entscheidungsfindung unterstützt, wird er hinreichend motiviert sein, in zweifelhaften Fällen den Rat des SGebL einzuholen, ihn als kompetenten Gesprächspartner zu akzeptieren, statt sich mit jeder Frage gleich ratsuchend an die RBSt zu wenden."

Diese Aufforderung beschränkt sich nicht darauf, die Reduzierung vermeidbarer Einsprüche durch die Zurückdrängung der (fehlerhaften) *Nichtgewährung von rechtlichem Gehör* und einer *kleinlichen Auslegung der Steuergesetze und Verwaltungsanweisungen* zu fordern, sondern stellt auch an die Sachgebietsleiter und Sachbearbeiter in den V-Stellen direkte Forderungen hinsichtlich des Umgangs mit den Steuerpflichtigen und der Rechtsanwendung in konkreten Fällen. Wie an den internen Anweisungen der OFD Münster exemplarisch deutlich wurde, geht es in diesem Zusammenhang vor allem um

- eine *zügige Entscheidung* in Rechtsfragen;
- die Orientierung des Arbeitsaufwandes an der *steuerlichen Bedeutung* des jeweiligen Falles;
- die Ausnutzung von *Einigungsmöglichkeiten* mit dem einspruchsführenden Steuerpflichtigen und
- die genaue Einhaltung der vorgegebenen *Fristen.*

Im Kern werden die Sachbearbeiter in den Veranlagungsstellen von ihrer vorgesetzten Dienstbehörde aufgefordert, insbesondere bei der *Sachverhaltsermittlung* großzügig zu verfahren und stets die *steuerliche Bedeutung des einzelnen Falles* im Auge zu behalten, mit dem Ziel, die Führung von Einsprüchen durch die Steuerpflichtigen und die Abgabe solcher Einsprüche an die RBSt im Falle des Nichtabhelfens durch die V-Stellen auf ein *Mindestmaß* zu beschränken.

8.5.1.3 Die Einstellung der Sachbearbeiter zur Durchführung der Besteuerung und zu den Steuerpflichtigen

Bei den Tätigkeiten der Sachbearbeiter im Bereich Lohnsteuer/Einkommensteuer dominiert die Sachverhaltsermittlung, sowohl im Sinne der Beschaffung und Sammlung von Angaben und Belegen der Pflichtigen als auch im Sinne der Prüfung und Überprüfung dieser Angaben, Belege und Unterlagen. Die aktive *Informationsbeschaffung* über steuerrechtliche Vorschriften oder Vorschriftenänderungen spielt dagegen nur eine untergeordnete Rolle, insbesondere dann, wenn es nicht um die Rechtsvorschriften zu einem bestimmten Fall, sondern prinzipielle Rechtsfragen geht. Eine routinemäßige Selbstinformation über neue steuerrechtliche Vorschriften findet kaum statt.[128] Der *Arbeitsdruck* wird von den betroffenen Sachbearbeitern durchweg als hoch eingeschätzt und allgemein auch als größtes Hindernis einer wirklichen Gleichbehandlung der Steuerpflichtigen in den Finanzämtern betrachtet. Dennoch ist - nach der Selbsteinschätzung - nur eine Minderheit der Bearbeiter bereit, bei der Ermittlung des Sachverhalts großzügig zu verfahren.[129]

Als wichtigste Eigenschaft eines Finanzbeamten wird von den Betroffenen eine gründliche Kenntnis der Gesetze und Vorschriften verlangt, gefolgt von der Fähigkeit zu raschem Arbeiten. Gleichberechtigt mit der Forderung nach Unbestechlichkeit kommt erst danach das verständnisvolle *Eingehen auf die Probleme des Steuerpflichtigen.* Gleichwohl sind sich die Bearbeiter bewußt, daß gerade diese Fähigkeit nicht unter ihnen allen gleichmäßig vorhanden ist. Die relativ geringe Bedeutung, die diesem Faktor zugewiesen wird, liegt offenbar auch darin begründet, daß der Fähigkeit zum gutem Umgang mit den Steuerpflichtigen sowohl beim Personaleinsatz als auch bei Fragen der individuellen Beurteilung keine große Bedeutung beigemessen wird. Hier stehen vielmehr Fleiß und Leistungskraft sowie steuerliche Kenntnisse und fachliche Erfahrungen im Vordergrund. Es ist zu vermuten, daß sich diese relative Geringschätzung der individuellen Fähigkeit zum guten Umgang mit den Steuerpflichtigen - verbunden mit dem starken (als stark empfundenen), statistisch kontrollierten Arbeitsdruck - negativ auf die Kontakte zu den Bürgern im Finanzamt auswirkt. Mit einer gewissen Skepsis stehen die Sachbearbeiter dem Anspruch auf größtmögliche Gerechtigkeit und Perfektion im Ablauf bei der Durchführung der Besteuerung gegenüber. Ihre Einschätzung hinsichtlich möglicher Fehler und Unzulänglichkeiten hat sich als deutlich negativer erwiesen, als diejenige der betroffenen Steuerpflichtigen. Die Sachbearbeiter selbst halten sowohl die unterschiedliche Behandlung des selben Sachverhalts durch verschiedene Stellen als auch eigene Rechtsunkundigkeit sowie organisatorische Mängel grundsätzlich für möglich. Der *persönlichen Kontaktaufnahme* mit dem Steuer-

128) Hebig (1985: 1704) hat empirisch belegt, daß hingegen in den Steuerabteilungen von Unternehmungen die Information über steuerrechtliche Fragen und die fachliche Weiterbildung eine weitaus bedeutsamere Rolle spielen: Die Leiter der Steuerabteilungen der untersuchten Großunternehmungen wenden bis zu 20 % ihrer durchschnittlichen monatlichen Arbeitszeit für die Lektüre von Fachbüchern und Fachzeitschriften auf. Auch bei den Mitarbeitern der Steuerabteilungen spielt die Lektüre von Fachliteratur neben dem Besuch von externen Weiterbildungsveranstaltungen eine wichtige Rolle. Allerdings bleibt auch hier aus Gründen der Arbeitsbelastung in vielen Fällen kaum Zeit für eine systematische Weiterbildung.

129) Daß eine inhaltliche Schwerpunktbildung innerhalb der Arbeit der Steuerverwaltung möglich ist, zeigt das Beispiel der Außenprüfungen durch die Amtsbetriebsprüfung. Hier ist - auch im Bereich der Einkommensteuer - eine deutliche Konzentration auf bestimmte Felder üblich (und dies wird auch öffentlich bekannt gemacht; vgl. Strunz 1980).

pflichtigen wird generell große Bedeutung zugewiesen. Eine deutliche Mehrheit der Bearbeiter ist deshalb auch der Meinung, daß eine persönliche Abgabe der Unterlagen im Finanzamt einer gerechten und gleichen Behandlung der Steuerpflichtigen eher dienlich ist, als eine bloße Zusendung per Post.

Die Bediensteten der Finanzämter sind sich bewußt, welche Steuerpflichtigen bzw. welche Gruppen von Steuerpflichtigen Schwierigkeiten beim Umgang mit dem Verfahren und dem Personal haben. Hier werden von den Bediensteten selbst vorrangig Ausländer und ungelernte Arbeiter sowie Handwerker und Landwirte genannt und ganz generell Personen beschrieben, die unsicher, ängstlich und unwissend wirken oder nicht schriftgewandt auftreten. Schwierigkeiten im Hinblick auf die eigene Position befürchtet eine Mehrheit der Bediensteten aber auch bei einigen speziell genannten (zumeist akademischen) *Berufsbildern* von Steuerpflichtigen (z.B. Lehrer, Professoren, Pastoren). Dies hängt im ESt-Bereich offensichtlich mit den komplizierten und zeitlich aufwendigen Bearbeitungsverfahren bei den Erklärungen dieser Pflichtigen zusammen. Anderen Großgruppen von Steuerzahlern wie *weiblichen* und *jungen* Steuerpflichtigen stehen die Bearbeiter generell positiver gegenüber. Auch das *Auftreten der Steuerpflichtigen* ist wichtig für die Reaktion der Sachbearbeiter: Es hat sich gezeigt, daß die Ordnung und Vollständigkeit der Unterlagen, eine genaue Kenntnis der rechtlichen Bestimmungen, ein bescheidenes und zurückhaltendes Auftreten - oder auch eine offensichtliche Hilflosigkeit der Steuerzahler - die Bearbeiter am ehesten zu einer *großzügigen Auslegung der Vorschriften* veranlassen können. Die *Bereitschaft zur Hilfestellung* gegenüber dem Steuerpflichtigen ist wesentlich abhängig von dem Beurteilungsspielraum im Verfahrensablauf, den die Sachbearbeiter bei sich selbst annehmen. Der wird je nach Problemstellung unterschiedlich hoch eingeschätzt und zieht verschiedene Formen der Hilfsbereitschaft nach sich. Grundsätzlich sind die Sachbearbeiter zu Hilfestellungen während des Verfahrens gegenüber den Pflichtigen bereit, dies aber in unterschiedlichem Maß. Eine Ablehnung zeigt sich nur bei Forderungen, die prinzipielle Regelveränderungen im Sinne von Rechtsverletzungen nach sich zögen. Abwägungsprobleme ergeben sich für die Sachbearbeiter bei solchen Hilfen, die in einem Spannungsverhältnis zu organisatorischen Zielvorgaben stehen (weil sie längere Fallbearbeitungszeiten nach sich ziehen). Zudem herrschen sowohl hinsichtlich der *Kenntnisse um die Grenzen der Ermessens- und Beurteilungsspielräume* als auch über die *konkrete Anwendung spezieller Vorschriften* deutlich auseinandergehende Vorstellungen. Die Bereitschaft, dem Publikum zu einer weitgehenden Ausnutzung der rechtlich gegebenen Möglichkeiten zu verhelfen, stellt sich bei männlichen Bearbeitern, Beamten und über 50-jährigen Bearbeitern - nach deren eigener Einschätzung - stärker ausgeprägt dar, als beim Durchschnitt der Bearbeiter.

8.5.2 Die Überforderung der Steuerverwaltung und ihre Reaktion

8.5.2.1 Die Norm- und Fallüberflutung am einzelnen Arbeitsplatz

Aus den Ergebnissen der vorangegangenen Kapitel läßt sich ersehen, daß die Steuerverwaltungen erhebliche Schwierigkeiten haben, auf dem gegebenen normativen Hintergrund und den ihnen zur Verfügung stehenden personellen, organisatorischen und sachlichen Ressourcen die Besteuerung nach dem Einkommensteuergesetz in einer völlig unangreifbaren Weise durchzuführen. Die *Steigerung der Fallzahlen*, die *Zunahme* und *inhaltliche Komplizierung der anzuwendenden Rechtsmaterie* und die unterschiedlichen *Erwartungshaltungen* und *Interessenartikulationen der Steuerpflichtigen* stehen faktisch der angestrebten einheitlichen und gerechten Rechtsanwendung durch die Steuerverwaltungen im Weg.

Die Steuerverwaltungen - und insbesondere die Sachbearbeiter in den Veranlagungsstellen - müssen mit dieser Situation fertig werden. Offensichtlich geschieht das auch in einer Weise, die vom *quantitativen Ergebnis* der Besteuerung her die politisch verantwortlichen Spitzen der Finanzverwaltungen zufrieden stellt: die Steuereinnahmen aus Lohn- und veranlagter Einkommensteuer steigen beständig an und es wurde deutlich, daß die Durchführung der Besteuerung sowohl im LStJA-Verfahren als auch im Veranlagungsverfahren in einem Zeitraum abgeschlossen wird, der sich nicht wesentlich vom Bearbeitungszeitraum früherer Jahre unterscheidet - trotz eines nicht im gleichen Maße wie die Fallzahlen angestiegenen Personalbestandes. In den Veranlagungsstellen müssen heute also *mehr Fälle pro Sachbearbeiter* unter Berücksichtigung eines stark angestiegenen Rechtsbestandes in der *gleichen Zeit* bearbeitet werden. Und dies gelingt auch.

In Kap. 5 ist deutlich geworden, daß der Einsatz der EDV in den Finanz- und Steuerverwaltungen erhebliche (wenn auch quantitativ kaum faßbare) Rationalisierungsfortschritte mit sich gebracht hat. Für die Sachbearbeiter in den Veranlagungsstellen fielen vor allem die zeitaufwendigen Schreib- und Rechenarbeiten nahezu vollständig weg. Die im großen und ganzen bis heute reibungslose Durchführung der Besteuerung trotz des Anstiegs der Fallzahlen wurde durch den Einsatz der EDV seit dem Anfang der siebziger Jahre gesichert. Daß der Vollzug der Steuergesetze bis heute überhaupt bewältigt wurde, ist damit die "wichtigste und durchaus positivste Auswirkung des DV-Einsatzes" in den Steuerverwaltungen (*Brinckmann u.a.* 1981: 87). Eine zukünftige entlastende Wirkung des EDV-Einsatzes über das bisherige Maß hinaus ist aber kaum zu erwarten. Der Rationalisierungsfortschritt durch das integrierte Besteuerungsverfahren hat sich im Bereich der Einkommensbesteuerung im wesentlichen in einem einzigen Schritt (der maschinellen Berechnung und der Versendung der Steuerbescheide) vollzogen und liegt heute etwa ein Jahrzehnt zurück. Zu einem direkten EDV-Einsatz am Arbeitsplatz des einzelnen Sachbearbeiters (mit einer Direktabfrage und -eingabe von Daten) ist es bis heute in den Veranlagungsstellen nicht gekommen. Ohnehin sind dem Grad der Mechanisierung des Besteuerungsprozesses nach dem EStG unter dem gegenwärtigen Vorschriftenbestand Grenzen gesetzt. Der *Engpass* befindet sich in der Person des Veranlagungssachbearbeiters, der die durch die Steuererklärung vorgebrachten und entsprechend belegten Sachverhalte zu würdigen und erst danach die maschinelle Berechnung der Steuer einzuleiten hat.

Unter diesen Bedingungen ist zu fragen, wie die Beschäftigten in den Veranlagungsstellen mit der Steigerung der Fallzahlen und einer annähernden Stagnation des Personals fertig werden, da ein gleichartiger Rationalisierungsfortschritt, wie ihn die Einführung des EDV-gestützten Besteuerungsverfahrens mit sich brachte, nicht in Sicht ist.[130)] Trotz der hohen Spezialisierung der Steuerbeamtenschaft und des ausgebauten Ausbildungswesens stellt allein schon das Anwachsen des Normenbestandes die Bearbeiter vor kaum zu bewältigende Probleme:

> "Die unüberschaubare Ausweitung dieses Rechtsstoffes durch die Masse der zu beachtenden Urteile und die Flut der Verwaltungserlasse, zusätzlich vermehrt durch die im Vergleich zu anderen Rechtsgebieten ungewöhnlich häufigen Gesetzesänderungen, kann auch im Wege obrigkeitlich verordneter, häufiger Fortbildungsveranstaltungen nicht mehr bewältigt werden." (*Jenetzky* 1982: 275)

In Teilen kann die Entwicklung des Normenbestandes als singuläres Problem durch eine *Spezialisierung* der Beamten gelöst werden. Aber auch auf einem eingeschränkten Rechtsgebiet (etwa dem der Veranlagungssteuern oder nur der Einkommensteuer) kann wohl der spezialisierte und mit der praktischen Rechtsanwendung nicht betraute Beamte der Ober- und Mittelinstanzen den Überblick behalten, kaum aber der "durch Besprechungen, Telefonate, belanglose Schreiben und Routinearbeiten ausgelastete Fallbearbeiter im Finanzamt." Die Folge dieser Situation ist letztlich, daß die entsprechende Rechtsmaterie "vom Rechtsanwender nur noch partiell beherrscht werden kann, weil das nach Niveau und Volumen Geforderte über die mentale Kapazität des mittelmäßigen bis guten Finanzbeamten hinausgeht" (*Jenetzky* 1982: 275). Nur durch "Ausweichstrategien" (ebd.: 276) können die Probleme, unter Aufrechterhaltung des normalen Geschäftsganges, bewältigt werden. Als Lösungsmöglichkeiten bieten sich zwei prinzipiell einfache 'Gegenstrategien'an, die *Vereinfachung* und die *Ignorierung*:

130) Das Problem wird - wie in der Einführung schon angesprochen - in der Literatur kaum (zumeist gar nicht) beschrieben. Einzig bei J. Jenetzky (1982 und 1982a) finden sich auf praktische Erfahrungen gestützte Beschreibungen der Reaktionen in der Finanzverwaltung auf die geschilderten Probleme.

"Auch ich bin ... der Meinung, daß ein normaler Anwender des Steuerrechts, der Bürger, der Berater oder ein Amtsträger der Verwaltung, schon lange physisch und psychisch nicht mehr in der Lage ist, das zu verarbeiten, was täglich 'von oben'- und natürlich auch von den Gerichten - auf ihn herabkommt. Der Zeitpunkt, ab dem man noch nicht einmal alles lesen kann, was man eigentlich müßte, ist schon längst vorbei. Die Selbsthilfe der Praxis besteht im Sortieren: gleich in den Papierkorb, zur gelegentlichen Verwendung oder zum Studium. Dies alles muß natürlich mit einer gehörigen Portion Optimismus verbunden sein dahin, daß nur ja bei dieser Methode nichts schief geht." (*Möllinger* 1982: 350)[131]

In ausgiebigem Maß durch die Steuerverwaltung betrieben, läuft diese Strategie auf eine Verdrängung des originären Steuerrechts durch eine eigene "sekundäre() Rechtserzeugung des Rechtsanwenders an der Besteuerungsfront" hinaus, die letztlich in einem angewendeten "Quasirecht" (*Jenetzky* 1982: 273) mündet, dessen normativer Charakter zweifelhaft ist, das aber gleichwohl zur Anwendbarmachung des tatsächlichen Rechtsbestandes notwendig erscheint. Letzlich mündet das in eine Diskrepanz zwischen einer Steuerrechtsordnung, wie sie von den zuständigen Gewalten gesetzt wird, und einer anderen, die tatsächlich angewendet wird: "angewendet wird das, was man für die geltende Rechtsordnung hält, die aber tatsächlich für den Rechtsanwender nicht mehr überschaubar ist" (*Raupach* 1982: 368), und die dieser deshalb - so die Annahme - selbständig vereinfacht. Dabei sind mehrere Ebenen zu unterscheiden:

- zum einen die Gegenstrategien der Steuerbehörden (d.h. der *Finanzämter*) als Ganzes und
- zum anderen die Gegenstrategien der betroffenen *Sachgebietsleiter* und *Sachbearbeiter.*

8.5.2.2 Gegenstrategien in der Steuerverwaltung

Da die Zunahme der Fallzahlen und des Normenbestandes selbst den fleißigsten Steuerbeamten vor unlösbare Probleme stellen würde, haben die unteren Finanzbehörden zur Abwehr der "doppelten Überbelastung ... durch Rechtsstoffüberflutung

131) Was bei dieser Methode der Bewältigung der Papierflut zuweilen wohl 'schief geht', ist die Einhaltung der datenschutzrechtlichen Bestimmungen. Das unkontrollierte Wegwerfen von Hausverfügungen und ähnlichen 'sensiblen' Unterlagen wurde von der baden-württembergischen Datenschutzbeauftragten Ruth Leuze deutlich kritisiert, nach dem im Sommer 1984 interne Unterlagen eines Stuttgarter Finanzamtes in allgemein zugänglichen Müllcontainern gefunden worden waren; vgl. 'Rommels Steuerakte liegt auf dem Müll', in: Süddeutsche Zeitung, 22.09.1984 und 'Datenschutzbeauftragte rügt Finanzamt. Pflichtwidriger Umgang mit Steuerunterlagen in Stuttgart offiziell beanstandet', in: Süddeutsche Zeitung, 25.09.1984.

und Fallüberlastung" Gegenstrategien entwickelt, die eine (formal) reibungslose Erledigung der anfallenden Arbeitsmenge sicherstellen und den "Anschein einer hinreichenden Sachverhaltsermittlung und einer dogmatisch sauberen Rechtsanwendung aufrecht" erhalten. Gewisse Strukturmerkmale der Steuerverwaltung erleichtern es nach *Jenetzky* (1982: 279) diesem Verwaltungszweig, gegen die Überlastung autonome Gegenstrategien zu entwerfen, um die "Steuerbescheidfabrik" Finanzamt funktionsfähig zu erhalten:

- die Steuerverwaltung wird geprägt durch den Beamten des gehobenen Dienstes, was verstärkt den Typ des *Nurpragmatikers* innerhalb der Verwaltung hervorbringt;
- die Arbeit der Steuerverwaltung spricht einen Beamtentyp an, der anderen Beamtengruppen an *Leistungsfähigkeit und Anpassungsbereitschaft* überlegen ist;
- die Tätigkeit im Finanzamt weist eine besondere *Nähe zur Wirtschaft* auf, was eine *rein funktionale Betrachtungsweise fördert*;
- die Entwicklung in der Steuerverwaltung hat bundesweit eine *Eigengesetzlichkeit* entwickelt;
- inhaltliches Ziel der Steuerverwaltung ist weniger die Rechtswahrung, sondern die Sicherung des *Steueraufkommens*.

Dem zuständigen Sachgebietsleiter kommt dabei nur eine "Statistenrolle" als "Unterschriftsmaschine" (*Jenetzky* 1982: 278) zu. Als Korrektiv kann er schon deshalb nicht dienen, weil er die Berge von unterschriftsreifen Akten, die auf ihn zukommen, nur mit relativ wenigen Beanstandungen an die Sachbearbeiter zurückgeben kann, da zuviele Beanstandungen die Sachbearbeiter - und damit auch das ihm unterstehende Sachgebiet - im Arbeitssoll zurückwerfen. Er kann deshalb schon aus Gründen der Aufrechterhaltung des Arbeitsablaufes nicht zu viele Akten an die Bearbeiter zurückgeben. Zudem hat auch der Sachgebietsleiter im Regelfall nicht die Zeit, sich intensiv um die einzelnen Fälle zu kümmern. Dank der gegenwärtigen Gestaltung des Veranlagungsverfahrens bräuchte er ohnehin nicht weniger Zeit zur Nachprüfung, als der Sachbearbeiter zur Fertigung eines Bescheides.

> "Er kann nur Stichproben kontrollieren, die aber zum Sachbearbeiter in der Regel keinen Rückkopplungseffekt haben, weil der Sachbearbeiter schon mit quantitativer Spitzenbelastung arbeitet und bei höherer Qualitätsanforderung weniger Fälle erledigen kann. Vom Sachgebietsleiter erwartet der Sachbearbeiter zu Recht, daß dieser die schwierigere Korrespondenz erledigt, in Fällen, die zur Rechtsbehelfsstelle gehen, ermittelt, die nicht fallbezogenen Besprechungen mit Steuerpflichtigen durchführt, an den Schlußbesprechungen mitwirkt, den technischen Ablauf sicherstellt und ähnliche Entlastungsaufgaben gehobener Art durchführt." (*Jenetzky* 1982: 278)

Die Sachgebietsleiter aus dem gehobenen Dienst akzeptieren - nach *Jenetzky* - ihre Funktion auch so. Solche SGL, die aus dem höheren Dienst stammen und eine juristische Vorbildung aufweisen, stehen dagegen noch deutlicher vor dem Widerspruch zwischen eigenem Anspruch und bzw. eigener Ausbildung und dem faktisch notwendigen Vorgehen. Diese Sachgebietsleiter haben im Grunde nur drei Möglichkeiten:[132]

- Zum ersten kann sich der juristische vorgebildete SGL in dem ihm in der Ausbildung beigebrachten Stil in die Arbeit stürzen, ein Stil, der sich allerdings schon aufgrund der anfallenden Arbeitsmengen nicht lange durchhalten läßt:

  > "Auf seinem Tisch häufen sich die Akten, er arbeitet bis in die Abendstunden hinein und ringt ständig mit einer Vielzahl steuerjuristischer Fälle. Er gilt trotzdem nicht als fleißig, sondern man bezeichnet ihn als umständlich. Sitzt er mehr als drei Jahre auf einer Stelle, so ist das Sachgebiet arbeitstechnisch ruiniert. ... Vorsteher, die noch zu diesem Stil neigen, sind der Schrecken ihrer Mitarbeiter." (*Jenetzky* 1982: 278)

- Die zweite Möglichkeit ist die freie Gestaltung des anfallenden Rechts mit der *Konzentration auf das Wesentliche*. Der solchermaßen vorgehende SGL bemüht sich, Gerechtigkeit und Arbeitsanfall mit einander zu verbinden:

  > "Erfüllt vom Zynismus hinsichtlich des Gerechtigkeitsgehaltes des geschriebenen Rechts und von Verständnis für die innere und äußere Situation seiner Sachbearbeiter kritisiert er selten die Rechtsanwendung seiner Mitarbeiter und richtet die ihm zufallenden gehobenen Führungsaufgaben nach einem eigenwillig verstandenen Gemeinwohl aus. Die Gleichmäßigkeit der Besteuerung, die der Gesetzgeber schon lange nicht mehr zu sichern vermag, versucht er durch strategische Anwendung der ihm gebotenen Rechtsnormen zu wahren." (*Jenetzky* 1982: 278)

  Verwaltungstechnisch ist diese Vorgehen nahezu optimal und bringt in der Regel auch ein ausgezeichnetes Arbeitsklima mit sich. Es ist zu vermuten, daß bei einem solchen Vorgehen auch in kritischen Fällen zumeist die materiell richtige Entscheidung getroffen wird; die "juristische Dogmatik und das Wohlwollen potenter Steuerpflichtiger verliert man aber im Laufe der Zeit mit Sicherheit".

- Die meisten Juristen wählen aber - so *Jenetzky* - den dritten Weg einer *differenzierten Strategie*, welche "positivistische Gesetzesgläubigkeit, Ungerechtigkeit und Gefälligkeit nach allen Seiten erfolgreich verbindet": in *Massenfällen* wird eine schematische, fiskalische Auslegung gewählt und mit Einsatz vertreten und in *herausgehobenen Fällen*, die sich durch Problemreichtum, Aufmerksamkeit der vorgesetzten Behörde oder Rechtsanhängigkeit auszeichnen, wird die volle juristische Kunst angewendet.

132) Vgl. Jenetsky (1982: 278)

Diese unterschiedlichen Strategien der juristisch vorgebildeten Sachgebietsleiter - verbunden mit der 'Duldungsbereitschaft' der SGL aus dem gehobenen Dienst - hat auch Rückwirkungen auf die Reaktion der Sachbearbeiter auf die Fall- und Normüberflutung. Denn: konkret Betroffener der Fall- und Rechtstoffüberflutung ist der Sachbearbeiter in den Veranlagungsstellen. Von ihm ist es abhängig, ob und wie die geschilderten Vereinfachungsmethoden zur Geltung gebracht werden und mit welchem Erfolg die statistische Fallerledigung zustande kommt. An seinem Arbeitsplatz treffen aber auch die verschiedenen Interessen der beteiligten Parteien und der Behörde aufeinander: Auf den überlasteten Sachbearbeiter stoßen die Erwartungshaltungen "der vorgesetzten Behörde, der Steuerrechtslehre, der Gerichte und der Steuerpflichtigen, denen er aus Gründen physischer und intellektueller Überlastung nicht mehr Rechnung tragen kann" (*Jenetzky* 1982: 277). Auf den Konflikt zwischen der Fülle des jeweils bereitzuhaltenden Wissensstoffes, der geringen Arbeitszeit pro zu bearbeitendem Fall und der großen Zahl wartender, noch unerledigter anderer Fälle reagiert der Sachbearbeiter zunächst mit einem "Totstellreflex" (*Jenetzky* 1982: 277). Danach übernimmt er gezwungenermaßen die von Kollegen, Vorsteher und teils auch den Gerichten zugestandenen Bewältigungsmanöver, "die mit verwaltungsrechtlicher Erledigung nichts zu tun haben" und paßt sich an. Das schließt eine subjektive Vereinfachung des geltenden Steuerrecht ein: "Angewendet wird ... nur, was zweckmäßig erscheint." (*Jenetzky* 1982a: 363). Die geschilderten allgemeinen Verdrängungsstrategien reichen am individuellen Arbeitsplatz in der Regel aber nicht aus, um die anfallende Arbeit zeitgerecht zu erledigen. Um den Arbeitsanfall zu bewältigen - was statistisch offenkundig immer noch gelingt - bedarf es eines zusätzlichen "Transformationsprozess(es)" der die Arbeit im Schnellverfahren erledigungsfähig macht. *Jenetzky* (1982: 277) unterscheidet bei diesem Transformationsprozeß drei verschiedene Vorgehensweisen der Sachbearbeiter:

- Eine erste Bewältigungsstrategie ist der *Verzicht auf die vollständige Sachverhaltsaufklärung*. Dies begünstigt die Steuerbürger nach den vorliegenden Erkenntnissen gesetzeswidrig bei den Gewinneinkünften und benachteiligt sie in gleicher Weise bei den Überschußeinkünften.

- Die *individuelle Vereinfachung* setzt als nächstes ein. Der Sachbearbeiter verläßt sich dabei auf den "Hausgebrauch des eigenen Finanzamtes, die verblassenden Reste der letzten Hauptsachgebietsleiterbesprechung" und - bei hoher eigener Qualifikation - auf die Hinzuziehung der Einführungsrichtlinien (nicht aber der ergänzenden Flut von zusätzlichen Erlassen, Verfügungen und Einzelfallentscheidungen der vorgesetzten Behörden). Er verfeinert also den ihm zur Verfügung stehenden Rechtsstoff "auf ein seinen Fähigkeiten und seinem Arbeitsanfall angemessenes Maß".

- Die letzte Gegenstrategie ist das schlichte *Nichtanwenden bestimmter Rechtsvorschriften*, bzw. die verfälschende Anwendung von Rechtsvorschriften nicht nach ihrem Sinn und Zweck im Sinne des Gleichheitssatzes, sondern zur Erfüllung des fiskalischen Zweckes (das geht dann zu Lasten des Steuerbürgers) oder zur Arbeitserleichterung (das geht zu dessen Gunsten).

Selbst wenn sich der Bearbeiter beim Vorgehen nach einer der drei Strategien darum bemüht, Gerechtigkeit walten zu lassen, so kann er eine über seinen eigenen Wirkungsbereich hinausgehende Gleichbehandlung nicht garantieren:

> "Das Bedürfnis des Beamten nach subjektiver Gerechtigkeit erfüllt sich in der ausgleichenden Gerechtigkeit, ohne allerdings die steuerliche Gleichbehandlung über den Sprengel des betreffenden Finanzamtes hinaus oder schlimmstenfalls des einzelnen Teilbezirks garantieren zu können." (*Jenetzky* 1982: 279)

8.5.2.3 Rechtsverbiegung statt Rechtsanwendung in den Finanzämtern?

Zur Überwindung der Überlastung der Steuerverwaltung auf der unteren Behördenebene zeichnen sich dabei "vier Wege der finanzamtsadäquaten Rechtsverbiegung und Rechtsbildung" (*Jenetzky* 1982: 280) ab, die auf unterschiedlichen Ebenen in den Ämtern Platz greifen und von den jeweils beteiligten Bediensteten unterschiedliche Verhaltensformen verlangen. *Jenetzky* faßt darunter:

- die *Begünstigung einzelner Steuerpflichtiger* durch die Nichtanwendung gesetzlicher Vorschriften, zumeist in der Form der Tatbestandsverbiegung oder des Verbots weiter Ermittlungen durch hohe Vorgesetzte;
- eine gesetzlich nicht gedeckte Belastung durch *typisierende und schematische Verwaltungserlasse*, um eine beschleunigte und zeitsparende Fallerledigung zu sichern;
- die Lösung von Zielkonflikten zwischen unterschiedlichen Gerechtigkeitswertungen im gleichen Gesetz durch die *Sachgebietsleiter*, um das positiv gelieferte Recht von Gesetzgeber, Gerichten und Ministerialverwaltung praktikabel und verständlich zu machen;
- die *individuelle Rechtsvereinfachung* durch den *Sachbearbeiter*, der kapazitätsmäßig überfordert ist.

Den letzten beiden Gruppen kommt hier umfänglich die größte Bedeutung zu. Sie unterscheiden sich insbesondere von der ersten Gruppe dadurch, daß sie vom Bemühen um eine gerechte Gesetzesanwendung unter den objektiv erschwerten Bedingungen getragen sind und daß diese Handhabung "aus der Sicht der Rechtsadressaten als Recht akzeptiert wird" (*Jenetzky* 1982: 280). Der normale Sachbearbeiter "will Recht anwenden, er hat das Bewußtsein, im Rahmen der Rechtsordnung zu stehen, ist überzeugt, seinen Verfassungsauftrag zu erfüllen, weicht vom Recht nicht aus Fahrlässigkeit ab und findet damit bei der Mehrzahl der Adressaten Gehör, die sich ebenso überfordert fühlen und die angewendeten Grundsätze als Recht empfinden." (ebd.: 281)[133] Die wesentlichste Mißachtung des geltenden Rechts liegt dabei offenbar in der schlichten *Nichtanwendung* geltenden Steuerrechts. Die Sachgebietsleiter und Sachbearbeiter in den Finanzämtern wenden nach dieser Argumentation nicht die gesamte Rechtsmaterie von Gesetzgeber, Ministerialbürokratie und Gerichten an, sondern "vereinfachen den Rechtsstoff auf ein gerade noch verständliches und in sich stimmiges System" (*Jenetzky* 1982: 280f), das allerdings mit der Methodik juristischer Rechtsfindung und -anwendung kaum noch etwas zu tun hat.

Diese 'Rechtsvereinfachung' geschieht weder aus Böswilligkeit noch unter dem Blickpunkt der übermäßigen Belastung der Steuerpflichtigen, sondern mit dem Ziel, "den Besteuerungsauftrag zu erfüllen" (*Jenetzky* 1982a: 364). Wenn *Jenetzky*s Annahmen zutreffen, dann bildet sich hier ein vereinfachtes 'Ersatzrecht' heraus, daß weder systematisch normiert noch gerichtlich überprüft werden kann:

> "Der durchschnittliche und vor kein Gericht ziehende Steuerpflichtige, der auch von keinem Spitzenkönner aus der Beraterelite unterstützt wird, muß sich auf einer vereinfachten Rechtsebene bedienen lassen, die von Gesetzgeber, Gerichten und Ministerialbürokratie weder geschaffen, noch gesehen oder gar beabsichtigt ist." (*Jenetzky* 1982: 281)

Die Nicht- oder Teilanwendung des geltenden Steuerrechts vollzieht sich nach den Ausführungen von *Jenetzky* auf verschiedenen Ebenen in unterschiedlichen Formen, entsprechend dem Aufgabenkreis der jeweiligen Bediensteten der Steuerverwaltungen. Auf der Ebene des konkreten Umganges mit dem Recht lassen sich nach *Jenetzky* (1982: 281 ff) fünf unterschiedliche Handlungsformen unterscheiden:

- die *willkürliche Auswahl* der anzuwendenden Gesetzesparagraphen;
- das *unterschiedliche Niveau der Sachverhaltsermittlung*;
- der strategische Einsatz der Arbeitsmaterialien und der *Informationsverlust* innerhalb der Finanzämter;
- die *Nichtbeachtung der objektiven Beweislast* und

133) Dieser letzten Vermutung Jenetzkys hinsichtlich der Akzeptanz der mehr oder weniger willkürlich getroffenen Entscheidungen durch die Steuerpflichtigen stehen allerdings die Ergebnisse der empirischen Untersuchungen zum Verhältnis von Steuerpflichtigen und Steuerverwaltung entgegen, die belegen, daß ein Großteil der Steuerpflichtigen solche Abweichungen der Verwaltung gar nicht für möglich hält und sie schon von daher nicht billigen kann.

- die Bildung von *Hausrecht* innerhalb der Finanzämter.

Die *willkürliche Auswahl der anzuwendenden Gesetzesparagraphen* äußert sich darin, daß ganze Rechtsbereiche oder Teilregelungen als nicht praktikabel gelten und daher als nicht existent behandelt werden. Diese Paragraphen können sowohl begünstigende, als auch den Steuerpflichtigen benachteiligende Normen umfassen: "Auswahlkriterium ist die Bequemlichkeit der Handhabung."[134] Das *unterschiedliche Niveau der Sachverhaltsermittlung* orientiert sich üblicherweise an der von den Steuerfestsetzungen betroffenen *Zielgruppe*.[135] In der Regel werden alle verfügbaren Urteile, Kommentarstellen und Einzelfallentscheidungen der Mittel- und Oberbehörden nur dann eingesetzt, wenn es sich um einen Fall von besonderer Bedeutung - sei es hinsichtlich des politischen oder wirtschaftlichen Gewichts des Steuerpflichtigen, sei es wegen einer Rechtsanhängigkeit - handelt. Die Heranziehung der im Finanzamt vorhanden *Informationen* und die Nutzung der vorhandenen *Arbeitsmaterialien* vollzieht sich unter diesen Bedingungen je nach dem Engagement der zuständigen Sachbearbeiter und Sachgebietsleiter und dem Kenntnisstand des fachlich in der betreffenden Frage am umfassendsten aus- und weitergebildeten Beamten.

Der einzelne Sachbearbeiter richtet sich in einer solchen Situation "nach dem Informationsstand des amtseigenen Vordenkers" und vereinfacht die erhaltenen Informationen "nach seiner individuellen Arbeitsbelastung und intellektuellen Befähigung" (ebd.: 282). Dabei wird auch bei der Zuordnung der *objektiven Beweislast* oftmals willkürlich verfahren, was sich insbesondere zwischen den verschiedenen Gruppen von Steuerpflichtigen unterschiedlich auswirkt. Wo bei einem durchschnittlichen Steuerpflichtigen durch gerichtlich abgesegnete Typisierungen und Beweislastunterstellungen Erschwernisse aufgebaut werden, werden in Schlußbesprechungen bei geprüften Firmen oft die "abenteuerlichsten Entlastungsbehauptungen" aufgenommen, um der Firma entgegenkommen zu können. Auch dies führt zu weiteren Ungleichbehandlungen:

> "An die Stelle der hinreichenden Sachverhaltsermittlung mit dem Korrektiv der objektiven Beweislast treten ein undefinierbares Fürwahrhalten, Besprechungsfetzen mit den betroffenen Steuerpflichtigen, die Meinung des Außenprüfers und die Zurechtbiegung des Sachverhaltes nach der vorweggenommenen Rechtsmeinung und -würdigung." (*Jenetzky* 1982: 282)

134) Jenetzky (1982: 281), der auch Beispiele anführt.

135) Jenetzky (1982: 281) nennt den Fall der Lohnsteuerpflichtigen, die sich eine intensivere Überprüfung ihrer Angaben gefallen lassen müssen, auch wenn es sich um die selbe Einkunftsart nach dem EStG (Einkünfte aus unselbständiger Arbeit) handelt oder auch generell die Überantwortung eines abgegrenzten Teilbezirkes (etwa einer Gemeinde) an einen Ausbildungsbezirk, wo dann "steuerlich so überprüft wird, wie es die Theorie bei allen Steuerpflichtigen unterstellt.".

Weiter durchlöchert wird das Ziel der einheitlichen Steuerrechtsanwendung in der Argumentation von *Jenetzky* (1982: 283) durch die Bildung eines eigenen *Hausrechts* durch die Finanzämter und ihre vorgesetzten Behörden, das "keine gesetzliche Grundlage hat und auch richterlicher Würdigung entzogen ist". Auch dies kann sich zum Vorteil oder zum Nachteil des betroffenen Steuerpflichtigen auswirken. Und auch hier kann unterschieden werden zwischen der Ebene der Sachgebietsleiter, auf der das Steuerrecht "strategisch und selektiv" nach für richtig gehaltenen Zielsetzungen angewendet wird und der Sachbearbeiterebene, auf der für Serienfälle ein "vereinfachtes und stark verengtes Steuerrecht" zur faktischen Geltung gebracht wird. *Jenetzky* entwirft in seinen Ausführungen das Bild einer steuerrechtsanwendenden Verwaltung, bei deren Arbeitsstil die Einführung der *Larenz*schen Methodenlehre "die verheerende Wirkung einer Splitterbombe auslösen und die Verwaltung sofort lahmlegen" (ders. 1982: 282) würde. Die von ihm geschilderten Vereinfachungsstrategien beruhen - auch nach *Jenetzkys* eigenem Eingeständnis - bis jetzt nicht auf wissenschaftlicher Erforschung, sondern auf einer eher induktiven Erkenntnis. Dennoch sind sie bei einer umfassenden Analyse der Arbeitssituationen von Sachbearbeitern in den Veranlagungsstellen nicht zu ignorieren. Sie werden hervorgerufen durch die Stoff- und Fallüberlastung in den Finanzämtern und zeigen deutliche Wirkung hinsichtlich der faktischen Rechtsanwendung in den Ämtern. Deshalb sollen diese Überlegungen in die Hypothesenentwicklung der vorliegenden Untersuchung miteinfließen.

Teil V: Autonomie und Regelungsgebundenheit in der Steuerverwaltung

9. Rechtsanwendung in der Steuerverwaltung/Die Ergebnisse der Interviews in den nordrhein-westfälischen Finanzämtern

9.1 Die zu prüfenden Hypothesen

Aus den Ergebnissen der Betrachtungen in den vorstehenden Kapiteln sollen - nach dem in Kap. 1 dargestellten Vorgehen - im folgenden vier Hypothesen erarbeitet werden, in denen sich der dargestellte Stand der Erkenntnisse hinsichtlich der Arbeitsbedingungen von Sachbearbeitern der Veranlagungsstellen widerspiegelt. Diese Hypothesen werden im anschließenden empirischen Teil der Untersuchung auf ihre Richtigkeit überprüft und ggf. korrigiert. Sie umfassen:

- das Verhältnis von *Autonomie und Kontrolle* in den Veranlagungsstellen,
- das *Informationsverhalten* der Sachbearbeiter,
- diese *Anwendung der Rechtsvorschriften* durch die Sachbearbeiter im Einkommensteuerbereich und
- die Bedeutung des *Kontaktes* der Bearbeiter zu den *Steuerpflichtigen.*

9.1.1 Zum Verhältnis von Autonomie und Kontrolle in den Veranlagungsstellen

Der dreistufige Aufbau der Finanzämter zieht nach sich, daß - unter der allgemeinen Leitung des Vorstehers - die Durchführung der Besteuerung fachlich vorgebildeten und spezialisierten *Bearbeitern* obliegt. Sie erfolgt unter der durchgehenden Leitung der mittleren Führungsebene der Finanzämter, der *Sachgebietsleiter.* Auch wenn die Neuordnung des Besteuerungsverfahrens durch die GNOFÄ die teilweise Aufhebung der dreistufigen Hierarchie mit sich gebracht hat - ein Bestandteil, den auch die GNOFÄ-Reform von 1981 nicht angetastet hat - bleibt diese Hierarchie mitentscheidend für die Beurteilung der Spielräume der Sachbearbeiter in bezug auf die Durchführung ihrer Aufgaben. Damit ist das Kontrollverhältnis zwischen Sachgebietsleiter und Sachbearbeiter eine wesentliche Determinante der Rechtsanwendung in den Veranlagungsstellen.

Die dargestellten Regelungen des *Zeichnungsrechts* legen eine selbständige Durchführung der Arbeiten durch die Sachbearbeiter nahe: Ihnen wird ein grundsätzliches Zeichnungsrecht zuerkannt. Verstärkt wird die Tendenz zur selbständigen Bearbeitung durch die besondere personelle Struktur der Steuerverwaltungen der

Länder. Die deutliche Überrepräsentanz des *gehobenen Dienstes*, verbunden mit einer relativ geringen Präsenz von juristisch vorgebildeten Angehörigen des höheren Dienstes - ein Verhältnis, das sich auf der Ebene der Finanzämter noch deutlicher zeigt - impliziert geradezu eine selbständige Bearbeitung durch die Angehörigen des gehobenen Dienstes, die die Mehrzahl der Sachbearbeiter in den Veranlagungsstellen stellen. Eine relativ autonome Arbeitsorganisation und -erledigung ist daher als *Grundvoraussetzung* der Aufgabendurchführung in den Veranlagungsstellen zu werten:

> *Hypothese 1: Die Arbeitsorganisation in den Veranlagungsstellen ist auf Kooperation angelegt. Den Sachbearbeitern wird bei der Erfüllung ihrer Aufgaben ein breiter Spielraum in eigener Verantwortung zugewiesen. Die zuständigen Sachgebietsleiter greifen nur ein, wenn der normale Arbeitsablauf durch Besonderheiten gestört wird bzw. eine quantitative Arbeitserledigung nicht mehr gewährleistet ist.*

Auf der Grundlage einer solchen relativ hierarchiefreien Arbeitsorganisation, die den Sachbearbeitern zumindest in der individuellen Fallbearbeitung formell und in der Realität ausfüllbare Gestaltungsspielräume zuweist, sind auch die folgenden Hypothesen zu sehen.

9.1.2 Zum Informationsverhalten der Sachbearbeiter

Das Informationsverhalten der Sachbearbeiter in den Veranlagungsstellen ist - in bezug auf die Anwendung des geltenden Steuerrechts - für die Durchführung der Besteuerung im Sinne der normativen Vorgaben von großer Bedeutung, da die Struktur und der Umfang des Normenbestandes sich - neben dem Anwachsen der Fallzahlen - als zentrale Probleme im Besteuerungsprozeß gezeigt haben. Steuerrechtliche Regelungen, die den Bearbeitern nicht zugänglich sind bzw. von diesen (unbewußt) nicht zur Kenntnis genommen werden,[1] sind in ihrer faktischen Bedeutung für die Besteuerung nicht existent. Wenn - im Zuge der Diskussion um die 'Normenflut' - anerkannt wird, daß die bloße Veröffentlichung einer Norm im Bundesgesetzblatt oder im Bundessteuerblatt noch nicht automatisch bedeutet, daß sie von allen Rechtsanwendern zur Kenntnis genommen und angewendet wird,[2] kommt der Frage nach dem Informationsverhalten der rechtsanwendenden Sachbearbeiter eine über innerorganisatorische Fragestellungen hinaus zielende Bedeutung zu. Während die Angehörigen der steuerberatenden Berufe beispielsweise über die

1) Die bewußte Nichtzurkenntnisnahme von steuerrechtlichen Regelungen ist i.S. der Gliederung der Untersuchungshypothesen keine Frage des Informationsverhaltens der Sachbearbeiter, sondern fällt unter dem Themenkreis 'Anwendung des geltenden Rechts'.

2) Ganz abgesehen von finanzgerichtlichen Urteilen und Verwaltungsanweisungen, die sich z.T. nicht auf diese zentralen Veröffentlichungsmedien stützen können.

steuerrechtliche Datenbank LEX-Inform einen umfassenden Zugriff - in weiten Teilen schon 'online' - auf Rechtsquellen, Verordnungen, Erlasse, Rechtsprechung und Literatur haben, sind innerhalb der Finanzverwaltungen solche Zugriffsmöglichkeiten nicht gegeben. Die Möglichkeiten der Sachbearbeiter in den Veranlagungsstellen und ihrer Kollegen in anderen Stellen des Finanzamtes, sich über steuerrechtliche Fragen und Änderungen des Normenbestandes zu informieren, beschränken sich zumeist auf herkömmliche Informationsquellen. Sie haben sich seit der Aufstellung von *Raatz/Podschwadek* (1962: 142f) nicht verändert. Diese faßten hierunter schon vor annähernd drei Jahrzehnten neben den *offiziellen gesetzlichen Informationsquellen* (BGBl, BStBl, amtliche Karteiwerke) und *eigenen Zusammenstellungen* (Handakten) vor allem die in der Registratur abgelegten *Verwaltungsanordnungen*, *Kommentare und Lehrbücher* (die allerdings i.d.R. nur in wenigen Exemplaren im Amt vorhanden sind), sowie *Zeitschriften* und *Rechtsprechungssammlungen* (darunter insbesondere die amtliche Sammlung der Entscheidungen und Gutachten des Bundesfinanzhofes und die Entscheidungen der Finanzgerichte, EFG). Aber selbst diese Hilfsmittel stehen oftmals nicht in ausreichendem Maße oder nicht rechtzeitig zur Verfügung. Es hängt dann vom einzelnen Sachbearbeiter oder seinem Vorgesetzten ab, welche Informationsquellen ihm zugänglich sind, wie das von einem Finanzbeamten geschilderte Beispiel vom Jahresanfang 1986 zeigt, als die Regelungen des Steuerbereinigungsgesetzes 1986 in Kraft traten:

> "Man hat es offensichtlich bisher nicht für nötig gehalten, den Kollegen bei den Finanzämtern wenigstens die Gesetzestexte selbst im Bundessteuerblatt zur Verfügung zu stellen, sondern ist bis heute, am 17. Januar, noch damit beschäftigt, die Meinungsbildung, welche Vorschriften des Bilanzrichtliniengesetzes denn abgedruckt werden sollen, fortzusetzen. Es hängt daher von dem im Einzelfall vorhandenen Engagement der jeweiligen Amtsleitung und den technischen Möglichkeiten (Fotokopiergeräte) ab, ob die einzelnen Kollegen, die ja schon mit der Veranlagung und dem Lohnsteuerjahresausgleich 1985 anfangen müssen, wenigstens die Gesetzestexte aus dem Bundesgesetzblatt zur Verfügung haben."[3)]

Es zeigt sich, daß die *aktive Informationsbeschaffung* durch die Sachbearbeiter in den Veranlagungsstellen nur eine nachgeordnete Rolle spielt. Hier dominiert die passive Aufnahme von Informationen, die von den Verwaltungsführungen in Bund und Land bzw. der jeweiligen Amtsleitung bereitgestellt werden.

3) Vgl. 'DStG: Wie ein Maurer ohne Kelle', in: Die Steuer-Gewerkschaft (DStG), Nr. 3/1986: 24-25.

Hypothese 2: Das Informationsverhalten der Sachbearbeiter in den Veranlagungsstellen wird hinsichtlich der geltenden Rechtsnormen und insbesondere in bezug auf den Wandel des Normenbestandes dominiert durch die passive Aufnahme von Informationen der Verwaltungsführungen bzw. der Amtsleitungen, aus denen wiederum (teils selektiv, teils zufällig) die für den eigenen Arbeitsbereich wichtigen Inhalte herausgefiltert werden. Dazu kommen - zwischen SGL und SB - mündliche, i.d.R. auf Fachbesprechungen beruhende, allgemeine Informationen. Die Zuteilung von Informationen durch die Verwaltungsführungen erfolgt unspezifisch auf dem normalen Dienstweg ('Gießkannenprinzip') und ohne die Möglichkeit der Nichtaufnahme durch den Bearbeiter in Betracht zu ziehen. Die Informationsaufnahme durch die Sachbearbeiter beschränkt sich auf gedruckte Medien ohne entsprechende Nutzung der EDV.

Zu untersuchen ist hier, inwieweit bei einer solchen selektiven Informationsaufnahme überhaupt noch von einer vollständigen Umsetzung der veröffentlichten Normen und verwaltungsinternen Vorgaben im Verwaltungsalltag auszugehen ist.

9.1.3 Zur Anwendung der Rechtsvorschriften durch die Sachbearbeiter im Einkommensteuerbereich

Auf die Bedeutung der herausgehobenen Präsenz des gehobenen Dienstes in der Steuerverwaltung (annähernd gleiches gilt auch für den mittleren Dienst) ist schon in Zusammenhang mit Hypothese 1 eingegangen worden. Genauso, wie aber die Überrepräsentation dieser Dienststufen eine breit angelegte selbständige Arbeitserledigung in den Verwaltungen fördert, wirkt sie sich in ihrer Praxisorientierung auf die Einstellung der Beamten zur Fallerledigung aus. Diese Konstellation ist schon in der Ausbildung der Beamten angelegt. In dieser Ausbildung verbinden sich juristisch fundierte Kenntnisse des Steuerrechts mit der Befähigung zur standardisierten Problemlösung:

> "Die Ausbildung und Schulung des Verwaltungspersonals des mittleren und gehobenen Dienst ist insbesondere abgestellt auf ein steuerrechtlich-juristisch definiertes Verhalten, auf die Fähigkeit, eine festgelegte Anzahl möglicher Steuerfälle lösen oder eine bestimmte Art von Arbeitsschritten im Kassenbereich verrichten zu können." (*Brinckmann u.a.* 1981: 103)

Zu dieser auf hohe Standardisierung ausgerichteten Ausbildung stoßen in der Praxis die generell zu findenden Einstellungen der Beamten hinsichtlich des Verfahrens an sich und gegenüber den Steuerpflichtigen. Es ist deutlich geworden, daß solche Grundeinstellungen - verbunden mit den unterschiedlichen Erwartungen und Interessenartikulation der Steuerpflichtigen - Einflüsse auf das Verfahren und das Ergebnis der Besteuerung haben können. Unklar ist geblieben, wie weit solche Einstellungen der Sachbearbeiter die Anwendung des geltenden Steuerrechts beeinflussen. *Jenetzky* (1982: 279) zeichnet das Bild eines Steuerbeamten, der 'ohne Rücksicht auf Verluste' - lediglich unter Beachtung des eigenen Fallerledigungsstandes - seine Aufgaben nahezu ausschließlich unter dem Gesichtspunkt der Erzielung eines hohen Steueraufkommens sieht und dabei bereit ist (individuell und systematisch) das geltende Steuerrecht zu ignorieren:

> "Der Steuerbeamte sieht seine primäre Aufgabe in der Sicherstellung des Steueraufkommens. Ergänzende Gesetzesnormen betrachtet er unter dem Blickwinkel der Erleichterung seiner Hauptaufgabe. Hemmende Gesetzesnormen werden übersehen oder restriktiv interpretiert. Der bei wesentlicher Abweichung von der Steuererklärung zu Lasten des Steuerpflichtigen erforderliche Nachweis des Finanzamts wird nicht nur aus Nachlässigkeit oft übersehen! Das Mehrergebnis erscheint nicht nur dem Außenprüfer, dessen Qualifikation oft daraus abgeleitet wird, als erstrebenswertes Ziel!"

Nach den Ergebnissen der vorliegenden empirischen Untersuchungen[4] und der hier zusammengetragenen Einflußfaktoren auf die Arbeit der Steuersachbearbeiter gehen diese Aussagen am Kern des Problems vorbei: Nicht die *Maximierung des steuerlichen Ergebnisses* stellt den Hauptorientierungspunkt in der Arbeit der Bearbeiter dar, sondern die möglichst vollständige *Abarbeitung der vorliegenden Fallzahlen.* Das wirkt sich dahingehend aus, daß eben nicht - wie von *Jenetzky* unterstellt - grundsätzliche *gegen* den Steuerpflichtigen entschieden wird. Sondern die durch den Arbeitsdruck hervorgerufene Orientierung an der statistischen Fallerledigung[5] kann sich durchaus auch zum *Vorteil* des Steuerpflichtigen auswirken, wenn seine Angaben (teilweise) ungeprüft übernommen werden. Gegen die Richtigkeit des von *Jenetzky* gezeichneten Bildes von den Sachbearbeitern sprechen auch die Ergebnisse aus den empirischen Untersuchungen von *Grunow u.a.*, die zeigen, daß die bewußte Ignorierung oder Verletzung von Normen im Interesse und auf Anfrage des Steuerpflichtigen genauso abgelehnt wird, wie eine vollständig 'fiskalische' Orientierung der Beamten. Das Problem liegt in diesem Zusammenhang also nicht in einer wie immer gestalteten Willkür der Bearbeiter begründet, sondern resultiert aus der statistisch überwachten Fallzuteilung. Gerade im Festsetzungsbereich der Finanzämter ist aber die prinzipielle Zuordnung von Fallerledigungen zu einzelnen Bearbeitern schwierig, weil - entgegen den Vorstellungen, denen die PersBB-FÄ zugrunde liegt - bereits die Vorgabezeit für die Bearbeitung relativ beliebig ist:

---

4) Vgl. Kap. 8.2.2

5) Vorstehend ist schon darauf hingewiesen worden, daß von den Sachbearbeitern diese statistische Fallerledigungsüberwachung als stärkere Kontrolle empfunden wird, als die Einzelfallkontrolle durch die Sachgebietsleiter.

> "Nur mittelbar und für den Durchschnitt ist festgelegt, mit welchem zeitlichen Aufwand einzelnen Sachverhalten, Informationen, Belegen nachzugehen ist, wie die Prüfung im einzelnen zu erfolgen hat, welche Rückfragen zu machen sind. Schon die bloße Erhöhung des Arbeitsdrucks kann hier 'Produktivitätssteigerungen' bringen, ohne daß eines der primären Ziele, nämlich der schnelle Vollzug der Steuergesetze, gefährdet ist." (*Brinckmann u.a.* 1981: 88)

Das Prinzip der GNOFÄ lag - neben den organisatorischen Umstellungen und der Verbesserung der Einsatzmöglichkeiten der EDV - bei der Rechtsanwendung darin, die *Intensität* der Prüfung der Steuerfall generell vorzugeben. Schon damit wurde der Grundsatz der unterschiedslosen Prüfung aller Steuerfälle zugunsten einer - als objektiv betrachteten - Gewichtung aufgegeben. Obwohl diese Einteilung auch heute noch Gültigkeit besitzt, reicht sie allein nicht mehr aus, um die Zunahme der Fallzahlen gerade im Bereich der Arbeitnehmerfälle der Gruppe 2 der GNOFÄ handhabbar zu machen. Die interne Differenzierung innerhalb dieser ständig an Gewicht zunehmenden Großgruppe wird durch keine generellen Organisationsvorschriften vorgegeben und ist vom individuellen Bearbeiter zu leisten. Damit fällt diesem auch die Verantwortung für die Gewichtung bei der Arbeitserledigung zu. Da eine unterschiedslose, gleichförmige und gleichzeitig intensive Prüfung bei den geschilderten Personalständen nicht mehr möglich erscheint, garantieren gerade diese individuellen Schwerpunktbildungen durch die Bearbeiter - die den normierten und den wissenschaftlich herausgearbeiteten Anwendungsbestimmungen des Steuerrechts zuwiderlaufen (können) - den Fortgang der Besteuerung trotz des ständig ansteigenden Fall- und Normenbestandes.

> *Hypothese 3: Die Rechtsanwendung in den Veranlagungsstellen der Finanzämter ignoriert - insbesondere wegen der Betonung von Praktikabilitätsgesichtspunkten - aufgrund der Steigerung der Fallzahlen und der Notwendigkeit der Aufrechterhaltung einer (in Grenzen) verzögerungsfreien Besteuerung in Teilen die materiellen Anforderungen des Einkommensteuerrechts. Die normativ unzulässige, aber notwendige, individuell zu treffende Schwerpunktbildung durch die Beamten sorgt in der Praxis der Einkommensbesteuerung für die Vollziehbarkeit des (teilweise) unpraktikabel gewordenen Steuerrechts.*

9.1.4 Zum Kontakt der Bearbeiter zu den Steuerpflichtigen

Die Neuorganisation der Veranlagungsstellen der Finanzämter durch die GNOFÄ-Reformen ist in ihrer ursprünglichen Form im wesentlichen deshalb gescheitert, weil sie durch die Schaffung großer Arbeitsbereiche nach aufgabenorientierten Gesichtspunkten die Bedeutung persönlicher Kontakte zwischen den Steuerpflichtigen und den für sie zuständigen Beamten vollkommen ignoriert hat. Die daraus resultierenden Probleme zeigten sich zwar vordergründig in organisatorischen Erschwernissen (Mehrfachzuständigkeit verschiedener Stellen, Fehlen der notwendigen Akten), resultierten aber direkt aus dem Verlust der - bei den 'alten' Veranlagungsbezirken gegebenen - persönlichen Kontakte zwischen Steuerpflichtigen und Bearbeitern. Das Fehlen solcher Kontakte erwies sich als besonders problematisch unter Berücksichtigung von zeitlich fortlaufenden Veranlagungen. Gerade bei über einen längeren Zeitraum wiederkehrenden Sachfragen in Zusammenhang mit Veranlagungen zur Einkommensteuer (Abschreibungen, dauerhafte Werbungskosten, Sonderausgaben oder außergewöhnliche Belastungen) zeigte sich, daß der Verlust des Kontaktes zum über mehrere Veranlagungszeiträume *persönlich zuständigen, mit direktem, umfassenden Aktenzugang ausgestatteten Sachbearbeiter* nicht auszugleichen war. Die Zulässigkeit der Schaffung von festen Zuständigkeiten 1981, der Nordrhein-Westfalen nachgekommen ist, war die logische Konsequenz aus dieser Entwicklung.

Durch die gestiegene persönliche Verantwortung der Sachbearbeiter hinsichtlich einer individuellen Schwerpunktbildung bei der Veranlagung gewinnen persönliche Kontakte zwischen Bearbeiter und Steuerpflichtigem noch größere Bedeutung. Oftmals machen sie den Rückgriff auf Akten nur zur Ergänzung spezieller Sachfragen, nicht mehr aber zur Überprüfung des Gesamtfalles (etwa in Abschreibungsfragen) notwendig. Ein - von den Führungen der Landesfinanzverwaltungen und dem BMF gewünschtes - Vertrauen in die Angaben des Steuerpflichtigen ('ist im Regelfall von der Richtigkeit der Angaben des Steuerpflichtigen auszugehen') wäre ohne persönliche, auf zumeist mehrjähriger Erfahrung beruhender Kenntnis des einzelnen Falles und seiner Besonderheiten durch den Sachbearbeiter gar nicht zu verantworten. Im Zweifelsfall müssen hier das Gedächtnis des Beamten - und möglicherweise sein Wissen um eine genauere Überprüfung des Falles in einem der vorangegangenen Veranlagungszeiträume - sowie seine speziellen und allgemeinen Erfahrungen die intensive Heranziehung von Akten oder die genaue Einzelfallprüfung ersetzen. Diese sachliche Notwendigkeit eines persönlichen Kontaktes zum Steuerpflichtigen trifft sich auch mit der Einstellung der Sachbearbeiter. Nach den vorliegenden empirischen Untersuchungen wird der persönlichen Kontaktaufnahme zum Steuerpflichtigen generell große Bedeutung zugemessen. Die Sachbearbeiter sind sich durchaus bewußt, welche Gruppen von Steuerpflichtigen mit Verfahren und Inhalten der Besteuerung Probleme haben und sie sind in dem ihnen als Sachbearbeitern eingeräumten Rahmen bereit, auf Anliegen und Wünsche der Steuerpflichtigen einzugehen. Dies bringt auch für den Steuerpflichtigen Erleichterungen mit sich. Die Anonymität der Behörde 'Finanzamt' verringert sich für ihn und auch er kann sich auf - vom selben Bearbeiter getroffene - Entscheidungen aus früheren VZ berufen, was für ihn die Nachweispflichten faktisch verkleinert und das Besteuerungsverfahren organisatorisch und zeitlich vereinfacht. In diesem Zusammenwirken haben auch die *Steuerberater* mit der von ihnen übernommenen Dolmetscherfunktion ihren Platz: Einerseits vermitteln sie die Bestimmungen des Steuerrechts an die Steuerpflichtigen, andererseits wirken sie in vielen Fällen als 'Vorprüfungsstelle' für Erklärungen der Steuerpflichtigen und vereinfachen so die Arbeit der Steuerbeamten.

Welche Form der Kontakt zwischen Bearbeiter und Steuerpflichtigem annimmt, ist in der Regel von der Situation abhängig. An die Sachbearbeiter vorgebrachte Anliegen haben am ehesten Aussicht auf Erfolg, wenn sie in unmittelbarem Kontakt vorgetragen werden. Zur Beschleunigung des Verfahrens tragen hier vor allem mündliche bzw. telefonische Kontakte bei.

> *Hypothese 4: Obwohl das Veranlagungsverfahren an sich auf Schriftlichkeit und Aktenmäßigkeit ausgelegt ist, ist es in der faktischen Durchführung in hohem Maße auf den Kontakt zum Steuerpflichtigen bzw. auf die Zusammenarbeit mit Beratern angewiesen. Sowohl Form als auch Intensität der Kontakte zwischen Steuerpflichtigen und Sachbearbeitern sind von wesentlicher Bedeutung bei der Durchführung der Besteuerung und können auf deren Ergebnisse - insbesondere in Zweifelsfragen - Einfluß haben. Insbesondere telefonische oder direkt-mündliche Kontakte beschleunigen zudem das Verfahren.*

9.1.5 Grundlage und Ablauf der Interviews

Im Rahmen des empirischen Teils der Untersuchung wurden Finanzbeamte in neun nordrhein-westfälischen Finanzämtern befragt. Alle in die Untersuchung einbezogenen Finanzämter liegen im Gebiet der Oberfinanzdirektion Münster. Die Finanzämter deckten 1988 einen Bereich von etwa 1,4 Millionen Einwohnern in Nordrhein-Westfalen ab. In ihren Zuständigkeitsbereich fallen im Bereich der Einkommensteuer etwa 320.000 ESt-Pflichtige (1987). Im gleichen Jahr wurden dort - als Gradmesser der Zahl der LSt-Pflichtigen - rund 195.000 Anträge auf Durchführung eines Lohnsteuerjahresausgleichs gestellt. Insgesamt wurden im Bereich der neun Finanzämter 1987 rund 4 Mrd. DM an Einkommensteuer (2,9 Mrd. DM in Form von LSt und 1,1 Mrd. DM an veranlagter ESt) erhoben, das waren etwa 2 % des Gesamtaufkommens dieser Steuer in der Bundesrepublik.

Die Interviews wurden im Juni/Juli 1988 vom Verfasser in den genannten Finanzämtern durchgeführt. Die Befragung geschah anhand eines vom Verfasser erarbeiteten Fragebogens mit neunzig Fragen, teils mit vorgegebenen, statistisch auswertbaren Antwortkategorien, teils mit offenen Fragen. Die Fragen wurden den Interviewten vorgelegt, die Anworten vom Verfasser selbst schriftlich festgehalten. Für die Befragung wurden weitenteils bereits sozialwissenschaftlich getestete Fragen[6]) verwandt. Alle Befragten wurden auf den Gesamtforschungszusammenhang des Projekts hingewiesen. Weigerungen oder Bedenken, an der Befragung teilzunehmen, ergaben sich weder von seiten der Amtsleitungen, noch von seiten der befragten Bearbeiter und Sachgebietsleiter.

Im Rahmen der Untersuchung wurden *77 Finanzbeamte* interviewt, darunter 72 Sachbearbeiter und fünf Sachgebietsleiter; drei der Sachbearbeiter hatten die Funktion von Hauptsachbearbeitern inne. 29 der Befragten gehörten dem *mittleren Dienst* an, 47 dem *gehobenen Dienst*; von diesen waren neun Sachbearbeiter Aufstiegsbeamte aus dem mittleren Dienst. Einer der Befragten gehörte dem höheren Dienst an. *Veranlagungssachbearbeiter* (Einkommensteuer) im Sinne dieser Untersuchung waren 66 der insgesamt befragten 77 Beamten. Von diesen 66 Sachbearbeitern gehörten 28 dem mittleren und 38 dem gehobenen Dienst an; von den 38 Bearbeitern aus dem gehobenen Dienst waren sechs Aufstiegsbeamte aus dem mittleren Dienst. Alle befragten Bearbeiter waren verbeamtet und - bis auf zwei - vollzeitbeschäftigt. Ein Drittel waren Frauen. Die Zusammensetzung der befragten Finanzbeamten entspricht der Dominanz der Beamten des mittleren und gehobenen Dienstes in den Finanzverwaltungen der Länder, wie sie in Kap. 4.1 ermittelt wurde. Sie spiegelt auch nahezu exakt die interne Zusammensetzung der Sachbearbeiter in den untersuchten Ämtern, wie sie in Kap. 4.2 vorgestellt wurde, wider.

In allen in die Untersuchung einbezogenen Finanzämtern wurden mindestens acht Beschäftigte interviewt. 71,4 % der Befragten waren männlichen Geschlechts. Zwei Personen aus der Gesamtuntersuchungsgruppe gingen einer Teilzeitbeschäftigung nach. Etwas mehr als ein Drittel der Befragten hatte eine Verwaltungsausbildung für die Finanzverwaltung absolviert,[7]) die anderen zwei Drittel hatten eine Fachhochschulausbildung für den gehobenen Dienst in der Steuerverwaltung bzw. eine entsprechende frühere Ausbildung durchlaufen.

Auffällig ist die lange Verweildauer der Beschäftigten im Amt. Mehr als zwei Drittel der Befragten aus der Gesamtgruppe gaben an, niemals in einem anderen Finanzamt eingesetzt worden zu sein; von den 66 befragten Veranlagungssachbearbeitern waren das 47. Weniger als ein Drittel der Gesamtbefragten hatte vorher in mindestens einem anderen Finanzamt gearbeitet. Bei den Befragten handelte es sich überwiegend um erfahrene Angehörige der Steuerverwaltung: Weniger als

6) Auf der Basis von: Seifert, M.J., Indikatoren zur quantitativ-vergleichenden Organisationsforschung, Speyerer Forschungsberichte 2, 2 Bde., Speyer 1978.

7) In NRW wird diese Ausbildung für den mittleren Dienst in der Landesfinanzschule Haan bzw. einer ihrer Außenstellen durchgeführt; vgl. Finanzministerium NRW (1987).

10 % der Befragten arbeiteten zum Zeitpunkt der Befragung weniger als 10 Jahre in der Finanzverwaltung. Die Mehrheit der Befragten (54,4 %) waren zwischen zehn und zwanzig Jahren in der Finanzverwaltung beschäftigt, ein gutes Drittel (36,4 %) mehr als zwanzig Jahre. In der Untergruppe der Veranlagungssachbearbeiter waren das 60,6 % bzw. 28,8 %. Die Untersuchungsgruppe wie auch die Teilgruppe der Veranlagungssachbearbeiter wurden demnach deutlich von Beamten mit längeren Dienstzeiten geprägt.[8)]

Aus der Gesamtgruppe aller Befragten waren neun Zehntel ausschließlich in der Einkommensteuer-Veranlagung tätig. Zwei Beschäftigte stammten aus dem verwandten Körperschaftsteuer-Bereich und drei Befragte waren sowohl für ESt- als auch für KSt-Veranlagungen zuständig. Zwei weitere Befragte waren im Bereich der Amts-Betriebsprüfung eingesetzt. Die interne Aufgabenverteilung der befragten Steuerbeamten und -beamtinnen spiegelt die leichte Überproportionalität der Beschäftigten aus dem gehobenen Dienst mit FH-Ausbildung für die Steuerverwaltung wider:

Tabelle 9/1: Aufgabenverteilung der insgesamt befragten Bediensteten

Aufgabenbereich der Befragten		Anteil in %	zusammen in %
Koordinatoren	- in 3er-Gruppe	32,5	
	- in 2er-Gruppe	18,2	*50,7*
Mittelmänner*	- in 3er-Gruppe	29,9	
	- in 2er-Gruppe	2,6	*32,5*
Veranlagungsbegleiter	- in 3er-Gruppe	3,9	*3,9*
Sonstige**		13,0	*13,0*

* In diese Gruppe werden selbstverständlich auch die dort beschäftigten Frauen des mittleren Dienstes mit einbezogen. Da in NRW ausschließlich von 'Mittelmännern' gesprochen wird, wird auch hier diese Terminologie beibehalten.

** Sachgebietsleiter, Betriebsprüfer etc.

Unter der Gesamtzahl der Befragten bildeten also die Koordinatoren mit rund der Hälfte der Befragten die größte Gruppe. Etwa ein Drittel stammte aus dem Kreis

8) Dies spiegelt sich auch bei den einzelnen Gruppen der Veranlagungssachbearbeiter wider: Von den 38 befragten Koordinatoren waren 22 zwischen zehn und zwanzig Jahren, 12 mehr als zwanzig Jahre in der Finanzverwaltung tätig, von den 25 Mittelmännern 17 zwischen 10 und 20 Jahren und 7 mehr als zwanzig Jahre.

der Mittelmänner. Lediglich drei der befragten Beamten gehörten zum Kreis der (nur in 3er-Gruppen vertretenen) Veranlagungsbegleiter. In der Kernuntersuchungsgruppe der 66 befragten *Veranlagungssachbearbeiter* stellte sich die Verteilung ähnlich dar: Hier arbeiteten 38 der Befragten als Koordinatoren, 25 als Mittelmänner und 3 als Veranlagungsbegleiter.

Die Verweildauer der Befragten insgesamt auf einer Stelle war relativ hoch. Mehr als die Hälfte der befragten Beschäftigten befanden sich seit 1981 - dem Jahr, in dem in Nordrhein-Westfalen die GNOFÄ-Reform in Kraft gesetzt worden war - auf derselben Stelle. Lediglich 22,1 % der Gesamtbefragten hatten ihren Arbeitsplatz innerhalb der letzten drei Jahre gewechselt bzw. erstmalig angetreten. 14,3 % der befragten Bearbeiter waren zehn und mehr (bis zu neunzehn) Jahre auf der gleichen Stelle. Mehr als vier Fünftel der befragten Veranlagungssachbearbeiter hatten lediglich ihre fachliche Veranlagungsarbeit zu erledigen. Dem Rest waren Sonder- bzw. Grundsatzaufgaben zugeteilt. Darunter waren drei Sachbearbeiter mit Hauptsachbearbeiter-Funktionen im Bereich der ESt bzw. KSt, fünf Bearbeiter in Ausbildungsbezirken, zwei - teilweise freigestellte - Personalratsvorsitzende und drei Bearbeiter mit anderweitigen Sonderaufgaben.

Die 38 befragten Koordinatoren gehörten alle dem gehobenen Dienst an. Sechs von ihnen waren Aufstiegsbeamte aus dem mittleren Dienst. Die 25 Mittelmänner - wie auch die drei Veranlagungsbegleiter - gehörten dem mittleren Dienst an. Von den 38 Koordinatoren hatten 37 ein Studium an der Finanzfachhochschule bzw. einem vergleichbaren Ausbildungsinstitut durchlaufen, einer besaß die Verwaltungsausbildung für die Finanzverwaltung. Von den 25 Mittelmännern besaßen wiederum 24 eine solche Ausbildung, einer ein - eigentlich für den gehobenen Dienst qualifizierendes - FH-Studium.

9.2 Die Ergebnisse in bezug auf die Arbeitsabläufe und Führungsmethoden in den Veranlagungsstellen

In Übereinstimmung mit der Formulierung der Untersuchungshypothesen sind zunächst die Formen der Zusammenarbeit in den Veranlagungsbezirken und die Handlungsspielräume der Sachbearbeiter empirisch zu klären. Hierzu ist es notwendig, auf den Arbeitsanfall der Sachbearbeiter und seine Bewältigung einzugehen und in diesem Zusammenhang die Einflüsse der EDV auf die Arbeitsumstände bei der Fallbearbeitung darzulegen. In einem zweiten Schritt werden sowohl die Einstellungen der Sachgebietsleiter und Koordinatoren zu ihren Vorgesetztenaufgaben als auch die Einstellungen der Sachbearbeiter zu den Führungsfunktionen ihrer Vorgesetzten belegt. In diesem wie auch in den darauf folgenden Untersuchungsschritten der nächsten Unterkapitel soll - soweit das empirische Zahlenmaterial solche Unterscheidungen erlaubt - auch auf eventuelle Unterschiede in den Antwortergebnissen von *Koordinatoren* und *Mittelmännern* als den beiden größten Sachbearbeitergruppen eingegangen werden.[9)]

9.2.1 Der Arbeitsanfall und seine Bewältigung durch die Sachbearbeiter

Den befragten Sachbearbeitern waren in sehr unterschiedlichem Maße Fallzahlen zur Bearbeitung zugewiesen. Von den 66 Veranlagungssachbearbeitern war die große Mehrheit ausschließlich im Bereich der Einkommensteuerveranlagung eingesetzt. Lediglich zwei SB waren auch für die Veranlagung von Körperschaftsteuerfällen zuständig, fünf weitere für die Bearbeitung von Feststellungs-Fällen (F-Signalen)[10)] eingeteilt. Bei der Aufstellung der zu bearbeitenden E-Signale in den einzelnen Steuerfällen zeigt sich, daß der überwiegende Teil der Bearbeiter zwischen 400 und 1.600 E-Signale[11)] (800er und 600er Fälle) jährlich zu bearbeiten hatte (vgl. *Tabelle 9/2*).

Tabelle 9/2: Zahl der jährlich zu bearbeitenden E-Signale (insgesamt)

(alle Veranlagungssachbearbeiter; N = 66)

zu bearbeitende E-Signale	%-Anteil der SB
keine*	12,1
unter 400	10,6
400 bis unter 800	22,7
800 bis unter 1.200	15,2
1.200 bis unter 1.600	25,8
1.600 bis unter 2.000	10,6
2000 und mehr	3,0

*auch: keine Angaben; bzw. nur für eine Fallart

9) Die Zahl der in die Untersuchung mit einbezogenen Veranlagungsbegleiter (dritte Gruppe der Sachbearbeiter) ist zu gering, um Aussagen hinsichtlich der Arbeitserledigung und der Einstellung zur Fallbearbeitung speziell dieser Gruppe treffen zu können.

10) So die Gewinnfeststellung bei der GmbH & Co KG mit der Gewinnverteilung auf die GmbH und die Kommanditisten.

11) Die Zuteilung von im Rahmen der Veranlagung zu bearbeitenden Signalen erfolgt automatisch im Rahmen des Gesamtfestsetzungsprogrammes. Ein Steuerfall kann daher aus mehreren Signalen bestehen; vgl. Kap. 5.2.1.

Mehr als zweitausend zu bearbeitende E-Signale ergaben sich nur in zwei Fällen, der Extremwert lag hier bei 2.300 E-Signalen pro Jahr. Bei den Bearbeitern, die ausschließlich oder teilweise mit anderen Signalen befaßt waren lagen die Signalzahlen um 230 (KSt-Signale) bzw. zwischen 100 und 220 (F-Signale).

Im Bereich der Veranlagungen von Steuerfällen mit StN über 800 umfaßt die Veranlagungstätigkeit im wesentlichen:

- die umfassende Bearbeitung der *eingehenden Erklärung* bestehend aus
- der Abgleichung der eingegangenen Erklärung mit den Überwachungslisten und dem Vermerk des Einganges,
- der Überprüfung der *Grunddaten* des Steuerpflichtigen (Adresse, Ehestand, Bankverbindung etc.),
- der Prüfung der *sachlichen Richtigkeit*[12)] anhand der (ständig) im Zimmer verfügbaren Akten,
- der ev. Anforderung von *Belegen*,
- der Weitergabe zur *Rechnereingabe* in der VRZ und
- den anfallenden *Nebenarbeiten* (Aktenführung, statistische Erfassung, Bearbeitung der Einsprüche).

In der Regel werden die anfallenden Steuerfälle (nach dem Geschäftsverteilungsplan) in den Dreiergruppen dahingehend verteilt, daß der *Mittelmann* grundsätzlich alle 800er-Fälle aus dem entsprechenden Bezirk bearbeitet (inklusive der anfallenden veranlagungsbegleitenden Aufgaben), der *Koordinator* alle Fälle mit Steuernummern unter 600 erhält und der *Veranlagungsbegleiter* die hierzu anfallenden Nebenaufgaben (Aktenführung etc.) erledigt. Diese durch den Geschäftsverteilungsplan sachlich fest zugeordnete Fallverteilung wird nur selten umgestellt: Lediglich 12,1 % der Sachbearbeiter gaben an, daß eine solche Verteilung von Zeit zu Zeit geändert würde, 75,8 % verneinten eine entsprechend Frage.[13)] Dies ändert nichts daran, daß 'saisonbedingt' durchaus Fallumverteilungen innerhalb der Dreiergruppen möglich sind. So gaben mehrere Bearbeiter an, daß ihr Koordinator während des größten Fallandrangs im Arbeitnehmerbereich im ersten Viertel des Jahres in den Monaten Februar/März auch 800er-Fälle mit übernimmt. Eine andere Möglichkeit der Entlastung besteht darin, daß auch der Veranlagungsbegleiter (leichte) Fälle aus diesem Bereich bearbeitet. Andererseits ist es möglich, daß in der zweiten Jahreshälfte dem Mittelmann ein Teil der Veranlagungen aus dem

---

12) Dies geschieht im Januar des auf den VZ folgenden Jahres zunächst direkt nach Eingang, später kommen die eingehenden Erklärungen zunächst 'auf den Stapel'.

13) Keine Angaben: 12,1 %.

600er-Bereich[14]) zugewiesen wird. In einem Großteil der Dreiergruppen, aus denen Sachbearbeiter befragt wurden, ist es auch üblich, Steuerpflichtige persönlich in der Reihenfolge ihres Erscheinens in die Bearbeitungszimmer - Koordinatoren und Mittelmänner sitzen i.d.R. in benachbarten Zimmern mit (offener) Verbindungstür - zu bitten und ihre Fälle unabhängig von dem Bereich der StN zu bearbeiten. In einem solchen Fall bearbeitet der Mittelmann auch 600er-Fälle ohne Zuweisung durch den Koordinator.

Hinsichtlich der direkten Zuordnung schwierigerer Einzelfälle zu den Koordinatoren (außerhalb der normalen Geschäftsverteilung in der Dreiergruppe) lassen sich keine generellen Aussagen treffen: 39,5 % der befragten Koordinatoren gaben an, die alleinige Bearbeitung solcher schwieriger Einzelfälle gehören zu ihren Aufgaben, 42,1 % verneinten eine entsprechende Frage.[15]) Auch alle befragten Mittelmänner und Veranlagungsbegleiter beantworteten sie mit nein. Als solche 'schwierigen Fälle' wurden zumeist solche mit einer problematischen Sachverhaltsermittlung genannt. Die rechtliche Beurteilung wurde hingegen - insbesondere im 800er-Bereich - als i.d.R. problemlos bezeichnet.

Tabelle 9/3: Durchschnittliche Fallbearbeitungsdauer im Einkommensteuerbereich

(alle Veranlagungssachbearbeiter; N = 66)

Durchschnittliche Fallbearbeitung in Minuten	%-Anteil der SB
keine Angaben	10,6
11 bis unter 20	10,6
20 bis unter 30	27,3
30 bis unter 40	27,3
40 bis unter 50	13,6
50 bis 90	10,6
mehr als 90	--

Die *durchschnittliche Bearbeitungsdauer* beträgt *30 Minuten* pro Fall. Diese Wert ergab sich bei der Befragung (bei einer Streuung zwischen elf und 90 Minuten) als

14) Worunter sich auch 'leichte Fälle' (kleine Einzelgewerbetreibende, Rentner mit Einkünften aus Grund- und Kapitalvermögen) befinden können.

15) Keine Angaben: 18,4 %; kein tabellarischer Nachweis.

Mittelwert, gleichzeitig wurde er auch am häufigsten als Einzelwert genannt.[16] Nur etwas mehr als zehn Prozent der Fälle werden in weniger als zwanzig Minuten bearbeitet, eine gleiche große Anzahl von Fällen erfordert eine Bearbeitungszeit von mehr als fünfzig Minuten (vgl. *Tabelle 9/3*). Werte von 70, 80 oder 90 Minuten pro Fall wurden jeweils nur von einem Bearbeiter genannt.[17] Die Mehrzahl der Fälle wird hingegen in einer Zeit von 20 bis unter 40 Minuten bearbeitet, darunter am häufigsten in einer Zeit von etwa 30 Minuten.

Die *Störungen durch den Publikumsverkehr* wurden von der Mehrzahl der Sachbearbeiter als solche bzw. sogar als groß empfunden. Während lediglich ein Fünftel der Befragten keine Störungen durch den Publikumsverkehr empfand, sahen 31,8 % geringe und sogar 43,9 % der Bearbeiter große Störungen während der täglichen Fallbearbeitung (vgl. *Tabelle 9/4*). Von den Koordinatoren machten dabei nur 23,7 % große und 39,5 % geringe Störungen geltendend, während nahezu ein Drittel der Befragten dieser Sachbearbeitergruppe keine Störungen angaben. Hingegen gaben 80 % der befragten Mittelmänner große Störungen (16,0 % geringe Störungen) an, während nur einer dieser Bearbeiter seine Veranlagungstätigkeit störungsfrei sah. Die Störungen durch das Publikum bei der Fallbearbeitung ergeben sich also im wesentlichen im Bereich der Arbeitnehmerveranlagungen (800er-Fälle). Dafür spricht auch, daß von den SB ergänzend angemerkt wurde, die Störungen zeigten sich vor allem im ersten Viertel des jeweiligen Jahres.

Tabelle 9/4: Störungen durch Publikumsverkehr

(alle Veranlagungssachbearbeiter; N = 66)

Empfundene Störungen durch den Publikumsverkehr*	%-Anteil *SB insgesamt* (N = 66)	*Koordinatoren* (N = 38)	*Mittelmänner* (N = 25)
keine Angaben	3,0	5,3	--
keine Störung	21,3	31,6	4,0
geringe Störungen	31,8	39,5	16,0
große Störungen	43,9	23,7	80,0

* Veranlagungsbegleiter (N = 3) nicht gesondert ausgewiesen

(offene Fragen, eigene Zusammenfassung)

16) Von 13 (= 19,7 %) der Befragten.

17) Diese Fälle mit Bearbeitungsdauern von mehr als 60 Minuten stammen durchweg aus dem Arbeitsfeld von Koordinatoren.

Auf die Frage nach ihrem *momentanen Rückstand*[18] führten lediglich 26 der Befragten keinen Rückstand an. Die Bearbeiter hatten durchweg keine Probleme, ihren Rückstand zu überblicken und - falls gegeben - in Tagen oder Fällen auszudrücken. Etwas mehr als ein Drittel der Sachbearbeiter gab einen Rückstand von einem bis zu zehn Tagen (bei Einrechnung einer 5-Tage-Woche: bis zu zwei Wochen) an. 19,7 % der SB gaben 11 bis 20 Tage (bis zu vier Wochen) und 9,1 % 21 bis 30 Tage (bis zu sechs Wochen) an. Ein Rückstand von mehr als 60 Tagen (mehr als zwölf Wochen) ergab sich nur in zwei Fällen.[19] Der durchschnittliche Rückstand aller Befragten betrug rund 23,4 Tage, der Mittelwert 6,5 Tage (vgl. *Tabelle 9/5*). Dabei zeigt sich, daß der Anteil der Bearbeiter ohne in Tagen zu bemessendem Rückstand bei den Mittelmännern deutlich höher ist als bei den Koordinatoren und daß auch der Umfang des Rückstandes bei ihnen deutlich zu niedrigeren Tageszahlen tendiert.[20]

Tabelle 9/5: Momentaner Rückstand in Tagen

(alle Veranlagungssachbearbeiter; N = 66)

Momentaner Rückstand in Tagen*	*SB insgesamt* (N = 66)	%-Anteil *Koordinatoren* (N = 38)	*Mittelmänner* (N = 25)
kein Rückstand	24,2	18,4	32,0
1 bis 10	34,8	31,6	40,0
11 bis 20	19,7	21,1	16,0
21 bis 30	9,1	15,8	--
31 bis 40	3,0	2,6	4,0
41 bis 50	4,5	2,6	8,0
51 bis 60	1,5	2,6	--
Mehr als 60	3,0	5,3	--

* Veranlagungsbegleiter (N = 3) nicht gesondert ausgewiesen

(Wochenangaben auf 5-Tage-Woche umgerechnet)

---

18) Rückstand definiert als die Anzahl von Tagen, die benötigt würde, um die zum Zeitpunkt der Befragung (Ende des zweiten Jahresviertels) im Bereich des jeweiligen Bearbeiters vorliegenden Fälle abzuarbeiten, wenn keine neuen Fälle hinzukämen.

19) Darunter ein Extremfall von 660 Tagen verursacht durch die Übernahme eines 'versackten' Bezirks durch einen neuen Koordinator.

20) Dies erklärt sich auch aus dem Zeitpunkt der Befragung (Juni/Juli), zu dem ein erheblicher Teil der von den Mittelmännern zu bearbeitenden Veranlagungen im 800er-Bereich schon bearbeitet ist (vgl. die Übersichten zu den Bearbeitungszyklen in den Anlagen 7/IX - 7/XII).

Beim Rückstand nach *Fallzahlen* (vgl. *Tabelle 9/6*) zeigt sich eine deutlich ausgewogenere Verteilung zwischen Koordinatoren und Sachbearbeitern als beim Rückstand nach Tagen. Der Zusammenhang erklärt sich aus der zumeist kürzen Bearbeitungsdauer der Veranlagungsfälle im Arbeitnehmerbereich (800er Fälle): Selbst ein größerer Fallrückstand läßt sich hier schneller wieder abarbeiten als im Bereich der 600er-Veranlagungen.

Tabelle 9/6: Momentaner Rückstand in Fällen

(alle Veranlagungssachbearbeiter; N = 66)

Momentaner Rückstand in Fällen*	%-Anteil *SB insgesamt* (N = 66)	*Koordinatoren* (N = 38)	*Mittelmänner* (N = 25)
kein Rückstand bzw. keine Angaben	31,8	28,9	36,0
6 bis 10	9,1	7,9	8,0
11 bis 20	12,1	13,2	12,0
21 bis 30	13,6	15,8	8,0
31 bis 40	6,1	7,9	4,0
41 bis 50	6,1	7,9	4,0
51 bis 60	6,1	7,9	4,0
61 bis 100	10,6	7,9	16,0
mehr als 100	4,5	2,6	8,0

* Veranlagungsbegleiter (N = 3) nicht gesondert ausgewiesen

9.2.2 Die Einstellung der Sachbearbeiter zur Nutzung der EDV bei der Fallbearbeitung

Die Bedeutung der für das Vorgehen bei der Rechtsanwendung grundlegenden Dienstanweisung-EDV (DA-EDV) wird von den befragten Sachbearbeitern anerkannt und positiv eingeschätzt: Auf eine entsprechende Frage[21] gaben zwei Drittel der Sachbearbeiter an, die DA-EDV wirke sich *vereinfachend* auf ihre Veranlagungsarbeit aus. Erschwerende Wirkungen dieser Dienstanweisung sah keiner der Bearbeiter, aber etwa jeder zehnte merkte - in Anerkennung der entlastenden Gesamtwirkung - an, das Programm habe in Teilbereichen auch *Schwächen*. Weder entlastende noch behindernde Wirkungen der DA-EDV sahen 21,2 % der befragten Veranlagungssachbearbeiter. Für die Mehrzahl der Bearbeiter gilt hier wohl auch

21) Nicht tabellarisch ausgewiesen

die einschränkende Bemerkung eines Sachbearbeiters,[22] man sei die Arbeit mit der EDV eben so gewohnt wie sie sei, "weil man es nicht anders kennt" und mache sich deshalb nicht viele Gedanken darüber.
Wesentliche Unterschiede zur manuellen Form der Besteuerung wurden von den Sachbearbeitern, die diese noch selbst erlebt hatten, nicht gesehen. Beklagt wurde aber allgemein, daß die *statistische Überwachung* der eigenen Leistung zugenommen habe. Änderungen im Verhältnis der Bearbeiter zu den Steuerpflichtigen wurden zumeist nicht angemerkt. Als Vorteil wurde angeführt, daß heute lediglich Ergänzungen zu den Angaben der Steuerpflichtigen in das Formular einzutragen seien, was die Bearbeitung beschleunige, die Erledigung einer größeren Zahl von Erklärungen ermögliche und Übertragungsfehler ausschließe. Gerade die "große Zeitersparnis"[23] wurde dabei immer wieder genannt.

Tabelle 9/7: Grundlagen der EDV-Ausbildung der Sachbearbeiter

(nur Veranlagungssachbearbeiter; N = 66)

Erlangung der für die Veranlagungsarbeit grundlegenden EDV-Kenntnisse durch	Nennung in % der SB
a) Lehrgänge bzw. Schulungen	15,2
b) Aneignung in der Praxis	51,5
c) Bestandteil der Ausbildung	21,2
d) Besprechung bei der Umstellung	9,1
e) keine Angaben	3,0

(offene Frage, eigene Zusammenfassung)

Auf die Anschlußfrage, ob ihr Vorgesetzter bessere EDV-Kenntnisse habe als sie,[24] gaben 81,8 % der Veranlagungssachbearbeiter an, dies sei nicht der Fall bzw. ihre persönlichen Kenntnisse seien besser. Nur 10,6 % der Bearbeiter - ohne deutliche Unterschiede zwischen Koordinatoren und Mittelmännern - erkannten die besseren Kenntnisse ihres Vorgesetzten an, 3,0 % gaben gleich gute Kenntnisse an.[25] Mehrfach wurde die Meinung geäußert, die Sachgebietsleiter aus dem gehobenen Dienst verstünden generell mehr von der EDV als ihre juristisch vorgebil-

22) Mittlerer Dienst, mehr als 10 Jahre in der Finanzverwaltung (I 1).
23) Sachbearbeiter, mD, mehr als zwanzig Jahre in der Finanzverwaltung (I 28).
24) Nicht tabellarisch ausgewiesen.
25) Keine Angaben: 4,5 %.

deten Kollegen aus dem höheren Dienst.[26] Als sachkundigster Kollege hinsichtlich der EDV wurde einmütig der jeweilige Leiter der VRZ[27] im Amt bzw. einer seiner Mitarbeiter genannt.

Die grundlegenden Kenntnisse über Wirkungsweise und Vorgehen bei der Bedienung der EDV erwarben die meisten der befragten Koordinatoren, Mittelmänner und Veranlagungsbegleiter ohne umfassende Einführung in der Praxis (vgl. *Tabelle 9/7*). Fester Bestandteil der Ausbildung war der Umgang mit der EDV nach eigenen Angaben nur bei 21,2 % der Bearbeiter; weitere 15,2 % eigneten sich diese Kenntnisse durch Lehrgänge bzw. Schulungen nach dem Beginn ihrer Tätigkeit an. Die Besprechungen bei der Umstellung (Einführung des integrierten Verfahrens) gaben etwa ein Zehntel der SB als die grundlegende Quelle ihrer Kenntnisse hinsichtlich der EDV an. Hier wichen die Antworten von Koordinatoren und Mittelmännern deutlich voneinander ab: Während etwa ein Drittel der dem mittleren Dienst zugehörenden Mittelmänner angab, seine grundlegenden EDV-Kenntnisse im Rahmen von *Schulungen* erlangt zu haben, merkten dies für sich nur 5,3 % der Bearbeiter aus dem gehobenen Dienst (Koordinatoren) an. Umgekehrt gaben diese zu nahezu zwei Dritteln an, sich ihre Kenntnisse überwiegend in der *Praxis* angeeignet zu haben, was nur 36,0 % der Mittelmänner für sich als zutreffend erachteten. In den anderen beiden Kategorien stimmten die Antwortergebnisse fast vollständig überein.[28]

Tabelle 9/8: Aktualisierung der eigenen EDV-Kenntnisse

(nur Veranlagungssachbearbeiter; N = 66)

Die Aktualisierung der eigenen EDV-Kenntnisse erfolgt im wesentlichen durch...	Nennung in % der SB
a) Dienstbesprechungen	57,6
b) Ergänzungslieferungen zu DA-EDV	54,4
c) Mitteilungen der VRZ*	10,6
d) aktuelle Computerausdrucke des RZ	12,1

*** Verbindungsstelle des FA zum zentralen Rechenzentrum der Landesfinanzverwaltung NRW**

(offene Frage, Mehrfachnennungen möglich)

---

26) Sachbearbeiter, mD, mehr als zehn Jahre in der Finanzverwaltung (I 9).

27) 'Verbindungsstelle zum Rechenzentrum' der Finanzverwaltung in Düsseldorf.

28) EDV als Bestandteil der Ausbildung: Koordinatoren 18,4 %, Mittelmänner 20,0 %, Nennung der Besprechungen bei der Umstellung: Koordinatoren 10,5 %, Mittelmänner 8,0 %.

Die Aktualisierung der eigenen EDV-Kenntnisse (beispielsweise im bezug auf Änderungen bei den Kennziffern erfolgt für die Bearbeiter im wesentlichen durch *Dienstbesprechungen* oder die *Ergänzungslieferungen zur DA-EDV*: jeweils mehr als die Hälfte der Bearbeiter nennen diese beiden Informationsquellen (vgl. *Tabelle 9/8*). Die Mitteilungen der VRZ (des eigenen Amtes) oder die aktuellen Ausdrucke des RZ in Düsseldorf spielen demgegenüber nur eine nachrangige Rolle. Dies gilt nach den gegliederten Befragungsergebnissen in fast gleichem Maße sowohl für die befragten Koordinatoren als auch für die Mittelmänner.

9.2.3 Die Führungsaufgaben von Sachgebietsleitern und Koordinatoren

Zur Beurteilung der tatsächlichen Bedeutung der verschiedenen Führungsfunktionen von Sachgebietsleitern und Koordinatoren ist es hier notwendig, die Selbsteinschätzung der Führung von den Einschätzungen der geführten Bearbeiter zu trennen, um aus einem solchen Vergleich auf das Ausmaß der hierarchischen Strukturierung der Veranlagungsstellen schließen zu können. Die Koordinatoren stehen hier in einer Doppelrolle: als Vorgesetzte der Mittelmänner und als Untergebene der Sachgebietsleiter.

9.2.3.1 Die Selbsteinschätzung der Führungsfunktionen von Sachgebietsleitern und Koordinatoren

In der Selbsteinschätzung der befragten Finanzbeamten mit Führungsaufgaben (Sachgebietsleiter und Koordinatoren) hinsichtlich der Bedeutung ihrer Führungsaufgaben dominieren eindeutig die Bereiche *Beratung* und *Information.* Mehr als vier Fünftel der befragten SB benannten sie im Vorkommen als häufig bzw. mittel. Nur 16,3 % bzw. 19,1 % nannten diese Führungsinstrumente in der Kategorie selten; die Kategorie 'nie' tauchte hier gar nicht auf (vgl. *Tabelle 9/9*).

Die Funktionen *Koordination* und *Aufsicht* werden hingegen deutlich weniger als 'häufig' bzw. 'mittel' vorkommend genannt. Annähernd ein Drittel sehen diese Funktionen eher selten in ihrer Arbeit; bei einigen kommen sie nie vor. Hingegen bezeichnete nur etwa mehr als ein Zehntel der Befragten diese beiden Führungsfunktionen als häufig vorkommend. Ein ziemlich ausgewogenes Bild zeigt sich bei der Funktion 'konzeptionelle Tätigkeit': Sie bezeichnen nur 2,3 % als häufig und 4,7 % als nie vorkommend, während sie 62,6 % in den Bereich 'mittel' und 30,2 % in den Bereich selten einordnen.

Betrachtet man allein die Befragung der 38 Koordinatoren, so zeigen sich weitgehend ähnliche Ergebnisse. Die Führungsaufgabe *Beratung* erweist sich als etwa geringer (häufig: 21,1 %, mittel: 57,9 %) und auch die *Information* als etwas schwächer ausgeprägt (häufig: 31,6 %, mittel 42,1 %). In den anderen Bereich zeigen sich nur minimale Unterschiede zwischen den Antworten der Sachgebietsleiter und der Koordinatoren.

Tabelle 9/9: Einschätzung eigener Führungsaufgaben

(nur Sachgebietsleiter und Koordinatoren aus der Gesamtuntersuchungsgruppe; N = 43)

Führungs-funktion	*Vorkommen in der eigenen Funktion* häufig	mittel	selten	(in %) nie
Beratung	32,2	60,5	16,3	-
Aufsicht	13,9	41,9	32,6	11,6
konzeptionelle Tätigkeit	2,3	62,8	30,2	4,7
Koordination	11,6	48,8	32,6	7,0
Information	38,1	42,8	19,1	-

(Antwortkategorien vorgegeben)

Nach den Ergebnissen dieser Befragung bevorzugen die Sachgebietsleiter und Koordinatoren (diese in ihren Zweier- oder Dreier-Gruppen) einen eher kooperativen Führungsstil, der sich im Übergewicht der beratenden und informierenden Funktionen widerspiegelt. Starke *hierarchische Führungsfunktionen* wie die Aufsicht oder die Koordination von Aufgaben und Untergebenen spielen eine eher *nachrangige Rolle.* Die Durchführung konzeptioneller Aufgaben wird als Führungsfunktion durchaus wahrgenommen, von den Befragten aber in ihrer Bedeutung nicht in den Vordergrund gestellt. Dies unterstellt, daß die Bearbeiter im übrigen selbständig ihre Arbeit erledigen. Gerade in Zusammenhang mit der von ihnen verlangten eigenständigen Schwerpunktbildung bei der Fallbearbeitung ist dies aber nicht immer vorauszusetzen: "Es gibt Bearbeiter, die es zeitlebens nicht lernen, das Wesentliche bei der Bearbeitung eines Falles zu erkennen."[29)]

Bei der Frage nach den *Kontrollmitteln* (unabhängig vom Zeichnungsrecht) wurden von den befragten Koordinatoren als Schwerpunkte Kontrollen anhand der Ergebnisse und Folgen und stichprobenartige Kontrollen während des Arbeitsprozesses genannt. Regelmäßige Kontrollen des Arbeitsprozesses spielen - genauso wie der

29) Sachgebietsleiter, höherer Dienst, mehr als zwanzig Jahre in der Finanzverwaltung (I 25).

völlige Verzicht auf Kontrollen - nur eine untergeordnete Rolle. Die zweitgrößte Einzelgruppe der Befragten mit Vorgesetztenaufgaben bevorzugte Kombinationen aus den vorgegebene Möglichkeiten (vgl. *Tabelle 9/10*).

Tabelle 9/10: Kontrollmittel gegenüber den Untergebenen in den Dreiergruppen

(nur Koordinatoren; N = 38)

Kontrollmittel	Nennung in %
Während des Arbeitsprozesses, in Stichproben	21,1
genauso, aber regelmäßig	7,9
nur anhand der Ergebnisse und Folgen	31,6
überhaupt nicht	7,9
Kombination mehrerer Kontrollmethoden	28,9

(Antwortkategorien vorgegeben)

Bei der Frage nach dem notwendigen *Ausmaß* der nachfolgenden Überprüfung von Arbeitsergebnissen der Untergebenen wurde von den Sachgebietsleitern und Koordinatoren auf einer von eins (entsprechend 'überhaupt nicht') bis fünf ('in sehr hohem Ausmaß') reichenden Skala von 9,3 % der Befragten der Wert eins angegeben, von 60,5 % der Wert zwei und von 25,6 % der Wert drei. 4,6 % wählten den Wert vier, der Extremwert fünf wurde nicht belegt. Die überwiegende Mehrzahl der Befragten schätzte also die Notwendigkeit der Kontrolle der Untergebenen als *gering*, ein Zehntel der Vorgesetzten sogar als *unnötig* ein.

9.2.3.2 Die Einschätzung der Führungsmethoden durch die Sachbearbeiter

In der vorgegebenen Aufbaustruktur in den Veranlagungsstellen der Finanzämter stellen die Sachgebietsleiter und der Vorsteher des Finanzamtes die Vorgesetzten der Veranlagungssachbearbeiter dar. Zudem ist (u.a.) für den Bereich der Einkommensteuer ein Hauptsachgebietsleiter mit fachlichen Grundsatz- und Kontaktaufgaben (zur OFD) bestellt. Einen wesentlichen Faktor für die Einschätzung der Zusammenarbeit mit diesen Führungsebenen der Ämter stellt vor diesem Hintergrund die Häufigkeit der Kontakte zwischen den Bearbeitern und ihren Vorgesetzten (vgl. *Tabelle 9/11*) dar.

Tabelle 9/11: Kontakthäufigkeit zwischen Sachbearbeitern und Vorgesetzten

(alle Veranlagungssachbearbeiter; N = 66)

Häufigkeit d. Kontakte (persönlich/dienstlich)	häufig	manchmal	sehr selten
a) Sachgebietsleiter	53,0	39,4	7,6
b) Hauptsachgebietsleiter*	--	15,2	75,8
c) Finanzamtsvorsteher	1,5	9,1	89,4

* Falls nicht dgl. wie unter a); dies ist zutreffend bei 9,1 % der Bearbeiter.

(vorgegebene Antwortkategorien)

Daraus ergibt sich, daß der *Sachgebietsleiter* von den Kontakthäufigkeiten her die zentrale Vorgesetztenfunktion für die Sachbearbeiter - außerhalb der Dreiergruppen - inne hat: Mehr als die Hälfte der befragten Veranlagungssachbearbeiter haben zu ihrem SGL häufigen (persönlich-dienstlichen) Kontakt,[30)] zwei Fünftel geben hier 'manchmal' an und nur für 7,6 % der Bearbeiter sind Kontakte zu ihrem Sachgebietsleiter sehr selten. Nahezu umgekehrt ist es bei den Haupt-Sachgebietsleitern und den FA-Vorstehern: Häufigen Kontakt zu ihnen hat im einen Fall keiner (bei den Haupt-SGL) bzw. im anderen Fall ein verschwindend geringer Teil der Sachbearbeiter und nur 15,2 % bzw. 9,1 % der Bearbeiter hat mit diesen Führungspersonen manchmal zu tun. Die große Mehrheit der Veranlagungsbearbeiter hat mit den Haupt-SGL für Einkommensteuer bzw. ihrem Vorsteher nur sehr selten Kontakt. Bei einer Aufgliederung nach den Antwortergebnissen der Koordinatoren und Mittelmänner zeigt sich, daß die Kontakthäufigkeit der Koordinatoren zu den Sachgebietsleitern deutlich höher ist als bei den Mittelmännern,[31)] die Kontakte zu Haupt-SGL und Vorsteher sind bei beiden Bearbeitergruppen durchweg gering.[32)] In einer Zusatzfrage[33)] antworteten rund drei Viertel der Sachbearbeiter auf die Frage, ob es vorkomme, daß der Vorsteher Ihres Finanzamtes Ihnen unmittelbar Anweisungen gebe, mit nein, nur 24,2 % der Befragten schlossen das

30) Jeweils unter Ausschluß von Personalratstätigkeiten u.ä., immer nur bezogen auf die eigene sachliche Zuständigkeit.

31) Häufigen Kontakt gaben 60,5 % der Koordinatoren, aber nur 40 % der Mittelmänner an, umgekehrt haben nur 5,3 % der Koordinatoren, aber 12,0 % der Mittelmänner sehr selten Kontakt zu ihrem jeweiligen Sachgebietsleiter.

32) Sehr seltener Kontakt zum Hauptsachgebietsleiter: 68,4 % der Koordinatoren, 84,0 % der Mittelmänner; sehr seltener Kontakt zum Vorsteher des Amtes: 86,8 % der Koordinatoren, 96,0 % der Mittelmänner.

33) Nicht tabellarisch ausgewiesen.

nicht aus.[34]

Nur sehr geringe Kontakte haben die Sachbearbeiter auch zum jeweiligen *Hauptsachbearbeiter-Einkommensteuer*: Auf eine entsprechende Frage[35] gaben nur 7,6 % der Bearbeiter an, öfters direkten Kontakt zum Haupt-SB zu haben, seltene Kontakte wiesen 53,0 % der Befragten aus und annähernd ein Drittel der Bearbeiter (30,3 %) gab an, nie dienstlichen Kontakt zum Haupt-SB für Einkommensteuer seines Amtes zu haben.[36] Dabei ergaben sich keine signifikanten Unterschiede zwischen den Antworten der Koordinatoren und Mittelmänner.

Tabelle 9/12: Konflikte zwischen den Anweisungen Vorgesetzter und konkreten Sachnotwendigkeiten eines Falles

(alle Veranlagungssachbearbeiter; N = 66)

Konflikte zwischen Anweisungen Vorgesetzter und konkreten Sachnotwendigkeiten	%-Anteil der SB
- kommen in der eigenen Arbeit *häufig* vor	1,5
- kommen in der eigenen Arbeit *manchmal* vor	60,6
- kommen in der eigenen Arbeit *nie* vor	37,9

(vorgegebene Antwortkategorien)

Konflikte zwischen den Anweisungen der Vorgesetzten und den Sachnotwendigkeiten eines bestimmten Falles oder mehrerer Fälle (nach eigener Einschätzung) kommen nach Angaben der Bearbeiter in den meisten Fällen zumindest manchmal vor (vgl. *Tabelle 9/12*). Ganz ausgeschlossen wurden sie nur von etwas mehr als einem Drittel der Veranlagungssachbearbeiter.[37] Diese Quoten finden sich in ähnlicher Weise - mit geringen Abweichungen - bei einer Aufgliederung nach den Aufgaben

34) Während etwas mehr als ein Drittel der Koordinatoren (34,2 %) solche direkten Anweisungen des Vorstehers aus seiner Arbeit kannte, merkte sie nur einer der befragten Mittelmänner positiv an.

35) Nicht tabellarisch ausgewiesen.

36) Keine Angaben: 9,1 %. Diese Zahlen stimmen überein mit den Quoten, die für die Nutzung des Haupt-SB Einkommensteuer als Informationsstelle für die Entwicklung der Vorschriften und der aktuellen Rechtsprechung in Steuersachen genannt werden (vgl. Tabelle 9/21, Kap. 9.3.2).

37) Die Prozentzahlen, die für das Vorliegen solcher Konflikte erreicht werden, sind deutlich geringer als die, die für Konflikte zwischen den Gesetzesvorschriften und den Sachnotwendigkeiten eines Falles oder einer Reihe von Fällen angegeben werden. Die Quote derjenigen Bearbeiter, die solche Konflikte 'manchmal' gegeben sehen, liegt dort um rund zwanzig Prozentpunkte höher, die Quote derjenigen, die solche Probleme 'nie' sehen, um den gleichen Satz niedriger als die entsprechende Zahl aus der hier vorliegenden Frage.

in den Zweier- bzw. Dreiergruppen (Koordinatoren und Mittelmänner).

Die Antworten auf die direkte Nachfrage nach der persönlichen Reaktion in einem solchen Fall, wenn nach dem subjektiven Empfinden des Bearbeiters die Anweisung eines Vorgesetzten nicht im Einklang mit der sachlich konkret gebotenen Behandlung eines Problems steht, zeigt, daß nicht ohne weiteres von einer vollständigen Befolgung solcher Anweisungen von Vorgesetzten auszugehen ist (vgl. *Tabelle 9/13*).

Tabelle 9/13: Verhalten bei Konflikten zwischen den Anweisungen Vorgesetzter und konkreten Sachnotwendigkeiten eines Falles

(alle Veranlagungssachbearbeiter mit zustimmender Antwort in Tab. 9/16; N = 41)

Verhalten bei solchen Konflikten	Nennung in % der SB
a) Direkte Befolgung der Anweisung des Vorgesetzten	39,0
b) Diskussion mit dem Vorgesetzten	26,8
c) Anbringen eines Vermerkes 'auf Weisung'	22,0
d) eigene Entscheidung vollziehen	9,8
e) keine Angaben	2,4

(offene Frage, eigene Zusammenfassung, Mehrfachnennungen möglich, aber nicht vorgekommen; Darstellung nach der Häufigkeit der Antwortgruppen)

Nur eine Minderheit der Befragten, die eine solche Diskrepanz zumindest 'manchmal' spüren, befolgen direkt die Anweisung des Vorgesetzten.[38] Aber immerhin ein Zehntel der Sachbearbeiter widersetzt sich diesen Anweisungen und bearbeitet einen solchen Fall nach eigener Einschätzung der Sachlage. Zur Konfliktvermeidung bietet es sich dann beispielsweise an, zu warten, bis der Vorgesetzte "in Urlaub" oder sonst nicht im Hause ist und den Akt einem zeichnungsberechtigten Stellvertreter zu geben.[39] Die Diskussion mit dem Vorgesetzten - was als Lösungsmöglichkeit eine der vorgenannten Alternativen als zweiten Schritt nicht ausschließt - sucht etwa ein Viertel der Befragten (26,8 %) und 22,0 % der Bearbeiter bringen in einem solchen Fall einen Aktenvermerk an, aus dem hervorgeht, daß

38) Unter Umständen wird eine solche Befolgung auch von den Modalitäten des Zeichnungsrechts abhängig gemacht: Muß der Vorgesetzte den Fall zeichnen, wird der Anweisung gefolgt, wenn nicht, wird so verfahren, "wie man selber meint, daß es richtig ist" (SB, gD, mehr als zehn Jahre in der Finanzverwaltung; I 2).

39) Zitat Sachbearbeiter, mittlerer Dienst, mehr als zehn Jahre in der Finanzverwaltung (I 9).

und auf wessen Weisung eine bestimmte Entscheidung erfolgt ist.[40]

Bringt man die Ergebnisse dieser Frage in Verbindung mit derjenigen nach den individuellen Reaktionen auf Diskrepanzen zwischen den Gesetzesvorschriften und den sachlichen Notwendigkeiten bei einer bestimmten Fallbearbeitung,[41] so wird deutlich, daß sich die Problemlösungsmuster ähneln: In beiden Fällen ist eine Mehrheit der Bearbeiter bereit, (jedenfalls zunächst) eines Lösungsweg innerhalb der vorgegebenen Arbeitszusammenhänge und Hierarchiestrukturen, aber unter Wahrung eigener abweichender Einschätzungen zu suchen.

Tabelle 9/14: Entscheidungsbefugnis der SB bei der Fallbearbeitung

(alle Veranlagungssachbearbeiter; N = 66)

Entscheidungen bei der Fallbearbeitung werden vom Sachbearbeiter allein getroffen	Nennung in % der SB
a) überhaupt nicht	--
b) gelegentlich	--
c) etwa zur Hälfte	--
d) in den meisten Fällen	78,8
e) immer	21,2

(vorgegebene Antwortkategorien)

Ganz generell schätzen die Bearbeiter ihre Handlungsmöglichkeit durchaus weit ein: Die große Mehrheit der Befragten gibt an, daß die Entscheidung bei der Fallbearbeitung in den meisten Fällen ausschließlich von ihnen getroffen werden, etwa ein Fünftel gibt zusätzlich an, 'immer' solche Entscheidungen alleine zu treffen (vgl. *Tabelle 9/14*).

Eine Behinderung durch das Zeichnungsrecht erkennt der Großteil der befragten Bearbeiter nicht. Annähernd zwei Drittel der befragten Koordinatoren, Mittelmänner und Veranlagungsbegleiter geben auf einer 5 Punkte umfassenden Skala zwi-

40) Die Befragungsgruppe (Veranlagungssachbearbeiter mit zustimmender Antwort in Tab. 9/12; N = 41) war hier zu klein, um Aussagen in bezug auf Unterschiede bei den Antwortergebnissen von Koordinatoren und Mittelmännern zu geben. Auffällig ist immerhin, daß keiner der befragten Mittelmänner, die solche Konflikte zumindest manchmal spüren, bereit war, die Entscheidung des Vorgesetzten zu ignorieren und die eigene Entscheidung trotz gegenteiliger Anweisung zu vollziehen, während sich immerhin 12,5 % der befragten Koordinatoren aus dieser Untergruppe zu einem solchen Verhalten bereit erklärten.

41) Tabelle 9/32, Kap.9.4.3.

schen 'überhaupt nicht' und 'sehr stark' an, daß der Arbeitsfluß durch die gegenwärtige Handhabung der Zeichnungsregelung überhaupt nicht behindert werde. Ein weiteres Fünftel der Befragten gibt an, es gäbe kaum Behinderungen (Punkt 2). Die Kategorien 'mittel' (Punkt 3) und 'starke Behinderungen' (Punkt 4) werden nur von wenigen der Veranlagungssachbearbeitern angegeben. Und sehr starke Behinderungen (Punkt 5) werden nur von einem Bearbeiter empfunden. Dabei entsprechen sich die Angaben von Koordinatoren und Mittelmännern in der prinzipiellen Akzeptanz des Zeichnungsrechts weitgehend.[42] Demgegenüber stellen also Kennzeichnungen des Zeichnungsrechts wie die als "elende Zettelwirtschaft"[43] der Meinung einer Minderheit dar.

Tabelle 9/15: Behinderungen durch das Zeichnungsrecht

(nur Veranlagungssachbearbeiter; N = 66)

überhaupt nicht 1	2	3	4	*sehr stark* 5
63,6	21,2	9,1	4,5	1,5

Die Funktionen der Sachgebietsleiter und Koordinatoren als Vorgesetzte wurden schon in bezug auf die Einschätzung der eigenen Führungsaufgaben analysiert (vgl. *Tabelle 9/15*). Dabei hat sich gezeigt, daß die SGL und Koordinatoren nach eigener Einschätzung einen eher kooperativen Führungsstil bevorzugen, der sich in einer deutlichen Heraushebung der beratenden und informierenden Funktionen widerspiegelt. Dreht man nun die Fragestellung daraufhin um, wie sich der jeweilige eigene unmittelbare Vorgesetzte[44] gegenüber den Veranlagungs-SB darstellt, so wird deutlich, daß die direkte Einflußnahme der Vorgesetzten auch von den Sachbearbeitern als gering eingeschätzt wird (vgl. *Tabelle 9/16*): Alle dort vorgegebenen Führungsfunktionen mit Ausnahme der Information, also Beratung, Aufsicht bzw. Kontrolle, Entscheidungsvorbehalte, gemeinsame Fallbearbeitungen und die Funktion als Kontaktperson zu anderen Finanzämtern und der OFD wer-

42) Ungeteilte Zustimmung ('Behinderungen überhaupt nicht'): 65,8 % der Koordinatoren, 60,0 % der Mittelmänner. Allerdings stammen die Belegungen aus den Bereichen mittel/starke Behinderungen (Punkte 3/4) fast ausschließlich aus dem Bereich der Mittelmänner, in deren Reihen sich also eine Minderheit durch das Zeichnungsrecht behindert sieht. Solche Behinderungen wurden meist im Bereich der zu geringen Eigenverantwortlichkeit im Falle von Erstattungen an die Steuerpflichtigen (ab 1.000 DM) angesiedelt.

43) Sachbearbeiterin, mittlerer Dienst, mehr als zehn Jahre in der Finanzverwaltung (I 3).

44) Bei Mittelmännern und Veranlagungsbegleitern: Koordinator, bei Koordinatoren: Sachgebietsleiter.

den von mehr als der Hälfte der Bearbeiter als *selten* vorkommend eingeordnet.

Tabelle 9/16: Funktionen der Vorgesetzten in der Einschätzung der Sachbearbeiter

(alle Veranlagungssachbearbeiter; N = 66)

Funktionen des eigenen unmittelbaren Vorgesetzten	Häufigkeit in % häufig	mittel	selten	nie
a) Beratung	7,6	22,7	54,5	15,2
b) Aufsicht/Kontrolle	1,5	25,8	57,6	15,2
c) Entscheidungsvorbehalt*	--	3,0	51,5	43,9
d) gemeinsame Bearbeitung*	1,5	18,2	57,6	21,2
e) Information	27,3	36,4	28,8	7,6
f) Kontaktperson zu anderen Finanzämtern und der OFD	4,5	9,1	36,4	50,0

*** keine Angaben: 1,5 %**

(vorgegebene Antwortkategorien)

Bei der Analyse der Ergebnisse aus der Frage nach dem Umfang, in dem der jeweilige unmittelbare Vorgesetzte des Bearbeiters die angegebenen Funktionen gegenüber dem Bearbeiter wahrnimmt, fällt zunächst die *herausgehobene Stellung der Vorgesetztenfunktion 'Information'* ins Auge: 27,3 % der Bearbeiter geben an, daß ihr Vorgesetzter sie häufig informiere, 36,4 % geben hier 'mittel' und 28,8 % selten an. Nur 7,6 % der Bearbeiter, also weniger als ein Zehntel der Befragten, geben an, nie von ihrem Vorgesetzten informiert zu werden. Bei den Koordinatoren allein sind diese positiven Werte noch höher. So geben 28,9 % der Koordinatoren an, häufig von ihren Vorgesetzten, den Sachgebietsleitern, informiert zu werden (42,1 % mittel, 23,7 % selten). Keine Informationen erhalten danach nur 5,3 % der Bearbeiter aus dieser Gruppe. Demgegenüber schätzen die Mittelmänner ihre Information durch die Koordinatoren deutlich schlechter ein: Nur 16,0 % geben hier den Wert häufig, 32,0 % 'mittel' an. Und 40,0 % bzw. 12,0 % der Mittelmänner geben an, von ihrem Koordinator als Vorgesetztem selten bzw. nie informiert zu werden. Danach spricht vieles dafür, daß *die Information als Führungsfunktion für das Verhältnis von Sachgebietsleiter und Koordinator von größerer Bedeutung ist als im Verhältnis innerhalb des Veranlagungsbezirks zwischen Koordinator und Mittelmann.*

Demgegenüber spielt die *Beratung* eine deutlich geringere Rolle: Hier geben mehr als die Hälfte der Bearbeiter (54,4 %) den Wert 'selten' an und immerhin 15,2 % kennen keine Beratung durch ihren Vorgesetzten.[45] Diese Werte lassen sich auch ungefähr für die Funktion *Aufsicht/Kontrolle* feststellen.[46] In diesem Bereich wie auch bei der Beratung bleibt der Prozentsatz derjenigen Bearbeiter, die solche Funktionen bei ihren direkten Vorgesetzten häufig oder auch nur 'mittel' oft wahrnehmen, unter dreißig Prozent. Bei direkten Eingriffen in die Fallbearbeitung, wie sie bei *Entscheidungsvorbehalten* des Vorgesetzten bzw. einer *gemeinsamen Fallbearbeitung* vorliegen, ist die Häufigkeit noch geringer: Mehr als neunzig Prozent der Sachbearbeiter spüren solche Entscheidungsvorbehalte ihrer Vorgesetzten selten oder nie (die letzte Ausprägung allein schon bei 43,9 % der Bearbeiter). Und auch eine gemeinsame Bearbeitung von Fällen bildet eher die Ausnahme.[47] Diese beiden Führungsfunktionen wurden von den Koordinatoren für das Verhältnis zum eigenen Vorgesetzten mit einer unwesentlich größeren Häufigkeit angegeben als von den Mittelmännern. Noch geringere Ausprägungen ergeben sich bei der Funktion des Vorgesetzten als *Kontaktperson* zu anderen Finanzämtern und der OFD, die zwar 4,5 % der Bearbeiter häufig feststellen, die aber eine Hälfte der Bearbeiter gar nicht kennt. Überdurchschnittlich wird eine solche Führungsfunktion der Sachgebietsleiter als Vorgesetzte durch die Koordinatoren angemerkt: 7,9 % der Befragten aus dieser Sachbearbeitergruppe gaben an, dies käme häufig, 20,5 % es käme 'mittel' oft vor. Weniger Befragte als im Durchschnitt aller Sachbearbeiter, 44,7 %, gaben an, so etwas komme nie vor (selten: 36,8 %). Ganz anders bei den Mittelmännern. Diese gaben an, daß ihre Koordinatoren zu 40 % selten und zu 60 % nie als Kontaktpersonen zu anderen Ämtern und der OFD fungieren. Im Bedarfsfall werden solche Kontakte also in den allermeisten Fällen aus den Veranlagungsbezirken heraus zu den Sachgebietsleitern weitergegeben, unabhängig davon, in wessen Zuständigkeit sie im Vbz fallen.

Die *Kontrolle* durch die Vorgesetzten findet in der Mehrzahl der Fälle *ausschließlich anhand der Ergebnisse und Folgen* statt: rund sechzig Prozent der Bearbeiter

45) Dies ohne nennenswerte Unterschiede sowohl bei den Koordinatoren als auch bei den Mittelmännern.

46) In Zusammenhang mit der Führungsfunktion Aufsicht/Kontrolle zeigen sich - ganz im Gegenteil zu den Antworten zum Thema 'Information' - wie bei der Beratung kaum Unterschiede in den Antwortergebnissen von Koordinatoren und Mittelmännern. So gab keiner der Koordinatoren an, von seinem unmittelbaren Vorgesetzten häufig kontrolliert zu werden (Mittelmänner: 4,0 %). Bei 'mittel' waren es 26,3 % (Mittelmänner 24,0 %), selten 60,5 % (52,0 %) und nie 13,2 % (20 %). Das Kontrollverhalten der Koordinatoren gegenüber den Mittelmännern ihrer Zweier- bzw. Dreiergruppen ist demnach nur unbedeutend intensiver als das der Sachgebietsleiter gegenüber den Koordinatoren.

47) Dennoch beweisen die Ausprägungen in Tabelle 9/16, daß es sowohl den Entscheidungsvorbehalt als auch die gemeinsame Fallbearbeitung - wenn auch in geringem Ausmaß - als Führungsmittel in der Steuerverwaltung gibt.

nennen diese Kontrollform für Ihren Vorgesetzten. Keine Kontrolle (auch: keine spürbare Kontrolle) findet bei etwa einem Zehntel der Befragten statt. Und in 15,2 % der Fälle finden (zusätzlich zur faktischen Ergebniskontrolle) stichprobenartige Kontrollen des Arbeitsprozesses an sich durch den eigenen Vorgesetzten statt.

Tabelle 9/17: Kontrolle der eigenen Arbeit

(alle Veranlagungssachbearbeiter; N = 66)

Die eigene Arbeitserledigung wird vom Vorgesetzten kontrolliert...*	%-Anteil *SB insgesamt* (N = 66)	*Koordinatoren* (N = 38)	*Mittelmänner* (N = 25)
a) stichprobenartig, auch die einzelnen Arbeitsschritte	15,2	15,8	16,0
b) nur anhand der Ergebnisse und Folgen	59,1	57,9	60,0
c) überhaupt nicht	10,6	7,9	16,0
d) kann ich nicht beurteilen	15,2	18,4	8,0

*** Veranlagungsbegleiter (N = 3) nicht gesondert ausgewiesen**

(vorgegebene Antwortkategorien)

Hierbei zeigen sich auch nur geringe Unterschiede in den Antwortergebnissen von Koordinatoren und Mittelmännern.[48] Das läßt darauf schließen, daß die Koordinatoren im Verhältnis zu den Mittelmännern den gleichen, vorrangig an den *Ergebnissen und Folgen* der Bearbeitung orientierten Kontrollstil pflegen, den sie ihrerseits von seiten der Sachgebietsleiter erfahren.

Eine Bitte an den Vorgesetzten um eine Nachschau bei der Fallbearbeitung (zur eigenen Absicherung) ist bei einer Mehrzahl der Befragten durchaus üblich: nur etwa ein Fünftel der befragten SB gibt an, auf eine solche Nachschau keinen Wert zu legen und sie nie zu erbitten (vgl. *Tabelle 9/18*); ein Viertel der Bearbeiter gibt ein solches Verhalten als 'selten' an. Als normalen Vorgang, der oft vorkomme, bezeichnen 18,2 % der Bearbeiter eine solche freiwillige Nachschau und ein Drittel der Befragten geht in bestimmten Sachfällen prinzipiell zum Vorgesetzten und bit-

48) Abgesehen davon, daß der Anteil der Bearbeiter, die davon ausgehen, in keiner Weise von ihrem direkten Vorgesetzten kontrolliert zu werden, bei den Mittelmännern doppelt so hoch ist, wie bei den Koordinatoren.

ten aus eigener Initiative um eine Nachschau der Fallbearbeitung.[49])

Tabelle 9/18: Freiwillige Nachschau durch den Vorgesetzten

(alle Veranlagungssachbearbeiter; N = 66)

Die Nachschau durch den Vorgesetzten wird vom Bearbeiter gesucht...	Nennung in % der SB
a) oft	18,2
b) in bestimmten Fällen (prinzipiell)	33,3
c) selten	25,8
d) nie	22,7

(offene Fragestellung, eigene Zusammenfassung)

Hier zeigen sich keine generellen Abweichungen in den Antwortergebnissen von Koordinatoren und Mittelmännern. Der bedeutsamste Unterschied liegt darin, daß sich mit 48,0 % der Mittelmänner nahezu die Hälfte der Bearbeiter aus dieser Untergruppe *prinzipiell* mit bestimmten Fällen zur Nachschau an den vorgesetzten Koordinator wendet (Koordinator prinzipiell zum SGL: 23,7 %).

9.3 Die Ergebnisse hinsichtlich des Informationsverhaltens der Sachbearbeiter

Von grundlegender Bedeutung für die Rechtsanwendung in den Veranlagungsstellen der Finanzämter ist neben den Formen der Arbeitserledigung und der hierarchischen Struktur der Sachgebiete und V-Stellen auch das *Informationsverhalten* der Sachbearbeiter. Dieses Verhalten gilt es in zwei Richtungen aufzuzeigen: Zum einen hinsichtlich der von den SB ständig benutzten offiziellen (und auch nichtoffiziellen) Gesetzesunterlagen und zum anderen im Hinblick auf die Nutzung der verschiedenen Informationsmöglichkeiten über Veränderungen und Neuerungen im Einkommensteuerrecht. Beide Dimensionen des Informationsverhaltens sind gerade

49) Beispiele: "...wenn ich viel streiche, etwa bei den Werbungskosten, und der Sachgebietsleiter ohnehin den Einspruch auf den Tisch bekommt" (Sachbearbeiterin, mD, mehr als zehn Jahre in der Finanzverwaltung; I 5). "Man will ja keine Arbeit umsonst machen" (Sachbearbeiter RBSt, gD, mehr als zehn Jahre in der Finanzverwaltung; I 34). Aber auch: "...bei arbeitsintensiven Fällen, damit er sieht, daß man auch was zu tun hat" (SB, gD, mehr als zehn Jahre in der Finanzverwaltung; I 40). Auch der Fall, daß man einem betroffenen Steuerpflichtigen persönlich gut kennt, und deshalb seine Erklärung dem Vorgesetzten zur Nachschau gibt, wurde genannt (SB, mD, mehr als zwanzig Jahre in der Finanzverwaltung; I 65).

angesichts der geschilderten Bedingungen der hohen Änderungshäufigkeit des Einkommensteuerrechts von Bedeutung weil (aktuelle) Normenkenntnis eine Grundvoraussetzung (richtiger) Rechtsanwendung darstellt.

9.3.1 Die von den Sachbearbeitern zur Rechtsanwendung benutzten Materialien

Den interviewten Sachbearbeitern standen zum Zeitpunkt der Interviews (Juni/Juli 1988) folgende Hilfsmittel zur Rechtsanwendung zur Verfügung: die offizielle Handausgabe des EStG der Finanzverwaltung aus dem Jahre *1984* (inklusive der ESt-Richtlinien) bzw. *1986* (ohne Richtlinien) sowie eigene Kopien aus den jeweils im Amt bezogenen Bundessteuerblättern. Die Richtlinien für 1987 (veröffentlicht als Sondernummer des BStBl) lagen in einigen der von der Befragung betroffenen Veranlagungsstellen vor, in anderen nicht. Wo sie nicht vorlagen, wurde weiterhin mit der Ausgabe von 1984 gearbeitet.

Diese Rückständigkeit hinsichtlich der schriftlich vorliegenden Unterlagen zum Gesetz stellt eine schwere Belastung der Arbeit der Veranlagungssachbearbeiter dar: "Normalerweise könnten die Leute ab 1. Januar ihre Erklärung abgeben, da haben wir noch gar kein Gesetz."[50] Aus diesen Gründen benutzen die Sachbearbeiter in vielen Fällen aus eigenem Antrieb heraus Kommentare und kommentarähnliche Gesetzeserläuterungen sowie Formularbücher u.ä.. All diese Hilfsmittel wurden selbst besorgt und gehören den Bearbeitern i.d.R. persönlich. Um den Umfang der Nutzung dieser Mittel zu erschließen, wurden die Sachbearbeiter gefragt, ob und welche *Kurzkommentare* und *Gesetzeserläuterungen* sie bei der Fallbearbeitung verwenden.

Das mit weitem Abstand am häufigsten genutzte, nicht von der Finanzverwaltung selbst herausgegebene Hilfsmittel ist das sog. 'Sparkassenbuch', ein vom Informationsdienst der Sparkassen jährlich neu herausgegebener 'Ratgeber für die Einkommensteuer', auf dessen Verbreitung in der Finanzverwaltung schon *Ellwein* (1989: 51) hingewiesen hat (vgl. *Tabelle 9/19*). Rund *85 % aller interviewten Sachbearbeiter* aus dem Bereich der Einkommensteuerveranlagung arbeiten - und das in der Regel überwiegend - mit diesem Sparkassenbuch. Faktisch kommt diesem privat vertriebenen Ratgeber der Charakter eines offiziellen Gesetzbuches zu, das

50) Sachbearbeiterin, mittlerer Dienst, mehr als zehn Jahre in der Finanzverwaltung (I 4). Die gleiche Bearbeiterin nannte als Beispiel die neu gefaßten Regelungen über die Steuerbegünstigungen der zu eigenen Wohnzwecken genutzten Wohnung im eigenen Haus in § 10e EStG: Die ersten Veranlagungen mit Regelungsbedarf auf diesem Gebiet bzw. Eintragungen auf Lohnsteuerkarten mußten - da offizielle Gesetzestexte noch nicht vorlagen - am Jahresanfang 1987 (Inkrafttreten 1.1.1987) in der VSt der Bearbeiterin aufgrund einer Informationsbroschüre des BMF erfolgen.

noch dazu jährlich neu erscheint.[51] Eine besondere Rolle scheint das Buch im Bereich der Arbeitnehmerveranlagungen (800er-Fälle) zu spielen: Hier nannten mit 96 % nahezu alle der damit beschäftigten Mittelmänner das Sparkassenbuch als Hilfsmittel bei der Fallbearbeitung. Bei den Koordinatoren fiel die Nennung mit 78,9 % zwar geringer aus, aber auch dort arbeiten mehr als drei Viertel der betreffenden Sachbearbeiter mit diesem Ratgeber. Ein einziger Bearbeiter[52] gab an, "aus grundsätzlichen Erwägungen" nie mit dem Sparkassenbuch zu arbeiten.

Tabelle 9/19: Von den Sachbearbeitern benutzte Gesetzeserläuterungen und Kommentare

(nur Veranlagungssachbearbeiter; N = 66)

Gesetzeserläuterungen und Kommentare	Häufigkeit der Nennung in %
Sparkassenbuch	84,8
EStG-Kommentar Schmidt	28,8
andere EStG-Kommentare	12,1
LSt-ABC	12,1
ESt-Kartei	7,6
Neue Wirtschafts-Briefe	6,1
Steuer-Tips für Beamte	6,1
Handakten/Lehrgangsunterlagen	4,5
Formularband der Volksbanken	1,5
Informationen der LBS	1,5

(offene Fragestellung; Aufzählung nach der Häufigkeit der Nennung)

An zweiter Stelle - aber mit deutlichen Abstand zum Sparkassenbuch - werden als Hilfsmittel allgemein zugängliche *EStG-Kommentare* genannt. Rund vierzig Prozent aller Sachbearbeiter arbeiten mit solchen Kommentaren, davon allein 28,8 % mit dem von Ludwig *Schmidt* herausgegebenen[53] Werk. Dieser Kommentar wird - Im Gegensatz zum Sparkassenbuch - überdurchschnittlich viel von Koordinatoren verwendet: 39,5 % der Bearbeiter dieser Gruppe gaben den EStG-Kommentar von *Schmidt* als Hilfsmittel an, gegenüber nur 12,0 % bei den Mittelmännern.[54] Da-

51) Die "Bibel des Sachbearbeiters" (SB, mD, mehr als zehn Jahre in der Finanzverwaltung; I 13).

52) Sachbearbeiter, gD, mehr als zehn Jahre in der Finanzverwaltung (I 36).

53) Zum Zeitpunkt der Interviews erschienen in der 7. Aufl., München 1988.

54) Ähnlich bei den 'anderen EStG-Kommentaren': 21,1 % Nennungen bei den Koordinatoren, (nur) 3,0 % Nennungen bei den Mittelmännern.

raus läßt sich schließen, daß umfassende EStG-Kommentare - neben ihren Informationen hinsichtlich der Einkünfte aus nichtselbständiger Arbeit - vor allem wegen der *Hinweise bezüglich der anderen Einkunftsarten* geschätzt werden, was bei den 600er-Fällen von Bedeutung ist, während das *Sparkassenbuch* schwerpunktmäßig für die *Bearbeitung von Arbeitnehmerveranlagungen* herangezogen wird.

Erst mit deutlichem Abstand hierzu folgen die von der Finanzverwaltung herausgegebenen Hilfsmittel wie das *Lohnsteuer-ABC*[55)] und die *Einkommensteuer-Kartei* des Landes Nordrhein-Westfalen.[56)] 12,1 % bzw. 7,6 % der befragten Sachbearbeiter machen hiervon regelmäßig Gebrauch. Eigene *Handakten bzw. Lehrgangsunterlagen* werden nur in geringem Maß (4,5 %) - und das auch nur von Mittelmännern - als Hilfsmittel angegeben.

Als einzige Zeitschrift wurden von den Bearbeitern die Neuen Wirtschafts-Briefe (NWB) genannt, mit denen 6,1 % der Bearbeiter regelmäßig arbeiten. Diese Bearbeiter haben die NWB auch auf eigene Kosten angeschafft. Gleiches gilt für die von ebenfalls 6,1 % der SB genannten 'Steuer-Tips für Beamte'. Eigene Handakten oder Unterlagen von Fortbildungslehrgängen benutzten 4,5 % der befragten Veranlagungssachbearbeiter. Damit sind die wesentlichsten Hilfsmittel erfaßt. Andere, wie der von den Volksbanken herausgegebene, für den Steuerzahler gedachte Ausrißband[57)] mit den wesentlichsten Sachfragen in Formularform (für Werbungskosten etc.), oder die für Eigenheimbesitzer bedeutsamen Informationen der LBS werden nur von einzelnen Bearbeitern genannt.

Aus dieser Aufstellung zeigt sich deutlich die große Bedeutung, die dem von den Sparkassen herausgegebenen Ratgeber (im folgenden: 'Sparkassenbuch') bei der Fallbearbeitung von den SB zugemessen wird. Hier bietet sich an, nach den *Gründen* zu fragen, warum dieser Band den offiziellen Gesetzes- und Verordnungstexten vorgezogen wird. Bei der Auswertung der Antworten auf eine entsprechende Frage zeigt sich, das im wesentlichen die *bessere Zugänglichkeit* des Rechtsstoffes für das Sparkassenbuch spricht (vgl. *Tabelle 9/20*). Diese bessere Zugänglichkeit zeigt sich einerseits in *formalen Vorteilen*, andererseits in der *größeren Aktualität* des Buches.

Die größere Aktualität des Buches liegt an der Spitze der Nennungen der Vorteile:

---

55) ABC-Führer Lohnsteuer, bearb. von N.G. Wolf, Loseblattsammlung, Stuttgart

56) Gemeinsame Einkommensteuer-Kartei der OFDen Düsseldorf, Köln und Münster (seit 1981), enthält die Anweisungen der Finanzverwaltungen sowie die Rechtsprechung des BFH in Leitsätzen zu den einzelnen Paragraphen; Loseblattsammlung, vier Ordner.

57) Steuer-Block, hg. vom Bundesverband der Deutschen Volksbanken und Raiffeisenbanken (BVR), Wiesbaden 1986

47,0 % der Bearbeiter sehen in der Tatsache, daß dieser Ratgeber *jährlich neu* erscheint, einen wesentlichen praktischen Vorteil gegenüber offiziellen Gesetzestexten. Dies wird ergänzt durch die Anerkennung der inhaltlichen Aktualität des Sparkassenbuches (22,7 %) und durch die Hervorhebung, daß das Buch - auch dies im Gegensatz zu den offiziellen Materialien - schon am Jahresanfang vorliegt, wenn die Veranlagung für das zurückliegende Jahr (VZ) beginnt.[58)]

Tabelle 9/20: Vorteile des Sparkassenbuches

(nur Veranlagungssachbearbeiter; N = 66)

genannte Vorteile	Häufigkeit der Nennung in %
erscheint jährlich neu	47,0
im DIN A5-Format	42,4
enthält Gesetz, RL und VV*	24,2
inhaltlich aktuell	22,7
enthält Stichwortverzeichnis	21,2
enthält Tabellen	18,2
ausführlicher als Richtlinien	18,2
wichtiges fett gedruckt	13,6
liegt am Jahresanfang vor	6,1
gutes Verweissystem	6,1
ist kostenlos	6,1
fest gebundenes Buch	4,5
gutes Randnummernsystem	3,0
gute Fallbeispiele	3,0

* Richtlinien und Verwaltungsvorschriften

(offene Fragestellung; Aufzählung nach der Häufigkeit der Nennung)

Zu weiteren Pluspunkten hinsichtlich der Handhabbarkeit gehören nach den Antworten der Sachbearbeiter die *Zusammenfassung* von EStG, EStR und wesentlichen Verwaltungsvorschriften in einem Band (24,2 %), die Aufnahme von *Tabellen* (18,2 %) und die Nennung guter *Fallbeispiele* (3,0 %). Dem Sparkassenbuch wird

58) Hier sei auf die Beantwortung der Frage nach dem Kritikpunkten des vorliegenden Vorschriftenbestandes verwiesen, in der als Negativpunkt auch das späte Vorliegen der Vorschriften genannt wurde (Tabelle 9/34). Zu den Veranlagungsrhythmen für vergangene VZ, die bei den 800er-Fällen schon direkt am Jahresanfang beginnen und im ersten Viertels des nachfolgenden Jahres ihren Höhepunkt haben, vgl. die Ausführungen in Kap. 7.3.2.2 und die Anlagen 7/IX - 7/XII.

auch von nahezu von jedem Fünften der befragten SB der Vorteil zugewiesen, *ausführlicher als die offiziellen Richtlinien* (EStR) zu sein.

Ein dritter, nach den Befragungsergebnissen ganz wesentlicher Punkt ist die bessere *formale Darstellung* des geltenden Rechts im Sparkassenbuch. Dabei steht erstaunlicherweise ein völlig äußerliches Kriterium wie die Tatsache, daß das Sparkassenbuch im *DIN A5-Format* erscheint - und nicht in der unhandlichen DIN A4-Version wie die offiziellen EStR - in der Einschätzung der SB ganz weit oben. Auch der Umstand, daß es sich um eine *fest gebundenes Buch* (und nicht um eine Loseblattsammlung wie beispielsweise die Einkommensteuer-Kartei) handelt, ist für einige Bearbeiter ein erwähnenswerter Vorteil. Von relativ großer Bedeutung sind aber auch Formalia wie das im Sparkassenbuch enthaltene *Stichwortverzeichnis*, der *Fettdruck* wichtiger Informationen oder das gute *Randnummern- und Verweissystem*. Und daß dieser Ratgeber kostenlos ist (im Gegensatz zu käuflich zu erwerbenden EStG-Kommentaren) macht ihn auch in den Augen von einigen der Befragten zu einem interessanten Hilfsmittel.

Prinzipielle Unterschiede zwischen der Angaben der Koordinatoren und der Mittelmänner hierzu lassen sich nicht feststellen. Sie äußern sich lediglich dahingehend, daß einigen Formalia von seiten der Mittelmänner größeres Gewicht beigemessen wird. So führen 40 % der befragten Mittelmänner als Vorteil an, daß das Sparkassenbuch die Regelungen von Gesetz, EStR und Verwaltungsvorschriften zusammenfaßt (Koordinatoren: 13,2 %) und 32 % bzw. 20 % dieser Bearbeitergruppe nennen die Aufnahme des Stichwortverzeichnisses bzw. von Tabellen als nützlich (Koordinatoren: 13,2 % bzw. 15,8 %). Auch merken 20 % der Mittelmänner an, das wichtiges im Sparkassenbuch fett gedruckt sei, was nur 10,5 % der Koordinatoren für erwähnenswert halten. Anderes ist leicht erklärlich: Daß 12 % der Mittelmänner der Tatsache, daß das Sparkassenbuch jeweils am Jahresanfang vorliegt, große Bedeutung beimessen, erklärt sich daraus, daß gerade die Mittelmänner im Bereich der 800er-Veranlagungen schon zum Jahresbeginn mit den Veranlagungen für den VZ des letzten Jahres beginnen müssen, wenn die offiziellen Materialien (ev. auch mit Gesetzesänderungen) zumeist noch gar nicht vorliegen. Bei den Koordinatoren (mit einem später beginnenden Veranlagungsrhythmus) ist das kein vorrangiges Problem. Andererseits legen die Koordinatoren großen Wert darauf, daß das Buch jährlich neu erscheint (52,6 % Nennungen),[59] damit

59) Was rückwirkend auch bedeutet, daß man - ständige Sammlung des Buches vorausgesetzt - auch für mehrere vergangene Veranlagungszeiträume das jeweils gültige Gesetz 'im Schrank' hat. Das Problem, für abgelaufene VZ den Gesetzesinhalt präsent haben zu müssen, stellt sich auch für andere Institutionen. Beim BFH behilft man sich damit, die ausgetauschten Blätter aus den Loseblattsammlungen gebündelt zu archivieren (Klein 1990: 13) - ein wesentlich aufwendigeres Verfahren.

die jeweiligen Bestimmungen für einen Veranlagungszeitraum gesammelt vorliegen, was für die Mittelmänner (36 % Nennungen) nicht von derartiger Bedeutung ist.

Die Vorteile des Sparkassenbuches gegenüber den offiziellen Gesetzes- und Verordnungstexten beziehen sich also nach den Einschätzungen der Veranlagungssachbearbeiter auf:

- die *größere Aktualität*,
- die bessere *inhaltliche Präsentation* und
- die leichter zu handhabende *formale Darstellung*.

Als Problem erwies sich beim Sparkassenbuch (gerade bei seinen Befürwortern unter den Sachbearbeitern), daß es als nicht offizielle Gesetzessammlung gilt und damit als solche nicht zitiert und etwa in der Argumentation gegenüber dem Steuerpflichtigen verwendet werden kann - was Bearbeiter nicht hindert, es doch zu tun und sogar bei Bescheiden auf Formulierungen dieses Buches zurückzugreifen.[60]

9.3.2 Die Informationsquellen hinsichtlich der Veränderungen des anzuwendenden Steuerrechts

Auf die Erschwernisse, die das sich stetig ändernde Steuerrecht für die Arbeit der Veranlagungssachbearbeiter mit sich bringt, ist in den grundlegenden Teilen dieser Arbeit ausgiebig eingegangen worden. Diese Erschwernisse bilden eine wesentliche Grundlage des Problemaufrisses, der der vorliegenden Untersuchung zu Grunde liegt. Unter diesen Bedingungen eines sich stetig ändernden Normensystems, das gleichwohl konstant anzuwenden ist (und das bei der Bearbeitung mehrerer Veranlagungszeiträume u.U. in verschiedenen, zu unterschiedlichen Zeiten gültigen Ausprägungen), kommt der Frage nach den faktischen Informationsquellen der Sachbearbeiter wesentliche Bedeutung zu.

Den Sachbearbeitern stehen - wie den Steuerpflichtigen und den Steuerberatern auch - die offiziellen Veröffentlichungsmedien für Gesetzes- und Verordnungsänderungen sowie für Urteile des Bundesfinanzhofes, also das Bundesgesetz- bzw. Bundessteuerblatt und die Veröffentlichungsblätter der Landesfinanzverwaltungen zur Verfügung. Darüber hinaus können sie die erwähnten Vorschriftensammlungen ihrer Landesfinanzverwaltungen (hier: *Einkommensteuer-Kartei NRW*) zu Rate ziehen. Aber diese Medien haben den Nachteil für sich, daß sie - wiewohl z.T in Loseblattform erscheinend (ESt-Kartei) - ähnlich wie die von den Finanzverwaltungen herausgegebenen Unterlagen (EStG und EStR als gebundene Textausgaben) - unter der mangelnden Aktualität leiden bzw. die Informationen über Normände-

60) Sachbearbeiterin, mD, mehr als zehn Jahre in der Finanzverwaltung (I 49).

rungen unsystematisch beinhalten (wie das BStBl und das BGBl).

Tabelle 9/21: Informationsquellen hinsichtlich der Entwicklung der Vorschriften und der aktuellen Rechtsprechung in Steuersachen

(nur Veranlagungssachbearbeiter; N = 66)

	in % der SB insgesamt			
Informationsquellen	regelmäßig	selten	nie	keine Angaben
a) Literatur, Kommentare	21,2	34,8	--	43,9
b) Fachzeitschriften	34,8	21,2	42,4	1,5
c) Nachfrage bei Kollegen	42,4	48,5	9,1	--
d) Nachfrage beim Haupt-SB*	7,6	54,5	31,8	6,1
e) Nachfrage beim SGL bzw. Hauptsachgebietsleiter	7,6	66,7	25,8	--
f) Absicherung bei der Rechtsbehelfstelle	27,3	59,1	13,6	--
g) Nachfrage bei der OFD	--	21,2	78,8	--
h) Fortbildung im Haus	6,1	36,4	57,6	--
i) externe Fortbildung	10,6	71,2	15,2	3,0

*** Haupt-Sachbearbeiter Einkommensteuer**

(vorgegebene Antwortkategorien)

Aus den angeführten Gründen stehen die Bearbeiter vor der Notwendigkeit, sich Informationen über Normänderungen und die aktuelle Rechtsprechung aus anderen Quellen zu besorgen. Teils geschieht das durch Nachlesen in einschlägigen Veröffentlichungen, teils durch das Nachfragen bei besser informierten zuständigen Stellen im eigenen Amt. Eine Übersicht über die genutzten Informationsquellen hinsichtlich der Entwicklung der Vorschriften und der aktuellen Rechtsprechung in Steuersachen (vgl. *Tabelle 9/21*) zeigt, daß dabei die *Nachfrage bei Kollegen* und die Heranziehung von *Fachzeitschriften* die meist genutzten Informationsquellen sind.

42,4 % der Veranlagungssachbearbeiter erkundigen sich regelmäßig (48,5 % selten) bei Kollegen über neue Normen bzw. Anwendungsvorschriften, nur etwa ein Zehntel macht von dieser Informationsmöglichkeit nie Gebrauch.[61] Als regel-

61) Das Gespräch mit Kollegen wird überproportional von Mittelmännern als 'regelmäßige' Informationsquelle angesehen und genutzt: 56,0 % der befragten Sachbearbeiter dieser Gruppe gaben solche Gespräche an, während nur 31,6 % der Koordinatoren sie als regelmäßige Informationsquelle nann-

mäßige Informationsquelle stehen auch *Fachzeitschriften* im Ansehen der Bearbeiter weit oben: 34,8 % der befragten SB lesen in ihnen regelmäßig und 21,2 % selten nach. Allerdings gaben auch insgesamt 42,4 % an, nie in steuerliche Fachzeitschriften zum Zweck der Information zu schauen.[62] Bevorzugt werden dabei von den Sachbearbeitern, die Fachzeitschriften regelmäßig bzw. selten lesen:[63]

- die *Betriebsprüfung* (30 Nennungen, entsprechend 45,5 % der Sachbearbeiteruntersuchungsgruppe),
- die *Deutsche Steuer-Zeitung* (DStZ, 16 Nennungen, 24,2 %),
- die *Neuen Wirtschafts-Briefe* (NWB, 10 Nennungen, 15,2 %),
- die *Steuerwarte* (Beilage zur Gewerkschaftszeitung der DStG, 3 Nennungen, 4,5 %) und
- *Der Betrieb* (DB), die *USt-Rundschau*, die *Entscheidungen der Finanzgerichte* (EFG), das *Deutsche Steuerrecht* (DStR), die *LBS-Informationen* 'Das Haus' mit je einer Nennung.

Literatur und Kommentare werden hingegen offensichtlich selten herangezogen.[64] Nur etwas mehr als ein Fünftel der Befragten bekennt sich zur regelmäßigen Nutzung dieser Quellen.

Ganz im Gegensatz zur Nachfrage bei Kollegen scheint die Beiziehung des zuständigen Hauptsachbearbeiters genauso wie die des eigenen Sachgebietsleiters oder des Hauptsachgebietsleiters Einkommensteuer kein beliebtes Mittel zur Information sein: Nur wenige der Befragten wenden sich regelmäßig an den Haupt-SB bzw. den eigenen SGL oder Haupt-SGL, um sich über Rechtsänderungen oder neue Gerichtsurteile zu informieren. 54,5 % der Bearbeiter gehen in solchen Fällen (wenigstens) selten zum Haupt-SB, 66,7 % zum SGL. Annähernd ein Drittel wendet sich nie an den für die Einkommensteuer zuständigen Hauptsachbearbeiter[65] und immerhin mehr als ein Viertel der Bearbeiter sucht nie den eigenen Sachgebietsleiter bzw. den Haupt-SGL Einkommensteuer zur Information auf.[66]

---

ten.

62) Das Interesse für Fachzeitschriften war bei den Koordinatoren deutlich stärker ausgeprägt als bei den Mittelmännern. 44,7 % der Koordinatoren gaben an, regelmäßig Fachzeitschriften als Informationsquelle zu nutzen (23,7 % selten, 31,6 % nie). Hingegen lesen nur 24,0 % der Mittelmänner regelmäßig Fachzeitschriften (20,0 % selten), aber mehr als die Hälfte dieser Bearbeitergruppe (52,0 %) verzichtete darauf.

63) Ergebnisse einer eigenständigen Nachfrage; nicht tabellarisch dargestellt.

64) Abgesehen vom Sparkassenbuch, nach dem in diesem Zusammenhang ausdrücklich nicht gefragt wurde.

65) 26,3 % bei den Koordinatoren, 36,0 % bei den Mittelmännern.

66) 21,1 % bei den Koordinatoren, 28,0 % bei den Mittelmännern.

Nach den von den Sachbearbeitern gemachten Angaben scheint in Zusammenhang mit solchen Nachfragen viel vom persönlichen Kontakt abzuhängen: Ein persönlich geschätzter Kollege in der Funktion als Haupt-SB oder ein eigener SGL, zu dem ein gutes Verhältnis besteht, werden weit häufiger angesprochen. Dies gilt sowohl was generelle Informationen über Neuentwicklungen oder offene Fragen angeht, als auch was die konkrete Behandlung eines bei der Fallbearbeitung aufgetretenen Problems betrifft. Ist ein solches gutes Verhältnis nicht gegeben, wendet man sich lieber an andere Kollegen. Hingegen wird der zuständige Hauptsachgebietsleiter auf der Bearbeiterebene generell kaum als potentielle Informationsquelle erkannt.

Auf der anderen Seite scheint die Nachfrage bei der *Rechtsbehelfstelle* (dies eher bei der konkreten Fallbearbeitung) ein nicht ungebräuchliches Informationsmittel zu sein.[67] Rund 27,3 % der Bearbeiter, ein vergleichsweise hoher Wert, wenden sich regelmäßig an die Bearbeiter in der RBSt, um den aktuellen Rechtsstand zu erfragen und 59,1 % nutzen gelegentlich diese Möglichkeit. Hier zeigen sich auch deutliche Unterschiede zwischen den Koordinatoren und den Mittelmännern:. Nur 13,2 % der Koordinatoren wenden sich regelmäßig an die RBSt (68,4 % selten, 18,4 % nie), während rund die Hälfte der Mittelmänner (52 %) diese Informationsquelle regelmäßig nutzt (44 % selten, 4 % nie). Lediglich etwas mehr als ein Zehntel der Gesamtgruppe der Bearbeiter (13,6 %) schließt solche Nachfragen bei der RBSt grundsätzlich aus. Die noch weitergehende Rückfrage außerhalb des Veranlagungsbereiches des Finanzamtes, die bei der zuständigen Stelle in der *Oberfinanzdirektion* (OFD) ist kaum gebräuchlich. Nachfragen mit einer gewissen Regelmäßigkeit finden von seiten der normalen Sachbearbeiter dort nicht statt und nur etwas mehr als ein Fünftel der befragten Bearbeiter (21,2 %) hat von diese Möglichkeit ein- oder mehrmals Gebrauch gemacht. Die große Mehrheit (78,8 %)[68] der Veranlagungssachbearbeiter hat sich noch nie mit prinzipiellen oder fallbezogenen Fragen hinsichtlich neuer Vorschriften oder Entscheidungen an die OFD gewandt.

Als relativ unbeliebt erweisen sich hier auch die Möglichkeiten zur *Fortbildung*: Nur 6,1 % der befragten Sachbearbeiter nehmen regelmäßig an Möglichkeiten zur Aktualisierung des Rechtswissen *im eigenen Amt* teil, 36,4 % tun dies gelegentlich. Mehr als die Hälfte der Bearbeiter macht hiervon keinerlei Gebrauch.[69] Etwas besser sieht es bei *externen Fortbildungskursen oder -veranstaltungen* aus. Jeder

67) Solche - u.U. zeitraubenden - Rückfragen sind bei den RBSt nicht immer gerne gesehen, da sie ohnehin unter der hohen Zahl der Rechtsbehelfsfälle leiden und jeden zusätzlichen Arbeitsanfall zu vermeiden suchen (vgl. Kap. 8.3.1).

68) 92,0 % der Mittelmänner, 68,4 % der Koordinatoren.

69) Nie an internen Fortbildungen nehmen 52,6 % der Koordinatoren und 68,0 % der Mittelmänner teil.

zehnte der befragten Bearbeiter (10,6 %) nimmt regelmäßig an solchen externen Fortbildungen teil und die große Mehrheit (71,2 %) nutzt diese Möglichkeit zumindest selten/gelegentlich. Aber immerhin mehr als fünfzehn Prozent der Veranlagungssachbearbeiter[70] haben seit dem Abschluß ihrer Ausbildung keinerlei Fortbildungsveranstaltung besucht.

Überhaupt stehen die angebotenen Fortbildungsveranstaltungen bei den Bearbeitern in keinem guten Licht da:[71] 43,9 % der Bearbeiter bemängeln, daß die angebotenen Veranstaltungen *quantitativ nicht ausreichend* sind, lediglich etwa ein Drittel der Befragten geben an, daß ihnen die bisherigen Veranstaltungen im Umfang ausreichen. Und 9,1 % gibt hier an, daß die Veranstaltungen im Umfang zwar ausreichen, inhaltlich aber nichts oder zu wenig bringen. Generell wird die Praxis der Zulassung zu Weiterbildungsveranstaltungen (Meldung über die Geschäftsstelle des Amtes nach interner Vorauswahl) bemängelt. Bei einer Quote von ein bis zwei für solche Veranstaltungen gemeldeten Bearbeitern pro Jahr schätzt einer befragten Sachbearbeiter, der vor etwa fünf Jahren die letzte Fortbildungsveranstaltung besucht hat,[72] seine Chancen auf eine Wissensauffrischung sehr niedrig ein: "Ich, schätze, die nächsten zehn Jahre bin ich nicht dran."

Tabelle 9/22: Regelmäßige Besprechungen auf Sachgebietsebene

(alle Veranlagungssachbearbeiter; N = 66)

Regelmäßige Besprechungen auf Sachgebietsebene finden statt	Nennung in % der SB
1 bis 3 mal pro Jahr	40,9
4 bis 6 mal pro Jahr	47,0
7 bis 9 mal pro Jahr	3,0
10 bis 12 mal pro Jahr	7,6
13 bis 15 mal pro Jahr	1,5

(offene Fragestellung, eigene Zusammenfassung)

Regelmäßige Besprechungen der Sachbearbeiter mit dem SGL auf der Ebene des einzelnen Sachgebiets finden nach den Auskünften der Bearbeiter in stark unterschiedlichem Maße statt (vgl. *Tabelle 9/22*). In der ganz großen Mehrzahl der Fälle finden solche Besprechungen 1 bis 3 mal pro Jahr (40,9 %) bzw. 4 bis 6 mal pro

70) 7,9 % der Koordinatoren, 20,0 % der Mittelmänner.

71) Ergebnisse einer eigenständigen Nachfrage; nicht tabellarisch dargestellt.

72) Mittlerer Dienst, mehr als zehn Jahre in der Finanzverwaltung (I 8).

Jahr (47,0 %) statt. Mehrmalige Besprechungen finden offensichtlich nur in Ausnahmefällen statt. Einige Bearbeiter gaben aber auch Besprechungszahlen von bis zu 15 mal in einem Jahr an und eine Besprechungshäufigkeit von 10 bis 12 mal pro Jahr wurde immerhin von 7,6 % der befragten SB angegeben.

Zusammenfassend bleibt in bezug auf die durch die Sachbearbeiter genutzten Informationsquellen festzustellen:

- Es bestehen über das Nachlesen in den Gesetzes- und Verordnungssammlungen hinaus generell zwei Möglichkeiten der Informationsgewinnung über Veränderungen des geltenden Steuerrechts bzw. der Rechtsprechung: die Nutzung von schriftlichen Ausführungen zu Einzelfragen des Steuerrechts in Kommentaren bzw. Fachzeitschriften und/oder die Nachfrage bei Kollegen bzw. Vorgesetzten oder anderen Stellen. Jegliche elektronische Informationsquellen (Datenbanken u.ä.) spielen auf der Sachbearbeiterebene der Finanzämter keine Rolle.

- Unter diesen beiden Möglichkeiten stellt die Nachfrage bei Kollegen/Vorgesetzten/anderen Stellen die beliebtere dar. Hier wird - deutlich abhängig von persönlichen Einstellungen und Sympathien die Nachfrage bei Kollegen bevorzugt. Eine Nachfrage außerhalb der Stelle ist eher selten (RBSt, ev. Haupt-SGL), eine Nachfrage außerhalb des Amtes (OFD) fast gar nicht gebräuchlich.

- Fachzeitschriften werden von den Bearbeitern in unterschiedlichem Maße zur Information herangezogen, bei den Sachbearbeitern, die solche Fachveröffentlichungen - aus eigener Initiative - nutzen, erfreuen sich die Betriebsprüfung, die DStZ und die NWB der größten Beliebtheit.

- Fortbildungsveranstaltungen werden von den Bearbeitern eher selten besucht, wobei deutlich an dem nicht ausreichenden Angebot an solchen Veranstaltungen (teilweise auch an deren Qualität) Kritik geübt wird.

9.4 Die Ergebnisse hinsichtlich der Anwendung der Rechtsvorschriften

In der Untersuchungshypothese zur Anwendung der Rechtsvorschriften in den Veranlagungsstellen wurde auf die Zusammenhänge zwischen der Betonung von Praktikabilitätsgesichtspunkten durch die Sachbearbeiter und der Vollziehbarkeit des Einkommensteuerrechts eingegangen. Um einen solchen Zusammenhang zu belegen, sind hier zunächst die *materiellen Grundlagen der Rechtsanwendung*, also die durch die SB zur Kenntnis genommenen Rechts- und Verwaltungsvorschriften und die individuellen und kollektiven Vollzugsanweisungen auf ihre Bedeutung hin zu überprüfen. Über die Ermittung der *Probleme des Vorschriftenbestandes* aus der Sicht der Bearbeiter ist dann nach dem konkreten *Vorgehen bei der Rechtsanwendung* in den Veranlagungsstellen zu fragen, wobei der Schwerpunkt auf dem Umgang mit den materiellen Grundlagen der Rechtsanwendung liegt, aber in Teilbereichen auch auf Fragen der Zusammenarbeit innerhalb der Finanzämter eingegangen wird.

9.4.1 Materielle Grundlagen der Rechtsanwendung

Grundlage der Veranlagungsarbeit der Sachbearbeiter in Einkommensteuerfällen ist das EStG. Darüber hinaus sind verschiedene andere Arten von Rechts- und Verwaltungsvorschriften[73] sowie Anweisungen von Vorgesetzten und - im Rahmen der gesetzlichen Vorschriften - eigenes Ermessen von Bedeutung. *Tabelle 9/23* zeigt die Wichtigkeit, die den verschiedenen Rechts- und Arbeitsgrundlagen von den Veranlagungssachbearbeitern zugewiesen wird.

Die größte faktische Bedeutung wird den *verwaltungsinternen* Vorschriften beigemessen: 92,4 % der Bearbeiter nennen sie als Arbeitsgrundlage für die Bearbeitung von Steuerfällen. Danach folgen die anderen *steuerlichen Rechtsvorschriften* (außerhalb des EStG). Die gleiche Bedeutung wird von den SB dem *eigenen Ermessen* zugewiesen. Die Anweisungen von *Vorgesetzten* stehen dahinter deutlich zurück: Sowohl Einzelfallanweisungen als auch generelle Arbeitsanweisungen werden - im Vergleich zu den vorgenannten Bearbeitungsgrundlagen - als deutlich weniger wichtig angesehen. Auch die steuerliche Rechtsprechung wird gegenüber den Verwaltungsvorschriften und den steuerlichen Rechtsvorschriften zurückgestellt. Aus dem Vergleich der Nennungen zwischen Koordinatoren und Mittelmännern ergeben sich keine signifikanten Unterschiede. Es zeigt sich aber, daß die Koordinatoren den Rechts- und Verwaltungsvorschriften eine leicht höhere Bedeutung beimessen, daß sie vor allem aber das eigene *Ermessen* stärker betonen, als das bei den Mittelmännern der Fall ist.

73) Vgl. generell die Ausführungen in Kap. 6 und für das Einkommensteuerrecht speziell in Kap. 6.3.1.

Tabelle 9/23: Handlungsgrundlagen der Veranlagungsarbeit

(nur Veranlagungssachbearbeiter; N = 66)

Handlungsgrundlagen der Veranlagungsarbeit*	%-Anteil *SB insgesamt* (N = 66)	*Koordinatoren* (N = 38)	*Mittelmänner* (N = 25)
a) andere steuerl. Rechtsvorschriften	77,3	81,6	72,0
b) verwaltungsinterne Vorschriften	92,4	94,7	88,0
c) Anordnungen/Weisungen von Vorgesetzten im Einzelfall	43,9	42,1	44,0
d) Allgemeine Arbeitsanweisungen von Vorgesetzten	33,3	36,8	28,0
e) eigenes Ermessen	77,3	84,2	68,0
f) steuerliche Rechtsprechung	12,1	10,5	16,0
g) Leitlinien eigener Handakten	3,0	--	8,0

* Veranlagungsbegleiter (N = 3) nicht gesondert ausgewiesen

(Mehrfachnennungen möglich; Kategorien a-e vorgegebenen, f-g Nennung durch SB unter 'Sonstiges')

Bei der direkten Nachfrage nach der Bedeutung der Steuergesetze für die Veranlagungsarbeit wird deutlich, daß nicht von einer ständigen Heranziehung der Gesetze für die tägliche Arbeit ausgegangen werden kann. Bei der Beantwortung der Frage, 'welche Bedeutung die Steuergesetze, insbes. das EStG,' für die Arbeit der Veranlagungs-SB habe, zeigen sich deutliche Unterschiede (vgl. *Tabelle 9/24*).

Tabelle 9/24: Bedeutung der Steuergesetze, insbes. des EStG

(nur Veranlagungssachbearbeiter; N = 66)

Bedeutung der Steuergesetze	Nennung in % durch die SB
a) werden *nie* (d.h. in keinem konkreten Fall) herangezogen)	--
b) werden *selten* herangezogen	22,7
c) werden in *etwa der Hälfte* der Fälle herangezogen	31,8
d) werden in *mehr als der Hälfte* der Fälle herangezogen	24,2
e) werden *immer* (d.h. in jedem konkreten Fall) herangezogen	21,2

Daß die Steuergesetze, darunter insbesondere das EStG bei der Fallbearbeitung herangezogen werden, ist unstrittig - herangezogen in dem Sinne, daß die gefundene Lösung direkt aus dem Gesetz belegt und dabei auch mit den gesetzlichen Vorschriften argumentiert wird. 22,7 % der befragten SB geben aber an, so nur selten zu verfahren und demzufolge das jeweilige Steuergesetz (i.d.R. das EStG) nur selten heranzuziehen. Auf der anderen Seite gibt nur ein Fünftel der Befragten an, das Gesetz *immer* bei der Fallbearbeitung heranzuziehen. Mehr als die Hälfte der Befragten geben an, das Gesetz in etwa der Hälfte oder in mehr als der Hälfte der Fälle anzuwenden.

Innerhalb der Gruppe der Sachbearbeiter lassen sich hier keine wesentlichen Abweichungen in den Angaben von Koordinatoren und Mittelmännern feststellen. Tendenziell ist aber bei den Mittelmännern ein freierer Umgang mit dem Gesetz zu ersehen. So gaben nur 18,4 % der Koordinatoren an, das Gesetz würde 'selten' bei der Arbeit herangezogen, bei den Mittelmännern sind es 24 %. Umgekehrt geben lediglich 12 % der Mittelmänner an, das Gesetz 'immer', also bei der Bearbeitung eines jeden konkreten Falles heranzuziehen, bei den Koordinatoren liegt der Prozentsatz mit 28,9 % mehr als doppelt so hoch.

Tabelle 9/25: Häufigkeit des Nachschlagens im EStG

(nur Veranlagungssachbearbeiter; N = 66)

Häufigkeit des Nachschlagens im EStG*	*SB insgesamt* (N = 66)	%-Anteil *Koordinatoren* (N = 38)	*Mittelmänner* (N = 25)
a) immer	--	--	--
b) häufig	13,6	18,4	8,0
c) mittel	53,0	50,0	56,0
d) selten	31,8	31,6	32,0
e) nie	1,5	--	4,0

* Veranlagungsbegleiter (N = 3) nicht gesondert ausgewiesen

(vorgegebene Antwortkategorien)

Die daran anschließende Frage, wie *häufig* bei der Veranlagungsarbeit tatsächlich *im Gesetz nachgeschlagen* wird, zeigt im Ergebnis, daß keiner der Sachbearbeiter angibt, *immer* das Gesetz zur Hand zu nehmen, und nur 13,6 % es häufig benutzen (vgl. *Tabelle 9/25*). Mehr als die Hälfte der Befragten gibt an, den Gesetzestext auf dieser vorgegeben Skala 'mittel' häufig nachzuschlagen. Annähernd ein Drittel der SB führt an, nur selten im Gesetz nachzuschlagen und ein Bearbeiter verzichtet völlig auf den Rückgriff auf das EStG. Signifikante Unterschiede der Angaben von Koordinatoren und Mittelmännern sind nicht festzustellen.

Die Antwortergebnisse zeigen, daß sich ein Großteil der Sachbearbeiter bei der Fallbearbeitung auf die eigene Routine und Erfahrungen im Umgang mit dem EStG verläßt. Hier bietet es sich an, nachzufragen, in welchem Bereich des EStG die Bearbeiter über die größte Erfahrung verfügen - was bedeutet, daß dieser Gesetzesteil nicht so oft nachgeschlagen wird - und in welchem Teil das nicht der Fall ist.

Den für die Sachbearbeiter problematischsten Teil des EStG stellen hiernach die Bestimmungen über die *außergewöhnlichen Belastungen* im Rahmen der §§ 33 ff dar.[74] Der § 33 EStG mit den Bestimmungen über die außergewöhnlichen Belastungen wird von 48,5 % der Sachbearbeiter als ein häufig nachzuschlagender Paragraph bezeichnet; das ist der höchste Wert von allen (vgl. *Tabelle 9/26*). Auch die Paragraphen 33a, 33b und 33c werden von den Veranlagungs-SB genannt. Gerade dieser Teil des Einkommensteuergesetzes zeichnet sich durch eine besonders hohe Änderungshäufigkeit aus.[75] In den gleichen Zusammenhang gehören die Bestimmungen über die Freibeträge nach § 32 EStG, die von 9,1 % der SB genannt wurden.

Deutlich hervorstehende Häufigkeiten zeigen auch die Nennungen der Paragraphen 9 (Werbungskosten) und 10 (Sonderausgaben). Sie werden von 33,3 % bzw. 15,2 % der Sachbearbeiter als häufig nachzuschlagende Paragraphen erwähnt.[76] Ergänzend hierzu werden auch die Bestimmungen der Paragraphen 10a bis 10d angeführt. Der relativ hohe Nennungswert des § 10e EStG (31,8 %) mit den Bestimmungen über die Steuerbegünstigung der zu eigenen Wohnzwecken genutzten Wohnung im eigenen Haus erklärt sich aus der Neuheit dieser Rechtsmaterie zum Zeitpunkt der Befragung. Diese Vorschrift war (nach § 52 Nr. 14 EStG) das erste Mal bei Wohnungen im eigenen Haus bzw. Eigentumswohnungen anzuwenden, wenn das Haus nach dem 31. Dezember 1986 hergestellt oder angeschafft wurde (bzw. ein Umbau nach dem 31. Dezember 1986 fertiggestellt wurde).[77] Auch die Bestimmungen über die erhöhten Absetzungen für Einfamilienhäuser, Zweifamilienhäuser und Eigentumswohnungen in § 7b EStG finden sich mit 7,6 % noch im Mittelfeld der als häufig

74) Zu den inhaltlichen Bestimmungen der Paragraphen 33 und 33 a-c EStG vgl. Kap. 6.3.3.3.

75) Zu den Änderungen des EStG im Bereich des § 33a EStG vgl. das Beispiel in Anlage 7/IV.

76) Vgl. die inhaltlichen Ausführungen zu den §§ 9 und 10 EStG in Kap. 6.3.3.1 und 6.3.3.2.

77) Ähnliches gilt auch für die Bestimmungen des § 15a EStG (6,1 % Nennung) hinsichtlich der Verluste bei beschränkter Haftung, die erstmals für Verluste anzuwenden waren, die in dem nach dem 31. Dezember 1979 beginnenden Wirtschaftsjahr entstanden (§ 52 Nr. 19 EStG).

nachzuschlagend genannten Vorschriften.

Tabelle 9/26: Paragraphen des EStG, die häufig nachgeschlagen werden

(nur Veranlagungssachbearbeiter; N = 66)

Häufig nachgeschlagene Paragraphen	Nennung in % durch die SB
33	48,5
33a	40,9
9	33,3
10e	31,8
21	30,3
10	15,2
22	12,1
21a	10,6
32	9,1
7b	7,6
15a	6,1
34f	6,1
33b	4,5
12, 14, 15, 16, 17, 10a, 10b, 10c, 14a, 33c	je 3,0
4, 5, 6b, 7, 10d, 23, 34	je 1,5

(offene Fragestellung)

Zu beachten sind gleichfalls noch die deutlich herausgehobenen Nennungen der Bestimmungen über Einkünfte aus *Vermietung und Verpachtung*, an erster Stelle die grundlegenden Vorschriften des § 21 EStG. Dazu ergänzend wurden die Vorschriften über die Pauschalisierung des Nutzungswertes der selbstgenutzten Wohnung im eigenen Haus (§ 21a) als häufig nachzuschlagende Vorschrift genannt. Im Aufbau des EStG nach diesen Vorschriften angesiedelt sind die Bestimmungen über 'sonstige Einkünfte', deren Definition - insbesondere mit der Übersicht über die zu versteuernden Ertragsanteile aus Renten - in § 22 EStG ebenfalls häufig nachgeschlagen wird.

Zusammenfassend zeigt sich, daß die Veranlagungssachbearbeiter im wesentlichen in drei Bereichen im Einkommensteuergesetz relativ häufig nachschlagen müssen:

- bei den Vorschriften über die *außergewöhnlichen Belastungen*,

- bei Bestimmungen hinsichtlich der *Werbungskosten* und *Sonderausgaben*, insbesondere in Zusammenhang mit der Neuregelung der Steuerbegünstigung der zu eigenen Wohnzwecken genutzten Wohnung im eigenen Haus nach § 10e EStG;[78]
- bei den Vorschriften über Einkünfte aus *Vermietung und Verpachtung* sowie *sonstige Einkünfte.*

Tabelle 9/27: Paragraphen des EStG, die selten nachgeschlagen werden

(nur Veranlagungssachbearbeiter; N = 66)

Selten nachgeschlagene Paragraphen	Nennung in % durch die SB
10	33,3
9	27,3
21	12,1
7b	10,6
15	10,6
19	10,6
20	10,6
4	4,5
7	4,5
12, 18, 22, 26	je 3,0
2, 5, 6, 8, 9a, 10c, 11, 13, 25,	je 1,5

(offene Fragestellung)

Betrachtet man nun die Übersicht über die Paragraphen, die von den Sachbearbeitern nach eigener Aussage *selten* nachgeschlagen werden (*Tabelle 9/27*), so zeigt sich erstaunlicherweise, daß aus den vorstehend genannten drei Gruppen häufig nachgeschlagener Paragraphen des EStG sich zwei auch in der Spitze der anderen Nennungsgruppe finden: die Bestimmungen über Werbungskosten und Sonderausgaben (§§ 9 und 10 EStG) sowie über die Einkünfte aus Vermietung und Verpachtung (§ 21 EStG).

Diese Nennung in beiden Gruppen - die ja in beiden Fällen nur einen Teil der befragten Sachbearbeiter betraf - zeigt, daß in diesem Bereich des EStG, den ein deutlicher Teil der SB als 'schwierig' empfindet, ein anderer Teil sich stark auf seine Erfahrungen und Routine gerade im Umgang mit diesen beiden Problemfel-

78) Dieser Bereich gehört auch zu den Teilen des EStG mit der höchsten Änderungshäufigkeit; vgl. Kap. 7.1.1.2 und Tabelle 7/5.

dern verläßt. Gleiches gilt wohl auch für die erhöhten Absetzungen im Rahmen der Wohnungsbauförderung durch den § 7b EStG, der mit 10,6 % als selten nachzuschlagend genannt wurde.

Unter den Paragraphen, die ausschließlich in der Kategorie 'selten nachgeschlagen' genannt werden, fallen insbesondere die grundsätzlichen Bestimmungen über die Einkünfte aus Gewerbebetrieb in § 15 EStG, die Definition nichtselbständiger Arbeit in § 19 EStG und der Definition der Einkünfte aus Kapitalvermögen in § 20 EStG. Faßt man hierunter noch die genannten Definitionen des Gewinnbegriffs im allgemeinen (§ 4) und der Grundsatzbestimmungen hinsichtlich der Absetzung für Abnutzung oder Substanzverringerung (§ 7), so zeigt sich, daß es sich bei den als selten nachgeschlagenen Paragraphen zumeist um solche mit *prinzipiellen Regelungen in bezug auf eine Einkunftsart* bzw. abzugsfähige Ausgaben handelt. Damit klärt sich auch der Widerspruch der Nennung der Paragraphen 9, 10 und 21 in beiden Kategorien (sowohl als 'selten' als auch als 'häufig' nachgeschlagen): Wenig nachgeschlagen werden diese Paragraphen in ihrem - relativ konstanten - Definitionsteil, häufig nachgeschlagen werden die - oftmaligen Änderungen unterworfenen - DM-Beträge oder vH-Sätze bestimmter Größen in diesen Paragraphen.

Tabelle 9/28: Grundsätzliche Einordnung der Rechtsvorschriften

(nur Veranlagungssachbearbeiter; N = 66)

Persönliche Einordnung der Rechtsvorschriften*	*SB insgesamt* (N = 66)	%-Anteil *Koordinatoren* (N = 38)	*Mittelmänner* (N = 25)
- Rahmen für die Entscheidung der SB (im Einzelfall)	40,9	31,6	48,0
- verbindliche Anweisung (in jedem Einzelfall)	53,0	63,2	44,0
- Absicherung von selbst getroffenen Einzelentscheidungen	6,1	5,3	8,0

* Veranlagungsbegleiter (N = 3) nicht gesondert ausgewiesen

(vorgegebene Antwortkategorien)

Bei der Frage nach der grundsätzlichen Betrachtung der Rechtsvorschriften durch die Veranlagungssachbearbeiter zeigt sich, daß den Rechtsvorschriften ein weiterer Rahmen zugewiesen wird, als man zunächst vermuten könnte: Nur eine knappe Mehrheit der Befragten betrachtet die Rechtsvorschriften (Steuergesetze und

Rechtsverordnungen) als *verbindliche Anweisung* in jedem Einzelfall (vgl. *Tabelle 9/28*). Zwei Fünftel der befragten Veranlagungssachbearbeiter (40,9 %) sehen hingegen in den Rechtsvorschriften lediglich einen *Rahmen* für Ihre Entscheidung und für 6,1 % der Befragten dient der rechtliche Rahmen lediglich als Absicherung für subjektiv getroffene Einzelentscheidungen.[79] Annähernd die Hälfte der befragten Sachbearbeiter betrachtet die rechtlichen Vorschriften aus dem EStG und den ergänzenden Rechtsverordnungen also lediglich als nicht verbindliche Grundsatzanweisungen, die bei der Rechtsanwendung einen breiten eigenen Spielraum ermöglichen - unabhängig davon, ob ein solcher Spielraum (beispielsweise in Form von Ermessen) durch die Norm gedeckt wird.

Bei der Beantwortung dieser Frage zeigen sich auch deutliche Unterschiede zwischen den beiden untersuchten Sachbearbeitergruppen: Während 63,2 % der Koordinatoren die Rechtsvorschriften prinzipiell als verbindliche Anweisung betrachten, schließen sich dieser Auffassung nur 44,0 % der befragten Mittelmänner an. Von diesen sehen wiederum 48,0 % die Vorschriften lediglich als Rahmen für ihre Entscheidung; diese Auffassung wird von den Koordinatoren in deutlich geringerer Ausprägung vertreten (31,6 %). Nur bei der Minderheitenauffassung der Rechtsvorschriften als Instrument der Absicherung selbst getroffener Einzelentscheidungen zeigen sich mit 5,3 % (Koordinatoren) bzw. 8,0 % (Mittelmänner) keine erkennbaren Unterschiede.

9.4.2 Probleme des Vorschriftenbestandes

Bei der Beantwortung der Frage, ob und inwieweit die Rechts- und Verwaltungsvorschriften in der gegenwärtigen Form für die Arbeit der Sachbearbeiter *geeignet und handhabbar* sind, zeigt sich eine deutliche prinzipielle Zustimmung: Nur eine kleine Minderheit der Sachbearbeiter hält das EStG und die dazu ergangenen Verwaltungsvorschriften zur Gänze für ungeeignet zur Durchführung ihres Arbeitsauftrages. Bei den EStR gibt es eine solche grundsätzliche Ablehnung überhaupt nicht (vgl. *Tabelle 9/29*). Der weitaus größte Teil der Sachbearbeiter hält die Vorschriften zumindest eingeschränkt für geeignet und handhabbar.

Innerhalb dieser prinzipiellen Zustimmung ist eine deutliche Zweiteilung zu erkennen: Während die ESt-Richtlinien von der Hälfte der Befragten für geeignet und handhabbar gehalten werden, finden die Verwaltungsvorschriften nur bei 42,4 % und das EStG gar nur bei wenig mehr als einem Drittel der Sachbearbeiter[80] diese

79) "Ich mache sehr viel nach Gefühl." (Sachbearbeiterin, mD, mehr als zehn Jahre in der Finanzverwaltung; I 4).

80) Die Anerkennung der Geeignetheit ist bei den Koordinatoren mit 44,7 % wesentlich höher als bei den

ungeteilte Zustimmung. Hingegen äußern nahezu sechzig Prozent der Befragten mit der Einordnung des EStG in die Kategorie 'teils/teils' Kritik an dessen Regelungsbestand; bei den Verwaltungsvorschriften sind es 54,4 % und bei den ESt-Richtlinien 50,0 %. Bei einer überwiegenden Zustimmung zur Praktikabilität des Vorschriftenbestandes zeigt sich also, das mindestens die Hälfte der befragten Bearbeiter die verschiedenen Vorschriftenarten in Teilbereichen für nicht geeignet und handhabbar hält. Solche Probleme werden in erster Linie im EStG und dann bei den Verwaltungsvorschriften, in deutlich geringerem Maße bei den ESt-Richtlinien gesehen.

Tabelle 9/29: Geeignetheit der Rechtsvorschriften in der gegenwärtigen Form

(nur Veranlagungssachbearbeiter; N = 66)

Vorschriftenart	nicht geeignet	teils/teils	geeignet
Einkommensteuergesetz	3,0	59,1	37,9
ESt-Richtlinien	--	50,0	50,0
Verwaltungsvorschriften	3,0	54,5	42,4

(vorgegebene Antwortkategorien)

Bei einer genaueren Analyse der Kritik der Sachbearbeiter wird deutlich, daß in erster Linie die *Größe des Vorschriftenbestandes* kritisiert wird: 48,5 % der befragten Sachbearbeiter sind der Meinung, es gebe (in ihrem Arbeitsbereich) zu viele Vorschriften (vgl. *Tabelle 9/30*).[81] Daß es zu wenig Vorschriften gebe, merken nur 6,1 % der Befragten an. Weniger eindeutig sind die Ergebnisse in bezug auf den konkreten Regelungsbestand der Vorschriften des Einkommensteuerrechts: Einerseits beklagen 42,4 % der Sachbearbeiter, die Vorschriften seien zu lückenhaft, andererseits merkt eine nahezu gleich hohe Anzahl, 40,9 %, an, sie seien zu spezialisiert.[82] Dies muß keinen Widerspruch darstellen, wenn es sich auf verschiedene Teile des Gesamtvorschriftenbestandes bezieht, der ja sehr wohl in Teilen zu

Mittelmännern (28,0 %). Bei den EStR und den Verwaltungsvorschriften ergaben sich keine nennenswerten Abweichungen in den Angaben dieser Sachbearbeitergruppen.

81) "Man kann den Wust von Papier, den man auf den Schreibtisch bekommt, einfach nicht verarbeiten." (SB, gD, mehr als zehn Jahre in der Finanzverwaltung; I 66).

82) Die Spezialisierung der Vorschriften wird insbesondere von den Koordinatoren kritisiert (50,0 % Nennungen gegenüber 32,0 % bei den Mittelmännern), während die Mittelmänner deutlicher die Lückenhaftigkeit der Vorschriften als Problem sehen (44,0 % Nennungen gegenüber 39,5 % bei den Koordinatoren).

lückenhaft und in anderen zu spezialisiert sein kann, was sich offensichtlich anhand der unterschiedlichen Probleme im 800er- bzw. 600er-Veranlagungsbereich erweist. Eine solche Analyse zeigt aber auch, daß hier - anders als bei der beklagten Größe des Vorschriftenbestandes - generelle Abhilfe kaum möglich ist und zur Verbesserung einzelne Teile der Vorschriften auf ihre Notwendigkeit hin überprüft werden müßten. Dazu gehören auch die Teile des Bestandes, von denen mehr als jeder zehnte der Bearbeiter angibt, sie seien 'wirklichkeitsfremd'.

Tabelle 9/30: Kritikpunkte hinsichtlich des Vorschriftenbestandes

(nur Veranlagungssachbearbeiter; N = 66)

Kritikpunkte	Häufigkeit der Nennung in %
a) Vorschriften sind lückenhaft	42,4
b) es gibt zu viele Vorschriften	48,5
c) Vorschriften sind zu spezialisiert	40,9
d) es gibt zu wenig Vorschriften	6,1
e) Vorschriften sind wirklichkeitsfremd	12,1
f) zu häufige Änderungen	9,1
g) Vorschriften kommen zu spät	7,6
h) Vorschriften sind widersprüchlich	1,5
i) Vorschriften sind unverständlich	9,1
k) spiegeln nicht vorhandene Perfektion vor	1,5
l) Vorschriften sind zu allgemein	3,0

(Mehrfachnennungen möglich; Kategorien a-e vorgegeben, f-l Nennung durch SB unter 'Sonstiges')

Von den Antwortkategorien, die von den Bearbeitern selbst (unter 'sonstiges') angefügt wurden, fällt insbesondere der Vorwurf ins Auge, die Vorschriften kämen 'zu spät', was bedeutet, daß beschlossene Änderungen oder Neufassungen des Vorschriftenbestandes den Arbeitsplatz des Veranlagungssachbearbeiters erst zu einem Zeitpunkt erreichen, an dem ihm ein genaues Einarbeiten in die Neuregelungen vor der erstmaligen Anwendung nicht mehr möglich ist, oder an dem gar die Veranlagung für den durch die Neuregelungen betroffenen VZ schon begonnen und in Teilen durchgeführt wurde. Auf diesen Punkt ist - im Rahmen der Auswertungen hinsichtlich der Fragestellung zum 'Informationsverhalten' - noch zurückzukommen. Zu diesem Problemkreis gehören aber auch die beklagten häufigen Änderungen der Vorschriften. Eher genereller Natur sind hier die Kritikpunkte hinsichtlich der mangelnden Verständlichkeit[83] und der vorgespiegelten, aber nicht vorhandenen Perfektion der Vorschriften.

Allgemein kritisiert werden von den Sachbearbeitern demnach

- der *zur große* Vorschriftenbestand,
- die *Lückenhaftigkeit* in einigen, die zu starke *Spezialisierung* in anderen Bereichen, und
- die *zu häufigen Änderungen* des Vorschriftenbestandes, die die Sachbearbeiter *zu spät* erreichen.

Die Frage, ob Veränderungen am Vorschriftenbestand des EStG und seiner Nebenvorschriften die Bearbeitung und Entscheidungsfindung im Einzelfall erleichtern könnten,[84] wurde denn auch überwiegend bejaht: 80,3 % der Sachbearbeiter gaben dies 'für bestimmte Einzelfälle' an und 12,1 % würden solchen Veränderungen allgemein 'in großem Maße' eine Erleichterungswirkung zusprechen. Hingegen sehen lediglich 6,1 % der SB keine solche Entlastungswirkung durch Veränderungen am Vorschriftenbestand.[85] Als 'veränderungsbedürftig' wird dabei vielfach die Begrenzung bei Werbungskosten genannt. Einer Erhöhung der Pauschalen wird in vielen Fällen deutlich entlastende Wirkungen zugetraut.

9.4.3 Das Vorgehen bei der Rechtsanwendung

Es ist in den Ausführungen zur Entwicklung der Fallzahlen und der Bearbeitungsrhythmen in den untersuchten Finanzämtern deutlich geworden, daß der Eingang der Steuererklärungen in den Finanzämtern über ein Kalenderjahr hinweg deutlichen Schwankungen unterworfen ist. Insbesondere im 800er-Bereich gehen in den ersten fünf Monaten des Jahres in großem Maße Steuererklärungen ein und auch bei den Fällen mit StN unter 600 treten periodische Schwankungen auf.
Die Sachbearbeiter sind gezwungen, auf die Zunahme der Fallzahlen mit einer Umstellung ihrer Arbeitsgewohnheiten zu reagieren. Ein Teil des zusätzlichen Arbeitsanfalles im 800er-Bereich in den ersten Jahresmonaten wird dadurch aufgefangen, daß innerhalb der Dreiergruppen ein Teil der Arbeitnehmerveranlagungen von Mittelmann an den Koordinator (leichtere Fälle u.U. auch an den Veranlagungsbegleiter) abgegeben wird. Eine weitere direkte Umstellung ist das Abgehen vom Prinzip der direkten Fallbearbeitung nach Eingang: Zumindest per Post eingegangene Erklärungen werden nicht mehr direkt nach Eingang bearbeitet, sondern

83) Darunter wurde beispielsweise die Vielzahl der Querverweise in den Rechts- und Verwaltungsvorschriften des Einkommensteuerrechts kritisiert.

84) Nicht tabellarisch ausgewiesen.

85) 1,5 %: keine Angaben.

kommen zunächst auf den 'Stapel', von wo sie aus zu einem späteren Zeitpunkt nach dem Eingangsdatum abgearbeitet werden. Aber auch solche Rückstellungen können das Problem der gehäuften Eingänge (und insbesondere das der Vielzahl von persönlich im Amt abgegebenen Erklärungen) nicht lösen. Die logische Konsequenz aus der Tatsache, daß der zunehmende Arbeitsdruck auf die Bearbeiter weder durch organisatorische Umstellungen noch durch zeitliche Rückstellungen ganz aufgefangen werden kann, ist eine Veränderung in der *Arbeitsweise der Sachbearbeiter* bei der Bearbeitung der eingehenden Erklärungen. Eine solche Veränderung wurde von den Bearbeitern in der Befragung auch nicht geleugnet, sondern für den persönlichen Bereich zugegeben.[86)] Denn: "Oberstes Ziel ist die Bewältigung der Arbeit".[87)] Im Ergebnis läuft die so geleitete Bearbeitung auf eine Konkretisierung des Forderung nach der *Konzentration auf das Wesentliche* bei der Fallbearbeitung hinaus. Dabei haben sich verschiedene Schwerpunkte der Bearbeitungsvereinfachung durch die Veranlagungs-SB gezeigt:

Im Grunde laufen alle Vereinfachungen darauf hinaus, "im Rahmen der Toleranzbreite" großzügig[88)] zu sein und die Angaben der Steuerpflichtigen in ihrer Erklärung einfach "abzuhaken".[89)] Dies geschieht zumeist vor dem Hintergrund einer relativ großen Vertrautheit der Sachbearbeiter mit den ihnen vorliegenden Fällen, deren Umstände sie aus den Vorjahren kennen und bei denen sie auf (aus ihrer Sicht gute oder schlechte) Erfahrungen mit den jeweiligen Steuerpflichtigen zurückgreifen können. Die nach Aussagen der Sachbearbeiter genutzten Möglichkeiten hierzu sind:

- der *Verzicht auf Belege* auch über die Grenzen der von den GNOFÄ genannten Nichtbeanstandungsgrenzen hinaus;
- der Verzicht auf Nachfragen nach der Anpassung der genannten *Mietwerte* für Häuser und Wohnungen;
- der Verzicht auf Nachweise hinsichtlich der *berufsbedingten Abwesenheit* eines Arbeitnehmers von zuhause;
- die direkte Veranlagung eingegangener Erklärungen *ohne Hinzuziehung von Akten* ("Veranlagung im Stehen");[90)]

86) "Nach dem Urlaub muß man ein flotteres Tempo bei der Veranlagung vorlegen" - mit Blick auf die Erledigungsstatistik; der Verf. (SB, gD, mehr als zwanzig Jahre in der Finanzverwaltung; I 11). "Wer nicht beide Augen zudrücken kann, hängt in der Statistik durch." (SBin, gD; mehr als zehn Jahre in der Finanzverwaltung; (I 50).

87) Sachbearbeiterin, mD, mehr als zehn Jahre in der Finanzverwaltung (I 73).

88) Sachbearbeiter, mD, mehr als zehn Jahre in der Finanzverwaltung (I 1).

89) Sachbearbeiter, mD, mehr als zehn Jahre in der Finanzverwaltung (I 8).

90) Sachbearbeiter, gD, mehr als zehn Jahre in der Finanzverwaltung (I 6).

- die Orientierung am Verfahren und am Ergebnis des *Vorjahres.*

Als klassische Felder für eine solche nicht-kleinliche Veranlagung aus dem Bereich der Werbungskosten bzw. außergewöhnlichen Belastungen wurden immer wieder "Spenden, DDR-Pakete, Arbeitsmittel"[91] sowie allgemein die stillschweigende 'Umwandlung' der Nichtbeanstandungsgrenzen in Freibeträge genannt. Nicht immer erfolgen solche Großzügigkeiten ganz freiwillig, denn man weiß als Bearbeiter oft nicht, "ob man von der Verwaltung noch gedeckt wird."[92] Und Erfahrungen wie die eines Sachbearbeiters[93] der pauschale Spendenangaben eines Steuerpflichtigen ohne Belege in Höhe von DM 200,- nicht anerkennen wollte und auch einem Widerspruch des Steuerpflichtigen nicht abhalf, dem aber dann im weiteren Verlauf des Verfahrens von der Rechtsbehelfstelle seines Amtes mitgeteilt wurde, 'man habe für so etwas doch kein Zeit' und er solle den Angaben des Steuerpflichtigen Glauben schenken, wirken sich prägend für die ganze Einstellung der SB zu Konflikten in diesen Betragsgrenzen aus. Die Bearbeiter haben damit die Ziele der Verwaltungsführungen hinsichtlich eines 'maßvollen Gesetzesvollzuges', den "Persilschein" für die Finanzbeamten,[94] verinnerlicht: "Man muß Schwerpunkte bilden und nicht um 20 DM streiten."[95] Da aber gerade die Verfügungen der OFD hinsichtlich einer großzügigen Rechtsanwendung "dem Schummeln Tür und Tor geöffnet" haben[96] stehen die Bearbeiter vor der Notwendigkeit, Arbeitseffizienz mit dem Gespür für Steuerehrlichkeit zu verbinden:

> "Entscheidend ist die Glaubwürdigkeit der Erklärung. Je nachdem, wie glaubwürdig mir die Leute erscheinen, veranlage ich großzügig. Wenn aber einer versucht, mich zu hintergehen, werde ich sehr genau."[97]

Die Einschätzung, ob die Erklärung ehrlich ist oder nicht, wird sehr häufig vom nicht näher definierten Eindruck abhängig gemacht, den ein persönlich erscheinender Steuerpflichtiger auf den Bearbeiter macht: "Wenn jemand zu mir kommt, und mit mir spricht, habe ich das Gefühl, ob er ehrlich ist oder nicht. Das hat

---

91) SB, mD, mehr als fünf Jahre in der Finanzverwaltung (I 20). "Wer da keine Werbungskosten hat, ist dumm." (SB, mD, mehr als zwanzig Jahre in der Finanzverwaltung; I 58).

92) Sachbearbeiter, gD, mehr als zehn Jahre in der Finanzverwaltung (I 59).

93) Mittlerer Dienst, mehr als zehn Jahre in der Finanzverwaltung (I 1).

94) Sachbearbeiter, mD, mehr als zwanzig Jahre in der Finanzverwaltung (I 14).

95) Sachbearbeiter, mD, mehr als zehn Jahre in der Finanzverwaltung (I 4). Hier treffen sich auch persönliche mit dienstlichen Erfahrungen: "Ich fahre ja auch nur acht und schreibe (bei der Wegstrecke zu Arbeitsplatz; d.Verf.) zehn Kilometer hin." (SBin, mD, mehr als zwanzig Jahre in der Finanzverwaltung (I 47).

96) Sachbearbeiter, gD, mehr als zehn Jahre in der Finanzverwaltung (I 38).

97) Sachbearbeiter, gD, mehr als zehn Jahre in der Finanzverwaltung (I 6).

man so drin."[98] "Wenn es im Rahmen bleibt, gehen wir darüber hinweg."[99] Es gibt demnach bei der Veranlagung für die Bearbeiter keine generelle 'Schmerzgrenze', bei der die Großzügigkeit aufhört, sondern die Sachbearbeiter machen in ihrer großen Mehrheit deutlich, daß die Umstände des Einzelfalles individuell zu beurteilen sind.[100] Ist der Bearbeiter der Meinung, eine solche Grenze sei überschritten, kann das für den Pflichtigen unangenehm werden: "Wenn es einer übertreibt, lasse ich mir vom dem die letzte Mark bescheinigen."[101] Strukturell bevorzugt ein solche Verfahren die Steuerpflichtigen mit größeren Einkünften und umfangreicheren Erklärungen in den Bereichen Werbungskosten, Sonderausgaben oder außergewöhnliche Belastungen: "'Große' Steuerpflichtige sind bei gleich hoch angegebenen Kosten immer im Vorteil gegenüber 'kleinen' Steuerpflichtigen."[102] "Die größeren Fälle rutschen in der Masse mit durch."[103] Aber auch zwischen den einzelnen Einkunftsarten ergeben sich z.T. erhebliche Unterschiede in der Behandlung, gerade auch was die 'Großzügigkeit' angeht:

> "Ich kann bei Einkünften aus Vermietung und Verpachtung locker zwanzigtausend DM an Werbungskosten abhaken - oder auch nicht, das hängt von der Zeit ab. Habe ich Druck, lasse ich es, habe ich keinen, schaue ich rein."[104]

Das großzügigere Vorgehen insbesondere in der ersten Jahreshälfte wird in manchen Fällen auch in *Dienstbesprechungen* am Jahresanfang abgesprochen.[105] Direkte Anweisungen des *Finanzamtsvorstehers* hinsichtlich der Rechtsanwendung in solchen Fällen, in denen mehrere Auslegungen möglich sind (zur Wahrung der einheitlichen Rechtsanwendung im Amt) gibt die Hälfte der Sachbearbeiter als Praxis in ihrem Amt an.[106] Ihnen zufolge werden solche Anweisungen zwar auch direkt, zumeist aber über Besprechungen mit den Sachgebietsleitern an die Bearbeiter weitergegeben. 42,4 % kennen solche Anweisungen in ihrem Amt nicht.[107] Oftmals kommen solche Anweisungen oder Besprechungen zu spät:

98) Sachbearbeiter, gD, mehr als fünf Jahre in der Finanzverwaltung (I 24).

99) Sachbearbeiter, gD, mehr als zwanzig Jahre in der Finanzverwaltung (I 52).

100) Die - prinzipiell gültige - Fallgruppeneinteilung der GNOFÄ spielt demgegenüber nur noch eine untergeordnete Rolle: "Man denkt heute bei der Bearbeitung nicht mehr an die Fallgruppeneinteilung." (SGL, höherer Dienst, mehr als zwanzig Jahre in der Finanzverwaltung; I 25). Von Bedeutung sind hier allenfalls noch die (auf dem Betriebsprüfungsplan vermerkten) Fälle der Fallgruppe 1, die unter dem Vorbehalt der Nachprüfung veranlagt werden.

101) Sachbearbeiter, gD, mehr als zehn Jahre in der Finanzverwaltung (I 38).

102) Sachbearbeiter, mD, mehr als zwanzig Jahre in der Finanzverwaltung (I 47).

103) Sachbearbeiter, mD, mehr als zwanzig Jahre in der Finanzverwaltung (I 58).

104) Sachbearbeiter, mD, mehr als zwanzig Jahre in der Finanzverwaltung (I 47).

105) Sachbearbeiter, gD, mehr als zehn Jahre in der Finanzverwaltung (I 2).

106) Als Beispiele wurden Anweisungen hinsichtlich der Zeiträume bei der Anpassung von Mietwerten und Modalitäten bei der Anerkennung von Spendennachweisen genannt.

107) Keine Angaben oder 'Weiß nicht': 7,6 %.

"Bei neuen Problemen findet erst nach ein paar Wochen eine Besprechung statt; zu diesem Zeitpunkt sind schon ein paar hundert Steuerfälle erledigt - nach dem gesunden Rechtsempfinden."[108)]

Zudem leidet auch die Motivation bei dieser verordneten Großzügigkeit: "Manche 800er-Sachbearbeiter kommen sich überflüssig vor, weil es bei ihnen ohnehin nur um geringe Beträge geht, die dann auch noch nach Anweisung nicht genau geprüft werden sollen."[109)]

Der einzige Punkt, an dem Bearbeiter angeben, *Kollegen im Amt* einen Vorteil zu verschaffen, ist die Eingabe von deren bearbeiteter Erklärung bei der VRZ in das - eigentlich für bearbeitete Prüfhinweise gedachte - 'Blitzfach', aus dem die Bearbeitungsbögen noch am selben Tag in die EDV eingegeben werden, was schnellere Erstattungen zur Folge haben kann. Ansonsten halten es die Bearbeiter eher für einen Nachteil, im eigenen Amt veranlagt zu werden und befürchten strengere Prüfungen der eigenen Angaben.

In den Ausführung zur Bedeutung der Rechtsprechung im Steuerrecht wurde dargelegt, welche bedeutsame Rolle diese Rechtsprechung, insbesondere die des Bundesfinanzhofes (BFH), für die Rechtsanwendung und Rechtsfortbildung hat. Die faktische Umsetzung einer solchen normativen Fortentwicklungsaufgabe setzt aber voraus, daß nicht nur der jeweils gültige Vorschriftenbestand, sondern auch die aktuelle und neue Rechtsprechung bei der Einzelfallbearbeitung (in den normativ gesteckten Grenzen) zur Kenntnis genommen und angewendet werden. Dies scheint nach den Ergebnissen der Befragung (*Tabelle 9/31*) nur sehr eingeschränkt der Fall zu sein.

Hier geben auf eine entsprechende Frage nur etwa vier von zehn befragten Sachbearbeitern an, die aktuelle Rechtsprechung[110)] bei der Bearbeitung von Steuerfällen *immer* zu berücksichtigen. Ein Drittel der Befragten wendet sie *häufig* und ein weiteres Viertel noch *manchmal* an. Ein Bearbeiter gibt an, die neue Rechtsprechung *so gut wie nie oder nie* zu beachten. Der Prozentsatz der Koordinatoren, die angeben, die Rechtsprechung immer heranzuziehen, ist dabei deutlich höher als derjenige der Mittelmänner, die ein solches Vorgehen anmerken. Bei denjenigen Bearbeitern, die angeben, 'häufig' die Rechtsprechung anzuwenden, ist das Verhältnis entsprechend umgekehrt: 23,7 % der Koordinatoren und 48,0 % der Mittelmänner bekennen sich hierzu. In einer eher seltenen Anwendung der Rechtspre-

108) Sachbearbeiterin, mD, mehr als zehn Jahre in der Finanzverwaltung (I 4).

109) Sachbearbeiter, mD, mehr als zehn Jahre in der Finanzverwaltung (I 9).

110) Entscheidungen des Bundesfinanzhofes, in Teilen auch Entscheidungen des zuständigen Finanzgerichts.

chung ('manchmal') finden sich 28,9 % der Koordinatoren und 20,0 % der Mittelmänner wider. Festzuhalten bleibt, daß sich nahezu die Hälfte der Koordinatoren zu einer strikten Anwendung der aktuellen Rechtsprechung bekennt, ein Prozentsatz, der bei den Mittelmännern weitaus geringer ausfällt.

Tabelle 9/31: Heranziehung der aktuellen Rechtsprechung bei der Fallbearbeitung

(nur Veranlagungssachbearbeiter; N = 66)

Heranziehung der aktuellen Rechtsprechung*	%-Anteil *SB insgesamt* (N = 66)	*Koordinatoren* (N = 38)	*Mittelmänner* (N = 25)
- immer	39,4	47,4	28,0
- häufig	33,3	23,7	48,0
- manchmal	25,8	28,9	20,0
- so gut wie nie oder nie	1,5	--	4,0

* Veranlagungsbegleiter (N = 3) nicht gesondert ausgewiesen

(vorgegebene Antwortkategorien)

Von einer Aufnahme der aktuellen Rechtsprechung in die Veranlagungspraxis der Finanzämter ist demnach auch innerhalb der geschilderten normativen Grenzen (Einschränkung der Gültigkeit über den Einzelfall hinaus) und verwaltungsmäßigen Beschränkungen (Nichtanwendungserlasse) *nur sehr eingeschränkt* auszugehen: mehr als sechzig Prozent der befragten Veranlagungssachbearbeiter ignorieren die Rechtsprechung bei der Fallbearbeitung zumindest teilweise.[111)]

Konflikte bei der Rechtsanwendung von einkommensteuerrechtlichen Vorschriften zwischen den Sachnotwendigkeiten eines bestimmten Falles oder einer Reihe von Fällen und den Vorschriften des EStG kommen nach Meinung der großen Mehrheit der Sachbearbeiter immer wieder vor (vgl. *Tabelle 9/32*). Vier Fünftel der Befragten geben an, solche Konflikte kämen manchmal vor, einige Bearbeiter sehen solche Konflikte zwischen den Gesetzesvorschriften und dem aus ihrer Sicht sachlich gebotenen sogar häufig.[112)] Lediglich 15,2 % der befragten SB sehen sol-

111) Dieser Punkt hängt auch mit dem Informationsverhalten der Sachbearbeiter (Kap. 9.3) zusammen: Insbesondere die Bearbeiter aus dem mittleren Dienst geben an, zumeist nur eingeschränkten Zugang (über den Koordinator) zum BStBl zu haben. Die zeitschriftenähnlichen 'Entscheidungen der Finanzgerichte' (EFG) sind zumeist nur über den Sachgebietsleiter oder gar die zentrale Registratur des Amtes einsehbar.

112) Diese Prozentsätze sind deutlich höher als bei der Frage nach Konflikten zwischen den Anweisungen

che Konflikte nicht und geben an, so etwas käme nie vor. Die Antwortergebnisse der beiden Sachbearbeitergruppen (Koordinatoren und Mittelmänner) entsprechen sich in diesem Punkt nahezu vollständig.

Tabelle 9/32: Konflikte zwischen den Gesetzesvorschriften und dem sachlich Notwendigen

(nur Veranlagungssachbearbeiter; N = 66)

Konflikte zwischen Gesetzesvorschriften und Sachnotwendigkeiten	Nennungen in % der SB
- kommen in der eigenen Arbeit *häufig* vor	4,5
- kommen in der eigenen Arbeit *manchmal* vor	80,3
- kommen in der eigenen Arbeit *nie* vor	15,2

(vorgegebene Antwortkategorien)

Als Kennzeichnungen 'schwieriger' Veranlagungsfälle - im Gegensatz zu Routinefällen - werden u.a. geltend gemachte Reisekosten in großem Umfang, doppelte Haushaltsführungen, Nießbrauchsfälle, komplizierte Einkünfte aus Vermietung und Verpachtung, die Berücksichtigung dauernder Lasten, sowie generell erstmalige Beantragungen genannt. Bei den Antworten auf die hier anschließende Frage nach dem *persönlichen* Verhalten in solchen Konfliktfällen an die Bearbeiter, die solche Konflikte zumindest 'manchmal' spüren, zeigt sich, daß die Bearbeiter in solchen Fällen in der Mehrzahl bereit sind, von den Vorschriften des Gesetzes abzuweichen. Lediglich 37,5 % der befragten Veranlagungs-SB folgen auch in solchen Fällen strikt den Vorschriften des Gesetzes (vgl. *Tabelle 9/33*).[113] Demnach ist also deutlich mehr als die Hälfte der Befragten bereit, in einem solchen Fall vom uneingeschränkten Vollzug der Vorschriften zunächst einmal abzusehen.

Eine solche Abweichung von den Gesetzesvorschriften erfolgt in der Regel aber nicht in völliger Loslösung vom Buchstaben des EStG: Nur 3,6 % der Befragten geben an, in solchen Fällen ausschließlich nach den Sachnotwendigkeiten (unter

---

Vorgesetzter und den Sachnotwendigkeiten; vgl. Tabelle 9/12, Kap. 9.2.3.2.

113) Dies z.T. auch mit der Konsequenz, die wirtschaftliche Existenz des Steuerpflichtigen zu gefährden: "Es hilft (bei der Besteuerung kleiner Gewerbetreibender; d.Verf.) keinem, einen schlecht geführten Betrieb am Leben zu erhalten. Da habe ich kein Mitleid." (SB, gD, mehr als zehn Jahre in der Finanzverwaltung; I 38). Andererseits gibt es unter den vollständig gesetzeskonform handelnden Bearbeitern auch solche, die das Gesetz in so einem Fall nur "zähneknirschend" anwenden (Haupt-SB ESt, gD, mehr als zehn Jahre in der Finanzverwaltung; I 42).

Hintanstellung der Gesetzesvorschriften) zu verfahren; dabei handelt es sich um Koordinatoren. Die anderen Bearbeiter verfolgen zumeist zwei Strategien, die sich zum einen als *Rückversicherung durch Rücksprache* (mit dem SGL, Kollegen oder anderen Stellen)[114] zum zweiten als freie *Orientierung am Vorschriftenzweck*[115] zusammenfassen lassen.

Tabelle 9/33: Problemlösung bei Sachkonflikten

(nur Veranlagungs-SB mit positiven Antworten in Tabelle 9/32; N = 56)

Eigenes Verhalten bei Konflikten zwischen Gesetzesvorschriften und Sachnotwendigkeiten	Nennung in % der SB
a) strikte Befolgung des Gesetzes	37,5
b) Rücksprache mit dem Sachgebietsleiter	21,4
c) Gesetz weitestmöglich auslegen	21,4
d) Einigung mit dem Stpfl. suchen	10,7
e) inhaltliche Schwerpunktbildung	8,9
f) Rücksprache mit Kollegen	7,1
g) Rücksprache mit der Rechtsbehelfstelle	5,4
h) Rücksprache mit der OFD	3,6
i) Entscheidung nach Sachnotwendigkeit	3,6
k) Rücksprache mit dem Vorsteher	1,8

(offene Frage, Mehrfachnennungen möglich)

In Fällen der Rückversicherung durch Rücksprache wird in den relativ meisten Fällen die Rücksprache mit dem Sachgebietsleiter genannt (21,4 %). Sie ist - mit der eigenständigen Auslegung des Gesetzes - der am häufigsten gewählte Lösungsweg. Die Rücksprache mit Kollegen oder mit den Bearbeitern der Rechtsbehelfstellen werden in deutlich geringerer Zahl angeführt. Eine Ausnahme stellt hier die Einschaltung des FA-Vorstehers bzw. die Rücksprache mit der OFD dar.[116]

114) Auch in Zusammenhang mit einer Rücksprache kann ein Abgehen von den eigentlichen Gesetzesvorschriften erfolgen: "Es gibt Fälle, bei denen ich - mit Zustimmung des Sachgebietsleiters - das Steuerrecht 'umbiege'". (SBin, gD, weniger als fünf Jahre in der Finanzverwaltung; I 70).

115) "Man versucht den Fall so durchzuboxen, wie man denkt, daß es für den Betroffenen gerecht ist. Es muß aber sachlich begründbar sein, wegen einer möglichen Nachprüfung." (SB, gD, mehr als zehn Jahre in der Finanzverwaltung).

116) Die Rücksprache mit dem Vorsteher bzw. der OFD wird ausschließlich von Koordinatoren als Lösungsmöglichkeit angeführt, die Einschaltung der RBSt nur von Mittelmännern (12 % Nennungen). Das Gespräch mit Kollegen wird in beiden Gruppen in gleicher Stärke genannt.

Bei der Orientierung am Zweck der Vorschrift steht neben der Auslegung des Gesetzes ('soweit es irgend geht') auch die Suche nach einer Einigung mit dem Steuerpflichtigen im Vordergrund.[117] Daneben kommt die inhaltliche Schwerpunktbildung mit dem Rückzug auf wenigstens eine *Teilanwendung* der betreffenden Vorschrift[118] - wenn auch in leicht geringerem Maße - vor. Dies gilt gleichermaßen bei Koordinatoren und Mittelmännern. Von einem vollständigen Normenvollzug kann in all diesen Fällen nicht ausgegangen werden.

Tabelle 9/34: Von den Bearbeitern an die RBSt abgegebene Fälle pro Jahr

(nur Veranlagungssachbearbeiter; N = 66)

Abgabe von Fällen an die RBSt pro Jahr und SB *	%-Anteil *SB insgesamt* (N = 66)	*Koordinatoren* (N = 38)	*Mittelmänner* (N = 25)
weniger als 10 Fälle	--	--	--
10 bis unter 20 Fälle	10,6	2,6	20,0
20 bis unter 30 Fälle	21,2	21,1	20,0
30 bis unter 40 Fälle	10,6	10,5	12,0
40 bis unter 50 Fälle	16,7	18,4	12,0
50 bis unter 60 Fälle	15,1	18,4	12,0
60 bis unter 100 Fälle	7,6	13,2	--
100 und mehr Fälle	12,1	10,5	16,0
keine Angaben	6,1	5,3	8,0

* Veranlagungsbegleiter (N = 3) nicht gesondert ausgewiesen

(offene Frage, eigene Gruppenbildung)

Alles in allem ist in solchen Konfliktfällen die Bereitschaft der Sachbearbeiter, eine eigenständige Lösung des Problems zu finden, genauso groß wie bei den besprochenen Konflikten zwischen der Anweisung eines Vorgesetzten und der subjektiven Einschätzung der Sachnotwendigkeiten: In beiden Fällen sind *mehr als die Hälfte* derjenigen Bearbeiter, die eine solche Diskrepanz empfinden, bereit (zunächst) eine Lösung anzustreben, die der Anweisung bzw. der Vorschrift nicht entspricht, aber *innerhalb der im Amt üblichen Problemlösungsmöglichkeiten* bleibt und zumindest die formale Hierarchiestruktur nicht verletzt. Jeweils knapp *vierzig*

117) Diese Lösung sehen vor allem die Mittelmänner (16,0 % Nennungen), während Koordinatoren sie deutlich weniger angeben (5,3 %).

118) "Man ist so großzügig, wie es geht und noch zu vertreten ist." (SB, mD, mehr als zwanzig Jahre in der Finanzverwaltung; I 65).

Prozent der Bearbeiter verdrängen den selbst erkannten Konflikt und bearbeiten den Fall nach Vorgabe bzw. nach Vorschrift und nur eine Minderheit ist bereit, ihre Einschätzung des sachlich Gebotenen über die Anweisung eines Vorgesetzten bzw. die Gesetzesvorschriften zu heben und nach eigener Einschätzung zu verfahren.

Die Zahl der von den Sachbearbeitern *an die Rechtsbehelfstellen der Finanzämter (RBSt) abgegebenen Fälle* schwankt bei den befragten Bearbeitern stark: im Minimum werden 10 Fälle pro Jahr, im Maximum 150 Fälle pro Jahr an die RBSt weitergegeben. Innerhalb dieses Rahmens verteilen sich die Abgabequoten ziemlich ausgeglichen (vgl. *Tabelle 9/34*). Ein leichter Schwerpunkt ist einerseits im Bereich von 20 bis 30 Fällen pro Jahr und andererseits im Bereich von 40 bis 60 Fällen pro Jahr zu finden. Im letzteren Bereich findet sich auch der insgesamt am häufigsten genannte Einzelwert von 50 Abgaben pro Jahr (9 Nennungen). Ansonsten unterliegen die Fallzahlen deutlichen Schwankungen, die auf einen einheitlichen 'Abgabestandard' nicht schließen lassen. Das gilt auch für die Verteilung zwischen Koordinatoren und Mittelmännern: Signifikante Unterschiede zwischen den Veranlagungsbereichen (Steuernummern unter 600 und über 800) lassen sich hier nicht feststellen.

Im Verhältnis zu den Rechtsbehelfstellen wird von den Sachbearbeitern sehr wohl registriert, wie die von ihnen weitergegebenen Streitfälle weiter behandelt werden. Die Mehrzahl der Bearbeiter bringt zum Ausdruck, daß sie die Entscheidungen der Rechtsbehelfstellen nicht in ihrer Arbeit beeinflussen. Aber zuweilen ärgern sich die Sachbearbeiter, wenn die RBSt in einem Fall nachgibt, bei dem der Bearbeiter hart geblieben war: "Dann denkt man, was soll's und gibt das nächste mal auch nach."[119] Macht sich der Veranlagungssachbearbeiter andererseits von vorneherein ein klares Bild von dieser Konstellation und "stimmt seine eigene Rechtsauffassung mit der der Rechtsbehelfstelle ab"[120] kann er schon bei der Bearbeitung den voraussichtlichen Gang der Entscheidung in einem absehbaren Streitfall abschätzen.

119) Allerdings merkte die entsprechende Bearbeiterin (gD, mehr als zehn Jahre in der Finanzverwaltung; I 44) auch an, daß sich die RBSt in der gleichen Situation befänden: "Denen sitzen die Gerichte im Nacken."

120) Sachbearbeiter, mD, mehr als zehn Jahre in der Finanzverwaltung (I 46).

9.5 Die Ergebnisse in bezug auf den Kontakt zu den Steuerpflichtigen

Nachdem deutlich geworden ist, daß ein wesentlicher Teil der konkreten Rechtsanwendung in den Veranlagungsstellen durch die Form und das Klima der Kontakte von Sachbearbeitern und Steuerpflichtigen beeinflußt wird, soll dieser Gesichtspunkt im folgenden näher betrachtet werden. Dabei ist es notwendig, zum einen die *Einstellungen der Sachbearbeiter* zu solchen Kontakten, zum anderen die möglichen *Formen einer Zusammenarbeit* mit den Steuerpflichtigen anzusprechen. Zudem sollen auch die Erfahrungen und Einstellungen der Sachbearbeiter zu den *Steuerberatern*, aufgezeigt werden,zu denen aufgrund ihrer Rechtskenntnisse und ihrer dauerhaften Kontakte zur Finanzverwaltung andere Beziehungen bestehen, als zur Masse der Steuerpflichtigen.

9.5.1 Kontaktanlässe und Kontaktformen

Die Kontakte zu den Steuerpflichtigen vollziehen sich zunächst meist in Form der Abgabe einer Steuererklärung. Dies geschieht formal mit Hilfe der standardisierten Erklärungsvordrucke (Mantelbogen und Anlagen), denen der Steuerpflichtige im Bedarfsfall entsprechende Unterlagen beifügt. Nach den Ergebnissen der Befragung kommt es dabei recht häufig vor, daß wegen fehlender Unterlagen der Steuerfall zunächst nicht in der eigentlich notwendigen Weise bearbeitet werden kann (vgl. *Tabelle 9/35*).

Tabelle 9/35: Unvollständigkeit der Unterlagen der Steuerpflichtigen

(nur Veranlagungssachbearbeiter; N = 66)

nie 1	2	3	4	*sehr oft* 5
--	28,8	48,5	19,7	3,0

Von der befragten SB schließt auf eine entsprechende Frage keiner solche Unvollständigkeit aus ('kommt nie vor', 1). Und auf einer 5 Punkte umfassenden Skala zwischen 'nie' und 'sehr oft' entscheiden sich nur 28,8 % der Befragten für den Skalenpunkt 2 (entsprechend 'selten'). Annähernd die Hälfte der SB gibt den mittleren Skalenpunkt 3 an, erklärt also, daß solche die Fallbearbeitung behindernden Unvollständigkeiten der Unterlagen mit regelmäßiger Häufigkeit auftreten. Und 19,7 % bzw. 3,0 %, mithin ein Viertel der interviewten Veranlagungssachbearbeiter gibt an, daß solche Unvollständigkeiten oft (Punkt 4) bzw. sehr oft (5) vorkommen. Dabei sind deutliche Unterschiede zwischen den Antwortergebnissen von Koordinatoren und Sachbearbeitern festzustellen: Während 39,5 % der Koordinatoren angeben, daß die Unvollständigkeit der Unterlagen der Steuerpflichtigen die Bearbeitung 'selten' verzögere (Punkt 2), schliessen sich nur 12 % der Mittelmänner dieser Ansicht an.[121)] Umgekehrt geben nur 15,8 % der Koordinatoren an, fehlende Unterlagen behinderten oft (Punkt 4) die Bearbeitung und der Punkt 5 (sehr oft) wird von keinem der Koordinatoren genannt. In dieser Einordnung geben aber 28 % der Mittelmänner an, die Bearbeitung werde oft behindert und immerhin 8 % ordnen solche Probleme als sehr oft vorkommend ein.

Demnach kann davon ausgegangen werden, daß die Bearbeitung von Einkommensteuererklärungen *in beträchtlichem Maße durch das Fehlen von Unterlagen der Steuerpflichtigen verzögert* wird. Konkret bedeutet das, daß die entsprechende Erklärung zumindest zweimal 'zur Hand' genommen werden muß und nicht direkt bei der Vorlage oder nach dem postalischen Eingang bearbeitet werden kann. Eventuell müssen fehlende Unterlagen sogar schriftlich nachgefordert werden. Bei den Veranlagungen mit StN ab 800 kommen solche Unvollständigkeiten offenbar häufiger vor als bei Veranlagungen im 600er-Bereich.

Tabelle 9/36: Einschätzung der eigenen Rolle gegenüber den Steuerpflichtigen durch die Sachbearbeiter

(nur Veranlagungssachbearbeiter; N = 66)

Einschätzung der eigenen Rolle gegenüber den Steuerpflichtigen*	%-Anteil *SB insgesamt* (N = 66)	*Koordinatoren* (N = 38)	*Mittelmänner* (N = 25)
- Mittler zwischen Staats- und Bürgerinteressen	71,2	81,6	60,0
- Vertreter der fiskalischen Interessen des Staates	27,3	18,4	36,0
- keine Angaben	1,5	--	4,0

* Veranlagungsbegleiter (N = 3) nicht gesondert ausgewiesen

(vorgegebene Antwortkategorien)

Die Nachfrage, ob die Steuerpflichtigen durch vermehrtes persönliches Vorsprechen bei der Abgabe der Erklärung den Bearbeitern die Arbeitserledigung erleichtern könnten, wird mehrheitlich verneint. Als viel wichtigere Arbeitserleichterun-

121) 'Mittel' (Punkt 3): Koordinatoren: 44,7 %, Mittelmänner 52,0 %.

gen werden hier das schlüssige Ausfüllen der Erklärungen genannt. Zudem erfordert eine Vielzahl mündlicher Kontakte - wenn sie über die persönlich-mündlich bzw. telefonisch machbare, kurze Informationseinholung hinausgehen - die Erstellung von Aktenvermerken im nachhinein, was u.U. die Arbeitsbelastung noch erhöhen könnte.

Die eigene Rolle schätzen die Bearbeiter in ihrer Mehrzahl als *Mittler* zwischen Staats- und Bürgerinteressen ein. Auf eine entsprechende Frage machten sich fast drei Viertel der Befragten diese Sichtweise zu eigen (vgl. *Tabelle 9/36*). Nur etwas mehr als ein Viertel der Sachbearbeiter (27,3 %) sehen sich eindeutig als Vertreter der fiskalischen Interessen des Staates. Auffällig ist hier, daß sich der Anteil der *Koordinatoren*, die sich als Mittler zwischen Staats- und Bürgerinteressen sehen, deutlich über dem Durchschnitt aller Sachbearbeiter liegt, während sich nur 18,4 % als Vertreter des fiskalischen Interessen des Staates verstehen. Anders verhält es sich bei den Mittelmännern, die bei der Veranlagung typischerweise Arbeitnehmern gegenüberstehen: Sie halten sich in deutlich geringerem Maße als die Koordinatoren für Mittler. Der Anteil der Mittelmänner, der sich als Vertreter der fiskalischen Interessen des Staates sieht, liegt nahezu doppelt so hoch wie bei den Koordinatoren.

Als schwierige Personengruppen von Steuerpflichtigen wurden - ohne vorherige Frage - im Laufe der Interviews immer wieder bestimmte - zumeist akademische - Berufsgruppen genannt, mit denen eine Zusammenarbeit als problemhaft bezeichnet wurde, darunter Hochschullehrer, Pfarrer und - sehr häufig - Lehrer.[122)] Dies zum einen, weil solche Personengruppen oft - beispielsweise in Zusammenhang mit geltend gemachten Werbungskosten - einen relativ großen Prüfungsaufwand erfordern, dabei "jeden Pfennig geltend machen"[123)] und zum Teil exzellent vorbereitet sind.[124)] Zudem sind sie - etwa bei den Arbeitsmittel - immer in der besseren Argumentationsposition: "Da sehen wir bei den Fachbüchern immer alt aus. Müssen wir halt glauben."[125)]

Nicht untypisch für die Befragung ist die Einschätzung eines Sachbearbeiters,[126)] wonach 80 % der Steuerpflichtigen im Prinzip ehrlich sind und schlüssige Erklä-

---

122) "Die wollen alles ausdiskutieren, da läßt man manches einfach drin in der Erklärung." (SB, mD, mehr als zehn Jahre in der Finanzverwaltung (I 56).

123) Sachbearbeiter, mD, mehr als zehn Jahre in der Finanzverwaltung (I 1).

124) Als Beispiel für die Zusammenstellung von steuerlichen Bestimmungen und Nutzungsmöglichkeiten, die von den Bearbeitern angeführt wurden, seien die 'Steuertips für Lehrer', hg. von Grimm, B.C./ Weber D., genannt, auf die auch Ellwein (1989: 55) hingewiesen hat.

125) Sachbearbeiterin, gD, mehr als zehn Jahre in der Finanzverwaltung (I 44).

126) Mittlerer Dienst, mehr als zehn Jahre in der Finanzverwaltung (I 1).

rungen vorweisen, aber "20 % wollen einen für dumm verkaufen, da steigt man dann schon näher ein" (in die Prüfung). Aus Erfahrung merkt man jedoch, "wenn etwas nicht stimmt".[127)] Generell werden - neben bewußter Unehrlichkeit im Einzelfall - als Fehler der Steuerpflichtigen fehlende Unterlagen, falsch ausgefüllte Vordrucke und zu schnelle Rückfragen nach der Bearbeitung genannt. Auch im Verhältnis von Bearbeiter und Steuerpflichtigem ist der persönliche Ton von Bedeutung: "Wenn mich ein Steuerpflichtiger beleidigt, kriegt er eine 08/15-Behandlung."[128)] Und: "Ich will mit den Steuerpflichtigen auskommen, aber sie sollen mich ernst nehmen."[129)]
Andererseits kommt - etwa bei der Geltendmachung von außergewöhnlichen Belastungen i.S. der §§ 33 und 33a EStG - auch der "Druck auf die Tränendrüsen"[130)] von seiten der Steuerpflichtigen vor. Unter Umständen ist es für den Steuerpflichtigen hier ungünstiger, in einem Lehrbezirk veranlagt zu werden, wo die Anwärter genauso verfahren, wie sie es in ihren Ausbildungsstätten gelernt haben: "Die streichen am Anfang 50 Pfg. aus der Erklärung."[131)] Regelrechte *Verhandlungssituationen* bilden nach den Auskünften der Sachbearbeiter die große Ausnahme. Sie kommen eher in Verfahren vor, die in der Zuständigkeit der Rechtsbehelfstelle angekommen sind. Auch so erzielte Ergebnisse können sich verfestigen: "Was man heute in Verhandlungen zugibt, gilt nächstes Jahr schon als Besitzstand."[132)] Schon aus diesem Grund ist es ratsamer, bei einmalig vorkommenden Sachen großzügiger zu sein als bei dauerhaften.[133)] Als weit schlimmer wird aber der Zeitaufwand durch fehlende Belege oder dergleichen betrachtet: "Alles was ich bei der Veranlagung zweimal anfassen muß, ist schlecht."[134)]

Daß die so erzielten Veranlagungsergebnisse - zusammen mit der von der obersten Verwaltungsführung verordneten und von den Bearbeitern gerade in Stoßzeiten praktizierten Großzügigkeit - dem Grundsatz der Gleichbehandlung nicht eben förderlich sind, ist dem meisten Sachbearbeitern bewußt: "Wer dreist genug ist, zahlt weniger Steuern."[135)] Oder anders ausgedrückt: "Wer auf sein 'Recht' besteht, kommt immer durch. Die Zurückhaltenden haben es schwer."[136)]

---

127) Sachbearbeiterin, mD, mehr als zehn Jahre in der Finanzverwaltung (I 4).
128) Sachbearbeiterin, mD, mehr als zehn Jahre in der Finanzverwaltung (I 4).
129) Sachbearbeiterin, mD, mehr als zwanzig Jahre in der Finanzverwaltung (I 47).
130) Sachbearbeiterin, mD, mehr als zehn Jahre in der Finanzverwaltung (I 5).
131) Sachbearbeiter im Lehrbezirk, mD, mehr als zwanzig Jahre in der Finanzverwaltung (I 40).
132) Sachbearbeiter RBSt, gD, mehr als zwanzig Jahre in der Finanzverwaltung (I 10).
133) Sachbearbeiter im Lehrbezirk, mD, mehr als zwanzig Jahre in der Finanzverwaltung (I 40).
134) Sachbearbeiter, gD, mehr als zehn Jahre in der Finanzverwaltung (I 6).
135) Sachbearbeiterin, gD, mehr als zehn Jahre in der Finanzverwaltung (I 50).
136) Sachbearbeiterin, mD, mehr als zehn Jahre in der Finanzverwaltung (I 73).

Für den ersten Kontakt zwischen Steuerpflichtigen und Bearbeitern gibt es zunächst zwei mögliche Formen: die persönliche Abgabe der Erklärung im Finanzamt oder die Zusendung per Post. Daran anschließend, während der Fallbearbeitung, herrschen vier andere Kontaktformen vor: schriftliche Kontakte, telefonische Kontakte, die (nochmalige) Vorsprach des Betroffenen im Amt oder der Besuch des Bearbeiters beim Betroffenen. Sie kommen in unterschiedlicher Intensität vor (vgl. *Tabelle 9/37*): In der Häufigkeit *dominieren eindeutig die telefonischen* vor den *schriftlichen Kontakten.*

Tabelle 9/37: Formen des Kontakts zu den Steuerpflichtigen

(nur Veranlagungssachbearbeiter; N = 66)

Kontakte zu den Steuerpflichtigen	häufig	manchmal	selten	nie
a) schriftlich	47,0	48,5	4,5	--
b) telefonisch	74,2	24,2	1,5	--
c) Vorsprache des Betroffenen*	1,5	30,3	63,6	4,5
d) Besuch beim Steuerpflichtigen	--	--	15,2	84,8

* nach der persönlichen oder postalischen Abgabe der Erklärung

(vorgegebene Antwortkategorien)

Es herrschen insgesamt als Kontaktformen die *telefonischen* Kontakte zwischen Steuerpflichtigen und Sachbearbeitern bei der Fallbearbeitung vor: Fast drei Viertel der Befragten bezeichnen solche telefonischen Kontakte als häufig und noch etwa ein Viertel als manchmal vorkommend. Hinter diesen Werten liegen in der Häufigkeit schriftliche *Kontakte.* Sie werden noch von je annähernd der Hälfte der Bearbeiter als häufig bzw. manchmal vorkommend eingeordnet. Sowohl schriftliche als auch mündliche Kontakte werden von keinem Bearbeiter gänzlich ausgeschlossen. Schriftliche Kontakte werden von den befragten Koordinatoren häufiger wahrgenommen als den Mittelmännern.[137)] Bei den telefonischen Kontakten ist das Verhältnis völlig ausgeglichen.[138)]

Die anderen beiden Kontaktformen fallen gegenüber den telefonischen und schriftlichen Kont kten deutlich ab. Die *Vorsprache des Betroffenen* im Amt wird

137) Schriftliche Kontakte bei Koordinatoren: häufig 60,5 %, manchmal 39,5 %, selten 0; bei Mittelmännern: häufig, 32,0 %, manchmal 56,0 % selten 12,0 %.

138) Telefonische Kontakte bei Koordinatoren: häufig 76,3 %, manchmal 23,7 %, selten 0; bei Mittelmännern: häufig 76,0 %, manchmal 24,0 %, selten 0.

nur von einem Bearbeiter als häufig vorkommend zeichnet, 30,3 % bezeichnen sie als 'manchmal' vorkommend. Fast zwei Drittel der befragten Koordinatoren, Mittelmänner und Veranlagungsbegleiter geben hingegen solche Kontakte als selten vorkommend an, einige schließen sie ganz aus. Noch eindeutiger sind die Ergebnisse in bezug auf Besuche des Sachbearbeiters beim Steuerpflichtigen: Sie werden von keinem der befragten SB als häufig oder auch nur manchmal vorkommend gekennzeichnet. 15,2 % der Bearbeiter geben zwar an, solche Besuche fänden wenigstens 'selten' statt,[139] aber 84,8 % schlossen sie gänzlich aus. Auch in diesen beiden Kategorien zeigen sich nur unwesentliche Unterschiede der Antwortergebnisse von Koordinatoren und Mittelmännern.[140]

Nach den Ergebnissen dieser Befragung stellt also das *Telefon* in allen Bereichen der Sachbearbeitung das Hauptkontaktmedium zwischen Steuerpflichtigen und Veranlagungssachbearbeitern während der Fallbearbeitung dar. Dies wird von dem Bearbeitern wegen der dadurch erreichten Beschleunigung des Verfahrens - etwa im Vergleich zu schriftlichen Anforderungen von Unterlagen etc. - durchweg positiv beurteilt.

9.5.2 Die Zusammenarbeit mit den Steuerberatern

Die Zusammenarbeit mit Steuerberatern[141] gehört für alle der befragten Veranlagungssachbearbeiter zum normalen Arbeitsalltag. Auf die Frage nach dem Prozentsatz der Steuerpflichtigen, der sich nach den Erfahrungen der Sachbearbeiter von Steuerberatern vertreten läßt, zeigen sich deutlich unterschiedliche Werte (vgl. *Tabelle 9/38*). Im Bereich der Steuerpflichtigen mit einer Steuernummer unter 600 werden die Pflichtigen nach der Einschätzung der befragten Bearbeiter *mindestens zu Hälfte* von Steuerberatern vertreten. Nach den Befragungsergebnissen sind es in der Mehrzahl sogar deutlich über 70 %: So schätzen 20,4 % der Sachbearbeiter den Prozentsatz von Steuerpflichtigen mit StN unter 600, der sich von Steuerberatern u.ä. vertreten läßt, auf 70 bis 80 % ein, die gleiche Anzahl gibt 90 % und mehr an. Der relativ größte Anteil der Bearbeiter schätzt den Prozentsatz vertretener Steuer-

139) Dabei handelt es sich ausschließlich um die Nachprüfung von Angaben zur Lage und Ausstattung von Arbeitszimmern im Rahmen der geltend gemachten Werbungskosten. Die Mehrzahl der Bearbeiter gibt hingegen an, solche Besuche würden ausschließlich von Beamten des Außendienstes unternommen. Zum Betretungsrecht der Finanzämter allgemein vgl. Bruschke (1985).

140) Vorsprache des Betroffenen bei Koordinatoren: häufig 2,6 %, manchmal 28,9 %, selten 68,4 %, nie 0; bei Mittelmännern: häufig 0, manchmal 36,0 %, selten 60,0 %, nie 4,0 %. Besuche beim Betroffenen bei Koordinatoren: selten 15,8 %, nie 84,2 %, bei Mittelmännern: selten 16,0 %, nie 84,0 %.

141) Bzw. Steuerbevollmächtigte oder Wirtschaftschaftsprüfer; zu deren Aufgaben vgl. die grundlegenden Ausführungen in Kap. 8.4.

pflichtiger auf 80 % bis etwa 90 %.[142)]

Tabelle 9/38: Schätzung des Anteils der von Steuerberatern vertretenen Steuerpflichtigen an der Gesamtzahl

a) *Einkommensteuerfälle mit StN unter 600*

(nur Veranlagungssachbearbeiter mit Erfahrungen bei solchen Steuerfällen; N = 44)

Nach Einschätzung der Sachbearbeiter von StB vertretener Prozentsatz der Steuerpflichtigen mit Steuernummern unter 600	Nennung in %
unter 50 %	--
50 % bis unter 60 %	6,8
60 % bis unter 70 %	9,1
70 % bis unter 80 %	20,4
80 % bis unter 90 %	43,2
90 % und mehr	20,4

a) *Einkommensteuerfälle mit StN* über 800

(nur Veranlagungssachbearbeiter mit Erfahrungen bei solchen Steuerfällen; N = 48)

Nach Einschätzung der Sachbearbeiter von StB vertretener Prozentsatz der Steuerpflichtigen mit Steuernummern über 800	Nennung in %
unter 10 %	2,1
10 % bis unter 20 %	8,3
20 % bis unter 30 %	14,6
30 % bis unter 40 %	27,1
40 % bis unter 50 %	33,3
50 % bis unter 60 %	10,4
60 % und mehr	4,2

(offene Fragestellung nach Prozentsätzen; eigene Gruppenbildung)

Deutlich geringer wird der Prozentsatz von durch Steuerberater gegenüber dem Amt vertretenen Steuerpflichtigen im Bereich der Steuernummern über 800 eingeschätzt: Hier liegt der Schwerpunkt bei Prozentsätzen zwischen 30 und 50 %. Prozentsätze von 60 % und mehr werden nur von einer Minderheit angegeben; gleiches gilt für eine Vertretungsquote von unter 20 %.

142) Die tatsächlich für einige Finanzämter für den VZ 1985 ermittelten Vertretungszahlen im 600er-Bereich (vgl. Anlage 7/X) lagen mit 71 % bis 77 % etwas unter diesem Wert.

Danach kann davon ausgegangen werden, daß etwa *vierzig Prozent* der Einkommensteuerpflichtigen mit Steuernummern über 800 von Steuerberatern gegenüber dem Finanzamt vertreten werden. Von den acht Bearbeitern mit Erfahrungen im Bereich der Körperschaftsteuerveranlagung wurden hierfür hohe Vertretungsquoten durch Steuerberater von 95 % (2 Nennungen), 97 % (1 Nennung) und 99 % (5 Nennungen) angegegeben, woraus sich eine nahezu vollständige Vertretung der davon betroffenen Steuerpflichtigen durch Steuerberater ableiten läßt. Direkte Kontakte zwischen Steuerpflichtigem und Finanzverwaltung finden hier - zumindest bei der Veranlagung - so gut wie nicht mehr statt.

Die Vertretung der Steuerpflichtigen durch Berater wird von den Sachbearbeitern in den Finanzämtern in der Mehrzahl gerne gesehen: Auf die Frage ob eine solche Vertretung ihnen die Fallbearbeitung eher erleichtere oder eher erschwere,[143] erklären 75,8 % der befragten Sachbearbeiter, eine solche Vertretung *erleichtere* ihnen die Arbeit. 24,2 % machen hierzu die Einschränkung, dies komme auf den jeweiligen Steuerberater an. Von einer generellen Erschwernis spricht aber keiner der Bearbeiter. Als Vorteile einer Zusammenarbeit mit Steuerberatern wird angemerkt, von StB betreute Erklärungen seien i.d.R. vollständiger, wiesen mehr notwendige Einzelheiten auf und beinhalteten übersichtlichere Anlagen.[144] Zudem werde steuerrechtlich korrekter argumentiert[145] und die Erklärungen seien "sauber" ausgefüllt.[146] Die Berater werden auch von der Ausbildung her als fachlich auf dem "gleichen Niveau" stehend[147] und "sachkundige Gesprächspartner"[148] akzeptiert, was die "telefonischen Kontakte" zu ihnen sehr erleichtert.[149] Dies auch, zumal sie im einen oder anderen Fall auch von sich aus Angaben der Steuerpflichtigen bereinigen und damit faktisch auch eine Art Vorprüfung betreiben.[150]

Mitunter wurden bei dieser Frage auch Anmerkungen hinsichtlich des 'guten' Steuerberaters gemacht, aus denen auf die Einstellung der SB zu den Beratern insgesamt geschlossen werden kann. Hier zeigen sich zuweilen sogar Problemverwandtschaften mit den Beratern, aus denen heraus sich eine Verständigungsmög-

143) Nicht tabellarisch ausgewiesen.

144) Sachbearbeiter, gD, mehr als zehn Jahre in der Finanzverwaltung (I 2).

145) Sachbearbeiter, mD, mehr als zehn Jahre in der Finanzverwaltung (I 16).

146) Sachbearbeiter, gD, mehr als zehn Jahre in der Finanzverwaltung (I 18)

147) Sachbearbeiter, gD, mehr als zehn Jahre in der Finanzverwaltung (I 17).

148) Sachgebietsleiter, gD, mehr als zwanzig Jahre in der Finanzverwaltung (I 29).

149) Sachgebietsleiter, hD, mehr als zwanzig Jahre in der Finanzverwaltung (I 25). Dies zumal sie i.d.R. auch "telefonisch fast immer erreichbar" sind (SB, gD, mehr als zwanzig Jahre in der Finanzverwaltung; I 53) - ein wichtiger Punkt bei der Bedeutung, die dem Telefon als Kommunikationsmedium von den Bearbeitern zugewiesen wird (vgl. Tabelle 9/37).

150) Sachbearbeiter, mD, mehr als zehn Jahre in der Finanzverwaltung (I 64); vgl. dazu die Ausführungen über die 'Dolmetscherfunktion' der Steuerberater in Kap. 8.4.2.

lichkeit ableiten läßt: "Die besten Steuerberater sind diejenigen, mit denen man sich einigen kann, weil auch sie die Fälle vom Tisch haben wollen."[151] Problematisch kann es dabei mit Beratern werden, die über die nötigen Kenntnisse des Innenlebens der Finanzämter aus eigener Erfahrung verfügen: "Am schwierigsten ist es mit den Steuerberatern, die früher selbst in der Steuerverwaltung tätig waren, die wissen genau, wie man den Betrieb lahmlegen kann."[152] Ein erheblicher Teil der Bearbeiter weiß dabei genau, "mit welchem Steuerberater es Ärger geben kann; man ist dort unter Umständen auch härter".[153] Denn es gibt in der Einschätzung der Sachbearbeiter auch schwierige Steuerberater, "die meinen, sich selbst die abschließende Prüfung vorbehalten zu können".[154] Aber generell: Die "ideale Steuererklärung" ist die, die "vom Berater erstellt und per Post eingesandt" wird.[155]

Die *Kenntnis des aktuellen Steuerrechts* wird von den Bearbeitern bei den Steuerberatern für deutlich besser als bei der eigenen Berufsgruppe gehalten. Auf die Frage, ob die Bearbeiter das Gefühl hätten, daß die Berater der Steuerpflichtigen eine gleich gute, bessere oder schlechtere Kenntnis des aktuellen Steuerrecht besäßen, erkennen drei Fünftel der Bearbeiter den Steuerberatern bessere Kenntnisse des aktuellen Steuerrechts zu (vgl. *Tabelle 9/39*). Nur 3 % reklamieren die bessere Informiertheit für die Sachbearbeiter und 36,4 % sprechen von einem etwa gleich guten Wissensstand.

Dabei zeigen sich *die Koordinatoren in deutlich stärkerer Weise von den besseren Kenntnissen der Steuerberater überzeugt als die Mittelmänner*: Während 68,4 % der Koordinatoren den Steuerberatern eine aktuellere Rechtskenntnis als sich selbst zubilligen, liegt der entsprechende Prozentsatz bei den Mittelmännern nur bei 52 %. Andererseits reklamieren 44 % der Mittelmänner einen gleich guten Wissensstand für beide Berufsgruppen (Steuerbeamte sind besser informiert: 4 %). Dem schliessen sich nur 28,9 % der Koordinatoren an, gar nur 2,6 % hielten die Steuerbeamten für besser informiert.

Als Gründe für den mehrheitlich vermuteten aktuelleren Kenntnisstand der Steuerberater hinsichtlich der Veränderungen gesetzlicher Bestimmungen werden i.d.R. die besseren Ressourcen der Berater, insbesondere die Informationsleistungen der

151) Sachbearbeiter, mittlerer Dienst, mehr als zehn Jahre in der Finanzverwaltung.

152) Sachbearbeiter, mD, mehr als zehn Jahre in der Finanzverwaltung (I 1).

153) Sachbearbeiter gehobener Dienst, mehr als zehn Jahre in der Finanzverwaltung.

154) Sachbearbeiterin, mittlerer Dienst, mehr als zehn Jahre in der Finanzverwaltung (I 4). So verzichten etliche Berater bei der Einreichung der Erklärung auf die Beifügung von Versicherungsbelegen und nehmen diesen Teil als 'Vorpüfung' vorweg (SB, gD, mehr als zwanzig Jahre in der Finanzverwaltung (I 53).

155) Sachbearbeiter, gD, mehr als zwanzig Jahre in der Finanzverwaltung (I 39).

DATEV[156] genannt. Zudem werden die Aktivitäten der Standesorganisationen der Steuerberater erwähnt, über deren Bemühungen die Berater oftmals schon im Vorfeld geplanter Neuregelungen genau über den Gang der Dinge Kenntnis erlangen.

Tabelle 9/39: Vergleich der Rechtskenntnis von Steuerberatern und Sachbearbeitern (Einschätzung der SB)

(nur Veranlagungssachbearbeiter; N = 66)

Einschätzung der Rechtskenntnis durch die SB	Nennung in % der SB
a) Steuerberater haben aktuellere Gesetzeskenntnis	60,6
b) etwa gleich guter Wissensstand	36,4
c) Steuerbeamte sind aktueller/besser informiert	3,0

(vorgegebene Antwortkategorien)

Von den Bearbeitern wird aber auch anerkannt, daß der Informationsvorsprung für die StB zwingend *notwendig* sei, da sie ja schon während des ganzen Veranlagungszeitraumes von ihren Mandanten um Rat in steuerlich bedeutsamen Sachverhalten gebeten würden und von daher gezwungen seien, die Konsequenzen solcher Ratschläge bei der nächsten Veranlagung vorauszusehen. Im übrigen wird von den befragten Sachbearbeitern oftmals auch innerhalb der StB differenziert: "Jüngere Steuerberater mit ihren Büros sind besser informiert, aber gegenüber älteren Beratern (ehemaligen Finanzbeamten usw.) sind wir im Vorteil."[157]

---

156) Zur DATEV vgl. Kap. 8.4.3.

157) Sachbearbeiterin, mD, mehr als zwanzig Jahre in der Finanzverwaltung (I 47).

10. Regelungsgebundenheit und Handlungsspielräume von Sachbearbeitern in den Veranlagungsstellen: die konkreten Anwendungsbedingungen des Einkommensteuerrechts

Im empirischen Teil dieser Studie (Kapitel 9) wurde versucht, aufbauend auf die Hypothesen im Sinne der Untersuchungsfragestellung nähere Erkenntnisse über die *organisatorischen*, *informellen* und - soweit dies die Bereiche 'Anwendung des Steuerrechts' und 'Kontakt zu den Steuerpflichtigen' tangiert - auch *sozialen* Voraussetzungen der Rechtsanwendung in den Veranlagungsstellen zu gewinnen. Diese Kenntnisse gilt es nun zu den aus anderen Untersuchungen herausgearbeiteten Ergebnissen in Beziehung zu setzen und an den vorgelegten Untersuchungshypothesen zu messen.

10.1 Die Aufnahme, Akzeptanz und Anwendung des Steuerrechts durch die Veranlagungssachbearbeiter

10.1.1 Führung und Kontrolle in den Veranlagungsstellen

Es ist in den Ergebnissen der Befragung deutlich geworden, daß die Finanzbeamten mit Führungsaufgaben in den Ämtern (Sachgebietsleiter und Koordinatoren) den Schwerpunkt ihrer Führungsfunktionen eindeutig in den Bereichen *Beratung* und *Information* sehen. Die Koordination der ihnen unterstellten Mitarbeiter und der zu erledigenden Aufgaben sowie die reine Aufsicht über die Mitarbeiter spielen demgegenüber nur eine untergeordnete Rolle. Die relativ geringe Bedeutung, die solchen Kontrollfunktionen im Selbstverständnis der mittleren und unteren Führungsebenen der Finanzämter zugewiesen wird, sowie die gleichfalls nur am Rande als wesentliche Aufgabe gesehene Durchführung von konzeptionellen Tätigkeiten durch die Finanzbeamten mit Führungsfunktionen belegen, daß es sich bei der Durchführung der Veranlagung durch die Sachbearbeiter der V-Stellen um eine *standardisierte*, nur *geringen individuellen Kontrollen* unterworfene, weitgehend *selbst verantwortete* Tätigkeit der Bearbeiter handelt, die - dank des hohen Ausbildungsstandes und der Erfahrungen der Beamten hinsichtlich ihrer Aufgaben - eine strikte Einzelkontrolle einerseits nicht notwendig macht, sie andererseits auch (wegen der hohen Fallbelastung) gar nicht zuläßt. Damit verlagert sich die tatsächliche Kontrolle[1] der Arbeitsergebnisse der Sachbearbeiter im wesentlichen auf die statistische Überprüfung der bearbeiteten Fallzahlen. Statt einer qualitativen findet also

---

1) Neben der programmgesteuerten Einzelfallkontrolle durch die Zuweisung bestimmter Fälle zur Überprüfung an den zuständigen Sachgebietsleiter.

zumeist nur eine *quantitative Kontrolle* der Arbeitsergebnisse statt, ein Punkt der eng mit der Rolle der EDV im Veranlagungsverfahren zusammenhängt.

Die Rolle der EDV bei der Bearbeitung der Steuererklärungen wird im Bewußtsein der befragten Sachbearbeiter auf die eines eingesetzten Hilfsmittels reduziert: Zwar trägt die elektronische Datenverarbeitung in der in Nordrhein-Westfalen genutzten Form[2] entscheidend zur Bewältigung des Arbeitsanfalles bei, direkte Einflüsse auf die Einstellungen zur und die Modalitäten bei der Rechtsanwendung werden ihr aber *nicht beigemessen.* Die Mehrzahl der Bearbeiter trennt den Einsatz der EDV als Arbeitsbedingung nicht von übrigen Bedingungen ab, sondern akzeptiert sie als Rahmenbedingung der eigenen Arbeit. Es ist den Sachbearbeitern bewußt, daß die Zeitersparnis durch die EDV-gestützte Feststellung und Erhebung bei der Bearbeitung der eingehenden Erklärungen die Bewältigung des Arbeitsanfalles überhaupt erst möglich macht. Zudem trägt die EDV dazu bei, vorhandene Rangunterschiede zwischen den Mitarbeitern der Veranlagungsbezirke zu nivellieren: Die mit der täglichen Fallbearbeitung vertrauten Sachbearbeiter gehen in ihrer großen Mehrheit davon aus, die für die rechnergestützte Fallbearbeitung notwendigen Kenntnisse in größerem Maße zu besitzen als die Sachgebietsleiter, zumal mehr als Sachgebietsleiter aus dem juristisch vorgebildeten höheren Dienst. Das verschleiert nicht die den SGL zuerkannte höhere Kompetenz auf steuerjuristischem Gebiet und ihre anerkannte Leitungsbefugnis in Grundsatzfragen wie in der konkreten Einzelfallbearbeitung, aber es stärkt das Selbstbewußtsein der Bearbeiter, in Verfahrensfragen der Rechtsanwendung auch innerhalb der Bediensteten die besten Kenntnisse zu besitzen.

Nicht unterschätzt werden darf hingegen die durch den Einsatz der EDV verstärkte *Überwachung der Arbeitsleistung* der einzelnen Sachbearbeiter und der Veranlagungsbezirke als Ganzes. Der Leitungsebene im Amt wie auch der zuständigen Oberfinanzdirektion und dem Ministerium als Führungsebenen der Finanzverwaltungen wird es durch die routinemäßige Ermittlung der Eingänge und des Erledigungsstandes in den einzelnen Stellen und dem jeweiligen Amt als Ganzem ermöglicht, einen genauen Überblick über den 'output' der Bearbeiter zu gewinnen. Damit ändern sich die Umstände und Formen der Bearbeitungskontrolle: Wo allein schon durch den Einsatz der EDV die Einzelfallkontrolle erschwert wird, "das 4-Augen-Prinzip" bei der Bearbeitung nicht mehr einzuhalten ist,[3] gewinnen quantitative Erledigungskontrollen automatisch an Bedeutung. Diese statistischen Kontrollen sind zudem ein notwendiges Ergebnis der durch die Führungen der Finanz-

---

2) Zentrale Eingabe der in der Erklärung eingetragenen Daten in das Rechnernetz ohne direkte Beteiligung des zuständigen Sachbearbeiters.

3) Stv. Vorsteher UF 7, hD.

verwaltungen vorgegebenen Effizienzorientierung bei der Fallbearbeitung (Orientierung der Intensität der Nachprüfung am steuerlichen Ergebnis). Gleichzeitig stellt sie als generelles Kontrollmittel eine Absicherung der den Sachbearbeitern übergeordneten Leitungsstellen im Amt dar: Wenn - neben einer generell unterstellten, rechtlich korrekten Fundierung der Bearbeitung von eingehenden Steuererklärungen - die Höhe des Fallerledigungsstandes sowohl innerhalb als auch außerhalb des jeweiligen Finanzamtes zum wesentlichen Erfolgskriterium für den Ablauf der Bearbeitung wird, muß zwangsläufig die quantitative Kontrolle der Arbeitsergebnisse die qualitative Kontrolle der einzelnen Bearbeiter und der individuellen Rechtsanwendung im Einzelfall dominieren.

Daraus erklärt sich auch, warum von den Sachgebietsleitern und Bearbeitern mit Führungsaufgaben (Koordinatoren) als *Kontrollmittel* zumeist nur Überprüfungen anhand der *Ergebnisse und Folgen* angeführt wurden. Stichprobenartige Kontrollen während des Arbeitsprozesses spielen hierbei eine geringere, regelmäßige Kontrollen nur eine völlig untergeordnete Rolle. Und auch bei der Frage nach dem notwendigen *Ausmaß* der Kontrolle der Untergebenen zeigt sich, daß die überwiegende Mehrzahl der SGL und Koordinatoren die Notwendigkeit einer Kontrolle der Sachbearbeiter bei der Fallbearbeitung als *sehr gering* oder sogar als *unnötig* einschätzt. Diese Einschätzung trifft sich mit den Einstellungen der zu führenden Bearbeiter. Direkte Kontrollmethoden, wie sie insbesondere die gemeinsame Fallbearbeitung oder der Entscheidungsvorbehalt darstellen, spielen sowohl innerhalb der Dreiergruppen als auch zwischen Sachgebietsleitern und Sachbearbeitern keine große Rolle. Es hat sich in der Befragung gezeigt, daß die zentrale Vorgesetztenfunktion für die Sachbearbeiter von den Sachgebietsleitern wahrgenommen wird. Schon die *Häufigkeit* der Kontakte zu den SGL überwiegt bei weitem diejenigen zur Leitung des Amtes. Bei den Koordinatoren werden Kontakte zum Sachgebietsleiter in noch stärkerem Maße angegeben als von den Mittelmännern. Für die starke Betonung der persönlichen Zuordnung zum eigenen Sachgebietsleiter spricht auch, daß rein fachliche Kontakte, etwa zu den Haupt-SGL bzw. Haupt-SB für Einkommensteuer nur von sehr untergeordneter Bedeutung sind. Die Mehrheit der Sachbearbeiter geht davon aus, daß ihre Arbeit nur Anhand der Ergebnisse und Folgen kontrolliert wird. Kontrollen, die auch die einzelnen Arbeitsschritte umfassen, spielen auch nach ihren Erfahrungen keine große Rolle. Und immerhin ein Zehntel der befragten Sachbearbeiter nimmt an, in keiner Weise von ihren Vorgesetzten bei der Arbeitserledigung kontrolliert zu werden. Für das Vorhandensein eines eher kooperativen Führungsstils in den Veranlagungsstellen und im Verhältnis von Sachgebietsleitern und Sachbearbeitern spricht auch, daß der weitaus größte Teil der Bearbeiter bereit ist, den Vorgesetzten zumindest in Einzelfällen in bezug auf eine *freiwillige Nachschau* selbst bearbeiteter Fälle anzusprechen.

Konflikte zwischen den Anweisungen der Vorgesetzten und den - nach eigener Einschätzung - konkreten Sachnotwendigkeiten eines Einzelfalles oder einer Reihe von Fällen kommen nach den Angaben der Mehrheit der Bearbeiter *manchmal*, in sehr geringem Maße auch *häufig* vor. Der in den Veranlagungsstellen gepflegte kooperative, auf Information und Beratung ausgerichtete Führungsstil beruht also nicht auf dem Nichtvorhandensein von Reibungspunkten und vermeidet solche Konflikte demnach auch nicht völlig, wenngleich von den Sachbearbeitern bei der Rechtsanwendung in weit stärkerem Maße Konflikte zwischen den *Gesetzesvorschriften* und den *Fallnotwendigkeiten* gesehen werden, als dies bei Anweisungen von Vorgesetzten so empfunden wird. Der eher kooperativ ausgerichtete Führungsstil in den Veranlagungsstellen bringt es mit sich, daß bei dem Vorhandensein solcher Konflikte nicht von vorneherein von einer direkten Befolgung der Anweisung ausgegangen werden kann: Nur eine Minderheit der Bearbeiter verhält sich so. Von den Bearbeitern, die eine Fügung in die Anweisung ablehnen, beharrt wiederum die Mehrheit (zunächst) auf einer Diskussion mit dem Vorgesetzten, ein anderer Teil besteht auf der Anbringung eines entsprechenden Vermerks in den Akten. All dies schließt nicht aus bzw. bringt es mit sich, daß letztlich den Anweisungen des Vorgesetzten - eventuell unter Einbringung eigener Akzente - Folge geleistet wird. Denn den Vollzug einer eigenen Entscheidung ohne Rücksichtnahme auf die Anweisungen des Vorgesetzten nimmt nur einer Minderheit der Sachbearbeiter vor. Der kooperative Führungsstil in den Veranlagungsstellen beseitigt also nicht die vorhandene hierarchische Grundstruktur, er ermöglicht aber in Konfliktfällen die eigenverantwortliche Einbringung des eigenen Standpunktes in die Entscheidungsfindung. Die sich darin widerspiegelnde Suche nach *Lösungsmöglichkeiten innerhalb der vorgegebenen Arbeitszusammenhänge und Hierarchiestrukturen* aber unter *Wahrung eigener Standpunkte* zeigt sich im übrigen sowohl bei (von den SB empfundenen) Konflikten zwischen den Anweisungen Vorgesetzter und den Sachnotwendigkeiten als auch bei Konflikten zwischen den Gesetzesvorschriften und den Sachnotwendigkeiten.

Dies fällt den Bearbeitern leichter, da die generelle Aufgaben- und Verantwortungszuordnungen, wie sie durch die Geschäftsordnung und das *Zeichnungsrecht* getroffen werden, von ihrer Mehrzahl deutlich bejaht werden. Ohnehin gehen die Sachbearbeiter in der Einschätzung der eigenen Verantwortlichkeit davon aus, in der ganz großen Mehrzahl der Fälle die Entscheidungen bei der Fallbearbeitung selbst zu treffen: Annähernd vier Fünftel der befragten Bearbeiter geben an, entsprechende Entscheidungen *in den meisten Fällen* selbst zu treffen, das andere Fünftel sprach sogar davon, zu solchen Entscheidungen bei der Fallbearbeitung *immer* in eigener Verantwortung zu kommen.

In der in Kap. 9.1 formulierten *Hypothese 1* wurde darauf abgestellt, daß die Arbeitsorganisation in den Veranlagungsstellen der Finanzämter eher auf Kooperation als auf strikte hierarchische Aufgabenteilungen ausgerichtet ist:

Die Arbeitsorganisation in den Veranlagungsstellen ist auf Kooperation angelegt. Den Sachbearbeitern wird bei der Erfüllung ihrer Aufgaben ein breiter Spielraum in eigener Verantwortung zugewiesen. Die zuständigen Sachgebietsleiter greifen nur ein, wenn der normale Arbeitsablauf durch Besonderheiten gestört wird bzw. eine quantitative Arbeitserledigung nicht mehr gewährleistet ist.

Diese Einschätzung hinsichtlich der kooperativen Arbeitserledigung in den V-Stellen hat sich durch die empirische Untersuchung bestätigt. Aus dem Vorstehenden ist deutlich geworden, daß *Information* und *Beratung* durch die Vorgesetzten die wesentlichen Führungsmittel in den Veranlagungsstellen darstellen und Kontrollen nur im quantitativen Sinn im Hinblick auf die Arbeitserledigung erfolgen. Direkte Eingriffe der Sachgebietsleiter in die Arbeitserledigung innerhalb der Dreiergruppen kommen in der Regel nur dort vor, wo die Arbeitserledigungsstatistik ein deutlicher Rückstand eines Bezirks oder eines Bearbeiters signalisiert. Auch insofern hat sich die Hypothese 1 bestätigt.

Damit kann abschließend - auch als Vorgabe für die Diskussion der weiteren Hypothesen - festgehalten werden, daß die Arbeitserledigung in den Veranlagungsstellen der Finanzämter zwar prinzipiell an dem Modell einer *Einzelbearbeitung mit vorgegebener Kontrollhierarchie* ausgerichtet ist, daß aber diese Kontrollhierarchie in der täglichen Arbeitserledigung kaum zum tragen kommt. Die Veranlagungstätigkeit der Sachbearbeiter beruht auf einer selbst verantworteten, nur im Ausnahmefall kontrollierten und in den einzelnen Schritten zugleich stark standardisierten Erledigung ihrer Aufgaben.

10.1.2 Das Informationsverhalten der Sachbearbeiter

Dem Informationsverhalten der Sachbearbeiter wurde in der Konzeption dieser Studie grundlegende Bedeutung für die Rechtsanwendung in den Veranlagungsstellen zuerkannt. Diese Bedeutung wurde einerseits im Hinblick auf die von den Sachbearbeitern ständig genutzten *Unterlagen* und andererseits in bezug auf die aktiv genutzten Informationsmöglichkeiten zu *Veränderungen des Einkommensteuerrechts* gesehen. Beides zusammen deckt die Informationsmöglichkeiten der Bearbeiter hinsichtlich des aktuell gültigen Gesamtbestandes und der Veränderungen des anzuwendenden Steuerrechts ab. Der andauernde Wandel des Einkommensteuerrechts in qualitativer wie in quantitativer Hinsicht, wie in dieser Untersuchung dokumentiert wurde, gibt dem Informationsverhalten der Sachbearbeiter die Rolle einer *Grundvoraussetzung* für die korrekte Rechtsanwendung in den Veranlagungsstellen: Nur steuerrechtliche Vorschriften, die den Sachbearbeitern auch bekannt sind, können von ihnen auch angewandt werden. Diese Bedingung erscheint trivial, ihre Erfüllung kann aber nach den Ergebnissen der Befragung nicht als generell voraussetzbar gelten.

Im empirischen Teil der Befragung ist deutlich geworden, daß die den Veranlagungssachbearbeitern von seiten der Verwaltung zur Verfügung gestellten Unterlagen (offizielle Ausgabe des EStG, mit und ohne EStR) zu einem erheblichen Teil veraltet und nicht mehr auf dem aktuellen Rechtsstand waren: Obwohl zum Zeitpunkt der Untersuchung (Juni/Juli 1988) schon mehr als ein Jahr eine Neufassung der EStR (als Sondernummer des BStBl) vorlag, wurde in einigen Veranlagungsstellen immer noch mit einer Ausgabe von 1984 gearbeitet, weil Neufassungen den Bearbeitern - sofern sie sich nicht selbst darum bemüht hatten - nicht zur Verfügung standen. Ähnliches gilt für den Bestand an *Bundessteuerblättern*, der nach einer Verfügung der OFD Münster vom 12. Januar 1987[4] in Folge eines Erlasses des nordrhein-westfälischen Finanzministers im Ausstattungsschlüssel *verringert* wurde: Hiernach erhält *jedes Sachgebiet nur noch fünf Ausgaben des BStBl.* Gerade bei dieser verringerten Zahl von Bundessteuerblättern ist keineswegs davon auszugehen, daß insbesondere die Bearbeiter des mittleren Dienstes ausreichenden Zugang hierzu haben; auch dies hat sich in der Befragung gezeigt. Die Ausstattung der Veranlagungsstellen mit Unterlagen zum Gesetz verschlechtert sich demnach in einer Zeit, in der beispielsweise immer mehr Steuerberater direkten Zugang zu steuerrechtlichen Datenbanken bekommen. Zudem bedeutet der Zugang zu den 'von oben' zugeleiteten Informationen noch nicht, daß sie auch aufgenommen - geschweige denn direkt umgesetzt - werden, denn aus Zeitmangel werden Neuinformationen ohnehin eher schematisch (wenn überhaupt) in den Bestand integriert:

> "Jeden zweiten Tag kommen neue Verfügungen und Erlasse. Manchmal wird nur bei jeder zweiten Neulieferung nachgeheftet, bei manchen Grundmodellen (*Dreiergruppen; der Verf.*) hier im Haus auch nur einmal monatlich."[5]

Auch die Handausgaben des EStG in einer gebundenen Fassung waren zum Zeitpunkt der Interviews mehr als zwei Jahre alt. Inwieweit über diese Materialien hinaus aktuellere Versionen der zwischenzeitlich geänderten Paragraphen des EStG und der untergesetzlichen Normen in solchen Zeiträumen zur Anwendung gelangen, hängt vom persönlichen Engagement der Sachbearbeiter und Koordinatoren,[6]

---

4) AZ H 4623 - 1 - St 63 - 11 (betreffend die Ausgabe A des BStBl).

5) Vorsteher UF 9, RD, hD. Derselbe Vorsteher schätzte den Zeitaufwand, der aus dem Abheften neu eintreffender Vorschriften resultiert, in einer Dreiergruppe auf einen Tag pro Monat.

6) Was faktisch in der Regel bedeutet, daß sich der Bearbeiter an den Koordinator (bei Mittelmännern

bzw. auch von der den Bearbeitern hierzu zur Verfügung stehenden Zeit ab. Um in dieser Situation den Überblick über den jeweils geltenden Stand des Einkommensteuerrechts zu behalten, greifen die Bearbeiter in ihrer großen Mehrheit auf nichtoffizielle Kurzkommentare und Gesetzeserläuterungen, sowohl in Buchform als auch durch Zeitschriften, zurück. Die Folgen sind unter rechtsstaatlichen Gesichtspunkten bedenklich: Weil die Finanzverwaltungen nicht in der Lage sind, den mit der Rechtsanwendung beauftragten Beamten ausreichende und aktuelle Gesetzesmaterialien zu stellen, treten an deren Stelle privat erstellte, nichtoffizielle Gesetzessammlungen und Kommentare, *die durch ihre Zugrundelegung bei der konkreten Rechtsanwendung im Veranlagungsverfahren offiziellen Charakter erhalten und an die Stelle der amtlichen Ausgaben treten.* Die damit einhergehende *Privatisierung der Rechtspräsentation* wirft im Steuerrecht, das dem Postulat der Gesetzmäßigkeit des Verwaltungshandelns unterworfenen ist, erhebliche Probleme auf.

Unter den von den Bearbeitern benutzten Kommentaren und Gesetzeserläuterungen sind insbesondere zwei weithin verbreitet: der von *L. Schmidt* verfaßte EStG-Kommentar, den annähernd dreißig Prozent der Sachbearbeiter als Hilfsmittel nennen, sowie - mit weitem Abstand führend - der vom Informationsdienst der Sparkassen jährlich neu herausgegebene Ratgeber für die Einkommensteuer (das sog. *Sparkassenbuch*), den mehr als vier Fünftel der befragten Sachbearbeiter in den Veranlagungsstellen als wesentliches Hilfsmittel bei der Rechtsanwendung im Einkommensteuerrecht nennen. Gerade letzterem kommt damit - in der faktischen Bedeutung - der Charakter eines offiziellen 'Gesetzbuches' zu, das für die Kenntnisse der SB hinsichtlich des für einen bestimmten VZ gültigen Rechtsstandes von wesentlich größerer Bedeutung ist, als die offiziellen Gesetzesunterlagen der Finanzverwaltungen. Gerade im Bereich von Arbeitnehmerveranlagungen nimmt das Sparkassenbuch geradezu den Charakter einer allein gültigen Rechtsquelle an. Dies ist nicht nur den Sachgebietsleitern, sondern auch den Vorstehern der Finanzämter bewußt, die durchaus anerkennen, daß die Praxis vom Sparkassenbuch "geistig lebt"[7] und viele Sachbearbeiter "prinzipiell mit dem Sparkassenbuch" arbeiten.[8] Die Vorsteher erkennen auch die darin liegende Problematik, nehmen sie aber als nicht vermeidbar hin.

Bei der Nachfrage nach den Gründen, die für die Verbreitung des Sparkassenbuches in der untersuchten Finanzverwaltung sprechen, hat sich gezeigt, daß es im wesentlichen *formale Gründe* sind, die zur Beliebtheit des Buches unter den Veranlagungssachbearbeitern führen: Das Sparkassenbuch erscheint *jährlich neu*, ist

und Veranlagungsbegleitern), den Sachgebietsleiter oder gar an die Registratur des Finanzamtes wenden und selbständig Kopien aus dem BStBl fertigen muß.

7) Vorsteher UF 1, Ltd.RD, hD.

8) Vorsteher UF 9, RD, hD.

demzufolge *inhaltlich aktuell* und liegt i.d.R. *zum Jahresanfang* vor. All dies gilt für die offiziellen Gesetzesmaterialien nicht oder nur sehr eingeschränkt. Ein zweiter Punkt neben der *Aktualität* stellt die formale Präsentation dar. Die Tatsache, daß es sich nicht um eine Loseblattsammlung, sondern ein im *DIN A5-Format* gehaltenes, fest *gebundenes Buch* handelt, wird von den Bearbeitern weithin geschätzt. Über die Präsentation der Vorschriften hinaus werden dem Sparkassenbuch kaum *inhaltliche* Vorzüge beigemessen. Lediglich aus dem Grenzbereich, wo Vorschriftenerläuterungen sich mit formaler Darstellung überschneiden, werden von den Sachbearbeitern auch Vorteile angeführt. Entscheidend für die große Wertschätzung und die weitverbreitete Nutzung des Sparkassenbuches unter den Sachbearbeitern der V-Stellen der Finanzämter sind aber im wesentlichen der *gesicherte Erscheinungsrhythmus* und die leicht zu handhabende *äußere Form* des Werkes, insbesondere in bezug auf die Präsentation der Vorschriften.

Die mit der Verwendung des Buches in den Finanzämtern einhergegangene *Privatisierung der Vorschriftenpräsentation* ließe sich damit aber auch von seiten der Finanzverwaltungen relativ leicht beseitigen - sofern daran Interesse bestünde. Dies würde auch von den Sachbearbeitern begrüßt werden, denn über den gravierenden Nachteil des Sparkassenbuchs bei der Veranlagungsarbeit, die Tatsache, daß es als nicht-öffentliche Vorschriftenerläuterung als solche nicht zitiert und in der Argumentation gegenüber dem Steuerpflichtigen benutzt werden kann, helfen weder die Aktualität, noch die bessere Präsentation oder die formal bessere Darstellung hinweg - im Streitfall muß zuerst das Sparkassenbuch zur Hand genommen werden, um Klarheit über eine bestimmte rechtliche Regelung zu gewinnen, danach muß dasselbe Problem in den offiziellen Unterlagen nachgeschlagen und belegt werden.

Auch bei der Erlangung grundsätzlicher Kenntnisse hinsichtlich des aktuellen Standes und der Neuregelungen im Einkommensteuerrecht zeigt sich, daß die den Sachbearbeitern von offizieller Seite zur Verfügung gestellten Veröffentlichungs- und Informationsmedien (BGBl, BStBl, Veröffentlichungsblätter der Landesfinanzverwaltungen) nur in relativ geringem Maße genutzt werden; dies teils, weil sie nur schwer zugänglich sind (weil zu selten vorhanden), teils weil den Sachbearbeitern nach eigenem Bekunden die Zeit fehlt, um sich über den aktuellen Stand des Steuerrechts *systematisch* auf dem laufenden zu halten. Da ist es nur folgerichtig, wenn das Gespräch oder die *Nachfrage beim Kollegen* als hauptsächliche Informationsquelle der Sachbearbeiter in bezug auf die Entwicklung der Vorschriften und die aktuelle Rechtsprechung in Steuersachen gelten kann. Dies gilt insbesondere für die Mittelmänner, bei denen mehr als die Hälfte der in dieser Untersuchung Befragten die Nachfrage beim Kollegen als regelmäßige Informationsquelle angab. Allein der - zumeist privat finanzierte - Bezug und die Durcharbeitung von steuerrechtlichen Fachzeitschriften können hier auch noch als überwiegend genutzte Informationsquellen angesehen werden.

Die persönliche Nachfrage bei Vorgesetzten oder bei als Spezialisten ausgewiesenen Stellen im Amt spielen demgegenüber nur eine nachrangige Rolle. Dies gilt mit Abstrichen auch für den eigenen Sachgebietsleiter: Nur eine Minderheit der Bearbeiter fragt aus eigener Initiative bei diesen Vorgesetzten oder Fachleuten nach, sofern Unklarheiten über den aktuellen Stand der gesetzlichen Regelungen oder der Rechtsprechung bestehen. Setzt man dieses Verhalten in Beziehung zu der Tatsache, daß die Nachfrage beim eigenen Kollegen durchaus als geschätzte Informationsquelle gelten kann, so zeigt sich, welcher Stellenwert dem *persönlichen Kontakt* zu den Mitarbeitern von den SB zugewiesen wird: Ein persönlich bekannter und geschätzter Kollege wird von den Bearbeitern eher in steuerrechtlichen Fragen angesprochen als ausgewiesene Fachleute in den Ämtern. Solche Fachleute, wie etwa der zuständige Haupt-Sachbearbeiter oder auch der eigene Sachgebietsleiter, werden mit einer gewissen Häufigkeit nur angesprochen, wenn zu ihnen ebenfalls ein gutes persönliches Verhältnis besteht. Der jeweilige Haupt-SGL für Einkommensteuer wird ohnehin als Informationsquelle kaum wahrgenommen. Anders verhält es sich bei Nachfragen bei der *Rechtsbehelfstelle* des eigenen Amtes. Fast dreißig Prozent der befragten Sachbearbeiter geben an, sich regelmäßig bei den Bearbeitern der RBSt nach dem aktuellen Rechtsstand in konkreten Problemfragen zu erkundigen und fast doppelt soviel nutzen diese Möglichkeit gelegentlich. Bei den Mittelmännern ist die Bereitschaft, sich an die RBSt zu wenden, noch stärker ausgeprägt. Rückfragen bei vorgesetzten Dienststellen, etwa bei der zuständigen OFD kommen nur selten, bei den Sachbearbeitern des mittleren Dienstes fast nie vor.

Deutlich unzufrieden zeigten sich die befragten Bearbeiter mit den Möglichkeiten zur *Fortbildung*, die als ergiebigste Quelle der Informationsbeschaffung über Neuerungen im Steuerrecht gelten sollte. Mehr als die Hälfte der Sachbearbeiter macht davon keinen Gebrauch (bei den Mittelmännern noch deutlich mehr) - dies oftmals auch mangels Gelegenheit, weil die Quote der pro Amt zu Fortbildungsveranstaltungen zugelassenen Bearbeiter bei weitem nicht ausreicht. Für die Mehrzahl der Sachbearbeiter in den Veranlagungsstellen ergibt sich demnach nach Abschluß der Ausbildung kaum Gelegenheit, ihr Wissen in Lehrgängen systematisch aufzufrischen, was angesichts der Änderungshäufigkeit des Einkommensteuerrechts von doppeltem Nachteil ist.

In der *Hypothese 2* sind aus den bereits vorliegenden Untersuchungen Leitlinien hinsichtlich des Informationsverhaltens der Veranlagungssachbearbeiter herausgearbeitet worden. Die Hypothese lautete:

> *Das Informationsverhalten der Sachbearbeiter in den Veranlagungsstellen wird hinsichtlich der geltenden Rechtsnormen und insbesondere in bezug auf den Wandel des Normenbestandes dominiert durch die passive Aufnahme von Informationen der Verwaltungsführungen bzw. der Amtsleitungen, aus denen wiederum (teils selektiv, teils zufällig) die für den eigenen Arbeitsbereich wichtigen Inhalte herausgefiltert werden. Dazu kommen - zwischen SGL und SB - mündliche, i.d.R. auf Fachbesprechungen beruhene, allgemeinen Iformationen. Die Zuteilung von Informationen durch die Verwaltungsführungen erfolgt unspezifisch auf dem normalen Dienstweg ('Gießkannenprinzip') und ohne die Möglichkeit der Nichtaufnahme durch den Bearbeiter in Betracht zu ziehen. Die Informationsaufnahme durch die Sachbearbeiter beschränkt sich auf gedruckte Medien ohne entsprechende Nutzung der EDV.*

Im wesentlichen hat sich die Hypothese bestätigt: Das Informationsverhalten der Sachbearbeiter ist hinsichtlich des Normenbestandes und seines Wandels schwerpunktmäßig auf die *passive* Aufnahme von Informationen von seiten der Führungen der Finanzverwaltungen oder des Gesetzgebers ausgerichtet. Aktive Bemühungen um Kenntnisse - gerade sofern es um Veränderungen des Normenbestandes geht - sind so gut wie nirgends zu erkennen. Sie scheitern i.d.R. schon am Zeitmangel der Bearbeiter. Die in der Hypothese offen gelassene Einteilung hinsichtlich der Systematik der Informationsbeschaffung hinsichtlich des aktuellen Rechtsstandes ('teils selektiv, teils zufällig') läßt sich nach den Ergebnissen der Untersuchung deutlich zugunsten der *Zufälligkeit* beantworten: Wenn Sachbearbeiter über den Gesamtbestand des von ihnen anzuwenden Einkommensteuerrechts umfassend und vollständig informiert sein sollten (so unwahrscheinlich das sein mag), so beruht dies in der Mehrzahl der Fälle auf Zufälligkeiten. Eine systematische Versorgung der Sachbearbeiter mit den für sie notwendigen Informationen findet weder durch die Verwaltungsführungen noch durch die Leitungen bzw. die mittlere Führungsebenen der Finanzämter statt. Für eine selektive Zusammenstellung der für ihre spezielle Veranlagungsarbeit notwendigen Informationen über Änderungen des geltenden Steuerrechts, der Verordnungen oder der aktuellen Rechtsprechung haben die Sachbearbeiter i.d.R. keine Zeit. Dieses Zeitproblem stellt sich insbesondere bei den mit Veranlagungen aus dem 800er-Bereich betrauten Bearbeitern des mittleren Dienstes durch das *zeitliche Zusammentreffen* von zum Jahresbeginn in Kraft tretenden Neuregelungen des Steuerrechts und der gleichzeitig auf sie zukommenden Vielzahl von Veranlagungsfällen.

Prinzipiell besitzen die Sachbearbeiter - über das regelmäßige Lesen und Kopieren der Gesetzes- und Verordnungssammlungen hinaus - zwei Möglichkeiten, um sich über Veränderungen des geltenden Steuerrechts und der Rechtsprechung zu informieren: die Nutzung schriftlicher Informationen zu Einzelfragen des Rechts in *Kommentaren* bzw. *Fachzeitschriften* und/oder die *Nachfrage bei Kollegen bzw. Vorgesetzten*. Wie schon in der Hypothese angedeutet, haben elektronische Informationsquellen (Datenbanken u.ä.) auf der Sachbearbeiterebene der Finanzämter keinerlei Bedeutung. Überschätzt wurde in der Hypothese hingegen die Bedeutung und der Umfang regelmäßiger Fachbesprechungen und daraus abgeleiteten mündlichen Unterrichtungen der Sachbearbeiter durch ihre Sachgebietsleiter. Solche Fachbesprechungen finden zwar nach den Ergebnissen der Befragung auf der Sachgebietsleiterebene regelmäßig statt, ihre Ergebnisse werden aber nicht generell durch Besprechungen innerhalb des Sachgebiets an die SB weitergegeben.

Von einer vollständigen Umsetzung der veröffentlichten Normen und verwaltungsinternen Anwendungsvorgaben kann demnach in den Veranlagungsstellen der Finanzämter tatsächlich *nicht* ausgegangen werden. Die einzelnen Sachbearbeiter erhalten nur noch einen Teil der für sie wichtigen Informationen über Bestand und Veränderungen des Steuerrechts rechtzeitig zur Anwendung. Es ist davon auszugehen, daß - jeweils fallbezogen - ein bestimmter (aber nicht näher quantifizierbarer) Teil des Einkommensteuerrechts *nicht vollzogen* wird.

10.1.3 Die Anwendung des geltenden Steuerrechts

In bezug auf die Anwendung des geltenden Steuerrechts lassen sich aus dem empirischen Teil der Untersuchung drei Problembereiche ableiten:

- die von den Sachbearbeitern genutzten *materiellen Grundlagen der Rechtsanwendung* und die Einstellungen der Bearbeiter zu diesen Vorschriften;
- die von den Bearbeitern benannten inhaltlichen und formalen *Mängel des Vorschriftenbestandes* sowie
- das eigentliche *Vorgehen der Bearbeiter* bei der Rechtsanwendung nach diesen Vorschriften.

Die materiellen Grundlagen der Rechtsanwendung bilden die Basis der Veranlagungstätigkeit der SB. Die Befragung hat hier gezeigt, daß die Sachbearbeiter bei den materiellen Grundlagen der Rechtsanwendung neben dem EStG den *verwaltungsinternen Vorschriften* die größte Bedeutung als Arbeitsgrundlage für die Bearbeitung von Steuerfällen beimessen. Neben anderen steuerlichen Rechtsvorschriften wird auch dem *eigenen Ermessen* eine breite Bedeutung in dieser Frage eingeräumt. Prinzipiell betrachtet nur eine knappe Mehrheit der Befragten die Rechtsvorschriften (Steuergesetze und Rechtsverordnungen) als *verbindliche Anweisung* in jedem Einzelfall. Die Bereitschaft, solchen Regelungen eher nur den Charakter eines Rahmens zur Vornahme eigener Entscheidungen zuzuweisen bzw. sie gar nur zur Absicherung selbst getroffener Einzelentscheidungen zu nutzen, liegt bei nahezu der Hälfte der Bearbeiter vor. Im Bereich der Sachbearbeiter aus dem mittleren Dienst dominiert sogar die Zahl derjenigen, die in den Rechtsvorschriften keine prinzipiell für jeden Einzelfall verbindliche Einzelanweisung sehen. Offensichtlich ist für einen erheblichen Teil der Bearbeiter - neben dem gesetzlich zulässigen Ermessen - in bestimmten Sachfragen die Nichtheranziehung inhaltlicher Vorschriften legitim. Zudem wurde deutlich, daß sich ein Großteil der Sachbearbeiter bei der Bearbeitung der Einkommensteuererklärungen auf die *eigene Routine* und *Erfahrungen im Umgang mit dem EStG* verläßt.

Dies gilt in unterschiedlichem Maße für verschiedene Bereiche des Einkommensteuerrechts. Als sehr oft nachzuschlagende Bestimmungen des EStG wurden von den Veranlagungssachbearbeitern die Vorschriften hinsichtlicher der *außergewöhnlichen Belastungen*, *Werbungskosten* und *Sonderausgaben* sowie die Bestimmungen im Zusammenhang mit Einkünften aus *Vermietung und Verpachtung* genannt. Auf der anderen Seite wurden gerade auch aus dem Bereich der Werbungskosten und Sonderausgaben sowie der Einkünfte aus Vermietung und Verpachtung Paragraphen in den Bereich eingeordnet, der besonders *wenig* bei der Fallbearbeitung im EStG nachzuschlagen ist. Dieser scheinbare Widerspruch erklärt sich aus der Gesamtbetrachtung der unter diese Gruppen fallenden Paragraphen des EStG, die zeigt, daß es sich dabei zumeist um solche mit prinzipiellen Regelungen in bezug auf eine Einkunftsart bzw. abzugsfähige Ausgaben handelt. Andererseits enthalten gerade diese Bestimmungen neben konstanten Grundsatzregelungen oder Definitionsteilen oftmals Betragsnennungen in DM oder vH-Sätze bestimmter Größen, die relativ häufigen Wechseln unterworfen sind. Insofern können gerade die genannten Bestimmungen nicht als routinemäßig zu behandelnd betrachtet werden, sondern verlangen vom Bearbeiter eine dauernde Nachprüfung hinsichtlich der Gültigkeit bisher bekannter Betrags- oder Prozentsatzgrößen, auch wenn sie sich im Grundsatz kaum ändern.

Unter den *Problemen des Vorschriftenbestandes* wird zumeist seine *Größe* als bedenklich charakterisiert. Nicht so eindeutig sind die Einschätzungen hinsichtlich des konkreten Regelungsgehalts der Vorschriften, die in Teilen als zu lückenhaft, in anderen als zu speziell kritisiert werden. Dies läßt sich offensichtlich auf die jeweils unterschiedlichen Probleme, die sich den Sachbearbeitern im 800er- bzw. im 600er-Bereich stellen, zurückführen. Auch in diesem Bereich wird die späte Bereitstellung der Vorschriften am Arbeitsplatz der Sachbearbeiter als Problem angeführt. Den Bearbeitern ist es oftmals nicht möglich, sich frühzeitig und detailliert in Neuregelungen einzuarbeiten. Im ungünstigsten Fall hat die Veranlagungstätigkeit für einen VZ schon begonnen, wenn den Bearbeitern die Neuregelungen mitgeteilt werden. Dabei eigentlich zu berücksichtigende Rechtsänderungen können - da sie den Sachbearbeitern vorher nicht oder nur unzureichend bekannt sind - nicht angewandt werden.

Bei der Analyse des *Vorgehens der Sachbearbeiter* bei der Rechtsanwendung sind die Schwankungen im Eingang und der nachfolgenden Bearbeitung der Steuererklärungen - insbesondere im Bereich der Arbeitnehmerveranlagungen - zu berücksichtigen. Sie zwingen die Sachbearbeiter, ihre 'Veranlagungsgeschwindigkeit' dem Arbeitsanfall anzupassen, wenn sie nicht - ausweislich der periodischen statistischen Erhebungen - bei der Bearbeitung in Rückstand geraten wollen. Selbst die geschilderten Umschichtungen innerhalb der Dreiergruppen in diesen Stoßzeiten[9)] können nur in Grenzen dazu beitragen, diesen periodisch ansteigenden Arbeitsanfall zu kanalisieren. Die Mechanismen der Anpassung der Veranlagungsgeschwindigkeit an das nach dem Arbeitsanfall Notwendige lassen sich am besten mit einer *Konzentration auf das Wesentliche* umschreiben. So werden sie auch von den Bearbeitern aufgefaßt - und im übrigen von den Führungen der Finanzverwaltungen auch gewünscht. Aufbauend auf die Vertrautheit der einzelnen Sachbearbeiter mit den Steuerfällen und den Steuerpflichtigen ihrer Veranlagungsbezirke konkretisiert sich diese Konzentration auf das Wesentliche in den meisten Fällen im Verzicht auf Belege, dem Verzicht auf Nachfragen bei der Anpassung von Mietwerten für Häuser und Wohnungen oder dem Verzicht auf Nachweise hinsichtlich der berufsbedingten Abwesenheit eines Arbeitnehmers von zuhause. Im formellen Arbeitsablauf ist hier zudem eine oftmalige direkte Veranlagung eingehender Erklärungen *ohne die Hinzuziehung von Akten*, allein aufbauend auf die eigenen Erfahrungen und die Schlüssigkeit der Angaben des Steuerpflichtigen, sowie - falls Akten herangezogen werden - die *Orientierung am Verfahren und am Ergebnis des Vorjahres* festzustellen. Als grundsätzliches Verfahrensprinzip ersetzt das Vertrauen der Sachbearbeiter in die Ehrlichkeit der Steuerpflichtigen sowie die Menschenkenntnis der Sachbearbeiter weitenteils den Kontrollanspruch, auf dem das Veranlagungsverfahren aufbaut.

Die aus dem Forschungsstand abgeleitete Untersuchungshypothese zur Rechtsanwendung in den Veranlagungsstellen der Finanzämter (*Hypothese 3*) hat den Zusammenhang zwischen der Funktionsfähigkeit des Besteuerungsverfahrens und der

9) Übernahme eines Teiles der 800er-Fälle durch den Koordinator am Jahresanfang, Übernahme eines Teils der 600er-Veranlagungen durch den Mittelmann in der zweiten Jahreshälfte, mögliche Hinzuziehung des Veranlagungsbegleiters zu beidem.

Ablehnung der vollständigen Bindung an die Rechtsvorschriften bei der Konkretisierung der Normen vorweggenommen:

> *Die Rechtsanwendung in den Veranlagungsstellen der Finanzämter ignoriert - insbesondere wegen der Betonung von Praktikabilitätsgesichtspunkten - aufgrund der Steigerung der Fallzahlen und der Notwendigkeit der Aufrechterhaltung einer (in Grenzen) verzögerungsfreien Besteuerung in Teilen die materiellen Anforderungen des Einkommensteuerrechts. Die normativ unzulässige, aber notwendige, individuell zu treffende Schwerpunktbildung durch die Beamten sorgt in der Praxis der Einkommensbesteuerung für die Vollziehbarkeit des (teilweise) unpraktikabel gewordenen Steuerrechts.*

Die in der Hypothese vorausgesagte Ignorierung eines Teils der einkommensteuerlichen Normen durch die Sachbearbeiter in den Veranlagungsstellen hat sich bestätigt. Ein Teil der Normen wird bei der Anwendung allein deshalb ignoriert, weil die Neuschaffung oder Änderung einer Bestimmung nicht oder nicht vollständig zum Arbeitsplatz der Sachbearbeiter durchdringt. Ein anderer Teil wird bewußt und von Bearbeiter zu Bearbeiter wie auch von Fall zu Fall unterschiedlich ignoriert, weil die Anwendung bzw. Einhaltung der Bestimmungen den Arbeitsablauf behindern würde. Festzuhalten ist aber auch, daß die Nichtberücksichtigung einkommensteuerlicher Normen in den allermeisten Fällen *nicht willkürlich* und auch nicht nach einem festen Schema oder festen Schwerpunkten erfolgt. Ohne die mit der 'freieren' Rechtsanwendung durch die Sachbearbeiter einhergehende Flexibilisierung des Verfahrens wäre der Vollzug der Veranlagung nur unter erheblicher personeller Verstärkung (die nicht zur Verfügung steht) oder mit enormen zeitlichen Verzögerungen aufrecht zu erhalten. Im Gegensatz zu der in der Hypothese gemachten Annahme ist es nämlich weniger die *Unpraktikabilität* der normativen Regelungen des Einkommensteuerrechts, die zu einer individuellen Schwerpunktbildung bei der Veranlagung zwingt, sondern es ist der Druck der hohen, periodisch schwankend anfallenden *Fallzahlen*, verbunden mit der Auflage der Verwaltungsführungen in Bund und Ländern, die Veranlagung konflikt- und damit *verzögerungsfrei* zu vollziehen. Daß über diesen Druck der Fallzahlen hinaus im Bereich der Anwendung der ergangenen Rechtsprechung zu einem erheblichen Teil von einem Nichtvollzug geltenden Steuerrechts auszugehen ist, ist hingegen tatsächlich als bewußte Nichtanwendung von unpraktikablem, weil nicht überschaubarem und dem Anwender nicht vermittelten Rechtsstoff anzusehen.

Die auf der Fallüberlastung beruhende, bewußte oder in Kauf genommene Nichtanwendung von Rechts- oder Verwaltungsvorschriften im Einkommensteuerbereich wird u.U. verstärkt durch die individuelle Nichtanwendung steuerrechtlicher Vorschriften im Einzelfall, wenn eine Anwendung der Vorschriften dem Gerechtigkeitsgefühl des Bearbeiters widerspricht. Solche *Konflikte zwischen den Gesetzesvorschriften* und dem - in den Augen des Sachbearbeiters - *sachlich Notwendigen* kommen bei der großen Mehrheit der Bearbeiter vor. Von den Bearbeitern, die solche Konflikte in ihrer Arbeit sehen, ist die Mehrzahl bereit, im Einzelfall von den Vorschriften des EStG abzuweichen und von einem uneingeschränkten Vollzug der Vorschriften zunächst einmal abzusehen: nur eine Minderheit gibt an, auch in solchen selbst empfundenen Konfliktfällen das Gesetz strikt zu befolgen. Aber die Alternative hierzu ist auch keine strikte Nichtbefolgung der Vorschriften: Die Entscheidung in einem solchen Fall rein nach der selbst eingeschätzten Sachnotwendigkeit zu verfahren, macht sich nur eine kleine Minderheit der SB zu eigen. Der überwiegende Teil der Bearbeiter versucht in einem solchen Konfliktfall eine Lösung zu finden, die sich nicht zu weit vom Buchstaben des Gesetzes löst. Die dazu herausgearbeiteten Vorgehensweisen lassen sich in zwei Strategien unterteilen: die *Rückversicherung durch Rücksprache* (mit dem Sachgebietsleiter, dem eigenen Kollegen oder anderen Stellen im oder außerhalb des Amtes wie etwa der RBSt oder der zuständigen Oberfinanzdirektion), was eine anschließende Befolgung der Vorschriften nach sich ziehen kann, oder die freie *Orientierung am Vorschriftenzweck*, so wie er vom betroffenen Sachbearbeiter interpretiert wird.

Unter Berücksichtigung der den Sachbearbeitern vorgegebenen Zielvorgabe 'reibungslose Erledigung der eingehenden Veranlagungen' ist ein solches Verhalten als durchaus im Sinne der Führungen der Finanzverwaltungen zu werten. Es geht offensichtlich auch in der ganz überwiegenden Zahl von Fällen *nicht* zu Lasten der Steuerpflichtigen.

10.1.4 Der Kontakt zu den Steuerpflichtigen

Beim Kontakt der Bearbeiter zu den Steuerpflichtigen sind hinsichtlich der Umstände der Rechtsanwendung in den Veranlagungsstellen sowohl die *Formen* als auch die *Ergebnisse* des Zusammentreffens von Interesse. Die von den Steuerpflichtigen abzugebenden Erklärungen erfolgen formal mit Hilfe der standardisierten Erklärungsvordrucke. Obwohl diese von den Bearbeitern zumeist als notwendig und zweckmäßig angesehen werden, kommt es - auch wegen der Schwierigkeiten der Steuerpflichtigen mit diesen Formularen - häufig dazu, daß Unterlagen den Sachbearbeitern nur unvollständig vorgelegt werden. Insbesondere beim Posteingang der Erklärungen zieht dies automatisch die Notwendigkeit weiterer Kontakte nach sich. Die eingehenden Erklärungen können in einem solchen Fall nicht direkt bearbeitet werden und zumeist müssen fehlenden Unterlagen oder Belege nachgefordert werden, was die Bearbeitung weiter verzögert. Diese Probleme ließen sich oftmals verkürzen, wenn der Steuerpflichtige seine Erklärung persönlich im Amt abgäbe. Trotzdem wird ein solches vermehrtes persönliches Vorsprechen bei der Abgabe von den Sachbearbeitern *abgelehnt*, eine damit einhergehende Erleichterung der Arbeitserledigung verneint. Von einem Großteil der Bearbeiter in den Veranlagungsstellen werden die Vorsprache bzw. die Anrufe von Steuerpflichtigen im Rahmen des Publikumsverkehrs als *störend* empfunden. Solche unvermuteten Unterbrechungen des Arbeitsablaufs werden insbesondere von den Bearbeitern des mittleren Dienstes beklagt, die in hohem Maß mit der Bearbeitung von Arbeitnehmererklärungen befaßt sind.[10] Offensichtlich wird der *Zeitverlust* - als die hierbei entscheidende Größe - von den Bearbeitern beim vermehrten persönlichen Vorsprechen der Steuerpflichtigen für größer gehalten, als er durch das zuweilen notwendige Nachfragen bei fehlenden Unterlagen gegenwärtig ist.[11] Kontakte zu den Steuerpflichtigen müssen demnach aus der Sicht der Sachbearbeiter vorrangig dazu dienen, das *Verfahren zu beschleunigen* und mögliche *Unklarheiten schnell zu beseitigen.*

Daß sich diesem Zweck auch die *Formen* des Kontakts zu den Steuerpflichtigen unterordnen müssen, zeigt die Bevorzugung telefonischer Kontakte durch die Veranlagungssachbearbeiter. Solche telefonischen Kontakte liegen in der Häufigkeit noch weit vor den schriftlichen. Allein diese beiden Kontakte dominieren das Verfahren. Eine Vorsprache des betroffenen Steuerpflichtigen im Amt (nach der Abgabe der Erklärung im Amt) oder gar der Besuch des Bearbeiters beim Steuerpflichtigen bilden die Ausnahme. Da auch die schriftlichen Kontakte sich mehr auf Fälle aus dem Bereich der Bearbeiter des gehobenen Dienstes beziehen, ist gerade für die Veranlagungen aus dem Bereich der Arbeitnehmer von einer *vollständigen Dominanz telefonischer Kontakte zum Steuerpflichtigen* nach dem Eingang der Erklärung auszugehen. Hier steht offensichtlich der angesprochene Beschleunigungseffekt im Vordergrund.[12]

---

10) Die Bearbeiter aus dem mittleren Dienst nannten mitunter Zahlen von zwölf bis fünfzehn persönlich erscheinenden Steuerpflichtigen an einem Vormittag (in der ersten Jahreshälfte). Damit wird die Fallbearbeitung 'vom Stapel' nahezu vollständig auf einen halben Tag (den Nachmittag) reduziert.

11) Die nordrhein-westfälische Steuerverwaltung folgt dem insoweit, als sie die Steuerpflichtigen schon bei der Übersendung der Erklärungsformulare schriftlich darauf hinweist, daß die eingehenden Erklärungen 'grundsätzlich in der Reihenfolge des Eingangs bearbeitet werden' und eine persönliche Abgabe 'keinen Anspruch auf bevorzugte Behandlung' mit sich bringe. In der Praxis wird das nicht ganz so streng eingehalten.

12) Ein möglicher Nachteil für den Steuerpflichtigen kann darin liegen, daß durch seine Absprachen mit dem Bearbeiter der eigene Steuerberater ausgeschaltet wird, was wiederum zu Verwicklungen und Verzögerungen führen kann (Vorsteher UF 1, Ltd.RD, hD).

Bei der Formulierung der Untersuchungshypothese zum Bereich 'Kontakt zu den Steuerpflichtigen' (*Hypothese 4*) wurde auf die entscheidenden Wesensmerkmale solcher Kontakte (Ergänzung des auf Schriftlichkeit ausgelegten Verfahrens durch mündliche Kontakte, Einflüsse auf das Ergebnis, Dominanz direkter Kontakte) eingegangen:

Obwohl das Veranlagungsverfahren an sich auf Schriftlichkeit und Aktenmäßigkeit ausgelegt ist, ist es in der faktischen Durchführung in hohem Maße auf den Kontakt zum Steuerpflichtigen bzw. auf die Zusammenarbeit mit Beratern angewiesen. Sowohl Form als auch Intensität der Kontakte zwischen Steuerpflichtigen und Sachbearbeitern sind von wesentlicher Bedeutung bei der Durchführung der Besteuerung und können auf deren Ergebnisse - insbesondere in Zweifelsfragen - Einfluß haben. Insbesondere telefonische oder direkt-mündliche Kontakte beschleunigen zudem das Verfahren.

Nach den Ergebnissen der empirischen Untersuchung kann durchaus davon ausgegangen werden, daß die Sachbearbeiter innerhalb des Verfahrens Möglichkeiten besitzen, in unterschiedlicher Weise auf Wünsche und Forderungen der Steuerpflichtigen einzugehen und daß sie von diesen Möglichkeiten auch Gebrauch machen.[13] Auf diese Weise sind aus Form und Intensität der Kontakte zu den Steuerpflichtigen Folgen für die Durchführung der Veranlagung und deren *Ergebnisse* zu unterstellen. Die Einstellung eines Sachbearbeiters zu einem Steuerpflichtigen allein aufgrund von dessen Zugehörigkeit zu einer bestimmten, vom Bearbeiter von vornherein als 'schwierig' eingeordneten Berufsgruppe kann den Fortgang des Verfahrens beeinflussen. Es ist nicht zu erwarten, daß dies in einer Weise zu Lasten des betreffenden Steuerpflichtigen geht, die gesetzwidrig ist, aber unter der Zielrichtung einer 'maßvollen' Gesetzesvollzuges ist es dem jeweiligen Bearbeiter eben auch gestattet, das Maß einmal voller auszuschöpfen, wenn es nach seiner Einschätzung notwendig ist. Und diese Einschätzung gewinnen die Sachbearbeiter im wesentlichen aufgrund individueller Einschätzungen des Maßes an Ehrlichkeit der betreffenden ESt-Erklärungen. Dieses Verhalten der Sachbearbeiter beruht zumeist auf dem ihnen von den Verwaltungsführungen zugestandenen 'Ermessen' bei der Rechtsanwendung. Direkte *Verhandlungssituationen* zwischen Steuerpflichtigem und Sachbearbeiter bilden demgegenüber eher die Ausnahme.

Der gleiche Einfluß auf Gang und Ergebnis des Verfahrens, wie er bei direkten Kontakten zum Steuerpflichtigen zum tragen kommen kann, kann auch für die Zusammenarbeit mit den *Steuerberatern* der Steuerpflichtigen unterstellt werden. Dies ergibt sich schon daraus, daß sich ein erheblicher Teil der Steuerpflichtigen

13) Vgl. die zitierten Aussagen von Sachbearbeitern zu den Merkmalen 'schwieriger' Steuerpflichtiger und Fälle und zu den Möglichkeiten der Reaktion darauf von seiten der SB darauf in Kap. 9.5.1.

gegenüber den Finanzbehörden von Angehörigen steuerberatender Berufe vertreten läßt. Aus den Befragungsergebnissen und der Auswertung der verfügbaren Unterlagen über die in die Untersuchung einbezogenen Finanzämter hat sich gezeigt, daß bei den Steuerpflichtigen mit Steuernummern unter 600 von Vertretungsquoten von deutlich mehr als siebzig Prozent ausgegangen werden muß; bei den Steuerpflichtigen mit StN über 800 (Arbeitnehmern) ist von einer Quote von etwa vierzig Prozent auszugehen. Insgesamt ergibt sich daraus eine Situation, in der die befragten Beamten in *nahezu jedem zweiten Fall* statt mit dem Steuerpflichtigen mit seinem *Berater* in Kontakt treten bzw. von diesen angesprochen oder angeschrieben werden. Diese Verlagerung der Kontakte von den Pflichtigen auf die Berater wird von den Bearbeitern in der deutlichen Mehrzahl gerne gesehen. Mehr als drei Viertel aller befragten Veranlagungssachbearbeiter erklären, die Vertretung der Interessen von Steuerpflichtigen durch die Berater erleichtere ihnen ihre Arbeit, weniger als ein Viertel fügt einschränkend hinzu, dies komme auf den Berater an, aber niemand sieht in einem solchen Fall Erschwernisse. Den von Steuerberatern vorgelegten Erklärungen wird von den Steuerbeamten zuerkannt, daß sie *vollständiger* seien, *detailliertere Angaben* aufwiesen und besser, d.h. *übersichtlicher, belegt* seien als selbst erstellte ESt-Erklärungen. Über diese formalen Eigenschaften hinaus, die eine schnellere Bearbeitung der Erklärung ermöglichen, wird grundsätzlich die höhere Fachkenntnis und die - im Vergleich zu den betroffenen Steuerpflichtigen - sachkundigere Gesprächsführung der Berater hervorgehoben.

Diese Offenheit gegenüber der Erstellung von Erklärungen durch Steuerberater wird deutlich gezeigt, obwohl mit ihr eine Änderung der Rollenverteilung im Falle von Konflikten verbunden ist: Hat der Sachbearbeiter bei Auseinandersetzungen mit den Steuerpflichtigen in aller Regel die besseren Rechtskenntnisse, so ist bei Gegensätzen zwischen Steuerbeamten und Beratern der Bearbeiter, was den Grad der Informiertheit über Bestimmungen des Steuerrechts angeht, im Nachteil: Auch nach dem Urteil der Sachbearbeiter *verfügen die Steuerberater in der Mehrheit über aktuellere Rechtskenntnisse als die SB.* Als Grund für dieses besser fundierte und vor allem aktuellere Rechtswissen werden vor allem die besseren Möglichkeiten zur Information der Berater, insbesondere die Informationsdienstleistungen der DATEV, angeführt. Trotz dieses anerkannten Informationsvorsprunges werden die Steuerberater - natürlich mit Ausnahmen - von den Bearbeitern eher als am Prozeß beteiligte Institution und als *Partner* denn als 'gegnerische Partei' aufgefaßt. Diese Einschätzung entspricht der schon in Kap. 8.4.2 angesprochenen und auch durch die Ergebnisse der Interviews belegten Dolmetscherfunktion der Steuerberater.

Die quantitative Bedeutung der Beratungsleistungen und die positive Rolle, die den Steuerberatern überwiegend von den Bearbeitern bei der Durchführung der Veranlagung zugewiesen wird, war aufgrund der Literatur, mit Hilfe derer die Formulierung der *Hypothese 4* erfolgte, nicht so deutlich abzusehen. Insofern bedarf diese Hypothese der Ergänzung. Ähnlich wie Form und Intensität der Kontakte zum Steuerpflichtigen Auswirkungen auf den Verlauf und das Ergebnis der Veranlagung haben können, ist davon auszugehen, daß die Vertretung eines Steuerpflichtigen durch einen Berater positive Effekte in dieser Richtung haben kann.

10.2 Autonomie und Kontrolle - Faktische Bedingungen der Rechtsanwendung durch die Sachbearbeiter in den Veranlagungsstellen

Aus den vorstehenden Ausführungen ist deutlich geworden, daß die Veranlagung von einkommensteuerpflichtigen Bürgern als Prozeß der Aufgabenerledigung in den Veranlagungsstellen der Finanzämter nicht nur unter den Rahmenbedingungen gesetzlicher und (aus Gesetzen abgeleiteter) verwaltungsmäßiger Vorschriften gesehen werden kann, sondern daß zusätzlich:

- der den Sachbearbeitern überlassene Handlungsspielraum sowie die Formen und die Intensität der Kontrolle durch die Vorgesetzten;
- die Bereitschaft und Möglichkeit der Bearbeiter, sich über den Stand und die Fortentwicklung der einschlägigen Vorschriften zu informieren;
- die Bereitschaft der SB, die ihnen zugänglichen und bekannten Bestimmungen zu einem (von ihnen) bestimmten Maß umzusetzen und anzuwenden
- sowie die Formen und Begleitumstände des Kontaktes zu den Steuerpflichtigen und zu den diese unterstützenden Beratern

einen *erheblichen* Einfluß auf die faktische Rechtsanwendung in den VSt der Finanzämter haben. Alle diese Faktoren kommen bei der Bearbeitung eines einzelnen Steuerfalles - wenn auch in jeweils unterschiedlicher Weise - zum tragen. Sie können einem Verfahren wie dem der Veranlagung, auch wenn dies durch die AO formal stark normiert wird, *prinzipiell nicht ausgeschlossen* werden. Damit erweist sich die Vorstellung von einer vollständigen Vollziehbarkeit des Einkommensteuerrechts als reine Zielvorstellung, die vom faktisch vollständigen Vollzug als Fehlannahme. Das Einkommensteuerrecht *kann im gegenwärtigen Verfahren und mit den vorliegenden Mitteln nicht vollständig umgesetzt und vollzogen werden.* Nach den empirischen Ergebnissen dieser Untersuchung kann dazu ergänzend unterstellt werden, daß dieser nur partielle Vollzug der einkommensteuerrechtlichen Bestimmungen jedenfalls nicht zu Lasten der Steuerpflichtigen geht. Diese Erkenntnis bezüglich des nur teilweisen Vollzugs des Einkommensteuerrechts ist zumindest für die Spitzen der Finanzverwaltungen nichts Neues. Im Gegenteil: wie die eingangs zitierten Dienstanweisungen über das generelle Vorgehen bei der Einkommensteuerveranlagung - denen unterstellt werden kann, daß sie als Prinzip bundesweit Gültigkeit besitzen - belegen, wird der unvollständige Vollzug der Steuergesetze bewußt von den Führungen der Finanzverwaltungen einkalkuliert, ja sogar wegen des enormen, aus dem Anstieg der Fallzahlen resultierenden Arbeitsdrucks der Finanzämter faktisch in den Rang eines grundsätzlichen Verfahrensprinzips erhoben. Der Erkenntnisgewinn durch die hier vorliegende Studie liegt darin, Klarheit darüber zu gewinnen, *wie und vor welchem Hintergrund dieser Auftrag konkretisiert wird*.

Die größte arbeitsorganisatorische Problematik in den Aufgaben der Veranlagungsstellen und ihrer Sachbearbeiter liegt darin, daß sie sich einer *Vielzahl von zu bearbeitenden Einzelfällen* gegenüber sehen, die im Rahmen eines Kalenderjahres in *quantitativ höchst unterschiedlichem Maße* zur Bearbeitung anstehen. Auf der anderen Seite sind aus der Vielzahl von Fällen deutliche Großgruppen[14] zu bilden, bei denen der unterschiedliche Arbeitsanfall relativ deutlich voraussehbar ist und die (in Grenzen) alle nach dem gleichen Schema zu bearbeiten sind. Neben sachlichen Unterscheidungsmerkmalen (spezielle Fachaufgaben, eigens geschultes Fachpersonal) unterscheiden diese Rahmendaten des zu bewältigenden Arbeitsanfalles die Steuerverwaltung von anderen Zweigen der öffentlichen Verwaltung in der Bundesrepublik. Eine Arbeits- und Personalorganisation, die diese speziellen Anforderungen an die Verwaltung berücksichtigen will, muß demnach einerseits über ein notwendiges Maß an *Regelungsgebundenheit* verfügen, um in der Vielzahl der Fälle die (gesetzlich garantierte) sachlich gleiche Behandlung zu sichern, andererseits die notwendige *Flexibilität* besitzen, um auf den unterschiedlichen Anforderungsdruck von seiten des Publikums eingehen zu können. In den Veranlagungsstellen der Finanzämter macht dies eine mehrfache Flexibilität notwendig:

- innerhalb der *Dreiergruppen*, um die zyklisch anfallenden Fallzahlen bewältigen zu können,
- im Verhältnis der *Sachgebietsleiter* zu den ihnen unterstellten *Sachbearbeitern*, um den Informationsfluß auf den Anwendungsebenen der Finanzämter aufrecht zu erhalten,
- im Verhältnis von *veranlagender Stelle und Rechtsbehelfsstelle* im Finanzamt, um die Einheitlichkeit der Rechtsanwendung und die Reibungslosigkeit des Verfahrens miteinander in Einklang zu bringen,

14) Anhand der Steuerbezirksnummern (unter 600, über 800).

- und schon bei der Fallbearbeitung durch den *SB selber*, insbesondere dann, wenn sie im direkten Kontakt zu den Steuerpflichtigen oder ihren Beratern stattfindet.

In der Befragung hat sich gezeigt, daß das generelle Verfahrensprinzip der GNOFÄ-Neuregelung, die Bildung *fester Zuständigkeiten* in den Arbeitsbereichen der Veranlagungsstellen in der Praxis auch umgesetzt wird und zu den wesentlichen Funktionsbedingungen der Anwendung des Einkommensteuerrechts bei der Veranlagung gehört. In nahezu allen Einzelbefragungen wurde deutlich, daß die vollständige Bearbeitung des einzelnen Steuerfalles beim sachlich zuständigen Bearbeiter erfolgt. Diese - durch den Geschäftsverteilungsplan festgelegte - Aufgabenverteilung wird in den meisten Fällen durch zeitlich notwendige, autonom innerhalb der Dreiergruppe getroffene Arbeitsumverteilungen *flexibel* gehalten, um so den über das Kalenderjahr hinweg unterschiedlichen Anforderungen des Erklärungseingangs gerecht werden zu können.

Eine solche feste Aufgabenzuordnung, die aber aus der Natur der Verwaltungsaufgabe 'Steuerveranlagung' heraus und wegen der an den *Gesamtvollzug* gestellten Anforderungen den skizzierten Ansprüchen hinsichtlich der Flexibilität an die verschiedenen Mitarbeiterebenen im Finanzamt unterworfen ist, gibt den Führungs- und Bearbeitungsebenen im einzelnen Finanzamt unterschiedliche Aufgaben. In erster Linie von den *Sachbearbeitern* wird verlangt, die Forderung nach reibungslosem Gesamtvollzug des Besteuerungsverfahrens zu konkretisieren und umzusetzen. Denn das Schlimmste, was einem Sachbearbeiter passieren kann, ist, "daß er in seinen Fallzahlen ersäuft."[15] Von den SB wird verlangt, zu erkennen, in welchen Fällen eine intensivere Nachforschung angebracht ist und wo den Angaben der Steuerpflichtigen Glauben geschenkt werden darf. Aus der Sicht der Vorgesetzten muß ein Sachbearbeiter dazu verschiedene Anforderungen erfüllen. Er muß:

- das Gesetz selbständig anwenden und interpretieren,
- über ein gutes Verhandlungsgeschick gegenüber den Steuerpflichtigen verfügen,
- und letztlich in der Lage sein zu entscheiden: "Kann ich die vorliegende Steuererklärung unter das Gesetz packen."[16]

Voraussetzung dafür ist aus der Sicht der Sachgebietsleiter "Sicherheit im Gesetz".[17] Denn: "Den größten Ermessenspielraum hat derjenige Sachbearbeiter, der über die größte Sachkenntnis verfügt."[18] Für die *Koordinatoren* kommt noch hin-

15) Vorsteher UF 9, RD, hD.
16) SGL, gehobener Dienst, mehr als zwanzig Jahre in der Finanzverwaltung (I 77).
17) SGL, gD, mehr als zwanzig Jahre in der Finanzverwaltung (I 77).
18) SGL, hD, mehr als zwanzig Jahre in der Finanzverwaltung (I 25).

zu, daß sie Führungsaufgaben in ihrer Dreiergrupppe wahrnehmen müssen, was ihnen neben umfassender Sachkenntnis zusätzliche Führungsqualitäten abverlangt. Konkret verlangt das, daß ein guter Koordinator in der Lage sein muß,

- seinen Mittelmann und seinen Veranlagungsbegleiter "zu führen";
- dabei diese so einzusetzen, "daß ein gutes steuerliches Gesamtergebnis rauskommt";
- zu gewichten ("sich nicht in Kleinigkeiten verlieren").[19]

Eine eigene Rolle als Sachbearbeiter müssen auch die Bearbeiter des mittleren Dienstes in den Dreiergruppen, die *Mittelmänner*, ausfüllen. Sie sind den Koordinatoren zwar in bezug auf die Aufgabenverteilung unterstellt, bearbeiten ihre Fälle aber i.d.R. allein und eigenverantwortlich. Eine ausgeprägte formale Hierarchie unter den Sachbearbeitern gibt es nicht. Gerade die Mittelmänner leiden am meisten unter den Schwankungen im Erklärungseingang, bei ihnen verstärkt sich der saisonale Arbeitsdruck insbesondere im ersten Jahresdrittel erheblich. Die Arbeitsumstände von Koordinatoren und Mittelmännern, die Einstellung zum Verfahren und zu den Normen der Besteuerung sowie zu den Steuerpflichtigen unterscheiden sich prinzipiell nicht. Sachbearbeiter des gehobenen wie des mittleren Dienstes

- spüren in gleichem Maße bei der Fallbearbeitung Konflikte zwischen den gesetzlichen Vorschriften und dem sachlich Notwendigen wie zwischen Anweisungen Vorgesetzter und dem sachlich Notwendigen,
- werden in ganz ähnlichem (schwachen) Maß durch Vorgesetzte kontrolliert und
- bewerten die der Besteuerung zugrunde liegenden rechtlichen Vorschriften hinsichtlich ihrer Qualität in gleichem Maß.

Trotzdem lassen sich bei den äußeren Umständen der Rechtsanwendung durch die Bearbeiter des mittleren Dienstes einige Unterschiede zu den Anforderungen an die Koordinatoren aufzeigen. Die Mittelmänner

- stehen grundsätzlich einer sehr viel größeren Zahl von zu erledigenden Einzelfällen gegenüber,
- leiden unter größeren Störungen durch (vorsprechende oder anrufende) Steuerpflichtige bei der Fallbearbeitung,
- sehen sich bei der Fallbearbeitung in deutlicherem Maß durch fehlende Unterlagen der Steuerpflichtigen behindert,
- haben deutlich weniger mit Steuerberatern zu tun,
- haben weniger Kontakte zu ihren Sachgebietsleitern und

---

19) SGL, gD, mehr als zwanzig Jahre in der Finanzverwaltung (I 76).

- bekommen weniger Information und Beratung durch ihre Vorgesetzten

als die Sachbearbeiter des gehobenen Dienstes (Koordinatoren). Dennoch hat sich gezeigt, daß gerade die eigenverantwortliche Arbeitserledigung und die Bereitschaft der Mittelmänner, *bei der Fallbearbeitung die rechtlichen Vorschriften in Teilen nicht anzuwenden*, eine ganz wesentliche Voraussetzung für die Erreichung der vorgeschrieben Ziele der Veranlagungsstellen (Gesamtvollzug, Konzentration auf wesentliche Steuerfälle) bildet. Diese Bereitschaft spiegelt sich auch in den Einstellungen der Mittelmänner zum Verfahren und zu den Steuerpflichtigen wider, wie sie in der Befragung deutlich geworden sind. Die Bearbeiter des mittleren Dienstes in den VSt

- sehen die Rechtsvorschriften in stärkerem Maße als bloßen Rahmen für die eigene Entscheidung bei der Fallbearbeitung an und
- ziehen dabei deutlich weniger die Rechtsprechung zur Bearbeitung heran.

Die Hauptlast der Verantwortung für die Umsetzung der pauschalen Arbeitsanweisung an die Veranlagungssachbearbeiter, bei der Fallbearbeitung 'nicht so kleinlich' zu sein, sich aber dennoch im Rahmen der gesetzlichen Vorschriften zu bewegen, muß von den Sachbearbeitern des mittleren Dienstes getragen werden. Sie werden dieser Rolle offensichtlich gerecht.

Aufgabe der *Sachgebietsleiter* wiederum ist es, unter den Bedingungen des angestrebten 'maßvollen' Vollzugs der Steuergesetze den Sachbearbeitern diese Grundsätze zu vermitteln und sie von Fall zu Fall in Anweisungen zu konkretisieren. Gerade bei frisch ausgebildeten Beamten, die sich unter den Arbeitsbedingungen des drohenden Drucks der Statistik und der von ihnen erwarteten Gesamterledigung der Fälle ihrer Steuerbezirke schwer tun und denen die Großzügigkeit der Praxis erst noch vermittelt werden muß, sind die Sachgebietsleiter gefordert. Die Vorsteher der Finanzämter stehen gleichfalls vor der Aufgabe, die Zielrichtung der Führungen der Finanzverwaltungen[20] über die Sachgebietsleiter den Veranlagungssachbearbeitern ihres Finanzamtes zu vermitteln und dabei auch zu konkretisieren. Exakte 'Grenzen der Großzügigkeit' können und dürfen auch sie dabei nicht festlegen, aber sie können den SB klar machen, daß man "wegen 100 DM keine Klage vor dem Finanzgericht" riskiert.[21] Das Ziel ist eindeutig: Der einzelne Sachbearbeiter soll erkennen, "was wesentlicher ist als anderes; es kommt nicht so sehr auf die Belege an."[22] Gerade diejenigen Beamten, die direkt aus der Ausbildung kommen, müssen gedrängt werden, ihr Wissen "pragmatisch" anzuwenden.

20) "1. Ziel: Gesamtvollzug, 2. Ziel: lohnende Steuerfälle" (Vorsteher UF 1, Ltd.RD, hD).

21) Vorsteher UF 1, Ltd.RD, hD.

22) Vorsteher UF 7, Ltd.RD, hD.

Das Problem liegt darin, daß diese Beamten oftmals noch nicht wissen, "wo werde ich noch gedeckt." Ziel der Ausbildung in der Praxis ist es hier, daß der Sachbearbeiter mit zunehmender Erfahrung die Fälle erkennt, "die im Untergrund unrichtig sind"; "das zu zeigen, muß unsere Hauptaufgabe sein."[23)]

Insgesamt ist das Verfahren weniger auf die konkrete Nachprüfung der Angaben des Steuerpflichtigen in und zu seiner Steuererklärung ausgerichtet,[24)] sondern beruht in wesentlichen Teilen auf dem Vertrauen des SB in die Ehrlichkeit und die Schlüssigkeit der vorgelegten Erklärung. Die Umstellung auf die Veranlagung nach den Prinzipien der GNOFÄ-Neu brachte insofern auch einen Übergang auf ein "System der Großzügigkeit" mit sich.[25)] Die Erfahrung lehrt aber, daß gerade von der Ehrlichkeit der Steuerpflichtigen keineswegs immer ausgegangen werden kann.[26)] Unehrlichkeit in steuerlichen Sachen gegenüber den Finanzbehörden trägt in Deutschland nicht den Makel schwerer sittlicher Verfehlung. Nach einer Untersuchung des Instituts für Demoskopie in Allensbach finden vier von zehn Bundesbürgern nichts dabei, das Finanzamt zu betrügen. Nur ein Fünftel der Bundesbürger ist hingegen bereit, seiner Steuerpflicht vollständig nachzukommen.[27)] Vor diesem Hintergrund sind insbesondere die Forderung nach der *Schlüssigkeit* der vom Steuerpflichtigen gemachten Angaben in seiner Erklärung zu sehen.

In vielen Fällen wird auch die Forderung nach Schlüssigkeit der Angaben durch Anweisungen der Verwaltungsführungen in Bund und Ländern weiter so weit relativiert, daß hier letztlich die bloße Behauptung des Steuerpflichtigen zum Maßstab für die Reaktion der Steuerbeamten gemacht wird. Eine tatsächliche Nachprüfung soll und kann hier nicht mehr stattfinden; damit sind offenkundigen Unrichtigkeiten Tür und Tor geöffnet. Stellvertretend für solche Beispiele sei hier - aufgrund der Angaben der befragten Veranlagungssachbearbeiter - die zum Zeitpunkt der Interviews gewährte steuerliche Berücksichtigung von *Aufwendungen für den Unterhalt von Personen aus Ostberlin und der ehemaligen DDR* bzw. aus bestimmten anderen osteuropäischen Staaten genannt. Solche Aufwendungen können im Rahmen von § 33a I EStG als *außergewöhnliche Belastungen* im Rahmen der vorgegeben Gesamtgrenze von 5.400 DM (ab 1990) anerkannt werden, wobei die Bedürftigkeit der Empfänger und die Zwangsläufigkeit der Aufwendungen in diesen Fäl-

---

23) Vorsteher UF 7, Ltd.RD, hD.

24) "Es wird heute nicht mehr so in die Steuererklärungen eingedrungen, wie das in den 50er Jahren der Fall war." (Stv. Vorsteher UF 7, hD).

25) Vorsteher UF 7, Ltd.RD, hD.

26) Vgl. die Angaben zu Steuerhinterziehung und Steuerumgehung in Kap. 8.1.4. Die Summe der hinterzogenen und 'leichtfertig verkürzten' Steuern, die sich aus rechtskräftig angeschlossenen Straf- und Bußgeldverfahren ablesen läßt, ergab allein für 1987 mehr als 680 Millionen DM.

27) Vgl. 'Steuerunehrlichkeit', in: Rheinpfalz, 10.05.1989.

len grundsätzlich unterstellt wird.[28] Hierzu hat beispielsweise 1980 die OFD Münster in Ergänzung entsprechender früherer Erlasse festgelegt, daß es sich bei den geltend gemachten Ausgaben um typische Unterhaltsaufwendungen handelt, insbesondere für Ernährung, Kleidung und Wohnung. Speziell für *Geldzuwendungen* wurde angewiesen, daß grundsätzlich der Vermutung zu folgen sei, daß sie zum Unterhalt des Empfängers bestimmt seien. Eine ähnliche Pauschalvermutung wurde für Päckchen und Pakete zu Grunde gelegt:[29]

> "Der Wert eines Pakets oder Päckchens ist grundsätzlich nachzuweisen oder glaubhaft zu machen. Zur Glaubhaftmachung reicht im allgemeinen eine Aufstellung über die einzelnen Gegenstände und ihren Wert aus. Rechnungen, Einkaufsquittungen usw. über den Wert der Gegenstände sind im Rahmen pflichtgemäßen Ermessens nur dann anzufordern, wenn die Angaben des Steuerpflichtigen zu Zweifeln Anlaß geben."

Fügt der Steuerpflichtige seinen Anträgen oder Erklärungen nur die Paketabschnitte oder die Belege über die Einlieferung von Päckchen ohne Einzelaufstellungen oder Belege bei, sind nur Pauschalbeträge[30] zu berücksichtigen. Seit 1964 wurden zudem Aufwendungen eines Steuerpflichtigen anläßlich eines Besuches von Angehörigen aus der DDR oder Ostberlin und aus bestimmten osteuropäischen Staaten im Rahmen des § 33a I EStG pauschal berücksichtigt.[31]

Daß solche pauschalen Zuerkennungen von absetzbaren Beträgen, die zwar prinzipiell nachgewiesen werden sollen, ersatzweise aber auch lediglich *glaubhaft* gemacht werden müssen, zu Unrichtigkeiten geradezu einladen, ist offensichtlich. So werden nach den Angaben der befragten Sachbearbeiter[32] von einem Teil der Steuerpflichtigen entsprechende Pakte- oder Päckchenbelege regelrecht gesammelt und mit Rechnungen über den angeblichen Inhalt präsentiert. Nach Schätzungen der SB beruht bis zu einem Drittel der geltend gemachten Unkosten auf unrichtigen Angaben.[33] Der Umfang der so erreichten steuerlichen Vorteile sollte nicht unterschätzt werden: Manche Steuerpflichtigen setzten "ihre gesamten Lebenshal-

---

28) Vgl. die näheren Ausführungen zu den §§ 33 ff EStG in Kap. 6.5.3.3; kritisch hierzu: Tetzlaff (1988). Das zitierte Beispiel hat sich durch die politische Entwicklung weitgehend erledigt. Es wird hier dennoch angeführt, da es nicht um die Regelung an sich geht, sondern um den Nachweis, daß innerhalb des EStG strikte neben sehr vagen Bestimmungen stehen, bei deren Anwendung die Verwaltungen mehr auf Vertrauen als auf Kontrolle des Pflichtigen setzen. Das Beispiel als solches ist beliebig.

29) Verfügung der OFD Münster ESt-Nr. 109/1980 zu § 33a I EStG vom 12.11.1980, AZ S 2285 - 4 - St 12 - 31.

30) Pakete: je DM 40,-, Päckchen: je DM 30,-.

31) Diese Bestimmung wurde mittlerweile durch einen gleichlautenden Erlaß der obersten Finanzbehören der Länder vom 20. März 1990 aufgehoben; vgl. Der Betrieb (DB), Nr. 14/1990: 711.

32) Die SB sprachen im Rahmen der Interviews ohne eine entsprechende Frage immer wieder gerade diesen Problembereich an.

33) SB, gD, mehr als zwanzig Jahre in der Finanzverwaltung (I 52).

tungskosten über DDR-Pakete ab."[34] Es ist den Steuerpflichtigen möglich, auf diese Weise ohne größeren Aufwand mehrere Tausend DM jährlich geltend zu machen. Der Nachweis ob die - durch Rechnung nachgewiesene - Lederjacke tatsächlich im entsprechenden Paket war oder nicht, kann nicht geführt werden: "Man kann das Gegenteil ja nicht beweisen."[35]

Ähnliche Probleme bestehen auf anderen Gebieten, insbesondere auf dem der *Werbungskosten* (sowohl im Bereich der Aufwendungen für Arbeitsmittel, als auch bei den Absetzungen für Abnutzung oder Substanzverringerung im Rahmen anderer Einkünfte). Die Sachbearbeiter stehen hier oftmals vor der Situation, entsprechende Angaben der Steuerpflichtigen zwar insgeheim anzuzweifeln, sie aber nicht widerlegen zu können. Hier ist vielfach neben der eigenen Lebenserfahrung die Bereitschaft der SB gefragt, sich entsprechende Fachkenntnisse selbst zu erarbeiten und ev. in eigenen Handakten zusammenzustellen. Dabei kann es auch zu unkonventionellen Lösungen kommen, wenn die Bearbeiter ziemlich sicher sind, hintergangen zu werden, dies aber nicht beweisen können: Neben der Anerkennung von Arbeitszimmern, für deren berufliche Veranlassung sich heutzutage bei nahezu allen Berufsgruppen Begründungen finden lassen können, gehört die Anerkennung von *Fachliteratur* im Rahmen der Aufwendungen für Arbeitsmittel nach § 9 EStG zu den am häufigsten vorkommenden Problemen. Es ist allgemein bekannt, daß es i.d.R. keine Schwierigkeiten bereitet, beim Kauf eines beliebigen Buches in einer Buchhandlung eine Quittung mit dem ausschließlichen Vermerk 'Fachliteratur' - wenn nicht sogar mit einer selbst gewünschten Titelangabe - zu erhalten. Dies wissen auch die Sachbearbeiter in den Veranlagungsstellen. In einem der untersuchten Finanzämter wurde diesem weitverbreiteten Mißbrauch auf originelle Weise entgegengearbeitet: Mit der größten (und in dieser Größenordnung einzigen) Buchhandlung des betreffenden Ortes wurde eine Zusammenarbeit vereinbart. Sie beinhaltete, daß der Besitzer der Buchhandlung dem Vorsteher des Finanzamtes die Warengruppen-Einteilung, wie sie bei Kassenvorgängen in der entsprechenden Buchhandlung verwendet wird, zusandte. Die Angestellten der Buchhandlung können damit weiter auf Verlangen (und guten Gewissens) Quittungen über 'Fachliteratur' ausstellen, die Sachbearbeiter können aber - anhand der pflichtgemäß beizuheftenden Bons der Registrierkassen - genau erkennen, ob es sich bei der angeblichen Fachliteratur tatsächlich um aktuelle Sachbücher (Kennziffer 12) oder aber um Romane/Erzählungen (Kz 3), Landschafts-Bildbände (Kz 17) oder gar Schulbücher (Kz 20) handelt.

---

34) SBin, mD, mehr als zehn Jahre in der Finanzverwaltung (I 55).

35) SB, mD, mehr als zehn Jahre in der Finanzverwaltung (I 64).

Solchen Formen der Zusammenarbeit sind aber in den meisten Fällen Grenzen gesetzt. Sie sind in der Regel nur in Ausnahmefällen möglich, erfordern (bei der individuellen Nachprüfung) eine Menge Arbeit und laufen damit auch den Bestrebungen der Verwaltungsführungen, die Beamten zur Orientierung am steuerlichen Aufkommen des Einzelfalles anzuhalten, entgegen. Tatsächlich besteht ja zwischen dem vorstehend genannten Beispiel und der zitierten (politisch gewollten) Großzügigkeit in bezug auf außergewöhnliche Belastungen im Zusammenhang mit unterstützungsbedürftigen Personen ein krasser Unterschied im gewollten Vorgehen der Beamten, für den sich ohne Schwierigkeiten weitere Beispiele finden ließen. Nach den Ergebnissen der Befragung widerspricht eine zu detaillierte Nachforschung dem Selbstverständnis der Beamten. Die Ergebnisse der Interviews haben gezeigt, daß die eigene Rolle gegenüber den Steuerpflichtigen von der deutlichen Mehrzahl der Sachbearbeiter als die eines 'Mittlers' zwischen Staats- und Bürgerinteressen gesehen werden: annähernd drei Viertel der Befragten bekennen sich hierzu. Diese Einstellung spiegelt sich auch im täglichen Umgang mit den Steuerpflichtigen. Die Sachbearbeiter ärgert es in ihrer Mehrzahl, wenn sie spüren, von Steuerpflichtigen hintergangen zu werden und sie sind auch bereit, im Rahmen des ihnen überlassenen Spielraumes dann das Verfahren 'zu verschärfen', aber als 'Steuerpolizisten' fühlen sie sich nicht. Auch Frustration über die Unzulänglichkeiten der eigenen Methoden zur Nachprüfung war durchweg keine zu spüren.

Im Rahmen der Einleitung und in Kap. 1 sind die Leitfragestellungen dieser Untersuchung entwickelt worden. Sie drehten sich alle um den Fragenkomplex, wie die - zu belegenden - Veränderungen des Arbeitsumfeldes der Sachbearbeiter (Vergrößerung der Fallzahlen, Zunahme des Gesetzesbestandes, Personalmangel) sich auf die Arbeitserledigung in den Veranlagungsstellen der Finanzämtern auswirken und welchen Mechanismen der Arbeitsorganisation oder welchen Vorgehensweisen der Sachbearbeiters zu verdanken ist, daß die Veranlagung im ESt-Bereich bis heute im wesentlichen reibungslos funktioniert.[36] Es hat sich gezeigt, daß dafür eine Reihe von Faktoren verantwortlich ist. Stabilisierend in bezug auf die Aufrechterhaltung der Besteuerung auch unter einer Zunahme der Fallzahlen mit erschwerenden starken saisonalen Schwankungen wirken vor allem:

- die in allen Ebenen der Finanzämter akzeptierte *Konzentration auf den Gesamtvollzug* im allgemeinen und die *intensive Bearbeitung lohnender Steuerfälle* im besonderen, denen sich alle folgenden Maßnahmen und Verhaltensmuster unterzuordnen haben;

---

36) Dienstaufsichtsbeschwerden kommen nach Angaben eines Vorsteher höchstens vier bis fünf Mal im Jahr vor, dazu kommt durchschnittlich ein Mal monatlich der Wunsch eines Steuerpflichtigen nach Vorsprache, i.d.R. handelt es sich dabei um Vollstreckungsschuldner (Vorsteher UF 1, Ltd.RD, hD). Solche Streitfälle können ganz überwiegend gütlich beigelegt werden.

- die *eigenverantwortliche Arbeitserledigung der Veranlagungssachbearbeiter*, im besonderen der des mittleren Dienstes;
- die *Bildung fester Zuständigkeiten* für den Bereich der einzelnen Sachbearbeiter, die die bisherigen Erfahrungen der Sachbearbeiter mit einem bestimmten Fall nutzbar macht und gleichzeitig dem Steuerpflichtigen einen *festen Ansprechpartner* zuweist und damit gleichfalls zur Beschleunigung und reibungsloseren Durchführung des Verfahrens beiträgt;
- die Bereitschaft der Führungsebenen der Finanzämter, die Entscheidungen der Sachbearbeiter weitestmöglich mitzutragen, verbunden mit dem fast vollständigen *Verzicht auf eine qualitative Arbeitserledigungskontrolle*;
- die *Lockerung des Verfahrensablaufs*, insbesondere durch die verstärkte Nutzung des Telefons als Arbeitsmittel, was sich auf die Erledigung der Verfahren beschleunigend auswirkt.
- die deutliche *Inanspruchnahme der Dienste der steuerberatenden Berufe* sowohl durch die Steuerpflichtigen als auch (mittelbar) durch die Finanzbehörden, die mit einer deutlichen Aufgabenverlagerung i.S. einer 'Vorveranlagung' durch die Steuerberater gerade in schwierigen Steuerfällen verbunden ist.

Schon in der Hypothesenformulierung zu *Hypothese 3* ist deutlich gemacht worden, daß die von *Jenetzky* (1982) umschriebenen Vereinfachungsstrategien der verschiedenen Gruppen von Mitarbeitern der Finanzämter zwar vorkommen, aber nicht zu dem Zweck eingesetzt werden, zu dem sie nach *Jenetzky* instrumentalisiert werden: Nicht die Maximierung des steuerlichen Ergebnisses im Interesse der Finanzverwaltung ist die generelle Richtschnur für die Arbeitserledigung der Veranlagungssachbearbeiter, sondern die Orientierung an der Erledigungsstatistik im Rahmen des angestrebten reibungslosen Gesamtvollzugs. Die Merkmale, die *Jenetzky* als kennzeichnend für die Vereinfachungsstrategien der Sachbearbeiter in den VSt genannt hat (Verzicht auf die vollständige Sachverhaltsaufklärung, individuelle Vereinfachung, Nichtanwendung bestimmter Rechtsvorschriften) ließen sich durch die Ergebnisse der empirischen Untersuchung (in individuell unterschiedlichem Maße) alle bestätigen. Aber sie lassen sich nicht in der von ihm durchgeführten Weise *generalisieren* und sie gehen nicht zu Lasten der Steuerpflichtigen.[37] Die *individuelle Verantwortung* des Sachbearbeiters für den von ihm jeweils gewählten Weg der Rechtsanwendung und die jeweils individuell zu sehenden, für verschiedene Steuerpflichtige unterschiedlichen positiven und negativen Folgen dieses Vorgehens verdienen stärkere Beachtung, als ihnen von *Jenetzky* entgegengebracht werden.

37) So wird das auch in den Ämtern gesehen: "Ich denke, das alles macht im Landeshaushalt einige hundert Millionen DM (an Steuermindereinnahmen; der Verf.) aus." (Vorsteher UF 7, Ltd.RD, hD)

Auf diese Individualität des Handelns und der Folgen hinzuweisen, ist im Fazit der hier vorliegenden Untersuchung von Bedeutung. Es gibt demzufolge *kein eindeutiges Erklärungsmuster* für die Verfahrensabläufe und die prinzipiellen Mechanismen der Problemlösungen in den Finanzverwaltungen unter den skizzierten Bedingungen der sich verschärfenden Rahmenbedingungen der Veranlagung. Es gibt noch nicht einmal standardisierte Beschreibungsmuster für das Verhalten der einzelnen Sachbearbeiter insgesamt unter diesen Bedingungen. Es gibt aber deutliche Anzeichen dafür, daß die Einkommensteuerveranlagung in weiten Teilen nur noch funktioniert, weil sie von den Sachbearbeitern (unter Wahrung ihres Arbeitsauftrages) in gewisser Distanz zum Steuerrecht vollzogen wird. Dies ist an sich relativ undramatisch, weil es ganz eindeutig nicht zu Lasten einer bestimmten Gruppe von Steuerpflichtigen, sondern tendenziell *eher zugunsten als zu Lasten der Allgemeinheit der Steuerpflichtigen geht.* Ohne Zweifel profitieren bestimmte Gruppen von Steuerpflichtigen von dieser (leichten) Gesetzesdistanz bei der Veranlagung überproportional: die diskussionsbereiten, die mit der Rechtsmaterie vertrauten und gut vorbereiteten, die von Steuerberatern vertretenen und wohl ganz grundsätzlich die, bei denen ein hoher Erklärungsbedarf aufgrund der Umstände der Einkommenserzielung besteht, was zeitaufwendig ist und wo Großzügigkeit eher zum tragen kommt. Dies stellt wohl auch den deutlichen Unterschied zum Verfahrens im Rahmen des LSt-Jahresausgleichs dar. Insgesamt sind darin *keine wirklich systemwidrigen Vorgehensweisen und Mechanismen der Arbeitserledigung* zu erkennen. Aber mit den in Kap. 6 beschriebenen rechtsdogmatischen Forderungen an den Vollzug des Steuerrechts durch die Finanzverwaltungen hat dies nur eingeschränkt zu tun. Das hat auch *Jenetzky* richtig beschrieben.

10.3 Konsequenzen für die Anwendung des Steuerrechts und seine Gestaltung

10.3.1 Bürger, Verwaltung und Gesetzesvollzug - Abschied von der Vorstellung vom 'Einheitsvollzug'

Ausgangspunkt vielfältiger Organisations- und Verfahrensänderungen in den Steuerverwaltungen der Länder war die Kritik des Bundesrechnungshofes am Verfahren bei der Festsetzung und Erhebung der Steuern am Ende der sechziger und Anfang der siebziger Jahre. Kritisiert wurden damals insbesondere der Verzicht auf eingehendere Ermittlungen aus Zeitmangel, die saisonale Ungleichgewichtigkeit bei der Veranlagung und die daraus resultierenden Schwankungen und Ungleichmäßigkeiten sowohl bei der Durchführung der Besteuerung als auch beim Steueraufkommen.[38] Auch in der gegenwärtigen Situation kommt immer wieder deutliche Kritik zum Fortgang der Geschäfte in den Finanzämtern von seiten der Rech-

38) Vgl. BRH (1970) und Kap. 3.3.1.

nungshöfe. Kritisiert werden beispielsweise sowohl in den Berichten des nordrhein-westfälischen Landesrechnungshofes für 1987[39] und 1988[40] als auch in den 'Bemerkungen' des BRH für 1988[41] *Verzögerungen* bei der Steuerfestsetzung, Fehler bei der Bearbeitung *bedeutender Steuerfälle* sowie eine falsche *Gewichtung* bei der Bearbeitung. Trotz erheblicher Personalausweitungen in den Finanzverwaltungen seit dem Anfang der siebziger Jahre, der mittlerweile nahezu vollständigen Umstellung der Festsetzung und Erhebung der Steuern auf EDV-gestützte Verfahren und erheblichen organisatorische Umstellungen (GNOFÄ-Reform, Bildung von Sonderstellen, Verlagerung des Zeichnungsrechts nach unten) sind also die Kritikpunkte an der Arbeit der Finanzämter im wesentlichen die gleichen geblieben! Das muß nur auf den ersten Blick verwundern, denn in den vorangegangenen Kapiteln ist deutlich geworden, daß das Normenwachstum und die Steigerung der Fallzahlen die durch die vorgenannten Rationalisierungsmaßnahmen erbrachten Fortschritte wieder egalisiert haben. Die - unmittelbar durch den Gesetzgeber - verschärften Rahmenbedingungen schaffen in den Veranlagungsstellen Zeitdruck. Unter den Bedingungen dieses Zeitdrucks und mit Wissen und Willen der Verwaltungsführungen stellt sich ein 'maßvoller' Gesetzesvollzug nahezu automatisch ein. Und - auch das gehört zu einer realistischen Beschreibung und Analyse der Rechtsanwendungsbedingungen im Einkommensteuerrecht - viele Steuerpflichtige machen sich diese Zusammenhänge zunutze. Wenn man auch die pauschale Einordnung der Steuerpflichtigen als Steuerhinterzieher[42] nach den empirischen Forschungsergebnissen als eindeutig übertrieben - weil unbedingten Vorsatz unterstellend - zurückweisen muß, haben die Ausführungen zu Steuerhinterziehung und Steuerumgehung in dieser Untersuchung und die Ergebnisse der Interviews belegt, daß ein erheblicher Teil der Steuerpflichtigen die Schwächen des Verfahrens kennt und auch bewußt ausnutzt. Der maßvolle Gesetzesvollzug ist nicht 'vorteilsneutral' und auch dies wird von Verwaltung und Gesetzgebung offenbar in Kauf genommen.

Die Realität der Rechtsanwendung im Einkommensteuerrecht, wie sie sich in der Betrachtung des Aufbaus, der personellen und sachlichen Ressourcen der Steuerverwaltungen, ihrer Aufgaben und den Rahmenbedingungen gezeigt hat, sind bekannt: Schon aus der Heranziehung der veröffentlichten Daten, Abhandlungen

39) Vgl. 'Wirtschaftlichkeitsdenken noch zu gering ausgeprägt', in: Handelsblatt, 23.08.1988.

40) Vgl. 'Kritik an Finanzämtern. Jahresbericht des Rechnungshofes', in: Bonner General-Anzeiger, 18.08.1989.

41) Vgl. 'Personal, Finanzämter und Bundeswehr im Visier. Bundesrechnungshof: Einsparungen von jährlich 600 Millionen DM wären möglich', in: Handelsblatt, 11.10.1988.

42) "Wir müssen davonausgehen, daß in der Regel jeder Steuerbürger Steuern hinterzieht. Da man sich der 100%igen Aussage nur mit pragmatischer Vorsicht nähert, gehe ich lieber davon aus, daß 90 % der Steuerzahler Steuern verkürzen." (Streck 1984: 2205)

bzw. empirischen Untersuchungen konnte bei der Hypothesenformulierung ein Bild der Rechtsanwendung in den Steuerverwaltungen gezeichnet werden, das sich bei der empirischen Untersuchung zumeist bestätigt - wenn auch in Teilen verfeinert oder verändert - hat. Auch den Verwaltungsführungen und der Politik liegen ähnliche Ergebnisse vor. Spätestens seit den Untersuchungen und dem Bericht der Kommission 'Normenflut' beim Bundesfinanzminister[43] ist den Verwaltungsführungen bekannt, daß

- der *Druck der Fallzahlen* und der (teilweise durch die technische Ausstattung bedingte) mangelhafte Informationsstand,
- die Bearbeitung von Steuerfällen durch die SB *ohne Hinzuziehung der einschlägigen Vorschriften* und
- die steigende Hinzuziehung *privater Vorschriftensammlungen* zur Bearbeitung

zu den durchgängigen Kennzeichnungen der Steuerrechtsanwendung in den Finanzämtern der Bundesrepublik gehören.[44] Dies wird offensichtlich hingenommen. Aber die Diskussionen um die zum Jahresanfang 1989 eingeführte, zur Jahresmitte 1989 wieder abgeschaffte Kleine Kapitalertragsteuer für bestimmte Zinseinkünfte ('Quellensteuer') hat - wie die Aufnahme des Bankenerlasses in § 30a Abgabenordnung (AO) - gezeigt, daß die Politik bereit ist, in erheblichem Maße die offensichtliche Nichteinhaltung bestehender Steuergesetze zu tolerieren, ja daß sie Maßnahmen zur effektiveren Einhaltung bestehender Gesetze geradezu zu verhindern trachtet, wie das durch den Bankenerlaß in eindeutiger Weise geschieht. Die strikte Ablehnung der Erstellung von Kontrollmitteilungen, mit der Begründung, sie führe zu Kapitalflucht, 'gewaltiger Unruhe' und einer Diskriminierung des Finanzplatzes Bundesrepublik (so der Bund der Steuerzahler)[45] benachteiligt denjenigen Steuerzahler, der vollständig und korrekt seine Zinseinkünfte versteuert. Die - mit Aufhebung der Quellensteuer nicht wieder abgeschaffte - Amnestie mit einem Verzicht auf die Erhebung hinterzogener Steuern für Zeiträume vor dem VZ 1986 für Steuerpflichtige, die ihre Zinseinnahmen ab 1986 nachdeklarieren,[46] bildet nur den einsamen Höhepunkt rechtsstaatlicher Verwirrung:

43) Vgl. Musset (1987) und den (unveröffentlichten) Bericht der Kommission: 'Eindämmung der Normenflut im Steuerrecht', Bonn 1986. Auf die in diesem Zusammenhang erarbeiteten Verbesserungsvorschläge von Ellwein (1989) zur Vorschriftenpräsentation wird in Kap. 10.3.2 eingegangen.

44) Vgl. auch 'DStG mahnt Folgen aus Bericht 'Normenflut' an', in: Die Steuer-Gewerkschaft (DStG), Nr. 9/1988: 121-122 sowie 'Steuer-Gewerkschaft/Lohnsteuerrichtlinien 1990. Verwaltungsanweisungen müssen ignoriert werden', in: Handelsblatt, 27.07.1989.

45) Vgl. 'Scharfe Kritik an SPD-Plänen zur Zinskontrolle. CSU: Bankgeheimnis würde ausgehöhlt. Steuerzahler befürchten Kapitalflucht', in: Süddeutsche Zeitung, 23.08.1989.

46) Durch das Gesetz über die strafbefreiende Erklärung von Einkünften aus Kapitalvermögen (BGBl. I 1988: 259); zugleich Artikel 17 des Steuerreformgesetzes 1990 (BGBl. I 1988: 1128).

> "Begünstigt werden die Steuerunehrlichen gegenüber den Steuerehrlichen. Der Steuerehrliche wird als der 'Dumme' abgestempelt, wer seine Kapitaleinkünfte hinterzogen hat, als der raffinierte und pfiffige Mitbürger, dessen Steuerhinterziehung nunmehr per Gesetz legalisiert ist."[47)]

Auf die Größenordnung der hinterzogenen Einkünfte kommt es dabei gar nicht an.[48)] Tatsache ist, daß es dem betroffenen Bürger faktisch anheim gestellt wird, sich an das Gesetz zu halten - oder eben nicht. Mag die Abschaffung der Quellensteuer mit der ganzen Problematik der Zinseinkünfte den Höhepunkt bilden, sie ist dabei nur ein Einzelbeispiel im System der Einkommensbesteuerung, das einerseits aufgrund eingebauter Mechanismen strikte Befolgung garantiert (so beim Lohnsteuerabzug an der Quelle, beim Arbeitgeber), sich andererseits im Veranlagungsverfahren sich mit der bloßen Glaubhaftmachung von Sachverhalten zufrieden gibt und damit von dem guten Willen des Steuerpflichtigen abhängig macht.

Die Grundfragestellung dieser Untersuchung nach den Vollzugsbedingungen des Einkommensteuerrechts stellt sich vor dem Hintergrund der Vorstellung der vollständigen und einheitlichen Umsetzung der in Gesetzesform präsentierten Handlungsanweisungen an Verwaltung und Bürger. Für die an der reinen Lehre orientierte Wissenschaft ist die Anforderung eindeutig:

> "Ohne gleichmäßigen Vollzug der Steuergesetze kann es keine Lastengleichheit geben. Ein Steuergesetz, welches es der Verwaltung freistellt, ob es vollzogen wird, schafft Ungerechtigkeit, da es im Belieben des Einzelnen bleibt, den Gesetzesbefehl zu befolgen. Dies gilt erst recht, wenn es der Verwaltung verwehrt wird, Sachverhalte aufzuklären, die eine Besteuerungsfolge auslösen. In einem von den Prinzipien der Gleichheit und Gesetzmäßigkeit geprägten Steuerschuldverhältnis korrespondiert die Pflicht des Schuldners zur gesetzmäßigen Steuerzahlung mit der Pflicht des Gläubigers zur gesetzmäßigen Steuererhebung." (*Birk* 1989: 213)[49)]

Die Nichtumsetzung dieser Pflicht in ein entsprechendes Handeln der Verwaltung kann auf den ersten Blick als "Vollzugsdefizit" (*Mayntz* 1983: 23) im Sinne der Im-

---

47) 'Schwere Mängel blieben bestehen. 'Steuerreform 1990' wurde verabschiedet', in: Die Steuer-Gewerkschaft (DStG), Nr. 7-8/1988: 94-95 (95). Zur Amnestie vgl. im einzelnen Späth (1988) und (1989), dazu Dietz (1988), Rainer (1988) mit der Erwiederung von Krabbe (1989) sowie Steinert (1989).

48) Die Steuer-Gewerkschaft schätzt die durch den Bankenerlaß nicht aufdeckbaren Einkünfte auf mindestens 15 Milliarden DM; vgl. 'Bundesrepublik ist ein sicherer Hort für Schwarzgeld. Steuer-Gewerkschaft übt heftige Kritik an der Beibehaltung des Bankenerlasses', in: Süddeutsche Zeitung, 30.08.1989.

49) Birk hat bei dieser eindeutigen Aussage nicht die Probleme bei der Veranlagung im Auge, sondern geht auf die Schwierigkeiten der ungenügenden Durchsetzung des geltenden Einkommensteuerrechts im Bereich der Kapitaleinkünfte durch den Bankenerlaß bzw. § 30a AO ein (vgl. dazu Kap. 6.2.1.3).

plementationsforschung gesehen werden. Vor dem Hintergrund eines vollständigen Vollzugsanspruchs wird der partielle Nichtvollzug von Gesetzesnormen, wie er sich im Rahmen dieser Untersuchung unzweifelhaft gezeigt hat, zum Problem. Der Anspruch des Einheitsvollzugs unterstellt, daß die Bestimmungen des Einkommensteuerrechts, die in allen wesentlichen Punkten im EStG gesetzlich normiert sind, ohne regionale, persönliche oder 'saisonale' Ausnahme durch die Steuerverwaltungen umgesetzt und angewandt werden. Jede Ausnahme von dieser Grundsatzforderung ist ein Vollzugsdefizit im kleinen, gilt als negative Abweichung von der Regel und ist demzufolge weitestmöglich zu verhindern oder, wo erkennbar, zu beseitigen.

Die Realität der Rechtsanwendung im Einkommensteuerrecht ist von dieser Vorstellung weit entfernt. Sie wird in großen Teilen bestimmt von der *kollektiven Rechtsvereinfachung* durch die Rechtsanwender insgesamt, also die Finanzbehörden, von der *individuellen Rechtsvereinfachung* in den Ämtern durch die Sachbearbeiter, von der *Rechtsverdrängung* durch die Steuerbürger, denen der Grad der Rechtsanwendung in ihrem Einzelfall teilweise selbst zur Disposition gestellt wird und einer *Komplizierung des Steuerrechts*, die eine Ungleichbehandlung geradezu provoziert. Dabei von Willkür zu sprechen, wäre verfehlt. Deshalb gehen die Zuordnungen von *Streck* (1986)[50] an dem eigentlichen Problem vorbei. Die Ergebnisse der Interviews in den Finanzämtern haben gezeigt, daß die Sachbearbeiter als Rechtsanwender jedenfalls bemüht sind, (individuelle) Muster der Gleichbehandlung bei der Umsetzung der Vorschriften des Einkommensteuerrechts einzuhalten. Das garantiert keine Gleichbehandlung und schon gar keine Gerechtigkeit, noch nicht einmal innerhalb eines Veranlagungsbezirkes oder eines Finanzamtes. Aber es hat mit wissentlicher Nichtanwendung von gesetzlich vorgeschriebenen Normen in der Regel nichts zu tun. Die Probleme resultieren aus der Vielzahl zu bearbeitender Fälle pro Sachbearbeiter, das ist vor allem bei der Betrachtung der Entwicklung der Fallzahlen deutlich geworden. Da kann unschwer der Eindruck entstehen, es walte einerseits Ungerechtigkeit, andererseits Oberflächlichkeit:

> "Dabei muß berücksichtigt werden, daß das eigentlich Schwierige, das vor allem bei Unternehmen erheblichen Aufwand verursacht (...), die Ermittlung des steuerlichen Einkommens ist. Diese wird von den Steuerpflichtigen und ihren steuerlichen Beratern vorgenommen, von den Finanzämtern nur noch nachvollzogen, sozusagen abgehakt."[51]

---

50) "Jeder Beamte bevorzugt das Weniger an Arbeit vor der Mehrarbeit. Ebenso wird der bequemere Weg leichter beschritten als die lästige Kleinarbeit." (ebd.: 74)

51) Pestke, A.: 'Finanzämter haken nur ab' (Leserbrief), in: Handelsblatt, 19.10.1988

Tatsächlich wird in vielen Fällen abgehakt, das ist im Rahmen der hier geführten Interviews deutlich geworden. Aber es wird nicht aus Oberflächlichkeit oder Desinteresse abgehakt, sondern das 'Abhaken' ist eine Reaktion auf Überlastung am einzelnen Arbeitsplatz. Zudem ist es die anscheinend ideale Konkretisierung des Postulats vom maßvollen Gesetzesvollzug: Das Abhaken, der Verzicht auf Nachprüfung und die Berufung auf die lediglich Glaubhaftmachung von steuerlich relevanten Sachverhalten ist im Sinne des angestrebten Gesamtvollzugs erwünscht und politisch offenbar einkalkuliert. Das Einkommensteuergesetz ist unter den geschilderten Rahmenbedingungen und nach dem offenkundigen Willen der Politik wie der Verwaltungsführungen *weder geeignet* noch *geschaffen zum vollständigen Vollzug*. Es wird

- den Betroffenen, nämlich den Steuerbürgern, durch den Gesetzgeber zumindest in Teilen hinsichtlich ihrer *Unterwerfung* unter das Gesetz frei gestellt;
- den Rechtsanwendern, also im wesentlichen den Sachbearbeitern in den VSt und RBSt, durch die Verwaltungsführungen hinsichtlich des *Grades seiner Anwendung* zur Disposition gestellt.

Diese grundsätzliche Einschränkung ist bedeutsam für die Einordnung der herausgearbeiteten Probleme und Vorgehensweisen von Sachbearbeitern bei der Rechtsanwendung im Einkommensteuerrecht. Wo ein vollständiger Gesetzesvollzug nicht unterstellt werden kann, weil er nicht möglich, offenkundig auch gar nicht angestrebt ist, sind Abweichungen von diesem 'Einheitsvollzug' nur schwer meßbar und kaum negativ bewertbar. Der Sachbearbeiter in einer VSt, der Werbungskosten bei Einkünften aus Vermietung und Verpachtung in beträchtlicher Höhe 'abhakt', ohne die Angaben des Steuerpflichtigen näher zu prüfen, dient dem postulierten Ziel, den Gesamtvollzug zu wahren, auch wenn er die Steuereinnahmen möglicherweise durch das Abhaken mindert. Das stetige und gesicherte Aufkommen aus der Lohnsteuer verringert - über den Einzelfall hinaus gesehen - dieses Problem ohnehin. Insofern hat der partielle Nichtvollzug des EStG, wie er sich im Laufe der Untersuchung gezeigt hat, nur wenig negatives an sich. Er sichert den quantitativen Gesamtvollzug (also die Bearbeitung aller Fälle in annähernd dem dafür vorgesehenen Zeitraum) und versucht, beim Verwaltungshandeln Effizienzgesichtspunkte einzubringen. Auch dies ist an sich nicht negativ zu bewerten.[52)]

---

52) Weswegen die Rechnungshöfe zu den deutlichsten Befürwortern einer Konzentration der Festsetzungs- und Erhebungstätigkeiten auf die steuerlich bedeutsamen Fälle in den Finanzämtern gehören. Was den Bundesrechnungshof nicht daran hindert, in seinen 'Bemerkungen 1987' zu beklagen, daß es ein "wenig befriedigender Zustand" sei, daß für die Ausgabenseite der Haushalte wegen der Bewilligung von oftmals verhältnismäßig geringfügigen Beträgen "erheblicher parlamentarischer Beratungsaufwand unvermeidbar" sei, andererseits auf der Einnahmeseite der "der Verzicht auf Beträge in erheblicher Größenordnung oft durch schlichte Verwaltungsregelungen bewirkt wird" (BRH 1987: 89).

Dennoch ist diese Situation weit weg von einer Idylle. Sie ist weder für die betroffenen Bürger noch für die Rechtsanwender befriedigend. Unsicherheit schafft per se Ungerechtigkeit, das gilt insbesondere im Steuerrecht. Eine Verbesserung der Situation im Sinne einer stärkeren Annäherung an den einheitlichen Vollzug des EStG könnte eine deutliche Personalvermehrung in den Finanzämtern bringen. Sie ist - angesichts der angespannten Lage in den meisten Landeshaushalten - in ausreichendem Maße nicht zu erwarten. Die Ansatzmöglichkeiten für konkrete Hilfen darüber hinaus sind beschränkt: Schon in *Metzger/Weingarten* (1989: 280 ff) wurde versucht, deutlich zu machen, daß ein erheblicher Teil der heute auf die Steuerverwaltungen zukommenden Probleme bei der Erfüllung ihrer Aufgaben extern bestimmt ist (so die Anzahl und Struktur der Normen und die Zahl der Fälle) und daß die internen Probleme der Verwaltungen (personelle Unterausstattungen, unterschiedliche Organisationsformen und die (vermutete) regional unterschiedliche Intensität der Besteuerung) sich daraus ableiten lassen:

> "Die Steuerverwaltung hat keinen Einfluß auf die externen Faktoren. Ihre Steuerungsmöglichkeiten sind auch bei den internen Erschwernissen äußerst beschränkt, weil sie im wesentlichen von der Politik bestimmt (Zuweisung von Personalmitteln) sind. Aber auch die steuerbaren Organisations- und Besteuerungsprinzipien müssen aufgrund der bisher gemachten Erfahrungen (GNOFÄ) in ihrer Wirkung als relativ gering angesehen werden." (*Metzger/Weingarten* 1989: 285)

Man kann auch noch einen Schritt weitergehen und den 'Schuldigen' an der ganzen Misere festlegen: Es ist derselbe Steuergesetzgeber, der einerseits den gesetzlichen Vollzugsanspruch in einer Vielzahl von komplizierten Normen festschreibt, aber andererseits der Verwaltung die zum Vollzug notwendigen personellen und sachlichen Ressourcen zuteilt (oder eben verweigert). Diese etwas vereinfachte Sichtweise verdrängt zwar die föderalistischen Prinzipien des allgemeinen Staatsaufbaus und die Konstruktion der Finanzverfassung in der Bundesrepublik, sie trifft aber den Kern des Problems. Wenn der Gesetzgeber einerseits das Steuerrecht immer weiter ausweitet und verkompliziert und zudem durch Nichtanpassung oder ungenügende Anpassung der Abgrenzungsbestimmungen die Zahl der vom Gesetz Betroffenen immer weiter erhöht,[53)] andererseits die notwendigen Ressourcen, vor allem die personellen Ressourcen, zum Gesetzesvollzug nicht bereitstellt,[54)] muß man die bewußte Inkaufnahme, mindestens aber die 'augenzwinkernde' Bereit-

53) Die Ausweitung der Veranlagungsgrenzen des § 46 I EStG auf 27.000/54.000 DM zu versteuerndes Einkommen pro Jahr (Ledige/Verheiratete; vorher: 24.000/48.000 DM) im Rahmen der Steuerreform 1990 mindert dieses Problem nur geringfügig.

54) Die Steuer-Gewerkschaft bezeichnet diesen Zusammenhang als "die fundamentale Strukturschwäche des Finanzföderalismus"; vgl. 'Solidarität ohne Schranken. 40 Jahre erfolgreiche DStG-Arbeit', in: Die Steuer-Gewerkschaft (DStG); Nr. 6/1989: 79-82 (80).

schaft zur Duldung eines (partiellen) Nichtvollzugs der gesetzlichen Normen im Einkommensteuerrecht unterstellen. Ein - sachlich nicht abgrenzbarer - Teil des Einkommensteuerrechts wird also verabschiedet unter dem Wissen oder der Inkaufnahme um seinen Nichtvollzug. Wobei diese noch die für den Gesetzgeber günstigere Annahme ist: Die andere würde bedeuten, daß ein für den Bürger so bedeutsames Gesetz wie das Einkommensteuergesetz ohne Rücksichtnahme auf seine Vollziehbarkeit beschlossen, ständig verändert und als Steuerungsmedium benutzt wird. Diese Einstellung stünde noch mehr als die Inkaufnahme des Nichtvollzugs in eigentümlichem Widerspruch zur Faszination, die vom Einkommensteuergesetz als Steuerungsmedium für viele gesellschaftliche und ökonomische Prozesse in der Bundesrepublik ausgeht. Ein Ende dieser Nutzung des Steuerrechts, vor allem des Einkommensteuerrechts, zur Steuerung solcher Prozesse ist nicht auszumachen.[55)] Noch immer gilt das Steuerrecht als herausragendes Lenkungsmedium der Politik und immer wieder wird die Effizienz steuerlicher Lenkungsmaßnahmen hervorgehoben.

In diesem Punkt deckt das EStG die Vorgaben der Implementationsforschung zur Einordnung des Vollzugs von im vorgegebenen Verfahren ergangenen Normen nicht ab. Neben dem fehlenden eindeutigen Programmcharakter dieses Gesetzes[56)] ist ihm auch kein vollständiger Vollzugsanspruch zuzuordnen, der die Problematisierung des offensichtlich nicht erreichbaren einheitlichen Vollzugs erlaubt. Die Diskussion auf der Ebene theoretischer Programmformen und typisierbarer Vollzugshemmnisse führt hier nicht weiter. Lösungswege müssen anhand der konkreten Bedingungen dieses speziellen Rechtsbereiches gesucht werden. Allerdings können die in der Verwaltungswissenschaft herausgearbeiteten Praktikabilitätskriterien für den Normenvollzug[57)] genutzt werden, um sowohl beim *Normenbestand* als auch auf der Seite der *Handlungsbedingungen* der Vollzugsbehörden Verbesserungen zu erreichen. Hier sind zwei Ansatzpunkte möglich: Der erste liegt darin, den *Zugang* zu den Vorschriften und deren *Anwendung* zu erleichtern, der zweite in der Forderung nach einem partiellen oder gänzlichen *Umbau* des geltenden Einkommensteuerrechts mit einer deutlichen Vereinfachung der Vorschriften. Beide Lösungsmöglichkeiten sollen abschließend kurz umrissen werden.

55) Auch nach dem 12. Subventionsbericht der Bundesregierung, der für 1989 eine Steigerung der Finanzhilfen und Steuervergünstigen des Bundes um 7,6 % auf rund 31,4 Mrd. DM ausmacht, sind hier keine Änderungen zu erwarten. Und der Subventionsbericht für 1990 weist 15,4 Mrd. DM allein an Steuersubventionen aus, mit dem Löwenanteil bei der Berlin- und Zonenrand-Förderung, der Wohneigentumsförderung und der Mittelstandsförderung; vgl. 'Subventionspolitik unverändert. Vergünstigungen bleiben trotz Rückgang auf hohem Niveau', in: Süddeutsche Zeitung, 31.08.1989.

56) Vgl. dazu die Anmerkungen in Kap. 1.1.1.

57) Vgl. die in Kap. 1.1.2 dargelegte Übersicht von Mayntz/Lex (1982).

10.3.2 Möglichkeiten zur Verbesserung der Steuerrechtsanwendung

Unter Akzeptanz des geltenden Normenbestandes im Steuerrecht, der organisatorischen Rahmenbedingungen der Steuerverwaltungen sowie deren personeller und materieller Ressourcen, schränken sich die Möglichkeiten zu einer Verbesserung der Bedingungen der Rechtsanwendung durch die Sachbearbeiter in den Veranlagungsstellen deutlich ein. Sie konzentrieren sich im wesentlichen auf

- die Verbesserung der *Präsentation des Vorschriftenbestandes*,
- die bessere Nutzung der *informationstechnischen Möglichkeiten* der Verwaltungen und
- Verbesserungen im *persönlichen Kontakt* zwischen den Steuerpflichtigen und dem Personal der Veranlagungsstellen.

Detaillierte Vorschläge zur Präsentation der Vorschriften im Bereich der Steuerverwaltung hat in Zusammenarbeit mit der Kommission 'Normenflut' *Ellwein* (1989: 104 ff) vorgestellt. Sie beinhalten im wesentlichen eine Sichtung und Zusammenstellung des geltenden Vorschriftenbestandes und dessen Zusammenfassung in einer nach dem Grad der Anwendungshäufigkeit und -notwendigkeit dreifach untergliederten Vorschriftensammlung. Ihren Kern bildet nach diesem Vorschlag die *Hauptsammlung*, die auf den heutigen EStR und LStR aufbauen sollte und in die neue Vorschriften nur nach strenger "Prüfung des Normenbedarfs" (*Ellwein* 1989: 105) einzugliedern wären. Innerhalb dieser Hauptsammlung wären an den einzelnen Erlassen Korrekturen notwendig, die sich um eine Abgrenzung auf jeweils eigene Sachgebiete, Beschränkungen des Inhalts und eine eventuelle zeitliche Befristung drehen. Unterstützt werden könnte eine solche Sammlung der wesentlichen Verwaltungsanweisungen durch eine *Nebensammlung*, in die diejenigen Vorschriften aufzunehmen wären, die nur für einen geringen Kreis von Betroffenen (Steuerpflichtigen und Rechtsanwendern) von Bedeutung sind. Eine solche Nebensammlung könnte sich in ihrer Präsenz auch auf die Rechtsanwender beschränken, von denen sie tatsächlich auch genutzt wird (Betriebsprüfungsstelle, Rechtsbehelfsstelle; vgl. *Ellwein* 1989: 105). Alle Verwaltungsvorschriften, die nach dem Stichtag der Hauptsammlung bis zu deren neuer Überarbeitung ergehen, wären danach in eine *Zwischensammlung* zu übernehmen, von wo sie aus unter erneuter Prüfung des Bedarfs in die Hauptsammlung oder die Nebensammlung eingearbeitet werden könnten. Während also die Hauptsammlung die Nebensammlung entlastet und gleichzeitig die "Vollständigkeit der Präsentation" gewährleist, sichert die Zwischensammlung die Aktualität, "ohne daß die Hauptsammlung ständig revidiert werden muß" (*Ellwein* 1989: 107). Eine solchermaßen gegliederte Vorschriftensammlung orientiert sich einerseits an den besonderen Umständen der "Zeitgebundenheit des Steuerrechts" mit der Vielzahl sich ändernder Einzelbestimmungen, andererseits an einer "weithin den Arbeitserfordernissen entsprechenden Systematik" am Arbeitsplatz (ebd.: 105f).

Auch schon der Komission 'Normenflut' bekannt, in der ganzen Wirkung in der vorliegenden Studie deutlich geworden, ist in diesem Zusammenhang die faktische Bedeutung, die dem *Sparkassenbuch* von den Sachbearbeitern für ihre Veranlagungstätigkeit zugewiesen wird.[58] Dabei hat sich gezeigt, daß diesem Sparkassenbuch von den Bearbeitern viele *formale* und nur relativ wenige inhaltliche Vorteile zugewiesen werden. Dies ist nicht erstaunlich, weil sich, wie nachzuweisen ist, das Sparkassenbuch von den Einkommensteuerrichtlinien sprachlich und inhaltlich nur minimal unterscheidet.[59] Neben geringfügigen Abweichungen (gute Handhabbarkeit im DIN-A4-Format) spricht also lediglich die *zeitliche* Komponente für das Sparkassenbuch: es erscheint *frühzeitig im Jahr* - analog zum hohen Arbeitsanfall in den VSt am Jahresanfang - und es erscheint *jährlich neu* und ist damit wesentlich aktueller als die möglicherweise zwei oder drei Jahre alten EStR. Mit anderen Worten: die weitgehende Nutzung von privaten EStG-Kommentaren in den Finanzämtern ließe sich sehr schnell eindämmen, wenn sich die Steuerverwaltungen in der Lage sähen, einen ähnlichen jährlichen Kommentar, aufbauend auf die EStR und mit den wichtigsten aktuellen Ergänzungen ihren Finanzbeamten unmittelbar nach Ende des jeweiligen VZ, also im Januar des darauffolgenden Jahres, zur Verfügung zu stellen. Wichtig ist für die Beamten, ein aktuelles Informationsmedium zur Hand zu haben, das übersichtlich gegliedert ist, über Inhalts- und Stichwortverzeichnisse leicht zu erschließen ist und übersichtliche Grundsatzinformationen mit Beispielen verbindet. Dies könnte die Verwaltung (hier das Bundesfinanzministerium) bundeseinheitlich problemlos leisten. Und eine weitere Information an die Beamten zu geben, nämlich die über zu erwartende, vorbereitete oder beschlossene Änderungen des Steuerrechts, damit entsprechende Fragen des Publikums präzise beantwortet werden können, kann der Verwaltung gleichfalls nicht schwer fallen.

An die Präsentation der Vorschriften schließt sich eng der Zugang zum aktuellen Vorschriften*bestand* an. Dies ist in der herkömmlichen 'papiergestützten' Weise kaum noch zu leisten. Die Befragung hat gezeigt, daß eine Vergrößerung des Papierausstoßes in der Verwaltung keinesfalls mehr dazu führt, daß die Informati-

58) Vgl. Kap. 9.3.1, Tabellen 9/19 und 9/20.

59) Schmid (1986) hat das anhand eines formalen Vergleichs der Kommentierung von § 33 EStG der EStR 1984 und dem 'Ratgeber für die Einkommensteuer 1985' herausgearbeitet: formale Gliederung, Gesamtlänge, Satzstruktur und Satzumfang der beiden Kommentare entsprechen einander soweit, daß der Schluß nahe liegt, "daß ein und dieselben Autoren für die beiden Kommentare verantwortlich zeichnen" (ebd.: 16).

onsaufnahme der Bearbeiter noch nennenswert erhöht wird. Gefragt ist nicht allein die undifferenzierte Verteilung von Informationen über Normänderungen in der Verwaltung (auch die hat ihre Bedeutung, nämlich dort, wo bei allen Bediensteten ein einheitlicher aktueller Wissenstand in Kernbereichen vorauszusetzen ist), sondern notwendig ist die Schaffung von aktuellen Informations*möglichkeiten* wann und wozu dies vom Bearbeiter gewünscht wird. Dies ist nur mit Hilfe der EDV leistbar. *Ellwein* (1989: 97 ff) hat auch hierzu Vorschläge gemacht, die sich um eine Ausstattung der Veranlagungsarbeitsplätze in den Finanzämtern mit wissensbasierten Informationssystemen drehen. An einem solchen EDV-gestützten Arbeitsplatz fielen im wesentlichen folgende Funktionen an:[60]

- die Verwaltung der Vorschriften;
- die Bearbeitung der Steuererklärungen und - auf dem Umweg über die zentrale Berechnung - die Erstellung des Steuerbescheides;
- die damit verbundene Orientierung an den älteren Erklärungen des Steuerpflichtigen;
- sowie eventuelle Nebenarbeiten (Abgabe von Kontrollmitteilungen u.ä.).[61]

Entscheidend ist dabei die Verbindung von Benutzertätigkeiten bei der Bescheiderstellung und -bearbeitung im Einzelfall mit der Möglichkeit zur generellen Nutzung gespeicherter Daten hinsichtlich des Vorschriftenbestandes im Steuerrecht. Erst aus dieser Kombination ließe sich noch einmal ein Rationalisierungsfortschritt bei der Steuerfestsetzung und -erhebung gewinnen, wie er mit der Aufnahme der zentralen Datenverarbeitung in den Steuerverwaltungen ab den siebziger Jahren schon einmal einher gegangen ist. Eine solche Nutzung läge auch im Trend der Entwicklungsmöglichkeiten, wie sie für die Zunahme der EDV-Verwendung im Bereich der öffentlichen Verwaltung generell prognostiziert werden (vgl. *Leis* 1985: 85).

Als geeignetes Informationsmedium stünde das durch PC-Anschluß erreichbare juristische Informationssystem JURIS bereit. In dem im Bundesjustizministerium entwickelten Datenbanksystem stehen heute insgesamt mehr als 290.000 Gerichtsentscheidungen, 265.000 Aufsätze und 35.000 Normen zur inhaltlichen Abfrage zur

60) Vgl. Ellwein (1989: 99).

61) Probleme können entstehen, wenn die Finanzverwaltungen die Rationalisierungsvorteile der EDV in einer Weise nützen, die hinsichtlich der notwendigen Publikumskontakte negativ wirken können. Deshalb ist die in Bayern geplante - aufgrund der Datenfernübertragung mögliche - Verlagerung von Veranlagungsbezirken aus Ballungsräumen in strukturschwache Gebiete eher mit Skepsis zu sehen; vgl. 'Hohe Arbeitsbelastung der Finanzämter' und 'Gewerkschaft ÖTV kritisiert: Beim Dienst am Bürger wird gespart', in: Süddeutsche Zeitung, 17.05. bzw. 13.06.1990.

Verfügung.[62] Kernstück des Systems sind vier elektronische Datenbanken für Rechtsprechung, Rechtsliteratur, Verwaltungsvorschriften und Rechtsvorschriften des Bundes. In das Datensystem werden alle von den obersten Gerichtshöfen des Bundes zur Veröffentlichung vorgesehenen Gerichtsentscheidungen eingegeben, ferner die nicht oder noch nicht veröffentlichten Rechtsprechungen, die das jeweilige Gericht für dokumentationswürdig hält und die deshalb JURIS zugehen, sowie alle Gerichtsentscheidungen, juristischen Fachaufsätze, Urteilsbesprechungen etc., die in den für eine Auswertung vorgesehenen Fachzeitschriften und Periodika veröffentlicht und gespeichert werden. Dazu kommen die steuerrechtlichen und sozialrechtlichen Verwaltungsvorschriften des Bundes. Auf dem Gebiet des Steuerrechts sind alle ab 1978 im Bundessteuerblatt und in den Karteien der Länder veröffentlichten Verwaltungsvorschriften des Bundes und der Länder nachgewiesen. Ferner sind ab 1979 alle dokumentationswürdigen Erlasse des Bundesministers der Finanzen und der Länder aufgenommen. Zur steuerrechtlichen Rechtsprechung enthält JURIS die gesamten Entscheidungen der Finanzgerichte ab 1966. Die Entscheidungen des Bundesfinanzhofes sind zumeist im Langtext abrufbar. Auf Compact-Discs (CD) gespeichert und damit universell abrufbar sind rund 27.000 Entscheidungen des BFH, davon mehr als 21.000 mit vollem Text, sowie 18.000 Entscheidungshinweise zur Rechtsprechung der Finanzgerichte.[63]

Die *Nutzung dieser Datenbanken* könnte zur Verbesserung der individuellen Informationsgewinnung am einzelnen Arbeitsplatz in der Steuerverwaltung wesentliches beitragen. Die Umsetzung dieser Informationen und die konkrete Anwendung der Rechtsvorschriften bleiben dennoch die von den Sachbearbeitern zu leistenden Hauptaufgaben. Der Einsatz der EDV könnte das Besteuerungsverfahren insgesamt erheblich beschleunigen: die Direkteingabe von Daten am Bildschirm, der Zugriff auf steuerrechtliche Datenbanken, möglicherweise die sofortige Berechnung und Aushändigung des Steuerbescheides im Finanzamt an den dort zur Abgabe der Erklärung erschienenen Steuerpflichtigen sind technisch als solche realisierbar:[64]

> "Technikgestützte Hilfen könnten die Formulararbeit vereinfachen, indem individuell vorbereitete Anträge mit gezielt ausgedruckten Angaben über den Steuerzahler, seine persönlichen Daten, die Werte der letzten Besteuerungsperioden etc. angeboten werden oder individuelle Informationen mit Hinweisen

62) Vgl. Wolf, E.: 'Bibliothek auf dem Bildschirm. Das juristische Informationssystem JURIS', in: Süddeutsche Zeitung, 03.05.1989.

63) Vgl. 'Hilfe für Steuerverwaltung von der JURIS-Datenbank', in: Die Steuer-Gewerkschaft (DStG), Nr. 10/1988: 139 und die Angaben der JURIS in: Deutsche Steuer-Zeitung (DStZ) Nr. 4/1990: III.

64) Wohl aber gegenwärtig nicht finanzierbar. So müßte beispielsweise die in den Steuerverwaltungen vorhandene Software neu konzipiert werden. Da sich dies "in absehbarer Zeit nicht realisieren" läßt, kann "mit einer Dialogverarbeitung in naher Zukunft nicht gerechnet werden" (Hebler 1989: 265).

> auf Rechtsänderungen aufgrund neuen Rechts oder gewandelter Rechtspraxis durch computergestützte Auswahl des Materials anhand des individuellen Bedarfsprofils des Steuerpflichtigen zur Verfügung gestellt werden." (*Grimmer* 1990: 34)

Allerdings sind die *Umsetzungsleistungen der Sachbearbeiter*, die vorgebrachte Tatsachen und Belege auf ihre Richtigkeit bzw. Schlüssigkeit überprüfen müssen und danach den Rechtsnormen zuordnen, sind *nicht automatisierbar*. Bei der Komplexität des gegenwärtigen Normenbestandes wären deshalb auch die Entlastungseffekte durch eine EDV-Unterstützung des einzelnen Verwaltungsarbeitsplatzes kleiner, als sie sein könnten.

Die Überbrückung dieses Engpasses erfolgt gegenwärtig in weiten Teilen auf der Basis der persönlichen Einschätzung der Steuerbeamten, ihrer Lebenserfahrung und Menschenkenntnis und ihrer Möglichkeit und Bereitschaft, zum Steuerpflichtigen und den Umständes seines Falles eine persönliche Vertrautheit zu erlangen und zu behalten; das ist in den Interviews mit dem Sachbearbeitern zu den Fragen der Anwendung des geltenden Steuerrechts und zum Kontakt zu den Steuerpflichtigen ganz deutlich geworden. Das Scheitern der GNOFÄ-Reform in Nordrhein-Westfalen mit der hernach erfolgten Abschaffung der anonymen Fachbereiche hat gezeigt, daß auf solche persönlichen Kontakte nicht verzichtet werden kann; die "Suspension persönlicher Kontakte" (*Grunow/Hegner* 1980: 270) in der Urform der GNOFÄ hat das Besteuerungsverfahren in kurzer Zeit an den Rand der Funktionsunfähigkeit gebracht. Persönliche Kontakte sind dabei für beide Seiten notwendig:

- sie sind für den *Steuerpflichtigen* notwendig, der einen konkreten Ansprechpartner im Amt hat und somit auch in seinem Fall auf eine gewisse Konstanz der Rechtsanwendung hoffen darf;
- sie sind für die *Verwaltung* notwendig, weil nur im persönlichen Kontakt die gewünschte Schwerpunktbildung mit der Konzentration auf das Wesentliche erreicht werden kann; die GNOFÄ haben auch gezeigt, daß eine normierte und schematisierte Großzügigkeit (Fallgruppeneinteilung) nicht funktioniert.

Persönliche Vertrautheit des Sachbearbeiters mit dem Steuerfall i.S. eines auf längerer Kenntnis beruhenden Wissens um die Umstände des Falles sind also für beide Seiten von Vorteil. In diesem Sinne war die Möglichkeit zur Bildung fester Zuständigkeiten im Veranlagungsbereich, wie sie das Kernstück der GNOFÄ-Reform von 1981 bildete, konsequent. Darüber hinaus gehören auch Eigenschaften des Sachbearbeiters zu den Grundvoraussetzungen einer vertrauensvollen und korrekten Rechtsanwendung in diesem Rechtssystem, das in anderer Weise kaum noch anwendbar ist. *Dewein* (1978) hat im dem Bereich der Betriebsprüfung von den

Prüfern verlangt, daß sie neben guten steuerlichen Fachkenntnissen, methodischen Fähigkeiten und dem Bemühen um ihre ständige Fortbildung auch ein tadelloses Auftreten, psychologisches Einfühlungsvermögen und eine "faire und objektive Verhaltensweise" (ebd.: 4) mitbringen. Das gilt ohne Einschränkung auch für Veranlagungssachbearbeiter. Bei der Betriebsprüfung ist die erwünschte Schwerpunktbildung ohnehin leichter zu leisten. Neben annähernd objektiven (natürlich auch manipulierbaren) Größen wie der Betriebsgröße und dem daraus ableitbaren Prüfungsturnus[65] stehen den Steuerverwaltungen gewisse Kriterien zur Verfügung, in welchen Fällen konkreter zu prüfen ist.[66] Solche Rahmendaten stehen bei der normalen Einkommensteuerveranlagung nicht bereit. Die Veranlagungssachbearbeiter müssen sich dabei mehr auf ihr eigenes Gespür dafür, 'wo etwas nicht stimmt', verlassen. Das System der Veranlagung baut darauf auf, daß ihnen das auch gelingt.

10.3.3 Der Normenbestand im Steuerrecht als Kernpunkt der Vereinfachungsbemühungen

Die dargelegten Möglichkeiten, die Rechtsanwendung durch die Veranlagungssachbearbeiter zu erleichtern, bauen alle auf dem bisherigen Normenbestand mit seiner vielfach kritisierten Struktur und seinem Umfang auf und sind durch das Bemühen gekennzeichnet, den *Zugang* zu diesem Normenbestand und seine *Anwendung* im konkreten Einzelfall zu erleichtern. All dieses würde wesentlich vereinfacht, wenn es gelänge, die Hauptursache der Rechtsanwendungsprobleme im Einkommensteuerrecht, nämlich den Normenbestand, allem voran das Einkommensteuergesetz, in seinem *Bestand* zu reduzieren und zu vereinfachen. In welche Richtung solche Vereinfachungen gehen müßten, ist weithin unstrittig. Gebraucht werden im Steuerrecht (und insbesondere im Einkommensteuerrecht) nach den Worten des Präsidenten des Bundesverfassungsgerichts, *Roman Herzog*, vor allem "weniger Ausnahmetatbestände, weniger Vergünstigungen und weniger Absetzungsmöglichkeiten, dafür aber großzügige Grundfreibeträge und vernünftige Steuertarife."[67] In die gleiche Richtung gehen beispielsweise auch die Forderungen des Deutschen Juristentages: Streichung von Steuervergünstigungen und steuerlichen Sonderrege-

65) Vgl. die einheitlichen Abgrenzungsmerkmale für den XIII. Prüfungsturnus ab 1. Januar 1989, tabellarisch abgedruckt in: Die Steuer-Gewerkschaft (DStG), Nr. 10/1988: 136.

66) So etwa bei größeren Sachentnahmen, erheblichen Abweichungen im Roh- und Reingewinn von den amtlichen Richtsätzen, "auffallend hohen Aufwendungen für Löhne und Material während der Zeit der Errichtung eines Privathauses für den Unternehmer" oder bei ungeklärtem Vermögenszuwachs; vgl. die Gesamtaufstellung bei Strunz (1984: 164).

67) Aus einem Referat auf dem 11. Deutschen Steuerberatertag, Hamburg 1988; zitiert nach 'Zahl der Rechtsnormen muß reduziert werden. Steuerberater: Zuviele Ausnahmeregelungen beklagt', in: Handelsblatt, 21.11.1988.

lungen, Begrenzung der steuerlichen Begünstigung von Spenden, Erhöhung des Grundfreibetrages.[68)]

Als Beispiel für eine weitgehende Steuerreform, die als Vorbild für den Umbau des Einkommensteuerrechts gelten könnte wird immer wieder die 1986 durch den Tax Reform Act in den USA durchgeführte Vereinfachung der Einkommensbesteuerung angeführt.[69)] Zielpunkte dieser Reform waren eine größere Steuergerechtigkeit und eine Vereinfachung des Systems bei gleichzeitiger Aufkommensneutralität (*Siebert* 1988: 33f). Umgesetzt wurden diese Ziele durch eine "drastische Herabsetzung der Steuersätze" und die gleichzeitige Erhöhung der Freibeträge bei der Einkommensteuer. Die sich so ergebenden Steuermindereinnahmen wurden durch die Streichung von steuerlichen Vergünstigungen und die Einführung einer alternativen Mindeststeuer ausgeglichen (ebd.: 34). Durch die "Verbreiterung der Bemessungsgrundlage" wurde "die Voraussetzung für eine Senkung der Grenzsteuersätze und für eine Abflachung des Anstiegs des Steuertarifs geschaffen" (*Gaddum* 1986a: 213). Obwohl aber beispielsweise für die Einkommensbeträge, Pauschalen und Freibeträge des US-Bundeseinkommensteuergesetzes gleichzeitig automatische Anpassungen entsprechend der Inflationsentwickung eingebaut und andererseits eine Reihe von bisherigen Freibeträgen gestrichen wurde, wurde das Gesetz als solches dabei nicht vereinfacht: "Trotz gegenteiliger Zielsetzung kann man nicht davon ausgehen, daß sich das US-Steuerrecht vereinfacht hätte. Das Gegenteil scheint zutreffend" (*Siebert* 1988: 55). Offensichtlich ist es also überaus problematisch, durch eine Steuerreform ein Gesetz zu schaffen, daß einerseits ein *gerechtes, überschaubares* und durch *niedrigere Belastungen* gekennzeichnetes System der Besteuerung einführt, dies andererseits auf der Basis eine *kleinen und verständlichen Normenbestandes* tut und drittens insgesamt auch noch *aufkommensneutral* ist, um die Belastungen für den Bürger nicht zu erhöhen, gleichzeitig aber auch die Finanzbedürfnisse des Staates zu decken. Gerade letzteres geht, wie am Beispiel der US-Steuerreform erkennbar ist,[70)] oftmals zu Lasten der Einfachheit und Überschaubarkeit des reformierten Normensystems. Auch die Steuerreform 1990 in der Bundesrepublik stellt für diese Zusammenhänge ein gutes Beispiel dar.[71)] Dennoch

68) Vgl. 'Ein Konglomerat von Privilegien. Juristentag fordert Reform des Einkommensteuerrechts', in: Süddeutsche Zeitung, 01./02.10.1988.

69) Zum amerikanischen Steuersystem und zur Rolle der Bundeseinkommensteuer (Federal Income Tax) vgl. Ault (1980) und McNulty (1989); zum Aufbau und zur Arbeitsweise der US-Bundessteuerverwaltung vgl. die Zusammenfassung der Ausführungen von J.S. Barnett in Kramer (1980: 351).

70) Einen Überblick über die wesentlichen Einzeländerungen und Verfahren gibt Siebert (1988).

71) Dies insbesondere, weil die Reformen so kurzfristig fertiggestellt wurden, daß viele Finanzämter im Dezember 1989 noch nicht genau wußten, welche Neueregelungen im einzelnen ab Januar 1990 gelten sollten; vgl. 'Konfusion bei Umsetzung der Steuerreform. Keine Antwort vom Finanzamt', in: Bonner General-Anzeiger, 20.12.1989.

gibt es, will man auch eine materielle Entlastung bei einer Steuerreform erreichen, kaum einen anderen Ausweg:

> "Da die effektive Steuerlast das Ergebnis der Kombination von Steuerbemessungsgrundlage und Steuertarif ist, kommt man nicht umhin, dann, wenn das Ziel der gerechten Besteuerung erreicht und zugleich die Ziele Vereinfachung und Wachstumsförderung angesteuert werden sollen, die Bemessungsgrundlage durch Beseitigung von Steuerbefreiungen, Abzugsbeträgen und Sonderbehandlungen zu verbreitern. Dabei gibt es heute noch viele Tabus, und Erfolge scheinen unvorstellbar, wann man sich das Ergebnis der Versuche, steuerliche Subventionen abzubauen, in der Vergangenheit ansieht." (*Gaddum* 1986a: 215)

Die Palette der Reformvorschriften für das bundesdeutsche Einkommensteuerrecht ist groß. Sie reicht von einem Plädoyer für eine grundsätzliche Umorientierung des Steuersystems weg von der Einkommensbesteuerung hin zu einem konsumorientierten Steuersystem[72)] oder die Zusammenfassung aller direkten Steuern zu einer einheitlichen Einkommensteuer ('Bürgersteuer'; vgl. *Strohner* 1988) über die generelle Forderung nach Systemgerechtigkeit im Einkommensteuerrecht (*Loritz* 1986) bis hin zu konkreten, aus den Einzelnotwendigkeiten abgeleiteten Reformvorschlägen zu Einzelfragen des Einkommensteuerrechts.[73)] Umfassende Entwürfe für eine Neuformulierung des bundesdeutschen Einkommensteuerrechts haben *Gaddum* (1986) und *Lang* (1985) vorgelegt. Die Vorschläge von *Gaddum* kreisen um die gleichmäßige Erfassung der einzelnen Einkunftsarten des EStG, die Anpassung der gesetzlichen Bestimmungen, Fragen des Einkommensteuertarifs und die Streichung von Sonderregelungen und Vergünstigungen.[74)] Die Vorschläge von *Lang* gehen noch einen Schritt weiter und verändern die grundlegende Systematik der Einkommensbesteuerung. Ziel seiner Vorschläge ist, durch eine strukturelle Steuerreform "ein System sachgerechter Regeln aufzubauen, welche die Rechtsfolgen möglichst einfach, rechtsklar und rechtssicher anordnen" (*Lang* 1985: 24). Darin spiegelt sich die - auch bei der Steuerreform 1990 zu beobachtende - Erkenntnis wider, daß Steuervereinfachungen ohne Konzept "nur allzu leicht zu weiterem Wildwuchs, zusätzlichen Komplizierungen und neuen Ungereimtheiten führen" können (*Borell/Schemmel* 1987: 114). So spricht sich *Lang* im Rahmen der Neuordnung der Bestimmungen hinsichtlich der Bemessungsgrundlage der Einkommensteuer für eine Reduzierung der Einkunftsarten von sieben auf drei aus (1985: 35 ff) und schlägt eine Vereinheitlichung der Einkünfteermittlung vor (eb.: 44 ff); ähnliche Vorschläge zu einer Beschränkung der Einkunftsarten und deren Ermittlung kommen von *Wendt* (1988: 717 ff).

---

72) Vgl. Rose (1989) und (1989a).

73) Als Beispiel: Borell/Schemmel (1986: 142 ff) und (1987: 191 ff).

74) Vgl. die Zusammenfassung bei Klein (1986: 250 ff) und die Besprechung von Gottwald (1987).

Auch in der Politik gibt es den Willen zur grundlegenden Reform und Vereinfachung des Einkommensteuerrechts. Sehr weitgehend ist hier der Vorschlag der stellvertretenden Vorsitzenden der SPD-Bundestagsfraktion, *Ingrid Matthäus-Maier*, die bisherige Wohneigentumsförderung durch EStG durch die Zahlung direkter finanzieller Hilfen an Bauwillige zu ersetzen.[75] Der vom Deutschen Bundesrat vorgelegte Entwurf eines 'Gesetzes zur Bekämpfung der Wohnungsnot'[76] geht mit der vorgeschlagenen Umgestaltung der steuerlichen Wohneigentumsförderung nach § 10e EStG in Richtung auf einen *progressionsneutralen* Abzug von der Steuerschuld und einer *Auszahlung der Förderbeträge*, falls im Einzelfall keine entsprechende Steuerschuld vorliegt, den gleichen Weg. Aber gerade das System der Wohneigentumsförderung durch Steuersubventionen bei der Einkommensteuer ist gekennzeichnet durch eine Vielzahl von betroffenen Fällen und sehr lange Bindungswirkungen. Veränderungen bei der Form der Förderung sind hier deshalb nur eingeschränkt möglich. Änderungen bei der Subventionierung, wie die Neueinführung des § 10e EStG, haben gezeigt, daß damit zunächst einmal der Normenbestand deutlich zunimmt. Aus diesen Zusammenhängen und den Schwerpunkten der vorstehend angesprochenen Reformbestrebungen zur Vereinfachung der Einkommensbesteuerung wird deutlich, daß in der Trias der Vereinfachungsziele (*Senkung der Steuerbelastung*, *Aufkommensneutralität* und *Vereinfachung des Normenbestandes*) die Reduzierung und Straffung des Normenbestandes im Interesse einer Vereinfachung des Verfahrens immer nur eine zweitrangige Rolle spielt. Aus den Bemühungen um eine Senkung der Steuerbelastung durch das EStG, wie sie in der Bundesrepublik am Beispiel der Einkommensteuer- (Tarif-) Reform 1990 deutlich wurden, ist nur wenig Hilfe in Richtung auf eine Vereinfachung des Normenbestandes zu erwarten.

Auch in Zeiten gesellschaftlicher Umbrüche erweist sich das EStG zudem als überaus dauerhaft. Wer beispielsweise, wie die damalige niedersächsische Finanzministerin *Birgit Breuel*, gehofft hatte, in der damaligen DDR würde die Umbruchsituation im Frühjahr 1990 genutzt und ein "entschlacktes, vereinfachtes Steuerrecht" mit Vorbildwirkung für die Bundesrepublik eingeführt,[77] sah sich enttäuscht: Die Regierung der DDR folgte dieser Empfehlung nicht, im Gegenteil, in einer Anlage zum Staatsvertrag zwischen der Bundesrepublik und der DDR vom 18. Mai 1990 verpflichtete sich die DDR, ihr Einkommen- und Lohnsteuerrecht

75) Vgl. 'Alternative Steuerüberlegungen der SPD-Expertin', in: Süddeutsche Zeitung, 31.03.1989.

76) Bundesrats-Drucksache 426/90 vom 06. Juli 1990.

77) Frau Breuel hatte u.a. ein einfaches dreistufiges Einkommensteuermodell (Steuersätze von 0 %, 25 % bzw. 35 % des zu versteuernden Einkommens) vorgeschlagen; vgl. 'Breuel warnt vor bundesdeutschem Steuerrecht. Ein vereinfachtes System könnte später in die Bundesrepublik übernommen werden', in: Süddeutsche Zeitung, 24.03.1990.

entsprechend den Gesetzen und Verordnungen der Bundesrepublik zu ordnen (mit situationsbedingten Vereinfachungen bei den Lohneinkünften). In Artikel 34 I des Staatsvertrages erklärte sich die DDR zudem bereit, die Rechtsgrundlagen für eine dreistufige Finanzverwaltung entsprechend dem bundesdeutschen Finanzverwaltungsgesetz zu schaffen und diese Verwaltung entsprechend einzurichten. Die Skeptiker[78)] hatten Recht behalten. Auch in einem vereinigten Deutschland behält das gegenwärtige Einkommensteuerrecht in seinen Strukturen Bestand. Wenn der Einigungsprozeß tatsächlich "die letzte Chance für eine grundlegende Steuervereinfachung in diesem Jahrhundert"[79)] war, ließ man sie ungenutzt verstreichen.

Letztlich bedeutet das, daß sich Verwaltung und Bürger darauf einrichten müssen, daß Form, Verfahren und rechtliche Grundlagen der Einkommensbesteuerung auch in Zukunft in gleicher Gestalt wie heute verharren werden. Möglichkeiten der Vereinfachung und Straffung bieten sich deshalb nur innerhalb des Verfahrens, wie das in Kap. 10.3.2 umrissen wurde, sowie auf dem Gebiet der Normschaffung im Einkommensteuerrecht, also - neben den Überlegungen zur Gliederung und Präsentation der Verwaltungsvorschriften - bei Änderungen und Neufassungen des Einkommensteuergesetzes an. Möglichkeiten bestehen hier insbesondere in einer *besseren Koordination von Exekutive und Legislative* bei Änderungen im EStG, um zu erreichen, daß die geschilderten Mehrfachänderungen derselben Bestimmung im Gesetz innerhalb kürzerer Zeit nicht mehr vorkommen, so daß Bürger und Verwaltung wenigstens die Gelegenheit bekommen, sich mit Neufassungen und Änderungen vertraut zu machen, und davon ausgehen können, daß derselbe Paragraph auch in sechs Wochen noch die gleiche Gestalt hat, wie bei seiner gerade verkündeten Neuformulierung. Idealerweise führte das zu Überlegungen hinsichtlich eines *Jahressteuergesetzes*, also der Zusammenfassung aller Gesetzesänderungen in einem Termin und die Verkündung der Änderung rechtzeitig vor Inkrafttreten der Neubestimmungen (was eine Verabschiedung eines solchen Jahressteuergesetzes jeweils spätestens im Oktober nach sich ziehen müßte). Die Erfahrung der letzten Jahre zeigt, daß ein solches Ziel nur schwer zu erreichen ist.[80)]

---

78) Der Parlamentarische Staatssekretär beim BMF, Voss (1990: 239): "Wir sollten... nicht die Illusion haben, in kurzer Zeit (in der DDR; der Verf.) ein Einkommensteuergesetz schaffen zu können, das unseren Zielvorstellungen nach einem einfachen und gerechten Steuerrecht, die wir seit Jahren hegen, entspricht. In unseren Bemühungen zu einem einfacheren und überschaubareren Steuerrecht haben wir immer wieder Rückschläge hinnehmen müssen. Aus dieser Erfahrung heraus halte ich es für ausgeschlossen, unter dem bestehenden Zeitdruck bis zur Einigung im anderen Teil Deutschlands ein 'besseres Einkommensteuerrecht' einzuführen."

79) Der Bundesvorsitzende der Deutschen Steuer-Gewerkschaft, E. Geyer, auf einer Tagung seiner Organisation im Mai 1990; vgl. 'Steuerrecht vereinfachen', in: Rhein-Zeitung, 23.05.1990.

80) Vgl. das geschilderte Beispiel des Steuerbereinigungsgesetzes 1985, das seinerseits wieder von drei Gesetzen mit steuerlichen Auswirkungen überholt wurde, bei Musset (1987: 63).

Forderungen an die Steuergesetzgebung, beim Erlaß von Steuergesetzen die innere Systematik zu wahren, Zusammenhängendes zusammenhängend zu regeln, Überlagerungen und Vermischungen zu vermeiden und bei späteren Gesetzesänderungen sowohl die innere Systematik des Gesetzes, als auch dessen innere Widerspruchsfreiheit zu beachten (so von *Hill* 1987: 258 ff), sind richtig und berechtigt, aber sie helfen in der gegenwärtigen Situation des Einkommensteuerrechts, das eben in weiten Teilen unsystematisch, kurzfristig und ungeplant angelegt ist, nicht viel weiter. Bis weitergehende Reformvorschläge zum Einkommensteuerrecht einmal verwirklicht sein werden, helfen nur konkrete Einzelmaßnahmen. Es ist nicht die Aufgabe der hier vorliegenden Studie, dazu detaillierte Einzelvorschläge zu machen. Aber Leitbild muß bei jeder zukünftigen Änderung des Normenbestandes immer auch die *Prüfung der Auswirkungen auf den Vollzug* der sachlichen Umstellung oder Neuordnung vor der Änderung oder Hinzufügung der Normen sein. Auch dies ist nicht unproblematisch, weil für die Prüfung der Vollzugseignung eines Gesetzesentwurfes kaum 'harte' Kriterien vorliegen (vgl. *Musset* 1987: 65; *Ellwein* 1989: 150 ff). Aber der Gesetzgeber ist für die meisten der Probleme verantwortlich, vor denen heute Verwaltung und Bürger bei der Rechtsanwendung im Einkommensteuerrecht stehen. Er müßte sie auch beseitigen. Damit ist allerdings kaum zu rechnen. Als Gegenargument wird vor allem die Durchsetzung des EStG in seiner jetzigen Form mit vielen Einzelinteressen aus anderen Politikbereichen angeführt, die jeweils im Einzelfall bis zum äußersten verteidigt werden:

> "Das Steuerrecht, namentlich das Einkommensteuerrecht, gehört zu den stark interessengeprägten Bereichen der Innenpolitik. Hier grundlegende Veränderungen durchzusetzen, erscheint fast aussichtslos. Die Bedingungen sind denkbar ungünstig. Hier werden Besitzstände verteidigt, hier macht eine Vielzahl von Interessengruppen ihren Einfluß geltend. Die Argumentation ist oft weder sachbezogen noch fundiert, sondern einseitig interessenorientiert." (*Neckels* 1990: 252)

Auch die Politik leugnet diesen Hintergrund nicht: "Das gesamte Steuerrecht ist Ausdruck von Interessen, die in der Politik wirksam sind, es ist Ausdruck politischen Willens."[81] Die Problembeschreibung aber lediglich hierauf zu beschränken, erscheint zu kurz gegriffen. Die Häufigkeit der Inanspruchnahme des Steuerrechts für wirtschafts- und verteilungspolitische Ziele ausschließlich auf den Einfluß des Lobbyismus und die internen Abhängigkeiten von Berufspolitikern zu reduzieren,[82] ist eine zu oberflächliche Sichtweise, wenngleich sicher auch beim verfahrensmäßigen Zustandekommen von Steuergesetzen einige grundlegende Ursachen

81) Erhard Eppler auf dem SPD-Parteitag 1971, zit. nach Klein (1990: 16).

82) So Neckels (1990: 252f), der außerdem noch die "widrigen Bedingungen der Stimmungs- und Mediendemokratie" zu bedenken gibt.

für den Zustand des Einkommensteuerrechts zu sehen sind.[83] Tatsächlich liegen die Gründe - wenigstens zum Teil - auf einer ganz anderen Ebene: Neben der Trägheit eines eingespielten Systems, auf das sich Politik, Bürger und Verwaltung eingestellt haben, sind für die starke Instrumentalisierung von einkommensteuerlichen Bestimmungen als Steuerungsinstrumente *strukturelle* Elemente der Wirtschafts- und Verteilungspolitik verantwortlich. Staatsabwesenheit bzw. möglichst geringe staatliche Eingriffe gelten als ordnungspolitische Maxime in weiten Teilen der deutschen Wirtschafts- und Sozialpolitik - nicht zu Unrecht, wie die Erfolge dieser Politik zeigen. Zu dieser Maxime gehört auch der Kampf um den 'Subventionsabbau', der in einer auf Interessendurchsetzung aufgebauten Demokratie den Charakter einer dauerhaften Aufgabe annimmt. Auch eine Politik, die den aktiven Subventionsabbau beschreiten will, kommt aber nicht umhin, ökonomische und gesellschaftliche Prozesse zu korrigieren und zu steuern. Wohnungsbedarf, Umweltprobleme, die Lasten der Kindererziehung - viele Bedürfnisse nach staatlichen Eingriffen und die meisten dieser Probleme tendieren dazu, zu Dauerzuständen zu werden, was wiederum Dauersubventionen nach sich ziehen kann. In dieser Situation hat die Gewährung von Steuervorteilen gegenüber direkten Transferzahlungen oder Zuschüssen einige prinzipielle Vorteile in den Augen der politischen Entscheidungsträger, die gerade den Bundesgesetzgeber immer wieder dazu bringen, die Steuerpolitik für Ziele aus ganz anderen Politikbereichen zu instrumentalisieren:

- Direkte Transferzahlungen oder Zuschüsse, z.B. Investitionsbeihilfen gelten gemeinhin als 'schlechte' Subventionen, Steuererleichterungen als 'gute'. Letztere werden eher als *marktkonformer* Steuerungsmechanismus angesehen, zumal durch Steuererleichterungen politische Ziele erreicht werden können, ohne die Staatsquote zu erhöhen.[84]

- Steuervergünstigungen zeichnen sich durch ein geringeres Maß an Öffentlichkeit aus, als direkte Zuschüsse, die nach Art und Umfang im betreffenden Haushalt ausgewiesen und parlamentarisch kontrolliert werden müssen. Die geringere Sichtbarkeit verringert tendenziell das Konfliktpotential und erhöht zugleich die *Bestandssicherheit* der Regelungen (*Mayntz/Lex* 1982: 90): Steuerver-

83) Einbindung der Interessenvertreter, Dominanz der Regierung, erdrückende Fachkompetenz des Bundesfinanzministeriums; vgl. die Bemerkungen zu diesen Problemkreis in Kap. 7.2.2.2.

84) So bezeichneten die finanzpolitischen Sprecher der CDU/CSU-Bundestagsfraktion, M. Glos und R. M. zu Bentrup, in Zusammenhang mit in der damaligen DDR geplanten Investitionszulagen diese prinzipiell als "verwaltungsaufwendig", vorwiegend für kapitalintensive Betriebe geeignet und für "Mitnahmeeffekte" offen. Die Erfahrungen aus der Bundesrepublik belegten hingegen, "daß niedrige Steuersätze, welche erfolgreich getätigte Investitionen belohnten, grundsätzlich den besseren Weg zur Investitionsförderung darstellten als Subventionierungen mit Hilfe einer Investitionszulage" (vgl. 'DDR plant Investitionszulage bis zu zwölf Prozent', in: Süddeutsche Zeitung, 17.05.1990). Ähnlich wird das für spezielle Steuererleichterungen gesehen.

günstigungen sind resistenter gegenüber Kürzungen. Andererseits besteht bei ihnen - aus Sicht der Regierung - weniger die Gefahr des gefürchteten "Draufsattelns" in der parlamentarischen Beratung von Regierungsvorlagen, was bei sozialen Wohltaten nicht ungewöhnlich ist.

- Auf Steuervergünstigungen aufgebaute Programme sind in ihren *Wirkungen* nicht genau nachzuzeichnen,[85] ein evtl. Mißerfolg läßt sich leichter kaschieren.
- Steuerliche Vergünstigungen im Einkommensteuerrecht erfassen den ökonomisch aktiven Teil der Bevölkerung. Von dem Bürger, der nicht unter das EStG fällt, ist - mangels Finanzkraft - i.d.R. auch kaum eine gewünschte Änderung im konsumptiven oder investiven Verhalten zu erwarten.
- Nach den Vorschriften des Haushaltsrechts ist bei Zuschüssen der Einzelfall zu prüfen (evtl. sogar mit abschließender Verwendungsprüfung); die *Durchführungskosten* sind hierdurch höher als bei Steuervergünstigungen.
- Steuervergünstigungen bei Gemeinschaftssteuern, die vom Bundesgesetzgeber gewünscht werden, belasten Bundes- und Länderhaushalte gleichermaßen; reine Zuschüsse wären - falls die Länder sich nicht zur Unterstützung der Maßnahme bereit erklären - allein vom Bundeshaushalt zu tragen. Der Bund *entlastet* also seinen Haushalt, wenn er in dieser Situation auf Steuervergünstigungen setzt.

Zugunsten dieser Vorteile werden die Nachteile von Steuervergünstigungen (größere Anstrengungen, um diese Anreize den Adressaten zur Kenntnis zu bringen;[86] soziale Asymmetrie in der Begünstigungswirkung) in Kauf genommen.

Letztlich kann aber nicht auf Korrekturen am Rechtsbestand verzichtet werden: In einem marktwirtschaftlichen Wirtschaftssystem, das sozialen Strukturen verpflichtet ist, sind staatliche Interventionen zur Wahrung des Status quo oder zur Durchsetzung von Reformzielen unabdingbar. Die gewünschte Ausnutzung marktwirtschaftlicher Dynamik, die dargestellten praktisch-politischen Vorteile fiskalischer Steuerungsmechanismen und die - gerade im Einkommensteuerrecht - umfangreichen Erfahrungen mit diesem Steuerungsmedium machen das Steuerrecht zu einem zentralen Eingriffsmittel zugunsten wirtschafts- und gesellschaftspolitischer Vorhaben. Das ist prinzipiell gar nicht zu kritisieren. Wird dieses Instrument aber zu intensiv genutzt, gerät es - wie im ESt-Recht - an Vollzugsgrenzen im Einzelfall. Deshalb sind Korrekturen am Regelungs- und Normenbestand notwendig, sonst läßt die Steuerungskapazität des Instrumentes 'Steuerrecht' insgesamt nach. Dies zu vermeiden, muß Ziel rationaler Politik sein.

85) So sind beispielsweise Nutznießer von bestimmten einkommensteuerlichen Sonderabschreibungen auf der Basis der geltenden Steuerstatistik nur sehr pauschal erfaßbar.

86) Mayntz/Lex (1982: 90).

Anlagen

Anlage 2/I: Die Gliederung der deutschen Zoll- und Steuerverwaltung heute

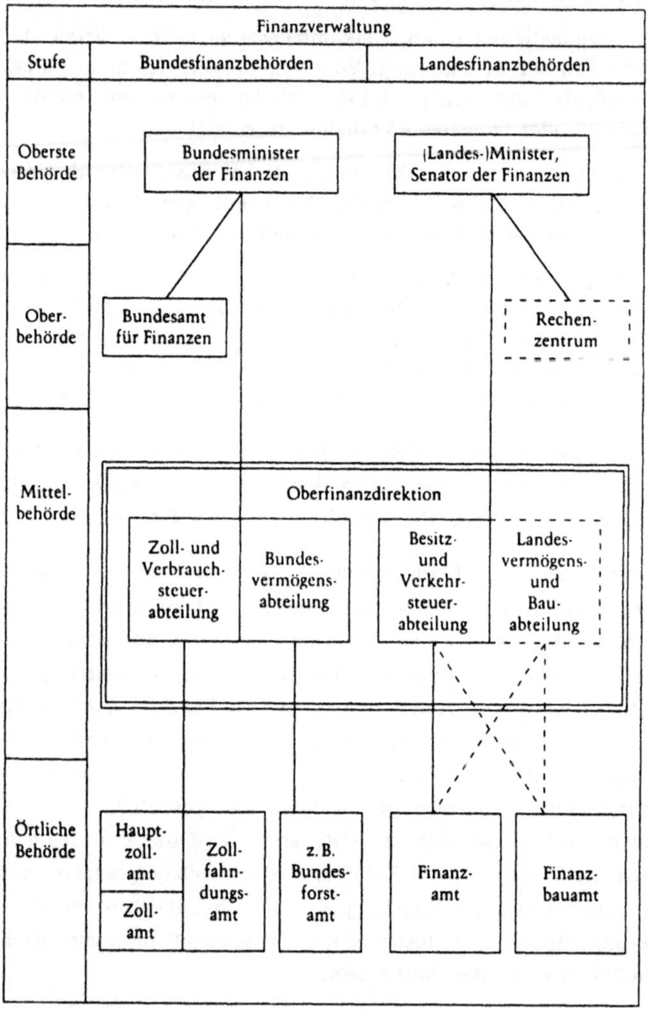

(Quelle: *Wenzig* 1989: 26)

Anlage 2/II: Verwaltungszuständigkeiten der Finanzbehörden in der Bundesrepublik (1986)

I. Die Bundesfinanzbehörden verwalten:

Zölle;
bundesgesetzlich geregelte *Verbrauchsteuern*
(einschließlich Einfuhrumsatzsteuer);
Abgaben im Rahmen der *EG*:

II. Die Landesfinanzbehörden verwaltem

a) im Auftrag des Bundes

Gemeinschaftssteuern (Einkommensteuer (als veranlagte Einkommensteuer, Lohnsteuer, nicht veranlagte Steuern vom Ertrag), Körperschaftsteuer, Umsatzsteuer (außer Einfuhrumsatzsteuer), Gewerbesteuerumlage);

Bundessteuern (Kapitalverkehrsteuern, Versicherungsteuer, Wechselsteuer, Ergänzungsabgabe);

sonstige Steuern (z.B. Sparprämien, Wohnungsbauprämien, Investitionszulagen);

b) als eigene Angelegenheit

Ländersteuern (Vermögensteuer, Erbschaftsteuer, Grunderwerbsteuer, Kraftfahrzeugsteuer, Rennwett- und Lotteriesteuer, Spielbankenabgabe, Feuerschutzsteuer; nicht die von der Bundeszollverwaltung zu erhebende Biersteuer);

Gemeindesteuern (nur teilweise, z.B. Gewerbesteuer-Meßbeträge, Grundsteuer-Meßbeträge, in Stadtstaaten und anderen Regionen z.T. volle Verwaltung der Gewerbe- und Grundsteuer durch die Finanzämter);

Kirchensteuer;

sonstige Steuern (von Land zu Land verschieden, z.B. Festsetzung, Erhebung und Abführung von Pflichtmitgliedsbeiträgen für Handwerks- und Handelskammern, Besteuerungsgrundlagen für die Umlage der Landwirtschaftskammern, Amtshilfe für andere Behörden).

(Quelle: *Koch* 1986: 48)

Anlage 3/I: Branchenbezirke im FA Lemgo (bis 1977)

Art des Bezirkes	Gebildet am
Handels- und Versicherungsvertreter	1.10.1956
Buchführende Landwirte	1.10.1956
Bäckereien, Konditorien, Cafés	1.11.1957
Fleischereien, Fleischwaren	1.11.1957
Hausschlachter, Viehkastrierer	1.11.1957
Rundfunkgeräte, Musikinstrumente, Elektrogeräte, Beleuchtungskörper	1.11.1957
Kraftfahrzeuge, landw. Maschinen, Waschmaschinen, Fahrräder, Nähmaschinen, Büromaschinen, Fette und Öle, Reperaturwerkstätten, Tankstellen, Garagen	1.11.1957
Uhrmacher, Optiker Juweliere, Fotografen, Fotogeräte, Lichtpausen	1.11.1957
Schuhmacher, Schuhe, Lederwaren	1.11.1957
Schneider, Kürschner	1.11.1957
Putzmacherinnen, Schneiderinnen	1.11.1957
Dekorateure, Polsterer, Sattler	1.11.1957
Bauunternehmer, Maurer, Backofenbauer, Dachdecker, Fliesenleger, Plattenleger, Steinmetze, Ofensetzer, Pflasterer	1.11.1957
Tischler, Schreiner, Zimmerer, Stellmacher, Parkettleger, Holzhauer, Beizer, A-K und L-Z	1.11.1957
Maler, Glaser, Lackierer	1.11.1957
Elektriker, Klempner, Installateure	1.11.1957
Schlosser, Schmiede, Schleifer	1.11.1957
Friseure, Fußpfleger	1.11.1957
Gaststätten, Hotels, Pensionen, Kantinen, Erholungsheime, Mittagstische, Eisdielen, A-K und L-Z	1.11.1957

(Quelle: Amtsübersicht des FA Lemgo)

Anlage 3/II: Belegung der Steuerbezirke im FA Lemgo 1976

Steuerbezirksnummer unter 600	über 800	Zuteilung	
200	800	Barntrup	A-F
201	801	Barntrup	G-K
202	802	Barntrup	L-R
203	803	Barntrup	S-Z
210	810	Dörentrup	A-F
211	811	Dörentrup	G-K
212	812	Dörentrup	L-R
213	913	Dörentrup	S-Z
220	820	Extertal	A-D
221	821	Extertal	E-H
222	822	Extertal	I-L
223	823	Extertal	M-R
224	824	Extertal	S-Z
230	830	Kalletal	A-D
232	831	Kalletal	E-H
232	832	Kalletal	I-L
233	833	Kalletal	M-R
234	834	Kalletal	S-Z
240	840	Lemgo	A
241	841	Lemgo	B
242	842	Lemgo	C-D
243	843	Lemgo	E-F
244	844	Lemgo	G
245	845	Lemgo	H
246	846	Lemgo	I-J
247	847	Lemgo	K
248	848	Lemgo	L
249	849	Lemgo	M
250	850	Lemgo	N-P
251	851	Lemgo	Q-R
252	851	Lemgo	S
253	853	Lemgo	Sch
254	854	Lemgo	St
255	855	Lemgo	T-V
256	856	Lemgo	W-Z

(Quelle: Rundschreiben des Vorstehers an die Bediensteten des FA Lemgo vom 11. Mai 1976 (AZ O 1524 - 1 I), Anlage 2)

Anlage 3/III: Aufteilung der Steuerbezirke auf die V-Stellen im FA Lemgo (1976)

Teilbezirk I

066	Körperschaften
070	Beschränkt Steuerpflichtige
138	Nicht im Handelsregister eingetragene Gesellschaften
139	Gesellschafter der nicht im HR eingetragenen Gesellschaften
186	Anteilseigner der Körperschaften
190	Wirtschaftlich verbundene Steuerfälle (Körperschaften)

210	810	Dörentrup	A-F
211	811	Dörentrup	G-K

Teilbezirk II

068	Im HR eingetragene Personengesellschaften
069	Gesellschafter der im HR eingetragenen Personengesellschaften
191	Wirtschaftlich verbundene Steuerfälle

212	812	Dörentrup	L-R
213	813	Dörentrup	S-Z

Teilbezirk III

245	845	Lemgo	H
246	846	Lemgo	I-J
247	847	Lemgo	K
248	848	Lemgo	L

Teilbezirk IV

230	830	Kalletal	A-D
231	831	Kalletal	E-H
232	832	Kalletal	I-L
233	833	Kalletal	M-R
234	834	Kalletal	S-Z

Teilbezirk V

220	820	Extertal	A-D
221	821	Extertal	E-H
222	822	Extertal	I-L
223	823	Extertal	M-R
224	824	Extertal	S-Z

weiter: Anlage 3/III

Teilbezirk VI

253	853	Lemgo	Sch
254	854	Lemgo	St
255	855	Lemgo	T-V
256	856	Lemgo	W-Z

Teilbezirk VII

240	840	Lemgo	A
241	841	Lemgo	B
242	842	Lemgo	C-D
243	843	Lemgo	E-F
244	844	Lemgo	G

Teilbezirk VIII

249	849	Lemgo	M
250	850	Lemgo	N-P
251	851	Lemgo	Q-R
252	852	Lemgo	S

Teilbezirk IX

076	GdL-Landwirte		
077	Buchführende Land- und Forstwirte		
126	Gärtnereien		
200	800	Barntrup	A-F
201	801	Barntrup	G-K
202	802	Barntrup	L-R
203	803	Barntrup	S-Z

(Quelle: Rundschreiben des Vorstehers an die Bediensteten des FA Lemgo vom 11. Mai 1976, AZ O 1524 - 1 I, Anlage 4)

Anlage 3/IV: Die Entwicklung der Teilbezirke und Steuerbezirke in den Finanzämtern Minden, Detmold und Wiedenbrück* (1939-1975)

Jahr	FA Minden		FA Detmold		FA Wiedenbrück	
	Teilbez.	Steuerbez.	Teilbez.	Steuerbez.	Teilbez.	Steuerbez.***
1939	13	80	**	**	11	32
1948	12	80	**	111	**	**
1952	18	93	**	118	16	35
1956	22	95	25	119	20	59
1957	22	94	25	119	20	29
1958	26	94	26	201	21	67
1959	26	94	28	204	21	67
1960	26	94	28	204	21	67
1961	26	94	28	218	21	67
1962	26	94	28	218	21	67
1963	26	96	29	218	21	69
1964	24	223	25	218	21	70
1965	24	314	25	239	21	93
1966	25	320	26	239	21	93
1967	25	320	27	241	21	93
1968	23	390	28	242	21	93
1969	22	358	28	246	21	94
1970	23	362	29	262	21	106
1971	25	363	32	289	21	106
1972	25	393	32	289	23	143
1973	26	394	32	289	23	143
1974	26	402	31	289	24	159
1975	26	336	31	289	24	162

* 1939-1965: Stand am 1.4., 1966-1975: Stand am 1.1.

** nicht nachgewiesen

*** Teilbez.: Teilbezirke; Steuerbez.: Steuerbezirke

(Quelle: *Amtsübersichten der Finanzämter Minden, Detmold und Wiedenbrück*)

Anlage 3/V: Die Organisation des Steuerfestsetzungsbereichs nach den GNOFÄ

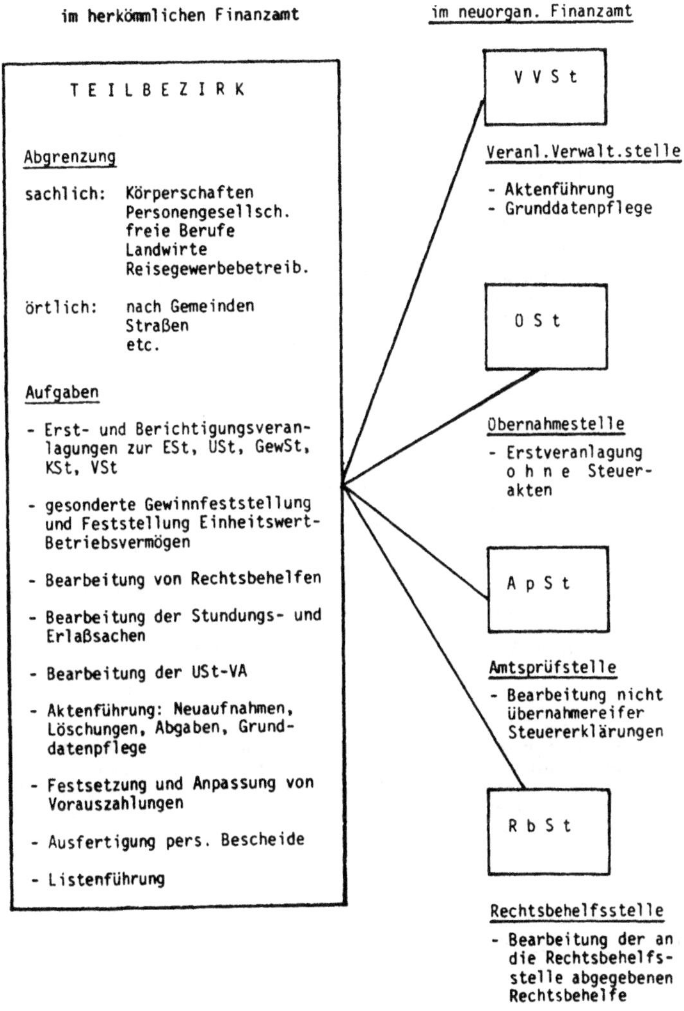

(Quelle: *Löbich* 1981: 148, Schaubild 16)

Anlage 4/I: Laufbahnen und Ämter in den Finanzverwaltungen

Laufbahnen und Ämter			
Bes. Gr.	Amtsbezeichnung	Abkürzung*	Funktion**
	mittlerer Dienst:		
	Steueranwärter (Ausbildung)	StAnw	
A 5	Steuerassistent	StAss	Mitarbeiter
A 6	Steuersekretär	StS	
A 7	Steuerobersekretär	StOS	Bearbeiter/
A 8	Steuerhauptsekretär	StHS	Sachbearbeiter
A 9	Amtsinspektor***	AI	
	gehobener Dienst:		
	Finanzanwärter (Ausbildung)	FinAnw	
A 9	Steuerinspektor***	StI	
A 10	Steueroberinspektor	StOI	
A 11	Steueramtmann	StA	
A 12	Steueramtsrat/Finanzrat/ Steuerrat	StAR/FR/StR	Sachgebietsleiter
A 13	Steueroberrat/Oberfinanzrat/ Obersteuerrat, Oberamtsrat***	StOR/OFR/ OStR/OAR	
	höherer Dienst:		
	Regierungsrat z. A. (Ausbildung)	RR z. A.	
A 13	Regierungsrat***	RR	
A 14	Regierungsoberrat/Oberreg.Rat	ROR/ORR	
A 15	Regierungsdirektor	RD	Vorsteher
A 16	Leitender Regierungsdirektor	LRD/LtRD	

* Die Abkürzungen sind nicht amtlich.
** Die Funktionen sind nicht starr an Dienstränge gebunden.
*** Verzahnung der Laufbahnen (gleiche Besoldungsgruppe).

Weibliche Bedienstete fügen der Amtsbezeichnung ein „-in" an. Ausnahme ist der Amtmann; hier können sie zwischen „Amtfrau" und „Frau Amtmann" wählen. Nicht mit der Amtsbezeichnung zu verwechseln ist die Funktionsbezeichnung, z. B. Sachgebietsleiter oder Leiter der Betriebsprüfungsstelle (Hauptsachgebietsleiter für Betriebsprüfung).

(Quelle: *Wenzig* 1989: 38)

Anlage 4/II: Gesamtpersonalbestand der Finanz- und Steuerverwaltungen nach Bundesländern gegliedert (1960-1986)

Jahr**	Baden-Württemberg	Bayern	Berlin (W)	Bremen
1960	*	15.102	5.826	*
1961	10.618	*	5.891	*
1962	11.771	*	6.185	*
1963	10.856	15.772	6.311	*
1964	11.111	15.976	6.294	1.710
1965	11.408	16.214	6.435	1.770
1966	11.583	16.755	6.040	1.811
1967	12.442	17.115	6.322	1.904
1968	17.744	17.253	6.310	1.953
1969	12.710	17.186	6.255	1.992
1970	13.065	17.172	6.376	2.022
1971	13.727	17.903	6.283	2.047
1972	14.407	18.634	6.883	1.995
1973	15.760	19.259	6.794	2.177
1974	15.598	18.689	7.163	2.185
1975	16.208	19.536	7.344	2.234
1976	17.131	19.044	7.444	2.192
1977	17.212	18.883	7.306	2.209
1978	17.794	19.818	7.361	2.199
1979	18.433	19.944	7.064	2.250
1980	18.145	19.950	7.976	2.165
1981	18.067	19.970	7.829	2.081
1982	17.212	20.311	7.714	2.072
1983	17.161	20.312	7.695	2.017
1984	16.923	20.045	7.671	1.972
1985	16.922	19.798	7.745	1.913
1986	17.108	19.525	6.544	1.873

* nicht nachgewiesen; Markierung = Höchstwert

** nur Vollzeitbeschäftigte

(Quellen: Stat. Bundesamt (Hg.), Fachserie 14, Finanzen und Steuern, Reihe 6: Personal des Öffentlichen Dienstes (Jg. 1965-1986) und: Stat. Landesamt Baden-Württemberg (Hg.): Stat. Monatshefte Baden-Württemberg; Bayerisches Landesamt für Statistik und Datenverarbeitung (Hg.), Stat. Jahrbuch für Bayern; Stat. Landesamt Berlin (Hg.), Stat. Jahrbuch Berlin; Bremer Ausschuß für Wirtschaftsforschung (Hg.), Wirtschaftsdaten) weiter: Anlage 4/II

Jahr**	Hamburg	Hessen	Niedersachsen	Nordrhein-Westfalen
1960	*	*** 6.491	*	*
1961	*	*	*	*
1962	*	*	*	*
1963	*	6.781	9.919	*
1964	5.237	8.058	*	21.595
1965	5.218	8.146	9.770	21.753
1966	5.134	8.416	9.749	21.770
1967	5.167	8.611	10.179	21.973
1968	5.304	8.464	9.943	22.394
1969	5.353	8.720	10.413	23.745
1970	5.381	8.860	10.483	23.920
1971	5.613	9.452	10.627	25.996
1972	5.631	9.922	10.869	27.277
1973	5.757	10.284	11.210	27.931
1974	5.908	10.519	11.433	27.854
1975	5.858	10.994	11.936	28.392
1976	5.942	10.847	12.037	29.124
1977	5.532	10.971	11.915	29.360
1978	6.063	10.827	12.473	29.870
1979	5.967	10.872	12.550	29.885
1980	5.940	10.629	12.265	29.665
1981	5.992	10.469	12.246	30.130
1982	5.935	10.149	12.193	29.408
1983	6.018	10.148	12.137	29.128
1984	6.000	10.203	12.164	29.067
1985	5.374	10.326	12.274	29.214
1986	5.298	10.480	12.105	29.159

* nicht nachgewiesen; Markierung = Höchstwert

** nur Vollzeitbeschäftigte

*** 1958

(Quellen: Stat. Bundesamt (Hg.), Fachserie 14, Finanzen und Steuern, Reihe 6: Personal des Öffentlichen Dienstes (Jg. 1965-1986) und: Stat. Landesamt Hamburg (Hg.), Statistisches Taschenbuch Hamburg; Hessisches Statistisches Landesamt (Hg.), Das Personal des öffentlichen Dienstes in Hessen; Niedersächsisches Landesverwaltungsamt - Statistik (Hg.), Stat. Monatshefte Niedersachsen; Landesamt für Datenverarbeitung und Statistik NRW (Hg.), Statistisches Jahrbuch Nordrhein-Westfalen)

weiter: Anlage 4/II

Jahr**	Rheinland-Pfalz	Saarland	Schleswig-Holstein
1960	5.064	1.159	4.872
1961	*	*	*
1962	*	1.550	4.894
1963	5.439	*	4.871
1964	5.719	1.377	4.825
1965	5.791	1.435	*
1966	5.871	1.466	5.021
1967	6.041	1.487	5.105
1968	5.952	1.630	*
1969	6.025	1.643	5.190
1970	6.387	1.743	5.233
1971	6.469	1.727	5.533
1972	6.762	1.745	5.444
1973	7.164	1.806	5.693
1974	7.391	1.779	5.610
1975	7.381	1.793	5.717
1976	7.364	1.818	5.654
1977	7.142	1.761	*
1978	7.170	1.860	5.470
1979	7.211	1.876	5.675
1980	7.196	1.865	5.720
1981	7.101	1.909	*
1982	7.119	1.889	5.579
1983	7.086	1.895	5.512
1984	7.063	1.887	5.772
1985	6.931	1.889	5.909
1986	7.014	1.889	6.061

* nicht nachgewiesen; Markierung = Höchstwert

** nur Vollzeitbeschäftigte

(Quellen: Stat. Bundesamt (Hg.), Fachserie 14, Finanzen und Steuern, Reihe 6: Personal des Öffentlichen Dienstes (Jg. 1965-1986) und: Statistisches Landesamt Rheinland-Pfalz (Hg.), Statistisches Jahrbuch für RPL; Statistisches Landesamt Schleswig-Holstein (Hg.), Statistisches Jahrbuch SLH; Statistisches Amt des Saarlandes (Hg.), Statistisches Handbuch für das Saarland)

Anlage 4/III: Gesamtpersonalbestand der Finanz- und Steuerverwaltungen der Länder insgesamt 1960-1986 (Vollzeitbeschäftigte)

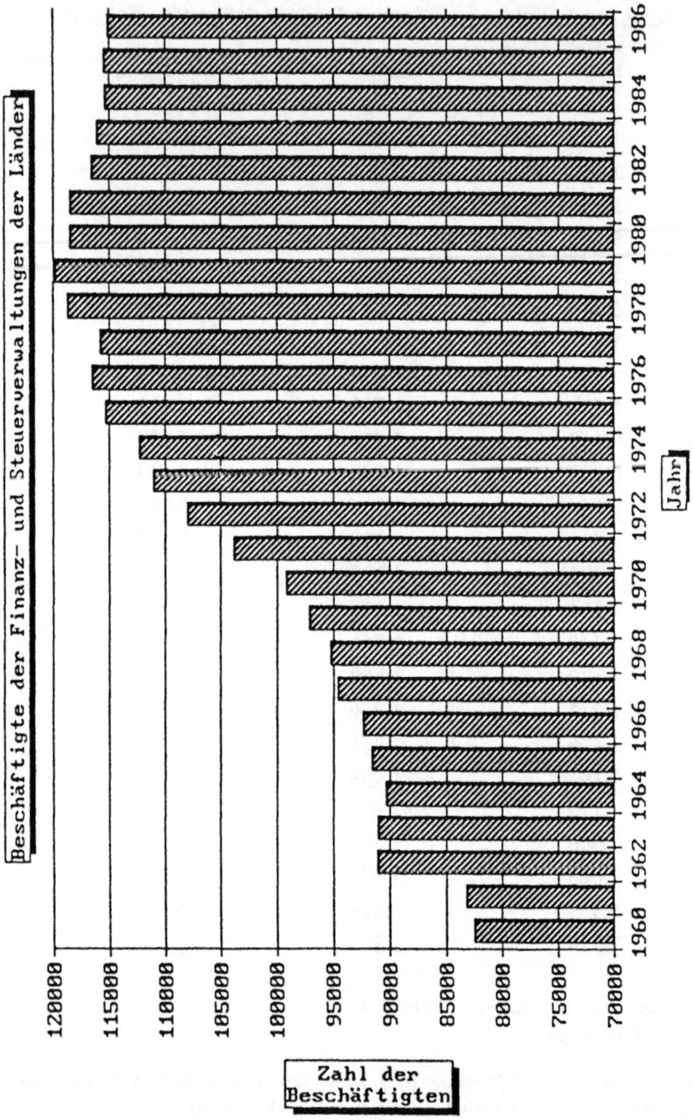

(Quellen: *Stat. Jahrbuch Bundesrepublik* (1962: 452), (1963: 436); (1965: 453), (1966: 449); *Stat. Bundesamt (Hg.)*, Fachserie 14, Finanzen und Steuern, Reihe 6: Personal des Öffentlichen Dienstes (Jg. 1965-1986); *nur Vollzeitbeschäftigte*)

Anlage 4/IV: Entwicklung der Rahmendaten im Bereich des Finanzamts Minden (1939-1987)

					Entwicklung der Rahmendaten im FA M i n d e n			
	Ew-			LStJA-	*Personal*		*Steuereinnahmen*	
Jahr	Zahl	EStPfl	KStPfl	Antr.	VSt**	LSt-Stelle***	veranl. ESt	LSt
1939	*	9.839	180	45	31	3	*	*
1948	*	8.582	117	423	34	4	*	*
1952	182.108	11.465	182	7.060	44	9	14.553	7.148
1956	188.454	11.725	187	12.311	42	11	17.913	11.093
1958	183.907	13.845	200	13.450	54	10	19.492	11.160
1960	185.461	13.977	193	16.129	55	11	29.143	12.089
1962	190.695	12.644	174	17.400	52	12	54.620	25.536
1964	192.671	13.752	203	27.102	48	16	59.778	33.396
1966	197.847	13.927	195	33.709	50	14	74.691	39.733
1967	199.053	15.526	251	33.632	53	19	67.115	39.322
1968	199.682	15.726	256	34.395	50	13	67.802	46.527
1969	200.582	15.989	276	33.818	52	18	70.913	57.152
1970	201.765	16.519	303	40.435	48	20	71.946	77.021
1971	198.338	19.057	292	40.634	49	19	84.945	99.436
1972	198.996	18.711	293	40.797	59	20	95.512	113.158
1973	198.839	21.815	320	39.575	59	14	102.629	136.721
1974	199.467	26.246	332	37.690	56	12	98.258	159.058
1975	198.362	30.963	514	36.899	67,5	12	102.670	152.828
1976	197.510	27.377	661	34.950	59	14	131.252	171.370
1977	*	25.809	782	34.850	56,5	14	144.610	196.679
1978	195.822	26.312	722	35.055	*	12	136.597	197.802
1979	*	28.615	733	34.230	*	13,5	143.250	206.413
1980	195.207	29.742	840	32.150	*	13	152.313	232.487
1981	*	31.056	1.109	31.210	*	13,5	124.164	244.286
1982	194.640	33.905	1.110	38.498	68	15,5	125.152	253.242
1983	*	35.539	1.142	29.117	69	16,5	102.945	262.906
1984	192.707	37.019	1.177	28.096	69	17,5	99.051	278.373
1985	*	38.617	1.222	26.262	67	16,5	99.413	296.909
1986	189.348	39.989	1.265	26.145	*	*	117.223	303.729
1987	*	41.187	1.346	26.055	*	*	118.697	331.407

* nicht nachgewiesen
** Veranlagungsstelle (Teilbezirke); Sachbearbeiter und Mitarbeiter;
*** Sachbearbeiter und Mitarbeiter im Innendienst, ohne Außenprüfer

(Quelle: *Amtsübersicht des FA Minden*)

Anlage 4/V: Bestand an zugeteilten Stellen im FA Detmold (1956-1987)

Rechn. jahr	SGL	Sach-bearb.	Betr.-prüfer	Aussen-prüfer	Mit-arb.	Daten ErfKr	Kanzl. kr.	Hilfs-kräfte **	ReinK	insge-samt
1956	14	85	--	--	121	--	13	6	5	244
1957	14	80	--	--	128	--	11	6	6	245
1958	14	86	--	--	132	--	12	9	6	256
1959	14	83	--	--	137	--	12	6	6	258
1960	14	86	--	--	137	--	14	7	13	271
1961	14	87	--	--	137	--	14	7	13	272
1962	14	87	--	--	137	--	14	7	13	273
1963	18	87	--	--	130	--	13	7	13	268
1964	18	88	--	--	139	--	12	--	22	282
1965	18	87	--	--	135	--	11	8	14	273
1966	15	88	--	--	133	--	11	22	--	269
1967	15	65	21	7	129	--	11	12	9	269
1968	15	65	22	8	138	--	11	11	9	279
1969	15	71	22	8	146	--	12	10	9	293
1970	17	77	23	8	150	--	13	11	9	308
1971	19	85	26	10	156	--	14	11	9	330
1972	19	83	28	10	168	--	14	11	10	343
1973	20	91	29	9	167	--	14	12	10	352
1974	*	*	*	*	*	*	*	*	*	*
1975	*	*	*	*	*	*	*	*	*	*
1976	19	95	35	12	177	--	14	14	9	375
1977	20	101	36	13	178	--	14	14	9	385
1978	20	108	37	15	174	--	14	14	11	393
1979	20	110	40	15	169	--	14	14	9	391
1980	20	112	41	15	175	--	14	14	9	400
1981	21	111	41	15	174	--	14	14	9	398
1982	21	127	32	13	166,2	--	13,5	14	7	406,5
1983	22	144	32	13	169,5	--	12,5	19	4,5	416,5
1984	22	143	32	13	147	--	12,5	20	4,5	412,5
1985	22	139	32	13	143	18,5	12,5	20	4,5	410,5
1986	21	130	31	12	146	18,5	12	18	7,5	395
1987	21	142	30	12	133	19	12,5	18	7,6	395,1

* nicht nachgewiesen   ** ab 1966: 'Weitere Mitarbeiter'

(Quelle: *Amtsübersicht des FA Detmold*)

Anlage 4/VI: Errechneter Personalbedarf im FA Detmold (1956-1987)

Rechn. jahr	SGL	Sach- bearb.	Betr.- prüfer	Aussen- prüfer	Mit- arb.	Daten ErfKr	Kanzl. kr.	Hilfs- kräfte ***	ReinK	insge- samt
1955	17,61	113,87	--	--	147,02	--	14,55	8,19	6,66	304
1957	15,53	94,64	--	--	143,41	--	13,46	6,34	5,95	279,43
1960	16,65	105,11	--	--	148,93	--	15,06	7,22	12,57	305,56
1963	16,84	106,82	--	--	153,41	--	13.49	11,94	12,5	315,07
1966**	26,69	99,55	36,21	13,22	204,18	--	19,34	14,46	9,46	423,11
1969**	26,22	102,44	37,26	13,55	202,89	--	19,02	14,10	9,46	424,94
1972**	29,89	129,92	37,09	16,81	214,26	--	20,60	17,64	9,92	476,13
1975	29,79	130,76	37,02	14,86	194,01	--	14,66	19,35	9,34	449,79
1978	26,72	125,84	42,93	16,05	175,14	--	14,95	17,34	7,18	426,15
1982	*	*	*	*	*	*	*	*	*	*
1985	27,93	138,15	32,47	17,37	133,91	18,53	11,88	17,78	7,44	405,46
1987	29,51	148,29	35,53	17,63	137,19	19,00	12,55	19,04	7,56	426,32

* nicht nachgewiesen
** 1966, 1969, 1972:
*** ab 1966: 'Weitere Mitarbeiter'

(Quelle: *Amtsübersicht des FA Detmold*)

Anlage 5/I: Klassifizierung der Büroarbeit und Zuordnung der Funktionsträger eines Finanzamtes

Büro-beschäftigte	Überwiegende Tätigkeit	Überwiegende Kommunikationsform	Arbeits-unterlagen	Zuordnung im Finanzamt
1	2	3	4	5
Führungskräfte (Managers)	Einzelgespräche Gruppengespräche Sitzungen Konferenzen face-to-face Telefon	sprachlich	Texte hoher Qualität graphische Darstellungen	Vorsteher
Fachleute (Professionals)	Bearbeitung Verarbeitung Fachwissen Kreativität Problemlösungsbewußtsein	textlich graphisch	Texte Daten	Sachgebietsleiter
Sachbearbeiter (Clerical Workers)	wiederkehrende gut strukturierte formalisierbare Aufgabenerfüllungsprozesse	textlich graphisch sprachlich	numerische Daten, Texte einfache Graphiken Sprache	Sachbearbeiter
Unterstützungskräfte (Support Staff)	Hilfsdienste auftragsorientiert	orientiert sich am jeweiligen Auftraggeber		Mitarbeiter

(Quelle: *Göldner* 1984: 95 und 1984a: 88 in Anlehnung an Höhring/Bahr/Struif/Tiedemann, Interne Netzwerke für die Bürokommunikation, Heidelberg 1983)

Anlage 5/II: Das Veranlagungsverfahren ohne EDV-Unterstützung, im automatisierten Steuerfestsetzungs- und -erhebungsverfahren und im verbesserten Veranlagungsverfahren

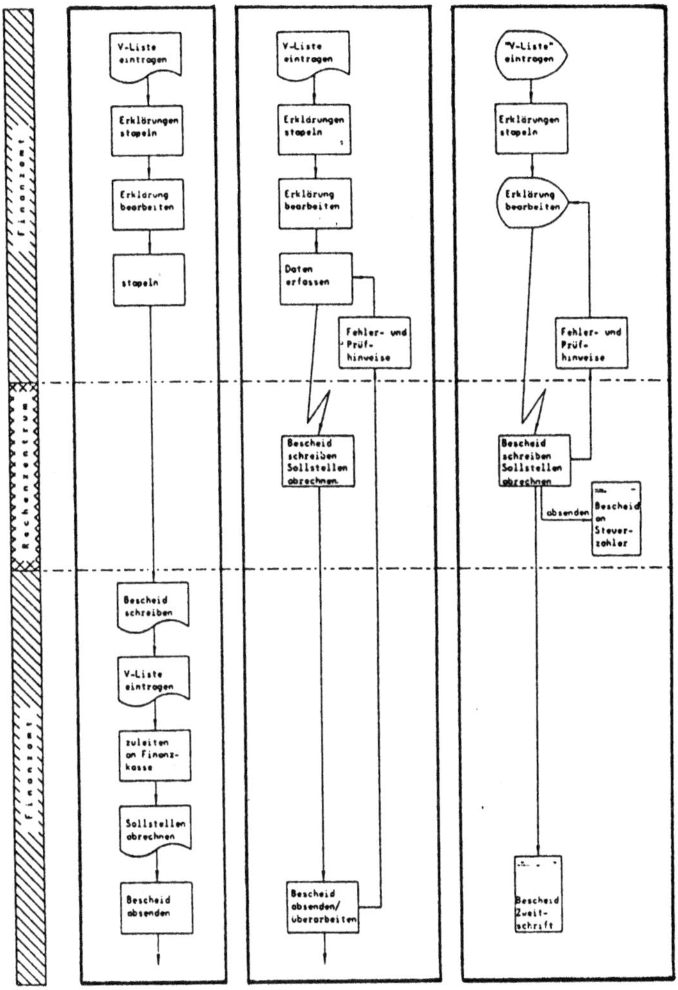

Veranlagungsverfahren ohne EDV-Unterstützung	Automatisiertes Steuerfestsetzungs- und -erhebungsverfahren	Verbessertes Veranlagungs-Verfahren

(Quelle: *Püschel* 1986: 48)

Anlage 5/III: Der Ausbau des EDV-gestützten Verarbeitungsverfahrens in der nordrhein-westfälischen Finanzverwaltung 1955-1985

Zeitraum	**Fallbearbeitung** (Vorgangsbearbeitung) in der **Steuerfestsetzung**	**Sollkontenbearbeitung** (Verbuchung, Kontenführung) in der **Steuererhebung**
1955 - 1960	Lochkartenverfahren für die Kfz-Steuer	mechanische Buchungsmaschinen (dezentral)
1960 - 1970	*Zentrale Batchverarbeitung* (Zentrale Lochkartenerfassung, zentrale Stammbandverarbeitung, zentrale Druckausgabe)	
1970 - 1975	*Remote Batch Verarbeitung* (Dezentrale Erfassung mit intelligenten Terminals, DÜ zum RZ, Zentrale Stammbandverarbeitung, zentrale Druckausgabe)	*Dezentrale Verarbeitung* mit Kontokartenmaschinen ------------------------------ *Remote Batch Verarbeitung* für Kassenabschluß (wie links)
1975 - 1980	*Remote Batch Verarbeitung* (wie oben, zusätzlich 'Grundinformation' mit Spezial-Datenbanken, dezentrale Erfassung mit Datensammelsystemen)	*Remote Batch Verarbeitung* (wie oben, zusätzlich zentrale 'Speicherkonten'-führung dezentrale Druckausgabe der Kassenabschlüsse) *Zentrales Auskunftssystem* für Konten (zentrale Auskunftsdatei, dezentrale Abfrageplätze, dezentrale Druckausgabe)

weiter: Anlage 5/III

1980 - *1985*	*Remote Batch Verarbeitung* (wie oben) *Dezentrales Auskunftssystem* *für Personenkonten* (Grundinformationen, Retrieval)	*Remote Batch Verarbeitung* (wie oben) *Dezentrales Auskunftssystem* für Konten
ab 1985	*Interaktive Fallbearbeitung* *mit PCs für bestimmte* *Steuerarten*	

(Quelle: *Göldner* 1984a: 93f)

Anlage 5/IV: Das dreistufige Kommunikationssystem der Finanzverwaltung Nordrhein-Westfalens

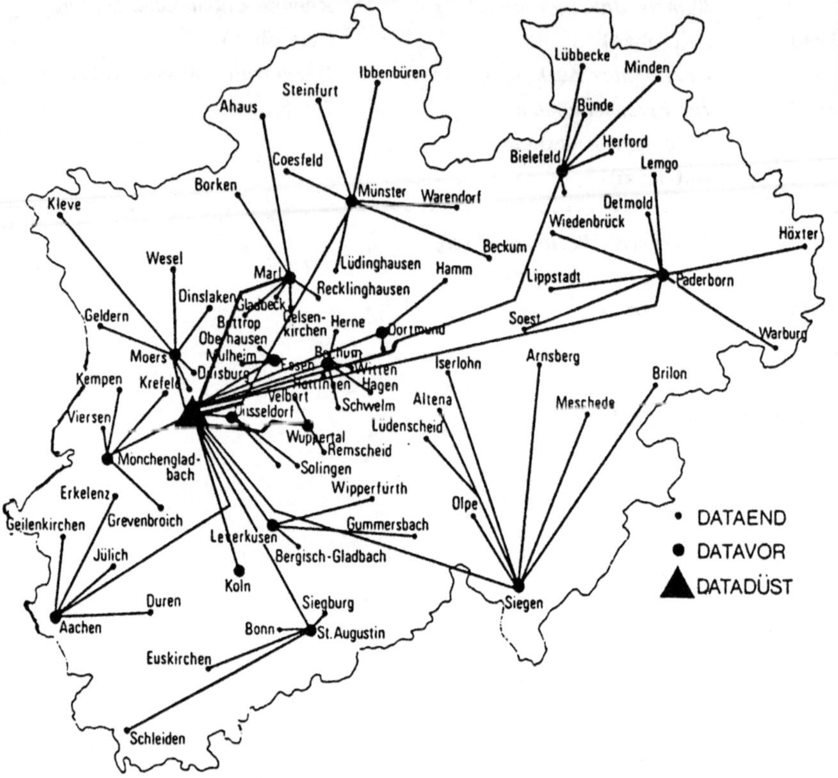

DATAEND: Finanzamtsrechner mit bis zu 18 Erfassungs- und bis zu 6 Auskunftsterminals

DATAVOR: Netzknoten als Doppelsysteme mit bis zu 8 angeschlossenen DATAENDs und Datenbank für Kontenabfrage

DATADÜST: Zentraler Netz-End-Rechner zur Datenverteilung und Netzwerkadministration für die 32 angeschlossenen DATAVORs

Alle Systeme vom Typ Honeywell Bull System 6. Leitungen HfD 4800 und HfD 9600.

(Quelle: *Göldner* 1984: 94)

Anlage 5/V: Beispiel für Bearbeitungserschwernisse durch den Kennzifferwechsel für verschiedene Veranlagungszeiträume (hier: Zahl der Kinder bei den Grundangaben unbeschränkt Steuerpflichtiger)

Kennz.	Gültigkeit	Inhalt
Kz 24	ab 1975	Die Zahl der Kinder, die dem anderen Elternteil zugeordnet werden und denen gegenüber der Steuerpflichtige seiner Unterhaltsverpflichtung für den Veranlagungszeitraum nachgekommen ist. Die Eintragung wird für die Berechnung der Sonderausgaben (bis 1985), der zumutbaren Belastung nach § 33 III EStG und der Arbeitnehmer-Sparzulage benötigt. Der Freibetrag wegen Unterhaltsleistungen nach § 33a Abs. 1a EStG ist stets bei Kz 13.66 einzutragen. Hinsichtlich der Berücksichtigung des a) § 33a Abs. 2 EstG siehe Kz 13.65 b) § 33b Abs. 5 EStG siehe Kz 13.61 c) - ab 1979 § 46 Abs. 2 Nr. 4a EStG siehe Kz 23.49, 27.85, 28.85 - ab 1986 - Anzahl der Kinder, für die ein Kinderfreibetrag in Höhe von DM 1.242 zu gewähren ist;
Kz 25	1975-1985	Die Zahl der in Kz 11 enthaltenen Kinder, die dem Steuerpflichtigen zugeordnet sind und vom anderen Elternteil unterhalten werden. Diese Kz ist in den Fällen des Abschnitts 181 Abs. 2 Nr. 1 EStR nicht auszufüllen. Hinsichtlich der Berücksichtigung des a) § 33a Abs. 2 EStG siehe Kz 13.65 b) § 33b Abs. 5 EStG siehe Kz 13.61 c) § 46 Abs. 2 Nr. 4a EStG siehe Kz 23.49, 27.85, 28.85.
Kz 14	ab 1986	Anzahl der Kinder des Steuerpflichtigen i.S. d. § 32 Abs. 1 bis 5, Abs. 7 Sätze 3 und 4 EStG, wenn zur Ermittlung des Prozentsatzes für die Ermittlung der Arbeitnehmer-Sparzulage und für den Kinderzuschlag nach dem Berlinförderungsgesetz die Summe der Kinder aus den Kz 11 und 24 nicht verwendet werden darf. Das sind z.B. bei der Arbeitnehmer-Sparzulage mit mindestens 3 dem Steuerpflichtigen zugeordneten Kindern, in denen durch die Übertragung von Kinderfreibeträgen auf den anderen Elternteil (§ 32 Abs. 6 letzter Satz EStG) weniger als 3 Kinder bei den Kz 11 und 24 einzutragen wären und dadurch der erhöhte Prozentsatz für die Arbeitnehmer-Sparzulage maschinell nicht gewährt werden könnte. Beispiel: Der Stpfl. hat aus seiner geschiedenen Ehe 3 Kinder, die jedoch nicht bei ihm leben. Einzutragen ist: Kz 11.11 = -, 11.24 = '3', 11.14 = '0'
Kz 86	ab 1986	eine '1', wenn der Haushaltsfreibetrag (§ 32 Abs. 7 EStG) zu gewähren ist. Der Haushaltsfreibetrag kann ab 1986 nicht mehr maschinell berücksichtigt werden, weil hierfür weiterhin die Zuordnung der Kinder maßgebend ist.

(Quelle: *DA-ADV*, Fach 10, Teil 11.2 - bis Veranlagungs-ZTR 1986 -)

Anlage 7/I: Gesamtumfang des Bundessteuerblattes (1951-1987)

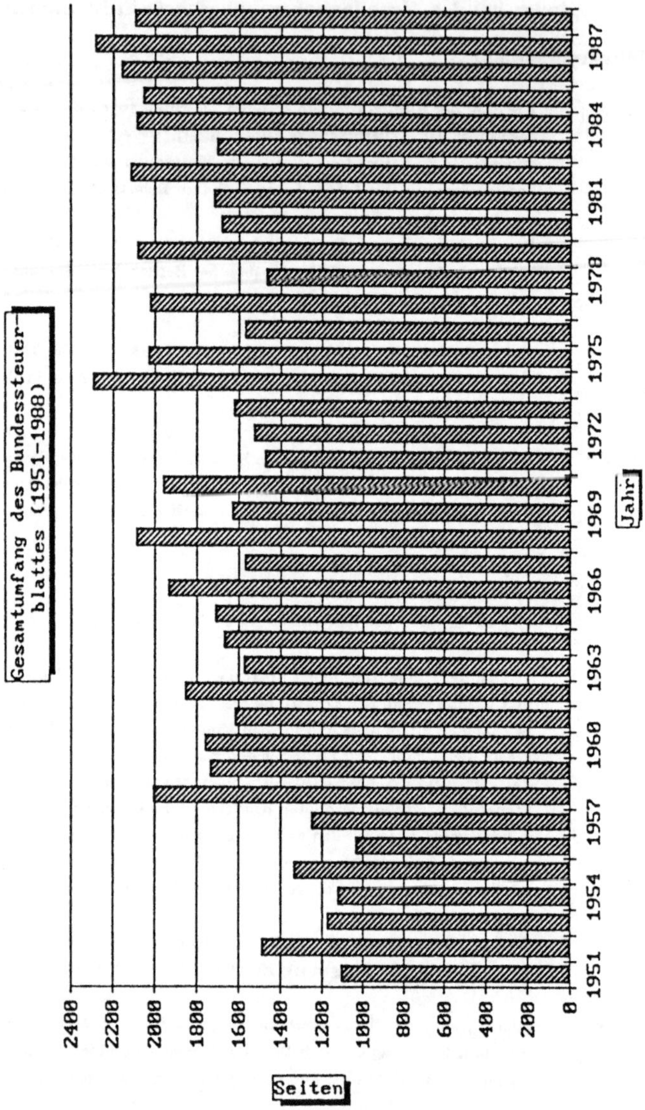

Ausgezählt wurde der Gesamtumfang der einzelnen Teile des EStG ohne Inhaltsverzeichnis etc.; Teil I incl. der Sondernummern (periodische Veröffentlichung von EStR, LStR etc.)

(Quelle: Eigene Auszählung)

Anlage 7/II: Seitenumfang der Veröffentlichungen des Bundesministers der Finanzen und der obersten Finanzbehörden der Länder im BStBl

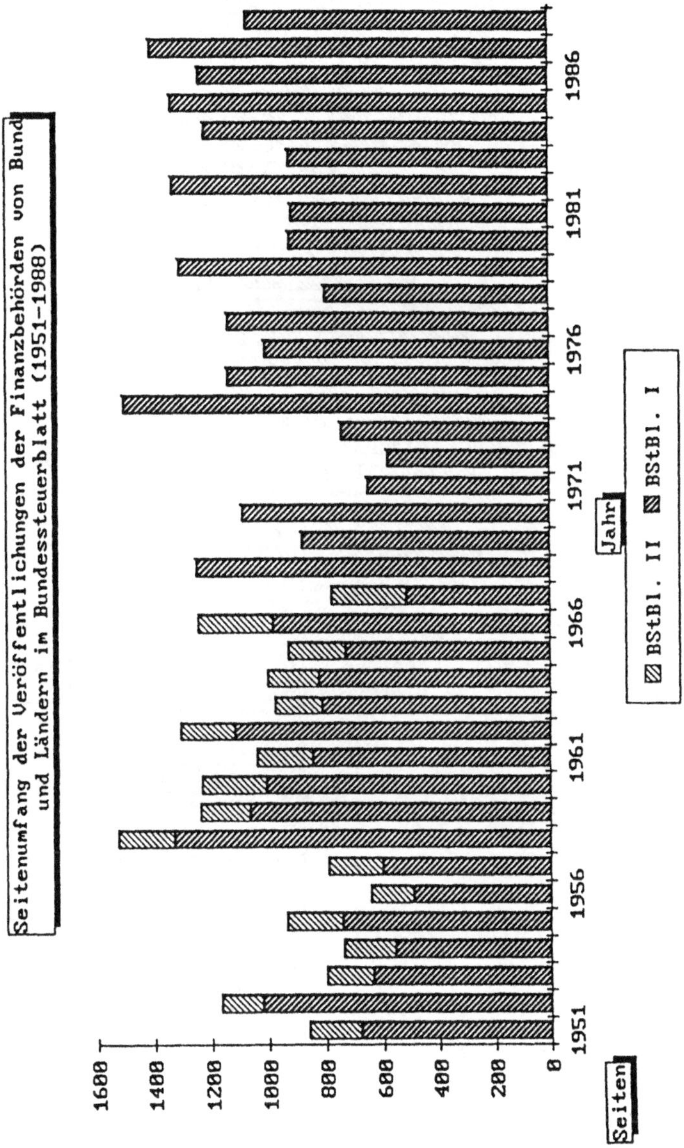

(1951-1967: Teile I und II, seit 1968: Teil I des BStBl; Quelle: Eigene Auszählung)

Anlage 7/III: Seitenumfang der Veröffentlichungen des BFH im BStBl

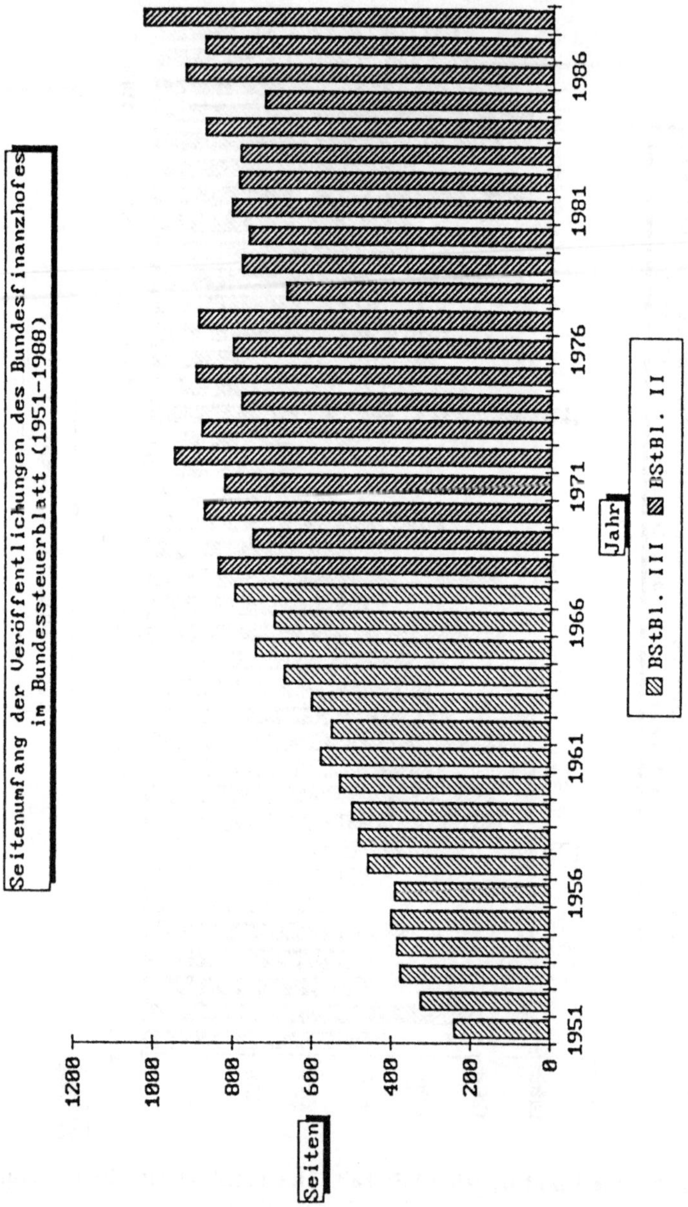

(1951-1967: Teil III, seit 1968: Teil II des BStBl; Quelle: Eigene Auszählung)

Anlage 7/IV: Änderungen des EStG im Bereich des § 33a EStG mit Auswirkungen auf die Veranlagungszeiträume 1982-1986

§§ des EStG	Inhalt der Bestimmung	1982	1983	1984	1985	1986
§ 33a I	Abzug von Unterhaltsleistungen: Voraussetzung, daß für den Unterhaltsempfänger weder der Stpfl. noch eine andere Person					
	- Anspruch auf Kindergeld haben	ja	ja	ja	ja	nein
	- Anspruch auf einen Kinderfreibetrag haben	--	nein	nein	nein	ja
	Höchstbetrag, wenn die unterhaltende Person das 18. Lebensjahr					
	- vollendet	3.600	3.600	3.600	3.600	4.500
	- noch nicht vollendet hat	3.600	3.600	3.600	3.600	2.484
	Anrechnungsfreie eigene Einkünfte und Bezüge der unterhaltenen Person	4.200	4.200	4.200	4.200	4.500
§ 33a III	Ausbildungsfreibeträge: Voraussetzung daß der Steuerpflichtige					
	- Anspruch auf Kindergeld hat	ja	ja	ja	ja	nein
	- einen Kinderfreibetrag erhält	--	nein	nein	nein	ja
	Freibetrag für ein					
	- auswärts untergebrachtes Kind unter 18. J.	1.800	1.800	900	900	1.200
	- im Haushalt untergebrachtes Kind über 18. J.	2.400	2.400	1.200	1.200	1.800
	- auswärts untergebrachtes Kind über 18. J.	4.200	4.200	2.100	2.100	3.000
§ 33a III Nr. 1 EStG 1979/81 (§ 53a EStG 1983)	Höchstbetrag für Aufwendungen für Dienstleistungen zur Beaufsichtigung oder Betreuung eines zugeordneten Kindes unter 18.J.[1]					
	a) bei Ehegatten im Falle der Zusammenveranlagung und bei anderen Stpfl., wenn der andere Elternteil verstorben ist, nicht unbeschränkt steuerpflichtig ist oder seiner Unterhaltspflicht nicht nachkommt, für jedes Kind	[2] 1.200	--	--	--	--
	b) in allen übrigen Fällen	[2)2] 1.200	--	--	--	--

1) Für Alleinstehende ist ggf. § 33c EStG i.F. des Steuerbereinigungsgesetzes 1985 anzuwenden (§ 53b III EStG a.F.).

2) Für nach dem 03.11.1982 bestandskräftig gewordenen Steuerbescheide auf Antrag bzw. für am 24.12.1982 noch nicht bestandskräftige oder unter dem Vorbehalt der Nachprüfung stehende Steuerfestsetzungen (§ 53a EStG); in allen übrigen Fällen beläuft sich der Höchstbetrag auf 600 DM.

§ 33 IV	Anrechnung von eigenen Einkünften und Bezügen der unterstützten Person oder des Kindes, die auf die Zeit <u>außerhalb</u> des Begünstigungszeitraumes i.S. des § 33a I oder III EStG entfallen	ja	ja	ja	ja	nein
§33 c (§ 53b EStG a.F.)	Kinderbetreuungskosten:					
	Bei Alleinstehenden wegen					
	- Erwerbstätigkeit	[3)4)] ja	[5)] ja	ja	ja	ja
	- körperlicher, geistiger oder seelischer Behinderung	nein	nein	nein	nein	ja
	- Krankheit des Steuerpflichtigen	nein	nein	nein	nein	ja
	Bei Ehegatten wegen					
	- körperlicher, geistiger oder seelischer Behinderung oder Krankheit eines Ehegatten, wenn der andere Ehegatte erwerbstätig oder ebenfalls krank oder behindert ist	nein	nein	nein	nein	ja
	- Erwerbstätigkeit beider Ehegatten	nein	nein	nein	nein	nein
	Kind gehört zum allein geführten Haushalt des Stpfl.					
	Höchstbetrag für ein Kind	[4)5)] 4.000	[5)] 4.000	4.000	4.000	4.000
	Erhöhungsbetrag für jedes weitere Kind	[4)5)] 2.000	[5)] 2.000	2.000	2.000	2.000
	Pauschbetrag für jedes Kind	[4)5)] 480	[5)] 480	480	480	480
	Kind gehört gleichzeitig zum gemeinsamen Haushalt von zwei Alleinstehenden:					
	Bei jedem Alleinstehenden					
	Höchstbetrag für ein Kind	[4)5)] 2.000	[5)] 2.000	2.000	2.000	2.000
	Erhöhungsbetrag für jedes weitere Kind	[4)5)] 1.000	[5)] 1.000	1.000	1.000	1.000
	Pauschbetrag für jedes Kind	[4)5)] 240	[5)] 240	240	240	240
	Kind gehört zum Haushalt der Ehegatten					
	Höchstbetrag für ein Kind	--	--	--	--	4.000
	Erhöhungsbetrag für jedes weitere Kind	--	--	--	--	2.000
	Pauschbetrag für jedes Kind	--	--	--	--	480

(Quelle: OFD Hamburg, Schreiben vom 01. 04. 1986 an alle Finanzämter, AZ S 2530 - 43/86 - St 21)

3) Wenn sich § 33c EStG gegenüber § 33a EStG III Nr. 1 EStG 1979/81 und § 53a EStG 1983 zugunsten des Stpfl. auswirkt.

4) Gilt für (a) Steuerfestsetzungen, die aufgrund des Urteils des BVerfG vom 03.11.1982 vorläufig erfolgen, auf Antrag; (b) am 01.01.1985 noch nicht bestandskräftige oder unter dem Vorbehalt der Nachprüfung stehende Steuerfestsetzungen auf Antrag; (c) vor dem 01. 01. 1985 bestandskräftig gewordene Steuerbescheide auf bis zum 31.12.1985 gestellten Antrag.

Anlage 7/V: Ständig benutzte Formularvordrucke in der Steuerverwaltung (1986)

Voranmeldung von Kalamitätsnutzungen
Überwachungsbogen §§ 6b, 6c EStG
Antrag auf Regionalzulage (§ 1 InvZulG)
Antrag auf Energiezulage (§ 4 InvZulG)
Bestätigung zur Vorlage von Arbeitsproben
Bescheinigung zur Erlangung öffentlicher Wohnungsbauförderungsmittel
Wegfall der Voraussetzungen für die Ermittlung des Gewinns nach Durchschnittssätzen
Überwachungsblatt § 76 EstDV
Geänderte Festsetzung einer InvZul nach dem InvZulG (zugunsten der Stpfl.)
Festsetzung von InvZul nach § 4b InvZulG 1982 (zugunsten des Stpfl.)
Feststellungsbogen für die gesonderte Feststellung für mehrere Jahre
Anlage zur geänderten gesonderten und einheitlichen Feststellung
Liste bedeutender Est-Fälle - Vorblatt
Sonderabschreibungen nach dem ZRFE - Bewilligung -
NV-Verfügung über ESt/KiSt
Fragebogen - Veräußerung von Grundbesitz
Steuervergünstigung für Darlehen nach dem Berlin FG
Anfrage wegen beabsichtigter Anpassung der Vorauszahlungen
Aufhebung/Änderung eines InvZulBescheides nach § 19 BerlinFG
Erfassungsbogen Vergleichsmiete
Vermietung und Verpachtung - Aufstellung der Baukosten
Gebäudeabschreibungsliste nach § 7 Abs. 4 oder 5 EStG
Gebäudeabschreibungsliste für Wirtschaftsgebäude
Fragebogen - Aufwendungen für ein häusliches Arbeitszimmer
Anmeldung über den Steuerabzug von Aufsichtsratsvergütungen
Anfrage nach Besteuerungsgrundlagen
Anfrage/Mitteilung bei getrennter Veranlagung
Anfrage zur Nutzung land- und forstwirtschaftlicher Flächen
Anlage S (Steuervergünstigungen für Land- und Forstwirte)
Massennachweis von Kalamitätsnutzungen
Hauptabschlußübersicht
Antrag auf Forschungszulage (§ 4 InvZulG)
Antrag auf Feststellung der Künstlereigenschaft
Gewinnermittlung nach § 13a EStG
Vereinfachter Einkommensteuerbescheid
Auswertungsbogen bei Land- und Forstwirten
Aufforderung zu Buchführung
Kontrollmitteilung Landwirtschaft
Festsetzung von InvZul nach dem InvZulG
Aufhebung/Änderung eines InvZul-Bescheides (zuungunsten der Stpfl.)
Aufhebung/Änderung eines InvZul-Bescheides nach § 4b InvZulG 1982 zuungunsten des Stpfl.
Feststellungbescheid für mehrere Jahre
ESt-4-Mitteilung für mehrere Jahre
Investitionszulage-Liste (Titel)
Investitionszulage-Liste (Einlage)
Liste bedeutender ESt-Fälle
Sonderabschreibungen nach dem ZRFG - Antrag -
Übersicht § 2 AIG
Fragebogen - Erwerb von Grundbesitz
Gesonderte Gewinnfeststellung für mehrere Jahre
Vorauszahlungsbescheid
Geänderte Festsetzung von InvZul nach § 19 BerlinFG
Festsetzung von InvZul nach § 19 BerlinFG
Verprobung von Umsatz und Rohgewinn
Vorblatt Abschreibungsgesellschaften
Abschreibungstabelle gem. § 7b EStG
Abschreibungstabelle gem. § 82a EStDV
Überwachungsbogen für größeren Erhaltungsaufwand
Fragebogen wegen außergewöhnlicher Belastung in besonderen Fällen
Fragebogen - Kosten eines Kraftfahrzeugunfalls
Antrag zu § 33c EStG
Steueranmeldung über den Steuerabzug in den Fällen des § 50a Abs. 4 EStG
Prüfung der Steuerpflicht
Anfrage über Einnahmen aus Kapitalvermögen
Nachweisung über den Stand der manuellen Veranlagung zur ESt
Fragebogen Betriebseinstellung
Renten-Merkblatt

(Quelle: *Die Steuer-Gewerkschaft* (DStG), Nr. 10/1986: 140)

Anlage 7/VI: Aufkommen an Lohnsteuer und veranlagter Einkommensteuer in der Bundesrepublik (1950-1985)

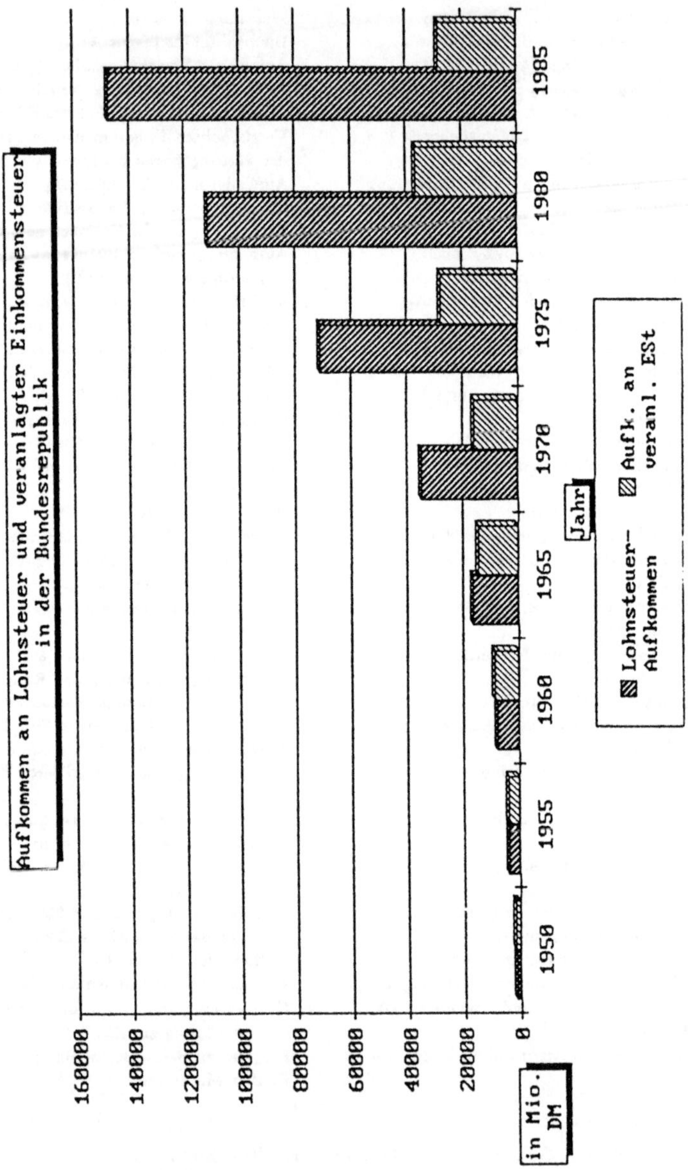

(Quelle: *Statistische Jahrbücher der Bundesrepublik*)

Anlage 7/VII: Lohn- und Einkommensteuerpflichtige in der Bundesrepublik

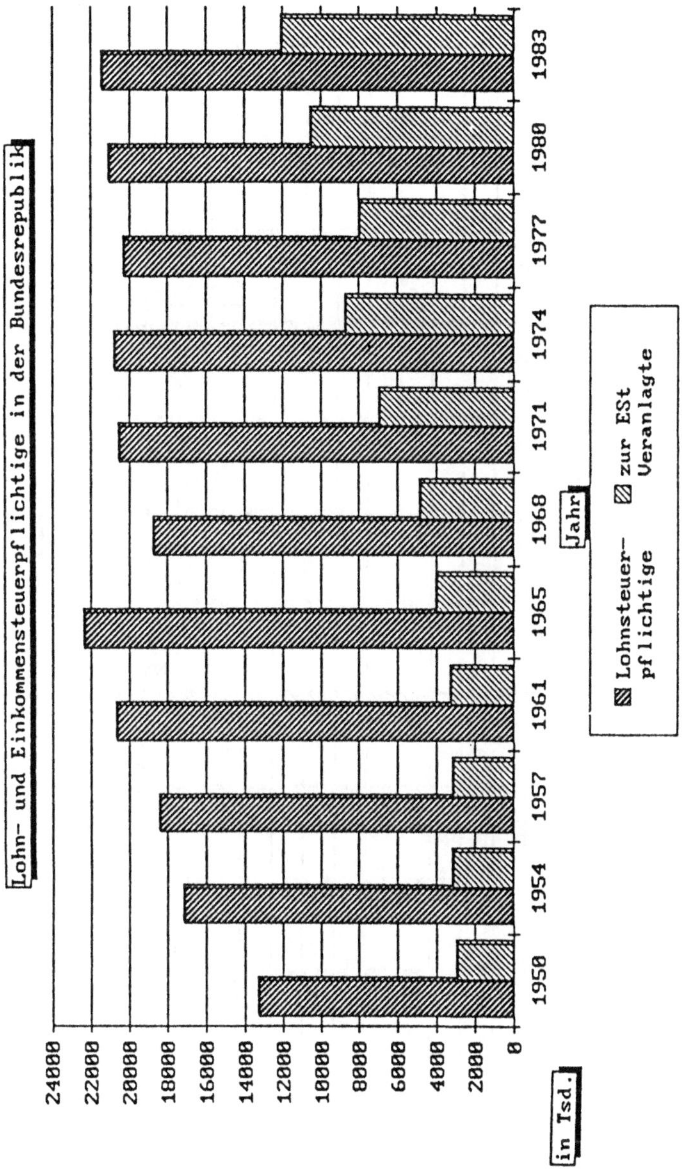

(Quelle: *Statistisches Jahrbuch Bundesrepublik* (1977: 407), (1987: 451, 456))

Anlage 7/VIII: Erwerbstätige und Einkommensteuerpflichtige in der Bundesrepublik (1950-1983)

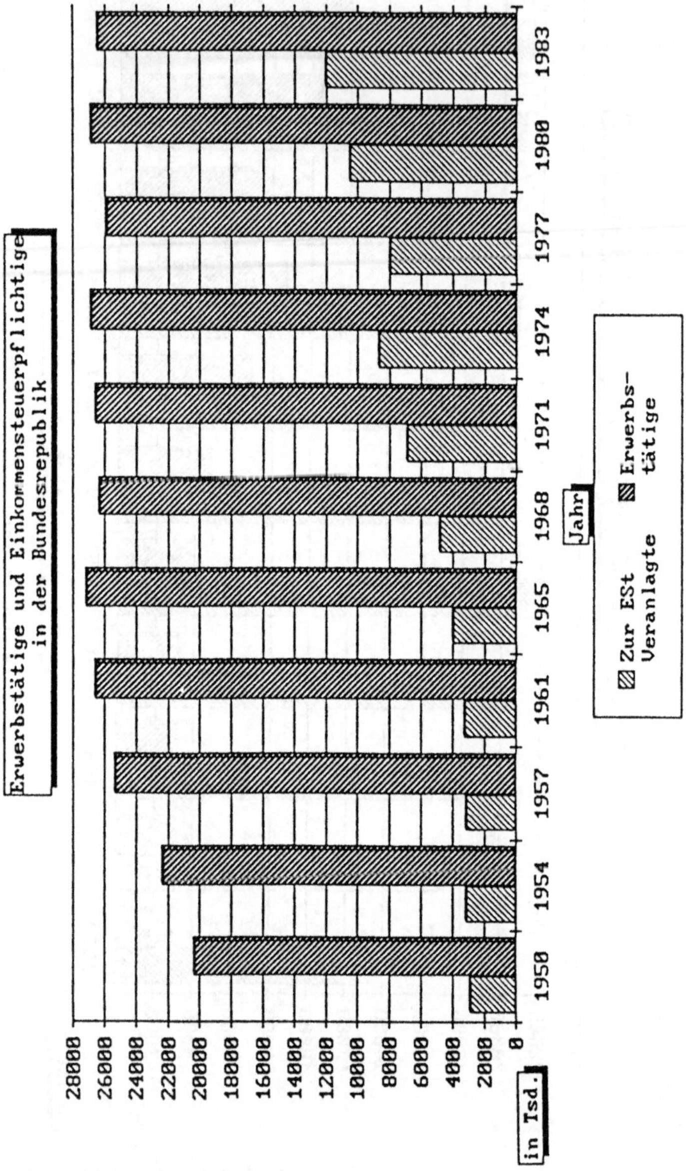

(Quelle: *Statistisches Jahrbuch Bundesrepublik*)

Anlage 7/IX: FA Herford - Eingänge und Erledigungen von ESt-Erklärungen für den Veranlagungszeitraum 1982

	800er-Fälle			600er-Fälle			
bis Ende	eingegangen	erledigt	in % der Gesamtzahl	eingegangen	durch StB**	erledigt	in % der Gesamtzahl
Jan. 83	1.165	941	5,9				
Feb.	3.774	3.341	26,4				
März	3.071	3.117	44,3	* 2.065	* 1.117	* 1.306	* 14,7
April	2.002	2.160	55,9				
Mai	1.899	1.861	65,8				
Juni	1.191	1.335	72,6				
Juli	571	730	76,3	378	231	508	20,4
Aug.	477	499	78,9	336	239	499	26,0
Sept.	1.376	1.235	85,5	626	439	532	31,9
Okt.	937	1.030	91,4	641	426	644	39,1
Nov.	758	879	96,5	556	398	656	46,5
Dez.	193	200	97,6	602	381	618	53,3
Jan. 84	123	183	98,7	509	210	605	60,0
Feb.	100	103	99,2	647	537	441	64,9
März	38	64	99,5	608	511	511	70,5
Apr.	24	29	99,6	299	265	488	75,9
Mai	23	25	99,8	549	467	511	81,7
Juni	22	18	99,8	327	289	380	85,8
Juli	14	18	99,9	178	137	294	89,1
Aug.	8	10	99,9	122	102	328	92,7
Sept.	8	7	99,9	83	72	194	94,8
Okt.	3	7	99,9	155	92	158	96,4
Okt. 84 insges.	17.777	17.792	99,9	8.681	5.913	8.673	96,4

* für die Monate Januar bis einschließlich Juni 1983 nur gemeinsam ausgewiesen

** durch Steuerberater eingereicht

(Quelle: Eigene Berechnungen aufgrund der *Erledigigungsstatistik FA Herford*)

Anlage 7/X: Eingänge an Einkommensteuererklärungen (VZ 1985) in den Finanzämtern Lübbecke, Bünde und Herford

Eingänge bis Ende**	800er Fälle Lübbecke	800er Fälle Bünde	800er Fälle Herford	600er Fälle Lübbecke Eing.	Lübbecke (von StB)	Bünde Eing.	Bünde (von StB)	Herford Eing.	Herford (von StB)
Jan.86	606	926	1615						
Feb.	2.435	3.388	4.267						
März	2.021	2.240	3.167	* 1.453	* (860)	* 1.626	* (950)	* 2.373	* (1.212)
Apr.	1.267	2.000	2.314						
Mai	1.109	1.323	1.531						
Juni	718	877	1.356						
Juli	431	583	774	390	(305)	337	(260)	472	(367)
Aug.	531	541	621	339	(248)	310	(236)	388	(287)
Sept.	806	993	1.294	329	(243)	456	(333)	655	(433)
Okt.	1.129	914	1.614	393	(382)	515	(415)	590	(418)
Nov.	313	1.020	348	497	(276)	409	(325)	353	(381)
Dez. 86	125	444	26	497	(388)	489	(351)	579	(421)
Jan. 87	47	73	541	300	(254)	253	(196)	538	(371)
Feb.	33	63	47	331	(282)	390	(344)	536	(456)
März	22	34	51	412	(389)	375	(344)	665	(586)
Apr.	8	7	19	431	(406)	218	(195)	383	(338)
Mai	12	5	25	294	(278)	393	(371)	493	(448)
Juni	6	40	32	225	(209)	278	(243)	312	(255)
Juli	2	8	14	129	(117)	241	(224)	182	(125)
Aug.	-	2	12	107	(94)	313	(175)	136	(108)
Sept.	8	32	2	53	(45)	67	(62)	174	(131)
Okt.	5	1	9	21	(14)	46	(44)	68	(50)
Nov. 87	14	-	-	22	(19)	28	(26)	-	(-)
Nov. 87 insges.	11.648	15.514	19.679	6.223	(4.809)	6.744	(5.094)	8.897	(6.387)

* Für die Monate Januar bis einschließlich Juni nur gesammelt ausgewiesen.

** Außerdem waren in den Veranlagungsstellen - nach dem Stand von Ende November 1987 - noch 1.153 (Lübbecke), 1.550 (Bünde) bzw. 2.215 (Herford) F- (Feststellungs-) Fälle zu bearbeiten.

StB = Steuerberater.

(Quelle: Eigene Berechnungen aufgrund der *Eingangsstatistiken* der Finanzämter *Lübbecke*, *Bünde* und *Herford*)

Anlage 7/XI: FA Lemgo - Eingänge an 800er-Fällen in den einzelnen Veranlagungsbezirken (VZ 1985)

Eingang bis Ende	Veranlagungsbezirke 1	2	3	4	5	6	7	8	9	10	11	Summe
Jan. 86												
Feb.	* -	* -	* -	* -	* 374	* 504	* 492	* 515	* 400	* 511	* 515	* 3.311
März	-	-	-	-	202	302	211	263	138	258	276	987
Apr.	-	-	-	-	170	242	168	199	279	175	222	2.118
Mai	-	-	-	-	95	153	141	165	114	177	102	947
Juni	-	-	-	-	100	147	112	90	86	90	156	781
Juli	-	-	-	-	44	100	50	79	88	89	67	517
Aug.	260	-	-	261	- 219	68	81	47	176	61	- 148	587
Sep.	13	-	-	22	62	96	103	129	118	108	18	669
Okt.	34	-	-	44	106	156	138	129	137	189	152	1.085
Nov.	5	-	-	10	34	44	19	44	41	61	53	311
Dez. 86	5	-	-	5	17	16	-	16	39	21	44	163
Jan. 87	1	-	-	2	6	10	14	17	- 36	5	- 11	8
Feb.	4	-	-	5	2	4	-	4	3	5	2	29
März	5	-	-	1	1	9	1	2	2	4	1	26
Apr.	-	-	-	-	-	3	-	14	-	3	4	24
Mai	-	-	-	-	1	2	1	2	2	1	1	10
Juni	-	-	-	-	2	1	-	-	-	-	-	3
Juli	-	-	-	-	2	1	-	-	1	-	-	4
Aug.	-	-	-	1	-	1	-	-	-	-	-	3
Sept.	-	-	-	1	-	-	-	-	1	2	-	4
Okt.	-	-	-	-	-	-	-	-	-	1	-	1
Nov. 87	-	-	-	-	-	-	-	-	-	1	-	1
Nov. 87 insges.	327	-	-	352	999	1.859	1.531	1.715	1.589	1.762	1.455	11.589

* Eingang für Januar und Februar 1986 nur gemeinsam ausgewiesen.

Negative Zahl = Weitergabe von Erklärungen (im Saldo)

(Quelle: Eigene Berechnungen aufgrund der *Eingangsstatistik FA Lemgo*)

Anlage 7/XII: FA Lemgo - Eingänge an 600er-Fällen in den einzelnen Veranlagungsbezirken (VZ 1985)

Eingang bis Ende ...	Veranlagungsbezirke 1	2	3	4	5	6	7	8	9	10	11	Summe
Jan. 86												
Feb.												
März	* 33	* 8	* 17	* 56	* 85	* 122	* 238	* 158	* 198	* 171	* 173	* 1.259
Apr.												
Mai												
Juni												
Juli	18	9	3	31	21	66	60	61	41	45	44	399
Aug.	53	2	2	26	- 12	27	- 10	46	48	40	31	253
Sep.	18	1	2	51	39	45	84	37	56	43	54	430
Okt.	39	3	6	44	20	44	54	59	74	67	41	451
Nov.	24	2	5	50	114	32	49	6	22	29	36	369
Dez. 86	25	5	1	47	-	22	8	44	26	43	35	256
Jan. 87	17	8	2	72	49	26	24	33	32	20	34	317
Feb.	11	19	3	68	21	11	16	26	20	29	30	254
März	26	17	3	48	20	23	30	39	43	38	32	319
Apr.	11	9	3	68	34	19	25	13	38	24	28	272
Mai	30	26	3	66	20	34	29	31	32	25	50	346
Juni	20	9	1	63	7	15	2	11	8	19	15	170
Juli	13	3	1	27	6	9	9	12	15	13	10	118
Aug.	4	2	1	18	6	14	16	2	2	4	8	77
Sept.	5	- 2	-	21	23	5	18	7	1	1	3	82
Okt.	-	1	1	12	- 7	27	3	7	-	-	-	44
Nov. 87	1	-	-	2	- 9	-	11	4	2	1	6	18
Nov. 87 insges.	348	122	54	770	437	541	666	596	658	612	630	5.434

* Eingang für Januar bis Juni 1986 nur gemeinsam ausgewiesen.
Negative Zahl = Weitergabe von Erklärungen (im Saldo)

Gesamt-Eingang	Veranlagungsbezirke 1	2	3	4	5	6	7	8	9	10	11	Summe
800er	327	-	-	352	999	1.859	1.531	1.715	1.589	1.762	1.455	11.589
600er	348	122	54	770	437	541	666	596	658	612	630	5.434
insges. Ende Nov. 87	675	122	54	1.122	1.436	2.400	2.197	2.311	2.247	2.374	2.085	17.023

(Quelle: Eigene Berechnungen aufgrund der *Eingangsstatistik FA Lemgo*)

Anlage 7/XIII: FA Herford - Eingänge und Erledigungen von LStJA-Anträgen für die Antragszeiträume 1984, 1985 und 1986

Eing./Bearb.	Antragszeitraum 1984			Antragszeitraum 1985			Antragszeitraum 1986		
bis Ende ...	eingeg.	erled.	erl. vH	eingeg.	erled.	erl. vH	eingeg.	erled.	erl. vH
Jan. 85	*	*	*						
Feb.	5.784	4.853	83,9						
März	7.893	*	*						
Apr.	*	*	*						
Mai	13.545	12.868	95,0						
Juni	*	*	*						
Juli	15.742	15.258	96,9						
Aug.	16.348	15.883	97,1						
Sep.	*	*	*						
Okt.	18.341	17.883	97,5						
Nov.	18.341	17.964	97,9						
Dez. 85	18.371	18.027	98,1						
Jan. 86	18.371	18.052	98,3	2.934	1.969	67,1			
Feb.	*	*	*	*	*	*			
März	*	*	*	*	*	*			
Apr.	18.389	18.057	98,2	11.861	11.221	94,6			
Mai	18.389	18.057	98,2	13.952	13.452	96,4			
Juni	18.389	18.057	98,2	14.791	14.330	96,9			
Juli	18.389	18.058	98,2	15.456	15.200	98,3			
Aug.	18.389	18.059	98,2	16.149	15.796	97,8			
Sep.	18.389	18.059	98,2	17.944	16.993	94,7			
Okt.	18.389	*	*	*	*	*			
Nov.	18.389	*	*	18.419	17.113	92,9			
Dez. 86	18.389	*	*	18.419	17.127	93,0			
Jan. 87				18.419	17.205	93,4	2.172	1.589	73,2
Feb.				18.419	17.251	93,7	6.848	4.984	72,2
März				18.419	17.308	94,0	10.094	8.506	84,3
Apr.				18.419	17.394	94,4	11.866	10.801	91,0
Mai				18.419	17.470	94,8	13.095	12.461	95,4
Juni				18.419	17.639	95,8	13.925	13.423	96,4
Juli				18.419	17.822	96,8	14.533	14.172	97,5
Aug.				18.419	18.088	98,2	15.171	14.704	96,9
Sep.				18.419	18.240	99,0	16.096	15.437	95,5
Okt.				18.419	18.284	99,3	16.540	16.113	97,4
Nov.				18.419	18.306	99,4	16.759	16.365	97,6
Dez. 87				18.419	18.372	99,7	16.972	16.637	98,0
Jan. 88							17.059	16.761	98,3
Feb.							17.153	16.853	98,3
März							17.215	16.958	98,5
Apr.							17.254	17.014	98,6
Mai							17.292	17.056	98,6
Juni 88							17.334	17.111	97,1

(Quelle: *Eingangs- und Erledigungsstatistik FA Herford*; * = nicht nachgewiesen)

Anlage 7/XIV: FA Lübbecke - Monatliche Eingänge an LStJA-Anträgen (für die Antragszeiträume 1985 bis 1987)

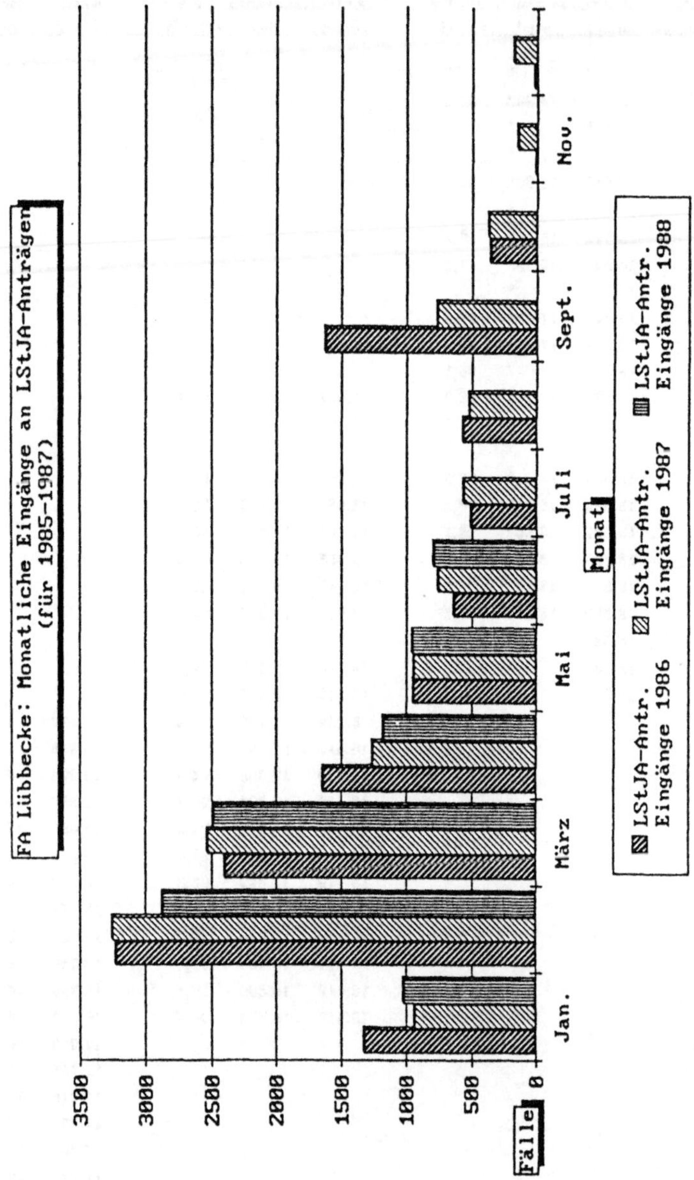

(Quelle: *Eingangsstatistik FA Lübbecke*; Stand: Juni 1988)

Literaturverzeichnis

Albers, W. (1988), Steuerreserven in der deutschen Einkommensteuer, in: Finanzarchiv, Band 46, Nr. 2, S. 172-192

Albrod, P./Beckermann, H./Jarosch, K./Martin, K. (1984), Lehrbuch der Einkommensteuer. Band 1, (4. Aufl.) Herne/Berlin (zit. *Albrod u.a.* 1984)

Altfelder, S. (1985), Integrierte Datenverarbeitung im Besteuerungsverfahren. Verwaltungsautomation und Bürgerinteresse, Köln u.a. (Diss. Konstanz 1985)

Anbuhl, H.-J. (1983), Was bringt die neue StBAPO?, in: Die Steuer-Gewerkschaft (DStG), Nr. 1/2, S. 9-12

Andel, N. (1980), Einkommensteuer, in: *Neumark, F.* (Hg.), Handbuch der Finanzwissenschaft. Zweiter Band, (3. Aufl.) Tübingen, S. 331-401

Apitz, W. (1989), Erweiterter Schutz des Bankkunden durch § 30 AO?, in: Die steuerliche Betriebsprüfung, 29. Jg., Nr. 10, S. 217-221

App, M. (1988), Überblick über die wichtigsten Neuregelungen im Anwendungserlaß zur Abgabenordnung (AEAO), in: Deutsche Steuer-Zeitung (DStZ), 76. Jg., Nr. 12, S. 303-305

Arlt, K. (1973), Die Steuerverwaltung - gestern - heute - morgen, in: *Institut für Steuerrecht der Rechtsanwaltschaft e.V. (Hg.)*, Jahrbuch der Fachanwälte für Steuerrecht 1973/74, Herne, S. 26-58

Arndt, H.-W. (1983), Praktikabilitiät und Effizienz. Zur Problematik gesetzesvereinfachenden Verwaltungsvollzuges und der 'Effektuierung' subjektiver Rechte, Köln

Arndt, H.-W. (1988), Grundzüge des Allgemeinen Steuerrechts, München

Arndt, H.-W. (1989), Zur Neuordnung des Rechtswegs vor den Finanzgerichten, in: Steuer und Studium (SteuerStud), 10. Jg., Nr. 3, S. 69-75

Arndt, H.-W./Zierlinger, S. (1986), Steuerrecht. Schaeffers Grundriß des Rechts und der Wirtschaft, Bd. 39/1, Heidelberg

Ault, H.J. (1980), Steuern in den USA, in: *Hörstmann, F. u.a. (Hg.)*, Steuerberater-Jahrbuch 1979/80, Köln, S. 512-523

Ball, K. (1927), Organisationsprobleme der Finanzverwaltung. Ein Beitrag zur Verwaltungslehre, in: Vierteljahresschrift für Steuer- und Finanzrecht, 1. Jg., S. 523-549

Bartel, A. (1977), Probleme des integrierten Fesetzungs- und Erhebungsverfahrens, in: *Heyse, E. (Hg.)*, Modernisierung der Verwaltung, insbesondere durch technologische Verfahren. 1 Halbband. (2. Aufl.) Kassel, S. 78-110

Baumdicker, G. (1984), Zur einkommensteuerrechtlichen Behandlung sog. häuslicher Arbeitszimmer, in: Deutsches Steuerrecht (DStR), 22. Jg., Nr. 5, S. 129-134

Beichelt, B. (1990), Funktion und Arbeitsweise des Finanzausschusses des Deutschen Bundestages, in: Deutsche Steuer-Zeitung (DStZ), 78. Jg., Nr. 9, S. 213-215

Beisse, H. (1976), Grenzen der Gesetzesauslegung im Steuerrecht, in: Deutsches Steuerrecht (DStR), 14. Jg., Nr. 7, S. 176-178

Beisse, H. (1981), Die wirtschaftliche Betrachtungsweise bei der Auslegung der Steuergesetze in der neueren deutschen Rechtssprechung, in: Steuer und Wirtschaft (StuW), 58. Jg., Nr. 1, S. 1-14

Bemerkungen des Bundesrechnungshofes zur Bundeshaushaltsrechnung (einschließlich der Bundesvermögensrechnung) für das Haushaltsjahr 1967, Deutscher Bundestag, 5. Wahlperiode, Drucksache VI/559 vom 26. Februar 1970 (zit. *BRH* 1970)

Bemerkungen des Bundesrechnungshofes zur Bundeshaushaltsrechnung (einschließlich der Bundesvermögensrechnung) für das Haushaltsjahr 1972, Deutscher Bundestag, 7. Wahlperiode, Drucksache 7/2709 vom 29. Oktober 1974 (zit. *BRH* 1974)

Bemerkungen des Bundesrechnungshofes 1987 zur Haushalts- und Wirtschaftsführung, Deutscher Bundestag, 11. Wahlperiode, Drucksache 11/872 vom 1. Oktober 1987 (zit. *BRH* 1987)

Bericht der Sachverständigenkommission für die Vereinfachung der Verwaltung beim Bundesministerium des Innern, Bonn 1960 (zit. *Sachverständigenkommission* 1960)

Bertram, H. J. (1981), Integriertes Besteuerungsverfahren in Hessen - Quo vadis?, in: inform, Nr. 2, S. 3-7

Bieg, H. (1987), Quellensteuern, in: Steuer und Studium (SteuerStud), 8. Jg., Nr. 3, S. 81-87

Bilsdorfer, P. (1984), Das Bankgeheimnis, in: Deutsches Steuerrecht (DStR), 22. Jg., Nr. 16/17, S. 498-507

Bilsdorfer, P. (1988), Die Informationsquellen und -wege der Finanzverwaltung. Wege und Methoden der Auskunftserlangung im In- und Ausland zum Zwecke der Besteuerung, Grundlagen und Praxis des Steuerrechts, Bd. 26, Bielefeld

Bilsdorfer, P. (1989), Ermittlungsrecht und Ermittlungspflicht im finanzgerichtlichen Verfahren, in: Deutsche Steuer-Zeitung (DStZ), 77. Jg., Nr. 12, S. 287-296

Birk, D. (1987), Grundzüge der Finanzverfassung der Bundesrepublik Deutschland (Art. 104a-115 GG), in: Steuer und Studium (SteuerStud), 8. Jg., Nr. 10. S. 290-296 und Nr. 11, S. 328-332

Birk, D. (1988), Steuerrecht I. Allgemeines Steuerrecht, München

Birk, D. (1989), Gleichheit und Gesetzmäßigkeit der Besteuerung. Zum Stellenwert zweier Grundprinzipien in der Steuerreform 1990, in: Steuer und Wirtschaft (StuW), 66. Jg., Nr. 3, S. 212-218

Birk, D./Mick, M. (1989), Steuerrecht in der Juristenausbildung, in: Steuer und Studium (SteuerStud), 10. Jg., Nr. 1, S. 2-4

Blum, W. (1969), Einführung elektronischer Datenverarbeitung in die Finanzverwaltung des Landes Rheinland-Pfalz, in: Die Verwaltung, Bd. 2, S. 235-246

Bluschke, M. (1984), Steuerliche Berücksichtigung eines Arbeitszimmers, in: Steuer und Studium (SteuerStud), 5. Jg., S. 169-171

Bock, M. (1985), Die Rechtsbehelfsniederschrift, in: Steuer und Studium (SteuerStud), 6. Jg., Nr. 6, S. 167-168

Böhret, C./Jann, W./Kronenwett, E. (1988), Innenpolitik und politische Theorie. Ein Studienbuch (3. Aufl.) Opladen

Boenicke (1928), Die Organisation der Reichssteuerverwaltung, in: Steuer und Wirtschaft (StuW), 7. Jg., Sp. 701-764

Bolk, W. u.a. (1987), Lehrbuch für Steuerrecht und Buchführung, (11. Aufl.) Herne/Berlin

Bolk, W./Deppe, H. (1980), Lehrbuch für die Ausbildung im Steuerrecht und in Buchführung, (4. Aufl.) Herne/Berlin

Bopp, G. (1975), Die Gebietshoheit der Länder bei der Steuerverwaltung, in: Deutsches Steuerrecht (DStR), 13. Jg., Nr. 17, S. 488-494

Borell, R./Schemmel, L. (1986), Steuervereinfachung. Notwendigkeit, Grundlagen, Vorschläge, Schriftenreihe des Karl-Bräuer-Instituts des Bundes der Steuerzahler, Heft 60, Wiesbaden

Borell, R./Schemmel, L. (1987), Steuervereinfachung, in: Deutsche Steuer-Zeitung (DStZ), 75. Jg., Nr. 5, S. 110-116 (Teil I), Nr. 6, S. 142-147 (Teil II), Nr. 8, S. 191-195 (Teil III), Nr. 10, S. 250-254 (Teil IV)

Bramson, K.-H., (1958), Ethische Betrachtungsweise im Steuerrecht, in: *Felix, G. (Hg.)*, Von der Auslegung und Anwendung der Steuergesetz. Festschrift für Armin Spitaler, Stuttgart, S. 39-62

Brandenberg, H.B. (1987), Das Wohneigentumsförderungsgesetz, in: Steuer und Studium (SteuerStud), 10. Jg., Nr. 1, S. 6-12

Brinckmann, H. (1986), Potentiale der Informationstechnik und Interessen des Steuerzahlers, in: Datenverarbeitung in Steuer, Wirtschaft und Recht (DSWR), 15. Jg., Nr. 2, S. 35-38

Brinckmann, H./Jungesblut, K. (1977), Neue Arbeitsstrukturen in der Hessischen Steuerverwaltung. Entwurf eines Modellversuchs, Gesamthochschule Kassel, Forschungsprojekt Verwaltungsautomation, Arbeitspapier 09, Kassel

Brinckmann, H./Grimmer, K./Lenk, K./Rave, D. (1978), Entwicklungsmöglichkeiten der Automation in der Steuerverwaltung, Gesamthochschule Kassel, Forschungsprojekt Verwaltungsautomation, Arbeitspapier 11, Kassel 1978 (zit. *Brinckmann u.a.* 1978)

Brinckmann, H./Grimmer, K./Jungesblut, B./Karlsen, Th./Lenk, K./Rave, D. (1981), Automatisierte Verwaltung. Eine empirische Untersuchung über die Rationalisierung der Steuerverwaltung, Frankfurt/New York 1981 (zit. *Brinckmann u.a.* 1981)

Brinkmann, J.A. (1982), Tatbestandsmäßigkeit der Besteuerung und formeller Gesetzesbegriff. Köln

Brockhoff, H. (1969), Zur praktischen Anwendung von steuerlichen Rechtsverordnungen und Verwaltungsanweisungen, in: Die Steuerberatung, 12. Jg., Nr. 10, S. 241-244

Bruder, W. (1983), Umsetzung und Vollzug von Verwaltungsprogrammen, in: Die Verwaltung, Bd. 16, Nr. 2, S. 200-228

Brunn, F./Fritz, W. (1980), Grundbegiffe des Steuerrechts. Band 1: Abgabenordnung (1977), Stuttgart u.a.

Bruschke, G. (1985), Betretungsrecht der Finanzämter bei der Überprüfung eines steuerlich geltend gemachten Arbeitszimmers, in: Deutsche Steuer-Zeitung (DStZ), 73. Jg., Nr. 16, S. 404-406

Buckard, K. (1985), Grunddaten der wichtigsten Steuern, in: Deutsche Steuer-Zeitung (DStZ), 73. Jg., Nr. 8, S. 192-194

Buckard, K. (1988), Grunddaten der wichtigsten Steuern, in: Deutsche Steuer-Zeitung (DStZ), 76. Jg., Nr. 14, S. 344-347

Bund Deutscher Steuerbeamten (Hg.) (1970), Fünfzig Jahre deutsche Steuerfachverwaltung, Düsseldorf (zit. *BDSt 1970*)

Bundesminister der Finanzen, Zweiter Bericht über die Automation der Steuerverwaltungen der Bundesländer, Deutscher Bundestag/5. Wahlperiode, Drucksache V/2749 vom 15. März 1968 (zit. *BMF* 1968)

Bundesministerium der Finanzen (Hg.) (1969), Von der Reichsschatzkammer zum Bundesfinanzministerium. Geschichte, Leistungen und Aufgaben eines zentralen Staatsorganes, bearb. von A. Pausch, Bonn (zit. *BMF* 1969)

Bundesminister der Finanzen (Hg.) (1977), Blaubuch - Zur Lage der Steuerverwaltungen der Länder, Bonn (zit. *BMF* 1977)

Bundesminister der Finanzen (Hg.) (1980), Geschäftsordnung für die Finanzämter (FAGO) nebst Ergänzungsbestimmungen. Nachdruck, o.O. (zit. *BMF* 1980)

Bundesministerium der Finanzen (Hg.) (1985), Finanzbericht 1986, Bonn (zit. *BMF* 1985)

Bundesministerium der Finanzen (Hg.) (1987), Finanzbericht 1988, Bonn (zit. *BMF* 1987)

Bundesministerium der Finanzen (Hg.) (1988), Finanzbericht 1989, Bonn (zit. *BMF* 1988)

Dritter Bericht über die Automatisierung in den Steuerverwaltungen der Länder. Unterrichtung durch die Bundesregierung, Deutscher Bundestag/7. Wahlperiode, Drucksache 7/4406 vom 04.12.1975 (zit. *Bundesregierung* 1975)

Büdel, W./Krebs, P.-P. (1983), Verteilte Datenverarbeitung für eine bürgerfreundliche Steuerverwaltung, in: Siemens data report, 18. Jg., Nr. 2, S. 25-29

Bürger, F.C. (1988), Vernetzt - Neue Einsatzformen für den PC in der Kanzlei, in: Datenverarbeitung, Steuer, Wirtschaft, Recht (DSWR), 17. Jg., Nr. 4, S. 63-69

Bühler, O. (1927), Allgemeines Steuerrecht, Berlin

Bühler, O. (1953) Steuerrecht. Band I, Allgemeines Steuerrecht, München

Carl, D./Klos, J. (1990), Das Recht auf informationelle Selbstbestimmung. Neue Herausforderungen an Besteuerungsverfahren und Steuerkontrolle?, in: Deutsche Steuer-Zeitung (DStZ), 78. Jg., Nr. 13-14, S. 341-348

Coing, H. (1975), Zur Ermittlung von Sätzen des Richterrechts in: Juristische Schulung (JuS), 15. Jg., Nr. 5, S. 277-283

Crezelius, G. (1985), Das Verhältnis des Steuerrechts zum Zivilrecht, in: Steuer und Studium (SteuerStud), 6. Jg., Nr. 6, S. 162-166

Curtius-Hartung, R. (1983), Zur Abgrenzung des Werbungskostenbegriffs im Einkommensteuerrecht, in: *ders. u.a. (Hg.)*, Steuerberater-Jahrbuch 1982/83, Köln, S. 11-22

Czapski, H. (1968), 'Steuervereinbarungen' auf dem Gebiet der Gemeindesteuern, in: Deutsche Gemeindesteuer-Zeitung, 18. Jg., Nr. 8, S. 113-119

Dann, W. (1987), Grußwort des Präsidenten des Bundesteuerberaterkammer, in: 25 Jahre Steuerberatungsgesetz, Deutsches Steuerrecht (DStR), 25. Jg., Beilage zu Nr. 3, S. 1-3

Debatin, H. (1987), Entwicklungstendenzen im Internationalen Steuerrecht und nationalen Außensteuerrecht im Lichte der neueren höchstrichterlichen Rechtsprechung, in: Deutsche Steuer-Zeitung (DStZ), 75. Jg., Nr. 9, S. 211-217

Derlien, H.-U. (1984), Verwaltungssoziologie, in: *v. Mutius, A. (Hg.)*, Handbuch für die öffentliche Verwaltung (HÖV), Band 1: Grundlagen, Neuwied/Darmstadt, S. 793-869

Dewein, H. (1978), Zum heutigen Bild des Betriebsprüfers, in: Die steuerliche Betriebsprüfung (StBp), 18. Jg., Nr. 1, S. 1-4

Dietz, G. (1988), Zur Anwendbarkeit des sog. Nacherklärungsgesetzes zugunsten von 'Steuerehrlichen' und bestimmten Körperschaften. Grenzen der Auslegung im Rahmen des Artikel 17 Steuerreformgesetz 1990, in: Deutsches Steuerrecht (DStR), 26. Jg., Nr. 24, S. 771-773

Dobler, K./Ober, H. (1988), Zentrale Fernbetreuung der Finanzämter, in: ÖVD-Online, 26. Jg., Nr. 3, S. 58-61

Dörn, H. (1989), Die Nichtabgabe von Steuererklärungen und Steuervoranmeldungen aus strafrechtlicher Sicht, in: Deutsche Steuer-Zeitung (DStZ), 77. Jg., Nr. 23, S. 580-588

Dohrmann, D., (1984), Der Lohnsteuer-Jahresausgleich, in: Steuer und Studium (SteuerStud), 5. Jg., Nr. 9, S. 266-269

Drenseck, W. (1986), Gestaltungsüberlegungen aus Anlaß der Neuregelung der Nutzungswertbesteuerung, in: Deutsches Steuerrecht (DStR), 24. Jg., Nr. 12, S. 379-386

Drenseck, W. (1989), Auswirkungen der Steuerreform auf die Lohnsteuer, in: Finanz-Rundschau (FR), 71. Jg., Nr. 9, S. 261-267

Drexler, C.M./Friemel, R./Schiml, K. (1988), Lehrbuch der Abgabenordnung, (10. Aufl.) Herne/Berlin (zit. *Drexler u.a.* 1988)

Dziadkowski, D. (1987), 10 Jahre Außenprüfung von Vorbehaltsfeststellungen, in: Die steuerliche Betriebsprüfung (StBp), 27 Jg., Nr. 12, S. 265-269

Eckert, W.L. (1982), Die Steuerberatergebührenverordnung. Weg und Ziel, in: Deutsches Steuerrecht (DStR), 20. Jg., Nr. 3, S. 63-66

Eckert, W.L. (1982a), Die Steuerberatergebührenverordnung in der Praxis, in: Deutsches Steuerrecht (DStR), 20. Jg., Nr. 15, S. 441-446 (Teil I), Nr. 16/17, S. 481-485 (Teil II), Nr. 18, S. 522-524 (Teil III), Nr. 19, S. 553-557 (Teil IV)

Eckert, W.L. (1982b), 'Ordnung durch Verordnung'. Das neue Steuerberatergebührenrecht in der praktischen Anwendung, in: *Bundessteuerberaterkammer (Hg.)*, Steuerberaterkongreß-Report 1982, München, S. 57-86

Eckert, W.L. (1988), Steuerberater 1988: Weg und Zukunft, in: Deutsches Steuerrecht (DStR), 26. Jg., Nr. 1-2, S. 2-5

Eckert, W.L. (1988a), Das neue Steuerberatergebührenrecht, in: Deutsches Steuerrecht (DStR), 26. Jg., Nr. 14, S. 433-457

Eckhardt, W. (1967), Der Wille des Gesetzgebers als steuerliches Auslegungsziel, in: *Bundeskammer der Steuerbevollmächtigten (Hg.)*, Steuer-Kongreß-Report 1967, München, S. 21-37

Eggesiecker, F. (1981), Steuerberatung in den 80er Jahren -Entwicklungstendenzen aus der Sicht des selbständigen Steuerberaters, in: *Hörstmann, F. u.a. (Hg.)*, Steuerberater-Jahrbuch 1980/81, Köln, S. 571-581

Eggesiecker, F. (1982), Rechtsbehelfsfreudigkeit?, in: Finanz-Rundschau (FR), 66. Jg., Nr. 6, S. 141-142

Eigendorf, M./Hußmann, T./Heidkamp, A. (1986), Einkommensteuer. Mit Anhang Gewerbesteuer und Körperschaftsteuer, hg. von der Deutschen Steuer-Gewerkschaft, Reihe Grundriß des Steuerrecht, Bd. 2, (8. Aufl.) Bonn/Achim (zit. *Eigendorf u.a. 1986*)

Eisold, P. (1990), 'Steuerbeamte' in der DDR - woher nehmen?, in: Deutsche Steuer-Zeitung (DStZ), 78. Jg., Nr. 13-14, S. 328-329

Ellwein, Th. (1989), Verwaltung und Verwaltungsvorschriften. Notwendigkeit und Chance der Vorschriftenvereinfachung, Opladen

Emmerich, K. (1987), Einsatz der Datenverarbeitung in der Kanzleiorganisation, in: Datenverarbeitung in Steuer, Wirtschaft und Recht (DSWR), 16. Jg., Nr. 12, S. 257-260

Emmesberger, G. (1983), Verteilte Datenverarbeitung. Versuch einer 'volkstümlichen' Darstellung am Beispiel der hessischen Steuerverwaltung, in: inform, Nr. 5, S. 19-21

Endriss, W. (1982), Das abweichende Wirtschaftsjahr im Steuerrecht, in: Steuer und Studium (SteuerStud), 3. Jg., Nr. 1, S. 3-5

Est, A. (1988), Die Umsetzung gesellschaftspolitischer Ziele im Rahmen der Steuerpolitik unter Berücksichtigung daraus resultierender Verwaltungsprobleme. Das Beispiel Familienförderung, Verwaltungswissenschaftliche Diplomarbeit, Konstanz 1988

Faltermaier, H. (1988), Tragbare Personal Computer für den Steuerberater, in: Datenverarbeitung, Steuer, Wirtschaft, Recht (DSWR), 17. Jg., Nr. 1-2, S. 8-9

Feit, A. (1987), Entlastung der Finanzgerichte und Beschleunigung der Prozesse durch den 'Amtsrichter' in Steuersachen, in: Handelsblatt, Nr. 107 vom 05./06. Juni 1987, S. 4

Feldhausen, P. (1981), Die Praxis der Verwaltungserlasse aus der Sicht des Steuerberaters, in: *Bundessteuerberaterkammer (Hg.)*, Steuerberaterkongreß-Report 1981, München, S. 117-130

Felix, G. (1955), Ermessensausübung im Steuerrecht, Düsseldorf

Felix, G. (1958), Steuerrecht und Verwaltungsrecht, in: *Thoma, G. (Hg.)*, Gegenwartsfragen des Steuerrechts. Festschrift für Armin Spitaler, Köln, S. 137-161

Felix, G. (1958a), Praktikabilitätserwägungen als Auslegungsgrundsatz im Steuerrecht, in: *ders. (Hg.)*, Von der Auslegung und Anwendung der Steuergesetze, Stuttgart, S. 124-131

Felix, G. (1976), Bankinsolvenz und Steuerfahndung, in: Finanz-Rundschau (FR), 58. Jg., Nr. 14, S. 350-351

Felix, G. (1979), Zur Zulässigkeit von Verwaltungsanweisungen über die Nichtanwendung von Urteilen des Bundesfinanzhofs, in: Steuer und Wirtschaft (StuW), 56 Jg., Nr. 1, S. 65-76

Felix, G. (1982), Rechtssichere Gesetzesanwendung und Steuerplanung. Korreferat, in: *Tipke K. (Hg.)*, Grenzen der Rechtsfortbildung durch Rechtsprechung und Verwaltungsvorschriften im Steuerrecht, Köln, S. 99-135

Fiedler, W. (1981), Allgemeines Verwaltungsrecht und Steuerrecht, in: Neue Juristische Wochenschrift (NJW), 34. Jg., Nr. 39, S. 2093-2100

Der Finanzminister des Landes Nordrhein-Westfalen (Hg.), Diplom-Finanzwirt/Diplom-Finanzwirtin in der Laufbahn des gehobenen Dienstes der Steuerverwaltung des Landes Nordrhein-Westfalen (Merkblatt), Düsseldorf, Stand Juni 1987 (zit. *Finanzministerium NRW* 1987a)

Der Finanzminister des Landes Nordrhein-Westfalen (Hg.), Steuerbeamter/Steuerbeamtin in der Laufbahn des mittleren Dienstes der Steuerverwaltung des Landes Nordrhein-Westfalen (Merkblatt), Düsseldorf, Stand Juni 1987 (zit. *Finanzministerium NRW* 1987)

Fischer, P. (1979), Steuergesetz und richterliche Wertung, in: Steuer und Wirtschaft (StuW), 56. Jg., Nr. 4, S. 347-364

Flick, H. (1958), Zur Auslegung von Normen des internationalen Steuerrechts, in: *Felix, G. (Hg.)*, Von der Auslegung und Anwendung der Steuergesetze, Stuttgart, S. 151-171

Flume, W. (1953), Die Billigkeitsmaßnahmen des § 131 AO nach neuem Recht, in: *Spitaler, A. (Hg.)*, Steuerberater-Jahrbuch 1953/54, Köln, S. 81-126

Flume, W. (1986), Steuerrechtsprechung und Steuerrecht, in: *Curtius-Hartung, R. u.a. (Hg.)*, Steuerberater-Jahrbuch 1985/86, Köln, S. 277-310

Franzen, W. (1989), Tragbare Personal Computer. Strategisches Werkzeug des Steuerberaters, in: Datenverarbeitung, Steuer, Wirtschaft, Recht (DSWR), 18. Jg., Nr. 4, S. 77-79

Fredersdorf, H. (1982), Der Steuerrebell und seine Gewerkschaft. 30 Jahre Deutsche Steuer-Gewerkschaft 1949-1979, Wiesbaden/Stuttgart

Fredersdorf, H./Kohlrust, R. (1978), Die berufliche Bildung der Steuerbeamten, Herne/Berlin

Friauf, K.H. (1978), Unser Steuerstaat als Rechtsstaat, in: *Hörstmann, F. u.a. (Hg.)*, Steuerberater-Jahrbuch 1977/78, Köln, S. 39-63

Friauf, K.H. (1982), Möglichkeiten und Grenzen der Rechtsfortbildung im Steuerrecht, in: *Tipke K. (Hg.)*, Grenzen der Rechtsfortbildung durch Rechtsprechung und Verwaltungsvorschriften im Steuerrecht, Köln, S. 53-69

Friemel, R./Schiml, K. (1981/82), Die Auslegung von Steuergesetzen, in: Steuer und Studium (SteuerStud), 2. Jg., Nr. 12, S. 353-358 (Teil I) und 3. Jg. Nr. 1, S. 6-10 (Teil II)

Friemel, R./Schiml, K. (1982), Die Berücksichtigung verfassungsrechtlicher Grundaussagen bei der Auslegung von Steuergesetzen, in Steuer und Studium (SteuerStud), 3. Jg., Nr. 3, S. 65-67

Fröhle, H. (1990), Kritische Bemerkungen zur Ausbildung an der Fachhochschule für Finanzen (FHF), in: Steuer und Studium (SteuerStud), 13. Jg., Nr. 4, S. 123-125

Frotscher, G. (Hg.) (1989), Kommentar zum Einkommensteuergesetz (EStG), Loseblattsammlung (4 Bde.), Freiburg (Stand: 41. Ergänzungslieferung, April 1989)

Fuchs, E.-D. (1981), Finanzwesen, Haushaltsrecht und Erhebungsverfahren der Finanzämter, Reihe Finanz und Steuern, Bd. 40, (2. Aufl.) Stuttgart

Fuchs, E.-D. (1982), Datenverarbeitung. Grundlagenwissen für die öffentliche Verwaltung, Stuttgart u.a.

Furkel, R. (1978), Aktuelle Fragen des Besteuerungsverfahrens. AO und GNOFÄ, in: Deutsches Steuerrecht (DStR), 16. Jg., Nr. 11, S. 308-312

Gaddum, J.W. (1986), Steuerreform: Einfach und gerecht, Stuttgart

Gaddum, J.W. (1986a), Ist die US-Steuerreform ein Modell für die Bundesrepublik Deutschland?, in: Deutsche Steuer-Zeitung (DStZ), 74. Jg., Nr. 9, S. 211-216

Gail, W. (1979), Bindung der Finanzverwaltung an die Rechtsprechung der Steuergerichte, in: *Hörstmann, F. u.a. (Hg.)*, Steuerberater-Jahrbuch 1978/79, Köln, S. 461-484

Gast, B. (1957), Der Einfluß der Entwicklung der Verhältnisse auf die Auslegung von Steuergesetzen, Düsseldorf

Gast, B. (1958), Das Präjudiz als Rechtsquelle im Steuerrecht, in: *Felix G. (Hg.)*, Von der Auslegung und Anwendung der Steuergesetze, Stuttgart, S. 111-123

Gattermann, H.H. (1988), Aufgaben und Arbeitsstil des Finanzausschusses, in: Steuer und Wirtschaft (StuW), 65. Jg., Nr. 2, S. 170-174

Geimer, R. (1988), Der Anwendungserlaß zur Abgabenordnung bei der Außenprüfung, in: Die steuerliche Betriebsprüfung (StBp), 28. Jg., Nr. 6, S. 133-136

Gern, A. (1989), Die Rangfolge der Auslegungsmethoden von Rechtsnormen, in: Verwaltungsarchiv, Bd. 80, S. 415-436

Geyer, E. (1988), Mehr Stellen oder weniger Leistung. Arbeitszeitverkürzung im öffentlichen Dienst. Konsequenzen und Perspektiven am Beispiel der Steuerverwaltung, in: Der Beamtenbund, Nr. 5, S. 16-17

Gmach, G. (1987), Krisenlösungen für Finanzgerichte, in: Deutsches Steuerrecht (DStR), 25. Jg., Nr. 1-2, S. 23-31

Göldner, R. (1982), Der erste Schritt. Das dreistufige Netzwerk der Finanzverwaltung von NW, in: Honeywell Bull Informationssysteme Magazin, Nr. 20, S. 1-8

Göldner, R. (1984), Lassen sich Personal Computer in den Finanzämtern einsetzen?, in: ÖVD/Online, 22. Jg., Nr. 12, S. 93-98

Göldner, R. (1984a), Dialogverarbeitung beim Einsatz von Personalcomputern. Planungen und Voruntersuchungen in der Finanzverwaltung Nordrhein-Westfalen, in: *Kommunales Gebietsrechenzentrum Kassel/Der Senator für Inneres Berlin (Hg.)*, 21. Erfahrungsaustausch ADV. Bund/Länder/Kommunaler Bereich, 28.-30.03.1984 in Kassel (Tagungsband), Kassel

Göppert, H. (1986), Personalbedarfsberechnung - Ein Buch mit sieben Siegeln? in: Die Steuer-Gewerkschaft (DStG), Nr. 5, S. 64-66

Gottwald, P. (1987), Steuerreform: Einfach und gerecht? Anmerkungen zum ESt-Reformmodell von J.W. Gaddum, in: Deutsches Steuerrecht (DStR), 25. Jg., Nr. 1-2, S. 17-22

Gottwald, P. (1988), Die Rolle der Steuervergünstigungen nach dem 11. Subventionsbericht der Bundesregierung, in: Finanz-Rundschau (FR), 70. Jg., Nr. 9, S. 239-244

Grimm, C. (1988), 70 Jahre oberstes Finanzgericht, in: Deutsche Steuer-Zeitung (DStZ), 76. Jg., Nr. 19, S. 471-473

Grimmer, K. (1982), Die Automation und das Verhältnis der Verwaltung zum Bürger, in: Die öffentliche Verwaltung, 35. Jg., Nr. 7, S. 257-265

Grimmer, K. (1990), Dienstleistungsfunktion öffentlicher Verwaltungen und die Verwendung von Informationstechnik, in: Die Verwaltung, 23. Band, Nr. 1, S. 25-47

Grimmer, K./Lenk, K. (1978), Datenverarbeitung und Rationalisierung in der Steuerverwaltung. Ein Projektbericht, in: *Böhret, C. (Hg.)*, Verwaltungsreformen und Politische Wissenschaft, Baden-Baden, S. 141-156

Große, Th. (1990), Probleme bei der Geburt von Steuerbescheiden. Über das interne Entstehen und die ordnungsgemäße Bekanntgabe von Steuerbescheiden, in: Deutsche Steuer-Zeitung (DStZ), 78. Jg., Nr. 13-14, S. 348-354

Groth, K. (1944), Die Reichsfinanzverwaltung, Bücherei des Steuerrechts, Bd. 1, (8. Aufl.) Berlin u.a.

Grunow, D. (1978), Steuerzahler und Finanzamt: Forschungsdesign und Ergebnisse, Bürger und Verwaltung, Bd. IV, Frankfurt/New York

Grunow, D. (1980), Personenbezogene und organisatorische Bedingungen unterschiedlicher Rechtsanwendung im Verwaltungsalltag: empirische Beispiele aus der Sozialverwaltung und der Finanzverwaltung, in: *Blankenburg, E./Lenk, K. (Hg.)*, Organisation und Recht. Organisatorische Bedingungen des Gesetzesvollzugs. Jahrbuch für Rechtssoziologie und Rechtstheorie, Bd. VII, Opladen, S. 169-194

Grunow, D. (1983), Interorganisationsbeziehungen im Implementationsfeld und ihre Auswirkungen auf die Umsetzung und die Zielerreichung politischer Programme, in: *Mayntz, R. (Hg.)*, Implementation politischer Programme II, Opladen, S. 142-167

Grunow, D./Hegner, F. (1980), Sozialpsychologische Konsequenzen der Verrechtlichung: Alltagskontakte mit der Verwaltung, in: *Voigt, R. (Hg.)*, Verrechtlichung. Analysen zu Funktion und Wirkung von Parlamentarisierung, Bürokratisierung und Justizalisierung sozialer, politischer und ökonomischer Prozesse, Königstein/Ts., S. 261-274

Grunow, D./Hegner, F./Kaufmann, F.X. (1975), Empirische Sozialforschung in der Verwaltung: Zum Verhältnis von Steuerzahler und Finanzamt, in: Verwaltungs-Archiv, 66. Bd., Nr. 1, S. 1-33

Grunow, D./Hegner, F./Kaufmann, F.X. (1978), Steuerzahler und Finanzamt, Bürger und Verwaltung, Bd. I, Frankfurt a.M./New York

Grüske, K.-D. (1988), Kosten der Steuererhebung und unbezahlte Dienste für den Staat: Hinweise zur Bürokratieüberwälzung?, in: Datenverarbeitung, Steuer, Wirtschaft, Recht (DSWR), 17. Jg., Nr. 8, S. 174-181

Hahn, G. (1990), Die einkommensteuerrechtliche Behandlung von Baudenkmalen und Gebäuden in Sanierungsgebieten und städtebaulichen Entwicklungsbereichen nach dem Wohnungsbauförderungsgesetz (WoBauFG) einschließlich der Übergangsregelungen, in: Der Betrieb (DB), 43. Jg., Nr. 2, S. 65-68

Hahn, H. (1984), Die Grundsätze der Gesetzmäßigkeit der Besteuerung und der Tatbestandsmäßigkeit der Besteuerung in rechtsvergleichender Sicht, Berlin

Halaczinsky, R. (1989), Amtshilfe der Postämter gegenüber den Finanzbehörden, in: Die Steuer-Warte (StW), Nr. 1-2, S. 22-23

Hamacher, R. (1985), Der Bankenerlaß als ermessensgerechte Handhabung von Ermittlungsbefugnissen der Finanzbehörden, in: Der Betrieb (DB), 38. Jg., Nr. 35, S. 1807-1811

Hansmeyer, K.-H./Bretschneider, U. (1988), Die Finanzpolitik der Bundesrepublik Deutschland 1983-1986, in: Finanzarchiv, Band 46, Nr. 3, S. 465-512

Hartmann, B./Walter, N. (1984), Auslegung und Anwendung von Steuergesetzen. Grundlagen der Rechtsanwendung im Steuerrecht, Berlin

Hartz, W. (1956), Die Auslegung von Steuergesetzen. Inhalt und Grenzen der wirtschaftlichen Betrachtungsweise, Herne

Hartz, W. (1965), Mehr Rechtssicherheit im Steuerrecht. Ziele - Wege - Grenzen in: *Thoma, G. u.a. (Hg.)*: Steuerberater-Jahrbuch 1965/66, Köln, S. 75-133

Hasselmann, R. (1985), Steuerverwaltung: Neue Chancen für Hauptschüler im mittleren Dienst, in: Steuer und Studium (SteuerStud), 6. Jg., Nr. 6, S. 161

Hasselmann, R. (1986), Der höhere Dienst in der Steuerverwaltung, in: Steuer und Studium (SteuerStud), 7. Jg., Nr. 12, S., 354-356

Hasselmann, R. (1987), Die Zulassung ehemaliger Beamter der Steuerverwaltung als Steuerberater, in: Steuer und Studium (SteuerStud) 8. Jg., Nr. 5, S. 130-134

Hebig, M. (1985), Mitarbeiterstrukturen in Steuerabteilungen, in: Der Betrieb, 38. Jg., Nr. 33, S. 1701-1704

Hebler, M. (1989), Automatisierung der Verwaltung, in: *Eisele, P./Zimmermann, R. (Hg.)*, Steuerrecht im Wandel, Stuttgart, S. 249-266

Hegemann, W. (1977), Neuorganisation der Finanzämter, in: Die Steuergewerkschaft in Nordrhein-Westfalen, 18. Jg., Nr. 4, S. 1-3

Hegemann, W. (1988), Rechtsverweigerung durch Arbeitsbelastung der Finanzgerichte, in: Der öffentliche Dienst an Rhein und Ruhr, 32. Jg., Nr. 1, S. 4

Heinke, S. (1973), Neustrukturierung der Finanzverwaltung, in: Datenverarbeitung in Steuer, Wirtschaft und Recht (DSWR), 2. Jg., Nr. 19, S. 98-100

Hellwig, P. (1977), Abgabenordnung (AO 1977). Finanzgerichtsordnung, (9. Aufl.) Stuttgart

Helmle, B. (1956), Kann der Steuerbeamte individuelle Verhältnisse berücksichtigen?, in: Deutsche Steuer-Zeitung (DStZ) - Ausg. A, 44. Jg., Nr. 3/4, S. 41-46

Helmschrott, H./Schaeberle, J. (1984), Abgabenordnung, Grundkurs des Steuerrechts, Bd. 1, (3. Aufl.) Stuttgart

Hendricks, B. (1985), Die Ausbildung zum Diplom-Finanzwirt in Nordrhein-Westfalen, in: Steuer und Studium (SteuerStud), 6. Jg., Nr. 5, S. 129-130

Herrmann, Th. (1955), Das Finanzamt als Organismus. Eine kritische Würdigung des Finanzamtes unter dem Gesichtspunkt seiner Eigengesetzlichkeit, Düsseldorf

Heyse, E. (1977), Die Aufgabe der Automatisierung in einem mehrstufigen Verwaltungsaufbau. Das Beispiel der Datenerfassung in der hessischen Steuerverwaltung, Gesamthochschule Kassel, Forschungsprojekt Verwaltungsautomation, Arbeitspapier 08, (2. Aufl.) Kassel

Heyse, E. (1980), Zur Wirkung von Organisationsnormen - Am Beispiel der EDV-Anwendung in der Steuerverwaltung, Diss. Kassel

Heyse, E. (Hg.), (1977a), Modernisierung der Verwaltung, insbesondere durch technologische Verfahren. 1. Halbband, Gesamthochschule Kassel, Forschungsprojekt Verwaltungsautomation, Arbeitspapier 06, (2. Aufl.) Kassel

Hill, H. (1987), Steuerreform als Chance zur Verbesserung der Steuergesetzgebung, in: Zeitschrift für Gesetzgebung (ZG), 2. Jg., S. 238-267

Hoepffner, K. (1970), Gesetzesverdrängung durch Verwaltungshandeln im Steuerrecht, Diss. Würzburg

Hoffmann, W. (1987), Steuerberatung - Rechtsberatung: Abgrenzung aufgrund der Rechtsprechung, in: Deutsches Steuerrecht (DStR), 25. Jg., Nr. 8, S. 250-253

Hoffmann-Riem, W. (1972), Steuerermittlung und Bankgeheimnis, in: Steuer und Wirtschaft (StuW), 49. Jg., Nr. 2, S. 127-139

Hoppstädter, K. (1985), Microcomputer und Betriebsprüfung, in: Die Steuerwarte (StW), 58. Jg., Nr. 6, S. 77-80

Horlemann, H.-G. (1988), Änderungen des Einkommensteuerrechts ab 1983, in: Die Steuer-Warte (StW), 61. Jg., Nr. 1-2, S. 5-18

Horst, H. (1978), Die GNOFÄ schaffen ernste Probleme für eine gerechte Besteuerung, in: Die Steuerberatung, 21. Jg., Nr. 11, S. 251

Hottmann, J. (1983), Spenden als Sonderausgaben im Einkommensteuerrecht, in: Steuer und Studium (SteuerStud), 4. Jg., Nr. 12, S. 359-363

Hottmann, J. (1986), Außergewöhnliche Belastungen, in: Steuer und Studium (SteuerStud), 7. Jg., Nr. 7, S. 206-212

Hölscheidt, S. (1989), Zur Situation der Finanzgerichtsbarkeit - Rechtsschutz oder Rechtsverweigerung, Münsteraner Symposion am 28.10.1988, in: Steuer und Wirtschaft (StuW), 66. Jg., Nr. 2, S. 180-184

Höpker-Aschoff, H. (1948), Die Wirtschaftsverwaltung in Frankfurt und das deutsche Finanzwesen, Schriftenreihe der Wirtschaftlichen Gesellschaft für Westfalen und Lippe e.V., Heft 3, Bielefeld

Höpker-Aschoff, H. (1949), Das Finanz- und Steuersystem des Bonner Grundgesetzes, in: Archiv des öffentlichen Rechts (AöR), Bd. 75, S. 306-331

Höppner, H.D. (1985), Das Bundesamt für Finanzen: Stellung, Aufgaben und Bedeutung, in: Finanzarchiv, N.F. Bd. 43, S. 106-118

Höppner, H.D. (1986), Die derzeitige Prüfungspolitik, in: *Deutsches Anwaltsinstitut e.V. (Hg.)*, Jahrbuch der Fachanwälte für Steuerrecht 1985/86, Herne/Berlin, S. 81-86

Hörstmann, F. (1979), Abbau der Rechtsbehelfe und Entlastung der Finanzgerichte, in: *ders. u.a. (Hg.)*, Steuerberater-Jahrbuch 1978/79, Köln, S. 17-30

Hörstmann, F. (1981), Wie freiwillig sind freiwillige Steuerzahlungen? Einwirkungen der Landesrechnungshöfe auf die Praxis der Finanzämter, in: *ders. u.a. (Hg.)*, Steuerberater-Jahrbuch 1980/81, Köln, S. 13-29

Hübner, G. (1984), Datenfernverarbeitung in der Bayerischen Steuerverwaltung, in: Datenverarbeitung in Steuer, Wirtschaft und Recht (DSWR), 13. Jg., Nr. 5, S. 95-99

Hübschmann, W. (1958), Die Problematik der wirtschaftlichen Betrachtungsweise, in: *Thoma, G. (Hg.)*, Gegenwartsfragen des Steuerrechts. Festschrift für Armin Spitaler, Köln, S. 107-123

Hümmer, H. (1986), Lohn- und Einkommensteuer mit verschiedenen Programmversionen berechnen, in: Datenverarbeitung in Steuer, Wirtschaft und Recht (DSWR), 15. Jg., Nr. 4, S. 87-91

Hümmer, H. (1987), Lohn- und Einkommensteuerberechnung mit zusätzlichen Ausgabemöglichkeiten, in: Datenverarbeitung in Steuer, Wirtschaft und Recht (DSWR), 16. Jg., Nr. 5, S. 87-89

Institut Finanzen und Steuern (1952), Der Finanzausgleich. Beiträge zur Frage des Finanzausgleichs und der Organisation der Finnzverwaltung, Schriftenreihe des Instituts, Heft 17, Bonn

Institut Finanzen und Steuern (1957), Grundlagen und Möglichkeiten einer organischen Finanz- und Steuerreform III, Schriftenreihe des Instituts, Heft 30, Bd. 3, Bonn 1957

Isensee, J. (1973), Verwaltungsraison gegen Verwaltungsrecht. Antinomien der Massenverwaltung in der typisierenden Betrachtungsweise des Steuerrechts, in: Steuer und Wirtschaft (StuW), 50. Jg., Nr. 3, S. 199-206

Isensee, J. (1976), Die typisierende Verwaltung. Gesetzesvollzug im Massenverfahren am Beispiel der typisierenden Betrachtungsweise des Steuerrechts, Berlin

Jaehnike, G.U. (1979), Die Bindung der Finanzgerichte an Verwaltungsvorschriften, in: Steuer und Wirtschaft (StuW), 56. Jg., Nr. 4, S. 293-304

Jaenke, G. (1960), Rechtssicherheit im Steuerrecht, in: *Felix, G. (Hg.)*, Vom Rechtsschutz im Steuerrecht, Düsseldorf, S. 43-91

Jakob, J. (1980), Steuern vom Einkommen I, Stuttgart u.a.

Jakob, W./Jüptner, R. (1984), Zur Problematik sogenannter Nichtanwendungsverfügungen im Steuerrecht, in: Steuer und Wirtschaft (StuW), 61. Jg., Nr. 2, S. 148-165

Jann, W. (1981), Kategorien der Policy-Forschung, Speyrer Arbeitshefte 37, Speyer

Jann, W. (1983), Policy-Forschung - ein sinnvoller Schwerpunkt der Politikwissenschaft? in: Aus Politik und Zeitgeschichte, Nr. 47, S. 26-38

Jany, H. (1981), Steuerberatung in den 80er Jahren - Entwicklung und Ergebnisse der Thesenbeurteilung, in: *Hörstmann, F. u.a. (Hg.)*, Steuerberater-Jahrbuch 1980/81, Köln, S. 599-620

Jarosch, K.-R. (1981), Die Wirkungsweise der Doppelbesteuerungsabkommen, in: Steuer und Studium (SteuerStud), 2. Jg., Nr. 2, S. 33-41

Jäckel, G. (1986), Einkommensteuer-Programm: Die gesonderte und einheitliche Feststellung der Einkünfte, in: Datenverarbeitung in Steuer, Wirtschaft und Recht (DSWR), 15. Jg., Nr. 7, S. 159-165

Jäger, M. (1988), Datenverarbeitung in der Finanzverwaltung, in: Datenverarbeitung, Steuer, Wirtschaft und Recht (DSWR), 17. Jg., Nr. 6, S. 127-135

Jehner, H. (1988), Der gesetzliche Gegensatz als systematische Grundlage der Einkommensbesteuerung, in: Deutsches Steuerrecht (DStR), 26. Jg., Nr. 9, S. 267-273

Jehner, H. (1990), Des Kaisers neue Kleider. Zum bewußten Verzicht auf Gerechtigkeit im Einkommensteuergesetz und in der zu ihm ergehenden Rechtsprechung, in: Deutsches Steuerrecht (DStR), 28. Jg., Nr. 1-2, S. 6-13

Jenetzky, J. (1982), Die Misere der Steuerverwaltung. Über die Wirklichkeit der Steuerrechtsanwendung durch die Steuerbehörden, in: Steuer und Wirtschaft (StuW), 59. Jg., Nr. 3, S. 273-285

Jenetzky, J. (1982a), Diskussionsbeitrag, in: *Tipke, K. (Hg.)*, Grenzen der Rechtsfortbildung durch Rechtsprechung und Verwaltungsvorschriften im Steuerrecht, Köln, S. 363-364

Jessen, U. (1979), Die Schutzfunktion des Finanzgerichts - Rechtsschutz und Wahrung der Rechtsordnung, in: Der Steuerberater, 30. Jg., Nr. 9, S. 213-217

Joergens, H.-J. (1984), 10 Jahre Datenfernverarbeitung bei DATEV, in: Datenverarbeitung in Steuer, Wirtschaft und Recht (DSWR), 15. Jg., Nr. 12, S. 265-270

Jonas, B. (1983), Steuermoral verbessert? Zur Notwendigkeit der Verstärkung der Betriebsprüfungsdienste, in: Deutsches Steuerrecht (DStR), 21. Jg., Nr. 11, S. 321-323

Jungesblut, B. (1978), Bedingungen und Entwicklung des EDV-Einsatzes in der Steuerverwaltung, Gesamthochschule Kassel, Forschungsprojekt Verwaltungsautomation, Arbeitspapier 13, Kassel

Jungesblut, B. (1980), Stand der Automation in den Finanzämtern, in: *Garstka, H. u.a. (Hg.)*, Verwaltungsinformatik, Darmstadt, S. 52-55

Jungesblut, B. (1980a), Arbeitsorganisatorische Bedingungen für die Automation der Finanzämter, in: *Garstka, H. u.a. (Hg.)*, Verwaltungsinformatik, Darmstadt, S. 170-176

Jungesblut, B. (1986), Akteure im Entwicklungs- und Einführungsprozeß. Das integrierte Besteuerungsverfahren in Hessen, in: *Grimmer, K. (Hg.)*, Informationstechnik in öffentlichen Verwaltungen. Handlungsstrategien ohne Politik, Basel u.a., S. 26-121

Junkernheinrich, M. (1986), Organisations- und Konfliktfähigkeit von Steuerzahlerinteressen, in: Die Verwaltung, Bd. 19, Nr. 2, S. 213-229

Jürgens, G. (1986), Die Bundesfinanzakademie, in: Steuer und Studium (SteuerStud), 7. Jg., Nr. 5, S. 130-135

Kanzler, H.-J. (1987), Organisation und praktische Arbeit beim Bundesfinanzhof. Ein Beitrag zur inneren Struktur des höchsten deutschen Steuergerichts, in: Steuer und Studium (SteuerStud), 8. Jg., Nr. 3, S. 71-77

Kanzler, H.-J./Wilcke, H.-J. (1983), Grundzüge des finanzgerichtlichen Verfahrens, in: Steuer und Studium (SteuerStud), 4. Jg., Nr. 6, S. 161-166 (Teil I), Nr. 7, S. 193-195 (Teil II), Nr. 8, S. 225-230 (Teil III), Nr. 9, S. 257-265 (Teil IV), Nr. 10, S. 289-295 (Teil V)

Kapp, R. (1988), Kritische Betrachtungen zu der beabsichtigten endgültigen Abschaffung der Streitwertrevision in Steuersachen, in: Deutsche Steuer-Zeitung (DStZ), 76. Jg., Nr. 11, S. 265-266

Karlsen, Th. (1978), EDV und Verwaltungsstruktur. Auswirkungen der Elektronischen Datenverarbeitung auf die Struktur der hessischen Steuerverwaltung. GH Kassel, Forschungsprojekt Verwaltungsautomation, Projektbericht 14, Kassel

Katterbe, B. (1980), Die GNOFÄ. Eine Untersuchung der Grundsätze zur Neuorganisation der Finanzämter und zur Neuordnung des Besteuerungsverfahrens am Beispiel des Landes Nordrhein-Westfalen, Diss. Bielefeld

Kaufmann, F.-X./Rosewitz, B. (1983), Typisierung und Klassifikation politischer Maßnahmen, in: *Mayntz, R. (Hg.)*, Implementation politischer Programme II, Opladen, S. 25-49

Kempf, H. (1956), Steuerzahler und Finanzverwaltung. Bericht über die Zweite Siegburger Tagung, in: Finanz-Rundschau (FR), 11. Jg., Nr. 3, S. 49-51

Kiefer, C. (1986), Automatisierte Datenverarbeitung in der Steuerverwaltung. Bewertungen der Leistungen der Anwärter des mittleren und des gehobenen Dienstes, in: Steuer und Studium (SteuerStud), 7. Jg., Nr. 3, S. 66-68

Kirchhof, P. (1975), Das Hervorbringen von Normen und sonstigem Recht durch die Finanzbehörden, in: Steuer und Wirtschaft (StuW), 52. Jg., Nr. 4, S. 357-367

Kirchhof, P. (1981), Besteuerung und Eigentum, in: Veröffentlichungen der Vereinigung der Deutschen Staatsrechtslehrer (VVDStRL), Heft 39, Berlin/New York, S. 213-285

Kirchhoff, G./Siepmann, H. (1976), Organisation der Kommunalverwaltung als Grundlage betriebswirtschaftlicher Effektivität, in: *Rehkopp, A. (Hg.)*, Dienstleistungsbetrieb Öffentliche Verwaltung, Stuttgart u.a., S. 69-112

Klein, F. (1969), Die Zuständigkeiten in der Steuergesetzgebung und der Steuerverwaltung nach der Finanzreform, in: Betriebs-Berater (BB), 24. Jg., Nr. 31, S. 1321-1324

Klein, F. (1984), Ist der Rechtsschutz im Steuerrecht in Gefahr?, in: Deutsches Steuerrecht (DStR), 22. Jg., Nr. 1/2, S, 17-21

Klein, F. (1985), Die Bindung der Finanzverwaltung an Treu und Glauben, in: Deutsches Steuerrecht (DStR), 23. Jg., Nr. 13, S. 391-396

Klein, F. (1985a), Die Belastung des Bundesfinanzhofs und Möglichkeiten zu seiner Entlastung, in: *Curtius-Hartung, R. u.a. (Hg.)*, Steuerberater-Jahrbuch 1984/85, Köln, S. 21-38

Klein, F. (1986), Steuerreform und Steuervereinfachung - vordringliche Aufgabe in der nächsten Legislaturperiode, in: Zeitschrift für Gesetzgebung (ZG), 1. Jg., S. 245-256

Klein, F. (1988), 70 Jahre Reichsfinanzhof/Bundesfinanzhof, in: Deutsches Steuerrecht (DStR), 26. Jg., Nr. 19, S. 591-594

Klein, F. (1988a), Die Belastung des Bundesfinanzhofs und Möglichkeiten zur Verbesserung des Rechtsschutzes, in: Deutsche Steuer-Zeitung (DStZ), 76. Jg., Nr. 6, S. 131-134

Klein, F. (1988b), Zu den Ursachen der Überlastung der Finanzgerichte, in: Deutsche Steuer-Zeitung (DStZ), 76. Jg., Nr. 24, S. 599-604

Klein, F. (1990), Unstetes Steuerrecht. Dispositionen im Spannungsfeld von Gesetzgebung, Verwaltung und Rechtsprechung, in: *Curtius-Hartung, R. u.a. (Hg.)*, Steuerberater-Jahrbuch 1989/90, Köln, S. 11-26

Klein, F./Triller, H. (1986), Der Bundesfinanzhof ein Jahr nach Inkrafttreten des Gesetzes zur Beschleunigung verwaltungsgerichtlicher und finanzgerichtlicher Verfahren, in: Deutsche Steuer-Zeitung (DStZ), 74. Jg., Nr. 19, S. 471-475

Klos, J. (1986), Steuerfahndung im Rechtsstaat. Bemerkungen zu Mösbauer, DStZ 1986, 339, in: Deutsche Steuer-Zeitung (DStZ), 74. Jg., Nr. 20, S. 505-509

Klos, J. (1987), Enno Becker und die Entstehung der Reichsabgabenordnung, in: Steuer und Studium (SteuerStud), 8. Jg., Nr. 1, S. 2-6

Klos, J. (1987a), Änderung der Zinsbesteuerung - Pro und Contra, in: Steuer und Studium (SteuerStud), 8. Jg., Nr. 5, S. 147-149

Koch, K. (1975), Der Einfluß der Rechtsprechung des Bundesfinanzhofs auf die Verwaltung und Gesetzgebung, in: Deutsche Steuer-Zeitung (DStZ) - Ausg. A, 63. Jg., Nr. 19-20, S. 370-373

Koch, K. (1986), Abgabenordnung. AO 1977, (3. Aufl.) Köln u.a.

Körber, K. (1976), Bericht über eine Untersuchung von Arbeitssituationen in der Steuerverwaltung am Beispiel des Finanzamtes Friedberg/Hessen, Schriftenreihe des Vereins für Verwaltungsreform und Verwaltungsforschung e.V. Nr. 7, Bonn

Kohlrust/Heilmann (1968), Die Beamtenausbildung in der Steuerverwaltung, Berlin/Frankfurt a.M.

Kolbe, K.-H. (1983), Projektunterstützung, in: IBM Nachrichten, 33. Jg., Nr. 266, S. 33-37

Kortschak, H.-P. (1989), Die Verzinsung von Steuernachforderungen und Steuererstattungen, in: *Eisele, P./Zimmermann, R. (Hg.)*, Steuerrecht im Wandel, Stuttgart, S. 223-237

Kortschak, H.-P. (1990), Adressierung und Bekanntgabe von Steuerverwaltungsakten, in: Steuer und Studium (SteuerStud), 13. Jg., Nr. 4, S. 125-129

Kottke, K. (1988), Steuerersparung - Steuerumgehung - Steuerhinterziehung, (8. Aufl.) Freiburg i.Br.

Krabbe, H. (1989), Nochmals: Zum Gesetz über die strafbefreiende Erklärung, in: Deutsches Steuerrecht (DStR), 27. Jg., Nr. 3, S. 68-70

Kramer, J.-D. (1980), Grundzüge der US-amerikanischen Steuerrechts: Ein Seminar der Bundesfinanzakademie, in: Deutsches Steuerrecht (DStR), 18. Jg., Nr. 1, S. 348-351

Kraushaar, R. (1986), Bindung der Finanzverwaltung an Vereinbarungen über Sachverhaltsbeurteilungen im Rahmen einer steuerlichen Außenprüfung, in: *Bundessteuerberaterkammer (Hg.)*, Steuerberaterkongreß-Report 1986, München, S. 153-167

Kreile, R. (1977), Die Steuergesetzgebung in der Bundesrepublik Deutschland aus der Sicht des Parlamentariers, in: Steuer und Wirtschaft (StuW), 54. Jg., Nr. 1, S. 1-8

Kreile, R. (1985), Der Einfluß der BFH-Rechtsprechung auf die Steuergesetzgebung, in: *Curtius-Hartung, R. (Hg.)*, Steuerberater-Jahrbuch 1984/85, Köln, S. 39-54

Krein, R. (1977), Die Reformvorschläge zur Abgabenordnung, zur Einkommensteuer und zur Körperschaftsteuer unter Berücksichtigung der bis Ende 1976 verkündeten Gesetzesänderungen und ihre Auswirkungen auf die Steuerpflichtigen, Zürich u.a.

Kretzschmar, L. (1989), Der wissenschaftliche Mitarbeiter beim Bundesfinanzhof, in: Deutsche Steuer-Zeitung (DStZ), 77. Jg., Nr. 1-2, S. 37-43

Kröger, G. (1986), Steuerrecht und Nächstenliebe, in: Deutsche Steuer-Zeitung (DStZ), 74. Jg., Nr. 17, S. 419-430

Krüger, A. (1987), Die Bindung der Verwaltung an die höchstrichterliche Rechtsprechung. Dargestellt am Beispiel der Nichtanwendungserlasse in der Finanzverwaltung, München

Kruse, H.W. (1959), Über Gewohnheitsrecht, in: Steuer und Wirtschaft (*StuW*), 36. Jg., Sp. 209-256

Kruse, H.W. (1960), Gesetzmäßige Verwaltung, tatbestandsmäßige Besteuerung, in: *Felix G. (Hg.)*, Vom Rechtsschutz im Steuerrecht, Düsseldorf, S. 93-129

Kruse, H.W. (1961), Über Kirchensteuer und Gewohnheitsrecht, in: Steuer und Wirtschaft (StuW), 38. Jg., Sp. 57-70

Kruse, H.W. (1973), Steuerrecht. I. Allgemeiner Teil, (3. Aufl.) München

Kruse, H.W. (1975), Über Richterrecht, in: Deutsche Steuer-Zeitung (DStZ) - Ausg. A, 63. Jg., Nr. 19-20, S. 373-378

Kruse, H.W. (1982), Steuerspezifische Gründe und Grenzen der Gesetzesbindung, in: *Tipke, K. (Hg.)*, Grenzen der Rechtsforbildung durch Rechtsprechung und Verwaltungsvorschriften im Steuerrecht, Köln, S. 71-83

Kruse, H.W. (1986), Rechtsgefühl, Rechtsfortbildung und Richterrecht, in: *Deutsches Anwaltsinstitut e.V. (Hg.)*, Jahrbuch der Fachanwälte für Steuerrecht 1985/86, Herne/Berlin, S. 13-36

Kurz, K. (1986), Die Ausbildung zum Steuerberater, in: Steuer und Studium (SteuerStud), 7. Jg., Nr. 7, S. 194-196

Kübler, H. (1980), Organisation und Führung in Behörden. Band 2: Personalwesen, (4. Aufl.) Stuttgart u.a.

Lang, J. (1985), Reformentwurf zu Grundvorschriften des Einkommensteuergesetzes, Münsteraner Symposion, Band II, Köln

Lange, K./Sippel, F. (1986), Verwaltungsautomation und Bürgerservice. Ansätze zur Aufhebung eines Widerspruchs, Opladen

Larenz, K. (1975), Methodenlehre der Rechtswissenschaft, (3. Aufl.) Berlin u.a.

Lassar (1926), Reichseigene Verwaltung unter der Weimarer Verfassung. Zwei Studien, in: *Piloty, R./Koellreuter, O. (Hg.)*, Jahrbuch des Öffentlichen Rechts der Gegenwart, Bd. 14, S. 1-231

Latsch, W. (1986), Der Bankenerlaß aus der Sicht der steuerlichen Betriebsprüfung/ Außenprüfung, in: Die steuerliche Betriebsprüfung (StBp), 26. Jg., Nr. 6, S. 121-127 und Nr. 7, S. 145-148

Latsch, W./Honemann, F. (1980), Die Bedeutung der Schlußbesprechung (§ 201 AO) im Rahmen der steuerlichen Außenprüfung, in: Die steuerliche Betriebsprüfung (StBp), 20. Jg., Nr. 1, S. 1-14

Lauer, G.D. (1984), Die Korrekturvorschrift des § 175 Abs. 1 Satz 1 Nr. 2 Abgabenordnung. Anwendungsbereich und Inhalt, Berlin

Lehrer, S./Bodendorf, F./Krug, P. (1987), LEXinform - Information für den Steuerberater mit Hilfe eine PC-Lernprogramms, in: Datenverarbeitung in Steuer, Wirtschaft und Recht (DSWR), 16. Jg., Nr. 5, S. 95-102 (*zit. Lehrer u.a.* 1987)

Leidel, H. (1964), Die Begründung der Reichsfinanzverwaltung, Schriftenreihe des Bundesministeriums der Finanzen, Heft 1, Bonn

Leis, G. (1985), Stand und Entwicklung der Bürokommunikation in der öffentlichen Verwaltung, in: Verwaltungsarchiv, 76. Band, S. 61-85

Leisner, W. (1980), Die allgemeine Bindung der Finanzverwaltung an die Rechtsprechung, Schriftenreihe des Karl-Bräuer-Instituts des Bundes der Steuerzahler, Heft 48, Wiesbaden

Leisner, W. (1982), Verwaltungsvorschriften als 'Nebengesetze' im Steuerrecht?, Reihe Kölner Steuerthemen, Thema 7, Köln

Lietmeyer, V. (1983), Entwicklung der Belastung mit direkten Abgaben, in: Deutsche Steuer-Zeitung (DStZ), 71. Jg., Nr. 8, S. 157-165

Lindner, H. (1972), Die Inanspruchnahme steuerlicher und vermögenspolitischer Vergünstigungen durch die Lohnsteuerpflichtigen, Opladen

Lindner, K. (1976), Quantitative Aspekte des Personalbedarfs, in: *Becker, U./ Thieme, W. (Hg.)*: Handbuch der Verwaltung, Heft 5.3, Köln u.a.

List, H. (1975), Die Rechtsquellen des modernen Steuerrechts, in: *Bundessteuerberaterkammer (Hg.)*, Steuerkongreß-Report 1975, München, S. 139-167

List, H. (1978), Der Bundesfinanzhof im deutschen und europäischen Rechtsschutzsystem, in: Deutsches Steuerrecht (DStR), 16. Jg., Nr. 18, S. 507-511

List, H. (1980), Die Finanzgerichtsbarkeit in unserer Zeit. Reihe Kölner Steuerthemen, Thema 2, Köln

List, H. (1983), Probleme der Rechtsprechung zum Steuerrecht im Wandel der Zeiten, in: *Bundessteuerberaterkammer (Hg.)*, Steuerberaterkongreß-Report 1983, München, S. 113-132

List, H. (1983a), Der Große Senat des Bundesfinanzhofes, in: Deutsches Steuerrecht (DStR), 21. Jg., Nr. 16/17, S. 469-475

List, H. (1985), Zur Abschaffung der Streitwertrevision in der Finanzgerichtsbarkeit, in: Deutsches Steuerrecht (DStR), 23. Jg., Nr. 12, S. 359-363

List, H. (1988), Finanzgerichtsbarkeit quo vadis?, in: Deutsche Steuer-Zeitung (DStZ), 76. Jg., Nr. 7, S. 159-163

Lohmeyer, H. (1976), Die Durchführung der Besteuerung nach der neuen Abgabenordnung, in: Der Steuerberater, 27. Jg., Nr. 6, S. 113-119

Lohse, C./Madle, U. (1987), Rechtsprechungsänderungen des BFH bei Ertragsteuern und Umsatzsteuer, in: Deutsches Steuerrecht (DStR), 25. Jg. Beilage 2 zu Nr. 8

Lorenz, D. (1980), Richterliche Unabhängigkeit und frühere Tätigkeit in der Finanzverwaltung, in: Steuer und Wirtschaft (StuW), 57. Jg., Nr. 4, S. 325-331

Lorenz, K.-P. (1976), Änderungen in der Steuerbeamtenausbildung, Das neue Steuerbeamten-Ausbildungsgesetz, in: Deutsche Steuer-Zeitung (DStZ), Ausg. A, 64. Jg., Nr. 23, S. 441-445

Loritz, K.-G. (1986), Die systemgerechte Einkommensteuer - ein unerreichbares Ziel?, in: Steuer und Wirtschaft (StuW), 63. Jg., Nr. 1, S. 9-20

Lotz, D. (1982), Steuerrechtsänderungen und ihre Auswirkung auf die Praxis der steuerberatenden Berufe, in: *Bundessteuerberaterkammer (Hg.)*, Steuerberaterkongreß-Report 1982, München, S. 87-107

Löbich, M. (1981), Rationalisierung in der Steuerverwaltung, Ursachen, Verlauf und Auswirkungen technisch-organisatorischer Modernisierungsprozesse in Finanzämtern, Diss. Berlin

Ludwig, W. (1972), Die Organisation der automatisierten Rechtsanwendung bei den Steuerverwaltungen der Länder, in: Öffentliche Verwaltung und Datenverarbeitung (ÖVD), 2. Jg., Nr. 3, S. 95-103

Ludwig, W. (1977), Automationsgerechte Vorschriften der Abgabenordnung 77 der Bundesrepublik Deutschland, in: Datenverarbeitung in Steuer, Wirtschaft und Recht (DSWR), 6. Jg., Nr. 5, S. 131-135

Maaßen, K. (1957), Vereinbarungen mit dem Finanzamt - Ihre Zulässigkeit und Wirkung, in: Finanz-Rundschau (FR), 12. Jg., Nr. 11, S. 244-246

Maaßen, K. (1959), Regelungen mit dem Finanzamt. Auskünfte, Zusagen und Vereinbarungen im Steuerrecht, Köln

Manke, K. (1976), Neuorganisation der Finanzämter und Neuordnung des Besteuerungsverfahrens, in: Deutsche Steuer-Zeitung (DStZ), 64. Jg., Ausg. A, Nr. 5, S. 83-88

Manke, K. (1983), Entwicklungstendenzen der Doppelbesteuerungsabkommen, in: Deutsche Steuer-Zeitung (DStZ), 71. Jg., Nr. 4, S. 69-78

Martens, J. (1980), Verwaltungsvorschriften zur Beschränkung der Sachverhaltsermittlung, Reihe Kölner Steuerthemen, Thema 3, Köln

Martens, J. (1982), Rechtsanwendung und Rechtsetzung durch Verwaltungsvorschriften, in: *Tipke, K. (Hg.)*, Grenzen der Rechtsfortbildung durch Rechtsprechung und Verwaltungsvorschriften im Steuerrecht, Köln, S. 165-208

Martens, J. (1988), Vorläufige Entscheidungen im Steuerrecht, in: Steuer und Wirtschaft (StuW), 65. Jg., Nr. 2, S. 100-110

Mattern, G. (1966), Steuergerichtsbarkeit und Steuergerichtsverwaltung, in: Betriebs-Berater (BB), 21. Jg., Nr. 14, S. 545-551

Maurer, H. (1983), Allgemeines Verwaltungsrecht, (3. Aufl.) München

Mayer, O. (1924), Deutsches Verwaltungsrecht. Erster Band, (3. Aufl.) München und Leipzig

Mayntz, R. (1980), Die Entwicklung des analytischen Paradigmas der Implementationsforschung, in: *dies. (Hg.)*, Implementation politischer Programme. Empirische Forschungsberichte, Königstein/Ts.

Mayntz, R. (1982), Problemverarbeitung durch das politisch-administrative System. Zum Stand der Forschung, in: *Hesse, J.J. (Hg.)*, Politikwissenschaft und Verwaltungswissenschaft. Politische Vierteljahresschrift, Sonderheft 13, Opladen, S. 74-89

Mayntz, R. (1983), Zur Einleitung: Probleme der Theoriebildung in der Implementationsforschung, in: *dies. (Hg.)*, Implementation politischer Programme II, Opladen, S. 7-24

Mayntz, R. (1983a), Implementation von regulativer Politik, in: *dies. (Hg.)*, Implementation politischer Programme II, Opladen, S. 50-74

Mayntz, R./Lex, C. (1982), Voraussetzungen und Aspekte administrativer Praktikabilität staatlicher Handlungsprogramme, Schriftenreihe Verwaltungsorganisation des Bundesministers des Innern, Bd. 6, Bonn

Mayntz, R./Scharpf, F. (1973), Kriterien, Voraussetzungen und Einschränkungen aktiver Politik, in: *dies. (Hg.)*, Planungsorganisation. Die Diskussion um die Reform von Regierung und Verwaltung, München, S. 115-145

McNulty, J.K. (1989), Struktur der Einkommensteuer und Reformtendenzen der Besteuerung in den Vereinigten Staaten, in: Steuer und Wirtschaft (StuW), 66. Jg., Nr. 2, S. 120-137

Mellwig, W. (1990), Betriebswirtschaftliche Beratung mittelständischer Unternehmen, in: Der Betrieb (DB), 43. Jg., Nr. 2, S. 53-62

Memmert, G. (1989), Neu in der Steuerrechtsdatenbank LEXinform: REDO-Steuerreform, in: Datenverarbeitung, Steuer, Wirtschaft, Recht (DSWR), 18. Jg., Nr. 6, S. 134

Merkenich, K. (1982), Die unterschiedlichen Arten der Einkünfteermittlung im deutschen Einkommensteuerrecht, Schriften zum Steuerrecht, Bd. 24, Berlin

Merkert, H. (1982), Der Arbeitgeber - Fiskalgehilfe oder Fiskalgarant? in: Finanz-Rundschau (FR), 37. Jg., Nr. 5, S. 109

Messmer, K. (1966), Das Klageverfahren nach der Finanzgerichtsordnung, in: *Bundeskammer der Steuerbevollmächtigten (Hg.)*, Steuer-Kongreß-Report 1966, München/Berlin, S. 250-270

Messmer, K. (1981), 'Steuergerechtigkeit' durch Normenflut, offene und verdeckte Subventionen und Entlastung der Finanzgerichtsbarkeit, in: Betriebs-Berater (BB), Beilage 1/1981 zu Nr. 4

Messmer, K. (1988), Komplizierung des Steuerrechts durch höchstrichterliche Rechtsprechung?, in: Steuer und Wirtschaft (StuW), 65. Jg. (1988), Nr. 3, S. 223-238

Metzger, U./Weingarten, J. (1989), Einkommensteuer und Einkommensteuerverwaltung in Deutschland. Ein historischer und verwaltungswissenschaftlicher Überblick, Opladen

Meyer-Ladewig, J. (1975), Das Gesetz zur Entlastung des Bundesfinanzhofs, in: Deutsches Steuerrecht (DStR), 13. Jg., Nr. 16, S. 451-456

Mittelsteiner, K.-H. (1975), Das Steuerberatungsgesetz in der Fassung des Dritten Änderungsgesetzes vom 24.6.1975, in: Deutsches Steuerrecht (DStR), 13. Jg., Nr. 16, S. 447-451.

Mittelsteiner, K.-H. (1989), Viertes Gesetz zur Änderung des Steuerberatungsgesetzes, in: Deutsches Steuerrecht (DStR), 27. Jg., Nr. 13, S. 403-409

Möllinger, O. (1982), Über Notwendigkeit, Zweck und Grenzen der Steuerverwaltungsvorschriften, in: *Tipke, K. (Hg.)*, Grenzen der Rechtsfortbildung durch Rechtsprechung und Verwaltungsvorschriften im Steuerrecht, Köln, S. 339-362

Mösbauer, H. (1986), Steuerfahndung im Rechtsstaat, in: Deutsche Steuer-Zeitung (DStZ), 74. Jg., Nr. 14, S. 339-345

Mösbauer, H.H. (1975), Das Steuerrecht - Auf der Suche nach dem System, in: Deutsches Steuerrecht (DStR), 13. Jg., Nr. 24, S. 679-688

Müller, L. (1976), Möglichkeiten und Grenzen einer Zusammenarbeit zwischen dem steuerberatenden Beruf und der Finanzverwaltung auf dem Gebiet der EDV, in: *Bundessteuerberaterkammer (Hg.)*, Steuerkongreß-Report 1976, München, S. 219-232

Müller, L./Zeitler, F.-Chr. (1975), Zuständigkeit bei der Verwaltung der Finanzen durch den Bund und die Länder, in: Deutsche Steuer-Zeitung (DStZ) - Ausg. A, 63. Jg., Nr. 24, S. 467-474

Musset, K.-H. (1987), Normenflut im Steuerrecht. Ursachen und Möglichkeiten ihrer Eindämmung, in: Zeitschrift für Gesetzgebung (ZG), 2. Jg., S. 60-72

Nagler, F. (1984), Einkommensteuerbearbeitung im Verbund, in: Datenverarbeitung in Steuer, Wirtschaft und Recht (DSWR), 13. Jg., Nr. 10, S. 226-230

Neckels, P. (1990), Zu den Ursachen der Rechtsschutzmisere im Steuerrecht und den Ansatzmöglichkeiten für eine Verbesserung, in: Deutsche Steuer-Zeitung (DStZ), 78. Jg., Nr. 10, S. 244-253

Neusch, K.-P. (1982), Die getrennte Veranlagung zur Einkommensteuer nach §§ 26, 26a EStG, in: Steuer und Studium (SteuerStud), 3. Jg., Nr. 4, S. 108-111

Nickel, W. (1953), Zur Frage der Mechanisierung der Steuerverwaltung, in: Deutsche Steuer-Zeitung (DStZ) - Ausgabe A, 41. Jg., Nr. 18, S. 314-321

Nickel, W. (1954), Das mechanisierte Steueramt, in: Deutsche Steuer-Zeitung (DStZ) - Ausgabe A, 42. Jg., Nr. 4, S. 49-54

Nicolai, A. (1984), BFH fordert mehr Qualität in der Sache, in: Die steuerliche Betriebsprüfung (StBp), 24. Jg., Nr. 6, S. 135-136

Nieland, H. (1990), Der Einfluß des § 30a AO auf die Besteuerung von Kapitalanlagen bei Banken, in: Deutsche Steuer-Zeitung (DStZ), 78. Jg., Nr. 8, S. 192-193

Nolte, K.H. (1989), Zur Praxis der Steuerfahndung, in: Der Betrieb (DB), 42. Jg., Nr. 36, S. 1798-1799

Offerhaus, K. (1984), Zur Analogie im Steuerrecht, in: Betriebs-Berater (BB), 39. Jg., Nr. 16, S. 993-997

Offerhaus, K. (1988), Aus Gründen des besseren Rechtsschutzes ist eine zusätzliche Instanz bei den Finanzgerichten erforderlich, in: Handelsblatt, Nr. 189, 30.09./01.10.1988

Offerhaus, K. (1989), Zum Wegfall der Streitwertrevision im finanzgerichtlichen Verfahren, in: Deutsche Steuer-Zeitung (DStZ), 77. Jg., Nr. 4, S. 79-81

Paulick, H. (1954), Der Grundsatz der Gleichmäßigkeit der Besteuerung - sein Inhalt und seine Grenzen, in: *Spitaler, A. (Hg.)*, Probleme des Finanz- und Steuerrechts. Festschrift für Ottmar Bühler, Köln, S. 121-184

Paulick, H. (1977), Lehrbuch des allgemeinen Steuerrechts, (3. Aufl.) Köln u.a.

Paus, B. (1989), Zweifamilienhäuser in Miteigentum. Einige Feinheiten der Wohnraumbesteuerung, in: Deutsche Steuer-Zeitung (DStZ), 77. Jg., Nr. 5, S. 113-118

Pausch, A./Kumpf, J.H. (1986), Illustrierte Geschichte des steuerberatenden Berufes, (2. Aufl.) Köln

Pelka, J. (1982), Rechtsanwendung und Rechtssetzung durch Verwaltungsvorschriften zum Einkommensteuerrecht und zum Bewertungsrecht, in: *Tipke, K. (Hg.)*, Grenzen der Rechtsfortbildung durch Rechtsprechung und Verwaltungsvorschriften im Steuerrecht, Köln, S. 209-239

Petersen, H.-G. (1988), Simulationsergebnisse zur Aufkommensentwicklung und Verteilungswirkung der Einkommensteuer 1965-1990, in: Datenverarbeitung, Steuer, Wirtschaft, Recht (DSWR), 17. Jg., Nr. 12, S. 269-273 und S. 281-287

Pflugfelder, P. (1984), Das Analogieverbot im Steuerrecht, in: Steuer und Studium (SteuerStud), 5. Jg., Nr. 10, S. 290-293

Plückebaum, R./Sauerland, H./Wendt, W. (1982), Einkommensteuer. Reihe Finanzkolleg - Ausbildungswerk, Bd. 3, (13. Aufl.) Bonn/Achim (zit. *Plückebaum u.a. 1982*)

Popitz, J. (1919) Das Gesetz über die Reichsfinanzverwaltung, in: Deutsche Juristen-Zeitung, 24. Jg., Nr. 19/20, S. 778-785

Porsche, E./Reuber, H.-G./Frank, O. (1985), Organisation, Datenverarbeitung und Steuererhebung in der Finanzverwaltung, Grundkurs des Steuerrechts, Bd. 12, Stuttgart (zit. *Porsche u.a.* 1985)

Przibilla, W. (1988), Datenträgertausch mit der Finanzverwaltung, in: Datenverarbeitung, Steuer, Wirtschaft, Recht (DSWR), 17. Jg., Nr. 8, S. 165-169

Puhl, E. (1986), Überblick über das Gesetz zur Neuregelung der steuerrechtlichen Förderung des selbstgenutzten Wohneigentums, in: Deutsches Steuerrecht (DStR), 24. Jg., Nr. 12, S. 387-394

Püschel, H. (1978), Der beunruhigte Bürger - Symptom eines komplexen Steuerwesens, in: Deutsche Steuer-Zeitung (DStZ) - Ausg. A, 66. Jg., Nr. 13, S. 248-254

Püschel, H. (1981), Verteilte Daten in der Steuerverwaltung. Vergangenheit, Gegenwart und Zukunft, in: *Reinermann, H. u.a. (Hg.)*, Organisation informationstechnikgestützter öffentlicher Verwaltungen, Berlin u.a., S. 121-146

Püschel, H. (1981a), Verteilte Daten und Anwendungen in der Steuerverwaltung, in: ÖVD, Nr. 1-2, S. 9-13

Püschel, H. (1986), EDV in der Steuerverwaltung - gestern, heute, morgen, in: Datenverarbeitung in Steuer, Wirtschaft und Recht (DSWR), Nr. 2, S. 47-51

Raatz, H.G./Podschwadek, W. (1962), Der Sachbearbeiter beim Finanzamt. Seine Stellung und seine Tätigkeit, Stuttgart

Raddatz, Th.F. (1983), Das Ermessen im Steuerrecht. Ausübung und Kontrolle des Verwaltungsermessens am Beispiel des Steuerrechts, in: Steuer und Studium (SteuerStud), 4. Jg., Nr. 5, S. 131-136

Rainer, Th. (1988), Beratungsfragen zum Gesetz über die strafbefreiende Erklärung, in: Deutsches Steuerrecht (DStR), 26. Jg., Nr. 22, S.706-712

Rainer, Th. (1989), Steuerflucht und Steueramnestie in Vergangenheit und Gegenwart, in: Finanz-Rundschau (FR), 71. Jg., Nr. 4, S. 97-102

Rasenack, Chr. (1985), Steuer und Steuerverfahren, Heidelberg

Raupach, A. (1982), Diskussionsbeitrag, in: *Tipke, K. (Hg.)*, Grenzen der Rechtsfortbildung durch Rechtsprechung und Verwaltungsvorschriften im Steuerrecht, Köln, S. 368-369

Raupach, A. (1985), Der Niedergang des deutschen Einkommensteuerrechts - Möglichkeiten der Neubesinnung, in: *Raupach, A./Tipke, K./Uelner, A.* (1985), Niedergang oder Neuordnung des deutschen Einkommensteuerrechts? Münsteraner Symposion Band I, Köln, S. 15-132

Raupach, A. (1988), Die typographische Gestaltung von Gesetzestexten als Kriterium der Auslegung?, in: Steuer und Wirtschaft (StuW), 65. Jg., Nr. 3, S. 239-244

Raupach, A./Tipke, K./Uelner, A. (1985), Niedergang oder Neuordnung des deutschen Einkommensteuerrechts? Münsteraner Symposion Band I, Köln (zit. *Raupach u.a.* 1985)

Reese, J./Seibel, W. (1987), Technisierung und Entdifferenzierung von Verwaltungsorganisationen, in: Verwaltungsarchiv, 78. Band, S. 381-406

Reitz, H. (1981), "Aus Verwaltungssicht bewährt" (Auszug aus einer kleinen Anfrage im hessischen Landtag), in: inform, Nr. 2, S. 13-15

Rendels, H.J. (1964/65), Einkommen-, Umsatz- und Gewerbesteuer mit Hilfe elektronischer Datenverarbeitungsanlagen, in: Der Steuerbeamte (DStB), (1964), Nr. 12, S. 104-105 und (1965), Nr. 1, S. 5-8

Rendels, H.J. (1974), Automationsgeeignete Vorschriften im Steuerverfahren, in: Datenverarbeitung in Steuer, Wirtschaft und Recht (DSWR), 3. Jg., Nr. 4, S. 98-104

Rendels, H.J. (1976), Computerunterstützte Neuorganisation der Finanzämter und Neuordnung des Besteuerungsverfahrens, in: Datenverarbeitung in Steuer, Wirtschaft und Recht (DSWR), 7. Jg., Nr. 9, S. 259-261 und 286-288

Rendels, H.J. (1978), Automation im Besteuerungsverfahren. Ein Vierteljahrhundert Datenverarbeitung in der Steuerverwaltung, in: Datenverarbeitung, Steuer, Wirtschaft, Recht (DSWR), 7. Jg., Nr. 8, S. 175-177

Richter, H. (1982), Die Kinderkomponente zu § 7b EStG nach dem neuen § 34f EStG, in: Deutsches Steuerrecht (DStR), 20. Jg., Nr. 12, S. 344-347

Rieger, W. (1971), Neuorganisation der Finanzämter und des Besteuerungsverfahrens, in: Betriebs-Berater (BB), 26. Jg., Nr. 8, S. 345-349

Rose, G. (1976), Verunsicherte Steuerpraxis, in: *Hörstmann, F. u.a. (Hg.)*, Steuerberater-Jahrbuch 1975/76, Köln, S. 41-85

Rose, G. (1980), Besteuerung nach Wahl. Probleme aus der Existenz steuerlicher Rechtswahlmöglichkeiten, Grundsätze für ihre Ausnutzung, in: *Hörstmann, F. u.a. (Hg.)*, Steuerberater-Jahrbuch 1979/80, Köln, S. 49-96

Rose, G. (1981), Steuerberatung in den 80er Jahren - Einführung in die Thematik, in: *Hörstmann, F. u.a. (Hg.)*, Steuerberater-Jahrbuch 1980/81, Köln, S. 561-564

Rose, G. (1981a), Steuerberatung in den 80er Jahren - Entwicklungstendenzen aus der Sicht des Steuerberatungswissenschaftlers, in: *Hörstmann, F. u.a. (Hg.)*, Steuerberater-Jahrbuch 1980/81, Köln, S. 564-571

Rose, M. (1989), Argumente zu einer 'konsumorientierten Neuordnung des Steuersystems', in: Steuer und Wirtschaft (StuW), 66. Jg., Nr. 2, S. 191-193

Rose, M. (1989a), Pladoyer für ein konsumorientiertes Steuersystem als Alternative zur klassischen Einkommensbesteuerung, in: Handelsblatt, 03.07.1989

Rosinus, W. (1987), Einkünfte und Besteuerung der Lohn- und Einkommensteuerpflichtigen 1983, in: Wirtschaft und Statistik (WiSta), Nr. 12, S. 934-943

Roth, G. (1987), Auftragsabwicklung und Honorarabrechnung im Verbund, in: Datenverarbeitung in Steuer, Wirtschaft und Recht (DSWR), 16. Jg., Nr. 12, S. 261-264

Rößler, G. (1987), Cui bono? Zur Verbesserung des Rechtsschutzes durch eine dreistufige Organisation der Finanzgerichtsbarkeit. Anmerkungen zu dem Aufsatz Weber-Grellets in DStZ 1987,20, in: Deutsche Steuer-Zeitung (DStZ), 75. Jg., Nr. 10, S. 246-247

Rößler, G. (1988), Zur Schätzung wegen Nichtabgabe der Steuererklärungen, in: Deutsche Steuer-Zeitung (DStZ), 76. Jg., Nr. 8, S. 199-200

Ruhe, H. (1970), Bundesamt für Finanzen und andere Neuerungen in der Finanzverwaltung, in: Deutsche Steuer-Zeitung (DStZ) - Ausgabe A, 58. Jg., Nr. 24, S. 373-376

Ruppel, A. (1985), Die 'tatächliche Verständigung' mit dem Finanzamt - Vorteil oder Nachteil?, in: Deutsches Steuerrecht (DStR), 23. Jg., Nr. 22, S. 684-687

Salzwedel, J. (1960), Rechtsstaat im Steuerrecht, in: *Felix, G. (Hg.)*, Vom Rechtsschutz im Steuerrecht, Düsseldorf, S. 1-42

Schaad, P. (1981), "In einem Jahr wird die Sache schon ganz anders aussehen". Ein Praktiker berichtet über die Einführung des Integrierten Verfahrens in seinem Amt, in: inform, Nr. 2, S. 8-13

Schick, W. (1962/63), Zur Bedeutung der Verwaltungsübung im Steuerrecht, in: Deutsches Steuerrecht (DStR), 1. Jg., Nr. 28, S. 671-675

Schick, W. (1982), Bemerkungen zur Steuerrechtsauslegung und -anwendung, in: Deutsches Steuerrecht (DStR), 20. Jg., Nr. 20, S. 575-579

Schick, W. (1984), Finanzbehörden und unerlaubte Hilfe in Steuersachen, in: Deutsches Steuerrecht (DStR), 22. Jg., Nr. 16/17, S. 479-480

Schick, W. (1988), Die Steuererklärung, in: Steuer und Wirtschaft (StuW), 65. Jg., Nr. 4, S. 301-334

Schlauch, W. (1978), Die Datenverarbeitung im Steuerbüro. Über Datenverarbeitungssysteme im Einsatz im steuerberatenden Beruf, in: Der Steuerberater, 29. Jg., Nr. 12, S. 313-319

Schlicht, J. (1982), Verrechtlichung der Gesetzgebung. Fallstudie zur Entwicklung des Einkommensteuergesetzes, Bad Honnef (Diss. Konstanz 1981)

Schlüter, W. (1977), Der Einspruch in der Praxis der Finanzämter. Empirische Untersuchung über Ursache, Begründung und Erledigung von Einsprüchen im Bereich der Oberfinanzdirektion Köln, Köln

Schmid, A. (1977), Die 'Neuorganisation der Finanzämter und Neuordnung des Besteuerungsverfahrens' - Abkehr vom Grundsatz der Gesetzmäßigkeit der Verwaltung (Art. 20 Abs. 3 GG)?, in: Finanz-Rundschau (FR), 59. Jg., Nr. 12, S. 295-298

Schmid, A. (1977a), Nochmals: 'GNOFÄ' nicht rechtsstaatlich?, in: Die steuerliche Betriebsprüfung (StBp), 17. Jg. Nr. 12, S. 278-283

Schmid, A. (1978), Rechtsschutz gegen GNOFÄ und deren Folgen für den Steuerbürger, in: Der Betrieb (DB), 31. Jg., Nr. 4, S. 174-180

Schmid, A. (1978a), Die Reform der Finanzämter nach den GNOFÄ. Ein Weg zur Bundeseinheitlichkeit des Besteuerungsverfahrens?, in: Betriebs-Berater (BB), 33. Jg., Nr. 12, S. 598-602

Schmid, J., (1986), Formalanalyse der Kommentare zum § 33 EStG, Ms. Universität Konstanz

Schmidt, K. (1988), Notizen zur Steuerreform. Was geschehen wird und was nötig ist, in: Finanzarchiv, Band 46, Nr. 2, S. 193-213

Schneider, D. (1982), Rechtssichere Gesetzesanwendung und Steuerplanung. Ein Beitrag zur ökonomischen Analyse des Rechts, in: *Tipke K. (Hg.)*, Grenzen der Rechtsforbildung durch Rechtsprechung und Verwaltungsvorschriften im Steuerrecht, Köln, S. 85-98

Schneider, H. (1977), Neue Tatsachen im neuorganisierten Finanzamt, in: Betriebs-Berater (BB), 32. Jg. Nr. 19, S. 942-944

Schneider, W. (1990), Die Teilzeitbeschäftigung im öffentlichen Dienst, in: Die Bundesverwaltung, Nr. 3, S. 1-3

Scholtz, R.-D. (1989), Die Erfassung der Zinserträge unter Berücksichtigung der gesetzlichen Regelung des Bankgeheimnisses und der sog. Zinsamnestie, in: Deutsche Steuer-Zeitung (DStZ), 77. Jg., Nr. 11, S. 263-273

Schöberle, H. (1984), Steuerrecht, in: *von Mutius, A. (Hg.)*, Handbuch für die öffentliche Verwaltung (HöV). Band 1, Darmstadt/Neuwied, S. 457-517

Schöck, Th. (1977), Innerstaatliche Kooperation beim Vollzug von Steuergesetzen in der Bundesrepublik Deutschland, in: Steuer und Wirtschaft (StuW), 54. Jg., Nr. 1, S. 22-30

von Schönberg, R. (1978), Finanzgericht in Not, in: Deutsche Richterzeitung (DRiZ), 56. Jg., Nr. 9, S. 263-266

Schröder, K.-W. (1985), Der Einkommensbegriff des § 2 EStG, in: Steuer und Studium (SteuerStud), 6. Jg., Nr. 1, S. 10-13

Schultze, H.-J. (1985), Neue Technologien für den Einsatz in der Steuerberatungspraxis, in: Datenverarbeitung in Steuer, Wirtschaft und Recht (DSWR), 14. Jg., Nr. 5, S. 107-111

Schulz, M. (1990), Grundfragen des Aufbaus und der Aufgaben der Finanzverwaltung in der DDR, in: Deutsches Steuerrecht (DStR), 28. Jg., Nr. 10, S. 306-309

Schwandt, J. (1929), Finanzverwaltung des Deutschen Reichs, in: *Elster, L./Weber, A. (Hg.)*, Handwörterbuch der Staatswissenschaften, (4. Aufl.) Jena, S. 240-266

Schweigert, E. (1970), Die Finanzverwaltung Westdeutschlands in der Zeit vom Ende des 2. Weltkriegs bis zu ihrer Neuordnung durch das Grundgesetz, Schriftenreihe des Bundesministeriums der Finanzen, Heft 12, Bonn

Sebiger, H. (1982), Organisation und Ausstattung einer modernen Steuerberatungspraxis, in: Datenverarbeitung in Steuer, Wirtschaft und Recht (DSWR), 11. Jg., Nr. 12, S. 275-280

Sebiger, H. (1986), Die aktuelle Bedeutung der EDV im steuerberatenden Beruf, in: Datenverarbeitung in Steuer, Wirtschaft und Recht (DSWR), 15. Jg., Nr. 2, S. 29-33

Seckelmann, H. (1981), Rechtsschutz des Bürgers bei Erlassen der Finanzverwaltung, die nicht mit den Gesetzen in Einklang stehen, in: Der Betrieb (DB) 34. Jg., Nr. 7, S. 338-339

Vorlage Nr. 38 über die Situation der Dienstkräfte in der Berliner Steuerverwaltung, Abgeordnetenhaus von Berlin/7. Wahlperiode, Drucksache 7/269 vom 05.12.1975 (zit. *Senat von Berlin* 1975)

Siebert, A. (1988), Die amerikanische Steuerreform aus deutscher Sicht, in: *Deutsches Anwaltsinstitut e.V. (Hg.)*, Jahrbuch der Fachanwälte für Steuerrecht 1987/88, Herne/Berlin, S. 31-55

Spanner, H. (1972), Zum Verhältnis des Steuerrechts zum Bürgerlichen Recht, in: *Vogel, K./Tipke, K. (Hg.)*, Verfassung - Verwaltung - Finanzen. Festschrift für Gehard Wacke, Köln, S. 181-192

Späth, W. (1988), Steuerstrafamnestie und Nacherhebungsverzicht bei Einführung der Quellensteuer - eine gesetzgeberische 'Meisterleitung', in: Deutsche Steuer-Zeitung (DStZ), 76. Jg., Nr. 21, S. 527-528

Späth, W. (1989), Zur Anwendbarkeit des sog. Nacherklärungsgesetzes zugunsten von 'Steuerehrlichen', in: Deutsches Steuerrecht (DStR), 27. Jg., Nr. 7, S. 206-209

Spitaler A. (1949), Die Auslegungsregeln des Steuerrechts, in: *ders. (Hg.)*, Steuerberater-Jahrbuch 1949, Köln, S. 267-303

Spitaler, A. (1949a), Steuerberater und Finanzverwaltung, Sonderheft Nr. 6 der Finanz-Rundschau, Köln

Spitaler, A. (1954), Die Bindung der Finanzverwaltung an das Gesetz, in: Finanz-Rundschau (FR), 36. Jg., Nr. 1, S. 2-4

Spönlein, R. (1984), Doppelbesteuerungsabkommen (DBA), in: Steuer und Studium (SteuerStud), 5. Jg., Nr. 7, S. 194-199 (Teil I) und Nr. 8, S. 234-240 (Teil II)

Stadie, H. (1988), Die Verhinderung der Lehr- und Lernfreiheit an den Verwaltungsfachhochschulen für Finanzen, in: Steuer und Wirtschaft (StuW), 65. Jg., Nr. 1, S. 74-78

Stadler, G. (1978), Die EDV-Organisation der österreichischen Finanzverwaltung, in: ÖVD, Nr. 6, S. 4-5

Stadler, K. (1969), Die neue Finanzverfassung in: Bayerische Verwaltungsblätter (BayVBl), Nr. 9, S. 297-302 und S. 341-345

Starck, Chr. (1972), Überlegungen zum verfassungsrechtlichen Steuerbegriff, in: *Vogel, K./Tipke, K. (Hg.)*, Verfassung - Verwaltung - Finanzen. Festschrift für Gerhard Wacke, Köln, S. 193-210

Statistisches Bundesamt (Hg.), Personal des öffentlichen Dienstes, Fachserie 14 'Finanzen und Steuern', Reihe 6, Stuttgart/Mainz, (zit. *Finanzen und Steuern, Serie 6*)

Statistisches Bundesamt (Hg.), Statistisches Jahrbuch für die Bundesrepublik n., erscheint August n. (zit. *Stat. Jahrbuch Bundesrepublik* n.)

Statistisches Reichsamt (Hg.) (1930), Statistisches Jahrbuch für das Deutsche Reich, 49. Jg., Berlin (zit. *Statistisches Jahrbuch für das Deutsche Reich* 1930)

Steinart, M. (1989), Die Gesetzmäßigkeit der sogenannten Steueramnestie, in: Deutsche Steuer-Zeitung (DStZ), 77. Jg., Nr. 6, S. 141-149

Steinberg, W. (1988), Die höchstrichterliche Finanzrechtsprechung zu der Frage des Verhältisses des Steuerrechts zum zivilen Recht, in: Deutsche Steuer-Zeitung (DStZ), 76. Jg., Nr. 21, S. 523-527

Stobbe, L. (1990), Anrechnung ausländischer Steuern auf die deutsche Einkommensteuer, in: Deutsche Steuer-Zeitung (DStZ), 78. Jg., Nr. 8, S. 194-198

Stolterfoth, J. (1982), Rechtsanwendung und Rechtsetzung durch Lohnsteuerrichtlinien, in: *Tipke, K. (Hg.)*, Grenzen der Rechtsfortbildung durch Rechtsprechung und Verwaltungsvorschriften im Steuerrecht, Köln, S. 271-300

Strassl, A. (1975), Die elektronische Datenverarbeitung in der bayerischen Steuerverwaltung, in: Datenverarbeitung in Steuer, Wirtschaft und Recht (DSWR), 4. Jg., Nr. 9, S. 258-264

Strassl, A. (1977), Die Auswirkungen der Neuorganisation der Finanzämter auf die Steuerpflichtigen und ihre Berater, in: Deutsches Steuerrecht (DStR), 15. Jg., Nr. 6, S. 147-152

Streck, M. (1976), Kritische Bemerkungen zur Neuorganisation der Finanzämter und zur Neuordnung des Besteuerungsverfahrens, in: Der Steuerberater, 27. Jg., Nr. 10, S. 212-215

Streck, M. (1980), Erfahrungen mit der Rechtsanwendungspraxis der Finanzämter (einschließlich Außenprüfungsstellen) bei der Abgrenzung der Betriebsausgaben/Werbungskosten von den Privatausgaben, in: *Söhn, H. (Hg.)*, Die Abgrenzung der Betriebs- oder Berufssphäre von der Privatsphäre im Einkommensteuerrecht, Köln, S. 273-295

Streck, M. (1984), Der Steuerhinterzieher als Mandant. Vortrag auf dem Deutschen Steuerberatertag 1984 in Stuttgart: in: Betriebs-Berater (BB), 39. Jg., Nr. 35/36, S. 2205-2210

Streck, M. (1986), Der Steuerstreit, Rechtsschutz im Steuerrecht und Steuerstrafrecht, Bd. 3, Köln

Streck, M. (1986a), Der Rechtsschutz des Steuerbürgers im OFD-Bezirk Nürnberg, in: Deutsche Steuer-Zeitung (DStZ), 74. Jg., Nr. 6, S. 137-138

Streck, M./Rainer, Th. (1985), Das neue finanzgerichtliche Revisionsrecht und seine Auswirkungen auf die Prozeßpraxis, in: Deutsches Steuerrecht (DStR), 23. Jg., Nr. 16/17, S. 487-493

Strohner, K. (1988), Die Bürgersteuer. Entwurf des Kronberger Kreises zur Neuordnung von direkten Steuern und Sozialleistungen, in: Finanz-Rundschau (FR), 70. Jg., Nr. 16, S. 434-440

Strunz, W. (1980), Schwerpunkte bei der Prüfung von Steuererklärungen durch die Amtsprüfstellen der Finanzämter, in: Deutsches Steuerrecht (DStR), 18. Jg., Nr. 21, S. 621-623

Strunz, W. (1984), Kriterien der Finanzverwaltung zur Auswahl von Betrieben für die steuerliche Außenprüfung, in: Die steuerliche Betriebsprüfung (StBp), 24. Jg., Nr. 7, S. 163-164

Sudau, A./Lammerding, J./Brauel, H. (1986), Abgabenordnung, Finanzgerichtsordnung und Nebengesetze, hg. von der Deutschen Steuer-Gewerkschaft, Grüne Reihe, Bd. 2, (9. Aufl.) Bonn/Achim (zit. *Sudau u.a.* 1986)

Suhr, G. (1976), Zur Neuorganisation der Finanzämter und zur Neuordnung des Besteuerungsverfahrens, in: Die steuerliche Betriebsprüfung (StBp), 16. Jg., Nr. 9, S. 193-198

Suhr, G. (1977), 'GNOFÄ' nicht rechtsstaatlich?, in: Die steuerliche Betriebsprüfung (StBp), 17. Jg., Nr. 10, S. 221-224

Szymczak, M. (1989), Reformvorschläge der Arbeitsgruppe 'Außergerichtliches Rechtsbehelfsverfahren nach der AO', in: Der Betrieb (DB), 42. Jg., Nr. 42, S. 2092-2094

Tanzer, M. (1981), Das 'Analogieverbot' in Steuerrecht, in: Steuer und Wirtschaft (StuW), 58. Jg., Nr. 3, S. 201-219

Tetzlaff, W. (1988), Der bedürftige DDR-Bürger - ein Ärgernis, in: Finanz-Rundschau (FR), 70. Jg., Nr. 8. S. 222

Thebrath, H.-J. (1978), Allgemeines Steuerrecht in Einzelgesetzen. Zugleich ein Beitrag zur Gesetzgebungstechnik, Köln

Tipke K. (1965), An den Grenzen der Rechtssicherheit im Steuerverfahrensrecht, in: *Bundeskammer der Steuerbevollmächtigten (Hg.)*, Steuer-Kongreß-Report 1965, München/Berlin, S. 204-232

Tipke, K. (1967), In dubio pro fisco?, in: *Bundeskammer der Steuerbevollmächtigten (Hg.)*, Steuer-Kongreß-Report 1967, München, S. 39-61

Tipke, K. (1981), Rechtsetzung durch Steuergerichte und Steuerverwaltungsbehörden?, in: Steuer und Wirtschaft (StuW), 58. Jg., Nr. 3, S. 189-200

Tipke, K. (1981a), Steuergerechtigkeit in Theorie und Praxis, Köln

Tipke K. (Hg.) (1982), Grenzen der Rechtsfortbildung durch Rechtsprechung und Verwaltungsvorschriften im Steuerrecht, Köln

Tipke, K. (1982a), Rechtfertigung des Themas, Ziel der Tagung, in: *ders. (Hg.)*, Grenzen der Rechtsfortbildung durch Rechtsprechung und Verwaltungsvorschriften im Steuerrecht, Köln, S. 1-21

Tipke K. (1982b), Resümee, in *ders. (Hg.)*, Grenzen der Rechtsfortbildung durch Rechtsprechung und Verwaltungsvorschriften im Steuerrecht, Köln, S. 405-416

Tipke, K. (1983), Über Steuergesetzgebung und parlamentarische Demokratie. Zu F.A. von Hayeks: Recht, Gesetzgebung und Freiheit, in: Steuer und Wirtschaft (StuW), 60. Jg., Nr. 1, S. 1-9

Tipke, K. (1983a), Plädoyer für ein neues Steuerrecht. Referat auf dem 10. Steuergewerkschaftstag der DStG (Auszug), in: Die Steuer-Gewerkschaft (DStG), Nr. 6, S. 76-77

Tipke, K. (1985), Von der Unordnung zur Neuordnung des Einkommensteuerrechts, in: *Raupach u.a.* (1985), Niedergang oder Neuordnung des deutschen Einkommensteuerrechts? Münsteraner Symposion Band I, Köln, S. 133-173

Tipke, K. (1986), Über Steuervereinfachung und Staatsverdrossenheit. Referat auf dem Deutschen Steuerberatertag 1986 in Hannover, Ms., o.O. o.J.

Tipke, K. (1986a), Ungleichmäßigkeit der Besteuerung, in: Betriebs-Berater (BB), 41. Jg., Nr. 10, S. 601-604

Tipke, K. (1987), Steuerrecht. Ein systematischer Grundriß, (11. Aufl.) Köln

Tipke, K. (1988), Über "richtiges Steuerrecht"?, in: Steuer und Wirtschaft (StuW), 65. Jg., Nr. 3, S. 262-282

Tipke, K. (1989), Die rechtliche Misere der Zinsbesteuerung, in: Betriebs-Berater (BB), 44. Jg., Nr. 3, S. 157-159

Tipke, K. (1989a), Über Steuervergünstigungen - Abbautheoretische Überlegungen, in: Finanz-Rundschau (FR), 71. Jg., Nr. 7, S. 186-191

Tipke, K. (1990), Einkommensteuerliches Existenzminimum auch für Reiche?, in: Finanz-Rundschau (FR), 72. Jg., Nr. 12, S. 349-350

Tipke, K./Lang, J. (1989), Steuerrecht. Ein systematischer Grundriß, (12. Aufl.) Köln

Trzaskalik, Chr. (1982), Steuerverwaltungsvorschriften aus der Sicht des Rechtsschutzes, in: *Tipke, K. (Hg.)*, Grenzen der Rechtsfortbildung durch Rechtsprechung und Verwaltungsvorschriften im Steuerrecht, Köln, S. 315-338

Trzaskalik, Chr. (1985), Die beschränkte Hilfeleistung in Steuersachen, in: Deutsches Steuerrecht (DStR), 23. Jg., Nr. 3, S. 67-71

Uelner, A. (1985), Über Niedergang oder Neuordnung des deutschen Einkommensteuerrechts aus der Sicht der Gesetzgebungspraxis, in: *Raupach, K./Tipke, K./ Uelner, A.* (1985), Niedergang oder Neuordnung des deutschen Einkommensteuerrechts? Münsteraner Symposion Band I, Köln, S. 175-192

Ule, C.H. (1977), Rechtstatsachen zur Dauer des Verwaltungs- (Finanz-) Prozesses, Schriftenreihe der Hochschule Speyer, Bd. 69, Berlin

Ulmer, E. (1981), GNOFÄ und Sachverhalt (Rezension von *Martens* 1980), in: Die Steuer-Gewerkschaft (DStG), Nr. 1, S. 16

Ulmer, E. (1986), Steuervermeidung, Steuerumgehung, Steuerhinterziehung, in: Deutsche Steuer-Zeitung (DStZ), 74. Jg., Nr. 12, S. 292-297

Völker, G. (1989), Zum Ausfüllen von Gesetzeslücken im Steuerrecht. Eine Stellungnahme für die Praxis, in: Deutsche Steuer-Zeitung (DStZ), 77. Jg., Nr. 10, S. 235-241

Vogel, K. (1971), Zur Konkurrenz zwischen Bundes- und Landessteuerrecht nach dem Grundgesetz, in: Steuer und Wirtschaft (StuW), 48. Jg., Nr. 4, S. 308-316

Vogel, K. (1980), Die bundesstaatliche Finanzverfassung des GG (Art. 104a bis 108 GG), in: Juristische Arbeitsblätter (JA), 12. Jg., S. 577-583

Vogel, K. (1982), Doppelbesteuerungsabkommen und ihre Auslegung, in: Steuer und Wirtschaft (StuW), 59. Jg., Nr. 2, S. 111-124 und Nr. 3, S. 286-301

Vogelgesang, H. (1987), Die Bundesfinanzakademie. Zentrale Fortbildungseinrichtung für die Finanzverwaltungen des Bundes und der Länder, in: Steuer und Wirtschaft (StuW), 64. Jg., Nr. 4, S. 382-384

Vogt, F.J. (1958), Der Steuerbürger im Verkehr mit dem Finanzamt, Stuttgart

Voss, F. (1990), Finanz- und Steuerpolitik für die neunziger Jahre, in: Deutsche Steuer-Zeitung (DStZ), 78. Jg., Nr. 10, S. 235-239

Wacke, G. (1950), Das Finanzwesen der Bundesrepublik. Die Einwirkungen der Finanzfunktion auf Gesetzgebung, Verwaltung und Rechtsprechung im Bonner Grundgesetz, Tübingen

Wagener, F. (1977), Neuorganisation der Finanzämter und des Besteuerungsverfahrens, in: Die öffentliche Verwaltung (DÖV), 30. Jg., Nr. 18, S. 669-671

Wagner, F. (1968), Personalbedarfsmessung in der öffentlichen Verwaltung, Schriften zur Verwaltungslehre, Heft 4, Köln u.a.

Walter, V. (1989), Der überforderte Gesetzgeber, in: *Eisele, P./Zimmermann, R. (Hg.)*, Steuerrecht im Wandel, Stuttgart, S. 53-71

Walther, H. (1961), Die technische Vervollkommnung der Steuerverwaltung, in: Der Steuerbeamte, 10. Jg., Nr. 8, S. 74-79

Walz, R.W. (1980), Steuergerechtigkeit und Rechtsanwendung. Grundlinien einer relativ autonomen Steuerrechtsdogmatik, Hamburg

Wassermeyer, F. (1985), Rechtsschutz des Steuerbürgers, in: Deutsche Steuer-Zeitung (DStZ), 73. Jg., Nr. 7, S. 159-167

Weber-Fas, R. (1979), Grundzüge des allgemeinen Steuerrechts der Bundesrepublik Deutschland, Tübingen

Weber-Grellet, H. (1987), Cui bono? Zur Verbesserung des Rechtsschutzes durch eine dreistufige Organisation der Finanzgerichtsbarkeit, in: Deutsche Steuer-Zeitung (DStZ), 75. Jg., Nr. 1-2, S. 20-24

Weber-Grellet, H. (1987a), Land in Sicht? Zur Lage der Finanzgerichtsbarkeit nach Vorlage des Berichts der Bund-Länder-Kommission, in: Deutsche Steuer-Zeitung (DStZ), 75. Jg., Nr. 21, S. 524-526

Weber-Grellet, H. (1989), Die zweieinhalbstufige Finanzgerichtsbarkeit. Ein Kompromiß, in: Deutsche Steuer-Zeitung (DStZ), 77. Jg., Nr. 6, S. 131-132

Weinsheimer, W. (1958), Die Zulässigkeit des bewußten Entscheidens gegen den klaren Wortlaut des Gesetzes im Steuerrecht (Kurzfassung Diss. Köln 1958), in: *Felix, G. (Hg.)*. Von der Auslegung und Anwendung der Steuergesetze, Stuttgart, S. 294-302

Weinsheimer, W. (1958a), Die Auslegung gegen den klaren Wortlaut im Steuerrecht, Düsseldorf

Weiss, E. (1972), Die Neuorganisation der Finanzverwaltung - mögliche Auswirkungen für den steuerberatenden Beruf, in: *Bundeskammer der Steuerbevollmächtigten (Hg.)*, Steuer-Kongreß-Report 1972, München, S. 161-182

Wendt, R. (1988), Empfiehlt es sich, das Einkommensteuerrecht zur Beseitigung von Ungleichbehandlungen und zur Vereinfachung neu zu ordnen?, in: Die Öffentliche Verwaltung (DÖV), 41. Jg., Nr. 17, S. 710-723

Wenzig, H. (1989), Das Finanzamt. Einführung in die Organisation und Arbeitsweise, Köln

Weyhausen, H. (1982), Steuerverwaltung und bundesstaatliche Verfassungsordnung, Köln

Willems, R. (1958), Finanzwissenschaftliche Erkenntnisse als Auslegungselemente, in: *Felix, G.* (Hg.), Von der Auslegung und Anwendung der Steuergesetze, Stuttgart, S. 63-86

Windhoff-Héritier, A. (1980), Politikimplementation. Ziel und Wirklichkeit politischer Entscheidungen, Königstein/Ts.

Windhoff-Héritier, A. (1987), Policy-Analyse. Eine Einführung, Frankfurt/New York

Woerner, L. (1982), Die Steuerrechtsprechung zwischen Gesetzeskonkretisierung, Gesetzesfortbildung und Gesetzeskorrektur, in: *Tipke, K. (Hg.)*, Grenzen der Rechtsfortbildung durch Rechtsprechung und Verwaltungsvorschriften im Steuerrecht, Köln, S. 23-51

Wollmann, H. (1980), Implementationsforschung - eine Chance für kritische Verwaltungsforschung?, in: *ders. (Hg.)*, Politik im Dickicht der Bürokratie, Opladen, S. 9-48

Xingas, A. (1972), Die Bedeutung steuergesetzlicher Regelungen für den Einsatz elektronischer Datenverarbeitungsanlagen im Steuerverfahren, Achim/Bremen

GPSR Compliance

The European Union's (EU) General Product Safety Regulation (GPSR) is a set of rules that requires consumer products to be safe and our obligations to ensure this.

If you have any concerns about our products, you can contact us on ProductSafety@springernature.com

In case Publisher is established outside the EU, the EU authorized representative is:

Springer Nature Customer Service Center GmbH
Europaplatz 3
69115 Heidelberg, Germany

Batch number: 10809468

Printed by Printforce, the Netherlands